Logic: The Essentials

逻辑学基础

【美】Patrick J. Hurley 著

郑伟平 刘新文 译

中国轻工业出版社

图书在版编目（CIP）数据

逻辑学基础／（美）帕特里克·J. 赫尔利（Patrick J. Hurley）著；郑伟平，刘新文译. —北京：中国轻工业出版社，2017.1（2019.9重印）
ISBN 978-7-5184-1164-1

Ⅰ.①逻… Ⅱ.①帕… ②郑… ③刘… Ⅲ.①逻辑学-教材 Ⅳ.①B81

中国版本图书馆CIP数据核字（2016）第259761号

版权声明

Copyright © 2016 by Cengage Learning.
Original edition published by Cengage Learning. All rights reserved. 本书原版由圣智学习出版公司出版。
版权所有，盗印必究。
China Light Industry Press is authorized by Cengage Learning to publish, distribute and sell exclusively this simplified Chinese edition. This edition is authorized for sale in the People's Republic of China only (excluding Hong Kong SAR, Macao SAR and Taiwan). No part of this publication may be reproduced or distributed by any means, or stored in a database or retrieval system, without the prior written permission of Cengage Learning.
本书中文简体字翻译版由圣智学习出版公司授权中国轻工业出版社独家出版发行。此版本仅限在中华人民共和国境内（不包括中国香港特别行政区、中国澳门特别行政区及中国台湾）销售。未经圣智学习出版公司预先书面许可，不得以任何方式复制或发行本书的任何部分。
ISBN: 978-7-5184-1164-1
Cengage Learning Asia Pte. Ltd.
151 Lorong Chuan, #02-08 New Tech Park, Singapore 556741

本书封面贴有Cengage Learning防伪标签，无标签者不得销售。

总 策 划：石铁
策划编辑：孔胜楠　　　　责任终审：杜文勇
责任编辑：孔胜楠　　　　责任监印：刘志颖

出版发行：中国轻工业出版社（北京东长安街6号，邮编：100740）
印　　刷：三河市鑫金马印装有限公司
经　　销：各地新华书店
版　　次：2019年9月第1版第3次印刷
开　　本：850×1092　1/16　印张：31.00
字　　数：350千字
书　　号：ISBN 978-7-5184-1164-1　　定价：78.00元
著作权合同登记　图字：01-2016-0156
读者热线：010-65181109，65262933
发行电话：010-85119832　传真：010-85113293
网　　址：http://www.chlip.com.cn　http://www.wqedu.com
电子信箱：1012305542@qq.com
如发现图书残缺请与我社联系调换
160395Y1X101ZYW

译 者 序

2015年春，受清华大学王路教授推荐，由我来翻译帕特里克·赫尔利的这本《逻辑学基础》（*Logic: The Essentials*）。本书除了第一章讲逻辑基本概念、第二章讲非形式谬误之外，其余五章讲的都是演绎推理及其逻辑的基本知识和技能（古代的直言命题和直言三段论、现代的命题逻辑和谓词逻辑），也就是说，绝大部分篇幅都是讲"必然地得出"的逻辑。"必然地得出"是逻辑作为一门精确科学的基础。三段论是逻辑自古希腊亚里士多德之后两千多年来的典范，谓词逻辑（包含命题逻辑作为子部分）则是现代逻辑的基础。

为了把工作做好，也为了让译本尽快问世，我邀请了当时正在美国进行学术访问的郑伟平先生（厦门大学）一起翻译。我们的翻译具体分工如下：

刘新文：前言，第一、二章及其习题答案。

郑伟平：第三、四、五、六、七章及其习题答案。

为了既保持原书全貌，又不使中文版冗长，我们只在三处做了删削：第一处是前言致谢中较大篇幅的人名；第二处是第 2.5 节的 60 个习题只译出带有答案的 20 个；第三处是"著名逻辑学家"板块，因版权问题，删除了三处插图。其他遇有微调处则随文注出。

别人的工作，没有必要写那么长的译序。翻译一本书的目的，无非就是希望有人买来读一读后发现对著译者都并不失望从而对专门的、非专门的知识都有所收获。仅此一点，不算奢望吧！

刘新文

中国社会科学院哲学研究所

2016 年 8 月

前 言

学习逻辑最直接的益处是为自己建立可靠论证、评价他人论证时提供所需要的技能。为此目的，逻辑学培养对语言形式成分的敏感，彻底掌握语言形式对清楚、有效、有意义的日常交流是必不可少的。在更广泛的意义上，逻辑学研究支持我们观点的理由或证据所需要的条件，从根本上防御了威胁我们民主社会的那些带有偏见的未开化态度。最后，逻辑学对不一致性——这种性质出现在任何理论或观点中都是致命缺陷——的特别关注，为揭示政治领域中考虑欠周的政策，以及从根本上把理性与非理性、正常与不正常区分出来提供了有用的工具。

关于《逻辑学基础》

《逻辑学基础》讲述的是导论性逻辑的基础，内容偏重实践导向，并有大量关于日常生活的随堂测试习题。本书满足了目前教师的很多要求：授课时间有限，又想让学生牢固地掌握基本的逻辑原理以及日常生活中需要用到的技能。这本新的教材脱胎于卖得很好的经典教材《简明逻辑学导论》（*A Concise Introduction to Logic*），本书把该书相关章节中几乎所有的习题都移过来了，以便使学生通过足够的练习掌握核心概念。本书虽然主要关注演绎逻辑，但也包括对归纳的充分重视，从而为非形式谬误的分析提供了坚实的基础。这样做的结果使得本书具有当代特色——更加紧凑、更为实用而非理论化,但基本前提却是,牢记着对逻辑主题(不管形式的还是非形式的)进行精确、优雅和清晰表述这个传统。

教材在教法设计上把重点安排在前面,这样学生就不会错过它们,而且行文简单明了,主题分明。为此,本书在教法上遵循以下安排:

- 每节开篇的"预热"部分引导学生开始考虑与本节内容有关的真实生活场景所带来的问题。
- 重要的术语、原理以及一些建议放置在书页的切口侧。
- 各章内容的安排遵循的是:较前各节为后续各节提供基础。教师也可略去较后诸节不讲。
- 大量使用相关的、最新的例子。
- 关键术语以黑体标示出并在术语表中有定义。
- 核心概念以图解的形式进行说明。
- 取自报纸杂志等真实生活中的大量习题有助于学生更熟练地掌握技巧。
- 著名逻辑学家们的传记、插图让逻辑学更具人性化。
- 对话习题说明了逻辑原理在日常生活中的应用。
- 三段论的文恩图以一种新的、更为高效的方式给出。
- 各章章末总结便于学生复习。
- 除个别处外,书后习题答案是每隔两个习题回答一个。

学生注意事项

设想你正在面试一份工作。桌子对面的那个人问你擅长什么,你回答说,你充满活力、热情洋溢、可以加班加点。当然,你还有创造力、勇于革新、兼具良好的领导才能。然后面试者询问你的不足之处。你对此毫无准备,但略加思索之后,你回答说,你的推理能力一直不好。

面试者很快说,这个不足之处会带来大麻烦。

"为什么?"你问。

"因为推理能力是做出好的判断的至关重要的条件。没有好的判断的话,你的创造力会让你想出一些没有意义的方案,你的领导才能又会让员工们去做无用功,你的热情会毁掉我们目前的成就,而你加班加点工作使得事情更糟。"

"但你不觉得贵公司有一个位置适合我吗？"你问。

面试者想了想，说："城市另一边有我们一个竞争者，我听说他们正在招员工，你为何不去那里试试看？"

这段简短的对话主要是想说明，好的推理技能是做好任何事情的基础。商人写报告或准备展示时使用推理技能；科学家设计实验或进行临床试验时使用推理技能；部门经理为使员工效率最大化使用推理技能；律师在向法官或陪审团陈述论证时使用推理技能。这些都是逻辑学发挥作用的地方。逻辑学的主要任务就是培养好的推理技能。实际上，逻辑学是如此的重要，以至1500年前设置文科培养计划时，它就被选为最初的七门文科教育课程之一。今天，逻辑学仍然是学院教育或大学教育的核心内容。

从更实用的角度来看，逻辑学对通过研究生入学考试如 LSAT，GMAT，MCAT 和 GRE[①] 都很重要。很明显，这些考试的设计者们认识到，合乎逻辑地进行推理的能力是在这些领域获得成功的先决条件。同时，逻辑学对于缓解所谓的数学焦虑也是很有用的工具。不管什么原因，目前无数的学生都对带有抽象符号的推理心怀恐惧。如果你恰好也位列其中，你会发现其实很容易掌握逻辑符号的使用，由此建立起来的对这些符号的亲切感也会延续到其他更具挑战性的领域。

教师注意事项

《逻辑学基础》在某种程度上是《简明逻辑学导论》的缩写本：删减了那些由于时间原因而常常在课堂上跳过的内容，但保留了阐述核心主题的内容以及全部相关习题。一些有用的特色教学法也保留了，如著名逻辑学家们的传记、插图，每节开篇的"预热"——教师可以用作班级讨论的出发点。目的在于突出标准逻辑导论课常常会涵盖的那些基础内容。

虽然《逻辑学基础》篇幅上比其他逻辑教材短，教师在设计课程的时候仍然具有很大的灵活性。章节组织上，稍后的章节如果想要跳过的话都可以跳过。例如，第二章（非形式谬误）最后一节可以跳过，准备把直言命题处理成谓词逻辑入门的教师可以只讲第三章的前三节，第四章（直言三段论）最后四节的任何一

[①] LSAT，是 Law School Admission Test 的缩写，中文名称为法学院入学考试。
 GMAT，是 Graduate Management Admission Test 的缩写，中文名称为管理专业研究生入学考试。
 MCAT，是 Medical College Admission Test 的缩写，中文名称为医学类院校研究生入学考试。
 GRE，是 Graduate Record Examination 的缩写，中文名称为美国研究生入学考试。

节都可以跳过。第五章（命题逻辑）的最后两节都可以跳过，只想简单讲述谓词逻辑的教师可以跳过第七章的最后三节。谓词逻辑中自然演绎上的那些限制就是为了这样处理而设计的。

致 谢

（略）

目　录

第一章　基本概念

- 1.1　论证、前提与结论 ················· 1
  - 逻辑史注记 ····················· 6
  - 习题 1.1 ······················ 8
- 1.2　识别论证 ······················ 15
  - 简单的非推理段落 ··············· 17
  - 说明性段落 ···················· 19
  - 例解 ·························· 20
  - 解说 ·························· 21
  - 条件陈述 ······················ 23
  - 小结 ·························· 26
  - 习题 1.2 ······················ 28
- 1.3　演绎与归纳 ···················· 35
  - 演绎论证形式 ·················· 37
  - 归纳论证形式 ·················· 39
  - 其他考虑因素 ·················· 40

    小结 ⋯⋯⋯⋯⋯⋯⋯⋯⋯⋯⋯⋯⋯⋯⋯⋯⋯⋯⋯⋯⋯⋯ 42
    习题 1.3 ⋯⋯⋯⋯⋯⋯⋯⋯⋯⋯⋯⋯⋯⋯⋯⋯⋯⋯⋯⋯ 43

 1.4 有效性、真、可靠性、力度与信服力 ⋯⋯⋯⋯⋯⋯⋯⋯ 47
    演绎论证 ⋯⋯⋯⋯⋯⋯⋯⋯⋯⋯⋯⋯⋯⋯⋯⋯⋯⋯⋯ 48
    归纳论证 ⋯⋯⋯⋯⋯⋯⋯⋯⋯⋯⋯⋯⋯⋯⋯⋯⋯⋯⋯ 51
    小结 ⋯⋯⋯⋯⋯⋯⋯⋯⋯⋯⋯⋯⋯⋯⋯⋯⋯⋯⋯⋯⋯⋯ 56
    习题 1.4 ⋯⋯⋯⋯⋯⋯⋯⋯⋯⋯⋯⋯⋯⋯⋯⋯⋯⋯⋯⋯ 58

 1.5 论证形式：证明无效性 ⋯⋯⋯⋯⋯⋯⋯⋯⋯⋯⋯⋯⋯⋯ 62
    反例法 ⋯⋯⋯⋯⋯⋯⋯⋯⋯⋯⋯⋯⋯⋯⋯⋯⋯⋯⋯⋯ 65
    习题 1.5 ⋯⋯⋯⋯⋯⋯⋯⋯⋯⋯⋯⋯⋯⋯⋯⋯⋯⋯⋯⋯ 68

本章总结 ⋯⋯⋯⋯⋯⋯⋯⋯⋯⋯⋯⋯⋯⋯⋯⋯⋯⋯⋯⋯⋯⋯⋯⋯⋯ 70

第二章　非形式谬误

 2.1 谬误概论 ⋯⋯⋯⋯⋯⋯⋯⋯⋯⋯⋯⋯⋯⋯⋯⋯⋯⋯⋯⋯ 73
    习题 2.1 ⋯⋯⋯⋯⋯⋯⋯⋯⋯⋯⋯⋯⋯⋯⋯⋯⋯⋯⋯⋯ 76

 2.2 相干性谬误 ⋯⋯⋯⋯⋯⋯⋯⋯⋯⋯⋯⋯⋯⋯⋯⋯⋯⋯⋯ 77
    1. 诉诸强力 ⋯⋯⋯⋯⋯⋯⋯⋯⋯⋯⋯⋯⋯⋯⋯⋯⋯⋯ 77
    2. 诉诸怜悯 ⋯⋯⋯⋯⋯⋯⋯⋯⋯⋯⋯⋯⋯⋯⋯⋯⋯⋯ 79
    3. 诉诸公众 ⋯⋯⋯⋯⋯⋯⋯⋯⋯⋯⋯⋯⋯⋯⋯⋯⋯⋯ 80
    4. 人身攻击 ⋯⋯⋯⋯⋯⋯⋯⋯⋯⋯⋯⋯⋯⋯⋯⋯⋯⋯ 84
    5. 偶例 ⋯⋯⋯⋯⋯⋯⋯⋯⋯⋯⋯⋯⋯⋯⋯⋯⋯⋯⋯⋯ 87
    6. 稻草人 ⋯⋯⋯⋯⋯⋯⋯⋯⋯⋯⋯⋯⋯⋯⋯⋯⋯⋯⋯ 88
    7. 歪曲论题 ⋯⋯⋯⋯⋯⋯⋯⋯⋯⋯⋯⋯⋯⋯⋯⋯⋯⋯ 89
    8. 转移话题 ⋯⋯⋯⋯⋯⋯⋯⋯⋯⋯⋯⋯⋯⋯⋯⋯⋯⋯ 90
    习题 2.2 ⋯⋯⋯⋯⋯⋯⋯⋯⋯⋯⋯⋯⋯⋯⋯⋯⋯⋯⋯⋯ 93

 2.3 弱归纳谬误 ⋯⋯⋯⋯⋯⋯⋯⋯⋯⋯⋯⋯⋯⋯⋯⋯⋯⋯⋯ 97
    9. 诉诸无效权威 ⋯⋯⋯⋯⋯⋯⋯⋯⋯⋯⋯⋯⋯⋯⋯⋯ 98
    10. 诉诸无知 ⋯⋯⋯⋯⋯⋯⋯⋯⋯⋯⋯⋯⋯⋯⋯⋯⋯ 99
    11. 轻率概括 ⋯⋯⋯⋯⋯⋯⋯⋯⋯⋯⋯⋯⋯⋯⋯⋯⋯ 101

		12. 虚假因果 ·· 103

		13. 滑坡谬误 ·· 106

		14. 不当类比 ·· 107

		习题 2.3 ·· 109

2.4　预设谬误、歧义谬误与不当转换谬误 ·················· 114

		15. 乞题 ·· 115

		16. 复杂问语 ·· 118

		17. 假两难推理 ·· 120

		18. 遮盖论据 ·· 121

		19. 歧义 ·· 123

		20. 含糊 ·· 125

		21. 合成 ·· 127

		22. 分解 ·· 129

		习题 2.4 ·· 132

2.5　日常语言中的谬误 ·· 139

		发现谬误 ·· 139

		避免谬误 ·· 141

		习题 2.5 ·· 146

本章总结 ·· 150

第三章　直言命题

3.1　直言命题的构成 ·· 153

		习题 3.1 ·· 156

3.2　质、量与周延 ·· 157

		习题 3.2 ·· 161

3.3　文恩图与现代对当方阵 ··································· 162

		存在预设 ·· 162

		文恩图 ·· 164

		现代对当方阵 ·· 167

　　　　　检验直接推理 ·· 167
　　　　　习题 3.3 ·· 171

　　3.4　换位、换质与换质位 ·· 172
　　　　　换位 ·· 173
　　　　　换质 ·· 174
　　　　　换质位 ·· 177
　　　　　习题 3.4 ·· 180

　　3.5　传统对当方阵 ·· 182
　　　　　检验直接推理 ·· 185
　　　　　习题 3.5 ·· 188

　　3.6　将日常语言陈述翻译为直言形式 ································ 193
　　　　　1. 无名词的词项 ·· 194
　　　　　2. 非标准动词 ·· 194
　　　　　3. 单称命题 ·· 194
　　　　　4. 副词与代词 ·· 196
　　　　　5. 未表达的量词 ·· 196
　　　　　6. 非标准量词 ·· 197
　　　　　7. 条件陈述 ·· 198
　　　　　8. 排他性命题 ·· 198
　　　　　9. "仅有的" ·· 199
　　　　　10. 除外命题 ·· 200
　　　　　习题 3.6 ·· 202

本章总结 ·· 205

第四章　直言三段论

　　4.1　标准形式、式与格 ·· 209
　　　　　习题 4.1 ·· 216

　　4.2　文恩图 ·· 218
　　　　　布尔式立场 ·· 220

		亚里士多德式立场 ·· 224
		习题 4.2 ··· 228

4.3	规则与谬误 ··· 231
	布尔式立场 ·· 231
	亚里士多德式立场 ·· 235
	习题 4.3 ··· 237

4.4	减少词项的数量 ·· 239
	习题 4.4 ··· 242

4.5	日常语言中的论证 ··· 242
	习题 4.5 ··· 245

4.6	省略三段论 ··· 246
	习题 4.6 ··· 249

4.7	连锁推理 ·· 252
	习题 4.7 ··· 255

本章总结 ··· 260

第五章　命题逻辑

5.1	符号与翻译 ··· 263
	习题 5.1 ··· 274

5.2	真值函项 ·· 277
	五个逻辑算子的定义 ··· 278
	较长命题的真值的计算 ······································ 282
	真值函项与日常语言 ··· 284
	习题 5.2 ··· 285

5.3	命题的真值表 ·· 287
	陈述的分类 ·· 290
	陈述的比较 ·· 291
	习题 5.3 ··· 293

5.4 论证的真值表 ································· 295
    习题 5.4 ··························· 298

5.5 间接真值表 ································· 302
    初步技巧 ··························· 303
    检验论证的有效性 ························· 304
    检验陈述的一致性 ························· 307
    习题 5.5 ··························· 309

5.6 论证形式与谬误 ······························· 311
    常见论证形式 ··························· 311
    反驳构造式两难与解构式两难 ····················· 316
    无效形式注意事项 ························· 318
    总结与应用 ··························· 319
    习题 5.6 ··························· 323

本章总结 ··································· 330

第六章　命题逻辑的自然演绎

6.1 蕴涵规则 I ································· 333
    习题 6.1 ··························· 341

6.2 蕴涵规则 II ································ 345
    习题 6.2 ··························· 351

6.3 置换规则 I ································· 355
    习题 6.3 ··························· 361

6.4 置换规则 II ································ 366
    习题 6.4 ··························· 371

6.5 条件证明 ································· 378
    习题 6.5 ··························· 381

6.6 间接证明 ································· 383
    习题 6.6 ··························· 387

6.7 逻辑真理的证明 ·· 389
    习题 6.7 ·· 390
本章总结 ·· 391

第七章 谓词逻辑

7.1 符号与翻译 ·· 393
    习题 7.1 ·· 401

7.2 推理规则的使用 ·· 403
    习题 7.2 ·· 412

7.3 量词否定规则 ··· 416
    习题 7.3 ·· 419

7.4 条件证明与间接证明 ······································ 421
    习题 7.4 ·· 424

7.5 证明无效性 ·· 426
    习题 7.5 ·· 429

本章总结 ·· 429

习题答案 ·· 431
术语表 ·· 465

第一章

基本概念

1.1 论证、前提与结论
1.2 识别论证
1.3 演绎与归纳
1.4 有效性、真、可靠性、力度与信服力
1.5 论证形式：证明无效性

1.1 论证、前提与结论

> **预热**
>
> 假设一个与你约会很久的同学突然看到你在图书馆和另外一个人坐在一起。与你约会了数月的这个人现在责怪你欺骗并且威胁说要和你分手。现在你想要证明图书馆那一幕是完全无辜的，什么事都没有发生过。为此目的，你需要一个论证。本节你将学习论证及其基本要素——前提与结论。

逻辑（Logic）可以定义为评价论证的科学或知识体系。我们在日常生活中都会遇到论证。我们在读书看报时会读到它们，看电视时会听到它们，在和朋友交流或交往过程中会表达它们。逻辑的目的在于建立一种方法和原理的系统，我们可以用它来评价他人论证的标准，也作为我们自己构造论证的指南。学习了逻辑之后，有一个好处是意料之中的：当我们批评别人的论证或者提出我们自己的论证时，我们能够增加我们言之成理的信心。

> **逻辑**：评价论证的科学（知识）体系。

一个**论证**（argument），就其最简单的形式来说，是一组陈述，其中的一个或多个陈述（即前提）被用来为另外一个陈述（即结论）提供支持或者相信的理由。每一个论证都可以划入两种基本类型之中：前提确实支持结论的类型，前提（即使断言支持而）并不支持结论的类型。前者称为好的论证（至少是达到那样的程度），后者则称为坏的论证。逻辑作为评价论证的科学，其目的就是建立方法和技术，使得我们可以把好的论证与坏的论证区分开来。

> **论证**：一组陈述，其中的一个或多个陈述（即前提）被用来为另外一个陈述（即结论）提供支持或者相信的理由。

从所给定义可以明显看出，术语"论证"在逻辑中具有特殊的意义。它指的并不是与父母、配偶或朋友之间打口水仗一类的事情。我们现在来详细考察这个定义的特征。首先，一个论证是一组陈述。一个**陈述**（statement）是一个或者为真或者为假的句子——换句话说，其典型形式是一个陈述句或者可以当作陈述句的句子成分。以下句子都是陈述：

> **陈述**：或者为真或者为假的句子。

> 松露巧克力糖富含热量。
> 褪黑素有助于缓解飞行时差反应。
> 政党候选人永远说真话。
> 没有一个妻子会欺骗她们的丈夫。
> 泰格·伍兹打高尔夫并且玛利亚·莎拉波娃打网球。

在上述例子中，前面两个陈述都是真的，接下来的两个是假的，最后一个表达两个陈述，这两个陈述都是真的。真和假被称为是陈述的两个可能的**真值**（truth value）。因此，前面两个陈述的真值为真，接下来的两个陈述的真值为假，而最后一个陈述的真值与其两个组成成分一样都为真。

> **真值**：陈述或者为真或者为假的这一种属性。

与陈述不一样，许多句子不能被说成是为真还是为假。问句、提议、建议、命令和感叹通常不能归类到陈述当中。以下句子都不是陈述：

> 喀土穆在哪里？　　　　　　　　　　　　（问句）
> 今晚我们去看场电影。　　　　　　　　　（提议）
> 我建议你买一副隐形眼镜。　　　　　　　（建议）

把电视机关了。　　　　　　　（命令）

太奇妙了！　　　　　　　　　（感叹）

组成一个论证的陈述被分成一个或多个前提以及唯一一个结论。**前提**（premise）是列出原因或者证据的陈述，而**结论**（conclusion）则是证据断定支持或者蕴涵的那个陈述。换句话说，结论是被断定从前提得出的那个陈述。下面是论证的一个例子：

> 所有电影明星都是名人。
>
> 哈莉·贝瑞是一个电影明星。
>
> 所以，哈莉·贝瑞是一个名人。

前面两个陈述是前提，第三个陈述是结论。（前提支持或者蕴涵结论的要求由"所以"这个词标示出来。）在这个论证中，前提确实支持了结论，因此，这个论证是一个好的论证。但是考虑下面这个论证：

> 有的电影明星是男人。
>
> 卡梅隆·迪亚茨是电影明星。
>
> 所以，卡梅隆·迪亚茨是男人。

在这个论证中，前提并不支持结论，即使它们这样断言了；因此，这个论证不是一个好的论证。

在对论证的分析中，最重要的任务之一是可以把前提和结论区分开来。如果作为前提的陈述被当作结论，或者相反，那么，随后的分析就不可能是准确的。许多论证常常包含了指示词以提供线索来区分前提和结论。一些典型的**结论指示词**（conclusion indicator）如下：

> 所以（therefore, wherefore, accordingly, thus, hence, so, consequently）
>
> 得到（entails that）
>
> 出于这个原因（for this reason）
>
> 我们可以推出（we may conclude, it must be that, it follows that, we may infer）
>
> 意味着、蕴涵（implies that）
>
> 作为结果（as a result）

每当一个陈述跟在这些指示词之后，通常就可以把这个陈述确认为结论。根

前提：列出原因或者证据的陈述。

结论：前提断定支持或者蕴涵的陈述。

结论指示词：为识别结论提供线索的语词或者短语。

据消除法，这个论证中的其他陈述就是前提。例如：

> 受严刑拷打的囚犯为求减轻痛苦将会说任何事情。因此，严刑拷打并不是一个可靠的审讯方法。

这个论证的结论是"严刑拷打并不是一个可靠的审讯方法"，而前提则是"受严刑拷打的囚犯为求减轻痛苦将会说任何事情"。

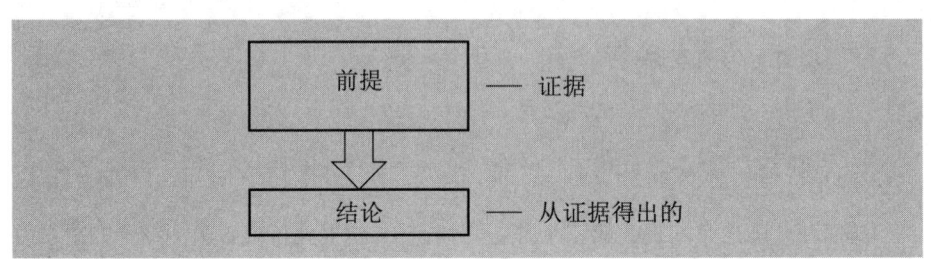

如果一个论证没有结论指示词，那么它可能含有一个前提指示词。一些典型的**前提指示词**（premise indicator）如下：

> **前提指示词**：为确认前提提供线索的语词或者短语。

因为/由于（since, in that, seeing that, as, because, for, owing to）
理由为（for the reason that）
根据（as indicated by）
考虑到（given that）
既然（in as much as）
从……可以推断出（may be inferred from）

跟在这些指示词后面的陈述通常被确认为前提。例如：

> 孕妇绝不能使用毒品，因为服用这类药品将会危害胎儿的发育。

这个论证的前提是"服用这类药品将会危害胎儿的发育"，而其结论则是"孕妇绝不能使用毒品"。

回顾一下指示词清单，注意，"出于这个原因（for this reason）"是结论指示词，而"理由为（for the reason that）"则是一个前提指示词。"出于这个原因（for this reason）"（除非后面是一个冒号）指的是出于刚刚给出的理由（前提），所以接下来就是结论了；"理由为（for the reason that）"指的则是即将宣布一个前提。

有时候，一个指示词用来确认几个前提。考虑以下这个论证：

> 保护荒野地区是非常重要的，因为荒野地区为野生动植物，包括濒危物

种，提供了至关重要的栖息地，也是缓解日常生活带来的压力的自然庇护所。

前提指示词"因为"引导了"荒野地区为野生动植物，包括濒危物种，提供了至关重要的栖息地"以及"也是缓解日常生活带来的压力的自然庇护所"。这些都是前提。通过消除法，"保护荒野地区是非常重要的"即为结论。

有些论证并不包含指示词。对此，读者/听者需要问这样一些问题：哪一个陈述可以被（暗中地）断定是从其他陈述得出的？论证者想要证明什么？这段话的主要观点是什么？通过这些问题的答案应该就能识别出结论。例如：

> 太空计划在将来的日子里需要增加经费。不仅国防依赖它，而且这个计划所带来的技术副产品将远远超过它本身。此外，以目前的筹资水平，该计划还不能实现其预期的潜能。

这个论证的结论是第一个陈述，其余陈述都是前提。这个论证详细说明了大多数缺乏指示词的论证的模式：用作结论的陈述被首先叙述出来，然后其余接下来的陈述为这一陈述提供支持。但是，根据逻辑原理对论证进行重构之后，结论总是列于前提之后：

P_1：国防依赖太空计划。
P_2：太空计划所带来的技术副产品将远远超过它本身。
P_3：以目前的筹资水平，该计划还不能实现其预期的潜能。
C：太空计划在将来的日子里需要增加经费。

每当这样进行论证重构时，应该尽可能和原来的形式保持接近，而且同时要注意使得前提和结论都是完整的句子，也就是说，使得这些句子在其排列顺序时仍然具有完整的意义。

注意，在原先的论证中，前两个前提包含在单个的句子范围之内。为了本章目的起见，各个组成成分都被断定为真的陈述的混合排列将被视为各自不同的陈述。

含有论证的一段话有时候也包含一些既不是前提也不是结论的陈述。只有那些确实支持结论的陈述才能包含在前提清单中。例如，如果一个陈述只是为了引入一般性主题而出现的，或者仅仅是附带做一个说明，这样的陈述就不能当作论证的一部分。例如：

> 时常听到说玩忽职守诉讼案件抬高了卫生保健的费用。但是，如果这些案件被取缔或者被严格限制，那么，患者就会缺乏因粗心大意的医生导致的伤害而获得胜诉的方式。因此，应该保持对玩忽职守的起诉。

巨额联邦赤字对每一个人来说都推高了利率。偿还债务占用了联邦预算的一大部分，从而拉低了我们的生活水平。巨额赤字也削弱了美元的价值。由于这些原因，国会必须痛下决心削减开支并提高税收。忽视这一现实的政治家将陷国家的未来于危险之中。

在第一个论证中，开头的陈述只是为了引入主题，因此它不是论证的一部分。前提是第二个陈述，而结论是第三个陈述。在第二个论证中，最后一个陈述只是附带做的一个说明，也不是该论证的一部分。前提是前三个陈述，紧跟"由于这些原因"之后的陈述则是结论。

与论证、陈述等概念密切相关的概念分别是推理和命题。从狭义上理解的话，**推理**（inference）是由论证表达的推导过程。从广义上理解的话，"推理"和"论证"可以互换着用。类似地，**命题**（proposition）在狭义上理解为陈述的意义或者信息内容。但是，出于本书目的，"命题"和"陈述"是互换着用的。

逻辑史注记

一般认为，被尊为"逻辑之父"的人是古希腊哲学家亚里士多德（Aristotle，公元前384—公元前322）。亚里士多德的先驱们曾经对说服性论证的艺术和反驳他人论证的技术表现出兴趣，但是只有亚里士多德才是第一个为分析和评价论证而设计系统标准的人。

亚里士多德的主要成就被称为**三段论逻辑**（syllogistic logic），这种逻辑的基本成分是词项（term），论证根据词项在其中如何的排列而被评价为好的还是坏的。本书第三章、第四章主要讲述三段论逻辑。当然，研究可能、必然、相信与怀疑等概念的**模态逻辑**（modal logic）的起源也应该归功于亚里士多德。此外，亚里士多德还编录了多种非形式谬误，本书第二章将关注这一主题。

亚里士多德去世之后，另外一位古希腊哲学家克吕希波（Chrysippus，公元前280—公元前206）、斯多葛学派的创立者之一，发展出一个基本成分为整个命题的逻辑。克吕希波把每一个命题都处理成或真或假，并且提出了一些规则从组成成分的真假来确定复合命题的真假。在这个过程中，他为逻辑联结词的真值函项解释奠定了基础并且引入了自然推演概念，本书第五章、第六章将分别关注这些内容。

克吕希波去世后将近13个世纪的时期内，逻辑中的创造性工作相对来说非常少。物理学家盖伦（Galen，129—约199）建立了复合直言三段论的理论，但是哲学家们基本上局限于为亚里士多德和克吕希波的著作进行注释。波爱修斯

（Boethius，约 480—524）是一个值得注意的例子。

中世纪第一个重要的逻辑学家是彼得·阿伯拉尔（Peter Abelard，1079—1142）。阿伯拉尔改进和重构了波爱修斯传承的亚里士多德逻辑和克吕希波逻辑，而且他开创了一种共相理论，把一般词项的普遍特征追溯到头脑中的概念而非存在于头脑之外的"自然"，后者是亚里士多德主张的观点。此外，阿伯拉尔区分出由于形式而有效的论证和由于内容而有效的论证，但是他认为，只有形式有效才是"完美的"或者说决定性的论证。本书在这一点上将追随阿伯拉尔。

阿伯拉尔之后，中世纪的逻辑研究通过许多哲学家的工作而兴旺发达起来。舍伍德的威廉（William of Sherwood，约 1200—1271）的一本逻辑专著第一次表述了"Barbara, Celarent, ……"这首歌诀，本书将在第 4.1 节中引用；西班牙的彼得（Peter of Spain，约 1205—1277）的《逻辑纲要》成为标准的逻辑教材达 300 年。不过，这个时期最具原创性的贡献是奥卡姆的威廉（William of Ockham，约 1285—1347）做出的。奥卡姆扩展了模态逻辑的理论，详尽研究了有效的和无效的三段论形式，进一步发展了用于讨论语词、词项和命题等语言实体的、更高层次的元语言的思想。

大约 15 世纪中叶的时候，一股针对中世纪逻辑的反动开始了。修辞学大量地取代逻辑而成为关注的主要焦点；在中世纪就开始失去其独特地位的克吕希波逻辑这时候完全被忽略了，亚里士多德逻辑也只是以极其简单的表现方式来进行研究。一直要到 200 年后，通过戈特弗里德·威廉·莱布尼茨（Gottfried Wilhelm Leibniz，1646—1716）的工作，逻辑才得以重新觉醒。

莱布尼茨在很多领域都是天才，他试图建立一种符号语言或者"演算"，以之用于解决所有争论的形式，不管是神学、哲学还是国际关系。作为这一工作的一个结果，莱布尼茨有时候被奉为"符号逻辑之父"。莱布尼茨对逻辑进行符号化的努力被伯纳德·布尔查诺（Bernard Bolzano，1781—1848）带进了 19 世纪。

19 世纪中叶，逻辑进入到一个快速发展时期，而且这一发展持续到了今天。很多哲学家和数学家都从事符号逻辑工作，其中包括奥古斯都·德·摩根（Augustus De Morgan，1806—1871）、乔治·布尔（George Boole，1815—1864）、威廉·斯坦利·杰文斯（William Stanley Jevons，1835—1882）和约翰·文恩（John Venn，1834—1923）。冠有德·摩根名字的规则将在本书第六章用到。布尔对直言命题的解释和文恩对它们进行图解的方法将是本书第三章、第四章的内容。与此同时，归纳逻辑的复兴则由英国哲学家约翰·斯图亚特·穆勒（John Stuart Mill，1806—1873）发起，他的归纳方法现在已经成为经典方法。

大西洋对面，美国哲学家查尔斯·桑德斯·皮尔士（Charles Sanders Peirce，1839—1914）建立了一种关系逻辑，发明了量词的符号，并且提出了适用于命题逻辑公式的真值表方法。本书第五章、第七章涵盖了这些主题。真值表方法由埃米尔·波斯特（Emil Post，1897—1954）和路德维希·维特根斯坦（Ludwig Wittgenstein，1889—1951）完全独立地发现。

19世纪末，现代数理逻辑的基础由戈特洛布·弗雷格（Gottlob Frege，1848—1925）奠定。他的《概念演算》建立了本书第七章将要介绍的量化理论。弗雷格的工作由阿尔弗雷德·诺斯·怀特海（Alfred North Whitehead，1861—1947）和伯特兰·罗素（Bertrand Russell，1872—1970）继承到了20世纪，他们里程碑式的《数学原理》试图把整个纯数学简化为逻辑。《数学原理》是本书第五章、第六章、第七章中很多符号的来源。

20世纪期间，逻辑中的很多工作都侧重于逻辑系统的形式化以及处理这些系统的完全性和一致性等问题。库尔特·哥德尔（Kurt Gödel，1906—1978）证明的一条著名定理是说，在任意一个对数论恰当的形式系统中，总是存在一个不可判定的公式——存在这样一个公式，这个公式及其否定都不能从这个系统的公理推出。其他的进展还有多值逻辑和模态逻辑的形式化。最近，逻辑对技术的一个重要贡献在于，为数字计算机的电路图提供了概念上的基础。

习题 1.1[①]

Ⅰ. 下述段落都包含一个论证。使用字母"P"和"C"分别确定每一个论证的前提和结论，首先写出前提，然后写出结论。按照最能讲得通的顺序（通常是它们出现的顺序）把前提列出来，然后以单独陈述句的形式把前提和结论写出来。一旦前提和结论都被恰当地标示出来后，指示词就可以删除了。

★1. 一氧化碳分子刚好都具有恰当的大小和形状，而且刚好都具有恰当的化学性质，可以合适地融入血液中血红蛋白分子通常留给氧原子的凹陷处。所以，一氧化碳减弱了血液的携氧能力。

（Nivaldo J. Tro, *Chemistry: A Molecular Approach*, 2nd ed.）

2. 在柏拉图看来，由于善可以增进人们的真正兴趣，我们可以推出，在善被知道的任何给定的情形之中，人们都追求善。

（Avrum Stroll and Richard Popkin, *Philosophy and the Human Spirit*）

3. 由于对法律条文的曲解是导致战争的几类原因之一，我们可以推出，联邦司法部门应对所有涉及他国人员的相关法律条文予以重视。

（Alexander Hamilton, *Federalist Papers*, No. 80）

[①] 本书所有标有"★"的习题在书后都有参考答案。——译者注

★4. 当个人自愿放弃财产的时候，对于他们原来可以有的、关于这些财产的秘密，他们将会丧失任何指望。所以，对被放弃财产的无正当理由的搜查或者查封，根据第四修正案，并非不合理。

（Judge Stephanie Kulp Seymour, *United States v. Jones*）

5. 艺术家和诗人观察这个世界并且寻找联系和秩序。但是他们把他们的思想转换到画布上、大理石中或者诗歌意象里。科学家努力发现不同对象和事件之间的关系。为了表达秩序，他们寻觅，他们提出假说，他们建立理论。因此，伟大的科学理论很容易与那些伟大的艺术和伟大的文学作品相对照。

（Douglas C. Giancoli, *The Ideas of Physics*, 3rd ed.）

6. 澳大利亚和亚洲大陆之间从没有一座路桥这个事实，由以下事实得以证明，即这两个地区的动物物种非常不同。亚洲的胎盘类哺乳动物和澳大利亚的有袋类哺乳动物在过去的数百万年间并没有接触。

（T. Douglas Price and Gary M. Feinman, *Images of the Past*）

★7. 充足睡眠确实有用。我们需要睡眠以保证思考的清晰，反应的迅速，记忆的形成。研究表明，接受智力挑战任务训练的人有了晚上良好的睡眠之后做得会更好。其他研究也显示，睡眠对于创造性问题的解决是必须的。

（U. S. National Institutes of Health, "Your Guide to Healthy Sleep"）

8. 课堂授课老师对于普通学生的发展和学术成就来说极其重要，而行政人员对此只能起到辅助作用。出于这个原因，课堂授课老师的待遇至少应该与行政人员一样，包括学校管理者在内。

（Peter F. Falstrup, letter to the editor）

9. 协议并不起约束作用，除非协议双方都知道他们做的是什么而且自由选择去做。这就意味着准备与顾客进行沟通的卖主有责任告知顾客他们买的是什么以及买卖条款。

（Manuel G. Velasquez, "The Ethics of Consumer Production"）

★10. 快速、明确的惩罚可以抑制不良行为，但是它不能教导或者鼓励可取的行为。所以，非常有必要运用积极正面的技术来对恰当的行为进行模拟和强化，使人们可以用来代替那些带来不可接受后果从而需要抑制的行为。

（Walter Mischel and Harriet Mischel, *Essentials of Psychology*）

11. 利润在我们的自由企业经济中具有非常重要的作用。高利润是消费者对产业产品有更多需求的信号。高利润可以刺激产能的扩大以及对产业的长期投入。对于一个固定的高于平均值的效率，利润表示的是对更高效率的回报。

（Dominic Salvatore, *Managerial Economics*, 3rd ed.）

12. 猫比狗更滑头！我的猫过去经常定期地去关上邻居的狗屋并锁上，把他们家瞌睡的杜宾犬困在里面。告诉猫做什么，或者为它系上一条皮带——它就会瞪着你，然后说："我认为这样不好。你可以这样对待一条狗。"

（Kevin Purkiser, letter to the editor）

★13. 由于私有财产有助于人们定义他们自己，由于私有财产有助于人们摆脱对世俗的日常生活的顾虑，由于私有财产是有限的，个人都不应该积累如此之多的财产，以至妨碍了其他人对生活必需品的积攒。

（Leon P. Baradat, *Political Ideologies, Their Origins and Impact*）

14. 上帝对于每一个存在的事物都恩典以善。因此，由于爱任何事物无非就是对其恩典以善，很显然，上帝爱每一个存在的事物。

（Thomas Aquinas, *Summa Theologica*）

15. 工人阶级、尤其是工资劳动者中的职业女性生育孩子至多不能超过两个。普通工人无法抚养更多孩子，职业女性也无法以体面的方式照料更多的孩子。

（Margaret Sanger, *Family Limitations*）

★16. 放射性尘降物不是核爆炸后果中唯一受关注的东西。地球上的各个国家已经拥有的核武器的爆炸威力超过了100万个广岛原子弹。研究表明，只要这些武器中的一半发生爆炸，就足以产生足够的烟尘覆盖住地球，挡住太阳的照射，从而带来威胁人类存在的核冬天。

（John W. Hill and Doris K. Kolb, *Chemistry for Changing Times*, 7th ed.）

17. 蚂蚁临死的时候会释放出一种化学物质，然后它的同伴们就会把它运到一个安葬地点堆起来。很明显，这种交流是非常有效的；健康的蚂蚁要是粘上这种死亡化学物质的话，也会被一次又一次地拖到安葬堆那里去。

（Carol R. Ember and Melvin Ember, *Cultural Anthropology*, 7th ed.）

18. 每种艺术与每种探究，类似地，每种行动与每种追求，都是以某种善为目的的；因为这个原因，所以有人就说，所有事物都是以善为目的的。

（Aristotle, *Nicomachean Ethics*）

★19. 贫穷向非贫困人口提供了大量的利益。各种各样的扶贫计划为中产阶级提供了社会工作、刑罚系统、公共健康等方面的工作。这些工作人员的未来发展都紧紧地和贫穷存在基础上的官僚机构的持续发展联系在一起。

（J. John Palen, *Social Problems*）

20. 谷物可以每年都有收获，而家畜需要四到五年才能长成。所以，在同样一亩土地上，家畜肉的收获量要远远少于谷物，因而家畜肉数量上的劣势由价格上的优势作为补偿。

（Adam Smith, *The Wealth of Nations*）

21. 不要向别人借钱，也不要借钱给别人；

    因为借钱给别人经常导致丢了钱，也失去了朋友；

    向别人借钱，则容易使人忘了勤俭。

    （William Shakespeare, *Hamlet* I, 3）

★22. 告密的风险非常之高。比方说，揭露医院中内科医生利用不必要外科手术而自肥的护士，揭露一组新的高速自行车的刹车系统存在安全隐患的工程师，向国会揭露军事渎职和超支的国防部官员：他们全部都知道，他们给他们所告发的对象造成了威胁，同时他们也将自己的职业生涯带入危险之中。

    （Sissela Bok, "Whistleblowing and Professional Responsibility"）

23. 如果一个信息不是"与工作有关的"，那么雇主以雇主的身份就认为无须了解它。于是，由于性别问题、政治信仰以及社团活动等都不是大多数工作需要做出说明的内容，也就是说，由于它们并不直接影响人们的工作绩效，它们在雇主确定是否雇用一个工作申请者时都不是雇主需要知道的合法信息。

    （George G. Brenkert, "Privacy, Polygraphs, and Work"）

24. 许多人都相信，黝黑的肤色引人注目而且还是健康的象征，但是越来越多的证据表明，太强的阳光会导致健康问题。最值得注意的一个后果是皮肤的提早老化。光照也会引起某种类型的白内障，而且最令人不安的是，它还是皮肤癌的致病原因之一。

    （Joseph M. Moran and Michael D. Morgan, *Meteorology*, 4th ed.）

★25. 和有些潜水者讲的故事相反，渐渐游近的鲨鱼呲牙咧嘴并不一定有什么预谋。一般认为，经常张着嘴游弋只不过是让鲨鱼免于窒息。张着嘴就能有一股携氧的水流不断流进它们的嘴里，滤过它们的腮，最后从鳃裂流出。

    （Robert A. Wallace *et al.*, *Biology: The Science of Life*）

26. 不仅天空（作为散射的结果）是蓝的，而且从它而来的光也是部分极化的。哪一天阳光很好的时候，把一片人造偏光板（比方说，偏光太阳镜的镜片）放在我们的眼睛前面，并且对着光旋转，我们很容易就可以观察到这种现象。我们将观察到，人造偏光板的方位会改变光的强度。

    （Frank J. Blatt, *Principles of Physics*, 2nd ed.）

27. 由于（从月球而来的）二次光本身并不属于月球而且也不来自任何恒星或者太阳，并且由于在整个宇宙中除了地球之外没有其他星体，我们必须得出什么结论？无疑地，我们必须断定说月球（或者任何其他黑暗的和不发光天体）是由地球照亮的。

    （Galileo Galilei, *The Starry Messenger*）

★28. 熟悉监狱系统的人都知道，有一些其行为不比禽兽好多少的服刑人员蹲在监狱之中。但是，这些囚犯的存在这个事实本身就是反对死刑具有威慑作用的活生生的证明。如果死刑真有威慑作用，这样的囚犯早在很久以前就已经消失得无影无踪了。

("The Injustice of the Death Penalty", *America*)

29. 即使快速眼动睡眠和做梦有可能不是成年人必须的，但对快速眼动睡眠进行剥夺所做的研究似乎在暗示有其他东西。如果这一系统对于成年人并不重要，为什么随着快速眼动睡眠的剥夺，快速眼动压力会增加？

(Herbert L. Petir, *Motivation: Theory and Research*, 2nd ed.)

30. 我们说，那些以自身为目的而值得追求的东西比那些以他物为目的而值得追求的东西更完善；那些从不以他物为目的而值得追求的东西比那些既以自身又以他物为目的而值得追求的东西更完善。所以，我们把那些始终以其自身而从不以他物为目的而值得追求的东西称为无条件地最完善的。

(Aristotle, *Nicomachean Ethics*)

Ⅱ. 以下论证来自杂志和报纸上的一些社论以及编辑收到的来信。在大多数情况下，为了理解作者讲该段话的意图，我们需要对它主要的结论进行重新表述。写出你对主要结论的解释。

★1. 大学管理者非常了解大学体育中那些著名赛事胜利所带来的好处：要求参赛的申请日益增加、特许商标商品赞助的收益日益增加、更多的利润丰厚的电视转播协议、季后赛比赛收入以及更为成功的校友基金赞助等。认为业余选手是理想、纯粹的是一句空话。

(Michael McDonnell, letter to the editor)

2. 在一个移民国度中，不同种族背景的人必须要有一个共同的纽带，通过它来交换思想。如果没有共同语言，这样的纽带如何得以实现？正是那些鼓励发展多语言社会从而使移民不用学习英语的人正在营造一种排外气氛。他们容许移民在语言上作茧自缚，自己无法走出来，别人也休想穿透它。

(Rita Toften, letter to the editor)

3. 我们下一代的健康已经成为一个问题，部分原因在于我们对体育运动的态度。运动的目的，尤其是对于儿童来讲，应该是让健康者更加健康。团体运动的理念未能做到这一点。青少年们被教育去竞争，而不是与他人相互影响、相互合作。团体运动只是强化这样一种观念，即只有占据上风的团队才是赢家，其他都是失败者。这种方式使得很多孩子感觉不到运动的吸引力，而有些孩子，特别是一些身体不健康的孩子，早在 12 岁时就已经对运动心生厌倦了。

(Mark I. Pitman, "Young Jocks")

★4. 大学是年轻人趋于成熟并且获取智慧的阶段，而且只有经历尽可能多样化的智力刺激才能做到这一点。商科学生在会计学上也许是一个佼佼者，但是他是否体验过莎士比亚十四行诗的优美、感悟过组成希伯来历史的那些无穷无尽的事件？大多数可能都没有。即使这些新保守派中的很多人将来可能财源滚滚，但是他们正使自己失去学习大学知识的真正目的，这种牺牲将远远超出他们以后的工资支票。

（Robert S. Griffith, "Conservative College Press"）

5. 历史不断证明，我们无法为道德立法，任何人也没有权利来这样做。真正的问题在于那些依据反毒品法规而建立的数十亿美元毒品工厂的既得利益者。毒品合法化将消除对违法的恐惧；它也将终止未计量剂量、杂质、不合格用具所引起的痛苦。地下经济和灰色经济的很大份额将会转换成为合法经济，把钱从不法分子手里夺走，消灭罪犯和暴力行为，让很多有天分的人重新回到有意义的工作当中。

（Thomas L. Wayburn, letter to the editor）

6. 由于有了抗生素，传染性疾病在这个国家不再是死亡的主要原因，不过仍有很多新出现的细菌菌株对抗生素具有抵抗性，有的还只在抗生素出现时才生长。但是，国会想要削减国立卫生研究院的预算。进一步削减将使我们远远没有准备来应对大自然母亲在她的厨房中烹调出来的新的微生物物种。

（Valina L. Dawson, letter to the editor）

★7. 有一个时期，我们的宗教冲动有助于医治我们社会中的痛苦和伤害，今天的电视传道者鼓吹的却是不宽容、非难和歧视。他们包装出一种所谓的"信徒生活方式"；同时责骂每个不符合这一方式的人——同性恋者、共产主义者、犹太人和其他非基督徒、性教育工作者，等等。这种不宽容所带来的威胁已经逐渐在破坏我们多元论传统的基础。根据老套的好莱坞方式或者爱国热情姿态下对那种不宽容所做的包装，在许多领域中巧妙地完成了；不过那并没有使它正确。①

（Peter G. Kreider, "TV Preachers' Intolerance"）

8. 理想的情况是，关于卫生保健的决策必须以医生的临床诊断、患者的意愿以及科学证据为基础。患者应该总是对自己的治疗有所选择。但是，选择剖宫产并不是用于处理一个问题，而是用于避免一个自然的过程。像这样的选择性外科手术为患

---

① 这道习题换成了编者帕特里克·赫尔利的《简明逻辑学导论》（*A Concise Introduction to Logic*, 10th ed.）中相应的习题。——译者注

者带来了不必要的风险，为以后的分娩增加了并发症的风险，而且增加了医疗保险费用。

（Anne Foster-Rosales, M. D., letter to the editor）

9. 那些由于各种原因在孩子身上花时间很少而心怀歉意的父母都在背后"料理"孩子的事情——因此孩子们并没有学会如何面对他们自己的选择和行为所带来的后果。那些允许孩子失败的父母给予孩子的正是大爱与尊重。

（Susan J. Peters, letter to the editor）

★10. 我们所面对的大多数环境问题，至少在一定程度上，都来源于美国人的数量。一个美国人平均每年都会产生 0.75 吨垃圾，消费数百升的汽油，消耗大量的电力（一般来自核电厂、燃煤或者水坝）。在保护环境的方法中，痛苦最少的方法是限制人口增长。

（Craig M. Bradley, letter to the editor）

Ⅲ．定义以下术语：

逻辑	前提	推理	论证
结论	命题	陈述	结论指示词
三段论逻辑	真值	前提指示词	模态逻辑

Ⅳ．对以下陈述回答"真"或"假"：

1. 前提的目的在于列出理由或者证据以支持结论。
2. 有的论证的结论多于一个。
3. 所有论证的前提都必须多于一个。
4. 语词"所以（therefore）"、"因此（hence）"、"由此（so）"、"由于（since）"和"从而（thus）"都是结论指示词。
5. 语词"由于（for）"、"因为（because）"、"由于（as）"和"理由为（for the reason that）"都是前提指示词。
6. 推理和论证在这两个术语的严格意义上具有相同的意义。
7. 在大多数（但非所有）缺少指示词的论证中，结论是第一个陈述。
8. 任何为真或为假的句子都是一个陈述。
9. 每一个陈述都有一个真值。
10. 亚里士多德就是那个常常被尊为"逻辑之父"的人。

1.2 识别论证

> **预热**　假设你的老师说，因你没有按时上交论文，结果是你的成绩将会受影响。作为回应，你可能**论证**说，实际上这篇论文已经按时上交了，或者**解说**为什么这篇论文没有按时交。解说不同于论证。你在本节将学会如何把论证与几种非论证形式，包括解说、说明性段落、例解等，区分开来。

并不是所有段落都包含了论证。因为逻辑处理论证，所以能够区分出包含了论证的段落和没有包含论证的段落，这一点就显得非常重要。一般来说，如果一段话的目的在于证明某个事情，那么它就包含了论证；否则，就没有包含论证。

通过对本书前一节的学习，我们知道，每一个论证都至少具有一个前提和恰好一个结论。前提列出所谓的证据或者理由，然后结论断定从这些所谓的证据或者理由得出的东西。论证的这个定义表述了一段话包含有论证所需要的条件：

1. 其中至少有一个陈述必须断言提出了证据或者理由。
2. 必须有这样一个断言，即所谓的证据支持或者蕴涵了某些东西；或者说是有这样一个断言，即有的东西从所谓的证据或者理由得出。

前提并不被要求提出真实的证据或者理由，也不被要求实际上确实支持了结论。不过，至少前提必须断言提出了证据或者理由，并且必须断言上述证据或者理由支持或者蕴涵某些东西。同时，你也应该认识到，第二个断言并不同于论证者的意图。意图是主观的，而且就其本身而论，通常又是评价者所难以理解的。当然了，这个断言是论证基于其语言或者结构的客观特征。

为了确定一段话是否包含了论证，所谓的证据支持或者蕴涵了某些东西这一断言通常是两个条件中更为重要的。这样的断言既可以是明示的也可以是暗示的。明示的断言通常由前提或者结论指示词如"从而（thus）"、"由于（since）"、"因为（because）"、"因此（hence）"、"所以（therefore）"等来断定。例如：

> 疯牛病通过给母牛喂食用染病动物尸体加工成的饲料而得以传播，而且这种做法还没有被完全根除，从而（thus）疯牛病仍然对食用牛肉的人构成威胁。

这里，"从而（thus）"一词显示了某些东西被推理出来这一断言，所以这段话是一个论证。

如果一段话的陈述之间具有推理关系，但是那段话并不包含指示词，那么就存在一个暗示的断言。例如：

> 食物的基因改造是一项冒险的商业。遗传基因工程会把意料之外的改变引入提供食物的生物的 DNA 中，而且这些改变对消费者来说可能是有毒的。

在这段话中，第一个陈述和其他两个陈述之间具有一种推理关系。最后两个陈述的意义自然而然地准备用来证明第一个陈述。这种关系构成了一个暗示的、证据支持某些东西的断言，因此我们有理由称这样一段话为一个论证。第一个陈述是结论，而另外两个陈述是前提。

在确定是否存在一个证据支持或者蕴涵了某些东西的断言时，需要注意前提和结论指示词以及陈述之间推理关系的出现。但是，与这些要点相关的是，需要做几点提醒。

第一个需要提醒的地方是，仅仅出现了指示词绝不能保证就有论证的出现。例如，考虑以下两段话：

> 自从（since）爱迪生发明了留声机以来，已经有很多的技术革新。
>
> 由于（since）爱迪生发明了留声机，他理应因这项重要的技术革新而值得称道。

在第一段话中，"自从（since）"一词是在时序的意义上被使用。它的意思是"从这个时候开始"。所以，第一段话并不是论证。在第二段话中，"由于（since）"一词是在逻辑的意义上被使用，所以，这段话是一个论证。

第二个需要提醒的地方是，在一段话中要看出各个陈述之间是否出现了推理关系，这一点并不总是容易做到，而是可能需要对一段话进行多次核查才能确定下来。为了确定这一点，往往可以在心里于各个陈述之前插入"所以"一词，把其中一个陈述作为是从其他陈述得出来的，看看这样做是否行得通。但是，即使有了这种做法的辅助，要确定一段话中是否包含了一个推理关系（和刚才所说的确定指示词一样），常常需要做出大量的说明。因此，并不是每一个人都对同一段话有相同的看法。有时候，唯一可能的回答却是一个条件句："如果这段话包含了一个论证，那么这些陈述是前提而那个陈述是结论。"

为了有助于把包含了论证的段落与没有包含论证的段落区分出来，我们现在来考察一些非论证的典型种类，包括简单的非推理段落、说明性段落、例解、解说以及条件陈述。

简单的非推理段落

简单的非推理段落（simple noninferential passage）是不提出问题的一段话，缺少什么东西被证明了这样一个断言。这样的段落包含了可以作为前提或者结论（或者二者都有）的陈述，但是缺少的正是一个断言，只有根据这个断言，才能明白哪些可能的前提支持了一个结论，或者哪个可能的结论得到了前提的支持。这类段落一般包含的是警告、建议、关于信念或者观点的陈述、联系松散的陈述、报告，等等。

> **简单的非推理段落**：一种包含警告、建议、观点、联系松散的陈述、报告等的非论证段落。

警告（warning）这种表达形式是想提醒人们注意危险的或者有害的情境。例如：

> 你小心点，别在冰上滑倒了。
>
> 不管你做什么，绝不要向多嘴多舌的鲍勃吐露个人秘密。

如果没有给出证据可以证明这样的陈述为真，那么就不存在什么论证。

建议（piece of advice）是就将来某种决定或者行动方向给予想法的一种表达形式。例如：

> 你在买一辆二手车之前应该好好想想。在各种速度和路况下试驾一下，检查一下曲轴箱中的润滑油，索要服务记录看看，可能的话，请个机械工检测一下引擎和动力系统。
>
> 接受课外时间的工作之前，我建议你仔细考虑一下你的课程负担。你有足够的时间准备功课和考试吗？那个工作会不会耗费你太多的精力？

与警告的情况一样，如果没有证据准备证明什么东西，那么就不存在什么论证。

关于信念或者观点的陈述（statement of belief or opinion）是关于一个人相信或者思考某些东西的表达。例如：

> 我们相信，我们的公司必须开发和生产出出色的产品，为我们的客户提供最好的服务或者满足他们的需求。我们相信，我们的生意一定是在充分的利润上经营，而且我们的服务和产品一定比我们竞争对手的要好。
>
> （Robert D. Hay and Edmund R. Gray, "Introduction to Social Responsibility"）

1

当我能够透过服务员耳垂上的耳洞看到菜单上的拿铁时，有些事情严重乱套了。每个耳垂上的耳环，或许是每边两个耳环，都发生什么事情了？现在，任何外观都是游戏。眉毛、嘴唇、舌头、脸颊、鼻子。我已经习惯了看到松开的鞋带和露臀的裤子。但是，当看到穿孔的时候，我还是无法认同。

（Debra Darvick, "Service with a Smile, and Plenty of Metal"）

由于作者都没有声称他们的信念或者意见被证据所支持，或他们的信念或者意见支持某个结论，因此，这里的两段话中都不存在论证。

联系松散的陈述（loosely associated statements）可以是有关同一个一般性主题的，但是它们缺乏一个断言，即其中一个陈述为其他陈述所证明。例如：

不尚贤，使民不争；不贵难得之货，使民不为盗；不见可欲，使民心不乱。

（老子，《道德经》）

由于没有断言这些陈述之中的哪一个提供相信另外一个陈述的证据或者理由，因此，这里不存在论证。

报告（report）是由传达某个主题或者事件的信息的一组陈述组成的。例如：

1648—1789年是欧洲主要君主国之间激烈竞争的年代之一。强国之间的战争频繁但有限度。法国做出了重大努力，成为最重要的国家，但是权力之间的平衡阻止了法国的扩张。

（Steven L. Spiegel, *World Politics in a New Era*）

这些陈述可以充当一个论证的前提，但是由于作者并没有断言它们支持或者蕴涵什么，因此这里不存在论证。另外一类报告是新闻报告：

目击者说，他们听到了巨大的爆炸声，接着是一个火爆的夜店里的一个阳台坍塌了，几十个人尖叫着从4米多的高处坠落下来。当他们落到碎玻璃和断裂的木头上时，至少有80个在"钻石马蹄"赌场中的人都受伤了。调查人员正在等候关于平台所能承受负荷的工程师报告。

（剪报）

这里也是因为记者没有断言这些陈述蕴涵什么，这里也不存在论证。

但是，我们需要留意关于论证的报告：

"在未来数年间，空军将面临经验丰富的飞行员严重不足的问题，因为来来往往的海外旅游和商业航线的高报酬工作的诱惑胜过了继续服役的收入。"一位重要的空军官员说。

（剪报）

准确地说，这段话并不是一个论证，因为这段话的作者并没有声称任何事情被证据所支持。相反，作者报告了那位空军官员的一个断言，即有个事情被证据所支持。如果这样的一段话被解释为"包含"了一个论证，那么，一定要弄清楚该论证并不是作者的论证，而是作者报告中提到的某人所做的论证。

说明性段落

说明性段落（expository passage）这种表达以一个主题句开始，后面紧接着一个或者多个句子来发挥这个主题句。如果目的不在于证明主题句而只是发挥它或者详细地说明它，那么就不存在论证。例如：

> 说明性段落：一种以一个主题句开始、后面紧接着一个或者多个发挥这个主题句的句子所组成的非论证。

> 三种常见的物质状态分别是固体、液体和气体。一般情况下，不管位置如何，固体都保持各自的形状和体积。液体占有一定的体积，但是形状与在盛装的容器中所占部分的形状有关。气体则既不保持形状也不保持体积，它能够弥漫到填满盛装它的任何容器。
>
> （John W. Hill and Doris K. Kolb: *Chemistry for Changing Times*, 7th ed.）

> 对大众来说，在运动尤其是棒球运动中，运动员存在着一种模式化的风格。每一个运动员都发挥着自己的风格——踏上本垒时神气十足，独特的投球，干脆利落却强劲有力的击球，场内场外的精准快速和优雅，做什么都有一种游刃有余的观感。
>
> （Max Lerner, *America as a Civilization*）

上述两段话首先叙述的是主题句，而其余的句子都只是发挥和补充这个主题句。这两段话由于缺少推理方面的断言而不是论证。但是，说明性段落不同于简单的非推理段落（警告、建议等），它们之中有许多也可以看作论证。在一段话中，如果随后的句子的目的不只是补充主题句而且还证明它，那么这段话就是论证。例如：

> 皮肤以及呼吸道与消化道的黏膜是防止微生物侵入的屏障。皮脂腺分泌

物含有削弱或者杀死皮肤上的细菌的化学成分。呼吸道内有这样的细胞，它们能够把黏液和被拦住的颗粒物清扫进咽喉，然后就可以咽下。胃里面有一种酸性 pH 值，可以抑制多种细菌的滋生。

（Sylvia S. Mader, *Human Biology,* 4th ed.）

　　这段话首先叙述的是主题句，而随后其余句子的目的不只是说明皮肤和黏膜是如何充当防范微生物的屏障的，而且也是在证明它们确实如此。因此，这段话可以看作既是一个说明性段落又是一个论证。

　　为了确定一个说明性段落是否应该解释为一个论证，需要确定这段话中随后句子的目的只是发挥主题句还是也在证明主题句为真。遇到两可情形的时候，自己琢磨一下：主题句是否提出了一个人人都可以接受或者同意的主张。如果是，那么这段话可能就不是一个论证。在现实生活中，作者往往很少会对人人都已经接受的东西进行证明它们为真。但是，如果主题句提出的是一个许多人都不接受或者未曾想过的主张，那么随后句子的目的就可能既要发挥主题句又要证明主题句为真。如果是这样的话，那么这段话就是一个论证。

　　最后，即使通过这一程序没有得出确定的答案，那么唯一的选择就可能是，如果这段话被当作一个论证，那么它的第一个陈述是结论，而其余陈述都是前提。

例解

例解： 非论证的一种，包含有一个或者多个例子，目的在于说明有些东西指的是什么或者是如何做到的。

　　例解（illustration）这种表达形式包含有一个或者多个例子，目的在于说明有些东西指的是什么或者是如何做到的。例解常常与论证混淆，因为很多例解中都包含有"因此"这样的指示词。例如：

　　　化学元素和化合物都能用分子式表示。因此，氧表示为"O_2"，水表示为"H_2O"，而氯化钠表示为"NaCl"。

　　　落叶乔木是冬天落叶的树。例如，枫树就是落叶乔木，榆树、白杨树、山楂树和赤杨树也都是。

　　这些摘录都不是论证，因为它们并没有做出什么东西被证明的断言。在第一段摘录中，"因此"一词展示了有的东西是怎么做的——也就是说，化学元素和化合物如何用公式来表示。而在第二段摘录中，所援引的例子是想例解"落叶的"这个词的意义。这里通过提出具体的事例来确定意义。

　　但是，与说明性段落的情形有点类似的是，很多例解也可以当作论证。这样的论证常常称为**举例论证**（argument from example）。下面是一个例子：

> 虽然大多数形式的癌症如果不治疗的话就会导致死亡，但是并不是所有癌症都会威胁生命。举例来说，基底细胞癌是所有皮肤癌中最常见的，会导致毁容，但是它几乎从未造成死亡。

这段话中所举的例子其目的在于证明"并不是所有癌症都会威胁生命"为真。所以，最好还是把这段话解释为论证。

为了确定一个例解是否应该解释为论证的时候，需要确定这段话是否仅仅表明某些东西是如何做的或者是什么意思，还是说这段话也打算证明什么。遇到两可情形的时候，琢磨一下被例解的主张是否是人人都接受或者同意的，这会有点帮助——如果是的话，那么这段话可能就不是一个论证。我们知道，在现实生活中，很少有作者准备去证明人人都已经接受的东西。但是，如果被例解的主张是许多人都不接受或者未曾想过的东西，那么这段话就可能被理解为一个论证。

所以，至于前面我们考虑的两个例子，大多数人都知道元素和化合物能用分子式表示——实际上人人都知道水是 H_2O——而且大多数人可能对什么是落叶乔木这个概念都有一个比较模糊的认识。但是，他们很有可能未曾想到过是不是有的癌症并不威胁生命。这是把上述三个例子中的前面两个例子解释为例解而把最后一个解释为论证的理由之一。

> **举例论证**：通过援引例子来证明一个结论的论证。

解说

最重要类型的非论证之一是解说。**解说**（explanation）这种表达的目的在于说明某个事件或者现象。所涉及的事件或者现象一般都作为事实被加以接受。例如：

> 天空从地面上看呈蓝色，这是因为来自太阳的光线被大气中的颗粒物驱散了。

> 艾滋病病毒导致疾病和死亡，这是因为它会感染被称为 T 细胞的白血球细胞，而这些细胞对身体的免疫系统来说非常必要。

> 脐橙之所以得名，乃是因为它们在与果柄相对的另外一端的形状与人的肚脐相似。

每一个解说都由两种不一样的成分组成，即被解说项和解说项。**被解说项**（explanandum）是描述需要解说的事件或者现象的陈述；而**解说项**（explanans）

> **解说**：旨在阐明某个事件或者现象的一种非论证。

> **被解说项**：描述需要解说的事件或者现象的陈述。

> **解说项**：用来解说的一个或者一组陈述。

则是用来解说的一个或者一组陈述。在上面第一个例子中，被解说项是"天空从地面上看呈蓝色"这种情况，而解说项是"来自太阳的光线被大气中的颗粒物驱散了"。

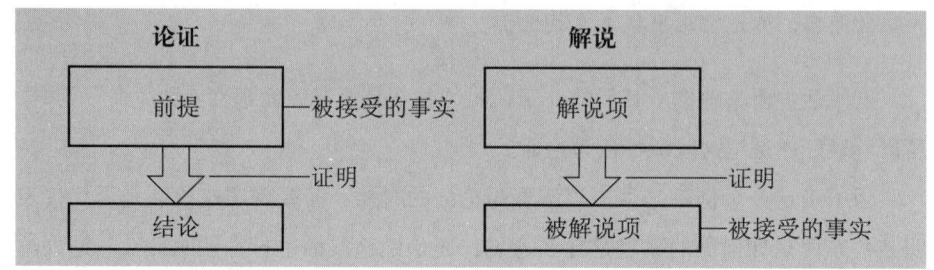

由于解说和论证通常都含有"因为"等指示词，所以有时候解说会被误认为论证。但是，解说并不是论证，因为在解说中，解说项的目的在于说清楚或者弄明白被解说项——但并不是去证明它的出现。换句话说，解说项的目的在于表明某事为什么是那样，而对于一个论证来说，前提的目的是要证明某事就是那样。

在前面第一个例子中，天空是蓝色这一事实对每个人来说都是不言而喻的。"来自太阳的光线被大气中的颗粒物驱散了"这个陈述并不是想要证明天空是蓝色那样的情况，而是要表明天空为什么是蓝色的。在前面第二个例子中，实际上人人都知道艾滋病病毒会导致疾病和死亡。那段话的目的在于说明它为什么会发生——而不是要证明它发生那样的情况。与此类似，在前面第三个例子中，脐橙之所以被如此称呼是显然的；那段话的目的在于要说清楚为什么它们有那样的称呼。

所以，为了区别解说和论证，就是要识别出是被解说项或者是结论的那个陈述（通常指的是"因为"一词之前的那个陈述）。如果这个陈述描述的是一个公认的事实，而且它之后的陈述是为了说明这个陈述，那么，这段话就是一项解说。

一般来讲，这个方法适用于区分出论证和解说。但是，有的段落既可以解释为解说又可以解释为论证。例如：

女人喝酒时喝得比男人少就会醉，因为男人在酒精进入血液之前就已经代谢了酒的一部分。

家用漂白水绝不能和家用氨水混合在一起，因为二者混合在一起会产生有毒的氯气。

这两段话的目的有可能是对不接受各自第一个陈述为事实的那些人给出证明，同时对确实接受它们的人说清楚那个事实。或者，这两段话也可能是想要对某一个盲目相信或者欠缺经验时接受它们为真的人证明各自第一个陈述，同时也说清楚各自为真这样一种情况。所以，这两段话都可以分别正确地解释为一项解说和一个论证。

试图区分解说和论证所面临的最大问题也许在于，需要确定某个事情是否为一个公认的事实。很明显，被一个人接受的东西可能并不被另一个人接受。所以，这种努力一般还包括确定这段话究竟是对什么人说的——也就是需要考虑受众是什么人。有时候，根据段落的来源（教科书、报纸、专业期刊等）就能确定这个问题。但是，当一段话完全脱离上下文语境时，确定其来源就不太可能了。在这样的情况下，唯一可能的答案可能是说，如果这段话是一个论证，那么其中这些是结论且那些是前提。

条件陈述

条件陈述（conditional statement）是一种由"如果……那么……"陈述表达的非论证。例如：

> 如果职业足球赛引发家庭暴力，那么应该重新考虑对这项运动所做的广泛赞许。

> 如果罗杰·费德勒赢得的大满贯比任何其他竞争者都多，那么他就理应获得"世界上最伟大的网球运动员"这一称号。

每一个条件陈述都由两个部分组成。直接跟在"如果（if）"之后的陈述称为**前件**（antecedent），而直接跟在"那么（then）"之后的陈述则称为**后件**（consequent）。（偶尔也会把"那么"略去，而前后件的次序有时候也会颠倒。）在上面第一个例子中，前件是"职业足球赛引发家庭暴力"，而后件则是"应该重新考虑对这项运动所做的广泛赞许"。在这两个例子中，前后件之间存在着一种有意义的关系。但是，对于把一个陈述视为条件陈述而言，这样的关系不是必须的。"如果珍妮·杰克逊是一位歌手，那么丹佛位于科罗拉多"这个陈述与关于职业足球赛与罗杰·费德勒的陈述一样，同样是一个条件陈述。

> **条件陈述**：一种由"如果……那么……"陈述表达的非论证。

> **前件**：条件陈述中跟在"如果"之后的部分。

> **后件**：条件陈述中跟在"那么"之后的部分。

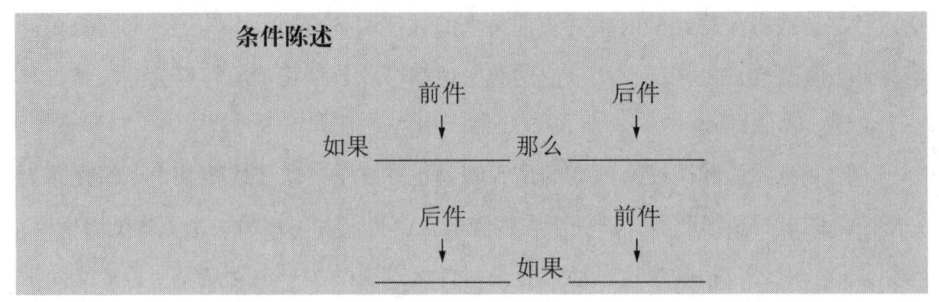

条件陈述并不是论证，因为它们不符合此前给出的标准。在一个论证中，至少有一个陈述必须是声明提出了证据，而且必须有一个声明说这个证据蕴涵了某个东西。而在一个条件陈述中，并没有声明说前件或者后件提出了证据。换句话说，条件陈述并没有断定说或者前件为真或者后件为真；而只是说，仅仅断定的是如果前件为真，那么后件也为真。当然，一个条件陈述作为一个整体可能由于断定了陈述之间的一种关系而提出了证据。即使就这个意义上来看条件陈述，也仍然不存在论证，因为没有任何单独的声明说这个证据蕴涵了任何东西。

但是，有的条件陈述在表达一个推理过程的结果时，非常类似于论证。这样一来，可以说它们拥有了一定的推理的内容。考虑以下例子：

如果莎拉·佩林热衷于在飞机上猎狼，那么她对野生动物毫不尊重。

在这个陈述中，前件与后件之间的联系类似于一个论证的前提与结论之间的推理联系。但是这里存在着一种差别，因为论证的前提要求为真，而对于条件陈述的前件来说就没有这样的要求。所以，条件陈述并不是论证。①但是，它们的推理内容可以重新表述而成为一个论证：

莎拉·佩林热衷于在飞机上猎狼。
所以，她对野生动物毫不尊重。

最后，虽然单个条件陈述并不是论证，但是条件陈述可以充任一个论证的前提或者结论（或者二者），如同以下例子所阐述的：

如果伊朗正在研发核武器，那么伊朗对世界和平就是一种威胁。

---

① 这样说的时候，我们暂时忽略了这些陈述作为省略三段论的可能性。我们将在第四章看到，省略三段论是一个论证，其中有一个前提或者结论（或者二者）是蕴涵的但没有说出来。在本例中，如果我们添加上前提"莎拉·佩林热衷于在飞机上猎狼"以及结论"所以，莎拉·佩林对野生动物毫不尊重"，我们就得到了一个完整的论证。为了确定一个条件陈述是不是一个省略三段论，我们必须熟悉它出现的上下文语境。

伊朗正在研发核武器。
所以，伊朗对世界和平是一种威胁。

如果我们的边界是可渗透的，那么恐怖分子就可以随意进入我们国家。
如果恐怖分子可以随意进入我们国家，那么我们所有人就会更不安全。
所以，如果我们的边界是可渗透的，那么我们所有人就会更不安全。

现在，条件陈述和论证之间的关系可以概述如下：

1. 单个条件陈述不是论证。
2. 条件陈述可以充任论证的前提或者结论（或者二者）。
3. 条件陈述的推理内容可以重新表述而成为一个论证。

前两条规则尤其适用于辨别论证。根据第一条规则，如果一段话由单个条件陈述组成，那么它就不是论证。但是，如果它由一个条件陈述以及一些其他陈述组成，那么根据第二条规则，它就可能是一个论证，这有赖于指示词的出现以及陈述之间的推理关系等因素。

条件陈述在逻辑（以及其他很多领域）中特别重要，因为它们表达的是必要条件和充分条件之间的关系。每当 A 的出现是 B 的出现的全部所需时，就说 A 是 B 的一个**充分条件**（sufficient condition）。例如，作为狗是作为动物的一个充分条件。另一方面，每当 B 不出现 A 也就不能出现时，就说 B 是 A 的一个**必要条件**（necessary condition）。所以，作为动物是作为狗的一个必要条件。

> **充分条件**：每当 A 的出现是 B 的出现的全部所需时，就说 A 是 B 的一个充分条件。

> **必要条件**：每当 B 不出现 A 也就不能出现时，就说 B 是 A 的一个必要条件。

充分条件和必要条件之间的区别有点棘手。因此，为了进一步清理这一问题，假设你有一个很大的、封闭的纸板盒，而且还假设你被告知盒子里有一只狗。那么，你一定会知道盒子里有一只动物，无须其他条件你就能得出这一结论。这就是说，作为狗对于作为动物来说是充分的。但是，作为狗对于作为动物来说却不是必要的，因为，如果你被告知盒子里有一只猫，你也同样可以确切地得出结论说盒子里有一只动物。换句话说，盒子里有一只狗对于盒子里有一只动物来说并不是必要的。盒子里有一只猫、一只老鼠、一只松鼠或者任何其他动物都同样能够得到那个结论：盒子里有一只动物。

另一方面，假设你被告知，不管盒子里有什么，它都不是一只动物。那么，你一定会知道盒子里没有狗。你得到这个结论的原因在于，作为动物是作为狗的必要条件。如果不是动物也就不是狗。但是，作为动物对于作为狗来说并不充分，因为如果你被告知盒子里有一只动物，那么你不能单凭这个信息就能得出结论说它里面有一只狗。里面也许是一只猫、一只老鼠、一只松鼠，等等。

这些内容被条件陈述表达如下：

> 如果 X 是一只狗，那么 X 是一只动物。
>
> 如果 X 不是一只动物，那么 X 也不是一只狗。

第一个陈述是说，作为一只狗是作为一只动物的充分条件，第二个陈述是说，作为一只动物是作为一只狗的必要条件。但是，稍加思索就可以看出，这两个陈述说的完全是同样的事情。所以，它们一方面表达一个必要条件，另一方面又表达一个充分条件。

小结

为了确定一段话是否包含一个论证的时候，我们需要找到三个东西：（1）诸如"所以（therefore）"、"由于（since）"、"因为（because）"等指示词；（2）陈述之间的推理关系；（3）典型种类的非论证。但是，需要记住，单凭出现一个指示词并不能保证论证的出现。必须核查的是，被确认为结论的陈述主张被一个或者多个其他陈述所支持。还需要记住的是，在许多缺乏指示词的论证中，结论是第一个陈述。此外，在确定一个陈述是否被解释为结论之前，在脑海里往各种陈述前插入"所以（therefore）"一词，是有帮助的。我们已经综述的典型的非论证如下：

简单的非推理段落	警告
建议	关于信念的陈述
联系松散的陈述	关于观点的陈述
报告	说明性段落
例解	解说
条件陈述	

请记住，这些非论证种类并不是相互排斥的，比方说，同一段话有时候既能解释为报告也能解释为关于观点的陈述，或者既能解释为说明性段落又能解释为例解。一段话到底是哪种非论证，并不像正确断定它是否为一个论证那么重要。

| 著名逻辑学家 |

亚里士多德（Aristotle，公元前384—公元前322）

亚里士多德出生于斯塔吉拉这座位于爱琴海北部海岸的古希腊小城镇。他的父亲是马其顿国王阿穆塔二世的宫廷医师，而年轻的亚里士多德是国王儿子菲利普的朋友，后者后来成为了国王，也是亚历山大大帝的父亲。亚里士多德大约17岁的时候，被送进雅典的柏拉图学园深造，柏拉图学园是古希腊世界最好的高等教育机构。柏拉图死后，亚里士多德前往小亚细亚海岸边上的小城镇阿索斯，在那里娶了当地统治者的侄女为妻。

六年之后，亚里士多德应邀回到马其顿，担任年轻的亚历山大的导师。亚历山大在父亲被暗杀而登上王座之后，亚里士多德的导师职务也就结束了，然后他前往雅典，在吕克昂的阿波罗神庙附近建立了一座学校。这个学校从此被称为"吕克昂"，而亚历山大捐献钱物和他远征时缴获的战利品中的动植物标本以支持这座学校。亚历山大去世之后，一场反马其顿的叛乱迫使亚里士多德离开雅典前往北边大约50千米外的卡尔西斯。一年之后，他在那里逝世，享年62岁。

亚里士多德被普遍认为是逻辑的创始人。他把逻辑定义为对从一个或者多个陈述必然地得出另外一个陈述的过程的研究。他认为，最基本的陈述类型是直言命题，他根据直言命题的全称性、特称性、肯定性和否定性而把它们划分为四类。然后他又建立了对当方阵，用来显示一个命题如何蕴涵另外一个命题的真假，而且还确定了换位、换质与换质位关系，以此为各种直接推理提供了基础。

亚里士多德的最高成就是直言三段论理论。直言三段论是由三个直言命题组成的一种论证。他说明了直言三段论如何可以用式和格来编排，制定了一组规则来确定直言三段论的有效性。同时，他还说明了如何把可能性与必然性这样的模态概念应用于直言命题。除了三段论理论之外，亚里士多德发展了属加种差的定义理论，又借助13种非形式谬误来说明论证如何会有缺陷。

亚里士多德对包括生物学、物理学、形而上学、认识论、心理学、美学、伦理学和政治学在内的许多领域都有意义深远的影响。但是，由于他在逻辑上的成就影响如此广泛、深远，在他逝世之后两千年，伟大的哲学家伊曼努尔·康德说，亚里士多德已经发现了关于逻辑所能知道的一切。直到19世纪末，弗雷格、怀特海和罗素等人发展现代数理逻辑的时候，亚里士多德逻辑才被取代。

习题 1.2

Ⅰ．确定以下各段话哪些是论证。对于确定为论证的，请确定其结论；确定不是论证的，请确定为哪种非论证类型。

★1. 火鸡秃鹫（turkey vulture）之所以这么称呼，乃是因为它红色无羽毛的头看起来好像火鸡（turkey）的头。

2. 如果公立教育不能提高中小学教育的质量，那么很有可能它在以后就会使更多的学生流失到私立学校。

3. 新闻自由是我们制度保证的最重要的自由。没有它，我们其他的自由将立即受到威胁。此外，它还为新的自由的发展提供了支点。

★4. 哺乳动物是用母乳哺育其后代的一种脊椎动物。所以，猫和狗都是哺乳动物，羊、猴、兔和熊也一样。

5. 强烈建议你尽可能早地为你的房子做一个防止白蚁危害的预防工作。

6. 蚊虫叮咬并不总是像我们很多人通常认为的那样是一个无害的小烦恼。例如，有的蚊子携带有西尼罗病毒，感染这种病毒的人会极度虚弱或者死亡。

★7. 如果干细胞研究被限制，那么未来的治疗将无法实现。如果未来的治疗无法实现，那么人们将过早去世。所以，如果干细胞研究被限制，那么人们将过早去世。

8. 小说人物的举止和现实人物的一样都根据同样的心理可能。但是，小说人物会遇到现实人物几乎不会遇到的异国困境。所以，小说为我们提供了机会来仔细考虑人们如何应对非同寻常的情境，从他们的行为演绎出道德规训、心理学原理以及哲学见地。

（J. R. McCuen and A. C. Winkler, *Readings for Writers*, 4th ed.）

9. 我相信，美国的政策必须是支持各自由民族抵抗少数武装集团分子或外来压力的征服企图。我相信，我们必须帮助自由民族通过他们自己的方式来安排自己的命运。我相信，我们的帮助主要是通过经济和财政的支持，这对于经济安定和有秩序的政治进程来说，是必要的。①

（President Truman, Address to Congress, 1947）

★10. 昨天，被指控偷偷进入辛辛那提动物园并试图骑那些骆驼的五名大学生，毫无争议地都承认犯了非法侵入罪。动物园负责人说，在保安人员抓住这些学生之前，他们翻过了围墙进入动物园，然后又翻过另外一堵墙进入骆驼场。

（剪报）

---

① 摘自第33任美国总统哈里·杜鲁门于1947年3月12日致国会的咨文，"杜鲁门主义"来源于此。——译者注

11. 对女性来说，怀孕早期接受合法的流产手术所导致的死亡率似乎与自然分娩所导致的死亡率一样低或者更低。所以，这个国家在保护女性免受那些危险手术的威胁（除非放弃它对于她们来说一样危险）的任何兴趣都已经基本消失殆尽。

（Justice Blackmun, *Roe v. Wade*）

12. 很明显，阅读的速度完全在于读者。他可以根据自己的能力或意愿读得尽可能慢或尽可能快。如果他并不理解有的内容，他可以停下来重读一遍，或者在继续读之前先看说明。阅读材料简单或者没有兴趣的时候，读者可以加快速度；遇到难读或者迷人的地方时，他可以放慢速度。如果读到了感人的地方，他可以放下书，调整一下情绪，而无须担心会漏掉什么。

（Marie Winn, *The Plug-In Drug*）

★13. 任何长度单位被立方以后都成了立体单位。因此，立方米、立方厘米和立方毫米都是体积单位。

（Nivaldo J. Tro, *Chemistry: A Molecular Approach*, 2nd ed.）

14. 南非克鲁格国家公园的狮子正在死于结核病。"公园中所有狮子在10年内都将死掉，因为这个病无法治愈，这些狮子又没有自然免疫力，"农业部副部长说。

（剪报）

15. 经济学在商业中具有实用价值。对经济系统整体运作的理解可以让经济领导工作者在一个更好的位置上来制定政策。掌握了通货膨胀因果关系的经济工作领导者在通胀期间就会准备得更好以做出比其他人更为高超的决策。

（Campbell R. McConnell, *Economics*, 8th ed.）

★16. 在你写作之前，有一件事你必须记住：著名的文学作品，尤其是经典作品，都已经被充分地研究过了，甚至关于它们的流行观点都已经成为了正统意见。

（J. R. McCuen and A. C. Winkler, *Readings for Writers*, 4th ed.）

17. 大学里的年轻人通过学习获得知识，而不是学习做买卖。我们都必须学会如何养活自己，但是我们也必须学会如何生活。我们这个现代世界需要很多的工程师，但是我们并不需要整个世界全是工程师。

（Winston Churchill, *A Churchill Reader*, ed. Colin R. Coote）

18. 没有商行会赊账给无法或不愿偿还其账目的顾客。所以，大多数商业组织都有一个信用部门，以针对每一个潜在客户的信用做出决定。

（Walter B. Meigs and Robert F. Meigs, *Accounting*）

★19. 对于海洋表面的生物来说，潜入深水之中意味着死亡。植物细胞无法在黑暗深处进行光合作用。下潜的鱼类和其他动物错过了主要由水面表层提供的食物，而它们自身却成为生活在海洋深处的陌生食肉动物的食物。

(David H. Milne, *Marine Life and the Sea*)

20. 自从20世纪50年代以来，一种被称为鳟鱼眩晕病的病毒侵入了美国的渔溪之中，经常攻击虹鳟鱼。一种使得幼鱼变形而在临死前追着尾巴的寄生虫由此而得名。

("Trout Disease – A Turn for the Worse", *National Geographic*)

21. 腊肠犬是适合于幼儿的一种狗，因为它们伸展性很好，孩子的各种闹腾一般无法伤害到它们。

(Robert Benchley，引自 *Cold Noses and Warm Hearts*)

★22. 原子是一切物质的基本微粒。它们能组合形成分子，分子的性质通常完全不同于那些作为其成分的原子。例如，食盐是一种由氯和钠简单合成的化学化合物，既不像那种有毒的气体也不像那种高活性金属。

(Frank J. Blatt, *Principles of Physics*, 2nd ed.)

23. 粗俗类型的幽默是一种恶作剧：在显要人物快要坐下时把椅子抽走。受害人首先是一个举足轻重的人，然后突然成为一个受物理定律支配的迟钝的身体：权威被重力所揭穿，精神被物质所揭穿；人退化为一种机制。

(Arthur Koestler, *Janus: A Summing Up*)

24. 如果一个人坚持孩提时代就接受或者服膺的一种信念，压制或推开头脑中浮现的任何对这一信念的怀疑，避开那些会引起对它产生怀疑的书籍和同伴，把那些不干扰它就不容易开口问的问题都视为不虔诚——这个人的一生就是危害人类的长期犯罪。

(W. K. Clifford, *The Ethics of Belief*)

★25. 确定某个东西是否有生命是一件很容易的事情。这是因为生物具有很多共同的属性，比方说能够从营养物中吸收能量来驱动它们的各种功能，具有积极回应它们所处环境改变的力量，以及生长、变异和繁殖的能力。

(Donald Voet and Judith G. Voet, *Biochemistry*, 2nd ed.)

26. 词汇是狡猾的顾客。一个词的全部意义非得置于其语境中才能显现出来……而且甚至在那时候，意义也将有赖于倾听者，有赖于说话者，有赖于他们全部的语言经验，有赖于他们关于相互之间的了解，以及有赖于整个环境。

(C. Cherry, *On Human Communication*)

27. 海顿从18世纪的嬉游曲中发展出弦乐四重奏曲，为轻松、流行的形式添加了更多的内容，配上了两把小提琴、一把中提琴和一把大提琴。他以毕生精力创作的83首四重奏曲，都已经逐渐发展出了非常精致的形式。它们一起构成了室内乐篇章的最重要部分。

（Robert Hickok, *Exploring Music*）

★28. 人们从来没有真正自力更生。即使他非常高效地处理各种事务，他也就是必然地依赖了教过他这么做的那些人。这些人已经选好了他所依赖的东西，并且确定了依赖的种类和程度。

（B. F. Skinner, *Beyond Freedom and Dignity*）

29. 毫无疑问，有一些商人共谋缩短他们产品的使用寿命，以便于保证汰换销售。同样毫无疑问的是，美国（和其他地方）的消费者逐渐熟知的年度模式转换，也有许多并不是实质性的技术更新。

（Alvin Toffler, *Future Shock*）

30. 大脑和神经系统都由两类细胞组成——神经元和神经胶质细胞。神经元负责神经系统中的信息传递。神经胶质细胞构成神经元的支撑系统。例如，神经胶质细胞带走神经元产生的多余物质，维持神经元的化学环境稳定，隔离它们，使神经元更高效地完成自身的任务。

（Richard Griggs, *Psychology: A Concise Introduction*）

★31. 在鼠患成灾的地方，很难用毒饵来消灭它们。这是因为一些老鼠吃了足量的毒药后死去，但是其他老鼠则只是吃到足以致病的药量，然后后来学会了避开特殊的毒药气味。

（Rod Plotnik, *Introduction to Psychology*, 4th ed.）

32. 尽管都知道人口如果没有下降或者波动的话只会持续增长，但人口也不是稳步增长的。例如，人口在14世纪黑死病期间出现过巨大的下降。整座城镇被废弃，食物产量下降，在英格兰，短短10年之间就锐减了三分之一的人口。

（Daniel B. Botkin and Edward A. Keller, *Environmental Science*）

33. 如果一个人避免接触一切事物、害怕一切事物，不敢坚持什么，他就会变得懦弱；如果一个人什么也不怕，敢于面对一切事物，他就会变得鲁莽。类似地，如果一个人沉溺于所有的快乐，对什么都不节制，他就会变得放纵；如果一个人避免接触任何快乐，他就会变得麻木。所以，节制与勇敢都是被过度与不足所毁，而因适度所维持。

（Aristotle, *Nicomachean Ethics*）

★34. 国家以两种方式建立起来，即通过缓慢的历史运作和理念的突然推动。大多数国家都是按照前一种方式建立起来的，由过去历史上具有共同情感的周边地区根据一致同意的制度合并而成。但是也有少数国家是由公民根据对共有哲学的同意而形成、确定的。

（George Will, "Lithuania and South Carolina"）

35. 能量的一种形式可以转换为另外一种形式。例如，当一个电动机装上电池之后，化学能转换成为电能，电能又转换成为机械能。

（Raymond A. Serway, *Physics for Scientists and Engineers*, 4th ed.）

Ⅱ. 下列摘录来自写给各报刊编辑的信件。在它们当中，请确定哪些有足够的理由可以作为论证。对于可以识别出来的，请确定各自的结论。

★1. 这个国家所需要的是对快而确定无疑的正义概念的回归。如果我们需要更多的法院、法官和监狱，那就这么做吧。至于死刑，我认为应该量罪定刑。当罪犯更像是一个普通人的时候，我们就能更人道地对待他们。这个时候，我想看到的是文明社会的暗夜魔王很快被执行死刑而不是被我们的法院和监狱所纵容。

（John Pearson）

2. 社会保险并不仅仅是退休计划。美国每年有650万儿童由于社会保障福利计划而免于陷入贫穷——该计划事实上保护了所有因为交通事故而失去一个家长的美国孩子。受益者包括：去世或致残工人的配偶和孩子；养育孙辈的祖父母；严重致残的儿童；殉职军人家庭。

（Donna Butts）

3. 世界上有没有任何一个国家比美国更担心孩子在学校是否快乐、课程是否有趣且相关，然后对结果却更为失望？我们认为学习就像是买车或者吸烟一样。直接钻进车里或者深吸一口，然后你就可以被轻松地送到愉快和激动的地方。

（Charles M. Breinin）

★4. 在读了你的封面故事之后，我发现有线电视已经充斥着色情、暴力和青少年朋克垃圾。现在，我们的孩子们花费更少的时间学习，而且我们有更多的空闲时间盯着那个白痴匣子。有线电视有更多的教育频道——同时少一点针对那些狭隘愚蠢家伙的低劣刺激——就好了。

（Jacqueline Murray）

5. 一旦基本生活必需品获得保障，将来的收入就会轻松地和幸福联系起来。民主党人通常力图把未来收入应收税款纳入到满足基本需求的财政规划，即食物、穿住、退休保障以及卫生保健。相反，共和党人力图保护未来收入免于收税，经常以满足那些不幸者的基本需求为代价。因此，在我们的两个党派中，哪一个更为关注实现广泛福祉、哪一个更为关心满足私欲？

（Jonathan Carey）

6. 虐待动物者都是懦夫，他们把自身的问题施加给"容易的受害者"——而且他们的目标也常常包括人类。我都无法说出我看过的究竟有多少事端与动物虐待者和动物遗弃者有关，他们对人也实施暴力行为，他们也遗弃自己的孩子或者其他家属。对待虐待动物应有的严肃性并不仅仅是在保护动物，这同样也是为了使整个社会更为安全。

（Martin Mersereau）

★ 7. 第三个党派——独立党——的建立将允许只知考虑自己的国会野心家要求目前还没有的更高地位。新的党派将会提供一个更为高效的论坛来讨论这个国家正确的前进方向，可能迫使其他两个党派也卷进来。这个运动带来的压力将使得那些满足于安逸闲职的人无论如何也会粉墨登场来证明可以愉悦疲倦失望的公众。

（Bill Cannon）

8. 我认为，当宗教组织在他们的等级结构和仪式中排斥妇女的时候，不可避免的暗示是，妇女是低人一等的。但是，值得注意的是，当妇女沉默时，这并不仅仅表达了这种歧视是有破坏性的这样一种信息。这些组织本身自尝苦果。通过剥夺妇女的权利，宗教组织以及它们运作于其中的更为广泛的社群就失去了51%的选民的无价支持。

（Jessie Cronan）

9. 当美国是在混日子、没有真正的未来太空计划时，印度和中国似乎却在为2020年实现载人登月而竞逐。让我们在太空也做一点重要的事情——比方说，2020年到火星去。我们本应该30年前就做到了。火星计划本在良好进展之中。但是，这个国家却在登月之后又岔开了，甚至放弃了剩下的那三个登月飞行器。这些"土星5号"火箭现在待在了博物馆里面。

（Bill Ketchum）

★ 10. 青少年欺凌与力气有关。有人有力气，有人没力气。不愿意寻求帮助，受害者蒙受屈辱又无能为力，如果他们"临阵脱逃"，又害怕被报复。极需强有力的反欺凌计划来为匿名举报者提供保护方式，为在校学生严肃地举报欺凌事件提供训练，为孩子如何应对被欺凌提供讲座。

（Karen Schulte O'Neill）

Ⅲ. 下列陈述表示的是论证的结论。每一个陈述都以两种不同的形式表述出来。选择这些不同形式结论中的一种，然后简单记下几个支持它们的理由。最后，结合你的理由写一篇不少于100字的论证以支持该结论。在你的论证中写出前提指示词和结论指示词，但也不用把所有指示词都写出。

1. 宣布焚烧国旗为非法行为的宪法修正案应该/不应该正式通过。
2. 街头毒品应该/不应该合法化。
3. 死刑应该/不应该取消。
4. 对使用言语冒犯少数民族的学生应该/不应该施加惩罚。
5. 免费的卫生保健应该/不应该对所有公民都提供。

6. 同性婚姻应该 / 不应该被国家认可。

7. 自制、拥有和出售手枪应该 / 不应该宣布为非法。

8. 香烟应该 / 不应该规定为上瘾毒品。

9. 平权运动计划应该 / 不应该被取消。

10. 医生应该 / 不应该被允许支持晚期病人自杀。

Ⅳ. 定义以下术语：

说明性段落　　　　　例解　　　　　举例论证

解说　　　　　　　被解说项　　　　解说项

条件陈述　　　　　前件　　　　　　后件

充分条件　　　　　必要条件

Ⅴ. 对下列陈述回答"真"或者"假"：

1. 任何一个包含论证的段落一定包含一个说有的东西被证据或者理由所支持的断言。

2. 在一个论证中，有的东西被证据或者理由支持这一断言总是明显的。

3. 包含有"因此（thus）"、"由于（since）"、"因为（because）"等指示词的段落总是论证。

4. 为了确定一个段落是否包含了一个论证，我们总是需要注意指示词以及陈述之间推理关系的出现。

5. 有的说明性段落可以被正确地解释为论证。

6. 有的包含"例如"字样的段落可以正确地解释为论证。

7. 为了确定一个说明性段落或者一个例解是否应该解释为一个论证，注意到所提出或被例解的断言是否被每一个人接受是有帮助的。

8. 有的条件陈述可以重新表述而成为论证。

9. 在解说中，被解说项通常描述了一个被接受的事实。

10. 在解说中，解说项是进行解释的那个陈述或多个陈述。

Ⅵ. 在空白处填上"必要"或者"充分"使得以下陈述为真。填完空白处之后，用条件陈述来表述所得结果。

★1. 作为老虎是作为动物的 _____ 条件。

2. 作为动物是作为老虎的 _____ 条件。

3. 喝一杯水是解渴的 _____ 条件。

★4. 有一个球拍是打网球的 _____ 条件。

5. 热水是泡咖啡的＿＿＿＿条件。
6. 踩了猫的尾巴是使猫嚎叫的＿＿＿＿条件。
★7. 焚烧树叶是产生烟雾的＿＿＿＿条件。
8. 集中注意力是理解讲课的＿＿＿＿条件。
9. 被4整除是一个数作为偶数的＿＿＿＿条件。
★10. 说假话是说谎的＿＿＿＿条件。

Ⅶ. 翻阅一本书、一本杂志或者一张报纸，找到两个论证，一个有指示词，另外一个没有指示词。把它们写下来，并写明出处。然后确定每一个论证的前提和结论。

1.3 演绎与归纳

> **预热**　你在去上课的路上突然听到"砰""砰""砰"三声，同时你看到三个人倒在地上。一个人尖叫着喊救命，其他两个人一动也不动地躺在那里。你马上会躲在附近一棵树的后面。你为什么这么做呢？因为很有可能有袭击者开枪打人，而你很有可能会成为下一个牺牲者。你一定会被击倒吗？不，但是存在合理的可能性程度。本节讲的就是必然性推理和可能性推理之间的区别。

论证分为演绎与归纳两种形式，这一思想首先是亚里士多德所主张的。此后的数个世纪中，演绎与归纳不仅在逻辑中作为固定的模式流传下来，而且在我们的知识文化中也被固定下来。无数的虚构类、非虚构类著作都涉及它们。爱因斯坦为它们撰写过论文。大量的教材，从哲学到教育，从商科到心理学，从化学到人类学，都在探索这一主题。所以，演绎论证和归纳论证之间有着什么样的差别？简而言之，我们可以说，演绎论证是那些依赖必然性推理的论证，而归纳论证则是依赖可能性推理的论证。

更确切地说，**演绎论证**（deductive argument）这种论证主张的是，前提为真的时候，结论不可能为假。另一方面，**归纳论证**（inductive argument）这种论证主张的是，前提为真的时候，结论不太可能为假。下面是两个例子：

> 狐獴与细尾獴是近亲。
> 细尾獴是食用甲虫的幼虫长大的。

演绎论证：这种论证主张的是，前提为真的时候，结论不可能为假。

归纳论证：这种论证主张的是，前提为真的时候，结论不太可能为假。

所以，有可能的是，狐獴也是食用甲虫的幼虫长大的。

狐獴属于獴科。
獴科动物都是食肉动物。
所以，必然地得出，狐獴是食肉动物。

这两个论证中的第一个是归纳论证，而第二个是演绎论证。

为了确定一个论证是归纳论证还是演绎论证，我们来看看论证的一些客观特征。这些特征主要有：（1）特殊指示词的出现；（2）前提和结论之间在推理联系方面的实际力度；（3）立论的形式或者说风格。但是，我们必须一开始就得明白，日常生活中的很多论证是不完整的，正是由于这一点，要确定一个论证究竟应该解释为演绎论证还是归纳论证也许是不可能的。

特殊指示词的出现可以在我们刚才的例子中得到说明。第一个论证的结论中有"有可能的是"一词，显示这个论证应该视为归纳论证。而第二个论证的结论中有"必然地得出"一词，显示这个论证应该被视为演绎论证。另外还有一些归纳指示词，如"不太可能（improbable）"、"貌似可信的（plausible）"、"难以置信的（implausible）"、"有望（likely）"、"多半不会（unlikely）"和"有理由得出（reasonable to conclude）"等。另外的演绎指示词有"无疑地（certainly）"、"绝对地（absolutely）"、"肯定地（definitely）"等。【注意：英语中的短语"it must be the case that（所以）"只是一个结论指示词，既可以出现在演绎论证中，也可以出现在归纳论证中。】

归纳指示词和演绎指示词常常显示的是正确的解释。但是，如果它们与即将讨论到的其他任何一条标准相冲突，我们就可以忽略它们。论者常常出于修辞的目的而使用"无疑可以得出（it certainly follows that）"这样的短语，用来增强他们所得结论的力度，但是这并不意味着该论证就是一个演绎论证。类似的情况还有，有的论者并不知道归纳与演绎之间的区别，却会声称"演绎（deduce）"出了一个结论，其实他们的论证更应该解释为归纳论证。

影响我们把论证解释为归纳论证还是演绎论证的第二个因素是前提和结论之间在推理联系方面的实际力度。如果从前提推出结论确实具有严格的必然性，那么这个论证很明显就是演绎论证。在这样的论证中，不可能前提为真而结论为假。另一方面，如果从前提推出结论并不具有严格必然性而只是可能的，那么最后还是把这个论证看成归纳论证。例如：

所有艺人都是外向的人。

史蒂芬·科尔伯特是艺人。

所以，史蒂芬·科尔伯特是个外向的人。

绝大多数艺人都是外向的人。

史蒂芬·科尔伯特是艺人。

所以，史蒂芬·科尔伯特是个外向的人。

在上面第一个例子中，结论严格必然地从前提得出。如果我们假定所有艺人都是外向的人而且史蒂芬·科尔伯特是艺人，那么史蒂芬·科尔伯特不是外向的人就是不可能的。所以，我们应该把这个论证解释为演绎论证。在第二个例子中，结论并不是严格地从前提得出的，而是具有某种程度上的可能性。如果我们假定前提都为真，那么根据这个假定，结论也为真是有可能的。所以，我们最后把第二个论证解释为归纳论证。

有时候，有的论证并不包含指示词，而且结论也不是必然地或者可能地从前提得出；换句话说，前提根本无法得出结论。这种情形表明需要考虑第三个因素，也就是论者所使用的论证特征或形式。

演绎论证形式

许多论证都有一种突出的特征或者形式，显示前提为结论提出了绝对的支持。这样的论证形式或者种类的五个例子是：基于数学的论证，根据定义而来的论证，直言三段论，假言三段论以及选言三段论。

基于数学的论证（argument based on mathematics）是结论依赖某种纯算术、几何计算或测量的论证。例如，一位购物者可能会把2个苹果和3个梨放进纸袋中，然后得出结论说纸袋中有5个水果。或者，一个勘测员在测量一块正方形土地的时候，确定了它每边都是30米后，得出结论说它有900平方米。由于纯数学中的所有论证都是演绎的，我们一般认为，依赖数学的论证也都是演绎的。但是，依赖统计学的论证是一个非常引人注目的例外。我们将会看到，这样的论证一般最好是解释为归纳论证。

> **基于数学的论证**：结论依赖某种纯算术、几何计算或测量的论证。

根据定义而来的论证（argument from definition）是结论只依赖某个语词或短语的定义的论证。例如，有人可能会论证说，由于克劳迪娅是虚伪的，可以推出她说谎话；或者，由于某个段落是冗长的，可以推出它过于啰唆。这些论证都是演绎论证，因为它们的结论是根据"虚伪的"和"冗长的"的定义而必然地得来的。

> **根据定义而来的论证**：结论只依赖某个语词或短语的定义的论证。

1.3 演绎与归纳

一般而言，三段论（syllogism）是由恰好两个前提和一个结论组成的论证。直言三段论将在第四章进行更为详细的讲解，我们现在只是说，**直言三段论**（categorical syllogism）是每个陈述都以"所有""没有"或者"有的"等词开始的三段论。例如：

> 所有古老森林都是奇迹的来源。
> 有的古老森林是木材业的目标。
> 所以，有的奇迹来源是木材业的目标。

直言三段论：每个陈述都以"所有""没有"或者"有的"等词开始的三段论。

这样的论证几乎都最好看成是演绎论证。

假言三段论（hypothetical syllogism）是以条件陈述（"如果……那么……"）作为它的一个或者两个前提的三段论。例如：

假言三段论：以条件陈述（"如果……那么……"）作为它的一个或者两个前提的三段论。

> 如果财产税被革除，那么财富将差异悬殊地积累。
> 如果财富差异悬殊地积累，那么民主政治将受到威胁。
> 所以，如果财产税被革除，那么民主政治将受到威胁。

> 如果福克斯新闻台是宣传机器，那么它误导了它的观众。
> 福克斯新闻台是宣传机器。
> 所以，福克斯新闻台误导了它的观众。

本书稍后将为上述两个例子中的第一个给出"纯假言三段论（pure hypothetical syllogism）"这个更为特别的名字，因为它完全由条件（假言）陈述组成。第二个论证被称为混合的假言三段论，因为它的三个陈述中只有一个是条件陈述。本书稍后将为第二个论证给出一个更为特殊的拉丁名字"肯定前件式（modus ponens）"。

选言三段论：以选言陈述（"或者……或者……"）作为前提之一的三段论。

选言三段论（disjunctive syllogism）是以选言陈述（"或者……或者……"）作为前提之一的三段论。例如：

> 或者全球变暖会被阻止，或者飓风将会变得更为强烈。
> 全球变暖不会被阻止。
> 所以，飓风将会变得更为强烈。

与假言三段论的情况相似，这样的论证一般最好还是看成演绎论证。假言三段论和选言三段论将在第五章有更为深入的论述。

归纳论证形式

一般来说，归纳论证是这样的论证，它们结论的内容以某种方式意图"超出"前提的内容。这种论证的前提典型地处理一些相对比较熟悉的主题，而结论则超出这个主题，进入到一个相对不太熟悉或者所知甚少的主题。这种论证可能采取以下一些形式：关于未来的预测、类比论证、归纳概括、以权威论证、基于指号的论证以及因果推理，这里只列出很少一部分。

预测（prediction）是从我们关于过去的知识推出关于未来的主张的论证。比方说，由于已经观察到一定的气象学现象在中部密苏里某个地区上空发展，有人就会论证说，未来六小时内那里将有一场暴风雨。再比方说，由于在星期五主要的利率发生了一定的波动，有人或许会论证说，在星期一，美元对外币的汇率将会下跌。差不多每个人都了解，未来并不能确定无疑地被知道；所以，每当一个论证做出的是关于未来的预测时，那么把这个论证看成归纳论证通常来讲是正确的。

> **预测**：从我们关于过去的知识推出关于未来的主张的论证。

类比论证（argument from analogy）是依赖两个事物或者事态之间存在着类比或者相似性的论证。由于这种类比的存在，对比较熟悉的事物或者情境产生影响的条件也被得出结论说会对不太熟悉的事物或者情境产生影响。比方说，有人可能会论证说，由于克里斯蒂娜的保时捷是一辆很好开的车，可以推出安杰拉的保时捷也一定是一辆很好开的车。这个论证依赖的是这两辆汽车之间存在着一种相似性或者类比。伴随这样一个推理的确定性最多只是一种可能性。

> **类比论证**：依赖两个事物或者事态之间存在着类比或者相似性的论证。

概括（generalization）是从选定样本的知识推出关于整个群体的主张的论证。由于样本的成员具有某种特性，就论证说该群事物的所有成员都具有这种性质。比方说，有人可能论证说，因为从一箱橘子中任选出来的三个都特别多汁好吃，由此这一箱橘子都特别多汁好吃。再比方说，有人或许会论证说，因为从某个工会抽取出来的总共九个成员中有六个想要推选约翰逊为工会主席，由此可见全体工会成员中有三分之二的人想要投票推选约翰逊。这些例子表明了统计学在归纳论证中的使用。

> **概括**：从选定样本的知识推出关于整个群体的主张的论证。

以权威论证（argument from authority）是从某个被认定的专家或者证人曾经说过某个事情为真而推出结论说某个事情为真这样一种论证。比方说，有人可能会论证说，惠普公司下一季度的收益将上升，原因在于有一位投资顾问曾经这样说过。再比方说，一位律师可能会论证说，"刀锋麦克（Mack the Knife）"犯了谋杀罪，原因在于一位目击者对此起誓做证了。因为投资顾问或者目击者可能出错或者说谎，因此这样的论证在本质上只是可能的。

> **以权威论证**：从某个被认定的专家或者证人曾经说过某个事情为真而推出结论说某个事情为真这样一种论证。

基于指号的论证： 从对指号的知识推出关于该指号所表征的事物或者情境的主张。

基于指号的论证（argument based on signs）是从对指号的知识推出关于该指号所表征的事物或者情境的主张。"指号（sign）"这个词用在这里，指的是由智能体制造出来的任何类型的信息（通常是视觉的）。比方说，人们在一条陌生的公路上行驶的时候，可能会看到一个指号，指出道路前方2公里处有几个急转弯。基于这个指号，人们都会推断出道路确实在前方2公里处有几个急转弯。因为该指号可能被放错或者出错，这样一个结论也只具有可能性。

因果推理： 从关于原因的知识推出关于这个原因所导致的结果（或者反过来）的论证。

因果推理（causal inference）是这样一种论证，从关于原因的知识推出关于其结果的主张，或者反过来，从关于结果的知识推出关于其原因的主张。比方说，从一瓶酒偶然被留在冷冻室里，有人可能得出结论说，它已经冻成冰了（从原因到结果）。反过来，尝过一块鸡肉发现它又干又脆之后，有人可能得出结论说，它烤得过火了（从结果到原因）。由于原因和结果的特殊情况从来就不能绝对确定地为人所知，人们通常把这样的论证解释为归纳论证。

其他考虑因素

需要注意的是，上面列出的归纳论证的各种类型并不一定是互相排斥的。重叠现象可以也确实会出现。比方说，许多从原因到结果的因果推理也被鉴定为预测。这个概览的目的并不是要精确地界定各种不同的归纳形式，而是为把归纳从演绎中区别出来提供指南。

请记住，我们需要注意的是，不能将几何学中的演绎论证混同于类比推理或者归纳概括。比方说，由于和一个三角形全等的另外一个三角形具有某种性质（如有一个直角），就能推出这个三角形也有该性质，这种论证有可能被误认为是类比推理。类似地，由任意一个三角形具有某种性质（如所有内角之和等于两个直角之和），就能推出所有三角形也具有这种性质，这种论证很有可能被误认为是归纳概括。但是，像这样的论证总是演绎论证，因为它们的结论是必然地、完全确定地从前提得出来的。

这个概览中没有列出的一大类论证是各种科学论证。科学中出现的论证或者是归纳的或者是演绎的，具体则视情况而定。一般来说，目的在于发现自然规律的论证常常被视为归纳论证。比方说，假设我们想要发现一条支配下落物体落地所需时间的规律。我们让各种不同重量的物体从各种不同高度下落，同时测量它们落地所使用的时间。把测量所得的数据进行比较，我们发现，下落的时间大约和下落距离的平方根成正比。由此我们可以得出结论说，任何物体落地所需要的时间与它下落的距离的平方根成正比。这样的论证最好还是解释为归纳概括。

发生在科学中的另外一种类型的论证涉及将已知规律应用于特定的环境。科学规律被广泛地认为是在所有时间所有空间中都成立的一种概括总结。既然这样理解的话，它们在特定环境下的应用总是演绎的，即使可能与未来有关。比方说，假设我们想要将有关理想气体的波义耳定律应用到实验室中的一个气体容器。波义耳定律是说，在恒温下，密闭容器中的定量气体的体积与压强成反比。应用这一定律，我们可以得出结论，当我们将实验室样本的体积减少一半的时候，压强会增加一倍。波义耳定律的这个应用是演绎的，即使它适用于未来。

关于归纳论证和演绎论证之间的区别，最后还有一点需要指出。有一个可以追溯到亚里士多德的传统认为，归纳论证是那些从特称陈述推出普遍陈述的论证，而演绎论证是那些从普遍陈述推出特称陈述的论证。**特称陈述**（particular statement）是就一个类中的一个或者多个成员所做的断定，而**普遍陈述**（general statement）是就一个类中的所有成员所做的断定。当然了，确实有许多归纳论证和演绎论证以这种方式进行；但是，这不应该用作区别归纳和演绎的标准。事实上，既存在着从普遍陈述到普遍陈述的演绎论证，从特称陈述到特称陈述的演绎论证，也存在着从特称陈述到普遍陈述的演绎论证，从普遍陈述到特称陈述的演绎论证；归纳论证同样也是这种情况。例如，下面就是一个从特称陈述到普遍陈述的例子：

> 3是素数。
> 5是素数。
> 7是素数。
> 所以，所有位于2和8之间的奇数都是素数。

而下面这个论证是一个从特称陈述到特称陈述的演绎论证：

> 加布里埃尔是一只狼。
> 加布里埃尔有一条尾巴。
> 所以，加布里埃尔的尾巴是狼的尾巴。

下面这个论证却是一个从普遍陈述到特称陈述的归纳论证：

> 所有此前发现的翡翠都是绿色的。
> 所以，将要发现的下一块翡翠也是绿色的。

其他样式的论证也很容易构造出来。所以说，不管从特称陈述到普遍陈述，还是从普遍陈述到特称陈述，这个过程不能用作区分归纳与演绎的标准。

> **特称陈述**：就一个类中的一个或者多个成员所做的断定。

> **普遍陈述**：就一个类中的所有成员所做的断定。

小结

为了把演绎论证和归纳论证区分开,我们需要尝试评价论证的推理断言这一方面的力度——结论有多强烈地能从前提得出。这种断言是论证的一个客观性质,它可能和论者的主观意图有关,也可能无关。

为了解释论证的推理断言,我们需要考虑到三个因素:特殊的指示词、前提和结论之间推理联系的实际力度、立论形式或类型。假定我们需要考虑的因素多于一个,那么就有可能在单个论证中出现两个这样的因素,它们又相互抵触,从而导致相反的解释。比方说,为了确定一个(明显属于演绎论证的)直言三段论的结论,有的论者可能会说(使人想起归纳的)"或许可以得出……"。为了减轻这种冲突,我们以重要性为顺序列出这些因素:

1. 前提为结论提供绝对支持的论证。这样的论证总是演绎论证。
2. 具有特殊演绎特征或演绎形式的论证(例如直言三段论)。这个因素常常与第一个因素同样重要,一旦出现在论证中的话,就明确显示了该论证是一个演绎论证。
3. 具有特殊归纳特征或归纳形式的论证(例如一个预测)。这样的论证几乎总是解释为归纳论证。
4. 含有归纳指示语言(例如"或许可以得出……")的论证。由于论者很少会使他们的论证显得比它实际情形还弱,这样的语言通常是可以信赖的。但是,如果这种语言与第一、二个因素抵触,就应该忽略它。
5. 含有演绎指示语言(例如"必然地得出……")的论证。由于论者有时出于修辞的目的而使用这样的语言,以便使他们的论证显得比实际情形还要强,因此对这样的语言应该仔细评价。
6. 前提只为结论提供可能性支持的论证。这是最不重要的因素,而且如果它与前面任何一个因素抵触,或许就应该忽略它。

可惜的是,日常语言中的很多论证都是不完整的,所以经常发生的事情是,这些因素没有一个是清楚地给出了的。确定这样的论证的归纳特征或者演绎特征或许不太可能。

| 逻辑学家 |

露丝·巴肯·马库斯（Ruth Barcan Marcus，1921—2012）

1921年，露丝·巴肯·马库斯出生于纽约市。她的母亲是一个家庭主妇，她的父亲是《犹太前进日报》（*Jewish Daily Forward*）的一名排字工人和撰稿人。在公立学校完成小学和中学学业之后，她进入纽约大学深造，在这里，除了学术追求之外，她还作为一个杰出的击剑运动员而赢得好评。1941年，她获得数学和哲学的学士学位，五年后从耶鲁大学获得哲学博士学位。1942年，她嫁给物理学家朱尔斯·亚历山大·马库斯，夫妇俩有两男两女四个孩子。

从耶鲁大学毕业后，巴肯·马库斯的早期职业是几个博士后职位（包括一次古根海姆基金资助）和客座教授职位。1959年，她接受了罗斯福大学的一个职位，随后又应聘到伊利诺伊大学芝加哥分校（创系主任）、西北大学。1973年作为哲学教授回到耶鲁大学。

在其职业生涯早期，巴肯·马库斯对量化模态逻辑做出了开创性的工作。她提出引起广泛讨论的巴肯公式作为公理。该公理断定，$(x)\Box Fx \supset \Box(x)Fx$。用自然语言说，这条公理指的是，如果所有事物都必然地是 F，那么，必然地所有事物都是 F。这个公式是有争议的，因为它意味着在每一个可能世界中存在的所有对象也都在现实世界中存在。这也可以意味着没有新事物可以被创造出来。

就她个人而言，巴肯·马库斯无所畏惧，脚踏实地，朴素谦逊，常常助人为乐。她具有非常强的幽默感——她还有点那种招人喜爱的心不在焉。有一次，在一阵狂搜乱寻的时候，她接到当地超市的电话，说在冷藏肉中发现了她的期末考试试卷。

习题 1.3

Ⅰ．确定以下论证是归纳论证还是演绎论证。同时指出你的决定所依据的标准（比如，指示词的出现，前提和结论之间的推理联系的性质，立论的形式或类型等）。

★1．因为三角形 A 全等于三角形 B，而且三角形 A 是等腰三角形，可以推出三角形 B 也是等腰三角形。

2．比萨斜塔的纪念牌匾上说，伽利略在这里做了落体实验。可以肯定的是，伽利略确实在这里做了那些实验。

3．西雅图的降雨量自过去30年以来每年都多于380毫米。所以，西雅图明年的降雨量很有可能多于380毫米。

★4．没有一封电子邮件是动人的作品。有的情书是动人的作品。所以，有的情书不是电子邮件。

5．阿莫科石油公司（Amoco）、埃克森石油公司（Exxon）和德士古石油公司（Texaco）都在纽约证券交易所挂牌。由此，一定是所有美国石油公司都在纽约证券交易所挂牌。

6. 钟摆越长，摆动时间越长。所以，钟的钟摆加长后，这个钟会慢下来。

★7. 满足恐怖分子的要求以交换人质不是一个明智之举，因为这样的行为只会导致他们以后去绑架更多的人质。

8. 马特洪峰比惠特尼山高，惠特尼山比瑞尼尔山高。明显可以得出的结论是，马特洪峰比瑞尼尔山高。

9. 被入室盗窃之后，即使前后门都开着，但是后门锁周围有撬开痕迹并且前门门槛周围有泥点。肯定是贼从后门进然后从前门出的。

★10. 《华尔街日报》登载了一篇关于新的银行监管法规的文章。《金融时报》和《华尔街日报》一样是一份很受重视的商业出版物。所以，《金融时报》可能也登载了一篇关于新的银行监管法规的文章。

11. 胆固醇是人类内生的。所以，胆固醇是在人体内部制造的。

12. 古典文化或者起源于古希腊或者起源于古埃及。古典文化并非起源于古埃及。所以，古典文化起源于古希腊。

★13. 世界著名物理学家斯蒂芬·霍金认为，宇宙在大爆炸瞬间的情况比今天更为有序。鉴于霍金在科学界的声望和地位，我们应该得出结论说，这种对宇宙的描述是正确的。

14. 如果亚历山大大帝死于伤寒症，那么他是在印度感染的。亚历山大大帝死于伤寒症。所以，他是在印度感染的。

15. 美国最深的湖火山口湖（Crater Lake）是由 7700 年前火山喷发所造成的湖。由于人类早在一万年前就居住在这座山的周边，所以很有可能有人见过这次火山喷发。

(National Park Service, "Crater Lake – Its History")

★16. 每一种元素，比方说氢和铁，都有一组暗线光谱——它吸收而不是放射波长。所以，如果那些波长正在从光谱中消失，你就会知道那种元素就存在于你正在观察的那个星球上。

(Rick Gore, "Eyes of Science")

17. 因为表面上看到行星和恒星的日常运动都是从东到西，但是，单个行星的单个缓慢得多的运动却是反过来从西到东。所以，可以肯定的是，这些运动（方向）不基于世人对运动的共识，而应该结合指定的行星本身来判断。

(Johannes Kepler, *Epitomy of Copernican Astronomy*)

18. 通常都认为女人比男人更爱讲话，恰恰与此相反，在爱讲话方面，性别之间的差别相当小。在一项长达 5 年之久的调查研究中，研究人员为墨西哥和美国一些校园的 396 名不同领域的大学生安置了不易察觉的麦克风。他们发现，男生和女生平均每天都说 16000 个词。

（Richard T. Schaefer, *Sociology: A Brief Introduction*, 8th ed.）

★19. 当罗马人占领英格兰的时候，开始烧煤。由于煤产生相当多的煤烟和二氧化硫，一定在大约两千多年之前较大城镇的空气就已经被严重污染了。

（Stanley Gedzelman, *The Science and Wonders of the Atmosphere*）

20. 用于解方程组的图像法是一种近似法，因为交点的读取有赖画线的准确性和解释点的坐标的能力。

（Karl J. Smith and Patrick J. Boyle, *Intermediate Algebra for College Students*）

21. （木星的卫星）运行轨道为不规则圆这一点是从以下事实演绎出来的：在木星最长的延长线上永远不可能看到其中的两个卫星连在一起，而在木星周围发现有两个、三个、有时候是四个连在一起。

（Galileo Galilei：*The Starry Messenger*）

★22. 透镜通过折射到它们表面的光而起作用。所以，它们的作用不仅依赖透镜表面的形状，而且依赖透镜材质和周围媒介的折光指数。

（Frank J. Blatt, *Principles of Physics*, 2nd ed.）

23. 根据不发达国家目前的增长率、出生率控制的限制行为和减慢目前增长势头的困难，事实上肯定会发生的是，正在读这本书的每一个人都不可能生活在一个人口停止增长的世界。

（J. John Palen, *Social Problems*）

24. 法律的解释是法院本身的和特有的职权。宪法实际上而且一定要被法官尊为基本法。所以，他们的职责不仅是要确认它的意义，也要确定立法机构任何特殊行为的意义。

（Alexander Hamilton, *Federalist Papers*, No. 78）

★25. 在辛普森事件中，虽然马厩中养着一条狗，但是，有人进来了并且牵走了一匹马，这条狗却没有吠叫以唤醒阁楼中的两个年轻人。很明显，那个午夜来客是那条狗熟悉的人。

（A. Conan Doyle, *Memoirs of Sherlock Holmes*）

26. 永恒同时也是一个整体。但是时间却有前有后。所以，时间和永恒并不是相同的东西。

（Thomas Aquinas, *Summa Theologica*）

27. 我们平常遇到的普通东西都是电中性的。所以，带负电荷的电子是所有东西的一部分，带正电荷的粒子也必定存在于所有物质当中。

（James E. Brady and Gerard E. Humiston, *General Chemistry*）

★28. 食草动物需要吃下大量的草从而消耗了它们很多的时间。反过来，食肉动物就无须吃那么多或经常吃。所以，肉食的类人（即早期人类）可能已经拥有很多的闲暇时间来探索他们周围的环境；就像狮子和豹子一类动物，有时间闲逛和玩耍。

（William A. Haviland, *Cultural Anthropology*, 8th ed.）

29. 我们一方面告诉人们不要超速，但是另一方面又给汽车装上安全气囊以免他们真会超速。所以告诉小孩不要上网却同时准备了一套备用方案又有什么错？

（Susan Beck, letter to th editor）

30. 因为月亮绕着地球转从而 25 个小时后又回到头顶同一个位置，因此每一个点上每 25 个小时都会有两个满潮和两个低潮。

（Douglas C, Giancoli, *The Ideas of Physics*, 3rd ed.）

Ⅱ. 定义以下术语：

演绎论证　　　　　　　　　归纳论证

基于数学的论证　　　　　　根据定义而来的论证

直言三段论　　　　　　　　假言三段论

选言三段论　　　　　　　　预测

类比论证　　　　　　　　　概括

以权威论证　　　　　　　　基于指号的论证

因果推理　　　　　　　　　特称陈述

普遍陈述

Ⅲ. 对以下陈述回答"真"或者"假"：

1. 在归纳论证中，有意在结论中包含比前提更多的信息。
2. 在演绎论证中，结论并不准备包含比前提更多的信息。
3. 通过论者立论的形式可以确定该论证是归纳论证还是演绎论证。
4. 通过前提和结论之间联系的实际力度可以确定一个论证是归纳论证还是演绎论证。
5. 几何证明是归纳论证的一个例子。
6. 大多数基于统计推理的论证都是演绎论证。
7. 如果一个论证的结论仅从前提中使用的词的定义得出，那么该论证是演绎论证。

8. 基于一个事物和另外一个事物的相似性而得出关于这个事物的结论的论证是一个演绎论证。
9. 由于某人说某事情为真就得出结论说这个事情为真,这样的论证是一个演绎论证。
10. 一个论证提出两个选择然后删除一个选择并把另外一个选择作为结论留下,这样的论证是一个归纳论证。
11. 从原因的知识得出结果的知识,这样的论证是一个归纳论证。
12. 如果一个论证包含有短语"确实可以得出",那么我们就能确定该论证是一个演绎论证。
13. 一个论证根据以往某事的发生而预言说将来某事情也要发生,这样的论证是一个归纳论证。
14. 归纳论证总是从特称陈述得出普遍陈述。
15. 演绎论证总是从普遍陈述得出特称陈述。

Ⅳ. 翻阅一本书、一本杂志或者一张报纸,找到两个论证,一个为归纳论证,一个为演绎论证。把它们写下来,并写明出处。然后确定每一个论证的前提和结论。

1.4 有效性、真、可靠性、力度与信服力

> **预热**
>
> 假设你无法确定你大学要读什么专业,一个朋友告诉你,你应该选刑法学,因为你所在的大学生联谊会成员都学的这个专业。你知道,这是一个非常不好的论证,但究竟是什么让它如此之不好呢?你在本节将学到什么将会使得归纳论证和演绎论证成为好的论证或是坏的论证,并且熟悉对它们本身进行分类的语言。

本节介绍用于评价论证所必需的核心观念和术语——目的在于把好的论证与坏的论证区分开。与论证类型究竟是归纳论证还是演绎论证无关,论证的评价需要回答两个问题:(1)前提支持结论吗?(2)所有前提都为真吗?对第一个问题的回答更为重要,因为如果一个论证的前提不支持结论的话(也就是说,如果理由不成立的话),那么这个论证就毫无价值。以下内容首先考虑演绎论证,然后考虑归纳论证。

演绎论证

前一节把演绎论证定义为前提为真的时候，结论不可能为假这样的论证。如果这个断言成立，那么这个论证就是有效的。由此，一个**有效的演绎论证**（valid deductive argument）是这样一个论证，前提为真时结论不可能为假。反过来，一个**无效的演绎论证**（invalid deductive argument）是这样一个演绎论证，前提为真时结论可能为假；在这样的论证中，结论并不是严格必然地从前提得出的，即使它被声称如此。

> **有效的演绎论证**：前提为真时结论不可能为假的论证。

> **无效的演绎论证**：前提为真时结论可能为假的论证。

这些定义的直接后果就是在有效和无效之间没有中间立场。不存在什么"几乎"有效和"几乎"无效的论证。如果结论是严格必然地从前提得出的，那么该论证就是有效的；否则就是无效的。

为了检验一个论证的有效性，我们从假设所有前提都为真开始，然后我们再根据这一假设来确定结论是不是可能为假。例如：

> 所有电视广播公司都是媒体公司。
> 美国全国广播公司（NBC）是一个电视广播公司。
> 所以，美国全国广播公司是一家媒体公司。

在这个论证中，两个前提实际上都为真，所以，很容易就能假设它们都为真。接下来我们需要确定，根据这一假设，结论是否为假。很明显这是不可能的。如果美国全国广播公司包括在电视网络群之中（第二个前提）并且这个电视网络群又包括在媒体公司群之中（第一个前提），必然可以得出美国全国广播公司也包括在媒体公司群之中。换句话说，假设前提都为真而结论却为假衍推出一个严格的矛盾。所以，这个论证是有效的论证。

再看一个例子：

> 所有汽车制造商都是计算机生产商。
> 美国联合航空公司是汽车制造商。
> 所以，美国联合航空公司是计算机生产商。

在这个论证中，两个前提实际上都为假，但是也很容易假设它们都为真。每一个汽车制造商都可以有生产计算机的部门。同时，除了航线外，美国联合航空公司也可以制造汽车。接下来，根据这些假设，我们来确定结论是否可能为假。同样，通过与前一个例子相同的推理，我们也会看到这是不可能的。假设了这些前提为真而推出的结论为假就会衍推出一个矛盾。所以，这个论证也是有效的。

下面还有一个例子：

> 所有银行都是金融机构。
> 富国银行（Wells Fargo）是一家金融机构。
> 所以，富国银行是一家银行。

和第一个例子一样，这个论证的两个前提都为真，因此很容易就能假设它们都为真。接下来我们确定，根据这个假设，结论是否为假。在这个例子中，结论为假是有可能的。如果银行包括在金融机构的一个部分之中，而富国银行包括在另外一个部分之中，那么富国银行就不是一家银行。换句话说，假设了前提为真而得出的结论却为假并不包含任何矛盾，所以，这个论证是无效的论证。

除了对有效性观点进行了例解之外，这些例子还揭示了有效性和真的重要一点。一般来说，有效性并不是由前提和结论在事实上究竟为真还是为假来一致地确定。关于美国全国广播公司的例子和关于富国银行的例子都有实际上为真的前提和实际上为真的结论，但是一个是有效的，另外一个却是无效的。美国联合航空公司的例子有着实际上为假的前提以及实际上为假的结论，但是这个论证却是有效的。应该说，有效性是由前提和结论之间的关系决定的。问题并不在于前提和结论究竟为真还是为假，关键在于前提是否支持结论。在有效论证的例子中，前提确实支持了结论，而在无效论证的例子中，它们就没有支持。

> 一般来说，有效性并不是由前提和结论在事实上究竟为真还是为假来决定的，而是由前提和结论之间的关系决定的。

不过，存在一种前提和结论中真和假的排列确实确定了有效性的问题。任何拥有实际上为真的前提且实际上为假的结论的演绎论证都是无效的。这一事实背后的理由很明显。如果前提都实际上为真而结论实际上为假，那么，一定有可能的是前提为真而结论为假。所以，根据无效性的定义，该论证无效。

任何拥有实际上为真的前提和实际上为假的结论的演绎论证都是无效论证这一思想，可能是演绎逻辑中最重要的一点。如果接受从前提为真开始得到的却是结论为假的推理过程是有效的，那么演绎逻辑的整个体系就毫无用处了。

表1.1提出了直言三段论（演绎论证）的一些例子来阐述前提和结论中真和假的各种组合。在出现假前提的例子中，其中的两个前提都是假的；而要举出只有一个假前提的例子也是很容易的。在检查表1.1的时候，需要注意的是，不兼顾有效论证和无效论证的仅有的真假组合是真前提和假结论这一组合。正如我们刚才看到的，任何有这一组合的论证一定是无效的。

表 1.1　演绎论证

	有效的	无效的
真前提 真结论	所有花都是植物。 所有雏菊都是花。 所以，所有雏菊都是植物。 （可靠的）	所有花都是植物。 所有雏菊都是植物。 所以，所有雏菊都是花。 （不可靠的）
真前提 假结论	不存在	所有玫瑰都是花。 所有雏菊都是花。 所以，所有雏菊都是玫瑰。 （不可靠的）
假前提 真结论	所有花都是狗。 所有贵宾犬都是花。 所以，所有贵宾犬都是狗。 （不可靠的）	所有狗都是花。 所有贵宾犬都是花。 所以，所有贵宾犬都是狗。 （不可靠的）
假前提 假结论	所有花都是狗。 所有老虎都是花。 所以，所有老虎都是狗。 （不可靠的）	所有玫瑰都是猫。 所有雏菊都是猫。 所以，所有雏菊都是玫瑰。 （不可靠的）

演绎论证的有效性和它的前提与结论的真或假之间的关系，正如表 1.1 例解所示，概述如下：

前提	结论	有效性
T	T	?
T	F	无效的
F	T	?
F	F	?

这个简要的概述表格巩固了一个思想：仅仅知道前提和结论的真或假，除了真前提和假结论这样一种情况之外，其他都不能告诉关于有效性的任何东西。任何具有真前提和假结论的演绎论证都一定是无效的。

可靠的论证（sound argument）是有效的、前提全都为真的演绎论证。因此，**不可靠的论证**（unsound argument）是无效的、有一个或多个前提为假，或者二者兼而有之的演绎论证。因为有效的论证是这样的论证，它不可能前提为真而结论却为假，而且由于可靠的论证事实上确有真的前提，根据定义，可以得出，每一个可靠的论证都将有一个真的结论。所以，说明了好的或者说成功的演绎论证这个语词的完整意义的，正是可靠的论证。

可靠的论证：有效的、前提全都为真的演绎论证。

| 可靠的论证 | = | 有效的论证 | + | 所有真前提 |

有一个附带条件与可靠性的定义相联：对于一个不可靠的论证来说，实际上需要一个或者多个前提来支持结论。拥有一个被真前提有效地支持的结论但是又有多余假前提的论证，仍然是可靠的。由类似的理由，原本就可靠的论证增加假前提并不能使得该论证成为不可靠的论证。这样增加的前提将是多余的，而且不应该当作论证的一部分。顺带说一下，类似的解释也适用于归纳。

由于（从逻辑的观点看）每一个前提都或者为真或者为假，并且每一个演绎论证都或者有效或者无效，因此可以得出，每一个演绎论证都或者是可靠的或者是不可靠的。但是，假设有许多（如果不是大多数）前提的真值还不知道或者不可能确定，那么，要确定一个演绎论证的可靠性并不总是可能的。但是这并不意味着可靠性在逻辑中不重要。极其重要的是，可靠性必须作为评价的一条标准，这条标准有别于有效性，而且评价者也不能把可靠性混同于有效性。

归纳论证

第 1.3 节定义了归纳论证是前提为真的时候，结论不太可能为假的论证。如果这个断言为真，那么就说该论证很强。所以，**强的归纳论证**（strong inductive argument）是前提为真的时候，结论不太可能为假的归纳论证。在这样的论证中，结论实际上确实可能从前提推出。反过来，**弱的归纳论证**（weak inductive argument）是结论不太可能从前提得出的归纳论证，即使断言可以得出。

> **强的归纳论证**：前提为真的时候，结论不太可能为假的归纳论证。

> **弱的归纳论证**：结论不太可能从前提得出的归纳论证。

所有的归纳论证都依赖哲学家所说的自然齐一性原理。根据自然齐一性原理，未来倾向于是对过去的复制，在一个空间区域中盛行的规律也倾向于在其他区域中盛行。比方说，在过去，糖尝起来总是甜的。根据自然齐一性，糖在未来尝起来也还会是甜的。此外，糖在洛杉矶尝起来是甜的，它在纽约等其他地方尝起来也还会是甜的。这个自然齐一性是我们判断我们希望发生的事情的终极标准。好的归纳论证是那些符合自然齐一性的归纳论证。它们具有我们自然而然地希望被证明为真的结论。如果这样一个论证的结论被证明为假，与我们的期待恰恰相违背，这种情况就会引起我们吃惊的反应。

检验归纳论证的力度的程序与检验演绎论证的程序类似。首先，我们假设前提都为真，然后，根据这一假设，我们确定结论是否可能为真。这一确定过程通过把前提和我们经验背景中存在的规律联系起来而得以完成。比方说，如果一个论证是一个因果推理，我们就把前提中的信息与已经知道的因果方式联系起来。如果一个论证是基于指号的论证，我们就把前提中的信息与我们对指号的所知联系起来：有的指号种类值得信任，其他的则不值得信任。如果一个论证是一个概括，我们就把前提中的信息与我们对一个群体中的具有代表性的样本的所知联系起来。所有这些规律都是自然齐一性的例子。下面是一个预测的例子：

> 迄今为止所发现的所有恐龙化石都至少已经存在了 5000 万年之久。所以，很有可能下一次就被发现的恐龙化石也至少已经存在了 5000 万年之久。

在这个论证中，前提实际上是真的。假设迄今为止所发现的所有恐龙化石都至少已经存在了 5000 万年之久（而且成千上万这样的化石陆续被发现），自然齐一性就会决定下一次被发现的恐龙化石也至少已经存在了 5000 万年之久。这是我们自然而然地所希望的，任何与此相反的事情都会让我们非常惊奇。所以，结论可能为真，由此这个论证是强的。

下面是另外一个例子：

> 迄今为止发现的所有陨石都含有盐。所以，很有可能下一块即将发现的陨石也含有盐。

这个论证的前提明显是假的；但是，如果我们假设它为真，那么我们自然而然地希望下一块即将发现的陨石也含有盐。所以，这个论证也是强的。

下一个例子是一个类比论证：

> 法国产的唐·培里侬香槟每瓶售价超过 100 美元。德·拉图尔侯爵香槟也是产自法国的香槟。所以，很有可能德·拉图尔侯爵香槟也是每瓶售价超过 100 美元。

在这个论证中，前提实际上都为真，但是我们的背景经验告诉我们，两种酒产自同一个国家这个单一的事实并不能蕴涵它们售价一样。所以，这个论证是弱的。结论偶尔会为假。

另外一个例子：

> 在过去 50 年间，通货膨胀已经不断地降低了美元的价值。所以，工业生产力在未来几年可能会增长。

在这个论证中，前提实际上是真的，而且结论在现实世界中也有可能为真，但是结论的可能性却不是在前提为真这个基础上得出的。因为在通货膨胀和工业生产力增长之间并没有直接联系，前提和结论互不相干，也不为结论提供可能性支持。结论独立于前提而可能为真。所以，这个论证是弱的。

上述最后那个例子说明了强的归纳论证与弱的归纳论证之间的一个重要区别。如果一个演绎论证的结论是独立于前提而必然地为真，那么这个论证仍然被考虑为有效的论证。但是，如果一个归纳论证的结论独立于前提而可能为真，那么这个论证是弱的归纳论证。

以上这四个例子说明，一般来说，一个归纳论证的强或弱并不是由前提和结论的真或假所导致的，而是来自于前提对结论的可能性支持。关于恐龙化石的论证有一个真的前提和一个可能真的结论，关于陨石的论证有一个假的前提和一个可能假的结论；但是这两个论证都是强的，原因在于每一个论证的前提都为结论提供了可能性支持。关于工业生产力的论证有一个真的前提和一个可能为真的结论，但是这个论证却是弱的，原因在于前提没有为结论提供可能性支持。与演绎论证中的评价一样，确立任何事情的真和假的唯一排列是真前提和可能假的结论（参见关于唐·培里侬香槟的那个论证）。任何拥有真前提和可能假的结论的归纳论证都是弱的。

在下一步工作之前，我们必须证明并且解释清楚上述最后一个陈述。当我们说前提为真的时候，我们是在一个完整的意义上来说的"真"。前提不能排除或者忽略一些构成了前提基础的并且要求不同结论的重要证据。这个附带条件在其他地方称为总体证据要求（total evidence requirement）。如果没有满足总体证据要求，那么，一个论证或许具有字面上的真前提和可能假的结论，而仍然是强的。而且，当我们说结论可能为假的时候，我们的意思是说在实际世界中由于所有已知的证据而为假。

表 1.2 展示了几种预测（归纳论证）并且例释了前提和结论中真和假的各种组合。注意，强的论证所缺失的仅有的真和假的排列是真前提和可能假的结论。

表 1.2 归纳论证

	强的	弱的
真前提可能真的结论	每一位美国前总统都超过 40 岁。所以，下一届美国总统也将超过 40 岁。（信服的）	少数美国总统出身于律师。所以，下一届美国总统将超过 40 岁。（不信服的）

续表

	强的	弱的
真前提可能假的结论	不存在	少数美国总统未婚。所以，下一届美国总统也将未婚。（不信服的）
假前提可能真的结论	每一位美国前总统都是电视辩论家。所以，下一届美国总统也将是电视辩论家。（不信服的）	少数美国总统是牙医。所以，下一届美国总统将是电视辩论家。（不信服的）
假前提可能假的结论	每一位美国前总统都殉职了。所以，下一届美国总统也将殉职。（不信服的）	少数美国总统是牙医。所以，下一届美国也将是牙医。（不信服的）

归纳论证的力度及其前提与结论的真或假之间的联系，如表1.2所示，可以概述如下：

前提	结论	力度
T	可能 T	?
T	可能 F	弱的
F	可能 T	?
F	可能 F	?

与前面关于演绎的概述表一样，这个简表巩固了仅仅知道前提和结论的真值并不能告诉我们任何关于论证力度这一点，当然，前提为真而结论可能为假这种唯一的情形除外。任何一个拥有真前提（刚刚解释的意义上）和可能为假的结论的归纳论证都是弱的。

与演绎论证的有效性和无效性不同的是，归纳论证的力度和强弱性具有程度上的差异。一个归纳论证要想被看成强的论证，它必须有一个可能的而不是不太可能的结论。换句话说，给定前提为真，那么结论为真的可能性必须超过50%，而且随着可能性增加，该论证也变得越来越强。为此目的，考虑以下两个论证：

这个桶里有100个苹果。
随意挑选的3个苹果都是熟的。
所以，可能这100个苹果都是熟的。

这个桶里有100个苹果。
随意挑选的80个苹果都是熟的。

所以，可能这 100 个苹果都是熟的。

第一个论证是弱的，而第二个则是强的。当然了，第一个不是绝对弱的，而第二个也不是绝对强的。两个论证都将随着任意挑选的样本的大小而得以增强或者削弱。比方说，如果第二个例子中样本的大小被减少到 70 个苹果，这个论证就将削弱。归纳论证中额外前提的加入一般也会增强或者削弱论证。比方说，如果前提"之前发现的一个尚未成熟的苹果已经被拿走了"被加到上述任何一个论证中，该论证都将削弱。

一个**信服的论证**（cogent argument）是一个强的而且前提都为真的归纳论证。当然，前提必须是满足总体证据要求这种意义上的真。如果任何一个条件缺失，这个论证就是不信服的论证。所以，一个**不信服的论证**（uncogent argument）是一个弱的、或者有一个或多个假前提的、或者没有满足总体证据要求的、或者这些因素的任意组合的归纳论证。在归纳论证中，信服的论证对应于可靠的演绎论证，是不加条件限制的好的或者说成功的归纳论证。因为一个信服的论证的结论本质上被真前提所支持，由此可以推出，每一个信服的论证的结论都在现实世界中由于所有已知的证据而可能为真。

> **信服的论证**：一个强的而且前提都为真的归纳论证。

为了对总体证据要求的需求进行例释，考虑以下论证：

> 在加勒比海游泳通常是一件充满乐趣的事情。今天水很暖，海浪也不大，而且这片海滩上也没有危险的涌流。所以，现在在这里游泳应该很愉快。

如果前提反映了所有重要因素，那么这个论证就是信服的。但是，如果它们忽略了有一些大的背鳍正在切水而过（意味着那是游弋的鲨鱼）这一事实，那么明显的是，该论证不是信服的。所以，为了信服起见，前提必须不只是为真，而且还需要不忽略某些会得出不同结论的重要事实。

最后，就像并非总是可能确定演绎论证的可靠性一样，确定归纳论证的信服力也并非总是可能的。这有两个原因。首先，许多归纳论证，尤其是那些关于复杂的真实生活对象的论证，并不容易被评价为明显强或弱。其次，许多前提具有尚未知道的或者不可能确定的真值。但是，把信服作为评价归纳论证的标准时，不要把它和力度、强弱性等混同起来，这一点依旧是很重要的。

小结

演绎与归纳二者都需要回答两个不同的问题：（1）前提支持结论吗？（2）所有前提都为真吗？为了回答第一个问题，我们从假设前提为真开始。然后，对于演绎论证来说，我们需要确定的是，是否由于这一假设，就会必然地推出结论为真。如果是，那么该论证就是有效的；如果不是，那么该论证就是无效的。对于归纳论证来说，我们需要确定的是，是否可能推出结论为真。如果是，那么该论证就是强的；如果不是，那么该论证就是弱的。对于归纳论证来说，我们必须记住的要求是，前提实际上支持结论并且它们没有忽略重要的证据。最后，如果论证是有效的或者强的，那么我们就转向第二个问题并且确定前提是否为真。如果所有前提都为真，那么该论证就是可靠的（就演绎而言）或者信服的（就归纳而言）。所有无效的论证都不是可靠的，所有弱的归纳论证都不是信服的。

陈述和论证的各种不同的情况可以图解如下。注意，在逻辑中，人们从不说论证为"真"或"假"，也不说陈述是"有效的""无效的""强的"或者"弱的"。

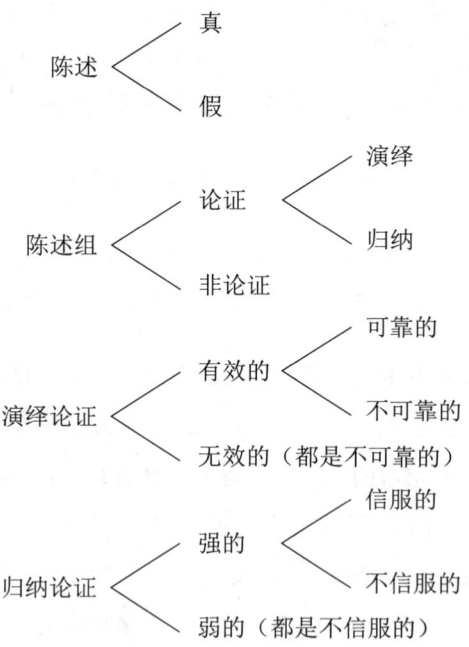

| 著名逻辑学家 |

克吕希波（Chrysippus，公元前280—公元前206）

克吕希波出生在小亚细亚东南海岸的城市索里。他早年移居雅典，随斯多葛学派哲学家克里安西斯（Cleanthes）学习，而后者又是斯多葛学派创始人、基提瓮城的芝诺（Zeno of Citium）的学生。公元前232年，克里安西斯去世，克吕希波接任学派的领袖。他创作了超过700篇斯多葛学派系统化教学的论文。所有这些作品都已经遗失，仅仅在西塞罗（Cicero）、塞涅卡（Seneca）和其他人的著作中幸存一些片段。由于他的突出贡献，克吕希波被认为是斯多葛学派的第二个创始人。

斯多葛学派得名于希腊词 stoa，意指门廊；斯多葛学派哲学家经常聚集在雅典的阿格拉（公共广场）的一个门廊讨论他们的观点。斯多葛学派哲学家珍视自己的德行，他们强调不允许自己被恐惧或者恋爱等这样的情感或者激情所左右的重要性。情感被认为是关于某个事情好坏的错误的判断。对于被情感欺骗的人的恰当治疗就是说服他们，让他们知道相信这些判断其实是错误的，因为它们阻碍了真正的幸福。

克吕希波常常被认为是命题逻辑的创始人。亚里士多德逻辑的基本成分是词项，与此不同，命题逻辑的基本成分是整个命题或者说陈述。亚里士多德忽视了这种逻辑，但是他的亲密朋友及继承者泰奥弗拉斯托斯（Theophrastus）提出了部分关于纯假言三段论（如果A那么B，如果B那么C；所以，如果A那么C）的逻辑。与此同时，麦加拉的菲罗（Philo of Megara）引入了实质条件句（如果A那么B）的真值函项解释。由此出发，克吕希波把命题逻辑推进到了一个高度发展的水平。

克吕希波把命题划分为简单命题和复合命题，引进一组联结词，从一个或者多个简单命题构造出复合命题。复合命题包括否定式、合取（联言）式、相容析取（选言）式和蕴涵式。克吕希波展示了复合命题的真值如何是其简单成分的真值的函项。克吕希波还引进了一组推理规则，包括今天被称为肯定前件式（*modus ponens*）、否定后件式（*modus tollens*）、选言三段论和一条类似德·摩根定律的规则。最后需要提到的是，克吕希波引进了自然推演理论，借此可以通过一系列分离的步骤从一个论证的前提推出它的结论。

克吕希波的更为广泛的哲学则被一元论和决定论所刻画。当我们大部分人认为宇宙由无数分散的东西组成的时候，克吕希波则论证说，事实上只有一种物质存在，而看似个别的物质其实是这一原初物质的部分。此外，发生的一切事情都严格地受命运的支配。但是，面对这种严格的因果决定论，克吕希波主张人类要对他们的行为负责；他还试图用多种方法来证明这两个观点事实上并行不悖。

习题 1.4

Ⅰ. 以下论证都是演绎论证。确定它们中的每一个是有效的还是无效的，注意你的回答与前提和结论的真或假之间的关系。最后，确定这些论证是可靠的还是不可靠的。

★1. 由于《白鲸》为莎士比亚所著，而《白鲸》是一部科幻小说，可以得出的是，莎士比亚写过一部科幻小说。

2. 由于伦敦位于巴黎的北方和爱丁堡的南方，可以得出的是，巴黎位于爱丁堡的南方。

3. 如果乔治·华盛顿被砍了头，那么乔治·华盛顿就死了。乔治·华盛顿死了。所以，乔治·华盛顿被砍了头。

★4. 南美洲最长的河是亚马逊河，亚马逊河流经巴西。所以，南美洲最长的河流经巴西。

5. 由于美西战争发生在美国内战之前，美国内战发生在朝鲜战争之前，可以得出的是，美西战争发生在朝鲜战争之前。①

6. 帝国大厦比自由女神像要高，自由女神像又比埃菲尔铁塔要高。所以，帝国大厦要比埃菲尔铁塔高。

★7. 所有有肺的美洲豹都是肉食动物。所以，所有美洲豹都是肉食动物。

8. 芝加哥是位于密歇根的一座城市，密歇根是美国的一部分。所以，芝加哥是美国的一座城市。

9. 如果巴拉克·奥巴马总统生于马萨诸塞州，那么他是新英格兰本地人。巴拉克·奥巴马不是新英格兰本地人。所以，巴拉克·奥巴马并不出生于马萨诸塞州。

★10. 加拿大每一个省都有一个城市作为其首府。所以，由于加拿大有 30 个省，它有 30 个首府城市。

11. 由于位于华盛顿特区之外的国防部大楼呈六边形，所以它有七条边。

12. 由于温斯顿·丘吉尔是英国人，而且温斯顿·丘吉尔是一名著名的政治家，我们可以得出结论说，至少有一个英国人是一名著名的政治家。

★13. 由于有的水果是绿色的，而且有的水果是苹果，可以得出，有的水果是绿色的苹果。

14. 所有物理学家都是拥有政治学学位的人，有的律师是物理学家。所以，有的律师是拥有政治学学位的人。

15. 美国国会议员比一年的天数还多。所以，至少两名议员的生日是在同一天。

---

① 此题中的第二个前提原文为："and the U.S. Civil War occurred after the Korean War"。其中的 "after" 应为 "before" 之误，译文做了修正。——译者注

Ⅱ. 以下论证都是归纳论证。确定它们中的每一个是强的还是弱的，注意你的回答与前提和结论的真或假之间的关系。最后，确定这些论证是信服的还是不信服的。

★1. 阿林顿国家公墓的墓碑上刻着约翰·F.肯尼迪长眠于此。由此一定可以得出的是，肯尼迪实际上确实是埋在这个公墓。

2. 数百万年以来，每天都在潮涨潮落。但是任何事物都不会永远。所以，潮汐运动很有可能在数年内消失。

3. 玫瑰杯美式足球赛（在美国加利福尼亚州帕沙第纳举行）绝大多数都在滴水成冰的季节举行。所以，很有可能下一届玫瑰杯美式足球赛还将在滴水成冰的季节举行。

★4. 富兰克林·德拉诺·罗斯福说过，我们唯一恐惧的就是恐惧本身。所以，学生没有理由惧怕作业。

5. 大多数大众电影明星都是家财万贯。维奥拉·戴维斯是大众电影明星。所以，很有可能维奥拉·戴维斯家财万贯。

6. 吉萨金字塔的建造需要把巨大的石块推到非常高的地方。很有可能古埃及人拥有反重力的装置来完成这一壮举。

★7. 人们欣赏摇滚乐已经有一百年以上的历史了。很有可能从现在起人们还将欣赏一年。

8. 古生物学家已经发掘出了大型爬行动物的骨头化石，我们称之为恐龙。研究显示，这些骨头都超过5000万年以上。所以，恐龙很有可能在5000万年前确实统治了地球。

9. 《独立宣言》说，所有人都被造物主赋予了某些不可剥夺的权利。所以，造物主很有可能是存在的。

★10. 可口可乐是一种非常流行的软饮料。所以，此时此刻很有可能有人在某处喝可乐。

11. 每一张美国地图都显示亚拉巴马州位于太平洋海岸。所以，亚拉巴马州应该是西部的一个州。

12. 当尼尔·阿姆斯特朗登上月球的时候，他留下了一辆镀金的思汶牌自行车，他在月球上骑过的那辆自行车。那辆自行车很有可能还在月球上面。

★13. 美国黑人运动员阿德里安·彼得森在足球领域可以承受巨大的压力。然而，和阿德里安·彼得森一样，塞雷娜·威廉姆斯也是一名伟大的美国黑人运动员。所以，很有可能塞雷娜·威廉姆斯在足球领域也可以承受巨大的压力。

14. 与猴子不一样，今天的人类拥有不再适合抓握物体的脚。所以，此后的1000年里，很有可能人类的脚仍将不适合于抓握物体。

15. 一份针对包括加斯·布鲁克斯、桃莉·巴顿在内的25名西部乡村音乐歌手的随机抽样显示，他们每一个都在塔斯马尼亚学习过音乐。所以，很有可能大多数著名西部乡村音乐歌手都在塔斯马尼亚学习过音乐。

Ⅲ. 确定以下论证是演绎的还是归纳的。如果一个论证是演绎的，那么确定它是有效的还是无效的；如果一个论证是归纳的，那么确定它是强的还是弱的。

★1. 由于汤姆是阿加莎的兄弟，而阿加莎是拉克尔的母亲，可以得出汤姆是拉克尔的舅舅。

2. 如果一个厨师想不起来一道菜的原料，很有可能的是，她通过查看菜谱更新了记忆。类似地，当一个学生无法想起期末考试的答案时，很有可能是她通过翻阅教材而更新了她的记忆。

3. 百老汇剧院的大屏幕上显示，《歌剧魅影》正在夜场上映。所以，《歌剧魅影》今晚一定会上映。

★4. 由于圣诞节总是在周四，因此可以推出圣诞节后一天总是周五。

5. 假设图形 A 是一个两角相等的三角形。由此可以推出图形 A 有两条相等的边。

6. 卡伦不小心把烘烤饼干的时间延长了两个小时。所以，饼干很有可能已经烤坏了。

★7. 在吸食迷幻药之后，爱丽丝说她在购物中心停车场看见了飞碟着陆。由于爱丽丝一贯说话诚实，所以，我们一定可以得出结论说，有个飞碟确实在那里着陆了。

8. 由于菲莉丝和丹尼斯是表亲，丹尼斯和哈里雅特是表亲，由此可以必然地得出，哈里雅特和菲莉丝也是表亲。

9. 明天去公园野餐的计划很有可能要取消。已经连续下了六天的雪了。

★10. 圆 A 的直径是圆 B 的直径的两倍。从这一点我们可以推出，圆 A 的面积恰好是圆 B 面积的两倍。

11. 过去几天中，罗伯特每一天总是输在 21 点上。所以，很有可能他今天会赢。

12. 由于约翰爱南希而南希爱彼得，可以必然地得出约翰也爱彼得。

★13. 这个收银机抽屉里有 100 多个硬币。随机拿出 3 个硬币，其铸造日期都在 1960 年前。所以，很有可能这个抽屉里的硬币都是铸造于 1960 年前。

14. 日本袭击珍珠港或者发生在 1941 年或者发生在 1951 年。但是这不是在 1941 年发生的。所以，这是在 1951 年发生的。

15. 哈里永远不可能在规定时间内解决那道高等微积分难题。他从未学过代数以外的功课，而且代数也只是得了一个 C–。

★16. 因为 $x+y=10$ 且 $x=7$，可以推出 $y=4$。

17. 如果针灸疗法是一种巫术，那么针灸疗法无法减轻慢性疼痛。但是针灸疗法可以减轻慢性疼痛。所以，针刺疗法并不是巫术。

18. 如果通货膨胀升温，那么利率将上升。如果利率上升，那么债券价格将下降。所以，如果通货膨胀升温，那么债券价格将下降。

★19. 统计数据显示，接种过流感疫苗的人群中有86%不会感染流感。杰克一个月前接种了流感疫苗。所以，杰克具有了免疫力，即使现在流感盛行。

20. 由于米歇尔是双鱼座，必然可以得出她出生于三月。

Ⅳ. 定义以下术语：

有效的演绎论证　　　　　　无效的演绎论证

可靠的论证　　　　　　　　不可靠的论证

强的归纳论证　　　　　　　弱的归纳论证

信服的论证　　　　　　　　不信服的论证

Ⅴ. 对下列陈述回答"真"或者"假"：

1. 有的论证所说不是完全有效的，却是差不多有效的。
2. 归纳论证允许力度和强弱方面存在不同程度。
3. 无效的演绎论证基本上与归纳论证是相同的。
4. 如果一个演绎论证的前提都为真而结论为假，那么它一定是无效的。
5. 一个有效的论证可以有一个假前提和一个假结论。
6. 有效的论证可以有假前提和真结论。
7. 可靠的论证可以是无效的。
8. 可靠的论证可以有假的结论。
9. 强的论证可以有假的前提和可能假的结论。
10. 强的论证可以有真的前提和可能假的结论。
11. 信服的论证可以有可能假的结论。
12. 信服的论证一定是归纳上强的论证。
13. 如果一个论证的前提都为真且结论也为真，那么我们知道这是一个非常好的论证。
14. 一个陈述可以合乎规定地说成是"有效的"或"无效的"。
15. 一个论证可以合乎规定地说成"真的"或"假的"。

1.5 论证形式：证明无效性

> **预热**
>
> 在一个派对上，你听到有人在谈论你。那个人轻蔑地盯着你，说你没有穿名牌服装，然后评论说，失败者才不穿名牌服装。意思是说你也是失败者。听到这里，你被激怒了。你知道这个论证明显是无效的，但是你如何证明这一点？通过本节你会学到一个简单的、直观的方法来证明无效的演绎论证的无效性。

本节考察的思想是，演绎论证的有效性是由其形式决定的。这个思想在前一节的表 1.1 的论证中提示过；在那个表中，"有效的"一列中的所有论证都具有相同的有效形式，"无效的"一列中的所有论证都具有相同的无效形式。论证的形式阐述了论证的内部结构或者说推理模式。如果推理模式是好的，那么论证就是有效的；如果不好，那么就是无效的。

就表 1.1 而论，所有有效的论证都具有以下形式：

所有 A 都是 B。
所有 C 都是 A。
所有 C 都是 B。

如果 A、B 和 C 都看成是一组事物，那么很容易看到这个形式是有效的。根据第二个前提，假设 C（不管它们是什么）都包含在 A 中，而由第一个前提，假设 A（不管它们是什么）都包含在 B 中。那么，可以必然地得出 C 都包含在 B 中，而这正是结论所断定的。

我们可以用这个例子来定义我们所说的论证形式。目前来讲，**论证形式**（argument form）是字母（本例中的 A、B 和 C）和词项（本例中的"所有"和"是"）的排列，使得用语词或短语在统一替换字母之后得到的是一个论证。对于这种形式，用来替换的语词或者短语必须指的是一组事物。因此，在下述论证形式（左边）中，如果我们把"体育运动""娱乐活动"和"棒球运动"等语词分别替换 A、B 和 C 所在位置，我们就得到以下的论证（右边）：

所有 A 都是 B。   所有体育运动都是娱乐活动。
所有 C 都是 A。   所有棒球运动都是体育运动。
所有 C 都是 B。   所有棒球运动都是娱乐活动。

上面这个论证被称为其论证形式的**替换实例**（substitution instance）。有效的论

论证形式：字母和词项的排列，使得用语词或短语在统一替换字母之后得到的是一个论证。

替换实例：用语词或者短语统一替换论证形式中的字母所得到的一个论证。

证形式的任意一个替换实例都是一个有效的论证。

在下一步开始介绍无效的论证之前,我们需要简单地考虑形式并不明显的有效的论证。前一节的习题中就有许多这样的论证。那么我们该如何说明这种论证的存在与有效性由形式确定这一说法是一致的?答案是,这些论证都是不完整的,因此其形式并不明显。但是,一旦这样的论证补充完整且正确表述(本书稍后讲解)之后,其形式就明显了。例如,考虑以下这个有效的论证:

> 大雁是迁徙的水鸟,因此它们冬天飞向南方。

这个论证缺少一个前提:

> 迁徙的水鸟冬天飞向南方。

现在这个论证可以改述如下,以使形式明显起来:

> 所有大雁都是迁徙的水鸟。
> 所有迁徙的水鸟都是冬天飞向南方的鸟。
> 所以,所有大雁都是冬天飞向南方的鸟。

这个论证的形式如下:

> 所有 A 都是 B。
> 所有 C 都是 A。
> ─────────
> 所有 C 都是 B。

这个形式与我们前面介绍的形式相同,因此是有效的。

现在来看一个无效的论证形式:

> 所有 A 都是 B。
> 所有 C 都是 B。
> ─────────
> 所有 A 都是 C。

在这个论证形式中,如果我们假设 A 都包含在 B 中且 C 也包含在 B 中,那么这并不必然地得出 A 都包含在 C 中。如果 A 只是 B 的一部分且 C 是 B 的另一部分的话,就得不出 A 都包含在 C 中。图解如下:

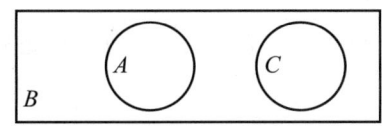

这个图解说明,如果我们可以找到替换实例确实有真前提和假结论,就可以

证明前面那个形式是无效的。在这样的替换实例中，A 和 C 将互相分开，但是它们又都包含在 B 中。如果我们用"猫"替换 A，用"动物"替换 B，用"狗"替换 C，我们就有如下替换实例：

所有 A 都是 B。	所有猫都是动物。	真
所有 C 都是 B。	所有狗都是动物。	真
所有 A 都是 C。	所以，所有猫都是狗。	假

这个替换实例证明了其形式是无效的，因为它提出了一个具体情况的例子，其中 A 都包含在 B 中，C 也包含在 B 中，但是 A 并不包含在 C 中。

现在，由于这个形式是无效的，我们可以说任何具有这种形式的论证都是无效的吗？不巧的是，无效形式的情况并不像有效形式的情况那样简单。一个有效形式的每一个替换实例都是一个有效的论证；但是，并不能说一个无效形式的每一个替换实例也都是一个无效的论证。原因在于，无效形式的一些替换实例也是有效形式的替换实例。[①] 但是我们可以说，无效形式的任何一个替换实例如果不是任何有效形式的替换实例，那么这个替换实例就是一个无效的论证。所以，一个论证如果是一个无效形式的替换实例而不是任何有效形式的替换实例，那么它就有一个无效形式。

无效形式的有些替换实例也是有效形式的替换实例这一事实只是意味着我们在确定一个论证的形式时需要小心谨慎。不过，日常语言中既可以解释为有效形式的替换实例又可以解释为无效形式的替换实例的情况非常少见，本书将忽略它们。出于这种考虑，看看以下的论证：

所有浪漫小说都是文学作品。

所有虚构作品都是文学作品。

所以，所有浪漫小说都是虚构作品。

这个论证很明显具有刚刚讨论的无效形式。这个无效形式抓住了该论证具有

---

① 例如，下面的有效的论证是我们已经讨论了的无效形式的替换实例：
所有单身汉都是男人。
所有未婚男人都是男人。
所以，所有单身汉都是未婚男人。
但是，因为"单身汉"和"未婚男人"的意义是相同的，这个论证也是下面这个有效形式的替换实例：
所有 A 都是 B。
所有 C 都是 B。
所有 A 都是 C。

明显缺陷的推理过程。所以，该论证是无效的，而且之所以无效，正是因为它有一个无效形式。

反例法

一个拥有真前提和假结论的替换实例（比如上面提出的"猫和狗"的例子）被称为反例，我们刚才用于证明"浪漫小说"论证为无效的论证的方法称为**反例法**（counterexample method）。反例法是，首先单独考虑一个论证的形式，然后构造出有真前提和假结论的替换实例。这就证明了该形式是无效的，从而证明了该论证是无效的。反例法可以用来证明任何一个无效的论证的无效性，但是无法证明任何有效的论证的有效性。所以，在把这一方法运用到一个论证之前，该论证需要首先被告知或者猜想到是无效的。我们现在把这一方法运用到下面这个无效的直言三段论：

> 由于有的雇员不是追求更高社会地位的人，而所有副总裁都是雇员，我们可以得出结论说，有的副总裁不是追求更高社会地位的人。

这个论证是无效的，原因在于不追求更高社会地位的雇员可能不是副总裁。所以，我们可以构造有真前提和假结论的替换实例来证明这一论证是无效的。我们首先单独考虑这个论证的形式：

> 有的 E 不是 S。
> 所有 V 都是 E。
> ―――――――――――
> 有的 V 不是 S。

接下来，我们选择三个语词来替换字母的位置而且使得前提为真但结论为假。以下选择就够了：

> E = 动物
> S = 哺乳动物
> V = 狗

所得到的替换实例为：

> 有的动物不是哺乳动物。
> 所有狗都是动物。
> 有的狗不是哺乳动物。

反例法：首先单独考虑一个论证的形式，然后构造出有真前提和假结论的替换实例的方法。

任何有真前提和假结论的演绎论证都是无效的。

这个替换实例有着真前提和假结论，所以根据定义是无效的。因为这个替换实例是无效的，其形式也是无效的，所以，原先的论证是无效的。

把反例法运用到直言三段论的时候，记住以下这些语词比较实用："猫""狗""哺乳动物""鱼"和"动物"。很多无效的三段论一般都能通过恰当地选择这些语词中的三个来构造反例加以证明确实是无效的。因为每个人对这些语词的理解都一样，每个人都会对反例的前提和结论的真假产生一致的意见。还有，在构造反例的时候，从结论开始时常是有帮助的。首先，选出两个语词以得到一个假的结论，然后选出第三个语词以得到真的前提。另一点需要记住的是，语词"有的"在逻辑中总是意味着"至少有一个"。比方说，陈述"有的狗是动物"指的是"至少有一只狗是动物"——这是真的；还要注意，这个陈述并不蕴涵有的狗不是动物。

当然了，并不是所有演绎论证都是直言三段论。比如，考虑以下的假言三段论：

> 如果政府强行限制进口，汽车价格就会飙升。所以，由于政府将不会强行限制进口，可以得出汽车的价格不会飙升。

这个论证是无效的，原因在于即使不限制进口汽车的价格也可能会飙升。它具有以下形式：

> 如果 G，那么 P。
> 并非 G。
> ─────────
> 并非 P。

这个形式与上面那个的不同之处在于这里的字母表示的是完整的陈述。比如，G 表示的是"政府强行限制进口"。如果我们做以下替换：

> G = 亚伯拉罕·林肯自杀了。
> P = 亚伯拉罕·林肯死了。

我们得到的是以下替换实例：

> 如果亚伯拉罕·林肯自杀了，那么亚伯拉罕·林肯死了。
> 亚伯拉罕·林肯没有自杀。
> 所以，亚伯拉罕·林肯没有死。

由于这里的前提都为真而结论为假，这个替换实例很明显是无效的。所以，这个形式是无效的，而这就证明了原先的论证是无效的。

当把反例法运用到前提为条件陈述的论证（刚才讨论的就是这种情况）时，值得推荐的是，替换条件陈述的那个陈述最好是表达了某种必然的联系。在上述"林肯"的例子中，第一个前提断定的是自杀和死亡之间的必然联系。这个陈述的真毋庸置疑。此外，如果确定了结论是一个条件陈述，需要注意的是，得到一个假的条件陈述的确切方式是把一个真的前件和一个假的后件连接起来。比方说，条件陈述"如果莱西是一条狗，那么莱西是一只猫"就明显为假。

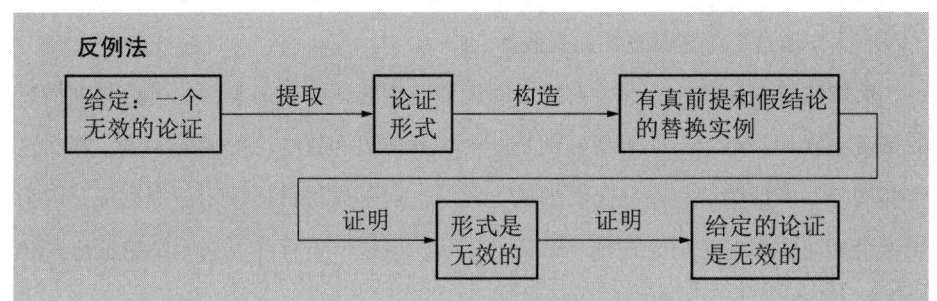

想要轻松地识别出一个论证的形式，需要熟悉基本演绎论证的形式。第一项任务就是区别前提和结论。总是先写前提最后再写结论。第二项任务就是区别出我们所说的"形式语词"和"内容语词"。为了把论证还原为它的形式，需要让形式语词保持不动，而用字母替换掉内容语词。在直言三段论中，语词"所有""没有""有的""是"和"并非"都是形式语词；在假言三段论中，语词"如果""那么"和"并非"都是形式语词。出现在其他类型论证中的形式语词还有"或者"和"并且"等。对于各种不同种类的混合论证，需要一种更为直观的方法。例如：

所有电影明星都是著名演员，因为所有著名的电影明星都是演员。

如果我们用字母 M、A 和 F 分别替换"电影明星""演员"和"著名的"，这一论证就具有下面的形式：

所有是 F 的 M 都是 A。
―――――――――――
所有 M 都是已是 F 的 A。

下面是这个形式的一个可能的替换实例：

所有是父亲的人都是男人。
所以，所有人都是已是父亲的男人。

因为这个论证的前提为真而结论为假，它的形式是无效的，所以，原先的论证也是无效的。

运用反例法来证明一个论证是无效的，这里需要有一点小聪明，因为没有规则可以自动地产生必需的、要替换到这个形式之中的语词或者陈述。当然了，任何的语词或者陈述都起作用，只要它产生一个具有无可争辩地真的前提和毫无疑义地假的结论的替换实例。理想的情况是，这些陈述的真值应该被普通人知道；否则的话，就无法利用这个替换实例来证明任何东西。比方说，如果之前的假言三段论中 P 被替换为"乔治·威尔逊死了"，那么这个替换实例将会没有用处，因为没有人知道这个陈述是真的还是假的。

反例法只对证明无效性才有用，因为唯一能够证明任何事情的真假排列情况的是真前提和假结论。如果得到的是一个有真前提和真结论的替换实例，那么这个实例并不能证明这个论证是有效的。此外，这一方法只适用于演绎论证，因为归纳论证的强弱只是部分地依赖论证的形式。所以，不存在只与归纳论证形式相联系的方法能用来证明归纳论证是弱的。

习题 1.5

Ⅰ. 运用反例法证明以下直言三段论是无效的。证明过程中请遵循本节中提出的建议。

★1. 所有星系都是中心包含黑洞的结构，所以，所有星系都是类星体，因为所有的类星体都是中心包含黑洞的结构。

2. 有的进化论者并不是相信《圣经》的人，因为没有创世论者是进化论者，而且有的相信《圣经》的人并不是创世论者。

3. 没有专利是阻止研究和发展的措施，所有专利都是保护知识产权的规则。所以，没有阻止研究和发展的措施是保护知识产权的规则。

★4. 有的农场工人不是拥有体面工资的人，因为没有无证工人拥有体面的工资，而且有的无证工人并不是农场工人。

5. 有的政客是那些不惜一切代价去赢得选举的人，没有不惜一切代价去赢得选举的人会是真正的政治家。所以，没有政客是真正的政治家。

6. 所有精雕细琢出来的钟表都是真正的艺术作品，因为所有瑞士钟表都是真正的艺术品，而且所有瑞士钟表都是精雕细琢出来的钟表。

★7. 没有快餐餐馆的主顾是沉湎于健康食物的人。所以，没有快餐餐馆的主顾是精美甜点的鉴赏者，因为没有精美甜点的鉴赏者是沉湎于健康食物的人。

8. 有的毒料废场是散发有害废物的地方，而且有的散发有害废物的地方是不宜挨着住处的地方。因此，有的毒料废场是不宜挨着住处的地方。

9. 所有协助他人自杀者都是犯有谋杀罪的人。因此，有的慈悲为怀的人并不是犯有谋杀罪的人，因为有的支持他人自杀者是慈悲为怀的人。

★10. 有的学校董事会不是反对价值澄清的团体，因为有的学校董事会并不是很有眼光的组织，而有的反对价值澄清的团体并不是很有眼光的组织。

11. 所有超级政治行动委员会（PACs）都是没有节制的挥霍者。出于这个原因，有些一流的权力掮客并不是超级政治行动委员会，因为有的没有节制的挥霍者是一流的政治掮客。

12. 没有电影制片人是没有竞争力的企业高管，有的好莱坞显要人物是电影制片人。由此可以推出，没有好莱坞显要人物是没有竞争力的企业高管。

★13. 有的人类改良物并不是个人信息的剥削者。作为结果，鉴于所有企业社交网络都是个人信息的剥削者，有的企业社交网络并不是人类改良物。

14. 考虑到有的隐形飞行物攻击人的生命而且所有无人攻击机都是隐形飞行物，有的无人攻击机攻击人的生命。

15. 有的濒死体验是超自然现象，而且没有濒死体验是容易忘记的事件。所以，有的容易忘记的事件不是超自然现象。

Ⅱ. 运用反例法证明以下每一个论证都是无效的。

★1. 如果动物种属是固定不变的，那么进化就是一个神话。所以，由于动物种属不是固定不变的，进化不是神话。

2. 如果一氧化碳出现在空气中，那么植物就有了碳的来源。所以，由于植物有了碳的来源，一氧化碳就出现在空气中。

3. 如果人权得到认可，那么文明得以繁荣。如果平等得到普及，那么文明得以繁荣。所以，如果人权得到认可，那么平等得以普及。

★4. 如果能源税增加，那么赤字就会减少或者资源将得到很好的节约。如果赤字减少，那么通货膨胀将受到抑制。所以，如果能源税增加，那么通货膨胀将受到抑制。

5. 所有沦为乞丐的无家可归的人都是贫穷的人。所以，所有无家可归的人都是贫穷的人。

6. 有的摔跤手是充满传奇的巨人，因为有的摔跤手充满传奇而有的摔跤手是巨人。

★7. 所有学费低廉的社区学院或者是注册人数很多的学校或者是靠税款资助的机构。所以，所有社区学院都是靠税款资助的机构。

8. 所有做零售商的推销人员都是库存周转的商户。所以，所有零售商都是库存周转者。

9. 所有糖尿病患者都是胰岛素注射者或者葡萄糖流失者。因此，有的糖尿病患者是胰岛素注射者，有的糖尿病患者是葡萄糖流失者。

★10. 所有联邦住宅管理局（FHA）贷款都有助于提高生活水平，因为联邦住宅管理局贷款中的所有反抵押贷款或者有助于提高生活水平或者会削减房产净值，而且所有反抵押贷款都会削减房产净值。

Ⅲ．定义以下术语：

论证形式　　　　　反例法　　　　　替换实例

本章总结

逻辑：评价论证的科学（知识）体系。

论证：一组陈述，其中的一个或多个陈述（即前提）被用来为另外一个陈述（即结论）提供支持或者相信的理由。

前提：列出原因或者证据的陈述。

结论：前提断定支持或者蕴涵的陈述。

为了把前提和结论区分开，寻找：

- 指示词（"所以""由此""由于""因为"等）
- 陈述之间的推理关系

并不是所有陈述组都是论证。为了把论证和非论证区分开，寻找：

- 指示词（"因为""所以"等）
- 陈述之间的推理关系
- 非论证的典型种类（警告、报告、说明性段落等）

最有问题的非论证种类：

- 说明性段落（主题句可以被其他陈述证明吗？）
- 例解（该段落可能是举例论证吗？）
- 解说（被解说项也是一个结论吗？）

条件陈述表达充分条件和必要条件之间的关系：

- A 是 B 的一个充分条件：A 的出现是 B 的出现的全部所需时。
- B 是 A 的一个必要条件：B 不出现 A 也就不能出现时。

传统上，论证区分为演绎的和归纳的：

- 演绎论证：结论从前提必然地得出。
- 归纳论证：结论从前提可能地得出。

为了区分出归纳论证和演绎论证，寻找：

- 特殊指示词（"必然地得出"、"可能地得出"等）
- 前提和结论之间在推理联系方面的实际力度
- 立论的形式或者说风格
  - 演绎形式：基于数学的论证；根据定义而来的论证；直言三段论、假言三段论和选言三段论
  - 归纳形式：预测、类比论证、概括、以权威论证、基于指号的论证和因果推理

评价论证（是演绎的还是归纳的）包含两步：

- 评价前提和结论之间的联结。
- 评价前提的真值。

演绎论证是有效的、无效的、可靠的或者不可靠的：

- 有效的：结论实际上从前提得出。
- 可靠的：论证是有效的且前提都为真。

归纳论证是强的、弱的、信服的或者不信服的：

- 强的：结论实际上从前提得出。
- 信服的：论证是强的且前提都为真。

演绎论证的有效性是由其形式决定的。一个无效形式允许有真前提和假结论的替换实例。

- 反例法：
  - 用于证明无效性。
  - 包括确定所给无效的论证的形式和提出一个有真前提和假结论的替换实例。
  - 证明所给论证无效，就可以证明其形式是无效的。

第二章

非形式谬误

2.1 谬误概论
2.2 相干性谬误
2.3 弱归纳谬误
2.4 预设谬误、歧义谬误与不当转换谬误
2.5 日常语言中的谬误

2.1 谬误概论

> **预热**
>
> 假设你看到这样一则广告："水银系列跑鞋——时尚和速度合一。拥有一双让朋友羡慕吧！"你买了一双，然后你确实听到了一些赞美之词。但是，在一个雨天，你发现鞋子简直快要散架了。后来你才发现，水银系列跑鞋并不是为雨天设计的。你被广告欺骗了。本章将向你介绍论者欺骗他人接受未经证实的结论的种种方式。

> **谬误**：论证中的缺陷，或者来自推理中所犯的错误，或者来自把坏的论证当作好的论证的错觉。

谬误（fallacy）是论证中的缺陷，或者来自推理中所犯的错误，或者来自把不好的论证当作好的论证的错觉。本章中将要介绍的谬误是那些时常出现以至被给予了特殊名字的错误。术语"推不出（*non sequitur*）"是谬误的另外一个名字。演绎论证和归纳论证都可能会有谬误；如果它们包含了谬误，那么根据论证种类，它们或者是不可靠的，或者是不信服的。反过来，如果一个论证是不可靠的或者是不信服的，那么它就有一个或者多个假的前提或者包含了谬误（或者二者兼具）。

> **形式谬误**：一种只通过检查论证的形式或者结构就可以识别出来的谬误。

谬误通常分为两类：形式的和非形式的。**形式谬误**（formal fallacy）是一种只通过检查论证的形式或者结构就可以识别出来的谬误。这种谬误只在具备可识别其形式的演绎论证中才能发现。第一章给出了一些这样的可识别形式：直言三段论、假言三段论和选言三段论。以下的直言三段论就包含了一个形式谬误：

> 所有斗牛活动都举行奇怪的仪式。
> 所有死刑也都举行奇怪的仪式。
> 所以，所有斗牛活动都是死刑。

这个论证具有以下形式：

> 所有 A 都是 B。
> 所有 C 都是 B。
> ─────────
> 所有 A 都是 C。

只需检查这个论证形式就可以看出它是无效的。事实上，A、B 和 C 分别代表"斗牛活动""奇怪的仪式"和"死刑"对于查明这种谬误来说是无关紧要的。问题也许要追溯到第二个前提。如果字母 C 和 B 互换位置，那么这个形式就成为有效的了，原先的论证也随之成为有效的论证（但不可靠）。

下面是出现在假言三段论中的形式谬误：

> 如果类人猿是聪明的动物，那么它能解决难题。
> 类人猿能解决难题。
> 所以，类人猿是聪明的动物。

这个论证具有如下形式：

> 如果 A，那么 B。
> B。
> ─────────
> 所以，A。

在这种情况下，如果把第一个前提中的 A 和 B 互换位置，这个形式就成为有效的了，同样的变化也会使上述论证成为有效的论证。这种谬误和前一种谬误将在随后的章节中讨论。

为了把形式谬误和非形式谬误区别出来，需要记住：形式谬误只在演绎论证中出现。因此，如果给定的论证是归纳论证，那么它就不会包含形式谬误。另外，还要关注像直言三段论和假言三段论这些标准的演绎论证形式。如果这样的论证由于词项或者陈述的不恰当排列而成为无效的，那么它就犯了形式谬误。第 1.5 节考察了这样一些形式，并且为把形式和论证内容区分出来给出了指导性意见。该节后面所有的习题都包含了形式谬误。

非形式谬误（informal fallacy）是一种只有通过考察论证内容才能发现的谬误。考虑以下的例子：

> 布鲁克林大桥是由原子构成的。
> 原子是肉眼看不见的。
> 所以，布鲁克林大桥是肉眼看不见的。

为了发现这个论证中的谬误，我们需要知道关于桥的一些事情——也就是说，它们是肉眼可以看见的巨大对象，虽然它们的原子成分是肉眼看不见的，但这并不意味着桥本身是看不见的。

或者考虑以下这个例子：

> 棋手是人。
> 所以，烂棋手是烂人。

为了发现这里出现的谬误，我们需要明白"烂"这个词的意思依赖它所修饰的对象，而且作为烂棋手与作为烂人有着极大的不同。

各种非形式谬误以各种不同的方式达到各自的目的，因而很难用哪一种理论就把它们全部涵盖。有的谬误通过引发读者或听者的情感如恐惧、遗憾或者友爱等把一些结论和这些情感绑在一起。也有的谬误企图把对立的论证和其作者的某些恶劣品质联系起来从而使该论证失去权威性。还有的谬误则是诉诸读者或者听众的思维习性，如盲目崇拜或者懒惰心理，从而使他们草率地接受某个结论。通过研究论者玩弄这些技巧的典型方式，我们就会少受他人提出的谬误论证的愚弄，或者在建立自己的论证时不会盲目地掉入这些谬误的陷阱之中。

逻辑学家们从亚里士多德时代开始就试图对各种各样的非形式谬误进行分类。亚里士多德自己就区分出了 13 种非形式谬误，并把它们分为两组。后来的逻辑学

非形式谬误：只有通过考察论证内容才能发现的谬误。

家们区分出了更多的谬误,使得对它们进行分组的任务更为困难。随后将要介绍的非形式谬误会有 22 种,它们被分成五组:相干性谬误、弱归纳谬误、预设谬误、歧义谬误与不当转换谬误。本章最后一节将要考察的是日常语言中所出现的谬误以及如何避免这类谬误。

习题 2.1

确定以下论证中所包含的谬误究竟是形式谬误还是非形式谬误:

★1. 如果拉斯普廷确实是疯了,那么他就会欺骗沙皇尼古拉二世。拉斯普廷没有疯。所以,他没有欺骗沙皇尼古拉二世。

2. 所有能跳的都有腿。皮球能跳很高。所以,皮球有腿①。

3. 所有相信我们创造我们自己的现实的人都是缺乏社会责任的人。所有被自私动机支配的人都是缺乏社会责任的人。所以,所有相信我们创造我们自己的现实的人都是被自私动机支配的人。

★4. 国家之舟就如同海上之舟。没有水手被允许违抗船长的命令。出于同样的原因,没有公民被允许违抗总统的政策。

5. 著名的小提琴手平夏斯·祖克曼说过,"至于伏特加,斯米尔诺夫(伏特加)对其他(伏特加)都不逊色。"我们由此必然地得出,斯米尔诺夫是最好的伏特加。

6. 如果一个政府大规模消灭野生动物,那么这个政府是不道德的。这个政府确实是不道德的。所以,这个政府大规模地消灭了野生动物。

★7. 莎拉·杰西卡·帕克、本·阿弗莱克和茱莉娅·罗伯茨②都是民主党人士。所以,好莱坞的明星一定都是民主党人士。

8. "脸书(Facebook)"的首席执行官(CEO)马克·扎克伯格赞成开放北极国家野生动物保护区进行钻油勘探。但是敬请考虑这一点:扎克伯格只是一个敛财的资本家,只关心不停地往自己已经胀鼓鼓的银行账号中塞钱。很明显,他的论证非常可笑。

---

① 此处原文为:"Everything that runs has feet. The Columbia River runs very swiftly. Therefore, the Columbia River has feet."考查的是其中 run 的一词多义性,但汉语中河流不能用"跑"一词修饰,所以根据题意改了习题内容。——译者注
② 莎拉·杰西卡·帕克(Sarah Jessica Parker)、本·阿弗莱克(Ben Affleck)和茱莉娅·罗伯茨(Julia Roberts)都是美国好莱坞电影明星。——译者注

9. 如果塑料枪被售给公众，那么恐怖分子将拿着它们通过安检登上飞机。如果塑料枪被售给公众，那么劫机事件将增多。所以，如果恐怖分子携带塑料枪通过安检登机，那么劫机事件将增多。

★10. 有些公司的合并是为了解雇员工而设计安排的，有些解雇员工的设计安排是经济动荡引起的。所以，有些公司的合并是经济动荡引起的。

2.2 相干性谬误

> **预热**　设想一下，你的一个好朋友为学校的报纸撰写了一篇社论，支持日见增多的校园的多元化现象。然后，另外一个学生抨击了这篇社论，认为你的朋友写这篇社论只是为了哗众取宠、补偿他不受欢迎且无人约会这一事实。你该如何回应这一论证？本节将考察与攻击你朋友的社论相似的论证。

相干性谬误（fallacies of relevance）的共同特征是，它们出现于其中的论证的前提在逻辑上与结论并不相干。但是，前提可能是心理上相干的，因此，结论似乎是从前提得出的，即使不是逻辑上得出的。在一个好的论证中，前提提供真正的证据以支持结论。另一方面，在犯有相干性谬误的论证中，前提和结论之间的联系是情绪化的。所以，为了确认一个相干性谬误，我们必须能够从各种形式的情感诉求中区分真正的证据。

> **相干性谬误**：论证中的前提在逻辑上与结论并不相干而导致的错误。

1. 诉诸强力

当论者威胁其他人接受结论的时候，这时就会出现**诉诸强力**（appeal to force）①的谬误。这种威胁既可能造成身体上的伤害也可能造成心理上的伤害，被威胁者既可能是个人也可能是群体。很显然，这样的威胁在逻辑上无关乎结论的内容，因此，任何基于这一做法的论证都是谬误。诉诸强力（ad baculum）谬误常常发生在儿童之间的争论中：

> **诉诸强力**：论者威胁其他人接受结论。

---

① 文献中也称为"诉诸强力论证（argumentum ad baculum）""恐吓论证（appeal to the 'stick'）"。
——译者注

儿童对同伴说:《芝麻街》[①] 是最好看的电视节目；如果你不信，明天我就把我哥哥叫到这里来，他会揍你一顿。

但是也会发生在成年人之间：

秘书告诉老板：明年我理应加薪。毕竟，我和您夫人是多么的友好，这一点您是知道的，而且我也确信您不想让她发现您和您那位性感客户之间发生了什么。

上面的第一个例子包含了身体上的威胁，第二个例子则包含了心理上的威胁。虽然两种威胁都不能提供任何证据使得结论为真，但是二者都支持了有人可能受到伤害。如果这两种类型的证据混到了其他证据当中，听者和论者可能都会误以为结论得到了证据的支持，而事实上并没有。

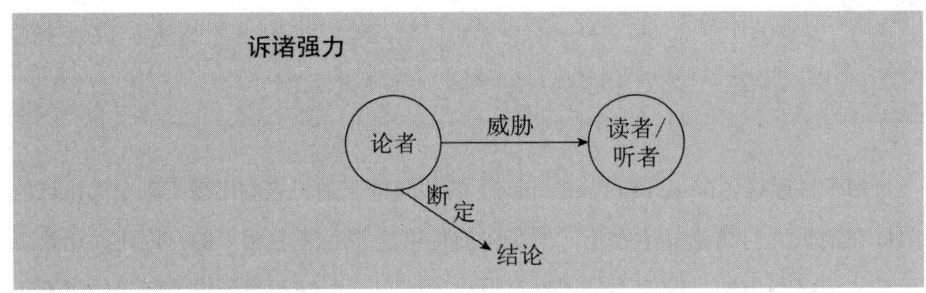

诉诸强力谬误常常使读者或者听者认可一个缺失的前提从而造成心理上的障碍而达到目的，其实这个被认可的缺失前提可以被看出来是一个假前提或者至少是可以质疑的。上述两个例子可以解释为隐藏了以下前提，而且它们都是假的：

如果我哥哥强迫你承认《芝麻街》是最好看的电视节目，那么《芝麻街》就是最好看的电视节目。

如果我成功威胁到你，那么我理应加薪。

第一个论证的结论是：《芝麻街》是最好看的电视节目。但是，仅仅因为某人被迫说它如此，并不意味着它确实如此。同样，第二个论证的结论是：秘书理应加薪。但是，如果老板被迫为秘书加了薪，这也并不意味着秘书理应加薪。许多其他的非形式谬误都可以解释为通过这种方式来达到目的。

[①]《芝麻街》是美国公共电视网（PBS）制作播出的儿童教育电视节目，该节目于1969年11月10日在全国教育电视台（PBS的前身）上首次播出。——译者注

2. 诉诸怜悯

当论者通过唤起读者或者听者的怜悯心以便使结论获得认可时，就出现了**诉诸怜悯**（appeal to pity）①谬误。这种怜悯可能直接针对论者，也可能针对的是第三方。例如：

> 纳税人对法官说：法官阁下，尽管我只有两个孩子，但我得承认有13个孩子依赖我的纳税申报单养活。但是如果您判决我犯了逃税罪，我就会名声扫地并因此丢掉工作，我可怜的妻子急需做的手术也就成了泡影，幼小的孩子就会挨饿。所以，我确实是无罪的。

诉诸怜悯：论者通过唤起读者或者听者的怜悯心以便使结论获得认可的谬误。

这个论证的结论是"我确实是无罪的"。很明显，这个结论在逻辑上和论者那一堆可怜的境况并不相干，虽然在心理上是相干的。如果论者成功唤起了读者或者听者的怜悯之心，后者很有可能就会因为接受了这个论证而践行帮助论者的愿望。在这种情况下，读者或者听者就会被论者所愚弄而接受一个没有任何证据支持的结论。诉诸怜悯是非常普遍的谬误，常常被学生在考试时用于他们的老师、被律师维护委托人利益时用于法官和陪审团。

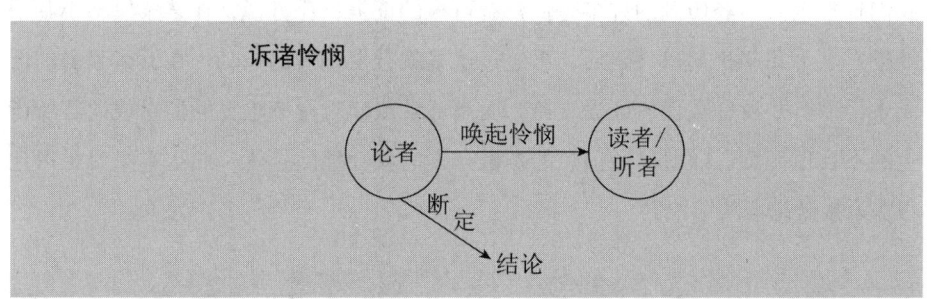

当然，有的唤起读者或者听者在情感上共鸣的论证并不是谬误。我们可以称这样的论证为合情论证（argument from compassion）。这种论证与诉诸怜悯谬误是有区别的：除了对某人唤起同情之外，合情论证还提供为什么这个人需要帮助或特殊关照的信息。这些非谬误论证需要尽可能表明所谈到的人是迫于形势的受害者，对其深陷其中的困难并不担负责任，推荐的帮助或特殊照顾并不是非法的或不恰当的，而是真正需要的。与此相反的是，诉诸怜悯在论证中完全忽略了对这些情况的考虑，而只是想通过唤起读者或听者的同情心来支持结论。

---

① 文献中也称为"诉诸感性论证（*argumentum ad misericordiam*）"。——译者注

3. 诉诸公众

诉诸公众：论者利用一个人希望被爱、被称赞和被包容而使人接受一个结论。

几乎每个人都希望被爱、被尊敬、被称赞、被重视、被承认和被接受。**诉诸公众**（appeal to the people）[①]谬误利用人们的这些愿望使读者或听者接受一个结论。这种谬误分为直接和间接两种形式。

论者对众人演说，通过煽动大家的情绪、激发大家的热情来赢得人们对论者观点的认同，这就是诉诸公众的直接形式。这种形式的目的在于掀起狂热情绪，几乎每一个政客和宣传家都惯用这种策略。希特勒就是善用这种技巧的专家。但是，在民主党和共和党的全国代表大会上，这种技巧运用得好坏也是衡量演说者是否成功的标准。浪潮般翻滚的旗帜和震耳欲聋的音响增强了整体效果。在这种群情激昂的气氛中，群众中的个体具有分享同志情谊、共享激动人心场面以及抒发高涨情绪的愿望。随着公众热情的不断高涨，他们会身不由己地接受所有的结论。

诉诸恐惧：论者在人群中捏造一个没有根据的恐惧事件以说服人们接受一个结论。

诉诸负面的情感也可以激起狂热的情绪。**诉诸恐惧**（appeal to fear），也称为制造恐慌，是诉诸公众的直接形式的一个变种，当论者在人群中捏造一个恐惧的事件，然后使用这一恐惧作为结论的一个前提时，就会出现这种诉诸恐惧。当然，我们日常生活中经历到的许多恐惧都有可靠的证据，比方说，在某条黑暗小巷中最近发生了几起抢劫事件之后，再经过这里就会惧怕遭遇抢劫。在诉诸恐惧的谬误中，恐惧并没有被任何证据支持，而是通常依赖对再三重复的信息或谣言所产生的不合理怀疑。随着这些信息的扩散，人们就会感到担忧，而这本身就足以让很多人接受论者的结论。

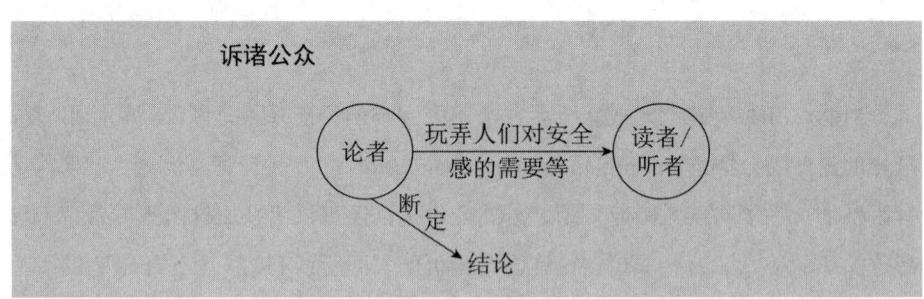

制造恐慌在每一次总统竞选中都至少起过小作用。一个著名的例子是1964年林

[①] 文献中也称为"诉诸群众的论证（*argumentum ad populum*）"。——译者注

登·约翰逊一方用来击败巴里·戈德华特的所谓"雏菊广告（Daisy Commercial）"。①这则广告引起了如果巴里·戈德华特成为总统的话那么他可能会在越南使用原子弹的恐惧。假如巴里·戈德华特当选总统会怎么样？这可能会导致与前苏联全面的核对抗吗？没有人能够确定地回答。即使这则广告播出一次之后就被撤了下来，无数的新闻节目却把它捡起来，一遍又一遍地重复。后果就是把核灭绝的恐惧牢牢地植入了上百万投票者的心灵深处，最后影响了他们中的大多数人站到了约翰逊总统一边。

实际上，任何社会变革或者政治变革都是诉诸恐惧的沃土。当达尔文的进化论开始在学校课堂中讲授的时候，威廉·詹宁斯·布赖恩（William Jennings Bryan）论证说，这将增加战争、有伤风化、转爱为恨，并且毁坏文明。他的演说是禁止进化论教学运动中的推动力量。当国家正在讨论是否允许妇女投票时，伊莱休·鲁特（Elihu Root）论证说，选举权将会使妇女变得"冷酷、严厉、不可爱、令人生厌"。当前苏联研发出原子弹并成为世界和平的威胁时，参议员约瑟夫·麦卡锡（Joseph McCarthy）论证说，前苏联间谍或者支持者已经渗透到政府的各个部门当中，包括国务院和美国军队。这导致的恐惧气氛破坏了许多无辜受害者的生活。

正像这些例子说明的，直接形式的诉诸公众常常通过口头交流来完成。但是，写作也可以获得这样的效果。通过使用"自由企业制度的冠军""工人的保护神""忧国忧民的自由主义者"以及"挥霍无度的消费者"等这样一些富有情感色彩的短语，辩论家们也可以像他们演说时一样唤醒同样的狂热情绪。

在诉诸公众的间接形式中，论者诉求的对象不再是人群的全部，而只是单个或者多个个体，对准的焦点则是个体与人群之间关系的某个方面。间接形式包括从众谬误、诉诸虚荣、诉诸势利和诉诸传统等各种特殊形式。

从众谬误（bandwagon argument）具有的一般结构是：每个人都相信如此如此或者是如此这般做的；所以，你也应该相信如此如此或者如此这般做。例如：

> 每个人现在都坚持低碳饮食。所以，你也应该坚持低碳饮食。
>
> 实际上每个人都相信死后有来生。所以，你也应该相信死后有来生。

从众谬误：论者利用人们对与群体的一致感而达到使人们接受结论的目的。

---

① "雏菊（Daisy）"，又名"雏菊女孩（Daisy Girl）""和平，小女孩（Peace, Little Girl）"，是1964年美国总统选举中时任总统候选人林登·约翰逊一方一部备受争议的电视竞选广告。它被认为是林登·约翰逊在1964年选举中取得对巴里·戈德华特压倒性胜利的一个重要因素，尽管该广告仅在电视上播出了一次。这部广告也被视为美国政治和广告史上的一个重要转折点。至今它仍被视为美国历史上最具争议的政治广告之一。——译者注

这里的意思是说，如果你想合群而不是显得十分不自然，那么你也应该坚持低碳饮食或者相信死后有来生。但是，仅有一大群人刚好在做某事或者相信某事这个事实本身当然不足以成为你也应该这样做的逻辑理由。

诉诸虚荣（appeal to vanity）是另一种间接形式，常常将人们的热爱、追捧或赞扬与某个被热爱、被追捧或被赞扬的著名人物联系起来。这种形式的谬误常常在广告等场合中出现。

你当然想要和艾伦·德杰尼勒斯[①]一样美丽动人。也就是说，你一定会购买和使用"封面女郎"牌化妆品。

丹尼尔·克雷格戴着一块欧米茄手表。所以，如果你想和他一样，你也要买一块欧米茄手表来戴。

母亲对孩子说：你想长大之后成为神奇女侠（Wonder Woman）的话，你难道不想吗？那么，你就得吃猪肝和胡萝卜。

这里的意思是说，如果你成功地成为像德杰尼勒斯、克雷格或者神奇女侠那样的人，那么你也将赢得人们的爱和赞扬；但是，为了成为他们那样的人，你必须买广告产品，或者，在小女孩那个例子中，你必须吃猪肝和胡萝卜。附带说一句，这些例子也说明，诉诸虚荣与虚假因果谬误（参见第2.3节）有重叠，因为它们都可以被解释成使用封面女郎牌化妆品将会使一个人看起来像艾伦·德杰尼勒斯，等等。当然，任何这样的因果联系都是不太可能的。

在**诉诸势利**（appeal to snobbery）时，论者诉求的人群是较小的群体，而这个群体被假定为在某个方面有优越性——更有钱、更有权势、更有文化教养、更为智慧等。这种论证出现时，如果听者想要成为这种群体的一部分，那么他就要做一些事情、以某种方式去思考或者买某种产品。例如：

雷克萨斯GX400系列并不适合每个人。只有那些相当有钱且有成就的人才能拥有一辆。所以，为了向世界展示你就是这些少数精英之一，你就需要买一辆这种高贵的名车来开开。

即使有一群势利的人碰巧是这样想或者这样感觉的，这也不是你必须与他们行动一致的逻辑理由。

诉诸传统（appeal to tradition）是诉诸公众的另外一种间接形式。当论者引

[①] 艾伦·德杰尼勒斯（Ellen DeGeneres），美国著名脱口秀喜剧演员。——译者注

用某个事情已经成为传统这个事实作为某个结论的依据时，就会出现这种谬误。某个事情已经成为传统这个说法基本上是说很多人很久以来就已经在这样做了。例如：

> 传统上，专业体育赛事之前都要唱国歌。所以，专业体育赛事之前唱国歌必须保持下去。

> 感恩节吃火鸡是一个久远的传统。所以，我们必须在以后的感恩节继续提供火鸡。

某个事情已经以某种方式进行了很长时间，仅有这个事实本身并不能证明它在将来还会继续。但是，有些对传统的诉求也有因为其他理由而为真的结论，这会欺骗读者或者听者，让他们以为这样的论证是一个好的论证。例如：

> 传统上，来宾们都穿上典雅的服装参加钱宁女士每年一度的鸡尾酒会。所以，今年你要是光着膀子去参加她的酒会一定不是一个好主意。

这个论证其实是和前面两个论证一样的谬误。这里的结论无疑是真的，但是它为什么为真的理由并不是任何传统而是因为鸡尾酒会的目的在于在来宾之间培养一种宴饮交际的感觉。只要有一个来宾光着膀子就会对这个目的造成威胁，从而伤害到主人和其他来宾。

顺便说一句，上面关于具有真结论的诉诸传统的最后一点也会应用到其他形式的诉诸群众（*ad populum*）。如果这样的论证有着真结论，那么，这些结论为真的理由将不会是群体相信某事或者对某事感觉很好这个事实。

诉诸群众谬误的直接形式和间接形式具有相同的基本结构：

> 你想要被认可、被群体接纳、被热爱、被尊重……所以，你应该将XYZ当作真的加以接受。

在直接形式中，狂热情绪的激发会产生一种直接的归属感，即便这种归属感与某种令人恐惧的事物关联。每一个人都感到与群体团结在一起，这种感觉让人觉得强大、安全。当群体给出的主张一呼百应时，任何一个不接受它的人都会自动地切断与群体的联系，就会身处安全感丧失、力量削弱以及被孤立的危险之中。间接形式中也会出现相同的情况，只是环境和技巧略微微妙而已。

4. 人身攻击

这种谬误总是涉及两位论者，其中一位（直接或者含蓄地）提出一个具体的论证，另外一位则予以回应，只是回应的时候关注的不是前面那位论者的论证而是他个人本身。在这种情况下，第二个论者就犯了**人身攻击**（argument against the person）①谬误。

> **人身攻击**：论者通过攻击对立论证的论者来攻击其论证。

人身攻击谬误有三种表现形式：毁谤型人身攻击、人身处境攻击和反唇相讥。在**毁谤型人身攻击**（*ad hominem* abusive）中，第二个论者通过对第一个论者进行言辞上的毁谤来回应其论证。例如：

> **毁谤型人身攻击**：论者通过言辞上的毁谤来回应对立的论者。

> 喜剧演员比尔·马赫（Bill Maher）说，宗教信仰只是一堆愚蠢的废话。但是马赫是一个狂妄自大的、不知羞耻的自以为是的猪。很明显，他的说辞根本不值得一听。

这个论证的作者忽略了马赫论证的实质而代之以攻击马赫本人。但是，因为马赫的个人品质无关乎他的宗教信仰论证的前提是否支持他的结论，所以上述这个攻击他本人的论证包含了谬误。

并不是所有的毁谤型人身攻击都是如此地直言不讳，但是它们一样是谬误。例如：

> 菲尔博士说，相互尊敬是美满姻缘的根本保证。但是菲尔博士并没有受过良好的教育，而且他也从未上过任何一所常春藤大学。所以，他的话不值一提。

当回应者的反驳在于提议对立论者考虑其他事情——比方说，离开该国度（"美国——要不爱它要不就滚"）、转到不同的宗教信仰或者政治党派或者做一些愚蠢可笑的事情（如跳湖自尽或开空头支票）——的时候，毁谤型人身攻击的普遍形式出现了。例如：

> 亿万富翁投资者沃伦·巴菲特（Warren Buffet）说，富人必须多交税。我想提醒巴菲特先生的是，他可以随时把支票送到联邦财政部。

---

① 文献中也称为"仅从个人利害（或偏见）出发的论证（*argumentum ad hominem*）"。——译者注

这个论证犯有人身攻击谬误是因为，第二个论者把注意力转向巴菲特先生本身并且提议既然他这样热衷于税金的流入，他可以提高自己的纳税金额，而不是把注意力集中在回应他的论证上。其目的是要证明，巴菲特先生的动机是错位的。

人身处境攻击（ad hominen circumstantial）开始时和毁谤型人身攻击是一样的，但不是将大量的毁谤性言辞堆到对立论者的身上，而是试图拐弯抹角地提到影响对立论者的特殊处境来质疑其论证。回应者希望通过这样的方式证明，对立论者如此这般地争辩是事先安排好的、别有用心的，所以不能把他的论证当真。例如：

> D 辩解说，C 国没有管理 X 事务的权利，其他国家应该对此做点什么。但是，D 为什么想要 C 国人放弃 X，是因为只有 C 国放弃对 X 的管理，他才能回到 X 做领袖。他这样辩解是自然的。所以，我们应该拒绝接受他的论证。

这个论证的作者忽视了 D 论证的实质内容，试图通过唤起人们对影响 D 的特殊处境的关注，也就是对他想回到 X 做领袖的关注，来摧毁 D 论证的可信性。但是，D 恰好受到这一处境影响的这个事实与他论证中的前提是否支持结论并不相干。人身处境攻击很容易识别，因为它总是采取以下形式："X 先生当然会这样论证；只需看看影响他的那些处境。"

> **人身处境攻击**：拐弯抹角地提到影响对立论者的特殊处境来质疑其论证。

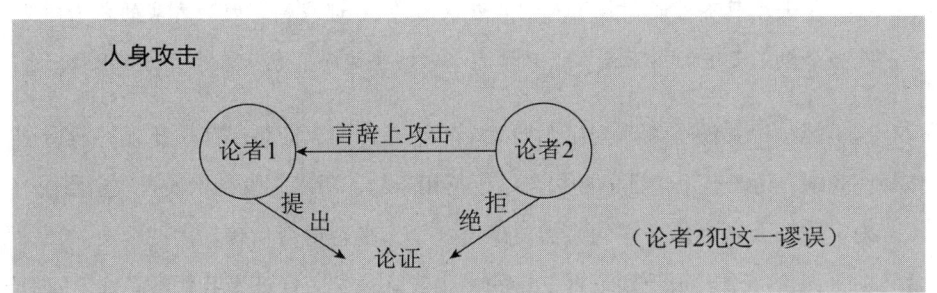

反唇相讥（tu quoque）谬误与人身攻击的其他两种形式的开始方式是一样的，不同之处在于，第二个论者试图通过使第一个论者陷入虚伪或者不诚实的境地来达到其目的。第二个论者通常会引用第一个论者的生活或行为特征与其结论相冲突来达到目的。这一谬误常常采取这样的形式："你怎么敢说要我不做 X；为什么你自己却做（过）X。"例如：

> 金·卡戴珊（Kim Kardashian）说，妇女不应该有非婚生子女。但是，你瞧瞧她自己都做了什么。她生她女儿诺斯（North）时就没有结婚。很明显，卡戴珊的论证根本就不值一提。

> **反唇相讥**：论者试图通过使对立论者陷入虚伪或者不诚实的境地来达到其目的。

金·卡戴珊生她女儿时就没有结婚这个事实与她的前提是否支持她的结论并不相干。因此，这个论证是一种谬论。

需要记住，人身攻击的目的在于通过把对立论者置于不光彩的境地来败坏其论证的可信性。所以，产生这种谬误时一定会有两个论者（至少是潜在地）。如果可以证明被攻击者不是一个论者，那么攻击者对被攻击者的抨击可能与他所得出的结论非常相干。一般来说，个人观察后所发表的言论与以下这种结论是相干的：这类结论说的是某人是什么样的人（好人、坏人、吝啬鬼、值得信赖的人等）、这个人是不是做过某些相干的事情。例如：

> 上帝抵抗军（LRA）的领导人约瑟夫·科尼（Joseph Kony）从中非一些村庄绑架了成千上万的儿童，杀害了他们的父母和亲人，强迫他们为军队服务。他还杀死成千上万头大象，贩卖它们的象牙以维持开支。所以，科尼是一个彻头彻尾的令人厌恶的卑鄙小人。

这里的结论并没有说科尼的论证是坏的，而只是说科尼本人是一个坏蛋。因为前提为这个结论提供了相干的支持，所以这个论证不包含谬误。另外一个例子：

> 莎士比亚不可能创作了人们普遍认为的36部戏剧，因为真实的莎士比亚是一个微不足道的乡下商人，只读完小学四年级而且也从未离开过英国本土。

这里的结论并没有说莎士比亚的某个论证是坏的，而是说莎士比亚并没有创作某些戏剧。由于这个论证的前提与结论是相干的，所以它没有犯人身攻击谬误。

确定一个人是个什么样的人需要确定这个人是否值得信赖。因此，个人评估常常关乎评价一个人未受到证据支持的主张或陈述是否保证了我们的信念。这种陈述的例子包括承诺去做某事、目击者提供的证词、用来证明某种产品或服务质量的证书等。下面是一则质疑目击者可信性的论证：

> 米基做证说：他看见弗雷迪放火烧了那栋大楼。但是，米基最近十次做证都被证明是伪证，而且他对弗雷迪恨之入骨，巴不得看到他入狱。所以，你们不应该相信米基的证词。

这个论证没有错误。这个论证的结论不是主张让你否定米基的论证，而是让你否定他的证词。证词不是论证，目击者是一个说谎者并且现在也有说谎的动机这个事实关乎我们是否应该相信他。此外还要注意，这里的结论说的不是米基的陈述在字面上是假的，而是主张我们不应该相信这个陈述。完全有可能米基确实看到了弗雷迪放火烧了那栋大楼而且米基对这一后果所说的陈述是真的。但是，如果我们仅仅根据米基做出了这样的陈述便相信这一陈述为真，那么根据整个事件，我们并没有证明这一信念。个人因素与真和假本身是不相干的，但是与可信性相干。

真和可信性之间常常有着紧密的联系，这也恰恰是人身攻击这种论证时常能够奏效的原因之一。在评价任何一个论证的时候，总是有两个问题需要考虑：推理的质量和前提的真实性。我们已经说明过，这二者都和论者的个人特征无关。但是，我们是否将接受前提为真却可能依赖论者本人的可信性。知道了论者存有偏见或者具有说谎的动机，可以提供很好的理由来质疑这些前提。人身攻击论证之所以会得逞的另外一个原因在于，它们利用了读者或者听者的情绪，由此驱使他们把对论者的不良情绪转移到该论者的论证上。

5. 偶例

偶例（accident）谬误的出现在于，一般规则被应用到一个并不涵盖的异常特例。典型地说，一般规则被（直接或间接地）引用在前提之中，然后错误地应用到结论中提到的特例。考虑以下两个例子：

> 言论自由是公民受宪法保护的权利。所以，约翰·Q.罗迪克不应该因他上周煽动暴乱的言论而被捕。

> 人们应该遵守诺言。杰西卡嫁给泰勒的时候，她承诺和他一生相守。所以，她现在必须和他厮守在一起，即使他现在已经沉湎于赌博和吸毒，而且虐待配偶。

偶例：一般规则被应用到一个并不涵盖的异常特例。

在第一个例子中，一般的规则是言论自由在正常情况下是受保护的，特殊事例是约翰·Q.罗迪克的言论。由于这种言论是煽动暴乱的言论，因而对保护言论自由这个原则来说是不适用的。在第二个例子中，一般的规则是人们应该遵守诺言，特殊事例是杰西卡现在必须遵守诺言和泰勒厮守在一起。这个规则并不适用于此，因为泰勒不再是杰西卡向他承诺时的那个人了。

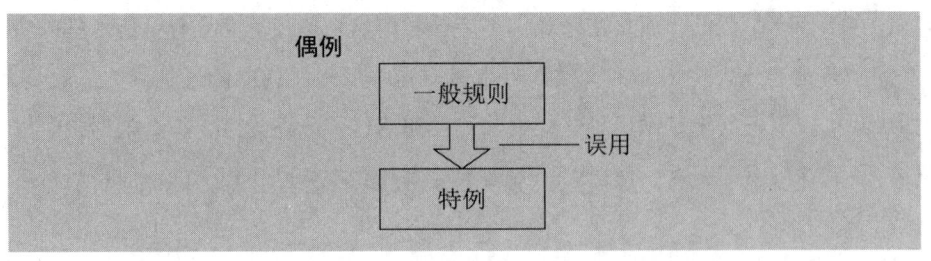

偶例谬误得名于以下事实：特殊事例的一个或多个偶然的特征使得它成为一般规则的一个例外。在第一个例子中，偶然特征是言论煽动了暴乱；在第二个例子中，偶然特征是泰勒变成了既酗酒又吸毒的虐待配偶者。

6. 稻草人

论者为了使对立论者的论证更容易被驳倒，先是歪曲对立论证，然后根据所驳倒的歪曲论证得出结论，说对方的真实论证被驳倒了，这就犯了**稻草人**（straw man）谬误。通过这样做，论者犹如扎了一个稻草人然后将它击倒，只是为了得出结论说真实的"人"（即对立论者）也被击倒了。例如：

> 戈德堡先生反对在公立学校做祷告。很明显，戈德堡先生提倡无神论。但是，无神论曾是苏俄所提倡的。无神论导致对所有宗教信仰的镇压，用全能的国家取代上帝。这样的国家难道是我们想要的吗？我完全不这样认为。很明显，戈德堡先生的论证是一派胡言。

稻草人：论者歪曲对立论证然后攻击被歪曲的论证。

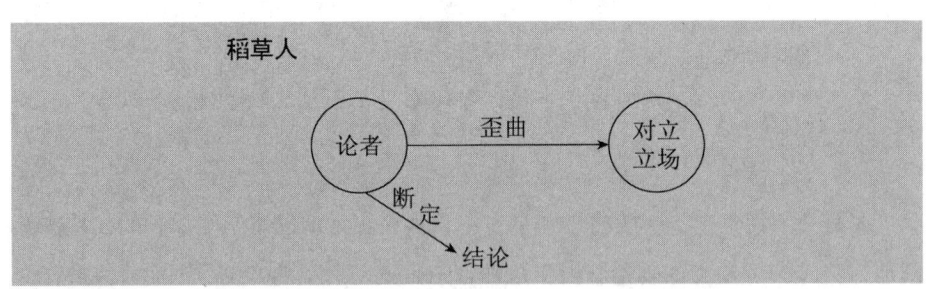

稻草人和人身攻击一样都被称为反驳性谬误，因为它们都是一个论者对另外一个论者的反驳。这是本章谈到的包含两个论者的仅有的谬误。在戈德堡论证中，戈德堡先生作为第一个论者，提出一个反对在公立学校进行祷告的论证。然后，第二个论者通过把戈德堡先生的论证等同于支持无神论的论证而进行了攻击，紧接着攻击无神论并且得出结论说，戈德堡先生的论证是一派胡言。由于戈德堡先生的论证与无神论没有关系，所以第二个论者犯了稻草人谬误。

正如这个例子说明的那样,第二个论者歪曲论证的手段常常是夸大第一个论者的论证或者是让它看起来比实际上更为极端。下面是另外两个例子:

> 服装厂工人联名请愿要求改善工作场所的通风条件。令人遗憾的是,通风条件的改善是昂贵的。通风管道将布满整个工厂,需要在工厂屋顶安装成套的空调设备。更重要的是,空调系统在整个夏天运行的费用简直就是一个天文数字。根据这些考虑,请愿必须驳回。

> 学生会为我们提供了主张校园饮酒权利的论证。学生们究竟需要什么呢?难道从入学到毕业都打算整天在喝酒中打发时光吗?他们希望我们为他们开一间酒吧?或者说,在校园开满酒吧?荒唐的提议!

在第一个论证中,请愿只是要求改善工厂的通风条件,也许夏天时在厂房安上排风扇就能满足工人的要求。论者却将这一要求夸大为在厂房安装成套的空调设备,然后指出这样做费用太高,最后得出结论驳回了请愿要求。第二个论证也使用了类似的策略。论者将喝酒的权利歪曲成校园遍布酒吧。这样一个想法很明显是稀奇古怪的,根本没有必要做进一步论证。

7. 歪曲论题

迄今为止,我们讨论过的谬误都是论证的前提和结论无关的实例。**歪曲论题**（missing the point）①是不相干谬误的一种特殊形式。论证的前提支持某个特定结论、但是论者却从前提得出了一个与应得结论具有模糊相干性的不同结论,这个时候,出现的就是这种谬误。无论何时一个人怀疑犯有这样一种谬误的时候,他应该能够识别出正确的结论,即前提逻辑地蕴涵的那个结论。这个结论与实际得到的结论一定会有所不同。例如:

> **歪曲论题**:论者得出的结论不同于前提所支持的结论。

> 最近,盗窃和抢劫罪案发率正在以令人震惊的速度不断上升。结论很明显:我们必须立即恢复死刑这种刑罚。

> 福利系统的弊端目前已经泛滥成灾。我们唯一的选择就是把这一制度全部废除。

至少有两个正确的结论蕴涵在第一个例子的前提之中:或者"我们应当在盗窃和抢劫猖獗的地方增派警力"或者"我们应该着手实施消灭犯罪根源的方案"。

---

① 文献中也称为"不相干的论据（*ignoratio elenchi*）"。——译者注

恢复死刑这种刑罚根本不是一个合乎逻辑的结论。与其他罪行相比，盗窃和抢劫也不至被判死刑。在第二个论证中，前提合乎逻辑地提议一些系统的努力以消除弊端而不是消除整个制度。

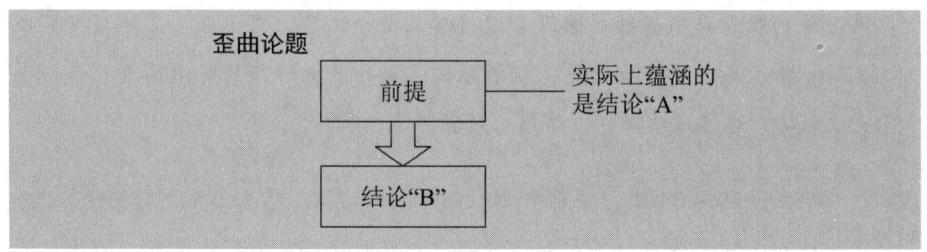

拉丁文"*ignoratio elenchi*"的意思是"对证明的无知（ignorance of the proof）"。由于论者对他的前提的逻辑蕴涵的无知，作为后果，得出一个完全没有抓住要领的结论。这种谬误具有自己独立的结构，但是，从某种程度上看，它又包含了范围很广的论证，这些论证实例与其他谬误的实例之间并没有清晰的界线。对于有缺陷的论证来说，如果与其他某种谬误相符，我们最好还是不把它看成歪曲论题谬误。

8. 转移话题

转移话题：论者通过转变话题之后得出一个结论，从而转移读者或听者的注意力。

这种谬误与歪曲论题的关系密切。当论者把话题转变为另外一个不同但有时候又微妙相干的话题从而转移读者或听者的注意力时，这就产生了**转移话题**（red herring，亦称"红鲱鱼"）谬误。然后他通过得出关于这个不同话题的一个结论或者只假设某个结论已经建立起来而完成了自己的论证。通过这样做，论者就声称赢得了论争。这种谬误得名于猎犬嗅觉训练。拖着一条（或一袋）熏红鲱鱼穿过小径来使猎犬误入歧途。由于熏红鲱鱼具有一种特别强有力的气味（部分源于为保存它们而进行的熏烤过程），只有最好的猎犬才能继续追踪原先的气味。

为了有效地利用转移话题谬误，论者必须在读者或听者没有察觉的情况下改变原先的话题。这样做的一种方式是把话题转移到与原先话题微妙联系的话题上来。以下是运用这一技巧的两个例子：

> 环保主义者一再强调核电的危险性。遗憾的是，不管源于何处，电总是危险的。每一年都有几百人意外触电而亡。由于这些意外大多数都是粗心大意造成的，所以，如果人们多加小心，它们是可以避免的。
>
> 在这些天里，很多议论都在说清除蔬菜水果上遗留农药的必要性。但是，这些食物很多都是我们健康必不可少的。胡萝卜是人体摄取维生素A的最好

来源，花椰菜富含铁元素，橙子和葡萄富含维生素 C。

这两个论证都犯了转移话题的谬误。在第一个论证中，原先的话题是核电是否具有危险性。论者把这个话题转换为电死的危险性并且还为此得出了一个结论。新话题很明显不同于核爆炸或核灾难的可能性，但二者都与电有关这一事实帮助论者转移了视线。在第二个论证中，原先的论题是说蔬果上的农药，而论者却把它转换为蔬果在饮食中的价值。同样，第二个话题与第一个话题相干的事实有助于论者犯这一谬误。两个例子中的论者都没有得出关于原先话题的结论，但是仅仅通过转移读者或听者的注意力，论者推定赢得了论争。

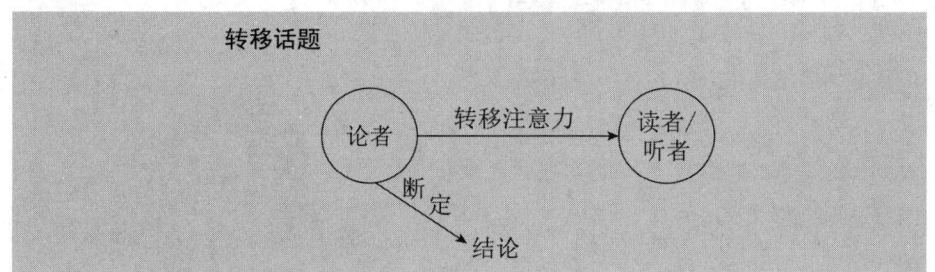

有效地运用转移话题的另外一种方式是把话题改变成某些俗丽的、吸引眼球的、几乎保证可以分散听众注意力的话题。这类话题包括性、犯罪、丑闻、道德败坏、死亡以及任何其他适合街谈巷议的话题。下面就是运用这种技巧的一个例子：

> 康韦教授抱怨我们学校泊车地方不足。但是，你知道去年康韦与英语系一位职员的风流韵事吗？两人几乎天天约会，甚至在复印室偷偷摸摸地干那种事。很明显，他们并不知道你能透过模糊的玻璃窗看到多少，甚至可以说能让学生大饱眼福。有关康韦教授我们已经说得够多了。

转移话题谬误很容易和稻草人谬误相混淆，二者都会产生转移读者或听者注意力的效果。我们常常可以通过记住它们各自达到目标的唯一方式来避免这种混淆。在稻草人谬误中，论者从歪曲对立论者的论证开始，然后通过驳倒被歪曲的论证来做出结论。在转移话题谬误中，论者忽略对立论者的论证（如果有的话），然后巧妙地把话题做了改变。所以，为了区分这两种谬误，人们需要确定论者是驳倒了一个被歪曲的论证还是仅仅改变了话题。还要记住的是，稻草人谬误（至少潜在地）涉及两位论者，而转移话题谬误常常不是这样。

转移话题谬误与稻草人谬误都容易和歪曲论题谬误混淆，因为三者都包含类似的不相干性。为了避免这种混淆，人们需要注意的是，转移话题谬误与稻草人谬误都是通过提出一组新的前提进行的，而歪曲论题谬误并非如此。稻草人谬误从歪曲原先论证而得到的新前提而得出一个结论，转移话题谬误，如果要得出任何结论的话，是从改变的话题所得到的新前提而得出的。但是，歪曲论题谬误却是从原先的前提得出结论。转移话题谬误与稻草人谬误中的结论，如果有的话，是与得到的前提相干的；而歪曲论题谬误中的结论无关乎所得到的前提。最后要记住，在某种程度上，歪曲论题用作更为广义的谬误，如果其他谬误更适合于描述一个错误的论证，那么就不用把这种论证界定为歪曲论题。

| 著名逻辑学家 |

彼得·阿伯拉尔（Peter Abelard，1079—1142）

彼得·阿伯拉尔一般被认为是中世纪最伟大的逻辑学家。他出生于法国布列塔尼地区的勒帕莱村庄。他的双亲都是法国贵族，作为长子，阿伯拉尔被指定继承大量的财产和高贵的地位。但是，他宣布放弃这一继承以及相应的骑士身份，而是选择学者生涯。

青少年时期，阿伯拉尔去了巴黎跟随圣母院教堂学校的香浦的威廉（William of Champeaux）学习哲学。事实证明，他是一个有才华的学生，绝不放过任何一个错误。他公开挑战自己老师的观点，抓住一切机会和威廉进行公开辩论。随后，他建立了一座与之竞争的学校，宣称其创办人是"世界上硕果仅存的哲学家"。渐渐地，他在整个欧洲都非常出名，最后被任命为巴黎圣母院的成员，吸引了成百上千的学生来向这位杰出大师学习。

大约就在这个时候，阿伯拉尔被海洛薇兹（Heloise）所吸引。海洛薇兹是巴黎著名教士福尔伯特（Fulbert）智慧与美貌出众的侄女。接近福尔伯特家这个年轻的受监护者被证明是一件令人望而生畏的事情，因为她叔叔看得非常紧。但是，阿伯拉尔说服了福尔伯特允许自己搬进他家里作为他资赋优异的侄女的教师，这位天才少女虽然还只是青少年，却已经掌握了希腊语和希伯来语。福尔伯特以为这是为海洛薇兹提供了一流的高等教育，但是对阿伯拉尔来说提供的确是非同寻常的机会。后来他把福尔伯特轻信他并让他进入其私人领域比作把羔羊让一头贪婪的狼来看管。

私人授课很快就变成了诱惑，海洛薇兹成为敞开怀抱的学生。不久以后，海洛薇兹怀孕并诞下一名她起名为星盘（Astrolabe，一种天文学装置）的男婴。这对夫妇决定秘密举行婚礼，海洛薇兹逃至女修道院以掩护自己免受流言蜚语者对她未婚先育的迫害。与此同时，狂怒的福尔伯特密谋惩罚阿伯拉尔，雇用了一些强盗闯入阿伯拉尔的住所并阉割了他。

此后，阿伯拉尔在一个个修道院中寻求避难。但是他的傲慢使他不适合修道生活，他自己的行为方式往往激怒其他修道士。再往后，他回到巴黎教书，直到教会宣布他为异端。他曾一度被迫焚毁自己的一部著作。虽然历经灾难，阿伯拉尔仍然致力于学术研究。他建立过一种真值函项的命题逻辑和衍推理论，在形而上学、伦理学和语言哲学等领域也著述丰富。他和海洛薇兹一起葬于巴黎的拉雪兹神父公墓。今天，他们的墓葬地点成为那些遭受爱的挫折的人们寻找慰藉的地方。

习题 2.2

I. 确定以下论证中的相干性谬误，并为你的回答简要说明理由。如果没有出现谬误，请注明"没有谬误"。

★1. 财务部空缺的职位应该给弗兰克·汤普森。弗兰克有 6 个正嗷嗷待哺的孩子需要抚养，他妻子的眼睛也需要立即做手术，否则的话可能会失明。

2. 在当地塔可钟（Taco Bell）连锁店负责点餐的埃丽卡·埃文斯正在口若悬河地论证说赞成提高最低工资。而这正是你所期待的。埃丽卡拿的是最低工资，如果最低工资提高的话，那么她自己的薪水就会提高。很明显，埃丽卡的论证是没有价值的。

3. 学校董事会论证说，我们学校亟需修缮。但是，我们学校学生落后的真实原因是他们在智能手机上浪费了太多时间。接受教育绝对不是学会如何在滚动栏上下翻页。学校董事会应该给家长写信敦促他们没收自己孩子的智能手机。

★4. 任何用刀刺入别人身体的人都应该被逮捕。外科医生在手术时正是这样做的。所以，外科医生必须被逮捕。

5. 你应该马上读读欧文·斯通（Irving Stone）的最新小说。这本小说卖了 100 万册，实际上，曼哈顿鸡尾酒吧台前的所有人都在谈论它。

6. 弗里德里希·尼采（Friedrich Nietzsche）的哲学还不值印刷它所使用的纸张。尼采是一个不道德的恶棍，死前完全因为得了羞于启齿的病而发了疯。

★7. 你肯定会乐意加入我们的保护组织。仔细想一想，如果你不加入的话，车窗被砸碎了，卡车被掀翻了，货物全报销了，那得损失多少钱。

8. 你是石油公司的员工，你当然要声称全球变暖是假的。

9. 今天高中教育的有些做法是非常错误的。经过十年持续下滑，美国学术能力评估测验（SAT）分数极低，高中毕业生在读写方面能力不足。明显的结论是，我们必须关闭学校。

★10. 《每日邮报》的编辑们指责我们公司是这个城市的水污染大户之一。但是，《每日邮报》对水污染应该承担比我们更大的责任。不管怎么说，他们拥有韦斯特纸业公司，而这家公司每天都将好多吨含有化学残留物的废水排放到这座城市的河流中。

11. 如果 20% 的成年美国人都是功能性文盲，那么傻瓜被选出来任公职就不足为奇了。实际上，20% 的成年美国人都是功能性文盲。所以，傻瓜被选出来任公职就不足为奇了。

12. 女士们、先生们，战线今天已经拉开了。当盔甲的撞击声最终归于沉寂之时，共和党人将会赢得这场战斗！我们是真正的美国人党派！我们体现了所有真正美国人所信守的价值！我们珍爱和保护我们的国父们在宪法诞生时所展望的美景！正如我们每一个人自由地选择的那样，我们主张体面和正义、主张民族自决和自由地进行我们的事务！在即将到来的选举中，胜利将属于我们，愿上帝保佑我们！

★13. 我们所有人都听过这样的论证：太多的电视节目是我们的学生不会读写的原因。但是，今天的许多电视节目是非常优秀的。《实习医生格蕾》揭露了一个城市医院医生的私人生活，《生活大爆炸》提供了大量的笑料，《美国偶像》挖掘了被掩盖的音乐天才。今天的电视节目简直是太伟大了！

14. 建筑师诺里斯无疑不用对中央银行大楼的垮塌负责。诺里斯最近够倒霉的了。他的女儿和人私奔了，他的儿子自杀身亡，他那酗酒的妻子最近又卷着他的养老金去了拉斯维加斯。

15. 宪法第一修正案制止政府干预宗教自由活动。内在启蒙教（the Religion of Internal Enlightenment）的礼拜活动包含了活人献祭。所以，政府干预这一宗教活动是错误的。

★16. 美国参议员伊丽莎白·华伦（Elizabeth Warren）辩论说，大银行已经剥削美国消费者多年。但很明显的是，华伦说这些的目的只在于从这些消费者赢取更多的竞选捐献。所以，你不要把她的论证太当回事。

17. 皮尔逊教授支持黑洞理论的论证必须大打折扣。皮尔逊又是吸烟又是喝酒，生活也过得邋里邋遢。

18. 奥斯维辛集中营的指挥官鲁道夫·胡斯（Rudolf Höss）自动坦白说，奥斯维辛毒气室杀害了100万人，其中大部分都是犹太人。我们只能得出结论说，胡斯要么是精神病要么是罪大恶极。

★19. 电视评论家拉里·库德洛论证说，政府应该解除对美国商人的限制。很明显，库德洛想要连政府一起废除。但是，没有了政府，就没有了国防，没有了公正的法律体系，没有了社会保障，没有了健康和安全的法规。没有人想要抛弃这些有益的东西。所以，我们可以看出，库德洛的论证是荒谬的。

20. 我知道，你们有些人反对把戴维·科尔任命为新的销售主管。但是，通过进一步的考虑，我相信你们将会发现他能够胜任这个工作。如果科尔没被任命，你们部门将进行大幅的人事裁员就变得非常必要。

21. 动物权益保护者说，生物医学研究实验室滥用动物做实验。但是考虑一下以下事实：宠物每天也被它们的主人虐待。大约25%的宠物主人从不靠近动物。有一些虐待情形就足以让你感到恶心。

★22. 当然了，你要买一条Slinky牌时尚牛仔裤。Slinky牛仔裤确实能够穿出你的风格，再说了，最近所有好莱坞的小明星们也都在穿这个。

23. 电影明星凯瑟琳·泽塔-琼斯（Catherine Zeta-Jones，英国演员）在电视上说，德国电信子公司 T-Mobile 的价格在你所承受的范围之内。但是，这是德国电信公司给了她数百万美元的广告费之后你正好所期待的价格。所以，你不能把她的推荐太当回事。

24. 莫里森先生已经论证过了，吸烟是这个国家健康问题的罪魁祸首，每一个吸烟者哪怕稍微在意一下自己的健康问题就会把烟戒掉。但不幸的是，我们必须把莫里森先生的论证丢到垃圾桶里去。昨天我还看到莫里森先生一个人在吸烟。

★25. 罗兹先生患有健忘症，对两周前的任何事情都没有记忆。我们只能得出结论说，他并没有像指控说的那样在一周前谋害了他的夫人。

Ⅱ. 对下列陈述回答"真"或者"假"：

1. 在诉诸强力谬误中，论者从身体上攻击听者。
2. 在诉诸公众的直接形式中，论者试图建立一种暴徒心理。
3. 如果一个论者试图通过指出证人或承诺者说了谎而使得法庭证词或者承诺无效，那么这个论者就犯了人身攻击谬误。
4. 在人身攻击谬误中总是有两个论者。
5. 在人身处境攻击谬误中，第二个论者所用的处境是为了毁谤第一个论者的人格。
6. 在反唇相讥谬误中，论者威胁读者或者听者。
7. 在偶例谬误中，一般规则被应用到并不适用的特例。
8. 在稻草人谬误中，论者常常通过把另外一个人的论证夸大到极致而进行歪曲。
9. 每当一个人怀疑论者犯了歪曲论题谬误的时候，他需要能把前提逻辑地得出的结论表述出来。
10. 在转移话题谬误中，论者试图转移读者或者听者的注意力。

Ⅲ. 确定下述对话中的谬误。需要把本节中所讲的谬误都至少找到一处。

发人深省的食物

"我们先去农产品区，"柯蒂斯走进降价杂货店时对未婚妻塔莉娅说。

"好的，"她说。

"哦，你看，"柯蒂斯说，"玉米正在打折。我们拿一些晚饭时候吃。"

"我就不明白了，"塔莉娅说。"你没有看到货架上的标签吗？玉米是转基因产品。我知道我们过去就没有好好看过标签，但是现在我想我们得注意点了。"

"为什么？"

"有一天我读到一篇文章谈到转基因食品——他们称之为 GMO（genetically modified organisms）食品，我现在知道这些 GMO 食品背后是什么了。"塔莉娅回答说。

"背后都有些什么？"柯蒂斯问。

塔莉娅拿起一个玉米闻了闻，说，"首先，他们改变玉米的基因是为了让它们抵抗农达（Roundup）这样的除草剂——你知道，就是你喷在花园中那些杂草上的东西。因此，包括GMO玉米在内，农民也可以在地里喷洒农达除草剂，杂草被除了，而玉米苗却没事。"

"听起来似乎是种玉米的好办法，"柯蒂斯说。

"是啊，"塔莉娅回答，"但是，这意味着玉米中有除草剂残留物。这肯定不是什么好事情。除草剂杀死人体细胞，导致出生缺陷。"

"天哪！"柯蒂斯说，"如果你说的没错，我想只有一个结果：我们必须立即禁止出售农达除草剂！"

他抓了抓头，继续说，"另一方面，看看买过这些玉米的人。如果每一个人都买，那么我想我们也可以买。"

"你说得对，每个人都买，"塔莉娅说。"这个国家出售的将近90%的玉米都是转基因产品。但是这并不意味着我们需要买它。你看，那里有一货柜有机玉米。我们拿点那些吧。"

"等等，"柯蒂斯说。"你最好别买太多有机玉米。你知道的，我喜欢每周至少出去吃一顿，大多数馆子并不提供有机食物。如果你坚持吃有机食物，那么你就会在我出去吃饭时一个人待在家里自己做给自己吃。"

"好吧，或许我可以偶尔吃一吃传统一点的饭菜，"塔莉娅说。"但是，有机食物现在真的很吸引人。那个演员克里斯蒂安·斯莱特在广告中就是这么推销的。我的一些朋友也说，他很性感而且你很像他！或许你也应该考虑改吃有机食物。"

"我看起来像克里斯蒂安·斯莱特？"柯蒂斯受宠若惊，"哇哦！可能你说对了！但是现在你既然提到了，倒是让我想起一个事情。你是不是前不久告诉过我，你有一个叔叔种植有机物？如果他赚了钱，你可以去继承。我打赌，那就是你那些有机食物背后的东西。"

"也不全是，"塔莉娅说。"但是我很高兴你提到农民。他们有的人把每一分钱都投资到有机食物种植当中。如果消费者不来买，这些可怜的、辛勤劳作的人就会破产。我们绝不能让这些事情发生。他们全身心地投入到为你我这样的人种植真正健康的食物。我们不能让他们破产。"

"还有另外一种考虑，"塔莉娅接着说，"基本的道德原则说，我们应该帮助需要帮助的人。这家杂货店的老板需要人们来买他的有机产品。因此，我想我们有义务来买。"

"哈哈，"柯蒂斯笑起来了，"根据你的说法，我们也有道德义务来买这些GMO产品。我想我们没有任何道德义务来买任何东西。但是我现在想到，你总是抵制任何新鲜事物。当iPad出来的时候，你不想买，你也不想买平板电视，现在你又不想买GMO玉米。你必须对科学发展持开放态度。"

塔莉娅笑了起来。"你又怎么样?"她问。"你总是认为技术可以解决我们所有的问题。如果是这样,我们应该用机器人来满足我们所需的一切。机器人医生,机器人律师,机器人厨师,机器人小学教师。但是机器人永远也不会代替人类。人类有感情。他们拥有希望、恐惧,而且他们相互有爱。机器人不会爱任何事物。"

"我对机器人一无所知,"柯蒂斯说,"但是,回到玉米这里来,比较一下这些 GMO 玉米和另外一个货柜里的有机玉米。GMO 玉米看起来比有机玉米颗粒更大、让人更有胃口。实际上,最近我们做了很多事情来使得蔬菜长得更好、更让人有胃口。比方说,我们在地里施了化肥。氮是这些肥料中的主要成分,磷和钾也是。"

"我竟然不知道你对化肥这么了解,"塔莉娅说,"我倒是需要买些化肥洒到花园里。你能推荐一些吗?"

"好啊,当然可以。但是,我们还买玉米吗?"柯蒂斯从 GMO 货柜里挑了两个玉米后问。

塔莉娅从他手里拿走一个放回货柜。然后她走到有机食物货柜那里,拿起一个夹在胳膊下,笑着对柯蒂斯说:"你一个,我一个。"

2.3 弱归纳谬误

预热

你想养一只波美拉尼亚种小狗,这样它就能够在你长时间学习时陪在你身边,但是你的室友坚决反对。他说,他以前的室友养了一条比特斗牛犬做伴,但是狗却咬了一个来访者,而且伤得很严重。教训很明显:波美拉尼亚种小狗只会带来麻烦。你室友的论证是一个好的论证吗?读读本节后再对这样的论证做进一步的分析。

弱归纳谬误(fallacies of weak induction)的产生不是因为前提与结论在逻辑上不相干,就像我们前面已经讨论过的 8 种相干性谬误那样,而是因为前提与结论之间的逻辑关系不足以为结论提供有力的支持。在以下讨论的每一种谬误中,前提至少提供了少许证据以支持其结论,但是,这些证据对于让一个理智的人相信其结论来说并不够好。不过,就像相干性谬误那样,弱归纳谬误也常常包含了情感因素作为相信结论的根据。

> **弱归纳谬误**:前提可能与结论相干但是不足以为结论提供充分的支持。

9. 诉诸无效权威

诉诸无效权威：论者引用无效的权威来支持结论。

我们在第一章中已经看到，根据权威进行论证是一种归纳论证，其中论者引用权威者的言论或者他人的证词来支持某个结论。**诉诸无效权威**（appeal to unqualified authority）[①]属于根据权威进行论证，当被引用的权威者或见证者失去了信用时，就会产生这种谬误。权威者或者见证者失去信用的原因有多种。该人可能缺乏必要的专业知识，可能心存偏见或成见，也可能有撒谎或散布"错误信息"的动机，甚至可能缺乏必要的感知或回忆能力。下述例子说明了这些原因：

> 布拉德肖医生是我们的家庭医生，他曾经说过，在室温条件下，质量小的氘原子和氚原子发生原子核互相聚合作用而产生持续的核聚变反应。鉴于布拉德肖作为一个医生所具有的专业知识，我们必然地得出结论说，他说的确实是真的。

这一论证的结论与核物理有关，权威者却是一位家庭医生。由于一位医生不太可能同时又是一位核物理学家，所以，这个论证犯了诉诸无效权威的谬误。

> 戴维·杜克是三K党的大魔头，他曾经说过："犹太人不算是真正的美国人，他们根本就没有明白美国是什么。"根据杜克的权威看法，我们必然地得出结论说，这个国家的犹太人是非美国人。

作为一个权威者，戴维·杜克对犹太人明显存在偏见，因此，他的上述言论不可能是真的。

> 詹姆斯·W.约翰斯顿是R.J.雷诺烟草公司的前总裁，他在国会证明，烟草并不是一种使人上瘾的东西，吸烟不会上瘾。所以，我们应该相信他的结论：吸烟实际上不会使人上瘾。

如果约翰斯顿先生承认了烟草是上瘾的，就会打开政府限制烟草的大门，也就使得他的公司没有生意可做。所以，由于约翰斯顿具有明显的说谎动机，我们不应该相信他说的那些话。

> 年迈的弗格森太太（而且几近失明）做证说，她站在朦胧的暮色中看见

[①] 文献中也称为"诉诸权威（*argumentum ad verecundiam*）"。——译者注

了被告用刺刀刺伤了受害者，而且事发地点离她站的地方不到100米。所以，陪审团成员们，你们一定会裁定被告有罪。

这里，目击者缺乏对她所证明事情的觉察能力，所以，她的证词是靠不住的。当然，如果一个权威是可靠的，所得到的论证就不会包含谬误。例如：

国家税收官员发布了一份新闻稿，谈到今年国家在财产税方面的总收入比去年的要高。所以，我们得出结论说，国家在这方面的总收入确实要比去年的高。

通常一个国家的税收官员都有资格被当成这个国家在税收领域的专家，假如税收官员没有说谎的理由，那么这个论证在归纳上就是强的。

为了确定一个人是否具有权威资格，我们应该注意两个重要的方面。第一，这个人可能不只是一个领域的权威。比方说，一个化学家可能也是生物学界的权威，或者说，一个经济学家可能也是法律方面的权威。第二，有的领域实际上并没有什么权威不权威。这些领域包括政治、道德和宗教。比方，如果有人论证说，堕胎是不道德的，因为有一位政治家或者宗教领袖曾经这样说过，那么，这个论证将不管这个权威的资格而被认为是一个弱的论证。在这些领域，很多问题有着激烈的争议，没有公认的权威值得信赖。

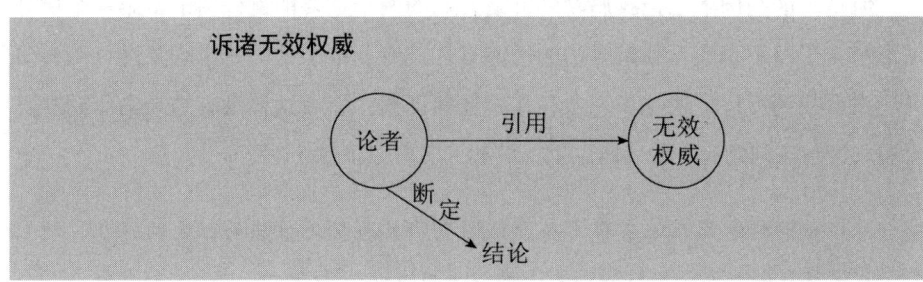

10. 诉诸无知

当一个论证的前提表明关于某个事物没有任何方面被以任何方式得到证明、而结论却对该事物做出了一个确定的断言，这个论证就犯了**诉诸无知**（appeal to ignorance）① 的谬误。这个问题通常会涉及一些不能被证明或者还没有得到证明的内容。例如：

> **诉诸无知**：前提说关于 X 没有被证明任何方面，然而却得出一个关于 X 的结论。

---

① 文献中也称为"利用对方不明事实真相而做的论证（*argumentum ad ignorantiam*）"。——译者注

人们花了好几个世纪的时间试图为占星术的主张提供确凿的证据，但是从来没有人成功过。所以，我们必然地得出结论说，占星术是一派胡言。

以下这个反过来的论证犯了同样的错误：

人们花了好几个世纪的时间来试图否证占星术，但是从来没有人成功过。所以，我们必然地得出结论说，占星术说的都是真的。

一个论证的前提应该为结论提供确凿的证据。但是，以上这些论证的前提没有告诉我们有关占星术的任何内容，它们告诉我们的只是某些没名没姓的人已经尝试过了不成功的事情。这样的论据可能为相信结论提供了一些微不足道的理由，但绝不是充分的理由。

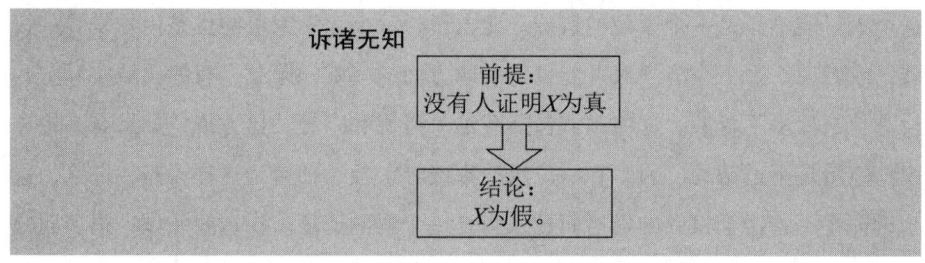

但是，这些例子也把我们领到诉诸无知的两个重要的例外情形。第一个例外情形来自于以下事实：如果合格的研究者在其专业范围内对一个现象进行调查研究后没有找到可以证明这一现象存在的任何证据，那么这种没有结果的研究本身就构成了与该问题有关的确凿论据。例如，考虑以下这个例子：

一批科学家在过去数十年里试图查明具有发光性质的以太的存在，结果都没有找到。所以，这种能发光的以太根本就不存在。

这个论证的前提是真实的。在这种情形下，如果以太事实上确实存在，很有可能提到的科学家已经发现了以太。由于他们并没有发现它，极有可能就没有这种东西。所以，我们可以说，所给论证在归纳上是强的（但不是演绎上有效的）。

至于占星术的两个例子，如果对占星术的主张进行证明或者否证已经由合格的专家以系统的方式做过了，那么这些论证就有可能是好的。当然，对占星术的主张进行研究的人需要严格地具备什么样的品质才算合格，这一点是很难说的。但是，正如这些论证显示的，前提没有说明研究者的任何资质，所以，这些论证依然包含着谬误。

但是，并不总是必然地要求研究者具有特殊的资质。资质的要求也得视情况而定。有的时候，一个人只要能看得见和说得出看见的东西就够了。例如：

> 没有人见过安德鲁斯先生喝过一杯红酒、一杯啤酒或者任何其他带酒精的饮料。所以，很有可能安德鲁斯先生是一个不喝酒的人。

因为极有可能的是，如果安德鲁斯先生是一个喝酒的人，那么有人应该见过他喝酒，这个论证在归纳上是强的。人们无须任何特殊资质就可以看到有人在喝酒。

第二个例外情形与法庭审判程序有关。在美国以及其他一些国家，一个人在被证明有罪之前，是假定他无罪的。如果在刑事审判中，起诉人在合理怀疑之外并不能证明被告有罪，被告的律师就有正当的理由证明他的委托人是无罪的。

> 陪审团的成员们，你们已经听到了起诉人对被告的控告。但是，除了合理的怀疑之外没有证明任何事情。所以，根据法律，被告是无罪的。

这个论证中不存在谬误，因为在法律意义上，"无罪"意味着在合理的怀疑之外，所控罪行没有得到证实。被告很有可能犯了所指控的罪行，但是，如果起诉人不能在合理的怀疑之外证实被告犯有这种罪行，那么被告就被认为"是无罪的"。

11. 轻率概括

轻率概括（hasty generalization）① 是影响归纳概括的一种谬误。在第一章中，我们知道归纳概括是这样一种论证，它从关于被选中的某个样本的证据得出关于全组事物的结论。当样本还有可能不具有代表性的时候，轻率概括的谬误就出现了。这种可能性的出现乃是因为样本太少或者并非随机选取。以下是两个例子：

> **轻率概括：** 从一个非典型样本得出一个一般性结论。

> 现今的基金管理人是一伙强盗，一个个全部都是。看看伯尼·麦道夫（Bernie Madoff）和罗伯特·艾伦·斯坦福（Robert Allen Stanford）。他们从成千上万信任他们的客户手中欺诈了数十亿美金。而拉杰·拉贾拉特南（Raj Rajaratnam）通过非法内幕交易获利数百万美元。

---

① 文献中也称为"逆偶例谬误（converse accident）"。——译者注

上次总统大选前，黑人住宅区哈莱姆有三个居民的话被引用说，他们即使对巴拉克·奥巴马的政策一无所知也支持他。很明显，重大议题在那场选举中压根儿就不起作用。

在这些论证中，关于整个群体的结论是从只提到一些实例的前提得出的。因为这样小的、非典型的样本并不足以支持一般性结论，所以上述两个论证都犯了轻率概括的谬误。

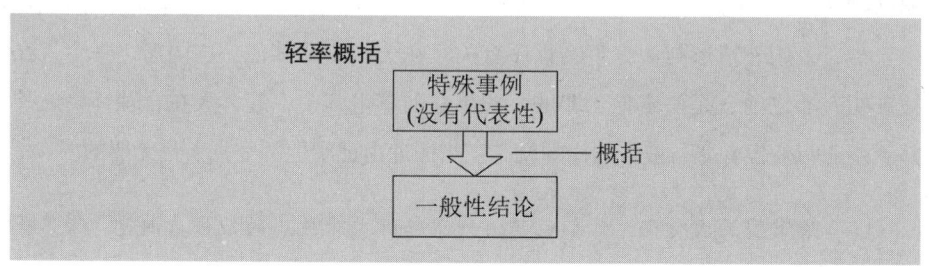

但是，只有样本可能太小这个事实并不意味着样本就是不典型的。另一方面，只有样本很大这一事实也不能保证它就是典型的。在小样本情形之中，各种可能的干涉因素也会使得这样的样本在更大的群组中具有典型性。例如：

10毫克Z物质喂给四只小老鼠，两分钟之内，所有这四只老鼠都处于休克状态，然后死去。所以，这个数量的Z物质一般来说对小老鼠都是致命的。

我在三种不同的场合都喝过一瓶Figowitz牌啤酒，发现它味道很淡而且略苦。所以，很有可能我会发现每一瓶Figowitz牌啤酒味道都很淡而且略苦。

这两个论证都没有犯轻率概括的谬误。因为这两个论证中的样本都不太可能在群组中不具有典型性。在第一个论证中，老鼠在两分钟之内死亡的事实表明，Z物质和小老鼠死亡之间存在因果关系。如果存在这样一种关系，那么其他小老鼠吃了Z物质也会这样。在第二个例子中，一瓶接一瓶地喝啤酒是有典型性的，使得该论证是一个强的论证，虽然只有三瓶被作为样本。

在样本较大的情况下，如果样本不是随机选取的，那么它在更大的群组中可能就不具有典型性。例如：

在加利福尼亚的橘子郡，对10万选民关于候选人选举的调查结果显示，68%的人说他们会投共和党候选人的票。很明显，共和党候选人将会当选。

即使这里援引的样本很大，这个论证还是犯了轻率概括的谬误。问题在于，橘子郡拥有压倒性多数的共和党人，68%的选民会投票支持共和党候选人，仅有这一个事实并没有显示该州其他选民的投票意向。换句话说，这个抽样调查并不是随机进行的，正是这样的原因使得样本是有偏差的。

轻率概括又称"逆偶例谬误"，因为它的推进过程正好与偶例谬误的进程相反。偶例谬误是从一般到特殊，逆偶例谬误则是从特殊到一般。前提引用影响一个类中的一个或多个非典型个例的特征，然后结论就把这一特征应用到这个类中的所有成员。

12. 虚假因果

当论证的结论依赖可能并不存在的、想象出来的因果关系时，就会出现**虚假因果**（false cause）的谬误。当一个论证被怀疑犯了虚假因果的谬误时，读者或者听者应该能够指出该论证的结论所依赖的假设：X 导致 Y，而 X 很有可能根本就不是 Y 的原因。例如：

> 在过去的两个月中，每一次啦啦队队长戴着蓝色发带为球队助威时，篮球队都吃了败仗。所以，为了避免以后再吃败仗，啦啦队队长应该去掉那晦气的蓝色发带。

> 成功的职业经理人都有超过 10 万美元的年薪。所以，为了保证使弗格森成为成功的职业经理人，最好的办法就是将他的年薪提高到 10 万美元。

> 与以前相比，今天书上的法律条文是越来越多，而犯罪事件也越来越多。所以，为了减少犯罪事件就必须消除法律。

第一个论证所依赖的假设是，蓝色发带是球队吃败仗的原因。第二个论证依赖的假设是，高薪导致成功。第三个论证依赖的假设是，法律导致了犯罪事件。没有一种情形存在任何因果联系。

第一个论证举例说明的是虚假因果谬误的一个种类：**以时间先后为因果**（*post hoc ergo propter hoc*，"在这之后即是因为这"）。这类谬误预设的是仅仅因为一个事件发生于另外一个事件之前就被认为是后者的原因。很明显，仅仅由于时间上的前后相继并不足以建立因果联系。然而，这种推理还非常普遍，隐藏在各种形式的迷信背后。（例如："我散步的时候，一只黑猫从我面前的小路穿过，之后我便跌了一跤把脚扭伤了。可以肯定的是，黑猫带来霉运。"）

第二个和第三个论证所犯的虚假因果谬误类型叫作**错为因果**（*non causa pro*

虚假因果：结论依赖某些弱的、甚至根本不存在的因果联系。

以时间先后为因果：X 是 Y 的原因只是因为 X 发生在 Y 之前。

causa，"并非原因的原因"）。犯这种错误是人们把根本不是某事原因的事情当作某事的原因，而且其中的错误是不仅仅以时间上的先后相继为基础的。在第二个论证的推理中，成功作为经理人是经理人薪水增加的原因——而不是相反——由此这个论证弄错了结果的原因。在第三个论证的推理中，犯罪的增加和法律条文的增加充其量只是同时发生的事情而已。很明显，只凭一个事情与另外一个事情同时发生这一点并不足以推出其中的一个是另外一个的原因。

虚假因果的第三种错误类型可能在其纯形式方面比其他错误更为普遍，即**过分简单化原因**（oversimplified cause）。当某个结果具有多方面原因而论者只选择其中一个且把它当作唯一一个原因时，出现的就是这种谬误。以下是一个例子：

> 我们中小学这些年来的教育质量已经下降了。很明显，我们的教师在这些年中并没有做好他们的工作。

> 今天，我们所有人都有望活得比我们的父辈和祖辈要长。很明显，我们应该感谢成千上万无私奉献的医生，正是他们的竭尽全力我们才得以健康。

在第一个论证中，教育质量的下降是有很多原因的，包括学生在家时缺乏自律、缺乏父母参与、看太多的电视、玩电子游戏时间太长甚至学生吸毒等。教师教学质量较差只是其中的一个因素，而且很有可能是其中最次要的因素。在第二个论证中，医生的努力只是我们长寿的一个原因，影响人们长寿的其他重要因素包括良好的饮食习惯、体育锻炼、减少吸烟、更为安全的高速公路以及其他更为严格的职业安全操作规范等。

过分简单化原因的谬误通常是由于为了自身利益考虑而引起的。有的时候，论者想着把不该得到的功劳归于自己或者归于自己所开展的某项活动；有的时候，论者想着把责任推给对方或者将自己的责任转移到碰巧发生的事情上去。这种谬误的实例与以时间先后为因果或者错为因果的例子可能有相似之处，比方说，所谓的原因可能与结果在时间上是先后相继的或者同时发生的。它区别于其他种类的虚假因果谬误的地方在于，唯一选作功劳或者责任的因素常常只是产生结果的部分原因，但只是非常次要的因素。

虚假因果谬误的最后一种类型可以称之为**赌徒谬误**（gambler's fallacy）。当论者的结论依赖运气游戏中独立事件偶然相联系的假设时，就会出现这种谬误。例如：

> 一枚质地均匀的硬币被连续抛掷5次，每次都是正面朝上。所以，下一次抛掷极有可能是反面朝上。

事实上，下一次抛掷硬币时反面朝上的可能性一点也不比正面朝上的可能性大。每一次抛掷硬币都是一个独立的事件，先前的抛掷对于此后的抛掷没有任何因果上的影响。所以，先前几次正面朝上的事实并不能增加下一次抛掷时反面朝上的可能性。

对于赌徒谬误来说，其中的事件必须是独立的或者近乎独立的。这样的事件包括抛掷骰子、旋转轮盘赌以及随机选取彩票中奖号码等。如果赌徒技术影响了结果，那么事件就不完全是独立的。因此，扑克、21点以及赌马都远非赌徒谬误的理想例子。

虚假因果谬误常常是有说服力的，因为常常很难确定两个现象是不是存在因果上的联系。从原因开始发挥作用直到有结果产生，这个过程有时候需要很长的时间，这就更难确定二者是否存在因果联系。比方说，暴露在石棉之中与患有石棉沉着病之间隔着30年的时间，这就妨碍了对因果联系的认识。此外，当两个事件之间存在因果联系的时候，要确定其关联度可能也是非常困难的。由此，高压输电线产生的磁场与罹患白血病之间可能存在某种联系，但是这种联系可能微不足道。最后，当一种因果联系被识别出来之后，很有可能仍然不容易确定原因和结果分别是什么。例如，体质过敏反应可能和一段时间的焦虑有关，但还是很难区分究竟是过敏导致的焦虑还是焦虑导致的过敏。

人类行为领域是因果联系极难确定的另外一个领域。比方说，被指控犯有谋杀罪的丹·怀特的辩护律师解释说，是奶油夹心饼干、可乐和油炸薯条导致了他杀害旧金山市市长乔治·莫斯科尼。其他辩护律师则分别把委托人的犯罪活动归因于经前综合征、说唱音乐、儿童虐待、精神发育迟滞以及幻觉症等。人的行为动机的复杂性使得人们对所有这些因果主张的评估变得困难重重。对全国所有人做一个总体考虑时，情况可能会更糟。所以，对于把近年来犯罪率的下降归因于"三振出局法（Three Strike Law）"的出台和实施，我们很难说究竟是这项法律还是其他哪些因素起了真正的作用。

在确定因果联系时需要记住的一点是，统计相关本身常常只能透露非常少的实际情况。比方说，如果我们对吸烟和患肺癌所能知道的只是二者常常同时出现，那么，我们可以得出任意多的东西。我们可以得出结论说，二者具有同样的原因，比如说遗传，或者我们也可以得出结论说，肺癌在生命早期就已经感染上了，吸烟成瘾可能只是使得肺癌在发病早期阶段显露出来的诱因。幸运的是，在这个例子中，除了二者具有统计上的相关之外，我们还有更多的证据使得我们相信吸烟是导致肺癌的一个原因。

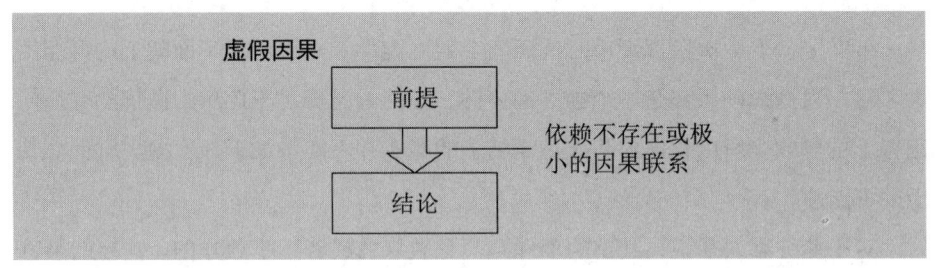

13. 滑坡谬误

滑坡谬误：结论依赖原因中一连串不太可能发生的反应。

滑坡谬误（slippery slope）是虚假因果谬误的一种。当一个论证的结论依赖一个所谓的连锁反应链，而且没有充足的理由认为这一系列连锁反应会实际发生的时候，出现的就是滑坡谬误。例如：

> 应该直接采取措施来一劳永逸地宣布色情文学为非法。色情文学的泛滥一定会导致强奸等性犯罪的增加。而这又会逐渐败坏社会道德风气，导致各种犯罪增加。最后，社会法律和秩序将会彻底崩溃，人类文明完全被毁灭的末日就到了。

因为没有充分的理由认为不对色情文学进行法律禁止就会导致这些可怕的后果的发生，所以上述论证是错误的。一个同样错误的相反论证如下：

> 试图用法律来禁止色情文学会严重威胁到公民的基本权利，由此应该立即打消念头。如果色情文学被宣布为非法，对新闻报刊执行审查制度将只是一小步。在此之后，对教科书的审查、对政治演说的审查、对大学教授讲课内容的审查就会随之而来。最后，由中央政府来控制人们所有的思想就是必然的结果。

这两则论证都试图说服读者或者听者：社会安危建立在"滑坡"的基础之上，假设在错误的方向上只迈出一小步，就会一滑到底直至深渊底部。

滑坡谬误可能涉及各种各样的因果关系。比方说，有人可能论证说，从一幢建筑物上移走一块砖头将会产生一系列的连锁反应，并最终导致这幢建筑的倒塌，或者说，砍倒一棵大树将会引发大片树木相继被砍倒，并最终导致整片森林都被砍光。这些论证依赖纯粹物理上的因果关系。另一方面，有人或许论证说，关于经济健康发展的一个谣言将会引起一系列的反应并最终导致股票市场的崩溃。这样一个论证依赖的是个人之间交往中建立起来的那种因果关系。

以下的例子包含了一系列心理因果反应，其中欲求一个事情就会导致对另外一个事情的欲求：

> 法伦教授要求我们为她的办公室买一台咖啡机。但是我们不能买，因为下回她还会要求买一台微波炉，然后又是对流恒温烤箱。接着，她还将要求买一台冰箱、热冷水的水池、洗碗机，以及一整套昂贵的瓷器。这还不把我们系里的经费预算折腾光。

当无法确定这些被断言的连锁反应会不会发生的时候，确定是否存在滑坡谬误是很困难的。这个问题将在第 2.5 节中讨论。但是，许多滑坡谬误依赖的只是论者一方在情感方面的说服力，为了证明某种行为或者政策是不好的，论者就会试图引述这种行为或者政策的落实所导致的各种直接后果以支持其立场。在这样的情形下，确定一个论证中出现滑坡谬误通常不会有问题。

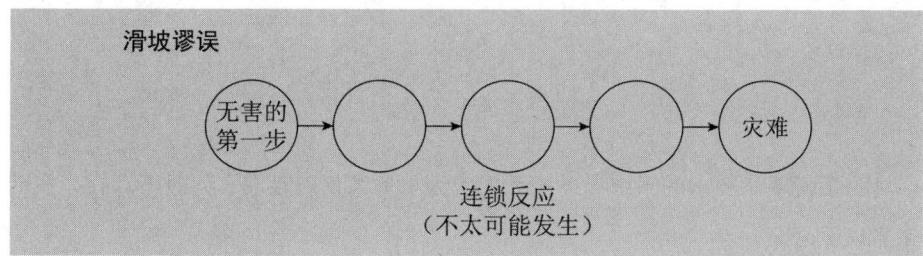

14. 不当类比

这种谬误影响的是类比的归纳论证。我们在第一章已经看到，一个类比论证是结论依赖两个事物或者两种情境之间存在类似或相似的论证。**不当类比**（weak analogy）谬误出现于论证中类比没有强到足以支持结论的时候。例如：

> 安伯的狗在很多方面像凯尔的猫。它们喜欢被宠爱，喜欢围在人前人后，在餐桌上乞求食物，和主人睡在一起。安伯的狗喜欢和安伯在海滩上嬉戏。所以，凯尔的猫很有可能也喜欢和凯尔在海滩上嬉戏。

不当类比：结论依赖没有强到足够可以用作支持的类比。

这个论证中提到的安伯的狗和凯尔的猫之间的相似性很有可能和猫在海滩上嬉戏一点关系都没有。所以，这个论证是错误的。

类比论证的基本结构如下：

实体 A 具有属性 a、b、c 和 z。

实体 B 具有属性 a、b、c。

所以，实体 B 具有属性 z。

评价一个具有这种形式的论证需要两步：(1) 识别出实体 A 和 B 都具有的属性 a、b、c……；(2) 确定结论中提到的属性 z 如何与 a、b、c……联系起来。如果在 z 和 a、b、c 之间存在着因果关系或者系统上的联系，该论证就是强的；否则的话，该论证就是弱的。在上述例子中，两个实体都喜欢被宠爱，喜欢围在人前人后，在餐桌上乞求食物，和主人睡在一起。因为很有可能这些属性并不是系统性地或者在因果上与喜欢在海滩嬉戏相联系，所以这个论证是错误的。

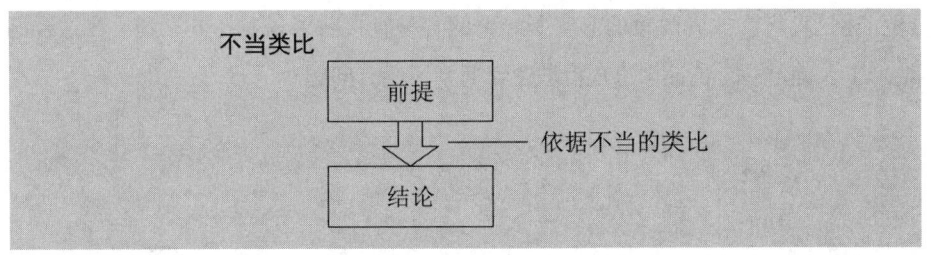

为了说明所要求的系统上的联系或者因果关系何时存在、何时不存在，我们来看以下论证：

电流通过导线就如同水流通过管道。很明显，大口径的管道输送的水流比小口径管道输送的量要大。所以，较粗的导线输送的电流量要比较细的导线输送的电流量大。

电流通过导线就如同水流通过管道。当水流通过管道从高处流向低处的时候，低处的水压比高处的水压大。所以，当电流通过导线从高处输送到低处时，低处的电压也会比高处的电压大。

第一个论证是好的，而第二个则是错误的。两个论证都以水流通过管道与电流通过导线的相似性为依据，在这两种情况中，管道或者导线的直径与流量的大小具有系统性联系。在第一个论证中，这种系统性联系为前提与结论提供了强的联系，由此该论证是好的论证。而在第二个论证中，不同高度与压力大小之间存在的因果关系对水流来说是成立的，但对电流来说不成立。水分子在管道中的流动明显是受重力的影响，而导线中电流的输送则不受重力的影响。所以，第二个论证是错误的。

类比论证的理论和评价是逻辑中最复杂、最难捉摸的主题之一。有关类比论证的其他内容请见本书第 2.5 节。

习题 2.3

Ⅰ. 确定以下论证中的弱归纳谬误，并为你的回答简要说明理由。如果没有出现谬误，请注明"没有谬误"。

★1. 今天早上的《每日新闻报》登载了一篇文章，报导了当地三个青少年因私自购买毒品而被捕。现如今的青少年只是一伙瘾君子。

2. 如果一辆车在高速公路上发生故障，那么路过的机械师没有义务实施紧急路况服务。出于类似的原因，如果一个人在路上心脏病发作，那么路过的医生也没有义务实施紧急医疗援助。

3. 心灵现象研究肯定有其特别之处。三位著名的物理学家——奥利弗·洛奇、詹姆斯·金斯和阿瑟·斯坦利·埃丁顿——都高度重视。

★4. 秘书们已经要求我们提供休息室，他们好在那里休息时喝喝咖啡。这个请求不得不拒绝。如果我们为他们提供了休息室，下一步他们就会要求温泉和游泳池。接下来就是壁球场、网球场和健身中心。这些场所和设施的花费会弄得我们破产。

5. 社会压力的累积类似于锅炉中压力的增强。如果锅炉压力增强到超过临界点，锅炉就会爆炸。所以，如果一个政府压制其人民到一定程度，人民就会揭竿而起。

6. 哈里森州长结束电视讲话之后几分钟，一场毁灭性地震席卷阿拉斯加南部地区。出于为那里的人们的安全着想，哈里森州长以后有必要不再做演讲了。

★7. 没有人可以证明超感官知觉的存在。所以我们一定可以得出结论说，超感官知觉纯属瞎扯。

8. 《世界现状》(State of the World) 报道的年度最受尊敬的作者莱斯特·布朗曾经说过，对热带雨林的破坏是十大最严重的世界问题之一。因此，一定能得出，破坏热带雨林确实是非常严重的问题。

9. 比尔·盖茨和沃伦·巴菲特每年都向慈善事业捐助数百万美金。一定可以说，富人们每年都向慈善事业捐助大量资金。

10. 很有可能火星上没有生命存在。科学家们已经彻底研究了这个星球的表面和大气，并没有发现任何生命体。

11. 我们不敢让动物权利保护者登门拜访。如果他们把猫啊狗啊海豚啊什么的都有权利这一套兜售给我们，接下来就是鸡啊牛啊的权利。那将意味着再没有基辅炸鸡和上好的牛排了。然后虫子的权利也来了，意味着农业也没戏了。于是人类饥荒接踵而至。

★12. 没有人在买鞋的时候不试穿一下。为什么所有想结婚的人就不该试婚呢？

13. 没有人最终证明美国的原子能核电站对其邻近地区居民有多危险。所以，在大城市中心附近继续建立原子能核电站会相当安全。

14. 纽约的教堂比这个国家任何其他城市都多，而且纽约的犯罪事件也比任何其他城市都多。由此，如果我们要消灭犯罪，我们一定要铲除这些教堂。

Ⅱ．对下列陈述回答"真"或者"假"：

1. 如果一个论者引用著名专家的一个陈述来支持一个结论并且专家的这个陈述属于专家的专业范围，那么，这个论者犯了诉诸无效权威的谬误。

2. 如果一个论者引用一个陈述来支持一个结论并且这个陈述反映出作者很强的偏见，那么，这个论者犯了诉诸无效权威的谬误。

3. 在诉诸无知中，论者责备读者或者听者的无知。

4. 如果被告的辩护律师在美国或者加拿大的刑事审判法庭上论证说，起诉已经被证明除了是对被告进行合理怀疑之外再也没有其他了，那么，这位律师犯了诉诸无知的谬误。

5. 轻率概括总是从特殊到一般。

6. 虚假因果谬误中的一种类型——以时间先后为因果假设了 X 引起 Y 仅仅是因为 X 发生在 Y 之前。

7. 如果一个论者得出结论说，X 引起 Y 仅仅是因为 X 和 Y 在同一时段发生，那么这个论者犯了虚假因果谬误中的错为因果。

8. 如果一个论者的结论依赖对事件的一连串反应，并且有很好的理由相信这个反应链确实将会发生，那么，这个论证犯了滑坡谬误。

9. 不当类比谬误总是依赖两个事情或者两种情境之间的所谓相似性。

10. 如果一个类比论证依赖某些属性之间的因果关系或者系统上的联系，并且有很好的理由相信这种关系确实存在，那么，这个论证没有犯任何谬误。

Ⅲ．确定以下论证所犯的相干性谬误和弱归纳谬误。如果没有出现谬误，请注明"没有谬误"。

★1. 我们第一次约会时，乔治就对我动手动脚，我发现，他几乎不可能和我规规矩矩地一起待着。一周之前，汤姆给我下了最后通牒说，为了证明我对他的爱，我必须和他一起过夜。所有的男人都一个样。他们都是好色之徒。

2. 涂鸦大师们留下的标记近年来已经成为一个可怕的事情。很明显，我们学校在扼杀这些年轻人的创造力。

3. 根据相关报道，巴拉克·奥巴马年轻的时候在印度尼西亚的一个穆斯林学校呆过四年之久。又有报道说，当他宣誓成为参议员的时候，他把手放在《可兰经》上而非

《圣经》上。另外还有报道说，他与反对基督者具有惊人的相似。此外，大量的电子邮件消息说，穆斯林潜伏杀手隐藏在政府的各个部门。他们可能都与奥巴马有联系？稍微想象一下，他发个信号，他们就都马上行动起来。我们的宪法立刻就会被伊斯兰教教法所取代。我们不能再等下去了。奥巴马必须被弹劾并被免职。

★4. 畅销书作家托德·伯波在他的书中论证说，天堂是真实的，他的儿子科尔顿在濒死体验中遇见了耶稣和施洗约翰。但是，很清楚的是，波普说这些事情只是为了让他的书卖得更多。所以，他的论证没有价值。

5. 种豆得豆，种瓜得瓜。春天种下每升0.2美元的大豆。所以，秋天就会收获每升0.2美元的大豆。

6. 世界著名物理学家斯蒂芬·霍金声称，黑洞并不会吞噬掉掉入其中的所有事物而不留任何痕迹，总是有某些东西遗留下来。基于霍金作为科学家的地位以及他在这个问题上探索多年，我们应该得出结论说，这确实是真的。

★7. 埃米莉已经买了100多张每周开奖一次的州彩票，而且她从未中过奖。所以，如果她继续买这种彩票，她在将来中奖的可能性会增加。

8. 约翰尼，当然我下午要用你的自行车。因为我知道你不想让你妈妈发现你今天下午又逃课了。

9. 现在几乎每个人都从互联网上免费下载歌曲。所以，你自己在做这些的时候应该毫无顾虑。

★10. 埃伦·奎因曾经论证说，逻辑并不是日常生活中最重要的事情。很明显，艾伦提倡非理性主义。人类通过200万年的努力后所取得的成就在埃伦看来，不过是一堆垃圾。这真是一派胡言！

11. 当水浇在石堆上的时候，水总是慢慢流到石堆的底部。类似地，当富人挣到了大把的钱的时候，我们可以指望这些钱也流向穷人。

12. 大量实验都无法证实新的止痛药 lexaprine 有任何毒副作用。我们可以得出结论说，人类服用 lexaprine 是安全的。

★13. 环保主义者责备我们阻碍了将南极洲作为世界公园的计划。实际上，没有什么比这种看法更不切实际的了。南极洲是一块充满生机的大陆，那里栖息着数以百万计的企鹅、海豹、海鸟和海狮等。此外，数量庞大的长须鲸和鲸鱼也游弋在它的近海水域。

14. 纪录片制片人迈克尔·穆尔论证说，资本主义制度正在蹂躏美国中产阶级，正在从他们的口袋里拿走数十亿美金。但是，摩尔只是一个个子高大、身材肥胖、民粹主义的煽动家，此外，他还是一个千万富翁。他应该闭上他的嘴。

15. 相机的操作在许多方面类似于眼睛的活动。如果你在黑暗的房间里看任何东西，你眼睛的瞳孔必须首先放大。所以，如果你在一间黑屋子里（不用闪光）照相的时候，相机镜头的光圈必须首先调大。

★16. 马隆女士一定会成为一位精明强干的部门经理。她风姿绰约、面若桃花、沉着稳重，而且穿着打扮极其时髦。

17. 美国爱家协会创始人詹姆斯·多布森说过，男人拥有神圣的义务来领导他的家庭，女人拥有神圣的义务来服从她们丈夫的权威。既然多布森明显具有从上帝那里收到信息的能力，我们必须得出结论说，他的这个陈述是绝对真的。

18. 亲爱的国税局：我收到一个通知说，我去年的税收被审核了。但是你们没有权利这样做。填写纳税申报单的最后期限是4月15日，而我在4月12日就填写了纳税申报单——距离最后期限提前了整整三天时间！

★19. 为了防止旅客把危险品带上飞机，准备登机的旅客及其随身携带的物品必须通过磁力计监视的安检通道。而且还可能要接受安检人员的详细检查。所以，为了防止顾客把酒和毒品带进摇滚歌厅，进入歌厅的顾客应该服从类似的安全检查。

20. 弗莱明先生反对对九月开始的房租管制倡议进行投票表决的论证值得怀疑。作为房东，他自然希望反对这项倡议。

21. 印度正在遭遇严重的干旱，成千上万的孩子饿死在母亲的怀抱里，无家可归的乞丐在主要的城市里成群结队。无疑，我们必须在美国这个富有而且充满机遇的国度给予这些穷苦的、被践踏的人们以改善他们处境的机会。

★22. 陪审员们，你们已经听到了雪莉·盖恩斯的证词：被告没有为卧底警察提供买春服务。但是，盖恩斯自己却是出了名的妓女而且还和被告是好朋友。此外，仅仅一年前，她因做过12项伪证而被判有罪。所以，你们对盖恩斯的证词不能信以为真。

23. 听到从秘鲁来的人抱怨美国的贫穷是非常可笑的。秘鲁比起美国最穷的时候还要穷上两倍。

24. 安杰拉抱怨说，代数测试中的问题太难了。但是，你见过安杰拉和橄榄球队那个帅气的四分卫调情吗？她经常朝他眨她那长长的黑睫毛，她那紧身的毛衣根本不给人留任何想象的余地。安杰拉本应该在功课上多用功一点。

★25. 从来就没有人证明过当选官员的不道德行为对公共道德的腐蚀作用。所以，我们必须得出结论说，这样的行为压根儿就不会损害公共道德。

26. 言论自由由宪法第一修正案保障。所以，你的朋友在拥挤的剧院中大喊"失火了！失火了！"的时候，他没有超出自己的权利范围，即使他只是在开玩笑。

27. 在林间小径上发现一块手表的时候，没有人会认为它只是出现在那里而不是任何人做出来的。出于同样的理由，没有人会认为我们的世界只是出现在这里而不是任何人创造出来的。

★28. 在星期一，我喝了10杯朗姆酒和可乐，第二天早上醒过来后觉得头痛。在星期三，我喝了8杯杜松子酒和可乐，第二天早上醒过来后又觉得头痛。在星期五，我喝了9杯威士忌和可乐，第二天早上醒过来后还是觉得头痛。显然，为了不再头痛，我再也不喝可乐了。

29. 广播节目主持人拉什·林博宣布，没有任何证据可以证明尼古丁会上瘾或者吸烟会导致肺气肿、肺癌或任何其他疾病。由于林博在药物学方面的专业知识，我们只能得出结论说，他关于尼古丁和吸烟所说的都是真的。

30. 我们学区有的父母要求我们用西班牙语提供双语教学。这个要求只能被拒绝。如果我们提供了这些服务，那么有人就会要求用希腊语进行双语教学。然后是德语、法语和匈牙利语等。紧跟其后的又有波兰语、俄语、汉语、日语、韩语。我们当然无法提供所有这些。

Ⅳ. 确定下述对话中的谬误。需要把本节中所讲的谬误和前一节中讲到的谬误都至少找到一处。

对枪的喜爱

霍莉和她的朋友本刚刚参加完一个有关校园枪击事件的座谈会。当他们离开会场去停车场时，霍莉问，"你同意讨论小组参加者的意见吗？"

"我同意的是那些认为在一切校园都取缔枪支的意见，"本回答道，"我甚至还想更进一步说，我们需要在美国范围内严格控制枪支。最简单的事实是，在这个国家太容易弄到枪了。"

"听你这么一说，你认为是枪支的供应导致了暴力犯罪，"霍莉说，"这是你的意思吧？"

"是的，我确实认为枪支导致犯罪，"本回答道。

"那好，我问问你，"霍莉说，"有没有任何人证明过这一点？有没有谁证明，只要有枪支供应就会导致暴力犯罪？答案是没有。因此，在有人证明这一点之前，我们应该得出结论说，枪支供应并不会导致犯罪。"

"好吧，你在会场听过谁提到英国吗？"本问道，"英国在枪支拥有方面有严格的限制，而且实际上没有与枪有关的犯罪。我认为，这就证明了枪支导致犯罪。如果美国采用英国法律，这个国家的犯罪事件就会急剧减少。"

"实际上，"霍莉反驳说，"英国的例子并不能证明任何事情。没有理由认为在英国行得通的事情在美国也行得通。"

"你为什么会这样想？"本问道。

"是这样，"霍莉回答道，"你回想一下会场上其他人关于这个国家枪支控制说过什么。当伊利诺伊州的埃文斯顿早些年前完全取缔枪支的时候，也根本没有减少暴力犯罪。这就证明，枪支供应不会导致犯罪。如果这个国家的每一个城市都学埃文斯顿的样子，它们得到的只是同样的结果。"

"听起来你倒是非常反对枪支控制。"本说道。

"是的，我确实是这样，"霍莉回答道。"只要我们进行枪支注册登记，下一步你知道的，我们在买枪的时候就需要出示许可证。这样的话，政府就能对枪支拥有者收税。税收不断上涨，当枪支拥有者不再负担得起税收的时候，枪支将会被没收。最后，当枪支完全从大众手里消失的时候，那将没有任何事情可以阻止某些狂热分子接管政府。彻底的极权主义就会接踵而至。"

"你真的认为在这个国家会发生这样的事情？"本问道。

"如果它能发生在纳粹德国，那它也能发生在这里，"霍莉回答说。"另外，座谈会上有一个人提到，那确实在纳粹德国发生过，在法西斯意大利也发生过。"

"因此，你认为你有权利拥有一只枪？"本问道。

"绝对没错，"霍莉说道。"全国步枪协会（NRA）目前的主席——名字一下子想不起来了——就说过，拥有枪支甚至攻击性武器的权利，是由宪法保障的。考虑到他对枪支了解甚广，他所说的关于枪支的事情当然是真的。"

"我对此持保留意见，"本说道，"但是，我认为你应该做的是，深吸一口气，然后冷静一下。你已经对枪支着迷了。如果人们明白你身上发生了什么，他们不会把你的论证太当回事的。"

"好好想想你对我的态度，"霍莉说，"下次你被人用枪指着抢劫时，可不要朝我喊救命。"

本笑了起来。"好吧！我答应你！再见了……如果我还能活着见你的话！"

"再见！"她说道。

2.4　预设谬误、歧义谬误与不当转换谬误

预热　你准备外出参加一个事先一无所知的约会。一开始你们挺合得来的，但是对方说，"很明显，我们相互喜欢上了对方。所以，我们今晚待在一起，要不然的话，你就是对我没有兴趣。"不管你对对方的提议做如何反应，你是不是至少感觉有点不对劲？如果没有感觉不对劲，那你应该感到不对劲，因为它相当于一个普通的逻辑谬误。为了对此多做了解，也对其他类似情况多做了解，请读读本节内容。

预设谬误（fallacies of presumption）包括乞题、复杂问语、假两难推理以及遮盖论据。这些谬误的产生并不是因为前提无关乎结论或者提供了不足的理由以相信结论，而是因为前提预设了它们所要证明的内容。乞题预设了前提为结论提供了充分的支持而实际上并非如此；复杂问语预设了对所提问题能够给出"是""否"或其他简短的回答，而实际上回答是相当复杂的；假两难推理预设一个"或者……或者……"陈述穷尽了所有的选择，而实际上却并非如此；遮盖论据预设了没有重要的证据被前提所忽略但实际上是忽略了。

> **预设谬误**：前提预设了它们所要证明的内容。

歧义谬误（fallacies of ambiguity）包括歧义和含糊。这些谬误的出现乃是因为前提或者结论（或者二者）中出现了某种形式的歧义。一个表达式是歧义的，是说它在一个给定的语境下容易做各种不同的解释。单词"light"和"bank"都是有歧义的，陈述"Tuna are biting off the Washington coast"也是如此。"light"既可能指的是重量上的轻，也可能指的是热量中的低，还可能指的是颜色中的淡。"bank"既可能指的是存钱的地方，也可能指的是河的边上。关于金枪鱼的陈述既可能说的是渔夫在华盛顿海岸捕捞金枪鱼，也可能说的是（不过可能性比较小）金枪鱼在蚕食海岸边。

> **歧义谬误**：一个有歧义的语词、短语或者陈述导致一个不正确的结论。

当一个论证的结论依赖歧义语词、短语意义的转换或者依赖歧义陈述的错误解释时，该论证就犯了歧义谬误。

不当转换谬误（fallacies of illicit transference）包括合成与分解。包含这些谬误的论证是把一种属性从某事物的部分不准确地转换到整体之上，或者从整体不准确地转换到部分之上。

> **不当转换谬误**：一种属性被不准确地从某事物的部分转换到整体之上或者反过来。

15. 乞题

论者通过遗漏一个可能假的（不可靠的）关键前提、重述一个可能假的前提作为结论或者通过循环推理，从而制造一种不充分前提为结论提供了充分支持的假象，这个时候，论者就犯了**乞题**（begging the question）[①]谬误。这种谬误的拉丁名称 *Petitio Principii* 的意思指的是"诉求来源（request for the source）"。用来支持结论的实际根据并不明显，所以，这种论证被说成乞题、乞求论题。读完或者听完这样的论证之后，人们会问："你是如何知道 X 的呢？"这里的 X 就是需要提出证据加以支持的。

> **乞题**：论者通过遗漏一个可能假的（不可靠的）关键前提、重述一个可能假的前提作为结论或者通过循环推理，从而制造一种不充分前提为结论提供了充分支持的假象。

---

① 文献中也称为"窃取论点、预期理由（*petitio principii*）"。——译者注

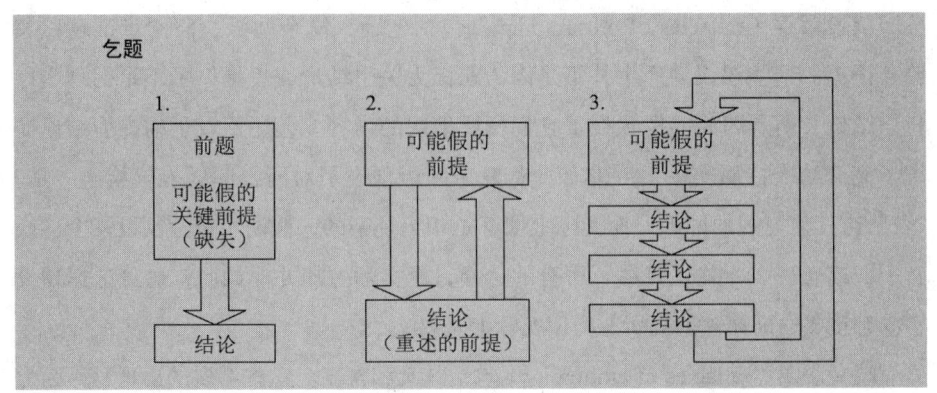

这种谬误的第一种、也是最常见的形式，是通过遗漏论证中一个可能假的关键前提来制造一种无须任何其他证据就可以建立结论的错觉。例如：

谋杀在道义上是错误的。既然如此，那么堕胎在道义上也是错误的。

我们知道，人类想要吃很多的水果，因为人的手和手臂特别适合从树上摘取果子。

很明显，这个国家的穷人应当受到政府的救济。因为他们的收入确实低于人们的平均水平。

很明显，患有不治之症的患者有权利要求在医生协助下结束生命。许多患有这种疾病的人确实已经丧失了自杀能力。

第一个论证诉求的问题是"你如何知道堕胎是一种谋杀？"第二个论证诉求的问题是"人的手和手臂的结构与功能可以告诉我们说人类喜欢吃水果吗？"第三个、第四个论证诉求的问题分别是"仅仅因为穷人比一般人挣钱少就意味着政府需要对他们进行救济吗？"和"仅仅因为患有不治之症的患者不能自杀就推出他们有权利要求医生对此进行帮助吗？"

这些问题说明，原先论证中的一些内容已经被遗漏了。在第一个论证中，遗漏的前提是"堕胎是一种谋杀"；在第二个论证中，遗漏的前提是"人的手和手臂的结构与功能可以告诉我们说人类应该吃什么"；如此等等。这些前提对于这些论证的可靠性来说非常重要。如果论者无法确立这些前提的真实性，那么这些论证就无法证明任何内容。但是，在乞题的大多数情况中，这正是为什么这些前提没有陈述出来的原因。论者不能确定它们的真，于是便利用诸如"当然""很明显""既然如此"和"毕竟"等修饰性措辞，以试图建立一种错觉说，所述前提本身为结论提供了充分的支持，尽管事实上并非如此。

同样的乞题形式也常常在关于证明上帝存在、灵魂不灭等结论的宗教主题的论证中出现。例如：

> 我们生活于其中的世界显示了令人惊异的组织性程度。很明显，这个世界是被全知的上帝创造出来的。

这个论证诉求的问题是"你是如何知道世界的组织性程度只可能来自全知的创造者的？"当然，世界的组织性来自于一个全知的创造者的论断也有可能是真的，但是，这正是论者需要证明的。不给出支持的理由或者证据，这个论证就没有证明任何内容。但是，大多数事先就相信这个结论的人很有可能也接受这个论证为一个好的论证。同样的情况也适合于大多数乞题论证，这一事实也说明论者诉诸这种谬误的另外一个原因：这样的论证本来就是打算巩固和强化事先就存在的倾向和信念。

乞题的第二种形式是，一个论证的结论仅仅是在语言表述上稍微不同地重述一遍可能为假的前提。在这样的论证中，前提支持了结论，而结论打算巩固和强化前提。例如：

> 对谋杀和绑架处以死刑是正当的，因为对那些犯了如此可恨且残忍罪行的人处以死刑是非常合法的、恰当的。

> 任何一个宣传革命的人都对未来抱有梦想，理由很简单，如果一个人对未来没有梦想，他也就不可能去宣传革命。

在第一个论证中，说处以死刑是"正当的"与说处以死刑是"合法的、恰当的"意味着同样的事情；而在第二个论证中，前提和结论说的正好是同样一件事情。但是，通过用不同的语言重新表述一遍相同的事情，论者就建立起一种错觉，即独立的证据已经被提出来支持结论，而事实上并非如此。这两个论证都包含有修饰性措辞（"可恨且残忍""理由很简单"和"就不可能"），这有助于错觉的形成。第一个论证诉求的问题是"你如何知道处以死刑确实是合法的、恰当的？"第二个论证诉求的问题是"你如何知道宣传革命的人确确实实对未来抱有梦想？"

乞题的第三种形式涉及循环推理，处于推理链条开始环节的前提很有可能是假的。例如：

> 威瑞森（Verizon）拥有最好的无线服务。毕竟，他们的电话有着最清晰的语音。而且我们知道，这是由于顾客在威瑞森电话中听得更为清楚。它来源于这样一个事实：威瑞森拥有数字技术。但是，既然威瑞森拥有最好的无

线服务，这正好就是你所期望的。

遇到这样的论证，细心的读者不禁要问："这里的推理是从哪里开始的？它的证据又是什么？"由于这个论证是循环的，既没有开端也没有证据，这导致它没有证明任何内容。当然了，在这个例子中，循环性是相当明显的，因此这个论证不可能说服任何人。循环推理具有说服力的情况涉及长的、复杂的论证，其中前提以一种微妙的方式相互依赖，而且可能有假的关键前提依赖于结论。

在乞题的所有情形中，论者运用某些语言学策略来达到这样一种错觉：不充分的前提为结论提供了充分的支持。没有了这种错觉，就不会产生这种谬误。

例如，以下两个论证中不存在谬误：

没有狗是猫。所以，没有猫是狗。

伦敦在英国而巴黎在法国。所以，巴黎在法国而伦敦在英国。

在这两个例子中，前提仅仅是结论的重新表述。但是这两个论证都是可靠的，因为它们都是有效的，而且具有真的前提。它们没有出现谬误，因为没有错觉被制造出来使得不充分的前提似乎是充分的。我们将在第三章、第六章学习这种论证。

下面是另外一个例子：

罗马在德国或者罗马在德国。所以，罗马在德国。

这个论证是有效的，但是它并不是可靠的，因为它的前提为假。但是，它没有包含谬误，原因仍旧是没有建立一种错觉来掩盖任何东西。具有这种形式的论证也将出现在第六章。

从这些例子可以看出，乞题论证一般都是有效的。很容易就可以明白这一点。任何包含结论作为前提之一的论证都明显是有效的，那些在论证中遗漏一个关键前提的谬误类型在关键前提添加回来之后还会是有效的。乞题论证的问题在于，它们通常都不是可靠的，或者至少不是明显可靠的，原因在于，需要给结论提供充分支持的前提充其量具有不确定的真值。因为这样的论证预设了这个前提的真，因此乞题被称为预设谬误。

16. 复杂问语

当两个（或者多个）问题被假装成一个问题而提出来、一个答案同时回答这里的两个（或者多个）问题的时候，就会出现**复杂问语**（complex question）谬误。每一个复杂问语都预设某个条件的存在。当回答者的回答添加到复杂问语时，出现的论证便会确立这个被预设的条件。因此，虽然事实上没有这样的论证，复杂问语却包含一个隐藏的论证。这样的论证通常会使回答者掉入陷阱：承认他原本可能不愿意承认的事情。例如：

> **复杂问语**：两个或者多个问题隐藏在一个问题之中，并且一个答案回答两个或者多个问题。

你考试不再作弊了吧？

你把你吸的大麻藏在哪里了？

让我们假定回答者对第一个问题的回答是"是的"，对第二个问题的回答是"床底下"。以下论证就出现了：

当你被问及是否不再考试作弊的时候，你回答"是的"。这意味着你以前在考试的时候经常作弊。

当你被问及把吸的大麻藏在哪里了的时候，你回答说"床底下"。这就意味着你吸过大麻。

另一方面，让我们假定回答者对第一个问题的回答是"没有"，对第二个问题的回答是"没藏"。我们就可以得到以下论证：

当你被问及是否不再考试作弊的时候，你回答"没有"。这仍然意味着你以前在考试的时候经常作弊。

当你被问及把吸的大麻藏在哪里了的时候，你回答说"没藏"。这就意味着你把大麻全吸光了。

很明显，这些问题中的每一个问题实际上都是两个问题：

你以往考试的时候作弊吗？如果你曾经作弊，现在改了吗？

你吸过大麻吗？如果你吸过，你把它藏哪了？

如果回答者不够老练，没有识别出复杂问语，当面对这样的问话时，他们可能会做出非常幼稚的回答，从而掉入一个陷阱，承认一个没有任何证据支持的结论，或者提供证据本身。对复杂问语的正确回答是，把问题分解成子问题，然后分别给予回答。

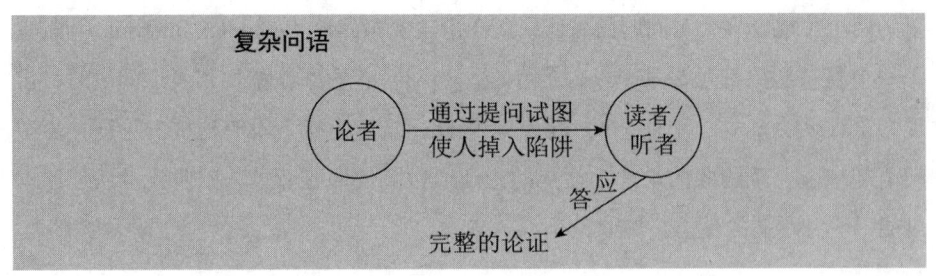

复杂问语谬误需要和法律中著名的诱导性问题区分开来。一个**诱导性问题**（leading question）是这样一个问题，其中的回答已经以某种方式在问题中有所提示。一个问题是否是一个诱导性问题，这在法庭中对目击证人的直接询问是至关重要的。例如：

告诉我们，你在4月9日见到被告枪杀死者了吗？（诱导性问题）
告诉我们，你在4月9日见到了什么？（直接问题）

诱导性问题区别于复杂问语的地方在于，前者没有包含逻辑谬误——也就是说，它们并不试图诱骗回答者承认他不愿意承认的事情。但是，为了把二者区分开，有时候需要知道先前的问题是否已经问过了。以下是复杂问语的另外一些例子：

你打算成为一个乖孩子而去吃汉堡包吗？
乔治·亨德里克斯还撒谎吗？
对你的蛮横无理我还要忍多久？
你什么时候才能停止胡言乱语？

17. 假两难推理

当一个选言（"或者……或者……"）前提提出两种不太可能的选择却被当作仅有的选择，而且论者排除不想要的选项而留下想要的选项作为结论的时候，就犯了**假两难推理**（false dichotomy）谬误。这样的论证很明显是有效的，但是由于选言前提为假或者至少可能为假，这种论证是典型地不可靠的。在孩子和父母的争论中、广告中以及普通成年人的日常讨论中经常出现这种谬误。下面是三个例子：

> **假两难推理：** 一个"或者……或者……"前提提出了两种不太可能的选择却被当作仅有的选择。

或者你让我去看雷迪嘎嘎（Lady Gaga）的演唱会或者让我的余生度日如年。我知道，你是不会让我的余生度日如年的，所以，还是让我去看演唱会吧。

或者请您使用护卫（Ultra Guard）牌除臭剂或者您情愿忍受这难闻的气味。当然了，您不想忍受这难闻的气味。所以，您会需要使用护卫牌除臭剂。

或者我们采取"一个世界政府"政策或者地区性战争将永远持续下去。我们当然不能忍受持续的战争。所以，我们必须采取"一个世界政府"政策。

这些论证中没有一个选言前提提出的选项是仅有的，但是在每一个论证中，论者都试图传达这种印象。比方说，在第一个论证中，论者试图传达的印象是：他或者去看演唱会或者面临终生的痛苦，除此之外，再没有其他可能了。很明显，这不是实情。

假两难推理谬误的性质在于造成选言前提提供了全部的可能性选择这样一种错觉。如果确实是提供了，那前提倒是必然为真了。比方说，陈述"里诺（Reno）或者在内华达州，或者不在内华达州"提供了全部可能的选项，是必然地真的。但是在假两难推理谬误中，不仅两个选项没有穷尽全部可能，而且进一步讲，它们自己甚至都是不太可能的选项。所以，选言前提是假的，或者至少可能是假的。对于这种谬误，也可以说，它制造了一个貌似为真、实际却是假或可能假的前提。

当然，如果选言前提中实际上有一种选择毫无疑义地为真，那么就不会出现这种谬误。例如，以下这个论证是有效的和可靠的：

西雅图或者在华盛顿州或者在俄勒冈州。西雅图不在俄勒冈州。所以，西雅图在华盛顿州。

假两难推理又称"假分歧（false bifurcation）"和"非此即彼谬误（either-or fallacy）"。另外，在大多数情形中，论者只表达出一个选言前提，而把缺失的陈述留给读者或者听者来补充：

或者你给我买一件貂皮大衣或者让我在冬天来了的时候冻死。

或者我继续吸烟，或者我会变得肥胖臃肿而你讨厌看到我这样。

其中缺失的前提和结论都很容易补充。

18. 遮盖论据

第一章已经解释了，一个信服的论证是一个有真前提和好理由的归纳论证。真前提这个要求包括前提没有忽略某些比表述出来的证据更为重要的证据，由此

| **2** | **遮盖论据**：论者忽略了将会得出不同结论的重要证据。 |

可以推出一个非常不同的结论。如果一个归纳论证确实忽略了这样的证据，那么这个论证就会产生**遮盖论据**（suppressed evidence）谬误。例如，考虑以下这个论证：

> 大多数狗都是友好的并且对宠爱它们的人不会构成威胁。所以，对现在正靠近我们的那只狗给予宠爱是安全的。

任何论者忽略了这只小狗受到了刺激而且口吐白沫（狂犬病的表现），那么，这个论证就犯了遮盖论据谬误。这种谬误被视为预设谬误的一种，乃是因为它通过建立如下的预设而起作用：前提都是真的和完整的，而事实上却并非如此。

也许遮盖论据谬误最常出现在根据广告所做的推理中。几乎每一个广告都不会提到所推销产品的某些负面特征。作为结果，看到或者听到广告并得出一个结论的人可能就会犯这种遮盖论据谬误。例如：

> 肯德基的广告说："买一桶炸鸡，收获一桶快乐！"所以，如果我们买一桶炸鸡，我们就保证会收获许多快乐。

这个广告没有说明快乐不会和炸鸡打包一起来到，而是需要购买者补充。当然，这个广告也没有说明炸鸡富含脂肪而且购买者吃后增肥的体重和导致的血管堵塞可能并不等于一桶快乐。通过忽略这些事实，基于这个广告的论证也包含着谬误。

遮盖论据谬误的另外一个丰富来源是两年一度的美国国会选举，两个候选人，通常一个来自共和党，另一个来自民主党，为了一个席位而展开竞争。在竞选拉票过程中，无数的演讲人（包括候选人自己）逐条驳斥候选对手提出的政策和成就，只为得到这样一个结论：他们支持的候选人应该当选。例如：

> 女士们、先生们，史密斯先生支持的是使医疗保险和社会保障破产的政策，他的预算建议增加了联邦赤字，而且他的外交政策将使中东地区更加动荡不安。所以，你应该投琼斯一票以助他当选。

说话者压根儿就没有提到史密斯那些无可辩驳的成就。而且，他也没有提到琼斯甚至比史密斯更不称职当选以及琼斯的政策甚至预示着更差劲的医疗保险、社会保障、联邦赤字和中东政策。只要考虑到这些没有提到的事实，很明显的是，史密斯更应该当选。

遮盖论据谬误的另外一种产生方式是，论者通过忽略已经发生的重要事件会随着时间的推移而发生变化从而使得归纳结论变得不太可能。例如：

比起 1940 年来，今天的美国军队的战舰更少了，M1 步枪更少了，马拉榴弹炮更少了。所以，今天的美国军队比起 1940 年来说战斗力明显减弱了。

这个论证忽略的事实是，战舰、M1 步枪和马拉榴弹炮在很久以前就已经废弃不用并被更为高效的军舰和武器所取代。由此，今天的美国军队比 1940 年的美国军队更没有战斗力并不是真实的。

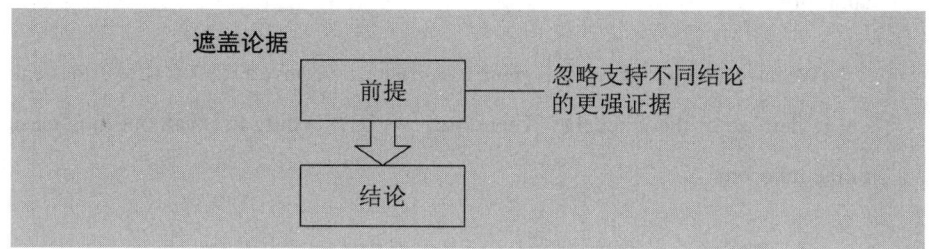

遮盖论据还有一种产生方式是，论者从《圣经》、宪法和民权法案等处断章取义地引用一些段落来支持并不能支持的结论。例如，考虑以下这个关于反对枪支控制的论证：

宪法第二修正案说，公民持有和携带武器的权利不受侵犯。但是，手枪控制法会侵犯持有和携带武器的权利。所以，手枪控制法有违宪法。

事实上，第二修正案是这么说的："对于一个自由国家的安全来说，有一个管理有方的民兵组织是必要的，公民持有和携带武器的权利不受侵犯。"换句话说，修正案说的是，当武器对维持管理有方的民兵组织来说有必要的时候，持有和携带武器的权利不受侵犯。由于手枪控制法几乎不会对维持一个管理有方的民兵组织有什么影响，所以这样的法律条文不可能有违宪法。

遮盖论据谬误和乞题的第一种形式即遗漏关键性前提很相似。不同之处在于，遮盖论据遗漏的是得出不同结论的前提，而乞题中所遗漏的是需要支持所述结论的关键性前提。但是，由于这两种谬误都是通过遗漏论证的前提而得以形成，二者还是存在部分重叠的地方。

19. 歧义

当论证的结论依赖某个语词或者短语被明确或隐晦地在两种不同的意义上加以使用，这个论证就犯了**歧义**（equivocation）谬误。这样的论证或者是无效的或

歧义：结论依赖语词或短语在意义上的转换。

者是有一个假前提，而且在这两种情形下都是不可靠的。例如：①

Some triangles are *obtuse*（钝角）。Whatever is *obtuse*（迟钝的）is ignorant。Therefore, some triangles are ignorant。

Any *law*（法律）can be repealed by the legislative authority。But the *law*（规律）of gravity is a law。Therefore, the law of gravity can be repealed by the legislative authority。

We have a duty to do what is *right*（正确的）。We have a *right*（权利）to speak out in defense of the innocent。Therefore, we have a duty to speak out in defense of the innocent。

一只蚂蚁是一只动物。所以，一只大蚂蚁是一只大动物。

在第一个论证中，使用了"obtuse"的两种不同的意义：第一个前提中描述的是某种角，而第二个前提中的意义则是指愚钝、迟钝。第二个论证的歧义则来自"law"这个词：第一个前提中指的是成文法规，第二个前提中则指的是自然法则。第三个论证则是在两种意义上运用了"right"这个词：第一个前提中指的是道义上正确的事情，第二个前提中则指的是公正的要求和权利。第四个论证说明的是相对词的歧义运用："大（large）"这个词在不同的语境下其意思是不同的。其他也很容易出现这样一种歧义的相对词包括"小""好""坏""轻""重""困难的""容易的""高""矮"，等等。

为了让人信服，犯了歧义谬误的论证一定会以各种微妙相关的方式来使用具有歧义的词。在上面的例子中，只有第三个例子才满足这一要求。由于对"right"的两次运用都与伦理学有关，粗心的读者可能不会注意到意义中的这一转换。另外一个技巧是将一个语词的意义的转换铺放在一个很长的论证过程中。政治演说家常常在演说的开始部分运用"机会均等""枪支控制""环境保护"这样的短语的某种意义，然后在最后运用的又是一种非常不同的意义。第三种技巧在于，对某些人说的时候以某种方式运用这些短语，而对另外一些人说的时候却以另外一种非常不同的方式运用这些短语。如果同样的人没有出席这两种讲话的场合，这种歧义是不会被发觉的。

---

① 例子中利用了英文单词的歧义或含糊，因此没有译为中文。——译者注

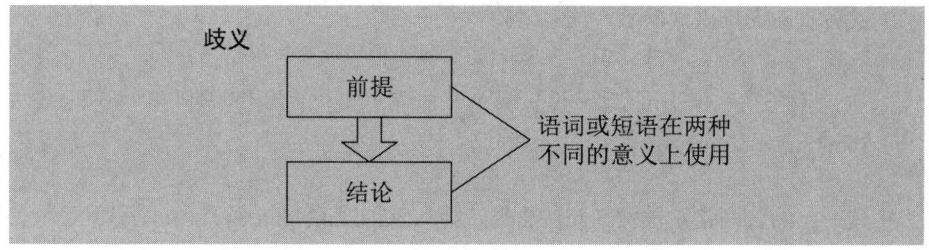

20. 含糊

当论者对一个含糊的陈述进行错误解释并根据这种有缺陷的解释得出一个结论的时候，就出现了**含糊**（amphiboly）谬误。原先的陈述通常是论者之外的人所断定的陈述，而其中的含糊则通常是来自语法错误或标点错误——如缺少一个逗号、悬垂修饰语、指代不明或者其他遣词造句方面的粗心大意。由于这种歧义，同一个陈述可以用两种完全不同的方式来理解。论者典型地选择并非本义的解释，并从这种解释出发得出一个结论。例如：

> 导游说，站在格林尼治村，帝国大厦可以被清楚地看到。可以得出，帝国大厦就在格林尼治村。

> 约翰告诉亨利说他犯了一个错误。可以得出，约翰至少有承认自己犯了错的勇气。

> Professor Johnson said that he will give a lecture about heart failure in the biology lecture hall. It must be the case that a number of heart failures have occurred there recently.

含糊：结论依赖某人而非论者对一个陈述进行不正确的解释。

第一个论证的前提就包含了一个悬垂修饰词：帝国大厦究竟是在格林尼治村外面还是在格林尼治村里面？实际上正确的解释是前者。而在第二个论证中，代词"他"的先行词是含糊的，指的究竟是约翰还是亨利？也许约翰告诉亨利的是亨利犯了错。第三个论证中的含糊之处与生物学大教室究竟发生了什么有关：在那里举办了讲座还是发生了心力衰竭的事情？正确的解释很有可能是前者。这种含糊通过插入标点可以加以清除：

> Professor Johnson said that he will give a lecture, about heart failure, in the biology lecture hall.

或者重新安排语词的顺序加以清除：

Professor Johnson said that he will give a lecture in the biology lecture hall about heart failure.

这一类的含糊常常被称为句法含混（syntactical ambiguities）。

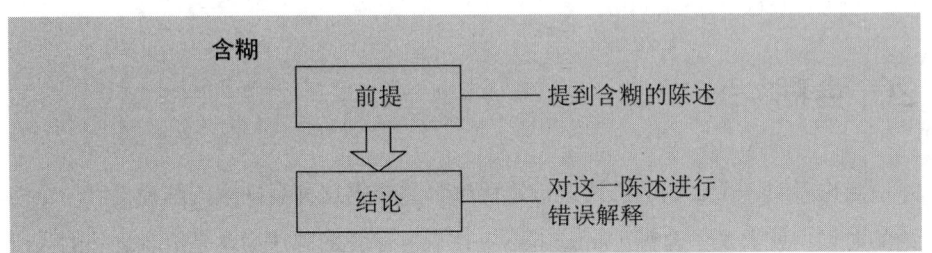

含糊不清导致严重问题的两个方面主要有契约和遗嘱。这些文件的起草人常常会使用含糊的陈述来表达他们的意向，使得这些陈述具有不同的解释，由此导致不同的结论。例如：

哈特太太在遗嘱中说："我留下的500克拉钻石项链和毛丝鼠皮大衣送给艾丽斯和特雷莎。"所以，我们可以得出结论说，艾丽斯得到项链，特蕾莎得到毛丝鼠皮大衣。

詹姆斯先生签署了一份合同说："戴维为我粉刷房子，我同意付给戴维5000美元并且把我新买的凯迪拉克给他仅当他能在5月1日前完工。"所以，由于戴维直到5月10日才完工，可以得出，他既得不到5000美元也得不到凯迪拉克。

在第一个例子中，结论明显地偏向了艾丽斯。特蕾莎也肯定会争辩说，项链和大衣这两件礼物应该被她和艾丽斯平分。哈特太太本可以在句尾加上"respectively（分别地）"或者"collectively（共同地）"来避免这些纠纷。在第二个例子中，结论偏向詹姆斯。戴维将会争辩说，他在5月1日完工这个条件只约束到凯迪拉克，因此他有权得到5000美元。通过在承诺的语句中恰当地添加一个逗号就可以避免这种争议。

含糊和歧义的区别有两点。第一，歧义总是可以追踪到语词或者短语在意义上的含混，而含糊牵涉到一个陈述在句法上的含混。第二，含糊常常涉及论者对别人所给出的含混陈述的错误解释，而歧义方面的含混典型地是论者自己制造出来的。如果记住了这些区分，常常就很容易把歧义和含糊区分开来。但是，偶尔这两种谬误也会一起出现。例如：

> *The Great Western Cookbook* recommends that we serve the oysters when thoroughly stewed. Apparently the delicate flavor is enhanced by the intoxicated condition of the diners.

第一，很不清楚这里的"stewed"一词指的究竟是牡蛎（oysters）还是食客（diners），因此这个论证包含含糊谬误。但是，如果"stewed"指的是牡蛎，那么这个语词的意思就是"cooked（烹调，即煨牡蛎）"；如果指的是食客，那么这个语词的意思就是"intoxicated（使人陶醉、兴奋）"。所以，这个论证涉及了歧义问题。

21. 合成

当一个论证的结论依赖把某种属性从事物的部分转移到它的整体的时候，就包含了**合成**（composition）谬误。换句话说，论证的是，由部分具有某种属性得出整体也具有该属性，而这一属性在这种情形中不能合理地从部分转移到整体的时候，就出现了合成谬误。例如：

> 玛丽喜欢小凤尾鱼，她也喜欢巧克力冰激凌。所以，可以确定的是，她也会喜欢上面是小凤尾鱼的巧克力圣代冰激凌。

> 这支篮球队中的每一位球员都是超一流的运动员。所以，这是一支超一流的篮球队。

> 这只茶杯中的每一个原子都是肉眼看不见的。所以，这只茶杯是肉眼看不见的。

> 钠和氯都是盐的原子成分，且二者都有致命的毒性。所以，盐有致命的毒性。

> **合成**：一个属性被不正确地从某物的部分转移到整体之上。

在这些论证中，从部分转移到整体上来的属性分别由语词"玛丽喜欢""超一流的""肉眼看不见的"和"致命的毒性"指称。这里每一种转移都是不合理的，所以这些论证都是错误的。

但是，并不是每一种这样的转移都是不合理的。考虑以下例子：

> 这个茶杯的每一个原子都有质量。所以，这个茶杯也有质量。

这个木栅栏的每一部分都是白色的。所以，这整个栅栏也都是白色的。

在每一种情形中都有一个属性（具有质量、是白色的）从部分转移到整体之上，但是，这些转移非常合理。确实，原子具有质量这个事实正是茶杯具有质量的原因。同样的推理也适用于栅栏的情形。所以，这类论证的可接受性至少部分地取决于属性从部分到整体之上的合理转移。

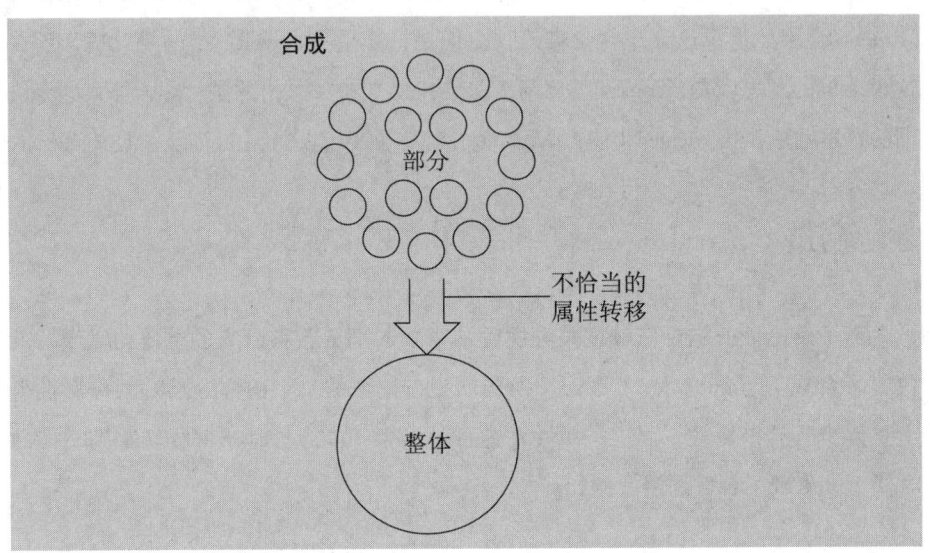

这些例子说明的事实是，合成谬误确实是非形式谬误。不可能仅仅通过观察论证的形式——也就是说，仅仅观察一个属性被从部分转移到整体之上——就可以发现这些谬误。此外，查探这种谬误还需要了解情境和所转移属性的性质的一般知识。评论者一定可以确定的是，在给定的情境下，这种特殊属性的转移是不正确的。

需要进一步提醒的是，合成有时候会与轻率概括相混淆。当"整体"是类（如一个城市中人这个类或者森林中树这个类）而"部分"是这个类的成员时，就可能产生这种混淆。在这样的情形中，合成指的是从该类的成员到该类本身。另一方面，轻率概括指的是从特殊到一般。因为有时候很容易误把一个关于类的陈述当成一个一般陈述，这时合成就可能被误认为是轻率概括。如果仔细掌握这两种陈述之间的不同就可以避免这样的误解。这种不同依赖一种属性的**聚合式谓述**（collective predication）和**分布式谓述**（distributive predication）之间的不同。考虑以下陈述：

跳蚤很小。

跳蚤数量众多。

第一个陈述是一个一般陈述。"小"这种属性是分布式谓述的；也就是说，它被指派（或分列）到这个类中的每一个跳蚤。这个类中的每一个跳蚤都可以说是小的。反过来，第二个陈述是关于把一个整体当作一个类的陈述，或者我们也可以称之为"类陈述（class statement）"。"多"这种属性是聚合式谓述的；也就是说，它被指派的不是单个跳蚤而是跳蚤这个类。这个陈述的意义并不是说每一个跳蚤都是数量众多而是说跳蚤这个类很大。

所以，为了把合成与轻率概括区分开，可以掌握下述程序：检查论证的结论。如果结论是一个一般陈述——即关于属性被分布式谓述到类中每一个成员的陈述——那么所犯的谬误就是轻率概括。但是，如果结论是一个类陈述——即关于属性被聚合式谓述一个类为一个整体——那么所犯的谬误就是合成。例如：

> 一辆小轿车比一辆消防车耗油量要少。所以，在美国，小轿车比消防车耗油量要少。

咋一看，这个论证的过程好像是从特殊到一般，所以犯了轻率概括谬误。但实际上，其结论根本不是一个一般陈述而是一个类陈述。其结论是说，整个小汽车的类比整个消防车的类所耗费的汽油要少（这是假的，因为小汽车比消防车要多得多）。由于耗油量少这个属性是聚合式谓述，其中的谬误是合成。

22. 分解

分解（division）谬误刚好是合成谬误反过来。合成是从部分到整体，而分解则是从整体到部分。当论者的结论依赖把一种属性从整体（或者一个类）错误地转移到其部分（或者成员）之上的时候，就会出现这种谬误。例如：

> **分解：** 一种属性被不准确地从整体转移到部分。

> 盐是无毒的化合物。所以，盐的组成成分钠和氯也是无毒的。

> 这架飞机是在西雅图制造的。所以，这架飞机的每一个组成部分也是在西雅图制造的。

> 皇家学会已有三百多年历史了。汤普森教授是这个学会的成员。所以，汤普森教授已有三百多岁了。

在上述每一种情形中，分别由语词或短语"无毒的""西雅图制造的"和"三百多年"指称的属性被不合理地从整体或类转移到成员之上。但是，与合成谬误一样，这种转移并不总是不合理的。以下论证就没有包含谬误：

这个茶杯具有质量。所以，组成这个茶杯的原子也具有质量。

这片罂粟花都清一色是橙色的。所以，每一株罂粟花也都是橙色的。

很显然，对情境和被转移的属性的了解将确定实际上是否犯了分解谬误。

正如合成有时候与轻率概括（逆偶例谬误）相混淆一样，分解有时候也会与偶例谬误相混淆。与合成的情形一样，这种混淆也只在"整体"是一个类时才会发生。在这样一种情形中，分解从类转移到元素，而偶例是从一般转移到特殊。所以，如果一个类陈述被误以为是一般陈述，分解就有可能被误以为是偶例。为了避免这种混淆，需要对论证的前提进行分析。如果前提包含一般陈述，那么所犯的谬误就是偶例；而如果前提包含的是类陈述，那么所犯的谬误就是分解。例如：

斯坦利蒸汽汽车几乎看不到了。这辆车是斯坦利蒸汽汽车。所以，这辆车几乎看不到了。

第一个前提并不是一般陈述而是类陈述。具有"几乎看不到了"这一属性是聚合式谓述的。所以，这里的谬误是分解而非偶例。

这个例子还说明，包含类陈述的分解情形如何可以包括歧义的微妙形式。在结论中，语词"看不到了"指的是从视线中消失，就好像关上了灯一样；但是，在第一个前提中，它的意思却是指难得一见。这里的歧义是分解这一主要谬误所导致的次要谬误。

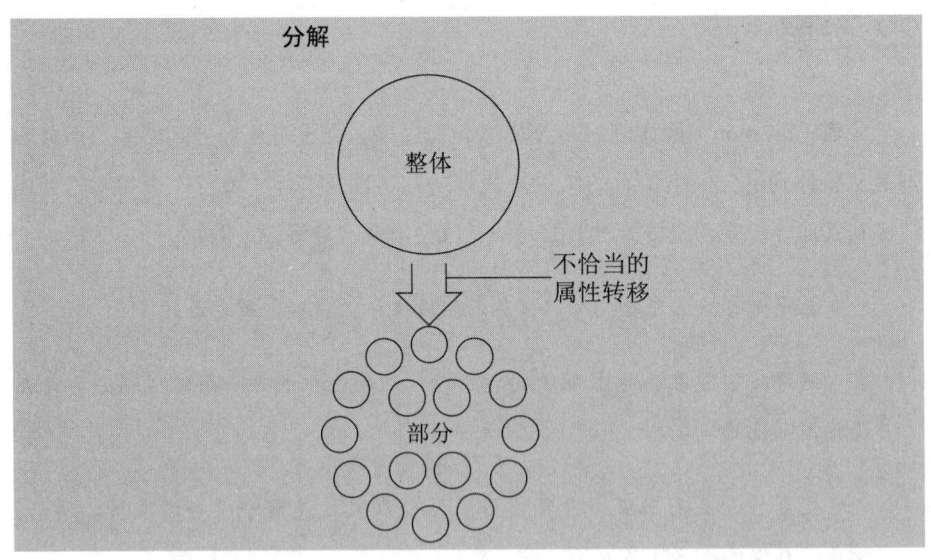

下面这个例子表明，分解是如何在涉及平均数的论证中出现的：

普通的美国家庭平均有 2.5 个孩子。琼斯家是一个普通的美国家庭。所以，琼斯家有 2.5 个孩子。

陈述"普通的美国家庭平均有 2.5 个孩子"并不是一般陈述而是类陈述。这个陈述的意思并不是说,每一个家庭有 2.5 个孩子,而是说,有两个家长的家庭这个类理论上可以简化为 55% 的孩子和 45% 的大人。所以,这里的谬误还是分解而非偶例。

| 著名逻辑学家 |

奥卡姆的威廉(William of Ockham,约 1285—1347)

英国哲学家、神学家奥卡姆的威廉出生于距离伦敦不远的奥卡姆村或附近。关于他的童年,我们知之甚少。他的传记作家们甚至还不知道他的确切出生年代,只是估计在 1280—1290 年间。当然,他们认为奥卡姆还是小孩的时候,他的父母就把他送到了最近的方济各修道院,按照修道士生活方式对他进行抚养。他父母的愿望最终得以实现:他于 1306 年进入方济各会并被任命为牧师。

奥卡姆在牛津大学学习神学时,可能是在邓斯·司各脱指导下,然后他在那里教学。他还在巴黎大学学习和任教,在那里写作了大量的神学和哲学方面的著作。奥卡姆的神学思想引起了当时神学家们之间的争论,他们中还有些人曾激烈地反对过他。1324 年,他被传唤到阿维尼翁(Avignon),当时教廷所在地,去回答关于异端的指控。

一大批学者被指派来评论针对奥卡姆的异端指控,在调查期间,他被迫停留在位于阿维尼翁的一所方济各会,而且在那里一待就是四年。在这期间,方济各会大牧师、切赛纳的迈克尔也被传唤到阿维尼翁,因为就耶稣及其使徒的贫困问题,他与教皇约翰二十二世发生了争吵。迈克尔认为,耶稣及其使徒并没有任何财产,而只是依靠人们的善意施舍过活。方济各会的修士们认为,他们自己是在追随由耶稣及其使徒树立的榜样,但是教皇明显不同意这样的观点及其做法,因为他过着奢华的生活。

虽然奥卡姆自己也有更多的问题,但是大牧师还是要求他研究这个问题,以弄明白哪个立场是对的——究竟是教皇还是大牧师。奥卡姆最后站在了大牧师一边,宣称教皇是异端,甚至都不配做教皇。这给阿维尼翁的方济各会修士们带来了极大的麻烦,为了脱离困境,他们偷了几匹马趁着午夜从城里逃跑了。巴伐利亚国王路德维希(Ludwig of Bavaria)为他们提供了庇护,奥卡姆在慕尼黑度过了余生。在慕尼黑期间,他把注意力转向政治和政治哲学。他坚定地提倡政教分离、宣称教皇没有权利干预国家事务。作为报复,教皇开除了奥卡姆的教籍。

奥卡姆最为著名的是提倡一条节俭原则。这条原则被称为"奥卡姆剃刀(Ockham's razor)"。这条原则是说,在各种可选择的解释之间,最简单的就是最好的。奥卡姆强调,在一个解释中所假设的实体数目保持到绝对小的重要性[1]。在逻辑领域,奥卡姆因为如下工作而广为人知:直言命题的真值条件理论、归纳推理的基础性工作、三值逻辑的预备性工作,以及发展了与后来闻名的"德·摩根定律"近似的理论。

---

[1] 通俗地说就是:"如无必要,勿增实体。"——译者注

习题 2.4

I. 确定以下论证中的预设谬误、歧义谬误与不当转换谬误，并为你的回答简要说明理由。如果没有出现谬误，请注明"没有谬误"。

★1. 或者我们强迫第三世界国家的人们进行绝育，或者世界面临人口爆炸我们所有人都走向死亡。我们当然不想走向死亡，所以我们必须要求强制性绝育。

2. 这段话中的每一句都写得很好，所以，这段话写得很好。

3. 运动员都是人。所以，好的运动员都是好人。

★4. 詹姆斯说，他看到一位漂亮姑娘的画像藏在斯蒂芬的锁柜里。我们只能得出结论说，斯蒂芬违反了规矩，因为姑娘不允许在更衣室。

5. 为什么你做一个决定那么困难？

6. 水解渴。水是由氢和氧组成的。所以，氢可以解渴，氧也可以解渴。

★7. 缺乏谦逊品格的人没有美德意识，因为任何一个具有美德意识的人都是谦逊的。

8. 丁烷易燃。所以，它烧起来了。

9. 20年前，伟大的相扑运动员 Kung Fong 在新的市植物园猛地一下就拔起了一棵枞树。所以，由于 Fong 先生今天仍和以前一样强壮，他现在还能轻易地拔起一棵枞树。

★10. If Thomas gives Marie a ring, then Thomas and Marie will be engaged. Thomas did give Marie a ring. In fact, he phoned her just the other night. Therefore, Thomas and Marie are engaged.

11. 亚力克斯，我听说了你今天早些时候在法庭的证词。告诉我，你为什么在证人席上撒谎？

12. 约翰逊受雇于总务管理局（GSA），每个人都知道 GSA 是效率最差的政府部门。所以，约翰逊一定是一个效率低下的员工。

★13. 所有人都难免一死。所以，人类有一天将从地球上消失。

14. 胡萝卜每一个细胞的99%都是水。所以，整个胡萝卜的99%都是水。

15. 乔治说过，他在经理办公室面试了一个石油钻井的工作。我们只能得出结论说，该经理办公室肯定脏兮兮的。

★16. 琼斯先生过去工作的50年间，向社会保障体系缴纳了9万美元。现在他退休了，可以从这个体系中获取20万美元。显然，从货币价值的角度来说，琼斯得到的钱要比他缴纳的钱多得多。

17. 或者你嫁给我或者我被迫离开你永不再和你说一句话。我确信你不会让我那样做。所以，你会立即嫁给我的。

18. 或者梅格·瑞恩或者布兰妮·斯皮尔斯是一个流行歌手。梅格·瑞恩不是流行歌手。所以，布兰妮·斯皮尔斯是一个流行歌手。

★19. 48%的瑞士人是新教徒。海迪·基尔森是瑞士人。所以，海迪·基尔森是48%的新教徒。

20. 毕加索是20世纪伟大的艺术家。我们知道这一点乃是因为艺术评论家们用这些词来对他进行描述。这些艺术评论家们的评论都是正确的，因为他们拥有比常人更为敏锐的艺术鉴察力。这一点为真的原因则在于需要比常人更为敏锐的艺术鉴察力来认识到毕加索是20世纪伟大的艺术家。

21. 原子弹比常规炮弹具有更大的破坏力。所以，第二次世界大战期间原子弹造成的破坏比常规炮弹造成的破坏更大。

★22. 西尔维娅，我有一天看见你在商店买酒。顺便问一句，你还在酗酒吗？

23. 作者提醒大家说他的会计学课本中有很多计算错误。所以，他写的时候一定非常粗心。

24. 祖母绿在这个国家很少见到。所以，你要小心点，不要乱放你的祖母绿戒指。

★25. 堕胎当然是应该允许的。毕竟，一个女人有权利按照自己的意愿对待自己的身体。

Ⅱ. 对下列陈述回答"真"或者"假"：

1. 犯了乞题谬误的论证通常都是有效的。
2. 乞题的效果是隐藏了前提可能不真的事实。
3. 回应复杂问语的正确方式是把问题分解成其成分问题并分别回答。
4. 假两难推理总是包括"或者……或者"陈述，至少是隐含地包括这样的陈述。
5. 歧义谬误源于陈述中的语法错误。
6. 含糊谬误通常包含单个语词的模糊运用。
7. 含糊通常出现于论者对他人所做陈述的误解。
8. 合成谬误总是从整体到部分。
9. 分解谬误总是从部分到整体。
10. 一个一般陈述对一个类中的每一个成员都有所断定。
11. 一个类陈述把一个类当作整体进行断定。
12. 在"离婚越来越多"这个陈述中，属性是分布式谓述的。
13. 在"腰围越来越粗"这个陈述中，属性是分布式谓述的。
14. 合成与分解都含有对属性的分布式谓述。
15. 歧义与含糊都被划入歧义谬误中。

Ⅲ. 确定以下论证中的谬误，分别指出它们属于相干性谬误、弱归纳谬误、预设谬误、歧义谬误还是不当转换谬误，并为你的回答简要说明理由。如果没有谬误，请注明"没有谬误"。

★1. 在其《美国内战史》一书中，作者杰弗里·诺兰论证说，这场战争几乎和奴隶没有任何关系。不过，作为一位来自阿拉巴马州的历史学家，诺兰对那段战争史不可能提供准确的记载。所以，他的论证不足为信。

2. 威尔逊先生说过，7月4日那晚，他穿着睡衣到门廊上看焰火。我们得出一个结论说，威尔逊先生一定过了一个兴奋的夜晚。

3. 俄勒冈州众议员丹尼斯·理查德森说，康乃狄克州的小学惨案发生的原因是因为教师没有武装起来。因此，为了防止将来发生这种枪击事件，我们必须保证美国每一个教师都装备手枪。

★4. 一块面包总比什么都没有好。什么都没有比真爱好。所以，一块面包比真爱更好。

5. 德尔塔俱乐部的每一个成员都在70岁以上。所以，德尔塔俱乐部一定有70年以上了。

6. 当然你可以吃麦片。你知道，麦片可是冠军早餐。

★7. 当然，道义上允许杀死动物当作食物。如果上帝不想让我们用动物充饥，他也不会用肉把它们造出来了。

8. 黑人在这个国家过着贫穷的生活这个想法非常可笑。看看奥普拉·温弗瑞。她可是亿万富翁。还有丹泽尔·华盛顿、摩根·弗里曼和迈克尔·乔丹等人都是百万富翁。[①]

9. 还没有人证明人类胎儿不拥有人权。所以，流产在道德上是错误的。

★10. 大熊猫正在迅速地消失。这只动物是一只大熊猫，所以，这只动物随时都将会消失。

11. 如果一辆车老是发生故障，那么修理也就是多余的了，这辆车也该扔到垃圾堆里去了。类似地，一个人老弱多病的时候，他也该仁慈地故去了。

12. 20层的卡森大楼是用混泥土砌块建成的。每一块混泥土砌块都可以抗里氏9.5级地震。所以，卡森大楼可以抗里氏9.5级地震。

★13. 儿童肥胖症是今天的主要问题。很明显，我们的公共健康官员没有恪尽职守。

14. 这家行政机构并不是反德的，一如它所说的那样。德国是一个伟大的国家。它对世界艺术宝库做出过巨大的贡献。歌德和席勒对文学的贡献是杰出的，巴赫、贝多芬、瓦格纳和勃拉姆斯对音乐的贡献也是如此。

---

① 奥普拉·温弗瑞（Oprah Winfrey），美国著名女脱口秀主持人。丹泽尔·华盛顿（Denzel Washington）和摩根·弗里曼（Morgan Freeman）都是美国著名电影明星。迈克尔·乔丹（Michael Jordan），前美国职业篮球联赛（NBA）球员。——译者注

15. 保罗，很高兴那晚在晚会上见到你。那时候每个人的声音都像撕裂了一样闹腾。顺便问一下，你那天闹了多久？

★16. 得克萨斯的石油商 T. 布恩·皮肯斯说，使用水力压裂法开采天然气非常安全，而且对生活饮水不会造成任何威胁。所以，我们必须得出结论说，压裂法正如他所说的那样安全。

17. 参议员芭芭拉·博克瑟关于荒地保护的论证完全可以忽略不计。博克瑟不过是一个"抱树"自由党人，支持这种合法性只是为了取悦她家乡所在的加利福尼亚州那些环保狂热分子而已。

18. 安德鲁斯教授，我确实需要在逻辑学课程中得一个成绩 B。我知道我在所有课程中都得的是 F，但是如果你在期末成绩中也给我一个 F 的话，我就会拿不到学位。那样的话我就只能辍学，我那贫困、可怜却又巴望着我毕业的父母将悲痛欲绝地度过他们的余生。

★19. 分子时刻处在不断的随机运动中，自由女神像是由分子组成的。所以，自由女神像也时刻处在不断的随机运动中。

20. 或者我们在公立学校做祷告或者社会的道德观将会瓦解。最后的决定很明显。

21. 白羊吃得比黑羊多（因为数量上占优势）。所以，这头白羊吃得比那头黑羊多。

★22. 如果某人租用某块地种庄稼，到收获的时候，地主绝不许他把所有的收成据为己有。类似地，如果一对夫妻赞助一位为他们提供代孕服务的妈妈，在婴儿出生后，这位妈妈决不能赖账，将孩子据为己有。

23. 动机和欲望会给人施加压力，使人做出选择。但是，压力是一种物理量，受物理定律支配。所以，人类的选择受物理定律的支配。

24. 完全砖砌面层的温赖特大厦的每一块砖头都是红褐色。所以，温赖特大厦呈红褐色。

★25. 人道主义团体为支持解决贫民的住房问题进行了论证。遗憾的是，根据以往的经验，建设这样高度密集的住宅区是失败的。这样的住宅区马上会沦为具有极高犯罪率的贫民窟。显然，事实并不像这些人道主义者在论证中所认为的那样。

26. 保利娜说，她把她那新的貂皮大衣从装运箱中拿出来之后就直接丢进了垃圾箱。我们得出结论说，保利娜对细毛皮并不特别欣赏。

27. 我们知道，感应现象将在未来提供可靠的结果，因为它在过往总是起作用。过去一贯起作用的任何东西也将在未来继续起作用，我们知道这一点为真，是因为它已经通过归纳被建立起来了。

★28. 有升必有降。近年来，房地产的价格一路攀升，所以，用不了多久，房地产的价格肯定会下降。

29. 首相先生，我可以肯定，您会释放我们民族解放组织现在关押在您监狱中的成员。毕竟，我可以确定的是，您也不想我们的汽车炸弹开进您人口最集中的城市的中心。

30. 最近的研究表明，非有机食物与有机食物具有同样的维他命、矿物质、蛋白质以及其他营养物质。所以，食用非有机食物和食用有机食物一样好。

★31. 我们经常听到抱怨说，数百万的美国人没有足够的医疗保障。但是，美国的医生、护士和医院都是全世界最好的，每年都有成千上万的外国人到美国来治病。很明显，我们的医疗保障体系没出什么差错。

32. 地产大亨唐纳德·特朗普说，好的管理对任何生意来说都是至关重要的。但是他说的是谁呀？18年里，正是特朗普的管理不善，特朗普娱乐度假村破产了3次。

33. 我们州的农民们已经问过，我们需要立法以提供大豆补贴。遗憾的是，我们需要拒绝他们的要求。如果我们为种植大豆的农民提供补贴，那么玉米和小麦种植者也会来要补贴。然后就是棉花种植者、柑橘种植者、蔬菜种植者以及家畜养殖者。最后，花费将成为天文数字。

★34. 旅游手册上说，走在奥康奈尔大街上，帕奈尔的雕像会映入眼帘。很明显，该雕像四周没有任何障碍。

35. 犯罪分子基本上都是愚蠢的，因为任何一个基本上不愚蠢的人都不会是罪犯。

36. 格莱兹布鲁克斯教授关于火星陨石坑形成的理论毫无疑问是真的。鲁道夫·奥尔金，伟大的钢琴演奏家，在今天的晨报中就声称他支持这一理论。

★37. 富兰克林先生在双骰子赌台上已经连续输了10次。所以，他下一次极有可能赢。

38. 树人如树木。有时候，不得不做一些暴力一点的事情，如截掉树枝，以便让树长得更直一点。同样，体罚有时候也是必须的，这样孩子可以朝着正确的方向发展。

39. 好牛排今天已经不多了，因此不要强求你的这一份会做得多好。

★40.《摩门经》一书说的都是真的，因为它是约瑟夫·史密斯写的。约瑟夫·史密斯写的都是真的，因为他是上帝的代言人。我们知道约瑟夫·史密斯是上帝的代言人，是因为《摩门经》这本书上说他是，而且《摩门经》这本书上说的都是真的。

41. 上布拉福德学院的学生来自全部的50个州。米歇尔上的是布拉福德学院。所以，米歇尔来自全部的50个州。

42. 大黄派是餐后甜点。所以，任何吃大黄派的人都吃了餐后甜点。

★43. 绝大多数交通事故都发生在离家20公里的范围内。显然，在家附近开车要比在离家远的地方开车危险。

44. 或者你给我买一辆宝马（BMW）或者我无法上下学。我知道你想让我去学校，因此选择很清楚。

45. 至今还没有人证明，使用手机导致脑肿瘤。所以，使用手机不会导致脑肿瘤。

★46. 星期五，我请弗吉尼娅出去吃饭，她告诉我说，如果我不把感情当回事，就不要再和她约会了。星期六，我带玛吉去看电影，看完电影后在酒吧闲聊，她不明白我为什么会对孩子不感兴趣。所有的女人都一样，她们都想有一个稳定的婚姻。

47. 每年都有大量动植物物种在消失，即使我们有了法律对它们进行保护。很明显，我们应该废除濒危物种法案。

48. 今晚人们像疯了一样驾车。今晚一定是满月。

★49. 一条线是由点组成的。点是没有长度的，所以，线也是没有长度的。

50. 你赞成民主党纲领起草委员会那个毁灭性的经济政策吗？

Ⅳ. 确定下述对话中的谬误。需要把本节中所讲的谬误都至少找到一处，前两节中讲到的谬误则找到一些即可。

论文写作

卡莉迎头遇上了一起上社会学课的布拉德。"喂！"她问，"你完成课程论文了吗？"

"当然了，"他回答道，"如果一流的工作应得一个A的话，我这个论文应得一个A。"

"太好了！"她说。

"仅限咱俩知道，我女朋友帮忙写的。"

"别告诉我这些，"卡莉看起来有点恶心，"你觉得那样做光彩吗？"

"还能打我呀？为什么你总是坚持给每个人一个道德忠告？"

"真正的问题在于，你为什么总是无视道德忠告？"她问。

"好，我是这样认为的，"布拉德说，"剽窃根本就没有什么错。毕竟，剽窃的学生常常得到一个很好的成绩。不管怎样，我只是步大多数美国总统的后尘而已。他们都有演讲稿撰写人为自己准备大多数演讲稿。为什么我就不能让别人帮我代笔论文？"

"你真愚蠢！"卡莉回答说，"说实在的，我真的认为每一个人都应该别听你这一套。"

"好吧，这又如何？"他回答道，"或者我让别人代笔这个论文，或者我在这门课上只得一个F。我肯定无法忍受得一个F；因此，我只能让别人代笔。"

"好不到哪去，"卡莉回答道，"但是，你应该认识到，剽窃真的很危险。如果你一旦被发现，你就会身败名裂。"

"我认为很多学生不会这样看扁我，"他说，"实际上，现在哪个人不作弊，如果他们可以，我也可以。"

"每个人都剽窃并不是真的，"卡莉回答道，"实际上，我非常肯定的是，没有人这样做。我肯定没有这样做过，而且我认识的所有学生也没有这样做过。"

"呀，你当然有过。"布拉德固执己见。

"你什么意思？"卡莉问道。

"好吧，你论文中的每一个词都出现在字典里，因此很明显你从字典里进行了剽窃。"

"太好笑了，"卡莉说，"但是我是这样认为的。我认为，你应该要求霍尔沃森教授延长你交稿的时间然后自己来写。她确实非常在乎剽窃这件事，一直主张所有提交给她的论文都必须是原创的。"

"但是这篇论文正是原创的啊！"布拉德坚持说，这时他们走进了社会科学大楼。"我女朋友之前从未写过这样的论文，而且她也没有到任何人那里去抄袭。"

卡莉笑了起来。"我认为这并不是她要求的'原创'。顺便说一句，你还记得在论文前写上一个诚信保证吗？学术诚信政策说，所有的指导者都必须指导他们的学生在诚信保证上签上全名，以承诺提交的论文没有剽窃。"

"是的，我给论文附带了诚信保证，并且签上了'朱迪·霍尔沃森教授'，正如规则要求的那样。"

"你怎么那么蠢？"卡莉说道，"谁让你签教授的名！你必须签你自己的名。"

"哦，"布拉德说。他第一次看起来有点担心的样子。"但是那样一来的话我就是在撒谎。"

"你就是在撒谎，"卡莉同意，"但是我不明白为什么这会让你不安。我还是确信：如果你提交这篇论文，那么你毕不了业。"

"你错了，"布拉德反驳说。"这样想。我是高年级的学生，高年级班都将在五月份毕业。也就是说，我将在五月毕业。"

"我不敢打赌，"卡莉说，这时候他们走到了教室门口。"你忘了，我是学术诚信委员会委员，我发过誓支持抵制剽窃的政策。"

"啊哦！"布拉德又有点担心了。"我都忘记这一茬了。但是你不会告发我的，是吧？求求你了。我这一辈子都在寻求自尊感，如果我一旦得了一个F，那我就完全垮了。"

"告发你？好吧，这要看……"卡莉说。

他们进到教室，布拉德给了卡莉一个意味深长的微笑："看什么？"

卡莉冷笑了一下，"看你交不交你女朋友写的论文。"

2.5 日常语言中的谬误

> **预热**
>
> 你的一个朋友发质不好。他食用花椰菜后，发质就变好了。很明显是花椰菜起了作用。当然，如果花椰菜对你朋友起作用，那么它对每一个人也都会起作用，我们由此就得到了一个改善发质的新办法。如果你没有被说服，那么好好想想成千上万发质不好、积年试遍书中各种良方却不见效的那些人。本节内容将要梳理的就是这样一些段落，其中，多种谬误错综复杂地缠绕在一起。

本节讲述两个主题。第一个主题挑战的是发现他人在日常语言中所犯的谬误，第二个主题则是如何在自己的论证中避免谬误的发生。

发现谬误

到此为止，我们看到的大多数非形式谬误都是那些轮廓清楚、容易识别的特别错误的实例。但是，当谬误在日常语言中出现的时候，常常却是既不轮廓清楚更不容易识别。原因在于，论证中出错的方式千差万别，各种变种不可避免地不是任何已被特别命名的谬误的精确实例。此外，一个谬误中可能还混合着其他一个或者多个谬误，在指出谬误之前，有必要把推理的过程整理清楚。但是，日常语言中的论证都是很少以完整形式表述出来的，这一事实又会导致另外一个问题，即前提或者结论常常没有表述出来，这可能会使表述出来的证据的性质或者前提与结论之间的联系力度模糊。

比方说，考虑以下节选自报纸中的内容：

> 天哪，我对"女权"讨厌至极！每次打开电视的时候，我们总能看到新闻中一些对想成为消防员的可怜女人的歧视——或者看到一些暗示女人比男人低一等的"评论"。
>
> 举个例子来说，我并不需要一个"女消防员"来救我，尤其是考虑到我是堂堂1米8的男儿，而对方却只有1米6。
>
> 为什么女人们会觉得她们的"角色"如此低人一等呢？当男人们出门"猎食"并把食物带回家的时候，女人作为妻子和母亲待在家里，这又有什么

错呢？

我认为女人没有证明她们自己具有创造力，比方说（一般说来），不像男人那样具有世界级水平的领导才华、体能优势或者"勇武"。她们（普通美国妇女）还不得不上战场厮杀，我们还是面对现实吧，女士们，谁愿意去打仗？

一个人是不是女人、黑人、白人或有生理缺陷的人——诸如此类——这些都不重要，归根结底能力才是最重要的。女人不能要求"平等"——谁也不能——除非是自己挣得的。

当一位女性身陷困境时，她很难保护自己，而常常需要一个男人来救她。在我能推动一架钢琴、击退可能的抢劫者或色狼，或者上战场之前，我非常乐意做一名女人，谢谢！

（Patricia Kelley）

这段文字给出了大量的谬误。短语"想成为消防员的可怜女人"表明它犯了轻度的毁谤型人身攻击谬误，把一般意义上的女权等同于想当消防员的权利又犯了稻草人谬误。第二段中也包含一个稻草人谬误：假设消防员一定会承担爬云梯、入火海救人的工作。事实上，很多的男消防员也不能胜任这样的工作。另外，这一段还可以解释为乞题谬误：想成为消防员的女子也会想着去做营救高大个子男人的工作吗？

第三段包含了转移话题谬误。这里的话题是：在同等条件下，女人是否在就业与同工同酬方面享有与男子同等的权利。这与"女人作为妻子和母亲待在家里，这又有什么错"还是有很多差别的。此外，关于男人们出去"猎食"这一点，这是一种可能的乞题谬误：我们现今仍然生活在"狩猎和采集"的社会结构中吗？

关于女人是否要证明自己具有创造力、领导能力和像男人一样勇敢的段落中也包含有乞题谬误：为了论证的需要，假设女人真的需要这样，那么，女人在社会中担当发明创造、发挥领导能力和像男人一样勇敢的角色，这个可以被证明吗？此外，这个段落中还犯了转移话题谬误：即使女人不能通过发明创造来证明自己的能力，这与论题又有什么必然联系呢？大多数的工作并不需要具备发明创造、像男人一样勇敢或者具有世界级领导水平那样高的要求。

关于能力的段落也犯了乞题谬误：女人事实上就真的能力较差吗？我不认为这个方面已经得到了证明。最后，末尾一段也是在转移话题：推动一架钢琴和击退色狼与大多数工作或者同工同酬又有什么必然联系？

为了发现日常语言中的谬误，可能最重要的一点就是提高警惕。读者或听者必须集中注意力关注论者的论证。结论是什么？支持结论的理由是什么？理由和结论相关吗？如果读者或听者半睡半醒，或者处于一种懒洋洋的被动状态，就像是看了太多电视的那种恍惚状态，那么，所有这些问题都不会得到回答。在这样的情况下，读者或者听者不可能发现非形式谬误，他甚至都会毫不犹豫地接受最坏的推理。

避免谬误

人们为什么会犯非形式谬误？遗憾的是，我们无法对这个问题给出一个简单、直接的回答。出现谬误的原因错综复杂。但是，在导致推理中大多数非形式谬误的因素之中，我们可以确定其中的三个。第一个因素是论者的动机。许多谬误的产生是故意的，论者可能完全知道他的推理是有缺陷的，但是为了其自身或者其他人的利益而任由这些谬误出现。我们已经讨论过的所有非形式谬误都可以用于这一目的，但是它们中有的尤其适合用于达到这一目的。这些谬误包括诉诸强力、诉诸怜悯、诉诸公众、人身攻击、稻草人、复杂问语、假两难推理以及遮盖论据。以下就是一个诉诸强力的情形：

> 我需要一份巧克力圣代甜点，如果你不按我说的立即去买一份，我就尖叫，让你在这家餐馆的所有人面前丢脸。

下面的假两难推理显然也是故意的：

> 你要么带我去加勒比海航行要么让我精神崩溃。你看着办吧。

避免故意犯谬误的关键或许在于某种形式的道德教育。论者必须认识到，运用不诚实的方式以获得某种他不应该得到的事物是欺骗的另一种形式。

但是，当目的合乎道德时，情况就变得更为复杂了。论者有时候会运用错误的推理有意识地欺骗一个人去做实际上对这个人有好处的事情。下面就是这种假两难推理的情形：

> 你要么控制饮食并且进行有规律的锻炼，要么心脏病会要了你的命。随你便吧。

鉴于控制饮食和有规律的锻炼所带来的好处，有的道德哲学家会认为，这个论证没有任何错误。其他人却会争论说，操纵一个人去做事情有违人类尊严。无论如何，这样的论证在逻辑上是不可接受的。

导致非形式谬误的第二个因素是混杂支持或反对某人或某事的情绪化立场的粗心大意。可以说，这种粗心大意的态度为错误推理敞开了大门，情绪化立场又推动着论者穿过这扇大门。即使对非形式谬误相当熟稔的人偶尔也会抵挡不住粗心大意与情感刺激的致命联手。比方说，下面这类含有毁谤型人身攻击的论证有时候在大学哲学系课堂上也能听得到：

> 巴拉德教授支持调整我们课程设置的论证毫无价值。但是，你能指望从那些只在平庸刊物上发表论文的人那里得到什么呢？你听过巴拉德教授最近关于亚里士多德的讲座吗？那根本就是胡说八道。

当那些有头脑的人面对他们的论证犯了一般谬误这一事实的时候，他们常常会惭愧地承认自己没有认真思考，然后会根据逻辑原理修正他们的论证。相反，那些对论证的好坏都分不清楚的人更可能会否认他们论证中存在任何错误。所以，避开因为粗心大意而产生的谬误的关键之处在于透彻了解非形式谬误，并且对情绪波动影响人的推理有一个清醒的一贯认识。每一个人都需要认识到，泛滥的情感为不合逻辑的推理打开了大门，它们会导致一个人非常盲目地去犯我们迄今为止所讨论过的任何谬误。

导致非形式谬误的第三个因素比前面两个因素更难对付。它指的是我们称之为论者的"世界观"。我们所说的世界观指的是一个的认知网络，由信念、态度、习惯、记忆、价值以及其他元素编织而成，决定并使得我们生活于其中的世界有意义。从幼年开始，我们的世界观就从文化、语言、性别、宗教、政治、社会状况与经济状况等的影响下无意识地、悄然无声地浮现出来。它会随着我们年龄渐长而通过教育和经验的塑造得到不断的发展。一旦扎下了根，我们的世界观就决定了我们如何看待我们生活于其中的世界。在特定的环境下，它告诉我们什么是合理可信的、什么是不合理的。

与论证的构造和评价联系起来，论者的世界观决定着重要性、相干性、因果联系、权威资格等问题，决定着样本在总体之中是否具有典型性等问题，决定着什么可以想当然、什么不能想当然等问题，等等。但是，由于这些决定不可避免地包含了未经检验的预设，论者的世界观就会导致非形式谬误的产生。我们迄今为止讨论的所有这些谬误都有可能会因之而起，尤其易受影响的是诉诸怜悯、稻草人、歪曲论题、诉诸无效权威、轻率概括、虚假因果、滑坡谬误、不当类比、乞题、假两难推理以及遮盖论据等谬误。

因此，精神上受过伤害的人可能会认为，他可怜的境况理所当然地应该得到特殊照顾；没有判断力的保守派人士可能会把拉什·林博当作完全值得信任的权威加以引用；具有种族偏见的人可能会得出结论说，一小撮亚裔人、非洲裔或西班牙裔美国人那些离经叛道的行为举止确实代表了他们那一大类人的行为举止；持自由主义世界观的人可能会非常幼稚地歪曲对方的论证，把它说成法西斯主义；反对人工流产合法化的论者可能会认为胎儿明显地拥有人权，而主张人工流产合法化的论者则可能会认为胎儿理所当然地没有人权；等等。例如，考虑以下这个类比论证的例子：

> 法庭审判就好比是一场职业足球赛。在一场职业足球赛中，最重要的事情就是赢球。同样，在法庭审判中，最重要的事情就是打赢官司。

这个论证与很多（如果不是大多数）律师的世界观是一致的。律师受训成为辩护者，当他们走进法庭的时候，他们都把自己看作为委托人进行辩护的斗士。在任何战斗中，赢才是最重要的目标。但是，这种观点预设了真理和正义在法庭审判中要么不可获得要么退居次要地位。因此，许多律师会把这个论证评估为非谬误，而许多不是律师的人会认为它犯了不当类比的谬误而加以拒绝。

再看另外一个例子，这一次考虑的是因果推论：

> 大部分国家在被奴役了近50年之后，罪恶的帝国终于瓦解了。显然，上帝听从了我们的祈祷。

这个论证反映了许多有神论者的世界观。它预设的是存在一个上帝、上帝听到了祈祷、上帝受到了祈祷的影响、上帝有能力影响历史的进程以及上帝影响了历史的进程。这些有神论者很有可能会认为这是一个好的论证，而无神论者会认为它犯了极其明显的虚假因果谬误而加以拒绝。

为了避免由于世界观的影响而产生的谬误，论者需要熟悉并且评析他的预设。这样做易于使论者在组织他的论证时把这些预设考虑在内。结果几乎都是需要对论证做出更为精细的设计并希望它更有说服力。不过，对一个人的预设进行识别和评析并不是一件容易的事情。预设与一个人的世界观内在地联系在一起，许多人甚至都没有意识到自己有一个世界观。原因在于，世界观是通过一个大量的无意识的累积过程而形成的。所以，论者首先必须认识到自己有一个世界观，然后必须经常保持对它所包含的预设的警惕。

但是，即使一个人的预设被揭示出来并得到了透彻的评析，也不能保证这个人的论证会与另外一个人的论证一致，尽管后者也评析了他们自己的世界观。这是因为，一个人的世界观反映了这个人对世界的看法，没有两个人会拥有完全相同的视角。不过，揭示和评析存在于一个人的世界观中的预设为他与其他理智的论者进行有意义的交流奠定了基础，而且提供了解决分歧的合理语境。

总而言之，可能对大多数非形式谬误的产生负有责任的三个因素是动机、与情感倾向混杂在一起的粗心大意以及论者未受检验的世界观。不过，这些因素很少单独起作用，在绝大多数情况下，其中的两个或者三个共同导致了谬误推理的产生。这一事实加剧了避免自己的论证中出现谬误以及发现他人论证中的谬误的困难。

我们现在根据刚才讨论过的因素来考虑一些现实生活中的论证。这些例子都来自报纸杂志上的读者来信栏目。第一个例子与平权运动有关：

> 我是一个非种族主义者、非性别歧视主义者、出生于1969年的白人男子，从未曾拥有过奴隶，也不会因为一个人的种族或者一个人性骚扰了女同事而认为他们低人一等。换句话说，我不欠妇女或者少数民族任何东西。从什么时候起，只因为他们具有相同的种族或者性别就要求人们为他们的前辈偿还罪债呢？

（Ben Gibbons）

这个论证的作者预设的是社会上的种族主义者和性别歧视主义者的行为表现没有以任何方式给他带来益处。此外，他还预设了他的白人前辈们没有因为他们是白人而得到过任何益处，并且这些益处也没有惠及他自己。另一方面，假设他得到了这样的益处，他可能预设了他没有义务对此进行回报。当然了，这类事情可能不会出现，但是作者至少应该强调这些问题。由于他没有强调这些问题，所以这个论证就犯了乞题谬误。

接下来的论证与二手烟有关：

> 目前，二手烟的害处除了引起肺癌及其他令人厌恶的事情之外，还会导致耳聋及衰老。人们在家中独自用壁炉取暖的时候，吸二手烟还算什么问题吗？那些顶部竖着烟囱的浪漫的帐篷又怎么办呢？对于新家中的壁炉怎么处理？让我们研究一下这些和烧烤等引起的问题。你吃的热狗也会在某种程度上导致癌症吗？

（Pat Sharp）

这个论证似乎含有歧义谬误。论者一开始说的"吸二手烟"指的是吸燃烧烟草冒的烟，之后用这个词来指壁炉、帐篷烟囱和烧烤冒出的烟。燃烧烟草冒出的烟明显不同于燃烧木材或木炭冒出的烟。另外，这个论证似乎在乞题："人们会在壁炉中和烧烤时燃烧烟草吗？"这些谬误可能是由论者的动机引起的，或者是由没有注意两种二手烟的区别这种粗心大意引起的。无论哪种情况，作者可能都是反对政府在特定区域内为了人们免受二手烟的危害而对吸烟者所做的限制。

下一个论证与枪支管制有关：

> 底特律是美国第七大城市，具有严格的枪支管制法，去年出现了596个杀人犯。同一年的凤凰城，美国第九大城市，没有实行枪支管制法，只出现了136个杀人犯。罪犯们不怕软弱无力的法制体系，但是惧怕武装起来的公民。
>
> （Paul M. Berardi）

这个论证犯了虚假因果谬误。作者预设枪支的供应导致凤凰城的杀人犯比率低于底特律。作者还预设了底特律和凤凰城在杀人犯比率上的可比性仅仅是因为它们大小基本相当。作为结果，这个论证就包含了不当类比和乞题。情感和动机等其他因素也可能存在。论者可能憎恨将要实行的枪支管制法，而且完全意识到了凤凰城和底特律就其目的而言并不具有可比性这个事实，但是他确实进行了比较。

下一个论证与宗教原教旨主义有关：

> 如果我们对上帝的言辞打折扣，我们就是在对真理打折扣。说宗教原教旨主义者是一种淹没宗教妥协主义的尖锐刺耳的噪声，意味着被注水的真理比绝对真理要好。
>
> （Gerald Gleason）

这个论证犯了乞题谬误。论者预设了有一个上帝、这个上帝说了话、上帝把他的意思默示给了信奉原教旨主义的牧师并且这些牧师准确地传达了上帝的言辞。这个论证似乎也反映了支持宗教原教旨主义的情感态度。

我们将要考虑的最后一个论证是与英语作为美国官方语言有关的论证：

> 这个伟大国家的统一已经有200多年的历史了，原因只有一个：英语。我们必须要做的两件事情是：让英语成为这个合众国的官方语言，杜绝双语教育。
>
> （David Moisan）

这个论证犯了转移话题谬误。论者预设的是让英语成为官方语言将会保证所有的公民使用它，杜绝双语教育能够促进移民儿童学习英语的进程。这个论证也可能反映了一种担忧，这种担忧来自对近年来的移民导致的美国社会变迁的诸多感受。

习题 2.5

I. 以下文字大多来自报纸杂志上的读者来信栏目。确定其中可能存在的谬误，并为你的回答简要说明理由。如果识别出一种谬误，那么请对可能导致该谬误的因素做一个讨论。

★1. 出口香烟（到亚洲）对美国来说是很好的买卖；没有理由阻止我们这样做。亚洲人吸烟已成习惯，而且历经多年；我们只是为他们的习惯提供不同的种类。如果亚洲人宣布吸烟非法，那情况就不同了。但是，只要还是合法的，那么如何选择取决于吸烟者。亚洲人恰恰怕的是美国在烟草业中的霸主地位。

（Pat Monohan）

★4. 亲爱的安：我读到一篇文章说，每隔一天服用一片阿司匹林可以降低心脏病发作的危险。为什么不服用两片为心脏提供加倍的保护呢？

（Boston）

★7. 父母从不让10岁孩子拿到汽车钥匙也不让孩子喝鸡尾酒，更不让他们在夜间穿过城镇的危险地区。同样的约束也适用于互联网。看着孩子访问什么，而不是让他们独自上网。规定并不能取代义务。

（Bobby Dunning）

★10. 读过《教堂中的同性恋》之后，我想指出的是，我并不知道任何严肃的、有实力的注释者在圣保罗所谴责的同性恋问题上有疑义。只有傻瓜（而且这样的傻瓜最近还好像越来越多了）才不理解《圣经》中《罗马书》第一章浅白简明的语词。上帝没有让任何人成为"同性恋"。保罗在《罗马书》第一章中告诉我们的是，之所以会变成同性恋是因为他们自己强烈的性欲。

（LeRoy J. Hopper）

★13. 医生说，接生婴儿对作为一名医生来说至关重要。但是，一项医疗调查显示，美国有九分之一的产科医生已经不再从事婴儿接生工作了。

等待分娩的母亲只好去寻找新的医生。在一些乡村地区，孕妇不得不到别处分娩。

这是如何发生的呢？部分原因在于面临诉讼危机需要付出的代价。

在美国，因为婴儿分娩而起诉的案件每年都在增加。产科医生在这类案件中受到了最严重的打击，几乎有四分之三的医生面临渎职罪起诉。许多医生认为不值得去冒这个险。

（Magazine ad by the Insurance Information Institute）

★ 16. 死刑是对杀人犯的刑罚。正如我们对武装抢劫、暴力殴打、诈骗、蔑视法庭等罪行实行长期监禁，对超速行驶、危险驾驶和其他违反交通规则的行为处以罚款那样，我们必须对杀人犯处以刑罚。是的，死刑对杀人犯的震慑一点也不比罚单对超速行驶的震慑更大，但它是对这种犯罪行为的刑罚。

（Lawrence J. Barstow）

★ 19. 如果在公立学校举行祈祷仪式的倡议占上风，那么这将导致什么？也许接下来他们就会要求在公共交通工具上举行祈祷仪式？政府工作人员在每天开始工作之前也要进行祈祷吗？或许可以说，强制人们在餐馆吃饭之前进行祈祷会是一个不错的主意。

（Leonard Mendelson）

★ 22. 你把一半美国人每晚都安排在屏幕前观看人们打斗、枪战和爆炸的场面。然后你还能指望他们出门走到大街上后会互相拥抱吗？

（Mark Hustad）

★ 25. 正如我们的父母对我们所做过的那样，我丈夫和我只能依靠基督教科学来解决我们四个儿子的所有健康问题，而且发现它对孩子们易患的日常疾病和传染病的快速康复来说简直很神奇。有一次给我们留下了深刻的印象，几年前，我们的小儿子还在学步的时候染上了流感，接着病情加剧，我们于是请来了一位基督教科学术士来治疗，第二天上午孩子就全好了。

（Ellen Austin）

★ 28. "购买美国货"这个概念就好像购买威斯康星货、购买威斯康星的奥什科什货或者说购买威斯康星的奥什科什南部货一样，是一个误导概念。威斯康星通过与国内其他地方进行贸易以提高本地区的生活水平。同样道理，美国通过与世界上的其他地区进行贸易以提高本国的生活水平。

（Phillip Smith）

★ 31. 我要为对现在生活中那些真正值得敬佩的人类英雄"叫好"和"喝彩"！这些勇敢的人（动物解放者）站出来反对麻木不仁的工业技术，并且成功地将遗弃的宠物从毫无人性的折磨中解救出来。

　　如果研究者们想做实验，就让他们用电脑或者自己去做，而不是用那些遗弃的宠物！我知道用猴子和老鼠来做实验是多么的可恶，但是如果这些动物就是被饲养用作那些科学怪物的实验品之外毫无所知，那么它们和先百般受宠而后又被遗弃且突然被以科学的名义受到折磨的猫狗是不同的（虽然也没有更好）。结束所有的动物实验！解放所有的实验动物！

干得好，动物解放者！

（Linda Magee）

★34. 菲律宾的朋友们，我回来了！你们得救的时刻到了！团结在我的周围，让巴坦战役和克雷吉多尔战役的不屈不挠的战斗精神指引我们前进！战争席卷而来，你们被迫卷进了战争，起来战斗吧！为了你们的子孙后代而战斗！让我们勇敢起来！让我们的部队都像钢铁一样坚强无比！神圣的上帝指引着道路！以他的名义去赢得正义胜利的圣杯！

（General Douglas MacArthur）

★37. 农场的合并在不断地吞噬那些小型的家庭农场，他们控制着美国谷物生产和谷物产量的大部分份额。有的联合公司的农产品在规模上达到了顶点，一旦他们停止供货，市场将会出现现货短缺，导致农产品价格上涨。面临的选择是：要么现在补贴我们的家庭农场要么将来为联合公司的垄断付出代价。

（Delwin Yost）

★40. 9月17日是美国宪法颁布纪念日。现在，我们人民在保护权利方面做得有多好呢？看看我们私有财产权利方面发生了什么吧：

"私有财产具有神圣的权利，当这一理念——财产权并不像上帝的天条那样神圣不可侵犯——被认可并被应用于社会的时候，就是无政府主义和苛政的开端。"

（约翰·昆西·亚当斯，1767—1848，美国第六任总统）

税收和经营法规是严重威胁我们资本主义共和国的一把双刃剑。除了毁坏私有财产权之外，当今政府的法规制定者们和经营法规具有当年亚当斯所说的苛政的所有特征。无政府主义离我们还会远吗？

（Timothy R. Binder）

★43. 如果汽车或者卡车撞死了人，政客们也会要求实行汽车/卡车管制吗？也要没收所有汽车/卡车吗？

如果一个孩子烧毁了一幢房子，我们需要对火柴或者孩子进行管制并把二者都没收吗？

枪支管制和没收的想法简直就是弱智，既可怜又微不足道。

（Pete Hawes）

★46. 为什么人们会震惊于苏珊·史密斯由于陷入困境而清醒地杀死自己的孩子？全国的孕妇堕胎诊所每天不是都在发生这样的事情吗？我们猜想史密斯非常清楚地听到了女权主义者试图传达的从孩子的拖累中解放出来的信息。

（Kevin and Diana Cogan）

★49. 亲爱的安：忘了在给你的回信中提一下母亲鞭打女儿的事情了。体育老师看到了她腿上和背部被打肿的淤青，说这是"虐待儿童"。《圣经》直截了当地告诉我们说父母应该怎么做，那你为什么还反对打孩子呢？

《圣经·箴言》多次提到鞭笞是必须要用的。《箴言》23∶13说："针对孩子屡教不改的毛病，如果你用鞭子抽他，他就会长记性，不会再犯错误。"《箴言》23∶14说："你可以用鞭子抽他并将他的灵魂从死神那里解救出来。"

没有什么能代替善意的鞭打。我们已经看到了试图给孩子讲道理的结果，他们傲慢自大、蛮横无理而且满嘴胡言。父母希望他们更有个人样，说教却是无济于事。鞭打孩子是上帝教给我们父母的管教孩子的办法。

（Davisville, W. Va.）

★52. 我已79岁却有60年吸烟史。我丈夫90岁也吸了50年的二手烟却没有发现什么不良影响。

我认为，没有理由在我们目前所看到的措施的基础上，进一步把餐馆和公共场所的吸烟者隔离开来。

吸烟者已经从那些神经敏感的人那里得到了足够的惩罚，他们很多人只是捕风捉影。在我们的街道和高速公路上也充斥了大量的有害气体。

（Helen Gans）

★55. 谁赋予最高法院的法官们对焚烧国旗一事说"没事"的勇气？

如果这些所谓法官的妻子或女儿被强奸，强奸者是否也因为受宪法第一修正案保护而可免于受罚？他只是在表达自己的想法？同种情形下的谋杀呢？

（Robert A. Lewis）

★58. 要给小费这件事极其荒谬。我们去商店买东西不能自己确定一件商品值多少钱以及我们愿意付多少钱就付多少钱，我们根据价格付款或者扬长而去。咖啡馆和饭馆应该提高价格，让服务员从中得到适当的报酬，"无须小费"的字样应该清楚地标示在菜单和柜台的显眼位置。

（George Jochnowitz）

Ⅱ. 找一份报纸或者杂志，翻到社论专页或者读者来信栏目，找一个谬误论证的实例。确定这个论证的前提和结论，并写一页左右的篇幅进行分析：确定所犯的谬误以及导致论者犯该谬误的因素。

本章总结

谬误：论证中的缺陷，或者来自推理中所犯的错误，或者来自把坏的论证当作好的论证的错觉。谬误有两类：

- 形式谬误：一种只通过检查论证的形式或者结构就可以识别出来的谬误。
- 非形式谬误：只有通过考察论证内容才能发现的谬误。

相干性谬误：论证中的前提在逻辑上与结论并不相干而导致的错误。

- 诉诸强力：论者威胁其他人接受结论。
- 诉诸怜悯：论者通过唤起读者或者听者的怜悯心以便使结论获得认可的谬误。
- 诉诸公众：论者利用一个人希望被爱、被称赞和被包容而使人接受一个结论。诉诸公众谬误包括诉诸恐惧、从众谬误、诉诸虚荣、诉诸势利、诉诸传统。
- 人身攻击：论者通过攻击对立论证的论者来攻击其论证。人身攻击谬误包括毁谤型人身攻击、人身处境攻击、反唇相讥。
  注意：这种论证出现时一定会有两个论者。
- 偶例：一般规则被应用到一个并不涵盖的异常特例。
- 稻草人：论者歪曲对立论证然后攻击被歪曲的论证。
  注意：这种论证出现时一定会有两个论者。
- 歪曲论题：论者得出的结论不同于前提所支持的结论。
  注意：如果与其他某种谬误相符，最好不把它看成歪曲命题谬误。
- 转移话题：论者通过转变话题之后得出一个结论，从而转移读者或听者的注意力。

弱归纳谬误：前提可能与结论相干但是不足以为结论提供充分的支持。

- 诉诸无效权威：论者引用无效的权威来支持结论。
- 诉诸无知：前提说关于 X 没有被证明任何方面，然而却得出一个关于 X 的结论。
- 轻率概括：从一个非典型样本得出一个一般性结论。
- 虚假因果：结论依赖某些弱的、甚至根本不存在的因果联系。虚假因果谬误包括以时间先后为因果、错为因果、过分简单化原因、赌徒谬误。
- 滑坡谬误：结论依赖原因中一连串不太可能发生的反应。

- 不当类比：结论依赖没有强到足够可以用作支持的类比。

预设谬误：前提预设了它们所要证明的内容。
- 乞题：论者通过遗漏一个可能假的（不可靠的）关键前提、重述一个可能假的前提作为结论或者通过循环推理，从而制造一种不充分前提为结论提供了充分支持的假象。
- 复杂问语：两个或者多个问题隐藏在一个问题之中，并且一个答案回答两个或者多个问题。
- 假两难推理：一个"或者……或者……"前提提出了两种不太可能的选择却被当作仅有的选择。
- 遮盖论据：论者忽略了将会得出不同结论的重要证据。

歧义谬误：一个有歧义的语词、短语或者陈述导致一个不正确的结论。
- 歧义：结论依赖语词或短语在意义上的转换。
- 含糊：结论依赖某人而非论者对一个陈述进行不正确的解释。

不当转换谬误：一种属性被不准确地从某事物的部分转换到整体之上或者反过来。
- 合成：一种属性被不正确地从某物的部分转移到整体之上。
- 分解：一种属性被不准确地从整体转移到部分。

日常语言中的谬误难以识别：
- 它们可能不符合任何已被特别命名的谬误的类型。
- 它们可能包含两个或者多个谬误。

三个因素导致日常语言推理中大多数的非形式谬误：
- 论者的动机。
- 混杂支持或反对某人或某事的情绪化立场的粗心大意。
- 论者"世界观"中未经检验的预设。

第三章

直言命题

3.1 直言命题的构成
3.2 质、量与周延
3.3 文恩图与现代对当方阵
3.4 换位、换质与换质位
3.5 传统对当方阵
3.6 将日常语言陈述翻译为直言形式

3.1 直言命题的构成

> **预热**
>
> 假设在机场你意外地跟错人群并且错过了你的航班。或者你正在赶往期末考的路上,但是当你打开教室门,你吃惊地发现你并不认识这群学生。或者你偶然把安眠药放进了你的早晨维他命之中。人群与事物群对于每一个人都是重要的。你最喜欢的美国国家橄榄球联盟(NFL)球队是一个群体。你称之为你的朋友的人们构成了一个群体。第三章将提升你关于群体的推理能力。

3

直言命题：关联着两个类（或范畴）的命题。

在第一章中，我们已经看到，一个命题（或陈述——此处我们忽略了它们的区别）是一个真或假的句子。联结两个类或范畴的命题被称为**直言命题**（categorical proposition）。所讨论的类分别被**主项**（subject term）与**谓项**（predicate term）所指称，而且该命题断定了主项所指称的那个类的全部或部分被谓项所指称的那个类包含在内或排除在外。以下是一些直言命题的例子：

《美国偶像》①的选手们都希望得到认可。

垃圾食品没有出现在学校食堂。

今天许多失业者放弃了寻找工作。

不是所有浪漫爱情都有美好的结局。

奥普拉·温弗瑞出版杂志。

第一个陈述断定了《美国偶像》的选手们被包含在希望得到认可的人这个类之中。第二个陈述断定了垃圾食品整个类都被排除在学校餐厅包含的物品这个类之外。第三个陈述断定了今天的失业者这个类的部分包含在放弃寻找工作的人这个类之中。第四个陈述断定了浪漫爱情这个类的部分被排除在有着美好结局的事物这个类之外。最后一个陈述断定了奥普拉·温弗瑞作为其唯一成分的那个类被包含在杂志出版人这个类之中。

因为任何直言命题都断定了主项所指称的那个类的全部或部分被谓项所指称的那个类包含在内或排除在外，由此可见，正好存在着四种类型的直言命题：（1）断定整个主项类都包含在谓项类之中的那些命题；（2）断定部分主项类被包含在谓项类之中的那些命题；（3）断定整个主项类都被排除在谓项类之外的那些命题；（4）断定部分主项类被排除在谓项类之外的那些命题。完全清晰地表达这些关系的直言命题被称为**标准形式的直言命题**（standard-form categorical proposition）。一个直言命题具有标准形式，当且仅当它是如下四种形式之一的替换实例：

标准形式的直言命题：具有四种基础形式之一的命题。

所有 S 都是 P。

没有 S 是 P。

有的 S 是 P。

有的 S 不是 P。

当然，许多直言命题不具有标准形式，因为除了其他方面之外，它们不以"所有""没有"或"有的"这些语词为起始。在本章最后一节中，我们将发展出

---

① 《美国偶像》（*American Idol*）是美国的著名电视真人秀节目。——译者注

一些将直言命题翻译为标准形式的技术，但是目前我们可以把注意力限制在那些已经具有标准形式的命题之上。

"所有""没有"或"有的"被称为**量词**（quantifier），因为它们确定了那个主项类中有多少被谓项类包含在内或排除在外。第一种形式断定整个主项类都包含在谓项类之中，第二种形式断定整个主项类都被排除在谓项类之外，诸如此类。（顺便说一下，在形式演绎逻辑中，"有的"这个词的意思总是指至少有一个。）字母 S 和 P 分别代表主项和谓项，而"是（are）"与"不是（are not）"这些词被称为**系词**（copula），因为它们联系（或者"联结"）主项与谓项。

考虑以下例子：

所有美国医学会成员都是拥有来自被认可的学术机构的学位的人。

这个标准形式的直言命题被分析如下：

量词：所有
主项：美国医学会成员
系词：是
谓项：拥有来自被认可的学术机构的学位的人

在把标准形式的直言命题分解为它们的四个构成部分的过程中，人们必须让这些构成部分保持分离。它们互相不重叠。在这个方面，我们要注意到"主项"与"谓项"在逻辑中的指称和"主语"与"谓语"在语法中的指称并不相同。这个陈述例子的主语包含了量词"所有"，而主项则非如此。类似地，谓语包含了系词"是"，而谓项则非如此。

关于标准形式的直言命题，我们应该注意到另外两点。第一，"所有 S 都不是 P"这种形式并不是标准形式。这种形式是有歧义的，并且能够看作"没有 S 是 P"或"有些 S 不是 P"，这依赖于内容。第二，正好存在着三种形式的量词与两种形式的系词。别的教科书允许出现动词"是（to be）"的不同形式，诸如"是（is）"、"不是（is not）"、"将（will）"以及"将不（will not）"等充当系词。出于统一的目的，本书把系词限制为"是（are）"与"不是（are not）"。本章最后一节描绘了将这些变更形式翻译为那两种被接受的形式的技术。

直言命题理论起源于亚里士多德，在超过两千多年的时间里成为逻辑的核心主题之一。即使在今天，它仍然是重要的，因为在日常对话中，我们所做出的许多陈述都是直言命题，或者可以翻译成它们。标准形式的直言命题表现了语言明晰性的理想，而且对于它们之间关系的熟悉，将为所有种类的语言用法提供精确性背景。在第四章中，我们将看到直言命题可以如何组合起来，以产生直言三段论（categorical syllogisms）——与人类最基本的推理密切联系的一种论证。

| 逻辑学家 |

艾丽斯·安布罗斯（Alice Ambrose，1906—2001）

艾丽斯·安布罗斯1906年出生于伊利诺伊州列克星敦市。13岁的时候，她成了孤儿，但仍然努力进入了位于迪凯特的密利克大学并获得了数学与哲学学位。在威斯康星大学（在那里，她研究了怀特海与罗素的《数学原理》）获得哲学博士学位后，她前往剑桥大学从事博士后研究。在那里，她在著名哲学家路德维希·维特根斯坦的指导下从事研究，并成为他的一个亲近的追随者。（1938年，她在该大学获得了第二个博士学位。）1937年，她接受了史密斯学院的一个哲学教职，此后她一直在此任教，直到她于1972年退休。

在来到史密斯学院一年之后，安布罗斯邂逅并嫁给了哲学家莫里斯·拉泽罗维茨（Morris Lazerowitz），并与他共同写作了若干著作与论文。其中一部著作是符号逻辑教科书，通常被称为"安布罗斯与拉泽罗维茨"。一代年轻哲学家们使用了那本书。安布罗斯做出过重要工作的其他研究领域包括数学基础、数学有穷

主义、逻辑不可能性、归纳辩护以及维特根斯坦的证明理论。安布罗斯的文笔非常流畅，这一点与她敏锐的洞察力一起，为她赢得了哲学家与逻辑学家们的广泛赞誉。

从1975年到1976年，安布罗斯担任了美国哲学协会东部分会的主席。有趣的是，在那间办公室里，她的直接上任是约翰·罗尔斯（John Rawls，1921—2002），直接继任者则是希拉里·普特南（Hillary Putnam，1926—2016）。安布罗斯也是和平与社会正义的积极支持者，她一直是一位活跃的演说家与作家。目前，史密斯学院设立了一个纪念她的年度讲座。

习题 3.1

试在以下直言命题中识别出量词、主项、系词与谓项。

★1. 有的高管薪酬制度是对普通工人的伤害。
 2. 没有高压力工作是有利于健康生活的职业。
 3. 所有油性漆都是会产生光化学烟雾的物品。
★4. 有的不能容忍其他信仰的传教士不是电视福音传教者。
 5. 所有被陪审团得知被迫认罪的审判都是有罪判定能够被推翻的审判。
 6. 有的人工心脏是易于失效的机械装置。
★7. 没有适合教学的性教育课程是当前破坏公共道德的项目。
 8. 有的强调科研的大学不是忽视本科教育的机构。

3.2 质、量与周延

> **预热**　一个事物类如何与另一个事物类联系起来，这经常是要牢记在心的。例如，如果你说谎了，那么把你对之说过谎的人们组成的类与你对之说真话的人们组成的类保持分离开来，这很重要。而如果你的约会对象类部分重叠于你好朋友的约会对象类，忽视这个事实可能会带来麻烦。类之间的关系构成了本书此节的主题。

质与量是直言命题的属性。为了了解这些属性是如何属于它们的，用类术语来诠释直言命题的意义是不无裨益的：

命题	在类记法中的意义
所有 S 都是 P。	类 S 的每个元素都是类 P 的元素，也就是说，类 S 被包含在类 P 之内。
没有 S 是 P。	没有类 S 的元素是类 P 的元素，也就是说，类 S 被排除在类 P 之外。
有的 S 是 P。	类 S 的至少一个元素是类 P 的元素。
有的 S 不是 P。	类 S 的至少一个元素不是类 P 的元素。

直言命题的**质**（quality）是肯定的或否定的，这取决于它肯定或否定了类属关系。所以，"所有 S 都是 P"与"一些 S 是 P"有着**肯定的**（affirmative）质，而"没有 S 是 P"与"一些 S 不是 P"有着**否定的**（negative）质。这些命题被相应地称为**肯定命题**（affirmative proposition）与**否定命题**（negative proposition）。

> 直言命题的**质**：肯定的或否定的。

直言命题的**量**（quantity）是全称的或特称的，这取决于该陈述所给出的主张涉及的是主项指称的类的每个元素还是一些元素。"所有 S 是 P"和"没有 S 是 P"都对类 S 的每个元素有所断言，因此是**全称命题**（universal proposition）。"一些 S 是 P"和"一些 S 不是 P"只对类 S 的一个或更多元素有所断言，因此是**特称命题**（particular proposition）。

> 直言命题的**量**：全称的或特称的。

值得注意的是，直言命题的量可以通过仅仅检视量词而确定。"所有"与"没有"直接意味着全称的量，与此同时，"一些"意味着特称。但直言命题没有"质词"（qualifier）。在全称命题中，质被量词所决定，而在特称命题中，质被系词所决定。

特称命题指的仅仅是它们在类记法中被赋予的意义。陈述"一些 S 是 P"并不意味着一些 S 不是 P，而且"一些 S 不是 P"也不意味着一些 S 是 P。当然，经常发生的是，这些陈述形式的替换实例两者都是真的。例如，"一些苹果是红的"是真的，正如"一些苹果不是红的"是真的。但一个陈述为真这个事实并不必然保证另一个陈述为真。"一些斑马是动物"是真的（因为至少有一只斑马是动物），但"一些斑马不是动物"是假的。类似地，"一些火鸡不是鱼"是真的，但"一些火鸡是鱼"是假的。所以，这些陈述形式之一为真这一事实并没有在逻辑上意味着另外一个是真的，如同这些替换实例所清楚证明的那样。

> **A、E、I、O**：四种直言命题的名字。

从中世纪早期以来，这四种直言命题通常被标示为对应于罗马字母表的前四个元音 A、E、I、O 的字母名称。全称肯定的被称为 A 命题（A proposition），全称否定的被称为 E 命题（E proposition），特称肯定的被称为 I 命题（I proposition），特称否定的被称为 O 命题（O proposition）。传统上，这些字母来自拉丁词 *affirmo*（"我肯定"）与 *nego*（"我否定"）的前两个元音字母，由此有：

		n
全称（Universal）	A	E
	f	
	f	g
特称（Particular）	I	O
	r	
	m	
	o	

到目前为止，本节呈现的材料可以总结如下：

命题	字母名称	量	质
所有 S 都是 P。	A	全称	肯定
没有 S 是 P。	E	全称	否定
有的 S 是 P。	I	特称	肯定
有的 S 不是 P。	O	特称	否定

> **周延**：直言命题的一个词项是周延的，如果该命题对于该词项所指称的那个类的所有元素都做出了断定。

不同于作为命题属性的质和量，**周延**（distribution）是命题词项（主词与谓词）的属性。一个词项被看作周延的，如果该命题对于这些词项所指称的那个类的所有元素都做出了断定；否则，它是不周延的。换句话说，一个词项是周延的，当且仅当这个陈述把一个属性指派（或分配）给该词项所指称的那个类的每个元素。所以，如果一个陈述对于类 S 的每个元素都做出了断定，那么 S 是周延的；如果它对于类 P 的每个元素都做出了断定，那么 P 是周延的；否则，S 和 P 是不周延的。

让我们设想一个直言命题的主项与谓项所指称的那些类的元素分别包含在字母"S"和"P"表示的圆圈之中。那么"所有S都是P"这种陈述形式的意义可以用下图来表示：

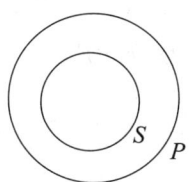

圆圈S包含在圆圈P之中，这表示S的每个元素都是P的元素。（当然，如果S和P表示的是指称相同类的词项，那么这两个圆圈会恰好重叠。）如同这个图所表示的，"所有S都是P"对于类S的每个元素都做出了断定，因为这个陈述表明S的每个元素都在类P之中。但这个陈述并没有对类P的每个元素都做出断定，因为可能存在着某些位于S之外的P的元素。所以，根据已经给出的"周延项"定义，S是周延的而P不是。换句话说，对于任何全称肯定的（A）命题，无论主项是什么，它都是周延的，并且谓项是不周延的。

现在我们来考察全称否定的（E）命题。"没有S是P"表明类S与P是分离的，如下所示：

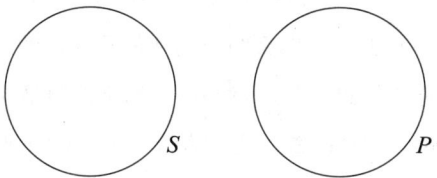

这个陈述对于S的每个元素与P的每个元素都做出了断定。它断定S的每个元素与P的每个元素都是分离的，而且P的每个元素与S的每个元素也都是分离的。对应地，根据我们的定义，全称否定的（E）命题的主项与谓项都是周延的。

特称肯定的（I）命题表明S的至少一个元素是P的元素。如果我们用星号来表示我们所确定的S的这个元素，所得到的图看起来是这样的：

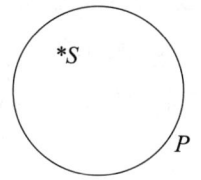

由于星号在类 P 之内，它代表同时是 S 和 P 的某个东西，换言之，它代表着类 P 的一个元素也是类 S 的一个元素。所以，"有些 S 是 P" 这个陈述对于 S 的（至少）一个元素与 P 的（至少）一个元素都做出了断定，但没有对两个类中的任何一个类的所有元素做出断定。所以，根据周延定义，S 和 P 都不是周延的。

特称否定的（O）命题断定 S 的至少一个元素不是 P 的元素。如果我们还用星号来表示 S 的这个元素，得到的图如下所示：

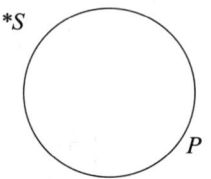

由于 S 的其他元素可能在 P 之外或者可能不在 P 之外，很清楚，"有的 S 不是 P" 这个陈述并没有对 S 的每个元素都做出断定，因此 S 不是周延的。但如图所示，这个陈述断定 P 的每个元素都分离于且不同于圆圈 P 之外的 S 的这个元素。所以，在这个特称否定的（O）命题之中，P 是周延的而 S 是不周延的。

此时此刻，周延这个概念可能还是有点模糊和难懂。不幸的是，没有什么简易方法可以用图表解释清楚。能够做到的最好方式就是重复已经被提到的一些内容。首先，周延是直言命题的主项和谓项可能具有或可能不具有的一种属性或性质，这取决于命题种类。如果所讨论的命题是 A 类型，那么无论主项是什么，它都是周延的。如果它是 E 类型，那么两个词项都是周延的；如果它是 I 类型，那么两个词项都不是周延的；如果它是 O 类型，那么谓项是周延的。如果某个词项在命题中是周延的，这直接意味着该命题言说了这个词项所指称的那个类的每个元素。如果一个词项是不周延的，则该命题没有言说那个类的每个元素。

一个记忆周延规则的简单方法便是牢记：全称（A 与 E）陈述的主项是周延的，而否定（E 与 O）陈述的谓项是周延的。作为记忆这种排列的辅助方法，以下记忆口诀可能是有用的："Unprepared Students Never Pass.（没有准备的学生决不会通过考试。）"注意这些语词的第一个字母，可能有助于人们想起全称命题的主项是周延的以及否定命题的谓项是周延的。另一个实现相同目的的助记口诀是："Any Student Earning B's Is Not On Probation.（任何得 B 的学生都不在见习期。）"在这个助记口诀中，那些首字母也可能有助于人们想起 A 陈述的主项是周延的，E 陈述的两个词项都是周延的，I 陈述的两个词项都不是周延的，而 O 陈述的谓项是周延的。

周延的两个助记法	
"Unprepared Students Never Pass."	"Any Student Earning B's Is Not On Probation"
全称陈述周延主词（Universals distribute Subjects）	A 周延主词（A distributes Subject）
否定陈述周延谓词（Negatives distribute Predicates）	E 两者都周延（E distributes Both）
	I 两者都不周延（I distributes Neither）
	O 周延谓词（O distributes Predicate）

最后，值得注意的是，尽管在本章接下来的内容中周延属性并不是特别重要的，但对于下一章中评价三段论则是不可或缺的。

本节的内容现在可以总结如下：

命题	字母名称	量	质	周延的词项
所有 S 是 P。	A	全称	肯定	S
没有 S 是 P。	E	全称	否定	S 和 P
有的 S 是 P。	I	特称	肯定	两者皆无
有的 S 不是 P。	O	特称	否定	P

习题 3.2

Ⅰ. 试在以下直言命题中识别出命题名称、量与质，然后指明主项与谓项是周延的还是不周延的。

★1. 没有吸血鬼主题电影是不血腥的电影。

2. 所有与恐怖主义者谈判的政府都是鼓励恐怖主义的政府。

3. 有的交响乐团是濒临破产的组织。

★4. 有的国家领导人不是彻底的资本主义经济学反对者。

5. 所有与苯接触的人都是潜在的癌症患者。

6. 没有罢工是受资方欢迎的活动。

★7. 有的医院是过度使用医保方案的组织。

8. 有的平权运动计划不是导致反向歧视的方案。

Ⅱ. 试在不改变量的情况下改变以下陈述的质。

★1. 所有醉酒司机都是对公路上其他人的威胁。

2. 没有野生动物保护区是适合开发公寓的地方。

3. 有的恶房东是最终会被投入监狱的人。

★4. 有的中央情报局特工不是人权维护者。

Ⅲ. 试在不改变质的情况下改变以下陈述的量。

★1. 所有比特犬的主人都是可能支付高额诉讼费的人。

2. 没有利于富人的税务方案是公平方案。

3. 有的小学管理者是妨碍教育进步的人。

★4. 有的曼哈顿区居民不是有能力支付得起那里生活费用的人。

Ⅳ. 试改变以下陈述的质和量。

★1. 所有石油泄漏都是环境危害事件。

2. 没有酗酒者是饮食健康的人。

3. 有的墨西哥度假是以胃肠紊乱收场的。

★4. 有的公司律师不是具有社会良知的人。

3.3 文恩图与现代对当方阵

预热

想想一场橄榄球比赛。在开球时间，一个队伍的所有队员都在球场的一端，而另一个队伍的所有队员都在球场的另一端。给两个类（两个队伍）分配不同的空间区域，是直言命题文恩图的基础观念。两个圆圈界定了两个区域，而且假设你想象着一个类的所有元素占据着一个圆圈，而另一个类的所有元素占据着另一个圆圈。

存在预设

我们探索直言命题的主要目的就在于发现这些命题在论证构成之中所起的作用。但是，我们能够以两种不同方式解释全称（A 与 E）命题，并且根据其中一种解释，一个论证可能是有效的，与此同时，根据另外一种解释，它可能是无效的。所以，在评价论证之前，我们必须考察全称命题的这两种可能解释。我们的研究将集中于所谓的**存在预设**（existential import）。为了解释这个概念，考虑以下这对命题：

所有汤姆·克鲁斯的电影都是票房成功的。

所有独角兽都是长有独角的动物。

存在预设：一个命题有着存在预设，如果它意味着所讨论的事物是实际存在的。

第一个命题意味着汤姆·克鲁斯的确演了一些电影。换句话说，这个陈述有着存在预设。它意味着那个主项所指称的一个或多个东西实际上是存在的。另外，关于独角兽的陈述就没有这样的意思。这种陈述可以被视为真的，因为根据定义，独角兽长有独角。但这个陈述并不意味着独角兽实际上存在。

所以，问题便出现了：全称命题应该被解释为意味着所讨论的东西实际存在吗？或者它们应该被解释为意味着没有这样的东西？为了回应这个问题，逻辑学家们采用了两种不同的方法。亚里士多德认为，关于存在事物的全称命题具有存在预设。换句话说，此类陈述意味着所讨论事物的存在性：

亚里士多德式立场

所有野雉都是鸟。	意味着野雉的存在。
没有松树是枫树。	意味着松树的存在。
所有半羊人都是令人讨厌的生物。	不意味着半羊人的存在。

前两个陈述具有存在预设，因为它们的主项指称实际存在的东西。第三个陈述没有存在预设，因为半羊人并不存在。

另一方面，根据19世纪逻辑学家乔治·布尔所开创的（约翰·文恩所完善的）逻辑理论，全称命题并没有存在预设。这种陈述决不意味着所讨论事物的存在性：

布尔式立场

所有卡车都是交通工具。	不意味着卡车的存在。
没有玫瑰是菊科植物。	不意味着玫瑰的存在。
所有狼人都是怪物。	不意味着狼人的存在。

我们可以总结这些结论，认为亚里士多德式立场对于存在是"开放的"（或愿意接纳的）。[①] 当事物存在的时候，亚里士多德式立场确认了它们的存在，并且关于那些事物的全称陈述具有存在预设。换句话说，一些事物被算为存在之物。另一方面，布尔式立场并不确认它们的存在，并且关于那些事物的全称陈述不具有存在预设。相反，当事物不存在的时候，亚里士多德式立场与布尔式立场不确认

---

① 一般来说，我们把这种存在开放性拓展到主词类、谓词类与这些类的补集。但在目前的讨论中，我们将把注意力限制在主词类上。类补集的概念将在3.4节换质部分予以讨论。

任何存在性。在这些情况下，亚里士多德式立场与布尔式立场是一致的。[①]

亚里士多德式立场与布尔式立场的不同之处仅在于全称（A 与 E）命题。这两个立场在特称（I 与 O）命题上是相同的。亚里士多德式立场与布尔式立场都认同特称陈述对于存在性做出了积极断言。例如，从这两种立场上看，"有的猫是动物"这个陈述断定了存在至少一只是动物的猫。此外，根据这两种立场，语词"有的"意味着存在。[②]

是采用亚里士多德式立场，还是布尔式立场，意味着接受一套基础规则用以解释全称命题的意义。对于任何直言命题或由直言命题组成的论证而言，这两种立场中的任何一个都是能够被接受的。接受亚里士多德式立场意味着认可关于存在事物的全称陈述传递了关于存在性的证据。相反地，对于传递这种证据的陈述而言，亚里士多德式立场必须被采纳，并且该陈述的主词必须指称实际存在的事物。另一方面，接受布尔式立场意味着忽略全称陈述可能传递的任何关于存在性的证据。

因为布尔式立场对于存在是封闭的，它比亚里士多德式立场更为简单，后者认可存在预设。出于这个理由，我们将首先把注意力集中在从布尔式立场加以考虑的论证。在随后的第 3.5 节中，我们将把我们的关注点延伸到亚里士多德式立场。

文恩图

根据布尔式立场，这四种直言命题具有以下意义。需要注意的是，前两个（全称）命题并不意味着 S 所指称的事物的存在：

所有 S 都是 P。	=	没有 S 的元素是在 P 之外的。
没有 S 是 P。	=	没有 S 的元素是在 P 之内的。
有的 S 是 P。	=	存在着至少一个是 P 的 S 的元素。
有的 S 不是 P。	=	存在着至少一个不是 P 的 S 的元素。

---

① 为了更透彻地理解亚里士多德式立场与布尔式立场，请参阅 Patrick J. Hurley 的论文 "Existential Import: Historical Background"。

② 在日常语言中，语词"有的"有时所蕴涵的东西不是实际存在的。例如，"有的独角兽是好心肠的"这个陈述看上去并不表明独角兽是实际存在的，而仅仅表明在称为"独角兽"的想象事物群中，存在着一个好心肠独角兽子集。然而，在大量主流情形中，日常语言中的"有的"蕴涵着存在。逻辑上的"有的"遵从后面的这种用法。

在接受这种直言命题解释的同时，19世纪的逻辑学家约翰·文恩开发了一套图解系统，以呈现它们所表达的信息。这些图逐渐以**文恩图**（Venn diagram）为名被人们所知晓。

> **文恩图**：重叠圆圈的排列，其中的每一个圆圈代表直言命题的一个词项所指称的那个类。

一个文恩图就是重叠圆圈的排列，其中的每一个圆圈代表直言命题中的一个词项所指称的那个类。因为每一个直言命题正好有两个词项，一个直言命题的文恩图包含着两个重叠的圆圈。每个圆圈都是有标记的，因此它代表了该命题中的一个词项。除非必要情况，我们采用这种约定：左边的圆圈代表主项，右边的圆圈代表谓项。这样一种图看起来是这样的：

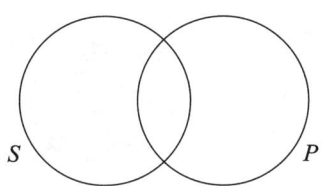

每个词项所指称的类的元素应该被视为位于对应圆的内部的。所以，类 S 的元素（如果存在这样的元素）是位于圆 S 的内部，而类 P 的元素（如果存在这样的元素的话）是位于圆 P 的内部。如果有些元素位于两个圆圈的重叠区域，那么这些元素既属于类 S，也属于类 P。最后，如果有些元素位于两个圆圈之外，那么它们既不是 S 的元素也不是 P 的元素。

例如，假设类 S 是美国人这个类，而类 P 是农夫这个类。那么如果我们使用数字来标示这四个可能区域，这幅图看起来是这样的：

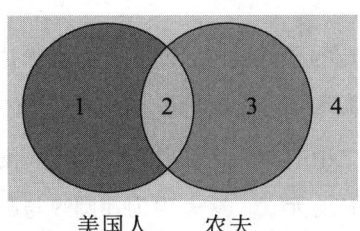

在标为"1"的区域内的任何事物都是非农夫的美国人，在标为"2"的区域内的任何事物既是美国人又是农夫，而在标为"3"的区域内的任何事物都是非美国人的农夫。标为"4"的区域是位于两个圆圈之外的区域，因此任何位于此区域内的事物既不是农夫也不是美国人。

我们现在可以使用文恩图来表示这四种直言命题所表达的信息。为了实现这个目的，我们在图中做了标记。我们使用了两种标记：将一个区域涂满阴影和在

3.3　文恩图与现代对当方阵　**165**

一个区域内写上 X。将一个区域涂满阴影，意味着该阴影部分是空的。① 而在一个区域内写上 X 意味着在该区域中至少存在着一个事物。X 可以被看作代表了该事物。如果在一个区域中没有出现任何标记，这意味着该区域是未知的；它可能包含元素也可能是空的。阴影通常被用来代表全称（A 与 E）命题的内容，而把一个区域写上 X 通常被用来代表特称（I 与 O）命题的内容。这四种直言命题的内容表示如下：

阴影 = 空

X = 存在

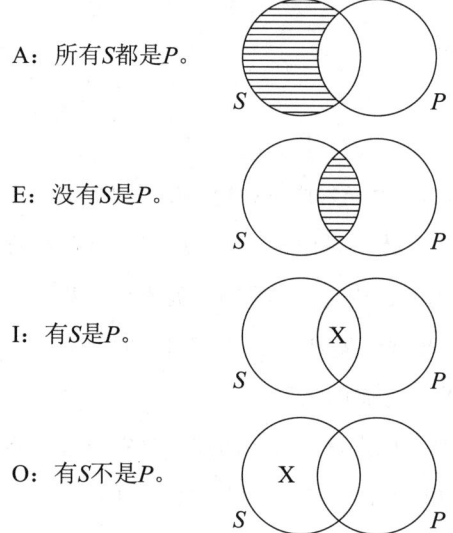

回忆一下，A 命题断定的是，没有 S 的元素是在 P 之外的。这表现为圆 S 中位于圆 P 之外的部分是有阴影的。E 命题断定的是，没有 S 的元素是在 P 之中的。这表现为圆 S 中位于圆 P 之中的部分是有阴影的。I 命题断定的是，至少存在一个 S 的元素并且它也是一个 P 的元素。这表现为在圆 S 与圆 P 的重叠区域中写上了一个 X。这个 X 代表既是 S 又是 P 的一个存在事物。最后，O 命题断定的是，至少存在一个 S 的元素并且它不是 P 的元素。这表现为在圆 S 中位于圆 P 之外的部分中写上了一个 X。这个 X 代表是 S 但不是 P 的一个存在事物。

因为在代表全称命题的图中不存在 X，所以这些图并没有言及存在。例如，A 命题的图仅仅断定了在圆 S 中位于圆 P 之外的部分中无物存在。两圆重叠部分与

---

① 在许多数学教科书中，将文恩图的一个区块涂满阴影表明该区块是非空的。在逻辑中，阴影的意思恰恰相反。

圆 P 中位于圆 S 之外的部分这个区域根本不包含任何标记。这意味着在这些区域中可能存在着一些事物，或者它们可能是完全空白的。类似地，在 E 命题的图中，在圆 S 的左边部分与圆 P 的右边部分没有出现任何标记。这意味着这两个区域可能包含某些事物，或者从另一方面讲，它们可能不包含任何东西。

现代对当方阵

让我们比较一下 A 命题的图和 O 命题的图。A 命题的图断定的是圆 S 的左边部分是空的，与此同时，O 命题的图断定的是相同区域不是空的。这两个图断定的是彼此的反面。结果是，它们的对应命题是彼此矛盾的。类似地，E 命题的图断定的是这两个圆的重叠区域是空的，而 I 命题的图断定的是两圆重叠区域不是空的。对应地，它们的对应命题也是彼此矛盾的。互相矛盾的一对命题之间的关系被表示在所谓的**现代对当方阵**（modern square of opposition）的图中。源于现代（或布尔式）直言命题解释的这个图如下所示：

现代对当方阵：代表互相矛盾的命题对的图。

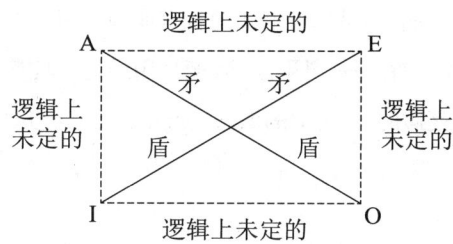

如果两个命题之间的关系是**矛盾关系**（contradictory relation），它们必然有着相反的真值。所以，如果某个 A 命题被给定为真，那么对应 O 命题一定为假。类似地，如果某个 I 命题被给定为假，那么对应的 E 命题一定为真。但其他推理都是不可能的。特别是，在给定 A 或 O 命题的真值的情况下，对应的 E 或 I 命题的真值是无从确定的。这些命题被看作**逻辑上真值未定的**（logically undetermined truth value）。与所有命题一样，它们的确有着一个真值，但单靠逻辑不能确定它是什么。类似地，在给定 E 或 I 命题的真值的情况下，对应的 A 或 O 命题的真值是无从确定的。它们也被看作逻辑上真值未定的。

检验直接推理

由于现代对当方阵提供了逻辑上必然的结果，所以我们能够使用它来检验某些论证的有效性。一开始我们假设前提为真，并在方阵中输入相关真值。接着我们使用方阵来计算结论的真值。如果方阵提示结论为真，那么该论证是有效的；否则论证是无效的。这里有一个例子：

> 有的贸易间谍不是贿赂能手。
> 所以，所有贸易间谍都是贿赂能手这是假的。

直接推理：只拥有一个前提的论证。

这种类型的论证被称为**直接推理**（immediate inference），因为它们只拥有一个前提。不是从一个前提进到另一个前提，并接着推导出结论，我们是直接从单个前提推导出结论。为了检验这个论证的有效性，一开始我们假设这个作为前提的 O 命题为真，并且我们把这个真值输入对当方阵之中。我们接着使用对当方阵来计算对应的 A 命题的真值。根据这种矛盾关系，这个 A 命题为假。由于结论表明这个 A 命题为假，这个结论为真，因此这个结论是有效的。根据布尔式立场是有效的这种论证被看作**无条件地有效的**（unconditionally valid），因为它们是有效的，无论它们的词项是否指称存在事物。

无条件地有效的：无论一个论证的词项是否指称存在事物，它都是有效的。

值得注意的是，这个论证的结论具有"所有 S 都是 P 这是假的"这种形式。从技术上讲，这种类型的陈述不是标准形式的直言命题，因为除其他因素之外，它们并不以量词为起始。为了解决这个困难，我们采用约定：具有这种形式的陈述等值于"'所有 S 都是 P' 是假的"。类似的做法也应用在 E、I 与 O 陈述的否定之上。

下面是另一个例子：

> 所有流星雨都是日常景象这是假的。
> 所以，没有流星雨是日常景象。

一开始我们假设这个前提为真。由于这个前提主张一个 A 命题为假，我们在对当方阵中输入"假"，我们接着使用方阵来计算对应 E 命题的真值。由于 A 命题与 E 命题之间没有任何关系，这个 E 命题有着未定的真值。所以，这个论证的结论有着未定的真值，而且这个论证是无效的。

我们以一种特殊的推理作为结束：

> 所有护士都是健康护理的专家。
> 所以，有的护士是健康护理的专家。

这个前提是一个 A 命题，结论是一个 I 命题。由于现代方阵中 A 与 I 的关系是逻辑未定的，这个推理是无效的。然而，如果我们假设这个前提具有存在预设，那么这个前提将意味着护士的存在，并且这将意味着结论的真。所以，唯一使得这个推理变得无效的事物就是这个事实，即布尔式立场并不认为全称陈述具有存在预设。这种类型的推理被看作犯了存在谬误。

根据布尔式立场，**存在谬误**（existential fallacy）是一种形式谬误，它发生于一个论证仅仅因为前提缺少存在预设而无效的时候。这类论证总是有着一个全称前提或一些全称前提与一个特称结论。这个谬误在于试图从一个缺少存在预设的前提得出一个具有存在预设的结论。

> **存在谬误**：一种形式谬误，它发生于一个论证仅仅因为前提缺少存在预设而无效的时候。

从（假设为真的）A 命题到 I 命题，或（从假设为真的）E 命题到 O 命题的任何推理，根据布尔式立场，都犯了存在谬误。进一步讲，只有这些推理犯了存在谬误。然而，这些规则要求进一步的解释。

断定某个直言命题为假的陈述逻辑上等值于断定该命题的矛盾为真的陈述。两个陈述必然地具有相同真值的时候，它们被看作**逻辑上等值的**（logically equivalent）。所以，考虑如下推理形式：

> **逻辑上等值的陈述**：必然具有相同真值的陈述。

  有的 A 是 B 这是假的。
  所以，有的 A 不是 B。

这里的前提逻辑上等值于"没有 A 是 B"。所以，这个推理形式逻辑上等值于：

  没有 A 是 B。
  所以，有的 A 不是 B。

这个推理形式是从 E 命题进到 O 命题的。因此，它是无效的，并犯了存在谬误。

恰好存在着八种犯了存在谬误的推理形式，其中四种如下所示。（另外四种出现在本节最后的习题Ⅲ中。）

存在谬误

  所有 A 都是 B。
  所以，有的 A 是 B。

  有的 A 不是 B 这是假的。
  所以，没有 A 是 B 这是假的。

  没有 A 是 B。
  所以，所有 A 都是 B 这是假的。

3.3 文恩图与现代对当方阵

有的 A 是 B 这是假的。

所以，有的 A 不是 B。

以"……这是假的"结尾的命题被替代为它们的真矛盾命题之后，你将看到每个推理都是从 A 命题进到 I 命题的，或者是从 E 命题进到 O 命题的。

| 著名逻辑学家 |

乔治·布尔（George Boole，1815—1864）

英国数学家与哲学家乔治·布尔最为人所知的是开创了布尔代数——一种基于三类基础运算"与、或、非"的逻辑。美国哲学家与逻辑学家查尔斯·桑德斯·皮尔士着迷于布尔的思想，而且他发现了它在电路上的一种可能应用。50 年后，美国数学家与工程师克劳德·香农把该理论运用到了实践之中，表明布尔系统如何能够被用到设计电话线路开关中。这个发明随后导致了数字电子计算机的发展。

布尔的早期岁月是充满磨难的。他的父亲约翰是一位鞋匠，而他的母亲玛丽是一位贵族的女仆。他们只能负担起孩子最基础的教育。作为补偿，约翰教给年轻的乔治数学与科学，并为他聘请了一位拉丁语教师。布尔还自学了希腊语、法语与德语。他的父亲是技工协会的杰出成员，他喜欢在工具制造中应用数学，并把这种兴趣传递给了他的孩子。虽然贫穷限制了布尔能得到的资源，但他使用从该协会借来的数学杂志拓展了他自身的数学教育。

在布尔年仅 16 岁的时候，他父亲的制鞋生意失败了，这使得他要用助理教师的工作来贴补这个家庭。当他 22 岁的时候，在前主管死后，他接管了一个寄宿学校，而他的整个家庭都在帮助他运营它。在这个时期，布尔继续着他的数学研究，并且在 29 岁的时候出版了一篇关于解决微分方程中代数方法应用的论文。这篇论文得到了认可，他获得了皇家学会奖章，并给他在数学界中带来了盛誉。

三年后，布尔出版了《逻辑的数学分析》（*The Mathematical Analysis of Logic*），它实现了莱布尼兹早年关于数学与逻辑关系的猜想。它也说明了数学的符号理论如何能够被引入逻辑之中。这一著作为他赢得了位于爱尔兰科克市的女王学院的教授席位。七年后，他出版了关于相同主题的更为详尽和成熟的作品《思维规律研究——逻辑与概率的数学理论基础》（*An Investigation of the Laws of Thought, on Which Are Founded the Mathematical Theories of Logic and Probabilities*）。这部著作呈现了一个完整的符号推理系统。

布尔与玛丽·埃佛勒斯（以其名字命名了珠穆朗玛峰的乔治·埃佛勒斯爵士的侄女，西方人称珠穆朗玛峰为埃佛勒斯峰）结为伉俪。布尔在她前往科克市拜访她富有名望的叔叔时邂逅了她，而他们的关系在他教她微分方程课的过程中逐渐升温。这对夫妇有 5 个女儿，但在布尔 49 岁的时候，他因可能是肺炎的疾病病逝。布尔曾在滂沱大雨中步行 3 公里前去女王学院做讲座，他穿着湿漉漉的衣服进行了讲座。随后他发了高烧并且病得很重，他的妻子想着以毒攻毒，于是在他躺在床上的时候朝他泼了冷水。此后不久，他就离世了。

习题 3.3

Ⅰ. 试画出下列命题的文恩图。

★1. 没有人生抉择是完全根据逻辑而做出的。

2. 所有电动机都是基于磁力学的机器。

3. 有的政治竞选活动是纯粹侮辱对手的行为。

★4. 有的摇滚音乐爱好者不是麦当娜的粉丝。

5. 所有选区重划方案都是争议来源。

6. 没有税务审计是骗税者的愉悦经历。

★7. 有的楼区是儿童难以入内的复杂建筑。

8. 有的大型游轮不是以蒸汽为动力的交通工具。

Ⅱ. 试根据布尔式立场使用现代对当方阵确定以下直接推理是有效的还是无效的。

★1. 没有罗丹雕刻是令人厌烦的作品。

所以，所有罗丹雕刻都是令人厌烦的作品。

2. 有的月坑是火山喷发形成物这是假的。

所以，没有月坑是火山喷发形成物。

3. 所有法庭辩护律师都是有着高压工作的人。

所以，有的法庭辩护律师是有着高压工作的人。

★4. 所有马爹尼干邑是危险的调和酒。

所以，有的马爹尼干邑不是危险的调和酒这是假的。

5. 没有爵士音乐家是新奥尔良土著这是假的。

所以，有的爵士音乐家是新奥尔良土著。

6. 有的乡村医生是无私的医者。

所以，有的乡村医生不是无私的医者。

★7. 没有助生育药品是所有问题的解决之道。

所以，所有助生育药品都是所有问题的解决之道这是假的。

8. 没有信用卡是包含全息图的东西这是假的。

所以，有的信用卡是包含全息图的东西。

9. 有的特技飞行员是冒失鬼这是假的。

所以，有的特技飞行员是冒失鬼这是假的。

★10. 没有吸血鬼是大蒜面包的行家。

所以，有的吸血鬼是大蒜面包的行家这是假的。

11. 没有广播谈话节目是信息的准确来源。

   所以，有的广播谈话节目不是信息的准确来源。

12. 有的星座是螺旋形天体。

   所以，没有星座是螺旋形天体。

★13. 有的肥皂泡不是快乐之所这是假的。

   所以，有的肥皂泡是快乐之所。

14. 所有婚礼都是欢乐的庆典这是假的。

   所以，有的婚礼不是欢乐的庆典。

15. 有的巧克力奶酥是带橄榄的甜点这是假的。

   所以，所有巧克力奶酥是带橄榄的甜点这是假的。

Ⅲ. 本节确定了四种存在谬误。试使用现代对当方阵来确定其他四种。在此过程中，牢记这种谬误的所有形式都有着一个全称前提和一个特称结论，以及"有的 A 是 B 这是假的"与"有的 A 不是 B 这是假的"是全称命题和"所有 A 是 B 这是假的"与"没有 A 是 B 这是假的"是特称命题。

3.4 换位、换质与换质位

预热　你在电视上看了一部吸血鬼电影之后与一些朋友讨论这部电影。有人坚持认为每部吸血鬼电影都是恐怖电影，与此同时，另一个人认为每部不恐怖的电影也不是关于吸血鬼的。第三个人认为这两个陈述是相同的，而第四个人认为它们是不相同的。你如何处理这些分歧？你能证明你说的是正确的吗？本节致力于研究诸如此类陈述之间的关系。

为了预先了解一下本节的内容，考虑"没有狗是猫"这个陈述。这个陈述主张的是，狗这个类与猫这个类是分离的。但陈述"没有猫是狗"主张的是同样的内容。所以，这两个陈述有着相同的意义和相同的真值。再举一例，"有的狗不是猎犬"这个陈述主张至少存在一只狗，它位于猎犬类之外。但"有的狗是非猎犬"主张的是同样的内容。老话重提，这两个陈述有着相同的意义和相同的真值。

换位、换质与换质位是能够施加于直言命题的运算，结果是得到一个新陈述，它与那个原初陈述可能拥有或可能不拥有相同的意义和真值。文恩图被用来确定这两个陈述彼此是如何关联的。

换位

这三种运算中最简单的一种是**换位**（conversion），它是把主项与谓项进行位置互换。例如，如果陈述"没有狐狸是刺猬"被换位，所得到的陈述是"没有刺猬是狐狸"。这个新陈述被称为那个给定陈述的换位命题。为了了解这四种类型的直言命题如何与它们的换位命题发生联系，比较如下几组文恩图：

换位：交换主项与谓项。

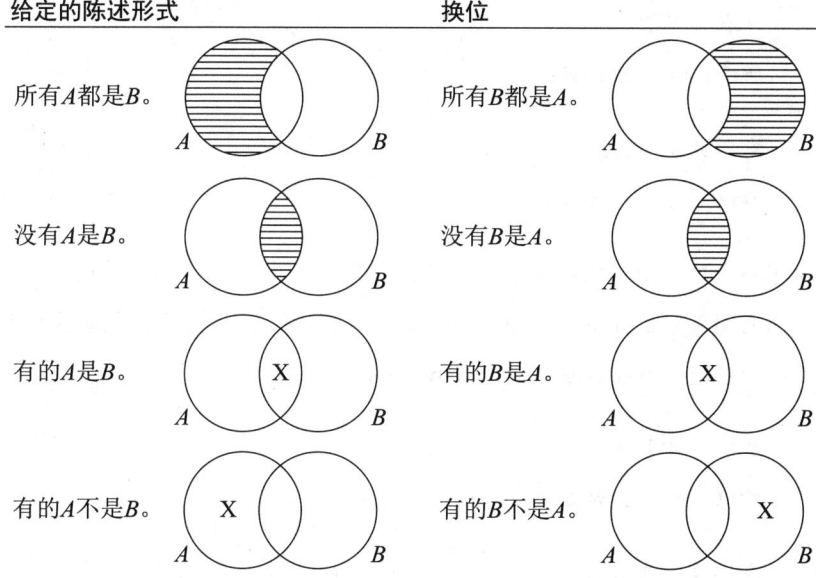

如果我们检查 E 命题的图，我们看到它等同于它的换位命题的图。此外，I 命题的图也等同于它的换位命题的图。这意味着 E 命题与它的换位命题是逻辑上等值的，I 命题与它的换位命题也是逻辑上等值的。回忆一下，在第 3.3 节中，两个命题必然拥有相同真值的时候，它们被看作逻辑上等值的。所以，E 或 I 命题的换位产生了一个新命题，它总是拥有与那个给定命题相同的真值（和相同的意义）。这些等值性被 E 与 I 命题的文恩图所严格证明。

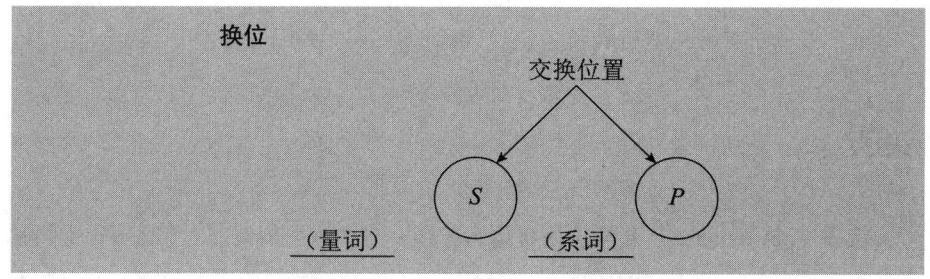

另一方面，A 命题的图显然不等同于它的换位命题的图，而且 O 命题的图也

不等同于它的换位命题的图。另外，这几对图并非如同矛盾陈述一样是彼此的反面。这意味着 A 命题与它的换位命题在真值上没有逻辑联系，O 命题与它的换位命题在真值上也没有逻辑联系。换句话说，A 或 O 命题的换位产生了一个新命题，它的真值与那个给定命题之间的关系在逻辑上是未定的。当然，A 或 O 命题的换位命题的确有着一个真值，但单靠逻辑并不能告诉我们它是什么。

对于 E 或 I 命题而言，换位产生了必然确定的结果，它能够被用来作为以这些命题类型为前提的直接推理的基础。以下推理形式是有效的：

没有 A 是 B。
所以，没有 B 是 A。

有的 A 是 B。
所以，有的 B 是 A。

由于每个推理形式的结论与前提必然有着相同真值，所以如果前提被假设为真，那么必然随之而来的是结论为真。另一方面，接下来这两个推理形式是无效的。每一个都犯了**不当换位**（illicit conversion）谬误：

所有 A 都是 B。
所以，所有 B 都是 A。

有的 A 不是 B。
所以，有的 B 不是 A。

这是两个犯了不当换位谬误的推理例子：

所有猫都是动物。（真）
所以，所有动物都是猫。（假）

有的动物不是狗。（真）
所以，有的狗不是动物。（假）

换质

换质（obversion）比起换位而言更为复杂，需要两个步骤：(1) 改变质（同时不改变量）；(2) 将谓项更换为它的补项。这个运算的第一步在习题 3.2 中有所涉及。它在于把"没有 S 是 P"变为"所有 S 都是 P"，反之亦然；以及把"有的 S

> **换质**：改变质并且将谓项更换为它的补项。

是 P"变为"有的 S 不是 P",反之亦然。

第二个步骤要求了解**补类**(class complement)这个概念。一个类的补类是由所有处于该类之外的事物组成的群体。例如,狗这个类的补类便是包含了所有非狗的东西(猫、鱼、树等)的群体。**补项**(term complement)是指称补类的语词或词组。对于只包含一个词的项而言,补项通常只是通过在该项前加上前缀"非"而形成。因此"狗"这个词项的补项是"非狗","书"这个词项的补项是"非书",诸如此类。

一个词项与它的补项之间的关系能够通过文恩图显示出来。例如,如果一个圆圈被用来表示狗这个类,那么圆圈之外的所有东西都代表了非狗这个类。

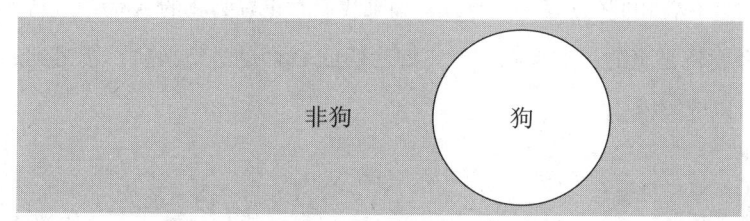

我们现在拥有了形成直言命题的换质所需要的所有东西。首先,我们改变质(同时不改变量),接着我们把谓项变换为它的补项。例如,如果我们被给定的是"所有马都是动物"这个陈述,那么换质命题就是"没有马是非动物";如果我们被给定的是"有的树是枫树",那么换质命题就是"有的树不是非枫树"。为了了解这四种类型的直言命题如何与它们的换质命题发生联系,比较如下几组文恩图:

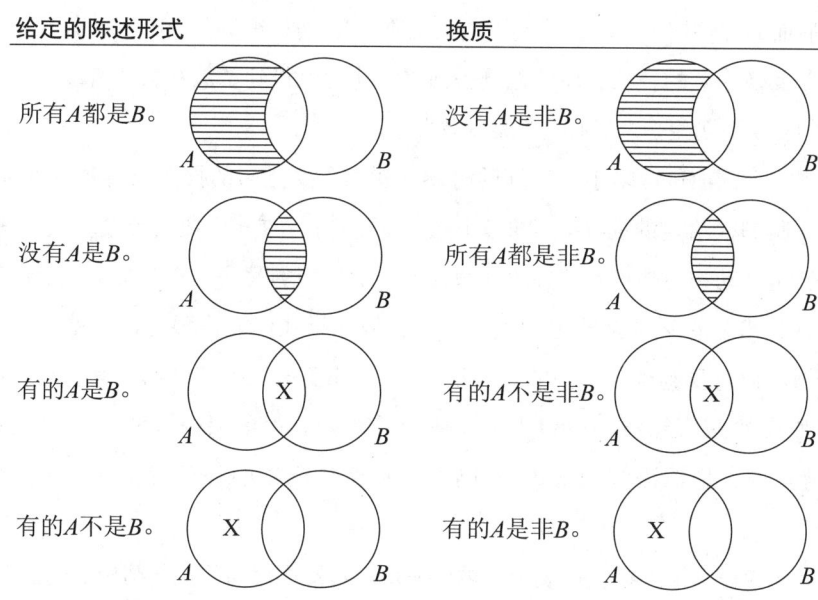

为了了解这些换质图是如何画出的，我们心中要记住的是"非 B"指称的是圆 B 之外的区域。所以，"没有 A 是非 B"断定的是 A 与非 B 重叠的区域是空的。这被圆 A 左边阴影部分所表示。"所有 A 都是非 B"断定的是所有 A 的元素是位于 B 之外的。这意味着没有 A 的元素位于 B 之中，因此 A 与 B 的重叠区域是有阴影的。"有的 A 不是非 B"断定的是至少一个 A 的元素是位于 B 之内的，因此一个 X 便被置于 A 与 B 重叠的区域之中。最后，"有的 A 是非 B"断定的是至少一个 A 的元素是位于 B 之外的，所以一个 X 便被置于圆 A 的左边部分之中。

如果我们考察这几组图，我们看出，每个给定陈述形式的图都等同于它的换质的图。这意味着这四种类型的直言命题的每一个都在逻辑上等值于它的换质命题（并与之有着相同的意义）。所以，如果我们对正好为真的 A 命题进行换质，所得到的命题将是真的；如果我们对正好为假的 O 命题进行换质，所得到的命题将是假的，以此类推。

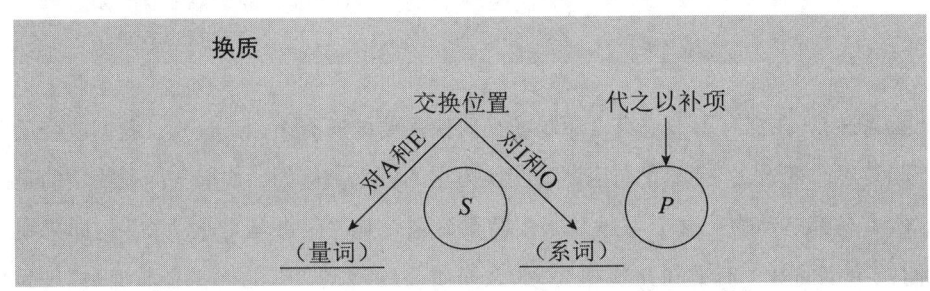

容易看出，如果一个陈述被换质，接着再次进行换质，所得到的陈述将会等同于那个原初陈述。例如，"所有马都是动物"的换质是"没有马是非动物"。为了对后面的陈述进行换质，我们再次改变质（"没有"变为"所有"），并且把"非动物"变换为它的补项。简单地删去前缀"非"就得到了该补项。所以，该换质命题的换质命题便是"所有马都是动物"。

当一个词项包含多于一个词的时候，我们需要更多的技巧以得到它的补项。例如，我们被给定的词项是"非美国土生的动物"，它便不适合通过写成"非非美国土生的动物"来得到该补项。很显然，更恰当的写法是"美国土生的动物"。虽然在技术上它不是该给定词项的补项，但如果我们允许限定话语范围，那么这个做法便是受到合理辩护的。在技术上，"非美国土生的动物"的补项指称所有诸如成熟的西红柿、战列舰、金戒指等东西。但如果假设我们只讨论动物（也就是说，把话语范围限定为动物），那么该词项的补项就是"美国土生的动物"。

如同换位情形一样，换质能够被用来得到直接推理的前提与结论之间的关系。

以下推理形式是有效的：

所有 A 都是 B。　　　　有的 A 是 B。
所以，没有 A 是非 B。　所以，有的 A 不是非 B。

没有 A 是 B。　　　　　有的 A 不是 B。
所以，所有 A 都是非 B。所以，有的 A 是非 B。

因为每个推理形式的结论必然与它的前提拥有相同的真值，所以如果前提假设为真，则必然随之而来的是结论为真。

换质位

与换质一样，**换质位**（contraposition）也需要两个步骤：（1）交换主项与谓项；（2）将主项与谓项替换为它们的补项。例如，"所有山羊是动物"这个陈述被换质位后得到的陈述就是"所有非动物是非山羊"。这个新陈述被称为给定陈述的换质位命题。为了了解这四种类型的直言命题如何与它们的换质位命题发生联系，比较如下几组文恩图：

> **换质位**：换主项与谓项，并且将主项与谓项替换为它们的补项。

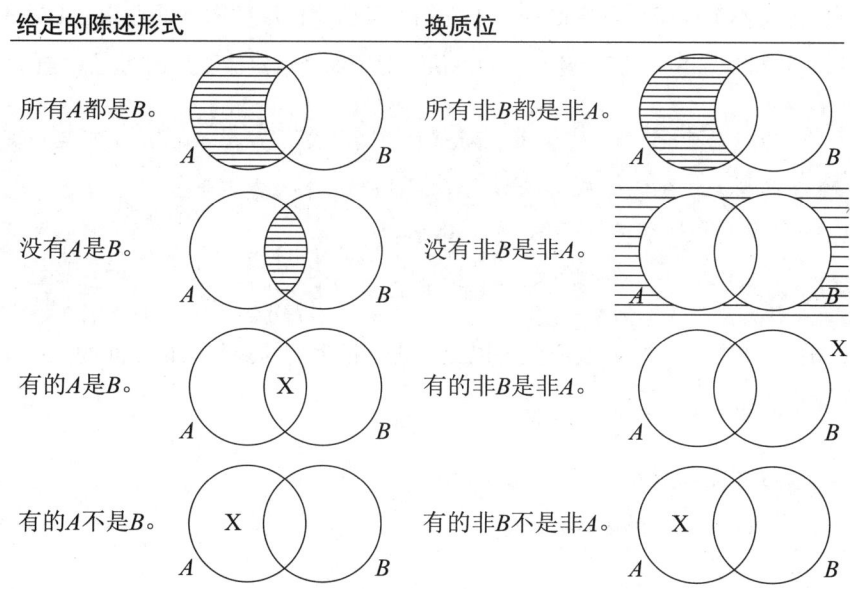

为了理解右边第一幅图是如何画出的，记住，"非 A"指称的是 A 之外的区域。所以，"所有非 B 都是非 A"断定的是非 B 的所有元素都位于 A 之外。这意味着没有非 B 的元素是在 A 之内的。所以，我们对于非 B 与 A 重叠的部分填涂了阴影。"没有非 B 是非 A"断定的是非 B 与非 A 重叠区域是空的，因为非 B 是圆 B 之外的区域而非 A 是圆 A 之外的区域，这两个区域重叠部分便是两圆之外的区域。所以，我们把这个区域涂上阴影。"有的非 B 是非 A"断定的是某物存在于非 B 与非 A 重叠区域之中。再说一遍，这个区域是两圆之外的区域，所以我们在这个区域中写上一个 X。最后，"有的非 B 不是非 A"断定的是非 B 的至少一个元素是位于非 A 之外的。这意味着非 B 的至少一个元素是在 A 之中的，所以我们在非 B 与 A 重叠区域中写上一个 X。

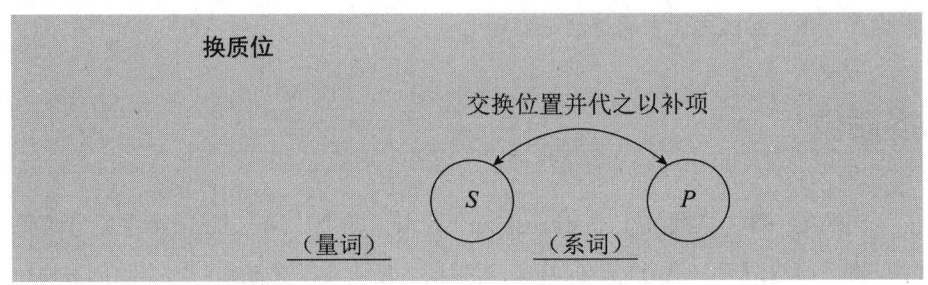

现在，观察 A 命题与 O 命题的图将看到它们等同于它们的换质位命题的图。所以，A 命题与它的换质位命题是逻辑上等值的（并且有着相同的意义），O 命题与它的换质位命题也是逻辑上等值的（并且有着相同的意义）。另一方面，E 与 I 命题的图既不等同于也不恰好相反于它们的换质位命题的图。这意味着 E 或 I 命题的换质位将产生一个新命题，它的真值相对于那个给定命题是逻辑上未定的。

逻辑上等值的结果：
换位：E 和 I。
换质：全部。
换质位：A 和 O。

为有助于记住**换位**（conversion）和**换质位**（contraposition）产生逻辑上等值的结果，注意以下两个词的第二个和第三个元音字母：

CONVE R SI O N
CONT R A P O SITION

与换位和换质一样，换质位可以提供直接推理的前提与结论之间的关系。以下推理形式是有效的：

所有 A 都是 B。
所以，所有非 B 都是非 A。

有的 A 是非 B。
所以，有的非 B 不是非 A。

另一方面，以下推理形式是无效的，每一个都犯了**不当换质位**（illicit contraposition）谬误：

有的 A 是 B。

所以，有的非 B 是非 A。

没有 A 是 B。

所以，没有非 B 是非 A。

以下是两个犯了不当换质位谬误的推理例子：

没有狗是猫。　　　　　　（真）

所以，没有非猫是非狗。　（假）

有的动物是非猫。　　　　（真）

所以，有的猫是非动物。　（假）

对于第一个推理，一个非猫非狗的事物的例子便是一只猪。所以，结论蕴涵着没有猪是猪，这是假的。对于第二个推理，如果前提与结论被换质，那么前提变成"有的动物不是猫"，这是真的，然而结论变成"有的猫不是动物"，这是假的。

不当换位与不当换质位都是形式谬误：仅仅通过审查论证形式，它们便能够被发现。

最后要注意的是，本节持有的是直言命题的布尔式立场，这意味着所得到的结果是无条件的，并且无论命题中的词项是否指称实际存在的事物，它们都保持为真。所以，它们适用于关于独角兽与妖精的命题，如同它们适用于关于狗和猫的命题一样。这些结果总结为如下图表：

换位：交换主项与谓项

给定陈述	换位	真值
E：没有 A 是 B。	没有 B 是 A。	与给定陈述拥有相同的真值
I：有的 A 是 B。	有的 B 是 A。	
A：所有 A 都是 B。	所有 B 都是 A。	真值未定
O：有的 A 不是 B。	有的 B 不是 A。	

换质：改变质；将谓词替换为补项

给定陈述	换质	真值
A：所有 A 都是 B。	没有 A 是非 B。	与给定陈述拥有相同的真值
E：没有 A 是 B。	所有 A 都是非 B。	
I：有的 A 是 B。	有的 A 不是非 B。	
O：有的 A 不是 B。	有的 A 是非 B。	

换质位：交换主项与谓项；将两者替换为其补项

给定陈述	换质位	真值
A：所有 A 都是 B。	所有非 B 都是非 A。	与给定陈述拥有相同的真值
O：有的 A 不是 B。	有的非 B 不是非 A。	
E：没有 A 是 B。	没有非 B 是非 A。	真值未定
I：有的 A 是 B。	有的非 B 是非 A。	

习题 3.4

Ⅰ. 练习 1 到 6 各提供了一个陈述（它的真值在括号中），以及一个施加于该陈述的运算。试填出所得到的新陈述及其真值。（提示：对于第一题，首先得到"没有 A 是非 B"的换位命题；接着由给定陈述是一个真的 E 命题，使用这个信息来计算该换位命题的真值。）

练习 7 到 12 各提供了一个陈述（它的真值在括号中），以及一个新陈述。试确定这个新陈述是如何从给定陈述中得到的，并给出这个新陈述的真值。（提示：对于第七题，首先比较一下给定陈述与该新陈述的词项。这将告诉你究竟是何种运算。接着由这个给定陈述是一个假的 E 命题，使用这个信息并加以运算，计算出这个新陈述的真值。）

给定陈述	运算	新陈述	真值
★1. 没有 A 是非 B。（真）	换位	_____	_____
2. 有的 A 是 B。（真）	换质位	_____	_____
3. 所有 A 都是非 B。（假）	换质	_____	_____
★4. 所有非 A 都是 B。（假）	换质位	_____	_____
5. 有的非 A 不是 B。（真）	换位	_____	_____
6. 有的非 A 是非 B。（真）	换质	_____	_____
★7. 没有非 A 是非 B。（假）	_____	没有 B 是 A。	_____
8. 有的 A 不是非 B。（真）	_____	有的 A 是 B。	_____
9. 所有 A 都是非 B。（假）	_____	所有非 B 都是 A。	_____
★10. 没有非 A 是 B。（假）	_____	所有非 A 都是非 B。	_____
11. 有的非 A 不是 B。（真）	_____	有的非 B 不是 A。	_____
12. 有的 A 是非 B。（假）	_____	有的非 B 是 A。	_____

Ⅱ. 试根据要求进行换位、换质和换质位的运算。

1. 试对以下命题进行换位，并指明换位命题是否逻辑上等值于给定命题。

   ★a. 所有飓风都是被全球变暖所强化的风暴。

   b. 没有变性手术是完全成功的。

c. 有的迭戈·里维拉的壁画是革命精神的庆祝作品。

d. 有的形式的碳不是具有晶体结构的物质。

2. 试对以下命题进行换质，并指明换质命题是否逻辑上等值于给定命题。

★a. 所有激进平等主义社会都是不维护个体自由的社会。

b. 没有邪教领导者是不对追随者洗脑的人。

c. 有的大学橄榄球队教练是不会付费给他们的队员的人。

d. 有的预算缩减不是对穷人公平的行为。

3. 试对以下命题进行换质位，并指明换质位命题是否逻辑上等值于给定命题。

★a. 所有执照被吊销的医生都是没有资格从业的医生。

b. 没有未受到宗教迫害的移民是认可避难所的移民。

c. 有的不想捍卫社会安全的政治家是不想增税的政治家。

d. 有的同性婚姻的反对者不是市民组织的反对者。

Ⅲ. 试使用换位、换质与换质位确定以下论证是有效的还是无效的。对于无效论证，指出其所犯谬误。

★1. 所有日用品商人都是承担突发灾难风险的赌徒。

所以，所有承担突发灾难风险的赌徒都是日用品商人。

2. 没有虐童者是属于日托中心的人。

所以，所有虐童者都是不属于日托中心的人。

3. 有的有着有限权力的州不是奴隶制州。

所以，有的自由州不是有着无限权力的州。

★4. 有的疯子是不理性的人。

所以，有的理性的人是神智健全的人。

5. 有的器官移植不是可感手术。

所以，有的器官移植是无感手术。

6. 没有整天笑哈哈的人是具有真正幽默感的人。

所以，没有具有真正幽默感的人是整天笑哈哈的人。

★7. 所有高利率时期都是不宜商业拓展的时期。

所以，所有适宜商业拓展的时期都是低利率时期。

8. 有的泳装不是为水中活动准备的服装。

所以，有的为水中活动准备的服装不是泳装。

9. 没有在胁迫下做出的承诺是有效契约。

所以，没有无效契约是在无胁迫下做出的承诺。

★10. 所有夜店女郎都是缺乏自尊的人士。

所以，没有夜店女郎是高度自尊的人士。

11. 有的涂鸦作者是释放压抑挫败感的艺术家。

所以，有的释放压抑挫败感的艺术家是涂鸦作者。

12. 有的和平演变是暴力频出的闹剧。

所以，有的没有暴力频出的闹剧是非和平演变。

★13. 有的保险公司不是人道主义组织。

所以，有的人道主义组织不是保险公司。

14. 有的化石燃料是不可再生的能源。

所以，有的化石燃料不是可再生的能源。

15. 所有职业杀手都是要判死刑的罪犯。

所以，所有要判死刑的罪犯都是职业杀手。

★16. 没有非处方药是无有害作用的药物。

所以，没有有有害作用的药物是处方药。

17. 所有喷火龙都是在雾天里萎靡不振的蜥蜴。

所以，没有喷火龙是在雾天里生机勃勃的蜥蜴。

18. 有的远距离星系不是肉眼可见的天体。

所以，有的肉眼可见的天体不是远距离星系。

★19. 所有不愉快经历都是我们不愿想起的事情。

所以，所有我们愿意想起的事情都是愉快经历。

20. 有的反对堕胎的人不是关注儿童权益的人。

所以，有的反对堕胎的人是不关注儿童权益的人。

3.5 传统对当方阵

预热

你的一个朋友主张，购买任何产自"血汗工厂（sweatshop）"的产品都是不道德的。所以，当这个朋友购买了一款新的苹果手机时，你指出这部苹果手机产自国外的"血汗工厂"。然而，你的朋友坚持认为他在购买手机上并没有做错什么。你很快注意到，你的朋友是自相矛盾的。但你的朋友随之否认他是自相矛盾的。两个陈述彼此矛盾意味着什么呢？本节的主题便是涉及这个问题以及其他更多的问题。

在第 3.3 节中，我们采纳了布尔式立场，并且我们看到了现代对当方阵是如何应用的，而无论那些命题是否指称实际存在的事物。在本节中，我们采纳亚里士多德式立场，它认可关于存在事物的全称命题有着存在预设。对于这些命题，可应用传统对当方阵。类似现代对当方阵，**传统对当方阵**（traditional square of opposition）是一幅图，它解释了四种类型的直言命题的逻辑必然关系。然而，因为亚里士多德式立场认可存在预设的额外因素，传统对当方阵支持比现代对当方阵更多的推理。它如下所示：

> **传统对当方阵**：解释四种类型的直言命题的逻辑必然关系的一幅图。

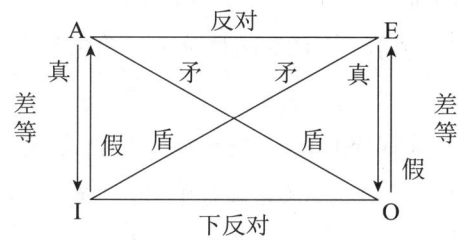

在传统对当方阵中，这四种关系可以解释如下：

矛盾	=	相反真值
反对	=	至少有一个是假的（不都为真）
下反对	=	至少有一个是真的（不都为假）
差等	=	真向下流动，假向上流动

这里的**矛盾关系**（contradictory relation）与现代对当方阵中的矛盾关系相同。所以，如果某个 A 命题被给定为真，那么对应的 O 命题为假，反之亦然；并且如果某个 A 命题被给定为假，那么对应的 O 命题为真，反之亦然。相同的关系也成立于 E 命题与 I 命题之间。所以，矛盾关系表达了命题之间的完全对立。

反对关系（contrary relation）不同于矛盾关系，它只表达部分对立。所以，如果某个 A 命题被给定为真，那么对应的 E 命题为假（因为至少有一个必定为假）；并且如果一个 E 命题被给定为真，那么对应的 A 命题为假。但如果一个 A 命题被给定为假，那么对应的 E 命题可以为真或为假，而不会破坏"至少有一个是假的"这个规则。在这种情况下，这个 E 命题有着逻辑未定的真值。类似地，如果一个 E 命题被给定为假，那么对应的 A 命题有着逻辑未定的真值。

这些结论是得到日常语言支持的。也就是，如果我们被给定的是实际为真的 E 命题"没有猫是狗"，对应的 A 命题"所有猫都是狗"为假。所以，A 命题与 E 命题不能同时为真。然而，它们能够同时为假。"所有动物都是猫"与"没有动物是猫"同时为假。

下反对关系（subcontrary relation）也表达了一种部分对立。如果某个 I 命题被给定为假，对应的 O 命题为真（因为至少有一个必定为真）；并且如果一个 O 命题被给定为假，对应的 I 命题为真。但如果 I 命题或 O 命题被给定为真，那么对应命题能够为真或为假，都不会破坏"至少有一个是真的"这个规则。在这种情况下，对应命题有着逻辑未定的真值。

这些结论同样得到了日常语言的支持。如果我们被给定的是实际为假的 I 命题"有的猫是狗"，对应的 O 命题"有的猫不是狗"为真，而且如果被给定的是实际为假的 O 命题"有的猫不是动物"，对应的 I 命题"有的猫是动物"为真，因为 I 命题与 O 命题不能同时为假，但能够同时为真。"有的动物是猫"与"有的动物不是猫"同时为真。

差等关系（subalternation relation）表现为两个箭头：标有"真"的向下箭头与标有"假"的向上箭头。这些箭头可以看作真值"流动"的管道。向下箭头只"传送"真，而向上箭头只"传送"假。所以，如果一个 A 命题被给定为真，那么对应的 I 命题也是真的；并且如果 I 命题被给定为假，那么对应的 A 命题也为假。但是，如果一个 A 命题被给定为假，因为真值不能向下传送，那么对应的 I 命题有着逻辑未定的真值。相反地，如果一个 I 命题被给定为真，这个真值不能向上传送，那么对应的 A 命题有着逻辑未定的真值。类似的推理对于 E 命题与 O 命题的差等关系来说也是成立的。为了记住差等关系的箭头方向，可以想象着真"从天而降"，而假"逆天上扬"。

现在我们已经逐个地考察了这四种关系，这让我们了解了它们如何能够一起用来确定对应命题的真值。当使用这个方阵来确定一个以上的真值的时候，我们心中要记住的经验法则便是：永远首先使用矛盾关系。现在，让我们假设我们被告知无意义命题"所有阿德勒们（adlers）都是鲍勃金们（bobkins）"是真的。进一步假设阿德勒们确实存在，所以我们使用传统对当方阵是有合理依据的。根据矛盾关系，"有的阿德勒们不是鲍勃金们"是假的。那么根据反对关系或差等关系，"没有阿德勒们是鲍勃金们"是假的。最后，根据矛盾关系、差等关系或下反对关系，"有的阿德勒们是鲍勃金们"是真的。

接下来，让我们看看会发生什么，如果我们假设"所有阿德勒们是鲍勃金们"是假的。根据矛盾关系，"有的阿德勒们不是鲍勃金们"是真的，但没有更多东西可以确定。换句话说，给定一个假的 A 命题，反对和差等都会产生不确定的结果，而且给定一个真的 O 命题（其真值是我们刚刚确定了的），下反对和差等都会产生不确定的结果。所以，对应的 E 和 I 命题都有着逻辑未定的真值。这个结果说明了另外两个经验法则。假设我们总是首先使用矛盾关系，如果一个剩下来的关系产生了逻辑未定的真值，另一个也将如此。另一个规则是，无论什么时候一个陈述有着逻辑未定的真值，那么它的矛盾陈述也将如此。所以，具有逻辑未定的真值的陈述总是成对出现于方阵对角线的两端。

检验直接推理

接下来，让我们看看如何使用传统对当方阵来检验直接推理的有效性。这里有一个例子：

> 所有瑞士手表都是艺术品。
> 所以，没有瑞士手表是艺术品这是假的。

和往常一样，我们开始假设这个前提为真。因为这个前提是一个 A 命题，根据反对关系，相应的 E 命题为假。但这正是结论所表明的内容，因此这个论证是有效的。

下面是另外一个例子：

> 有的病毒是攻击 T 细胞的组织体。
> 所以，有的病毒不是攻击 T 细胞的组织体。

在这里，前提和结论是通过下反对关系联系在一起的。根据这种关系，如果前提被假设为真，那么结论有着逻辑未定的真值，并且因此这个推理是无效的。它犯了**不当下反对**（illicit subcontrary）的形式谬误。类似地，依赖反对关系错误应用的推理犯了**不当反对**（illicit contrary）的形式谬误，依赖差等关系错误应用的推理犯了**不当差等**（illicit subalternation）的形式谬误。这些谬误的一些形式如下所示：

不当反对

> 所有 A 都是 B 这是假的。
> 所以，没有 A 是 B。

> 没有 A 是 B 这是假的。
> 所以，所有 A 都是 B。

不当下反对

> 有的 A 是 B。
> 所以，有的 A 不是 B 这是假的。

> 有的 A 不是 B。

所以，有的 A 是 B。

不当差等

有的 A 不是 B。

所以，没有 A 是 B。

所有 A 都是 B 这是假的。

所以，有的 A 是 B 这是假的。

矛盾关系错误应用的情形是非常少见的，以至"不当矛盾"谬误通常没有得到承认。

如同我们在本节开始处所看到的，为了应用传统对当方阵，我们必须采纳亚里士多德式立场，并且它被应用的那些命题必须对实际存在的事物做出断定。现在，这个问题可以被提出来了：如果我们采纳了亚里士多德式立场但那些命题是关于不存在事物的，会发生什么呢？答案是，在这些条件下，传统对当方阵退回到了现代对当方阵（请见 3.3 节）。基于矛盾关系的正确应用的推理是有效的，但是基于其他三种关系的正确应用的推理是无效的，并且犯了存在谬误。

这个结论的理由是显而易见的。现代对当方阵是基于布尔式立场的，而传统对当方阵是基于亚里士多德式立场的。亚里士多德式立场仅在关于存在事物的全称命题上不同于布尔式立场。亚里士多德式立场把这些命题解释为具有存在预设，与此同时布尔式立场不这么做。但是从亚里士多德式立场上看，关于不存在事物的全称命题并不具有存在预设。换句话说，亚里士多德式立场对于这些命题的解释方式恰好与布尔式立场相同。所以，对于关于不存在事物的全称命题，传统对当方阵恢复为现代对当方阵。

对应地，当且仅当反对、下反对和差等被用来得出一个结论，这个结论来自关于不存在事物的前提，从亚里士多德式立场上看才犯了**存在谬误**。所有此类推理都有一个没有存在预设的全称命题作为前提，都得出了一个具有存在预设的特称命题作为结论。这种存在谬误绝不会在矛盾关系上发生，也不会在换质、换位、换质位上发生，因为它们无关乎存在。从亚里士多德式立场上看，如下推理犯了存在谬误：

所有乘扫把飞行的女巫都是无所畏惧的女人。

所以，有的乘扫把飞行的女巫是无所畏惧的女人。

没有魔法师是邪恶者。

所以，所有魔法师都是邪恶者这是假的。

第一个推理依赖差等关系的正确使用，而第二个推理依赖反对关系的正确使用。如果飞行的女巫和魔法师实际存在，那么这两个推理都是有效的。但因为他们并不存在，所以这两个论证是无效的，并且犯了存在谬误。针对第二个例子，回忆一下，断定 A 命题为假的那个结论，实际上是一个特称命题。所以，这个例子，如同第一个例子，都是从全称进到特称。

存在谬误的例子：两种立场

所有猫都是动物。
所以，有的猫是动物。

布尔式立场：无效，存在谬误
亚里士多德式立场：有效

所有独角兽都是动物。
所以，有的独角兽是动物。

布尔式立场：无效，存在谬误
亚里士多德式立场：无效，存在谬误

当一个推理采用亚里士多德式立场但我们并不能肯定前提的主项是否指称实际存在的事物时，我们就说这个推理是**有条件地有效的**（conditionally valid）。例如，以下推理是有条件地有效的：

> 所有考试失败的学生都是见习生。
> 所以，有的考试失败的学生是见习生。

有条件地有效的：根据前提的主项指称实际存在事物这个条件，是有效的。

这个推理的有效性依赖是否在事实上存在着任何考试失败的学生。这个推理是有效的，或者无效的，但我们缺乏足够的关于前提意义的信息，来确定究竟是哪种情形。一旦我们得知实际存在着有的考试失败的学生，我们便能够断定这个推理从亚里士多德式立场上看是有效的。但如果没有考试失败的学生，这个推理便是无效的，因为它犯了存在谬误。

类似地，所有依赖反对、下反对与差等关系的有效应用的推理形式都是有条件地有效的，因为我们不知道这些命题里的字母是否指称实际存在的事物。例如，依赖反对关系的如下推理形式都是有条件地有效的：

> 所有 A 都是 B。
> 所以，没有 A 是 B 这是假的。

如果"狗"和"动物"被相应代入 A 和 B 的位置，所得到的推理是有效的。但如果代替的是"独角兽"和"动物"，所得到的推理是无效的，因为它犯了存在谬误。在第 3.3 节，我们提到了所有从布尔式立场上看有效的推理（和推理形式）都是无条件地有效的。它们是有效的，无论它们的词项是否指称实际存在的事物。

3.5　传统对当方阵　187

在检验推理有效性的过程中，我们从来没有关注过前提的实际真值。无论前提实际上为真或为假，我们总是一开始假设它是真的，并且随之决定这个假设如何承载结论的真或假。前提实际为真只影响到了该论证的可靠性。所以现在让我们转到可靠性问题上来。回忆一下，在第 1.4 节中，一个可靠论证是一个有效的且前提皆为真的论证，考虑如下例子：

> 所有猫都是狗。
> 所以，有的猫是狗。

这个前提显然是假的；但如果我们假设它是真的，那么必然随之而来的是，根据差等关系，这个结论是真的。所以，这个推理是有效的。然而，因为这个前提是假的，所以这个推理是不可靠的。

下面是另一个例子：

> 没有兔子是蟾蜍。
> 所以，所有兔子都是蟾蜍这是假的。

这个推理是可靠的。根据反对关系，它是有效的，并且它也有着一个真前提。

最后再举一个例子：

> 有的独角兽不是瞪羚。
> 所以，所有独角兽都是瞪羚这是假的。

这个推理不同于其他推理之处就在于，这个前提断定的是某些实际不存在的事物（即独角兽）的存在。换句话说，这个前提看起来是自相矛盾的。不管怎样，这个推理可以以通常的方式加以评价。如果前提被假设为真，那么必然随之而来的是，根据矛盾关系，结论为真。所以，这个推理是有效的。但这个推理是不可靠的，因为它有一个假前提。这个前提断定的是某些实际不存在的事物的存在。

习题 3.5

I. 试使用传统对当方阵找出下列问题的答案。当一个陈述被给定为假的时候，在对当方阵中直接输入一个"F"并计算（如果可能的话）其他真值。

★1. 如果"所有流行时尚都是商业洗脑的产物"是真的，下列陈述的真值是什么？
   a. 没有流行时尚是商业洗脑的产物。
   b. 有的流行时尚是商业洗脑的产物。
   c. 有的流行时尚不是商业洗脑的产物。

2. 如果"所有流行时尚都是商业洗脑的产物"是假的，下列陈述的真值是什么？
   a. 没有流行时尚是商业洗脑的产物。
   b. 有的流行时尚是商业洗脑的产物。
   c. 有的流行时尚不是商业洗脑的产物。

3. 如果"没有设圈套行为是诱捕情形"是真的，下列陈述的真值是什么？
   a. 所有设圈套行为都是诱捕情形。
   b. 有的设圈套行为是诱捕情形。
   c. 有的设圈套行为不是诱捕情形。

★4. 如果"没有设圈套行为是诱捕情形"是假的，下列陈述的真值是什么？
   a. 所有设圈套行为都是诱捕情形。
   b. 有的设圈套行为是诱捕情形。
   c. 有的设圈套行为不是诱捕情形。

5. 如果"有的暗杀行为是道德上正当的行为"是真的，下列陈述的真值是什么？
   a. 所有暗杀行为都是道德上正当的行为。
   b. 没有暗杀行为是道德上正当的行为。
   c. 有的暗杀行为不是道德上正当的行为。

6. 如果"有的暗杀行为是道德上正当的行为"是假的，下列陈述的真值是什么？
   a. 所有暗杀行为都是道德上正当的行为。
   b. 没有暗杀行为是道德上正当的行为。
   c. 有的暗杀行为不是道德上正当的行为。

★7. 如果"有的强迫症行为不是可治愈的疾病"是真的，下列陈述的真值是什么？
   a. 所有强迫症行为都是可治愈的疾病。
   b. 没有强迫症行为是可治愈的疾病。
   c. 有的强迫症行为是可治愈的疾病。

8. 如果"有的强迫症行为不是可治愈的疾病"是假的，下列陈述的真值是什么？
   a. 所有强迫症行为都是可治愈的疾病。
   b. 没有强迫症行为是可治愈的疾病。
   c. 有的强迫症行为是可治愈的疾病。

Ⅱ. 试使用传统对当方阵来确定下列直接推理是有效的还是无效的。指出所犯谬误的名称。

★1. 所有学校祈祷的支持者都是坚持把他们的观点强加到他人之上的个体。
   所以，有的学校祈祷的支持者是坚持把他们的观点强加到他人之上的个体。

2. 没有监狱告密者是能够信任的人这是假的。
   所以，有的监狱告密者不是能够信任的人。

3. 所有主妇都是有实际工作的人。

   所以，没有主妇是有实际工作的人这是假的。

★4. 有的巨怪不是居住在桥下的生物这是假的。

   所以，没有巨怪是居住在桥下的生物这是假的。

5. 有的校园罗曼史是夹杂暴力侵害的故事。

   所以，有的校园罗曼史不是夹杂暴力侵害的故事。

6. 有的成人影视出版物是受到第一修正案保护的东西。

   所以，没有成人影视出版物是受到第一修正案保护的东西这是假的。

★7. 所有主流保守主义者是支持为穷人提供免费法律服务的人这是假的。

   所以，没有主流保守主义者是支持为穷人提供免费法律服务的人。

8. 有的人类创造形式是数学分析可修正的活动这是假的。

   所以，所有人类创造形式都是数学分析可修正的活动这是假的。

9. 有的牙仙是白天到访者这是假的。

   所以，有的牙仙不是白天到访者。

★10. 有的正统心理分析者不是宗教狂热驱动的个体这是假的。

   所以，有的正统心理分析者是宗教狂热驱动的个体这是假的。

11. 有的在月球上组装的校车不是等离子驱动的交通工具。

   所以，所有在月球上组装的校车都是等离子驱动的交通工具这是假的。

12. 有的网络新闻节目是平庸之作这是假的。

   所以，没有网络新闻节目是平庸之作这是假的。

★13. 没有会飞的驯鹿是迷失在雾中的动物。

   所以，所有会飞的驯鹿都是迷失在雾中的动物这是假的。

14. 没有融资并购是对工人不公平的交易这是假的。

   所以，所有融资并购都是对工人不公平的交易。

15. 有的硬蜱不是莱姆病的携带体这是假的。

   所以，有的硬蜱是莱姆病的携带体。

Ⅲ. 试使用传统对当方阵来确定下列直接推理是有效的还是无效的，可靠的还是不可靠的。指出所犯谬误的名称。

★1. 所有海豚是北极熊。

   所以，没有海豚是北极熊这是假的。

2. 有的经济萧条不是经济下滑时期这是假的。

   所以，没有经济萧条是经济下滑时期这是假的。

3. 有的自杀幸存者是否极泰来这是假的。

   所以，有的自杀幸存者不是否极泰来。

★4. 有的红宝石耳坠不是珠宝产品这是假的。

   所以，有的红宝石耳坠是珠宝产品。

5. 所有里约热内卢的到访者都是沉迷于狂欢的人这是假的。

   所以，没有里约热内卢的到访者是沉迷于狂欢的人。

6. 有的骗税者不是诚实的市民。

   所以，没有骗税者是诚实的市民。

★7. 所有真实的谎言都是有趣的断言。

   所以，有的真实的谎言是有趣的断言。

8. 没有已破产的发廊是存活的企业这是假的。

   所以，所有已破产的发廊都是存活的企业。

9. 有的功能性滑雪板不是带轮子的装备这是假的。

   所以，所有功能性滑雪板都是带轮子的装备。

★10. 有的电影导演是视觉艺术家。

   所以，有的电影导演不是视觉艺术家。

Ⅳ. 练习 1 到 10 各提供了一个陈述（它的真值在括号中），以及一个施加于该陈述的运算。试填出所得到的新陈述及其真值。练习 11 到 20 各提供了一个陈述（它的真值在括号中），以及一个新陈述。试确定这个新陈述是如何从给定陈述中得到的，并给出这个新陈述的真值。

给定陈述	运算/关系	新陈述	真值
★1. 所有非 A 都是 B。（真）	换质位	_____	_____
2. 有的 A 是非 B。（假）	差等	_____	_____
3. 没有 A 是非 B。（真）	换质	_____	_____
★4. 有的非 A 不是 B。（真）	下反对	_____	_____
5. 没有 A 是非 B。（假）	矛盾	_____	_____
6. 没有 A 是 B。（真）	换质位	_____	_____
★7. 所有非 A 都是 B。（真）	反对	_____	_____
8. 有的 A 不是非 B。（假）	换质	_____	_____
9. 没有 A 是非 B。（假）	换位	_____	_____
★10. 有的非 A 是非 B。（假）	下反对	_____	_____
11. 有的非 A 不是 B。（真）	_____	所有非 A 都是 B。	

12. 有的 A 是非 B。（真）　　_____　　有的非 B 是 A。　　_____
★13. 所有非 A 都是 B。（假）　　_____　　没有非 A 是非 B。　　_____
14. 有的非 A 不是 B。（真）　　_____　　没有非 A 是 B。　　_____
15. 所有 A 都是非 B。（假）　　_____　　所有非 B 都是 A。　　_____
★16. 有的非 A 是非 B。（假）　　_____　　没有非 A 是非 B。　　_____
17. 有的 A 不是非 B。（真）　　_____　　有的 B 不是非 A。　　_____
18. 没有非 A 是 B。（真）　　_____　　有的非 A 不是 B。　　_____
★19. 没有 A 是非 B。（假）　　_____　　所有 A 都是非 B。　　_____
20. 有的非 A 是 B。（假）　　_____　　有的非 A 不是 B。　　_____

Ⅴ．试使用传统对当方阵或换位、换质或换质位来确定下列直接推理是有效的还是无效的。对于那些无效推理，指出所犯谬误的名称。

★1. 有的慢跑活动不是有氧运动这是假的。

　　所以，没有慢跑活动是有氧运动这是假的。

2. 没有食肉的素食者是有高蛋白质食谱的个体。

　　所以，没有高蛋白质食谱的个体是食肉的素食者。

3. 有的健康护理工作不是吸引人的职业。

　　所以，有的健康护理工作是吸引人的职业。

★4. 有的绝症病人是不想活下去的病人。

　　所以，有的想活下去的病人是康复中的病人。

5. 所有芭比玩偶都是传递错误价值观的玩具。

　　所以，没有芭比玩偶是传递正确价值观的玩具。

6. 所有飞象都是搞笑的大块头。

　　所以，有的飞象是搞笑的大块头。

★7. 有的国际恐怖主义者是政治温和主义者这是假的。

　　所以，有的国际恐怖主义者不是政治温和主义者。

8. 没有宠物仓鼠是需要很多照料的动物。

　　所以，所有宠物仓鼠都是需要很多照料的动物这是假的。

9. 有的对冲基金经理不是负责任的投资者。

　　所以，有的负责任的投资者不是对冲基金经理。

★10. 所有控制细胞增长的物质都是激素这是假的。

　　所以，没有控制细胞增长的物质是激素。

11. 有的揭发告密情形是不忠于雇主的行为。

　　所以，有的揭发告密情形不是不忠于雇主的行为。

12. 没有被偷窃的计算机芯片是容易追踪的物品。

　　所以，没有难于追踪的物品是未被偷窃的计算机芯片。

★13. 有的经济学家是安·兰德的拥趸。

　　所以，有的经济学家不是安·兰德的拥趸。

14. 所有陶瓷雕像都是易碎的艺术品。

　　所以，有的陶瓷雕像不是易碎的艺术品这是假的。

15. 有的美好的回忆不是错过的机遇。

　　所以，有的得到的机遇不是不美好的回忆。

3.6 将日常语言陈述翻译为直言形式

预热

你与一个朋友讨论为什么有的学生比其他学生更容易得到约会。你的朋友认为："只有笑口常开的人们得到约会。这蕴涵着有的得到约会的人们笑口常开。"你的朋友的论证是有效的吗？如果有效，你如何证明它是有效的？"只有"与"有的"这些语词的意义是什么？在本节中，你将学习到如何处理包含这些语词的陈述。

虽然出现在日常写作与口头表达中的陈述极少是标准形式的直言命题，但它们中的许多陈述能够被翻译为标准形式的直言命题。这种翻译有两个好处。首先，与标准形式直言命题相联系的那些运算与推理（反对、下反对等）变成可应用于这些陈述的。其次，一旦被翻译，这些陈述最终在它们的意义上是清楚与无歧义的。许多日常语言中的陈述是可以有多种解释的，并且每一种解释表现出了一种可能的翻译模式。翻译这些陈述的努力揭示了不同的解释，并且因此有助于避免误解和混淆。

> 翻译规则：理解给定陈述的意义并且在一个有着合适的量词、主项、系词和谓项的新陈述中重新表述它。

将陈述翻译为直言形式，如同任何其他种类的翻译一样，没有一组特定规则来解释每一种可能的措辞形式。然而，一个普遍规则总是适用的：理解给定陈述的意义，然后在一个带有合适量词、主项、系词与谓项的新陈述中重新表述它。通常遇到的一些措辞形式是无名词的词项、非标准动词、单称命题、副词与代词、未表达的量词和非标准量词、条件陈述、排他性命题、"仅有的"，以及**除外命题**（exceptive proposition）。

1. 无名词的词项

一个直言命题的主项和谓项一定包含着一个复数名词或者一个用来指称该词项所指称的那个类的代词。名词与代词指称类，与此同时，形容词（与分词）暗示着属性。如果一个词项只包含一个形容词，那么一个复数名词或者一个代词应该被引入，以使得该词项真正是有指称的。例如：

有的玫瑰花是红色的。　　　有的玫瑰花是红色的花朵。

所有老虎都是食肉的。　　　所有老虎都是食肉的动物。

2. 非标准动词

根据本章先前采用的立场，允许出现在标准形式直言命题中的唯一系词是"是"与"不是"。然而，日常用法中的一些陈述，经常采用动词"是（to be）"的其他形式。这样一些陈述可以被下列例子所解释的那种方式加以翻译：

有的大学生将变成有教养的。　　　有的大学生是将变成有教养的人。

有的狗只叫不咬人。　　　有的狗是只叫不咬人的动物。

在其他陈述中，根本没有出现动词"是"的任何形式。这些可以被下列例子所解释的那种方式加以翻译：

有的鸟在冬天飞往南方。　　　有的鸟是在冬天飞往南方的动物。

所有鸭子都游泳。　　　所有鸭子都是游泳者。

　　　　　　　或者

所有鸭子都是游泳的动物。

3. 单称命题

一个**单称命题** / **陈述**（singular proposition/statement）是一个对特定人士、地点、事物或时间做出断定的命题。单称命题通常借助于一个参数被翻译为全称命题。一个**参数**（parameter）是一个短语，当被引入到一个陈述之中的时候，它影响的是该陈述的形式而不是意义。一些可以被用来翻译单称命题的参数是：

等同于（identical to）……的人

等同于……的地点

等同于……的事物

等同于……的情形

等同于……的时间

例如，"苏格拉底是有死的"这个陈述可以被翻译为"所有等同于苏格拉底的人是有死的人"。因为只有一个人是等同于苏格拉底的，即苏格拉底自己，"等同于苏格拉底的人"这个词项指称的是以苏格拉底为唯一元素的那个类。换句话说，它只指称苏格拉底。这样一个翻译被公认为丢失了一些原初信息，因为单称陈述通常具有存在预设，与此同时全称陈述并不具有存在预设——至少从布尔式立场上看。但是如果从亚里士多德式立场上看这些翻译，存在预设是被保留下来的。这是一些例子：

乔治回家了。	所有等同于乔治的人都是回家的人。
圣诞老人不购物。	没有等同于圣诞老人的人是购物的人。
卧室里有一个收音机。	所有等同于卧室的地点都是有一个收音机的地点。
	或者
	有的收音机是在卧室里的事物。
今晚的月亮是圆的。	所有等同于月亮的事物都是今晚圆的事物。
	或者
	所有等同于今晚的时间都是月亮是圆的时间。
我讨厌杜松子酒。	所有等同于我的人都是讨厌杜松子酒的人。
	或者
	所有等同于杜松子酒的事物都是我讨厌的事物。

在翻译单称陈述的过程中，值得注意的是，"等同于……的人"这个参数并不等同于"类似于……的人"或者"像……的人"。可能有许多人像苏格拉底，但只有一个人等同于苏格拉底。还有一点值得注意，当所讨论的词项早已有一个指称所意图的类的复数名词（或代词）的时候，参数不应该被使用。这种使用在技术上并不是错误的，但它是冗余的。例如：

钻石是碳的同素异形体。	正确：所有钻石都是碳的同素异形体。
	冗余：所有等同于钻石的事物都是等同于碳的同素异形体的事物。

4. 副词与代词

当一个陈述包含一个空间副词，诸如"哪里""无论什么地方""任何地方""每个地方"或"没有地方"，或者一个时间副词，诸如"当……的时候""无论什么时候""任何时候""一直"或者"绝不"，它可以相应地使用"地点"或"时间"而加以翻译。包含代词"谁""无论是谁""任何人""什么东西""无论如何"或"任何东西"的陈述都可以相应地使用"人"或"事情"而加以翻译。例如：

他总穿着西装去上班。	所有他去上班的时间都是他穿着西装的时间。
他总是脸刮得干干净净的。	所有时间都是他的脸刮得干干净净的时间。
她从来没有把她的午餐带到学校。	没有她去学校的时间是她带她的午餐的时间。
地球上无处有任何独角兽。	没有地球上的地点是存在独角兽的地点。
无论何人努力工作都将成功。	所有努力工作的人都是将成功的人。
无论何时他获胜他都要庆祝。	所有他获胜的时间都是他庆祝的时间。
她去她所选择的地方。	所有她选择去的地方都是她去的地方。
她做她想做的事情。	所有她想做的事情都是她做的事情。

注意一下最后四个例子中主项与谓项的次序。在翻译诸如这些例子的陈述的时候，我们总是容易把主项与谓项混淆起来。然而，因为这些陈述全都被翻译为A型直言命题，这样一种混淆等于犯了不当换位谬误。为了防止它的发生，心中牢记这条规则：对于"W"语词，诸如"谁（who）"、"什么（what）"、"何时（when）"、"何地（where）"、"无论是谁（whoever）"、"无论何物（whatever）"、"无论何地（wherever）"等，位于"W"语词之后的语言要当做直言命题的主项。

5. 未表达的量词

日常用法中的许多陈述都有着一些被蕴涵但未被表达的量词。在引入量词的时候，人们必须以该陈述的最可能的意义为导向。例如：

翡翠是绿色宝石。	所有翡翠都是绿色宝石。
动物园中有狮子。	有的狮子是动物园中的动物。

老虎是哺乳动物。	所有老虎都是哺乳动物。
鱼不是哺乳动物。	没有鱼是哺乳动物。
老虎咆哮。	有的老虎是咆哮的动物。
儿童是人。	所有儿童都是人。
儿童住在隔壁。	有的儿童是住在隔壁的人。

6. 非标准量词

在一些日常语言陈述中，数量是用不同于那三种标准形式量词之外的语词指称的。包括"极少（few）"、"少许（a few）"、"并非每一个（not every）"、"任何一个（anyone）"，以及各种其他的形式。当"所有"这个量词与系词"不是"结合起来的时候，另一个问题就出现了。如同我们已经看到的，形如"所有 S 不是 P"的陈述不是标准形式的直言命题。根据它们的意义，它们应该被翻译为"没有 S 是 P"或者"有的 S 不是 P"。当原意是"有的 S 不是 P"，这个意义可以通过把口语重音放在语词"所有"而得到指明。例如，"所有运动员不是超级明星"意味着"有的运动员不是超级明星"。这里还有一些例子：

少许士兵是英雄。	有的士兵是英雄。
任何投票的人是公民。	所有投票的人都是公民。
不是每一个投票的人都是民主党人。	有的投票的人不是民主党人。
没有哪一条狗是猫。	没有狗是猫。
所有新生儿是不能说话的。	没有新生儿是能够说话的人。
所有囚犯不是凶残的。	有的囚犯不是凶残的人。
许多娱乐明星是喜剧演员	有的娱乐明星是喜剧演员。
几个示威者被捕了。	有的示威者是被捕的人。
极少的水手参加划艇比赛。	有的水手是参加划艇比赛的人 并且有的水手不是参加划艇比赛的人。

注意，以"极少（few）"开头的最后这个陈述不能被翻译为单——一个直言命题。这种命题（以及一些以"少数"开头的命题）必须翻译为一个 I 命题与 O 命题的复合组合。以"几乎全部（almost all）"和"并非全部（not quite all）"开头的陈述必须以同样的方式加以处理。当这些陈述出现在论证之中的时候，这些论证必须以那些包含除外命题（随后我们将简要讨论）的论证的同样方式加以处理。

7. 条件陈述

当一个条件陈述的前件与后件指称相同事物类的时候，这个陈述通常能够被翻译为直言形式。这种陈述总是被翻译为全称陈述。位于语词"如果"之后的语言部分进入该直言命题的主项，而位于语词"仅当"之后的语言部分进入谓项。例如：

如果它是老鼠，那么它是哺乳动物。	所有老鼠都是哺乳动物。
如果熊是饥饿的，那么它是危险的。	所有饥饿的熊都是危险动物。
珠宝是昂贵的，如果它是由黄金制成。	所有黄金制成的珠宝产品都是昂贵的东西。
一辆车是凯美瑞，仅当它是一辆丰田车。	所有凯美瑞都是丰田车。

具有一个否定后件的条件陈述通常最好被翻译为 E 命题。例如：

如果它是火鸡，那么它不是哺乳动物。	没有火鸡是哺乳动物。
如果一个动物有着四条腿，那么它不是鸟。	没有四条腿动物是鸟。
仅当它不是钝的，一把刀才能切割。	没有能切割的刀是钝刀。

语词"除非"意味着"如果不"。因为位于语词"如果"之后的语言部分进入主项，包含"除非"的陈述被翻译为包含否定主项的直言命题。例如：

西红柿是可食用的，除非它们是腐烂的。	所有不腐烂的西红柿都是可食用的西红柿。
除非一个男孩做错事，他将被善待。	所有没有做错事的男孩都是将被善待的男孩。

8. 排他性命题

许多涉及了"只有（only）"、"只有……才（none but）"、"除了……之外没有东西（none except）"与"除了……之外没有（no...except）"这些语词的命题是排他性命题。把它们翻译为直言命题的努力时常导致主项与谓项的混淆。为了避免这种混淆，心中牢记：位于"只有""只有……才""除了……之外没有东西"与"除了……之外没有"的语言部分进入了直言命题的谓项。例如，"只有经理们才能使用银色电梯"被翻译为"所有能够使用银色电梯的人是经理们"。如果它被翻译为"所有经理们是能够使用银色电梯的人",这个翻译是不正确的。例如:

只有获选官员将参加这次大会。	所有将参加这次大会的人都是获选官员。
只有勇敢者才配得上这个美人。	所有配得上这个美人的人都是勇敢的人。
除了孔雀之外没有鸟是对它们的尾部感到骄傲的。	所有对它们的尾部感到骄傲的鸟都是孔雀。
他只拥有蓝筹股。	所有他拥有的股票都是蓝筹股。
她只邀请富有人士。	所有她邀请的人都是富有人士。

因为一个涉及了"只有""只有……才""除了……之外没有东西"与"除了……之外没有"的陈述要成为一个真正的排他性命题,位于这些语词之后的那个语词必须是一个复数名词或代词。如果位于"只有""只有……才"等之后的那个语词指称一个个体,该陈述实际上断定的是两件事情。例如,"只有梅甘画了一幅画"断定的是梅甘画了一幅画并且没有其他人画了一幅画。所以,它应该被翻译为两个陈述:"所有等同于梅甘的人是画了一幅画的人,并且所有画了一幅画的人是等同于梅甘的人。"本节将省略位于"只有""只有……才"等之后的那个语词指称一个个体的情形。

另外值得注意的是,许多包含"只有"的英语陈述是有歧义的,因为"只有"能够被解释为修饰该陈述中的候选语词。例如,考虑一下这个陈述:"他只在日落后跑步。(He only jogs after sunset.)"这个陈述意味的是"他是在日落后跑步的唯一一个人"或者"他在日落后只跑步而不散步"或者"他跑步的唯一时间是在日落后"?如果这个陈述的语境没有提供一个答案,那么翻译者有权选择这些意义中的一个加以翻译。这种相同的歧义性偶尔也影响了先前列表中的最后两个例子。对应地,它们也可以被翻译为"他拥有的所有事物是蓝筹股"和"所有她邀请的人士是富有的人"。

9. "仅有的"

以"仅有的"这个语词开头的陈述的翻译方式不同于以"只有"这个语词开头的那些陈述。例如,"仅有的可供购买的车是雪佛兰车"意味着"如果一辆车是可供购买的,那么它是一辆雪佛兰车"。这还可以被翻译为"所有可供购买的车都是雪佛兰车"。换句话说,位于"仅有的"之后的语言进入了直言命题的主项。例如:

仅有的生活在这个峡谷的动物都是臭鼬。	所有生活在这个峡谷的动物都是臭鼬。
会计师是仅有的将被雇用的人。	所有那些将被雇用的人都是会计师。

涉及"仅有的"的陈述在这个方面类似于那些涉及"只有"的那些陈述：当该陈述是关于一个个体的，我们需要用两个陈述来翻译它。例如，"仅有的画了一幅画的人是梅甘"意味着梅甘画了一幅画，并且没有其他人画了一幅画。这个陈述在意义上等值于"只有梅甘画了一幅画"。所以，它被翻译为"所有等同于梅甘的人是画了一幅画的人，并且所有画了一幅画的人是等同于梅甘的人"。涉及"仅有的"的指称个体的陈述在本章其余部分是被省略的。

10. 除外命题

形如"除 S 外的所有事物都是 P（All except S are P, All but S are P）"的命题是除外命题。它们一定不能被翻译为单一的直言命题，而是被翻译为几对合取直言命题。另一方面，包含词组"除……外没有东西"的陈述是排他性命题（不是除外命题）。"除……外没有东西"与"除……外没有"是同义的。下面是一些除外命题的例子：

所有除学生外的人都是受邀的。	没有学生是受邀者，并且所有的非学生都是受邀者。
所有除经理们外的人都必须向总裁报告。	没有经理是必须向总裁报告的人，并且所有不是经理的人都是必须向总裁报告的人。

因为除外命题不能被翻译为单一直言命题，与直言命题相联系的许多简单推理和运算不能用于它们。包含除外命题作为前提或结论的论证只能够通过应用拓展技术而加以评价。下一章将讨论这个主题。

关键词（要被消除的）	翻译提示
无论是谁、无论哪里、总是、绝不，等等	使用"所有"连同人物、地点、时间等
些许、若干、许多	使用"有的"
如果……那么	使用"所有"或者"没有"
除非	使用"如果不"

只有、只有……才、除……外	使用"所有"
没有东西、除……外没有……	
仅有的	使用"所有"
除……外都、除……外全部、极少	需要两个陈述
并非每一个、并非所有	使用"有的……不是……"
有一个、有一些	使用"有的"

A 命题的规则

位于这些语词之后的语言进入主项:"如果""仅有"以及"W"语词诸如,"谁(who)"、"什么(what)"、"何时(when)"、"何地(where)"、"无论是谁(whoever)"、"无论何物(whatever)"、"无论何地(wherever)"等。

位于这些语词之后的语言进入谓项:"仅当""只有""只有……才""除……外没有东西"与"除……外没有"。

| 著名逻辑学家 |

约翰·斯图亚特·穆勒 (John Stuart Mill, 1806—1873)

约翰·斯图亚特·穆勒可能是19世纪最重要的英国哲学家。他出生于伦敦,父母双方是哲学家与历史学家詹姆斯·穆勒(James Mill)与他的妻子哈丽雅特·巴罗(Harriet Barrow)。从很小的时候开始,他父亲就掌管了他的教育,强加给他异常严格的研究课程。这个男孩在3岁时就开始学习希腊语;在8岁时开始学习拉丁语、几何与代数;在14岁以前已经读完了大部分拉丁文与希腊文经典著作。另外,在那个时候他已经获得了关于历史、经院与亚里士多德逻辑,以及高等数学的广博知识。在17岁时,他接受了东印度公司的一个职位,该公司是一个实际统治印度的私有公司。他在那里待到了25岁,最终变成了总监察,这使得他在很大程度上掌管着该公司。

在他20岁的时候,他遭遇了长达数月的严重抑郁。虽然他试图继续他的工作,但是在那个时期每件事情看起来都是不值得的。

这个情况极有可能是由于他的残酷的教育历程,

3.6 将日常语言陈述翻译为直言形式 201

拓展了他的理智但却让他的情感如同沙漠一般。他通过阅读威廉·华兹华斯（William Wordsworth）的诗逐渐地拯救了他自己。四年后，穆勒邂逅哈丽雅特·泰勒（Harriet Taylor），他迷恋她但并没有想和她结成连理（那个时候她是已婚的）。在他的余生中，泰勒对他产生了深刻的影响。在她的丈夫死后，她与穆勒认识19年后，他们结为伉俪。

今天，约翰·斯图亚特·穆勒以他的著作《论自由》和《功利主义》而闻名遐迩。这篇论文是一个持久的论证，它捍卫了言论自由和个体自由的最大化，反对政府管制。《功利主义》进一步发展了詹姆斯·穆勒与杰里米·边沁（Jeremy Bentham）所开创的伦理理论。约翰·斯图亚特·穆勒完善了这一理论，认为我们应该总是执行产生最大多数人的最大幸福的行动。除了其他理由之外，这个工作对于开创一个不基于任何神学或宗教的伦理理论是重要的。穆勒还广泛写作了关于妇女权利的作品，而且当他后来被选为为期三年的议会议员的时候，他还成为首位主张妇女要有投票权的议员。

穆勒的最伟大作品是他的《逻辑体系》，在他的一生中它有8个版本。在该书中，穆勒主张演绎性论证远远不是多数哲学家所认可的推理的典范形式，它在很大程度上是价值缺失的，因为它从未产生任何新知识。此外，它在本质上依赖归纳。所以，实际上是归纳应该被作为科学发现的主要工具而加以研究。

1858年，在这对夫妇访问法国的阿维尼翁（Avignon）时，哈丽雅特·泰勒死于肺部感染。几近绝望的穆勒在那里买了一栋房子，以便他能够守望她的坟墓。15年后，穆勒死于阿维尼翁，他也和她一起长眠在那里。

习题 3.6

I. 试把如下命题翻译为标准形式的直言命题。

★1. 所有承担了过多高风险信贷的银行将破产。
2. 临时工是不能获得额外福利的。
3. 在安全措施松懈的任何时候，恐怖主义者攻击成功。
★4. 溴是可以从海水中提炼出来的。
5. 不是所有罪恶感都是心理失常。
6. 每一个爵士乐爱好者都崇拜艾灵顿公爵。
★7. 如果它是卤素，那么它不是化学上惰性的。
8. 描绘暴力的电视节目煽动着暴力。
9. 操作工人无法有好的婚伴。
★10. 除了海盗船之外没有船只飘扬着骷髅旗。
11. 在任何她抑郁的时候，她长胖了。
12. 在任何她长胖的时候，她抑郁了。
★13. 一个男人是单身汉，仅当他是未婚的。
14. 温暖总会缓解疼痛。

15. 约瑟夫·J. 汤姆逊发现了电子。
★16. 有的有机硅被用作润滑剂。
17. 只有核动力交通工具是适合于星际旅行的。
18. 彗星是唯一有尾巴的天体。
★19. 在蜘蛛星云中存在着一颗巨星。
20. 如果一个孕妇喝了酒，那么她有产下畸形儿的风险。
21. 没有牡蛎之外的贝类动物生产珍珠。
★22. 只有糖尿病患者需要注射胰岛素。
23. 验电器是用来探测静电的设备。
24. 在中央公园中偶尔有演唱会。
★25. 柏林是 1936 年奥林匹克运动会的举办地。
26. 肯塔基赛马会是从未在一月份举行的。
27. 消除诱惑的唯一办法是顺从它。
★28. 哪里冒烟，哪里就有火。
29. 月食不会发生，除非月亮是满月。
30. 广播传送是受到干扰的，在太阳黑子趋于活跃的任何时候。
★31. 如果矿石不是放射性的，那么它不是沥青铀矿。
32. 除了老鼠之外的所有东西都离开了那艘沉船。
33. 杀虫剂是有害的，如果它包含 DDT 的话。
★34. 约翰·格里沙姆只写作关于律师的小说。
35. 迟疑者将丧失良机。
36. 现代企业都是根据经理的兴趣运行的。
★37. 除非太阳照耀，否则彩虹不会出现。
38. 任何有过过敏反应痛苦体验的人都有一个虚弱的免疫系统。
39. 除了菠萝之外的所有水果都在它们被采摘之后趋于成熟。
★40. 极少公司蓄意收购者是以他们的诚信而著名的。
41. 猴子是在危地马拉的丛林中被发现的。
42. 猴子是哺乳动物。
★43. 我喜欢草莓。
44. 所有乘客都不被允许在飞机客舱内吸烟。
45. 所有花朵都不是芬芳的。
★46. 辛西娅随心所欲地旅行。

47. 蝙蝠是唯一真正的飞行哺乳动物。

48. 并非每一条河流都流向大海。

★49. 物理学家不理解超导体的作用方式。

50. 许多公寓住户是噪声受害者。

51. 有的国家有劳改所。

★52. 任何增加效率的方式都改善收益。

53. 海豚在碎浪区游泳。

54. 羽毛是不重的。

★55. 极少野餐是完全不招惹蚂蚁的。

56. 民权是不可剥夺的，如果它是人权的话。

57. 她说了她乐意说的。

★58. 若干参赛者获奖了。

59. 动物是猫科动物，仅当它是猫的话。

60. 勒妮做任何她被告知去做的事情。

Ⅱ. 下列练习包含着学生在试图把陈述翻译为标准形式的直言命题的过程中所犯的典型错误。在这些意图翻译中，纠正以下翻译中的错误与冗余。

★1. 有的花样滑冰决赛选手是像运动员一样可能赢取奖牌的人。

2. 所有等同于宝马车的车都是年轻律师们驾驶的唯一汽车。

3. 所有除了软骨鱼之外的脊椎动物都是有骨架的动物。

★4. 没有高台速降的滑雪者是有力的竞争者，如果他们受到高空症困扰。

5. 所有像钴一样的物质都是等同于铁磁性金属的物质的东西。

6. 没有等同于反核和平主义者的人们是相信一场可能的正义战争的人们。

★7. 所有等同于斗牛士的人都不是容易屈服于恐惧的人。

8. 所有等同于谷歌的公司都期待着一个光明的未来。

9. 没有有毒垃圾场是生态灾难，除非它们发生泄漏。

★10. 所有鳄鱼在它们饥饿的时候都是等同于危险动物的东西。

Ⅲ. 试把如下直接推理的前提和结论翻译为标准形式的直言命题。接着使用换位、换质、换质位或传统对当方阵来决定每一个推理是有效的还是无效的。对于那些无效推理，指出所犯谬误的名称。

★1. 流感疫苗绝不是完全有效的。
所以，不是每一个流感疫苗都是完全有效的。

2. 只有钻石是女孩子的最好的朋友。
所以，每一个钻石都是女孩子的最好的朋友。

3. 生活中注定要成功的孩子是高自尊的。

   所以，一个低自尊的孩子不是生活中注定要成功的。

★ 4. 如果一个约会的姑娘是很好的晚餐伴侣的话，那么她不会每分每秒都在发短信。所以，如果一个约会的姑娘没有每分每秒都在发短信，那么她不是一个坏的晚餐伴侣。

5. 有的银行涉及了洗黑钱。

   所以，有的银行没有涉及洗黑钱。

6. 没有一个单独的主风暴无法引起航班取消。

   所以，每一个主风暴都引起航班取消。

★ 7. 减税从不会取悦每一个人。

   所以，每一次减税都取悦每一个人。

8. 军事演习有时候是遭到反对者谴责的。

   所以，任何军事演习都是遭到反对者谴责的。

9. 没有单独一个特许学校是学术表现欠佳者这是假的。

   所以，若干特许学校是学术表现欠佳者。

★ 10. 假艺术品在 eBay 上有售。

   所以，有的在 eBay 上有售的物品是假艺术品。

本章总结

直言命题：关联着两个类（或范畴）的命题，标准形式的直言命题有四种形式并且用字母加以确定：

- A：所有 S 都是 P。
- E：没有 S 是 P。
- I：有的 S 是 P。
- O：有的 S 不是 P。

每一个标准形式的直言命题都有四种成分：
- 量词（"所有""没有""有的"）
- 主项
- 系词（"是""不是"）
- 谓项

直言命题的质：
- 肯定的（所有 S 都是 P，有的 S 是 P。）
- 否定的（没有 S 是 P，有的 S 不是 P。）

直言命题的量：
- 全称的（所有 S 都是 P，没有 S 是 P。）
- 特称的（有的 S 是 P，有的 S 不是 P。）

一个词项是周延的，如果该命题对于该词项所指称的那个类的所有元素都做出断定；否则，它是不周延的：
- A：主项是周延的。
- E：主项和谓项是周延的。
- I：主项和谓项都是不周延的。
- O：谓项是周延的。

全称（A 和 E）命题允许两种不同的解释：
- 亚里士多德式立场：关于存在事物的全称命题具有存在预设。
- 布尔式立场：全称命题没有存在预设。

现代对当方阵是一个从布尔式立场表现了必然推理的图表：
- A 和 O 命题彼此矛盾；
- E 和 I 命题彼此矛盾。

直言命题的内容可以用两个文恩图圈加以表示：
- 阴影部分表明该区域是空的。
- 在一个区域输入一个 X 意味着该区域是非空的。

使用文恩图检验直接推理：
- 在不同的文恩图中输入前提与结论的内容。
- 看看结论图的内容是否被包含在前提图中。

三种有些时候产生逻辑上等值结论的运算：
- 换位：交换 S 和 P。对于 E、I 命题，产生的是逻辑上等值的结果。
- 换质：改变质，将 P 替换为它的补项。对于 A、E、I、O 命题，产生的是逻辑上等值的结果。
- 换质位：交换 S 和 P，将 S 和 P 替换为它们的补项。对于 A、O 命题，产生的是逻辑上等值的结果。

两种形式谬误可能出现，当这些运算被用来得出结论的时候：
- 不当换位：对 A 或 O 命题的前提进行换位运算。

- 不当换质位：对 E 或 I 命题的前提进行换质位运算。

当采纳亚里士多德式立场并且主项指称存在事物的时候，传统对当方阵适用于直言命题：

- 反对：成立于 A 和 E 命题之间。至少一个为假。
- 下反对：成立于 I 和 O 命题之间。至少一个为真。
- 差等：成立于 A 和 I 命题之间，以及 E 和 O 命题之间。真向下流动并且假向上流动。
- 矛盾：成立方式同现代对当方阵。

当传统对当方阵被用来得出结论的时候，三种形式谬误可能出现：

- 不当反对：反对的不正确应用所产生的结果。
- 不当下反对：下反对的不正确应用所产生的结果。
- 不当差等：差等的不正确应用所产生的结果。

存在谬误：出现于反对、下反对或差等被用在其主项指称非存在事物的前提的时候。

翻译：非标准形式的命题可以被处理为标准形式。

- 翻译必须有着一个正确的量词、主项、系词与谓项。
- 通过使用参数来翻译单称命题。
- 通过使用"人物""地点""事物""时间"来翻译副词与代词。
- 对于 A 命题：
  - 位于"如果""仅有"以及"W"语词之后的语言进入主项。
  - 位于"仅当""只有……才""除……外没有东西"与"除……外没有……"之后的语言进入谓项。

第四章

直言三段论

4.1 标准形式、式与格
4.2 文恩图
4.3 规则与谬误
4.4 减少词项的数量
4.5 日常语言中的论证
4.6 省略三段论
4.7 连锁推理

4.1 标准形式、式与格

预热

当你步行经过一座桥时,你突然感到桥身摇晃,然后桥身开始疯狂地摆动。幸运的是,它没有坍塌,但后来你听说该地区的另一座桥坍塌了。为什么你走过的桥没有坍塌?桥梁的结实度很大程度上取决于它的结构,你所经过的那座桥较之那座坍塌的桥有更好的结构完整性。在这一节中,你将学习到论证的有效性,如同桥梁的结实度一样,这取决于它的形式或结构。

| **4** | **三段论**：一种包含两个前提的演绎论证。 |

在这个词项的一般含义上，**三段论**（syllogism）是一种由两个前提和一个结论构成的演绎论证。我们暂时将直言三段论定义为一个三段论，它由三个直言命题构成，并且总共包含三个不同的词项，其中每个词项在不同的命题中出现两次。（稍后我们会给出一个更为准确的定义。）下面的论证是一个直言三段论：

> 所有士兵都是爱国者。
> 没有叛徒是爱国者。
> 所以，没有叛徒是士兵。

直言三段论中的三个词项，依据它们在论证中的位置，每一个词项都有自己的名称。根据定义，**大项**（major term）是结论的谓词；**小项**（minor term）是结论的主词。**中项**（middle term）是在两个前提中各出现一次而在结论中不出现的词项，它提供了两个前提之间的联系基础。所以，对于我们刚刚给出的论证而言，大项是"士兵"，小项是"叛徒"，中项是"爱国者"。

直言三段论的前提也有着自己的名称。根据定义，**大前提**（major premise）是包含大项的前提，**小前提**（minor premise）是包含小项的前提。所以，在刚才给出的三段论中，大前提是"所有士兵都是爱国者"，小前提是"没有叛徒是爱国者"。

现在我们得到了这些定义，我们可以进入到标准形式这一思想。一个**标准形式的直言三段论**（standard-form categorical syllogism）满足如下四个条件：

> **标准形式**：确定以正确次序对这些陈述加以排列。

1. 所有三个陈述都是标准形式的直言命题。
2. 每个词项的两次出现都是相同的。
3. 在论证中，每个词项都是在相同的意义上被使用。
4. 列在第一行的是大前提，列在第二行的是小前提，最后是结论。

第一个条件要求每个陈述有一个正确的量词、主项、系词和谓项。第二个条件是清楚的。第三个条件排除了一词多义的可能性。例如，如果一个直言三段论包含着语词"人（men）"，在一个陈述中它是在"人（human beings）"的含义上使用该词项，而在另一陈述中是在"男人（male human beings）"的含义上使用该词项，这个三段论将实际上包含三个以上的词项，因此不是标准形式。最后，第四个条件仅仅要求三个陈述按照正确的顺序加以排列。

关于士兵的那个三段论是标准形式，因为它满足了全部四个条件。然而，下面这个三段论不是标准形式，因为它违反了第四个条件。

> 所有水彩画都是油画。

有的水彩画是名作。

所以，有的油画是名作。

为了把这个三段论转换成标准形式，前提的顺序必须加以改变。大前提（包含"名作"的前提，该词项是结论的谓项）必须列在第一行，小前提（包含"油画"的前提，该词项是结论的主项）必须列在第二行。

现在我们有了标准形式的直言三段论的定义，我们能够给出一个更加准确的直言三段论定义。**直言三段论**是一个由三个能够被翻译为标准形式的直言命题所构成的演绎论证。一个论证要被算作直言三段论，所有三个陈述不需要是标准形式的直言命题；但如果它们是的话，对其的分析是高度简化的。出于这个理由，在本章前四节给出的所有三段论将由标准形式的陈述构成。在随后的各节中，我们将开发一些技术，用以将非标准形式的三段论翻译为标准形式的等值论证。

> **直言三段论**：一种由三个能够被翻译为标准形式的直言命题所构成的三段论。

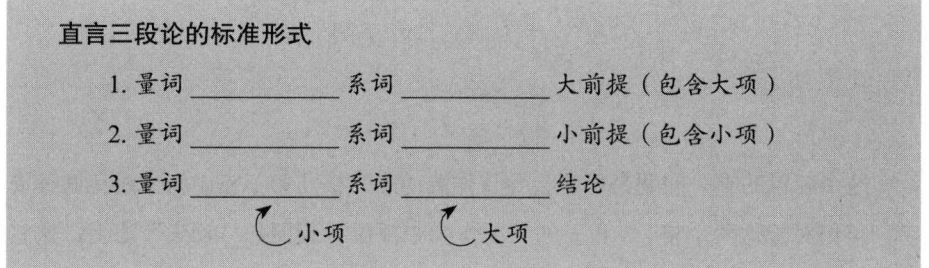

直言三段论的标准形式
1. 量词_____系词_____大前提（包含大项）
2. 量词_____系词_____小前提（包含小项）
3. 量词_____系词_____结论
　　　　　↑小项　　　　↑大项

在一个直言三段论被处理为标准形式之后，它的有效性与无效性可以仅仅通过检查形式得以确定。一个三段论的个别形式包含两个因素：式与格。直言三段论的**式**（mood）由构成三段论的命题的字母名称组成。例如，如果大前提是一个 A 命题，小前提是一个 O 命题，结论是一个 E 命题，那么式就是 AOE。为了确定一个直言三段论的式，我们必须首先把这个三段论处理成标准形式。陈述的字母名称可以被放在每一个陈述的旁边。三段论的式便由这些字母的顺序所标明，首先读大前提的字母，其次读小前提的字母，最后读结论的字母。

直言三段论的**格**（figure）取决于中项在前提中两次出现的位置。可能有四种不同的组合。如果我们令 S 表示结论的主项（小项），令 P 表示结论的谓项（大项），令 M 表示中项，我们忽略量词和系词，这四种可能组合可以如下图所示：

第一格	第二格	第三格	第四格
Ⓜ P	P Ⓜ	Ⓜ P	P Ⓜ
S Ⓜ	S Ⓜ	Ⓜ S	Ⓜ S
S P	S P	S P	S P

在第一格中，中项位于左上和右下；在第二格中，中项位于右上和右下；等等。例如：

> 没有画家是雕塑家。
>
> 有的雕塑家是艺术家。
>
> 所以，有的艺术家不是画家。

这个三段论是标准形式的。它的式是 EIO，它的格是 4。这个三段论的形式因此被标示为 EIO-4。

为了记住这四个格是如何定义的，把中项的四种可能组合想象成描绘了一个衬衫领口的轮廓：

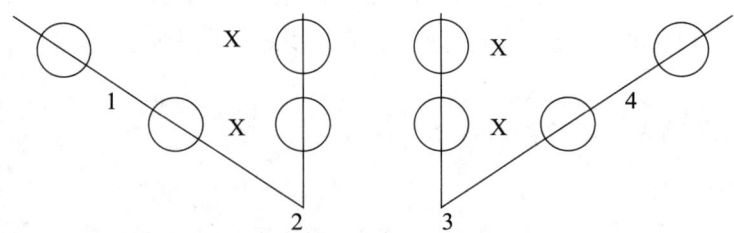

这个装置的唯一问题是可能会导致你混淆第二格与第三格。为了避免这种混淆，牢记对于这两个格，S 和 P 的词项作为中项位于相同的"领尖"之上。这些词项在图中被表示为 X。因此，对于第二格，中项出现于三段论的右边，对于第三格，它们位于左边。

由于存在着四种直言命题，并且一个直言三段论中有三个直言命题，所以存在着 64 种（$4 \times 4 \times 4 = 64$）可能的式。而且由于存在着四种不同的格，因此存在着 256 种（$4 \times 64 = 256$）不同形式的直言三段论。

一旦知道了一个三段论的式与格，通过对照有效三段论形式列表，这个三段论的有效性就可以通过检查它的式与格确定。为了这样做，首先采用布尔式立场，并了解这个三段论的形式是否出现在下列的无条件地有效的形式表中。如果是，那么从布尔式立场看，这个三段论是有效的。换言之，它是有效的，无论它的词项是否指称实际存在的事物。

> **无条件地有效的：** 无论词项是否指称实际存在的事物，它都是有效的。

无条件地有效的形式

第 1 格	第 2 格	第 3 格	第 4 格
AAA	EAE	IAI	AEE
EAE	AEE	AII	IAI
AII	EIO	OAO	EIO
EIO	AOO	EIO	

如果这个三段论没有出现在无条件地有效的形式表中，那么采用亚里士多德式立场并且查看这个三段论的形式是否出现在如下的有条件地有效的形式表中。如果是，那么从亚里士多德式立场看，如果某个词项（"关键"词项）指称实际存在的事物，该三段论就是有效的。所要求的条件被列在最后一栏中。

有条件地有效的形式

第1格	第2格	第3格	第4格	所需条件
AAI EAO	AEO EAO		AEO	S存在
		AAI EAO	EAO	M存在
			AAI	P存在

有条件地有效的： 只有该关键词项指称实际存在的事物，它才是有效的。

例如，如果结论的主项（小项）指称实际存在的事物，那么根据亚里士多德式立场，AAI-1 是有效的。如果中项指称实际存在的事物，那么 EAO-3 是有效的。所以，如果我们被给予了一个 AAI-1 三段论并且小项是"猫"，那么根据亚里士多德式立场，该三段论是有效的。但如果小项是"独角兽"，那么该三段论是无效的。另一方面，如果小项是"考试失败的学生"，而我们不能确定是否有这样的学生，那么该三段论是有条件地有效的。

亚里士多德式立场与布尔式立场之间的关系如以下条形图所示：

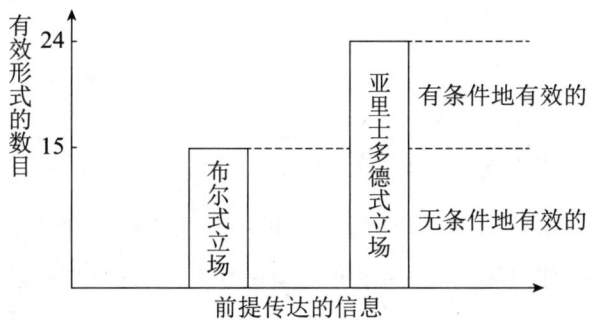

该图表明：当一个三段论形式的前提被认为传递了关于存在的信息，另外的九种形式就是有效的。

有趣的是，在中世纪，学习逻辑的学生习惯背诵一首小诗，用来作为区分有效三段论与无效三段论的简易法则。这些语词中的元音等同于式，"prioris" "secundae" 等等同于格：

Barbara, Celarent, Darii, Ferioque prioris;
Cesare, Camestres, Festino, Baroco secundae;

Tertia, Darapti, Disamis, Datisi, Felapton,
Bocardo, Ferison habet: quarta insuper addit
Bramantip, Camenes, Dimaris, Fesapo, Fresison.

例如，"Barbara"三段论（这种表示方法今天还会出现）是 AAA-1，"Celarent"是 EAE-1，诸如此类。除了忽略五种形式外，这首诗大体上与之前给出的两个表格一致。这些形式被忽略的原因在于那个时代的逻辑学家对它们做出了弱考量：他们从本可以支持（更强的）全称结论的前提得出了特称结论。例如，较弱的 AAI-1 被忽略，取而代之的是更强的 AAA-1。无须赘言，今天没有学生靠这首诗来区分有效三段论与无效三段论。

我们已经看到，给定某个三段论，我们如何获得式与格。但是有时我们需要从反方向进行：从式与格进到这个三段论的形式。假设我们被给定的形式是 EIO-4。重新构造这个三段论的形式是容易的。首先我们使用式来确定这个形式的框架：

E　　　　没有 _____ 是 _____ 。
I　　　　有的 _____ 是 _____ 。
O　　　　有的 _____ 不是 _____ 。

然后使用格来确定这些中项的组合：

E　　　　没有 _____ 是 M。
I　　　　有的 M 是 _____ 。
O　　　　有的 _____ 不是 _____ 。

最后，提供大项和小项，使用字母 S 和 P 标示结论的主项和谓项。结论的谓项经常在第一个前提中被重复，结论的主项在第二个前提中被重复：

E　　　　没有 P 是 M。
I　　　　有的 M 是 S。
O　　　　有的 S 不是 P。

| 著名逻辑学家 |

查尔斯·桑德斯·皮尔士（Charles Sanders Peirce，1839—1914）

查尔斯·桑德斯·皮尔士出生于马萨诸塞州的坎布里奇。他的父亲本杰明是当时的数学家领袖，对于儿子的智力发展有着一种特殊的兴趣。在父亲的指导下，查尔斯在12岁的时候就阅读了包括逻辑在内的大学水平的资料，而且本杰明让这个男孩去挑战高度复杂的问题，而查尔斯独立完成了这些问题。虽然最有价值的教育来自父亲，查尔斯还是继续就读于哈佛大学，并在1863年获化学专业的理学学士学位。然而，他并不是一个成功的学生（他通常位于班级的后四分之一），部分原因是他蔑视他的教授们，认为他们不够资格来教育他。这种傲慢是他人生多苦多难的主要原因。74岁的时候，他在宾夕法尼亚州的米尔福德市死于贫病交困。

皮尔士一生被神经性疼痛与神经衰弱折磨，这可能是他无助、抑郁和有时有暴力行为的原因，也被看作他不能够得到一个大学永久教职的原因。1879年，他获得了约翰斯·霍普金斯大学的讲师职位，并且以某种方式证明了自己是一个优秀的教师——他的学生们的作品集被看作逻辑学发展进程中的重要作品。但是，尽管教学出色，他还是被解除了教师职位。他与妻子也分开了，而且在离婚之前就和另一个女人住在了一起。这个"不道德的"行为以及其他过错可能是导致他被解雇的主要原因。在那以后，他再没有获得过一个学术职位。

在没有学术基地的情况下，皮尔士继续笔耕不辍，写作了8万页的材料；然而他并没有在逻辑或哲学上完成一本独立的著作，这限制了他在世时的影响力。在20世纪30年代末期，他的作品被整合出版，使他得到了他一生之中都没得到的关注。作为美国唯一的哲学——实用主义的创始人，皮尔士现在被看作美国最伟大的哲学家，而且可能也是美国最伟大的逻辑学家。皮尔士自身的实用主义观点采用了完全科学的体系，根据这种体系，一个概念的意义依赖它对于我们如何生活与进行探索所产生的实践后果。

在逻辑上，皮尔士最为人所知的是他在关系逻辑与量化理论方面的工作。皮尔士所发展的量化理论最终导致了怀特海与罗素写作《数学原理》，并且它非常接近于今天大多数逻辑课程所使用的系统。在关系逻辑中，通过把布尔代数的概念应用到诸如"……的朋友""……的敌人"这样的关系项之中，皮尔士拓展了德·摩根的工作。这个工作也显著影响了我们今天对待这个主题的方式。另外，皮尔士也是探索真值使用的领先者，还是首次发展出三值逻辑（包括真、假与未定或未知的值）的逻辑学家。在命题逻辑方面，皮尔士成功地把联结词的数量减少为一个；在归纳逻辑方面，他拒绝了主观主义概率理论，取而代之的是基于观察规律性的客观主义理论。

习题 4.1

Ⅰ．下面的三段论是标准形式的，识别出每一个三段论的大项、小项和中项以及格与式。然后使用两组有效三段论形式，从布尔式立场以及从亚里士多德式立场确定每一个三段论是有效的还是无效的。

★1. 所有中子星都是产生强烈引力的东西。

　　所有中子星都是极端密集的物体。

　　所以，所有极端密集的物体都是产生强烈引力的东西。

2. 没有吃蚊子的昆虫是应该被杀死的昆虫。

　　所有蜻蜓都是吃蚊子的昆虫。

　　所以，没有蜻蜓是应该被杀死的昆虫。

3. 没有源于环境的疾病是遗传病。

　　有的心理疾病不是遗传病。

　　所以，有的心理疾病是源于环境的疾病。

★4. 没有混淆事实与幻想的人是好证人。

　　有的精神恍惚的人是混淆事实与幻想的人。

　　所以，有的精神恍惚的人不是好证人。

5. 所有的臭氧分子都是很好的紫外线吸收剂。

　　所有的臭氧分子都是被氯气破坏的东西。

　　所以，有的被氯气破坏的东西是很好的紫外线吸收剂。

Ⅱ．把下面的三段论转换成标准形式，使用字母代表词项，命名其格与式。然后使用两组有效的三段论形式，从布尔式立场以及从亚里士多德式立场确定每一个三段论是有效的还是无效的。

★1. 没有共和党人是民主党人，因此没有共和党人是挥金如土的，因为所有挥金如土的人都是民主党人。

2. 有的留守儿童不是可以远离麻烦的孩子，因为有的容易感到无聊的小孩是留守儿童，并且没有可以远离麻烦的孩子是容易感到无聊的小孩。

3. 没有租金管制的建议是受业主欢迎的条例，所有受业主欢迎的条例都是允许自由提高租金的措施。所以，一些租金管制的建议是允许自由提高租金的措施。

★4. 有的吃乳草属植物的昆虫不是适合鸟类的食物，因为没有黑脉金斑蝶是适合鸟类的食物，并且所有黑脉金斑蝶都是吃乳草属植物的昆虫。

5. 没有未登记的个人是有权享受福利待遇的人，并且有的流动工人是未登记的个人。所以，有的有权享受福利待遇的人是流动工人。

6. 一些非洲国家是不值得军事援助的国家，因为有的非洲国家不是人权捍卫者，所有值得军事援助的国家都是人权捍卫者。

★7. 所有恶作剧者都是可气的家伙，因此有的妖精是可气的家伙，因为所有的妖精都是恶作剧者。

8. 有的种族主义者不是适合进入移民局的官员，如果有的人道主义者不是适合进入移民局的官员，并且没有人道主义者是种族主义者。

9. 没有尊重人类生命的人是恐怖主义者，所有的劫机犯都是恐怖主义者。所以，没有劫机犯是尊敬人类生命的人。

★10. 有的硅酸盐是晶状体，因为所有的硅酸盐都是氧化物，而且有的氧化物不是晶状体。

Ⅲ. 根据下面格与式的组合，重新构造三段论的形式。

★1. OAE–3

2. EIA–4

3. AII–3

★4. IAE–1

5. AOO–2

6. EAO–4

★7. AAA–1

8. EAO–2

9. OEI–3

★10. OEA–4

Ⅳ. 构造如下三段论。

★1. 一个 EIO–2 三段论，其中，大项：教条主义者；小项：神学家；中项：鼓励自由思想的学者。

2. 第一格中有着特称肯定结论的无条件地有效的三段论，其中，大项：无法客观的人；小项：最高法院的法官；中项：因循守旧的理论家。

3. 第四格中有着两个全称前提的无条件地有效的三段论，其中，大项：自杀的青少年；小项：英雄情节；中项：悲剧发生。

★4. 一个具有 OAO 式的有效三段论，其中，大项：能够自行复制的事物；小项：侵袭细胞的结构体；中项：病毒。

5. 第一格中有着全称否定结论的有效三段论，其中，大项：婚姻幸福的保证；小项：婚前协议；中项：法律上可执行的文件。

Ⅴ. 回答下面的陈述是"真的"还是"假的"：

1. 每个三段论都是直言三段论。

4.1 标准形式、式与格

2. 有的直言三段论不能被转化为标准形式。
3. 直言三段论中的陈述不需要被表达为标准形式。
4. 标准形式的直言三段论中的陈述不需要被表达为标准形式。
5. 在标准形式的直言三段论中，每一个词项的两次出现必须相同。
6. 标准形式的直言三段论的大前提包含结论的主项。
7. 为了确定一个三段论的格与式，必须首先将其转化为标准形式。
8. 在一个具有第二格的标准形式的三段论中，中项的两次出现都位于右边。
9. 根据布尔式立场和亚里士多德式立场，无条件地有效的三段论形式都是有效的。
10. 如果所要求的条件是未满足的，有条件地有效的三段论是无效的。

4.2 文恩图

> **预热**
>
> 你在电视上知道当地银行发生了一起抢劫。银行职员们被作为人质关押在金库里，而顾客们则躲在一个会议室里。你随后发现，抢劫开始时，你的一个朋友在银行里。你这样推理：因为你的朋友是一位顾客，他在会议室——这意味着他没有被作为人质。这个推理过程把一些类指派给三个空间领域，它构成了文恩图应用于三段论的基础。

文恩图为检验直言三段论的有效性提供了直观上最明显的、从长远角度上看最容易记住的技术。这一技术基本上是第三章所提出的表现直言命题信息内容的技术的一个扩展。因为三段论包含三个词项，而命题都只包含两个词项，因此，文恩图应用到三段论时要求三个相互交叉的圆圈。

画这些圆圈时应该使图中七个区域清楚地可区分开。第二步是对圆圈进行标注，每一个圆圈使用一个词项。标注的准确顺序不是关键，但是我们将采用一个约定，即总是把左下边的圆圈指派给结论的主项，把右下边的圆圈指派给结论的谓项。很容易记住这一约定，因为它符合标准形式三段论的词项组合：结论的主项位于左下方，结论的谓项位于右下方，中项在前提中，在结论的上方。

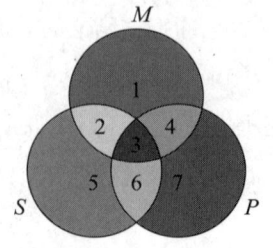

标注"1"的区域中的任何事物都是 M，但既不是 S 也不是 P；标注"2"的区域中的任何事物既是 S 也是 M，但不是 P；标注"3"的区域中的任何事物是所有三个类的元素，以此类推。

检验步骤包括把前提的信息内容转换到图中，然后检查图，看它是否必然蕴涵结论为真。如果图中的信息确实如此，那么论证是有效的；否则是无效的。

使用文恩图评价三段论通常首先要求少许练习。也许学习这项技术的最好方式是通过图例，但是首先需要一些指导：

1. 只对前提做标注（阴影或画 X），不对结论做标注。

2. 如果论证包含一个全称前提，这个前提应该最早输入到图中。如果有两个全称前提，那么先输入任何一个都是可以的。

3. 当输入前提中所包含的信息时，应该关注陈述中的两个词项所对应的圆圈。尽管第三个圆圈不能忽略，但稍加注意即可。

4. 当查看一个完整的图是否支持了一个特称结论时，应该牢记特称陈述断定两件事情："有的 S 是 P"意味着"至少一个 S 存在，并且 S 是一个 P"；"有的 S 不是 P"意味着"至少一个 S 存在，并且 S 不是一个 P"。

5. 当把一个区域涂上阴影时，必须谨慎地将所讨论的区域全部涂上阴影。

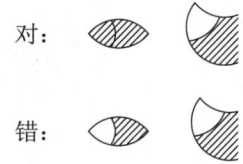

6. X 区域最初总是被分为两部分。如果其中的一个部分已经被涂上阴影，那么 X 出现在无阴影区域。例如：

如果两部分都没有被涂上阴影，那么 X 在分隔两边的线上。例如：

这意味着 X 可以画在两个区域中的某一个（或两个）——但还不知道是哪一个。

7. X 绝不应该以画在图的外面的方式出现，而且它也不应该被放在两条线的交点。

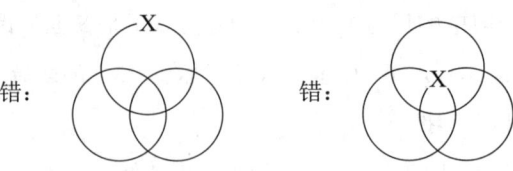

布尔式立场

> **布尔式立场**：A 和 E 命题没有存在预设。

因为布尔式立场不认为全称前提具有存在预设，比起亚里士多德式立场，它检验三段论的方法更加简单和一般化。所以，我们将从这种观点开始检验三段论，然后再进到亚里士多德式立场。例如：

1. 没有 P 是 M。　　　　EAE-2
   所有 S 都是 M。
   ─────────────
   没有 S 是 P。

因为两个前提都是全称的，首先把哪一个前提输入图中是没有区别的。为了输入大前提"没有 P 是 M"，我们集中注意力于圆圈 M 和 P：

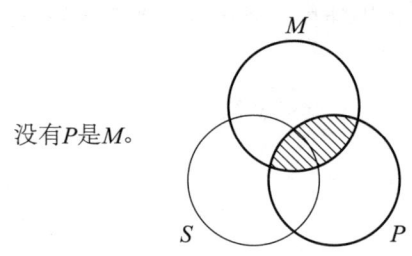

没有 P 是 M。

> **检验三段论**：从前提到图表，进达结论。

现在我们通过输入小前提"所有 S 都是 M"来完成这幅图。为了这样做，我们集中注意力于圆圈 S 和 M：

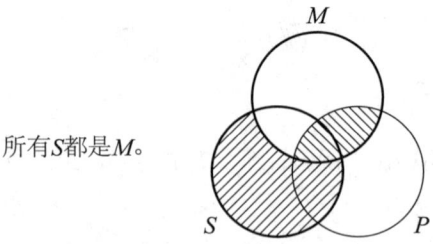

所有 S 都是 M。

结论断定圆圈 S 与 P 重叠的区域是被涂上阴影的。对这幅图的检查表明这一区域确实被涂上了阴影，因此该三段论形式是有效的。因为这一形式有效是基于布尔式立场的，因此它是无条件地有效的。换句话说，不管它的前提是否被认为具有存在预设，它都是有效的。

下面是另外一个例子：

2. 所有 M 都是 P。　　　AEE-1
   没有 S 是 M。
   ―――――――――
   没有 S 是 P。

这里的两个前提也都是全称的，因此先把哪一个输入图中是没有区别的。为了输入大前提"所有 M 都是 P"，我们关注圆圈 M 与 P：

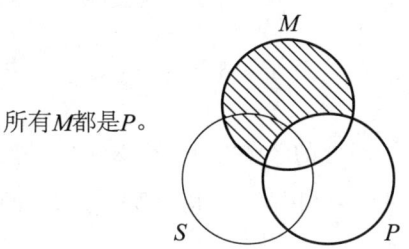

所有 M 都是 P。

为了输入小前提"没有 S 是 M"，我们关注圆圈 M 与 S：

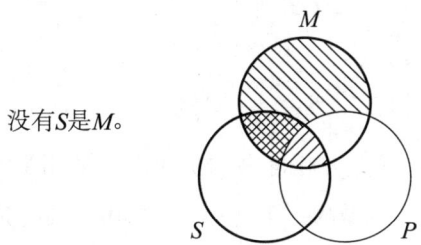

没有 S 是 M。

这里的结论也是断定圆圈 S 与 P 重叠的区域是被涂上阴影的。对这幅图的检查表明，该区域只有一部分被涂上了阴影，因此该三段论形式是无效的。

再看一个例子：

3. 有的 P 是 M。　　　IAI-4
   所有 M 都是 S。
   ―――――――――
   有的 S 是 P。

我们首先输入全称前提"所有 M 都是 S"，为了做到这一点，我们集中注意力于圆圈 M 与 S：

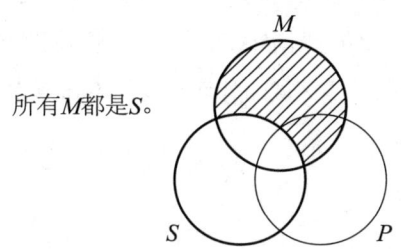

所有 M 都是 S。

为了输入特称前提"有的 P 是 M",我们集中注意力于圆圈 M 与 P。这一前提告诉我们把 X 放在圆圈 M 与 P 重叠区域。因为这一区域的一部分被涂上了阴影,我们把 X 放在剩下的区域。

有的 P 是 M。

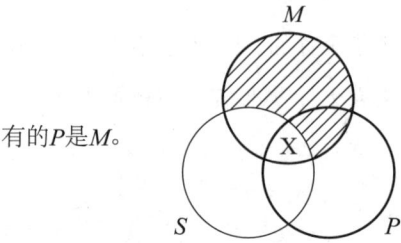

结论断定,在 S 与 P 重叠的区域中有一个 X,对这幅图的检查表明,在 S 与 P 重叠的区域中确实有一个 X,因此该三段论形式是有效的。

下列例子都一步完成。

4. 所有 P 都是 M。　　AOO-2
　　有的 S 不是 M。
　　─────────
　　有的 S 不是 P。

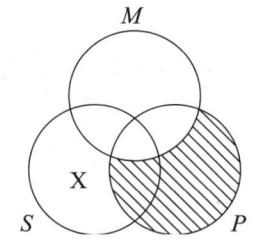

首先输入全称前提。那个特称前提告诉我们,在圆圈 M 以外的 S 圆圈的部分中放入一个 X。因为这个区域的一部分被涂上了阴影,我们把 X 放在剩下的区域。结论断定在圆圈 S 内,圆圈 P 外有一个 X。对这幅图的检查表明,在这一区域确实有一个 X,因此该三段论形式是有效的。

5. 有的 M 是 P。　　IAI-1
　　所有 S 都是 M。
　　─────────
　　有的 S 是 P。

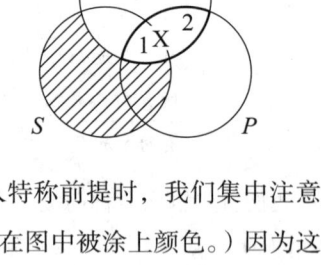

与通常一样,我们首先输入全称前提。在输入特称前提时,我们集中注意力于圆圈 M 与 P 重叠的区域。(为了强调,这一区域在图中被涂上颜色。)因为这一重叠区域被分为两个部分(标注"1"和"2"的区域),我们在两个区域的分界线(圆圈 S 的弧上)上放 X。结论断定在圆圈 S 与 P 重叠的区域有一个 X。对这幅图的检查表明,X 悬在这一重叠区域的外面。我们不知道它是在里面还是外面。因此该三段论形式是无效的。

6. 所有 M 都是 P。　　AOO-1
　　有的 S 不是 M。
　　―――――――
　　有的 S 不是 P。

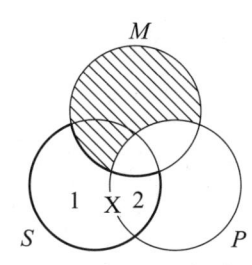

在输入特称前提时，我们集中注意力于处于圆圈 M 以外的圆圈 S 的部分（涂颜色的区域）。因为这一区域被分为两个部分（标注"1"和"2"的区域），我们把 X 放在两个区域的分界线（圆圈 P 的弧上）上。结论断定，在圆圈 S 的里面，但是在圆圈 P 的外面有一个 X。在圆圈 S 的里面有一个 X，但我们不知道它在圆圈 P 的里面还是外面。因此该三段论形式是无效的。

7. 所有 M 都是 P。　　AAA-1
　　所有 S 都是 M。
　　―――――――
　　所有 S 都是 P。

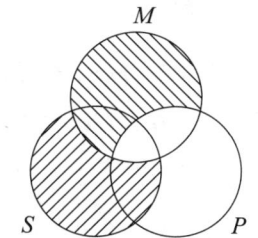

这是一个"Barbara"式三段论。结论断定圆圈 P 以外的圆圈 S 部分是空的。对这幅图的检查表明，这一区域确实为空。因此该三段论形式是有效的。

8. 有的 M 不是 P。　　OIO-1
　　有的 S 是 M。
　　―――――――
　　有的 S 不是 P。

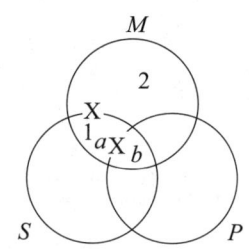

在图中，没有区域被涂上阴影，因此对两个 X，各自有两种可能的区域。来自第一个前提的 X 在区域 1 和区域 2 的分界线上（圆圈 S 的弧上），而来自第二个前提的 X 在区域 a 和区域 b 的分界线上（圆圈 P 的弧上）。结论断定，在圆圈 S 内，在圆圈 P 外有一个 X。我们不确定来自第一个前提的 X 是否在圆圈 S 内，而尽管来自第二个前提的 X 在圆圈 S 内，但我们不确定它是否在圆圈 P 内。因此该三段论是无效的。

我们必须解释当两个区域都没有被涂上阴影时，把 X 放在两个区域分隔边界的理由。考虑下面的三段论形式：

没有 P 是 M。

有的 S 不是 M。

――――――――――

有的 S 是 P。

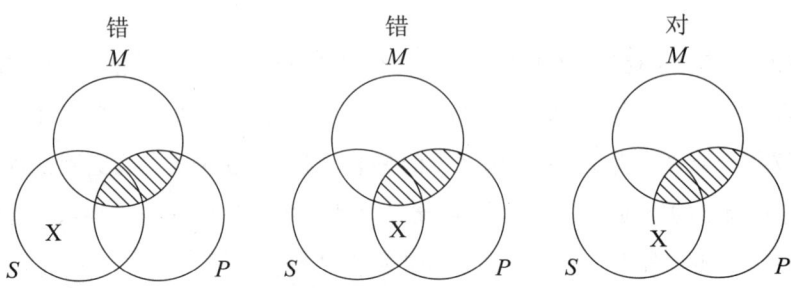

三个图中的每一个都正确表达了第一个前提的内容。关于如何放置 X 的问题来自第二个前提。在第一个图中，X 被放在圆圈 S 内，但在圆圈 M 和 P 外。该图断定了"至少一个 S 不是 M，也不是 P"。显然该图表达的内容超出了该前提表达的内容，因此它是不正确的。在第二个图中，X 被放在圆圈 S 内，圆圈 M 外，但在圆圈 P 内。该图断定了"至少一个 S 不是 M，但它是 P"。再一次，该图表达的内容超出了该前提表达的内容，因此它是不正确的。在第三个图中，X 被放在两个区域的边界，这是正确的做法。该图断定了"至少一个 S 不是 M，它可以是或者不是 P"。换句话说，它根本没有说出关于 P 的任何事情，因此该图恰恰表达了第二个前提的内容。

亚里士多德式立场

亚里士多德式立场：把 A 和 E 命题解释为拥有存在预设。

到目前为止，对三段论形式的检验，我们采用了布尔式立场——不认为全称前提具有存在预设。我们现在转向亚里士多德式立场，其中存在预设能使有效性变得不同。第 4.1 节中所出现的有条件地有效的三段论形式表命名了九种从亚里士多德式立场上看是有效的形式——如果某个条件得到满足的话。

下面的三段论是这些形式中的一种：

9. 没有战斗机飞行员是坦克指挥官。

所有战斗机飞行员都是勇敢者。

所以，有的勇敢者不是坦克指挥官。

首先，我们使用字母替换词项，并从布尔式立场检验这个三段论形式。

没有 F 是 T。　　EAO-3
所有 F 都是 C。
―――――――――
有的 C 不是 T。

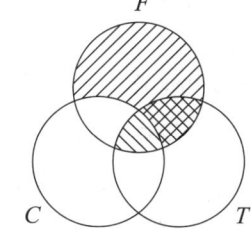

结论断定了有一个 X 在圆圈 C 内且在圆圈 T 外。对这幅图的检查表明，根本没有 X，因此从布尔式立场上看，该三段论是无效的。但如果我们采用另外一种立场来看待这幅图，我们注意到它有一些特别的东西。存在着一个圆圈（即 F 圆圈），除了一个区域外，F 圆圈都被涂上了阴影。这意味着如果我们假设 F 圆圈内部存在着东西，那么我们准确地知道这些东西存在于哪里。换言之，如果我们假设那些前提具有存在预设，那么我们准确地知道那些存在物位于该图的哪个区域。它们位于 F 圆圈中的那个空白区域。

注意：有一种具有特殊结论的三段论，在这种结论中，一个圆圈除了一个区域外都涂上了阴影。

接下来的步骤就是采纳亚里士多德式立场，并且假设那些前提有着存在预设。为了表现这个存在预设，我们在 F 圆圈的空白区域输入一个 X。但这不能是一个通常的 X，这个通常的 X 表现了 I 和 O 命题所做出的正面的存在主张。它一定是一种特殊的 X，这个特殊的 X 表现了这个假设，即 A 和 E 命题蕴涵某物存在。对于这种特殊种类的 X，我们用一个通常的 X，并用一个小圆圈把它围起来。我们现在在 F 圆圈的空白区域内输入这样的一个 X：

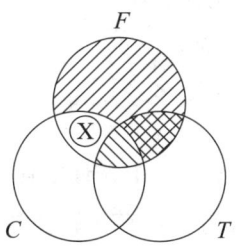

现在这个图表明，这个三段论是有条件地有效的；换言之，根据 F 圆圈内确实有着某个东西这个条件，它是有效的。因此我们进到最后一步，并确定带圆圈的 X 是否表示了实际存在的某物。因为带圆圈的 X 表示一个 F，并且因为 F 代表战斗机飞行员，带圆圈的 X 确实表示了存在的某物。所以，这个条件是被满足的，该三段论从亚里士多德式立场上看是有效的。

这幅图中的圆圈 F 表示了关键词项，它第一次是在第 4.1 节的有条件地有效的形式表中被提到。这个关键词项是列在该表中最右边的那一列。如图所示，如果代表关键词项的圆圈中至少有一个元素，那么该元素必然也在表示结论主项的圆圈中（在这个例子中指的是圆圈 C）。

这里有一个例子：

10. 所有爬行动物都是有鳞片的动物。

　　所有目前存活的霸王龙都是爬行动物。

　　所以，有的目前存活的霸王龙是有鳞片的动物。

首先我们从布尔式立场进行检验。

所有 R 都是 S。　　　AAI–1
所有 C 都是 R。
―――――――――
有的 C 是 S。

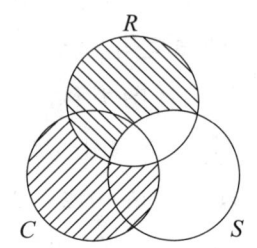

这个结论断定了在圆圈 C 和 S 的重叠区域有一个 X。因为这幅图中根本不包含 X，从布尔式立场上看该三段论是无效的。但我们随后注意到存在着一个圆圈（圆圈 C），除了一个区域外它的其他区域都是被涂上阴影的。因此我们采用了亚里士多德式立场，并且在那一区域输入了一个带圆圈的 X。

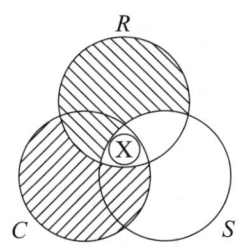

现在，这幅图显示，这个三段论是有条件地有效的，因此我们进到最后一步，并确定那个带圆圈的 X 是否代表了实际存在的事物。因为带圆圈的 X 代表了一个 C，C 代表目前存活的霸王龙，所以那个带圆圈的 X 不代表实际存在的事物。所以，那个条件没有被满足，该三段论是无效的。就像我们在本章的下一节将要看到的那样，从亚里士多德式立场上看，这个三段论犯了存在谬误。

在确定那个带圆圈的 X 是否代表存在的事物的时候，我们经常看文恩圈是否除了一个区域外其他区域全都被涂上了阴影。如果对应于该圆圈的词项指称存在的事物，那么那个带圆圈的 X 代表那些事物中的某一个。然而，在一些图中，可能有除了一个区域外其他区域全都被涂上阴影的两个文恩圈，并且每一个在没有被涂上阴影的区域可能包含带圆圈的 X。在这些情况中，我们把我们的注意力仅仅指向带圆圈的 X，它是得出结论所必须的。如果那个带圆圈的 X 代表存在的事物，该论证是有效的；如果不代表，它是无效的。

| 著名逻辑学家 |

约翰·文恩（John Venn，1834—1923）

约翰·文恩主要以他的圆圈图而闻名，这些图对数学和逻辑很多领域的工作都做出了贡献，包括计算机科学、集合论和统计学。他的著作《机会的逻辑》(*The Logic of Chance*, 1866) 通过引入概率的相对频率解释推动了概率论的发展；它也极大影响了统计学理论的后来发展。在《符号逻辑》(*Symbolic Logic*, 1881) 一书中，他捍卫了布尔，反驳了各种批评，并提出对于非数学思想家而言是可理解的新逻辑。最后，在《经验和归纳逻辑原则》(*The Principles of Empirical and Inductive Logic*, 1889) 一书中，他批评穆勒的归纳法作为科学发现的引擎其作用是有限的。

约翰·文恩出生在英格兰的赫尔，是德赖普尔教区牧师亨利·文恩和玛莎·赛克斯·文恩的儿子。在约翰还是孩子的时候他母亲就去世了。文恩家族是英格兰教会福音运动的主要成员。约翰·文恩的祖父是一位福音派领导者，被他的同时代人视为福音运动的领袖，他的父亲也是如此。他的父亲在教会传教士协会从事了多年的管理工作。约翰·文恩被期望继承家族传统。1858 年，从剑桥大学冈维尔与凯斯学院毕业后，他被任命在伦敦附近的一个教区做牧师，并工作了一段时间。

也许是由于他与亨利·西季威克（Henry Sidgwick）以及其他剑桥的不可知论者的接触，文恩对英格兰教会的《三十九条信纲》的信心开始被侵蚀。同时他读了德·摩根、布尔、穆勒等的著作，这使得他的兴趣几乎完全从神学问题转移到逻辑相关的问题。

在 28 岁时，文恩回到剑桥大学成为一名逻辑和概率论讲师。五年后，他与苏珊娜·卡内基·埃德蒙斯通，一位圣公会教士的女儿结婚，他们有一个孩子——约翰·阿奇博尔德·文恩。1883 年，49 岁的文恩成为皇家学会的成员，并获得科学博士学位。

文恩一生中最伟大的部分完全集中于他与剑桥的交往上。1857 年，他加入凯斯学院，而且作为学院基金会的成员长达 66 年之久，直到他去世。在生命的最后 20 年，他担任学院的院长，在此期间，他撰写了该学院的历史。他与他的儿子合作完成了大部头的剑桥大学校友录的第一部分，包括从大学最初成立直到 1751 年的 76000 个毕业生和教职工的小传。

约翰·文恩的儿子说他的父亲是"一个很好的健步者和登山者"。而且文恩认为逻辑和数学那样的抽象学科应当提供实用效能，他喜欢用他的知识建造机器。他发明了一个板球保龄球机，用来对付一个澳大利亚球队的最好的击球手。该机器使得该球员"被杀出局"四次。今天，为了纪念文恩，在凯斯学院食堂的彩色玻璃窗上挂着一幅文恩图。

习题 4.2

I. 使用文恩图确定下面标准形式的三段论，从布尔式立场以及从亚里士多德式立场上看，是有效的还是无效的。然后识别它们的格与式，使用出现于第 4.1 节的三段论有效形式表另外检查你的答案。

★1. 所有向客户索价过高的公司都是不道德的企业。
有的不道德的企业是投资者拥有的公司。
所以，有的投资者拥有的公司是对客户索价过高的公司。

2. 没有艾滋病受害者是对他人生活造成直接威胁的人。
有的幼儿园孩子是艾滋病受害者。
所以，有的幼儿园孩子不是对别人的生活造成直接威胁的人。

3. 没有一个真正关心人类苦难的人是以自身利益为主要动机的人。
所有的电视福音传道者都是以自身利益为主要动机的人。
所以，有的电视福音传道者不是真正关心人类苦难的人。

★4. 所有高脂肪饮食都是高胆固醇饮食。
有的高胆固醇饮食不是健康食品项目。
所以，有的健康食品项目不是高脂肪饮食。

5. 没有工程专业学生是晚上乱搞的人。
没有晚上乱搞的人是重感情的人。
所以，没有重感情的人是工程专业学生。

6. 所有的冲动买家都是信用卡消费者。
所有的购物狂都是冲动买家。
所以，所有的购物狂都是信用卡消费者。

★7. 没有儿科医生是危害儿童健康的人。
所有信仰治疗师都是危害儿童健康的人。
所以，没有信仰治疗师是儿科医生。

8. 有的有暴力倾向的人不是人道地对待他人的人。
有的警察是有暴力倾向的人。
所以，有的警察不是人道地对待他人的人。

9. 有的自动取款机的位置是罪犯潜伏的地方。
所有罪犯潜伏的地方都是夜间避免出行的地方。
所以，有的夜间避免出行的地方是自动取款机的位置。

★10. 没有欺骗政府的公司是政府应该打交道的组织。

有的国防承包商不是政府应该打交道的组织。

所以，有的国防承包商不是欺骗政府的组织。

11. 所有圆弧三角形都是平面图形。

    所有圆弧三角形都是三边图形。

    所以，有的三边图形是平面图形。

12. 所有的超新星都是散发巨大能量的物体。

    所有的类星体都是散发巨大能量的物体。

    所以，所有类星体都是超新星。

★13. 没有从其非法行为中获利的人是希望他们的活动合法化的人。

    所有毒品贩子都是从其非法活动中获利的人。

    所以，没有毒品贩子是希望他们的活动合法化的人。

14. 有的心脏病患者是英年早逝的人。

    有的吸烟者是心脏病患者。

    所以，有的吸烟者是英年早逝的人。

15. 有的通讯卫星是火箭发射的失败品。

    所有的通讯卫星都是带有天线的设备。

    所以，有的带有天线的设备是火箭发射的失败品。

★16. 所有目前活着的恐龙都是巨型爬行动物。

    所有的巨型爬行动物都是变温动物。

    所以，有的变温动物是目前活着的恐龙。

17. 所有存活主义者是喜欢模拟战争游戏的人。

    没有喜欢模拟战争游戏的人是已经品尝过真正战争痛苦的士兵。

    所以，所有品尝过真正战争痛苦的士兵都是存活主义者。

18. 没有失恋者是情人节的狂热分子。

    有的善于幻想的浪漫主义者是情人节的狂热分子。

    所以，有的善于幻想的浪漫主义者不是失恋者。

★19. 没有神权政权是开放政体。

    所有神权政体都是武力统治的政府。

    所以，有的武力统治的政府不是开放政体。

20. 有的雪花不是均匀的固体。

    所有雪花都是六角结晶体。

    所以，有的六角结晶体不是均匀的固体。

Ⅱ. 使用文恩图获得下面每一组前提所有效蕴涵的结论。如果不能有效得到结论，就写"没有结论"。

★1. 没有 P 是 M。
   所有 S 都是 M。

2. 有的 P 不是 M。
   有的 M 是 S。

3. 有的 M 是 P。
   所有 S 都是 M。

★4. 有的 M 不是 P。
   所有 M 都是 S。

5. 有的 P 是 M。
   所有 M 都是 S。

6. 没有 M 是 P。
   有的 S 不是 M。

★7. 所有 M 都是 P。
   所有 S 都是 M。

8. 所有 P 都是 M。
   所有 S 都是 M。

9. 没有 P 是 M。
   有的 M 是 S。

★10. 没有 P 是 M。
   没有 M 是 S。

Ⅲ. 回答下面的陈述是"真的"还是"假的"：

1. 在使用文恩图检验三段论的有效性时，记号有时被输入到结论的图中。

2. 当一个 X 被放置在一个圆的圆弧上时，这意味着，X 可以在被弧分离的两个区域中的任何一个位置（或两个）。

3. 如果 X 位于一个圆的圆弧上，该论证不能是有效的。

4. 在文恩图中表达全称陈述时，人们总是把七个区域中的两个涂上阴影（除非这些区域已经被涂上了阴影）。

5. 如果一个完成的图中包含两个 X，该论证不可能是有效的。

6. 如果结论断定某个区域是被涂上阴影的，并且对该图的检查表明只有该区域的一半被涂上了阴影，那么该论证是有效的。

7. 如果结论断定某个区域包含着一个 X，并且对该图的检查表明只有半个 X 出现在那一区域，该论证是有效的。

8. 如果结论形如"所有 S 都是 P"，并且对该图的检查表明，处在圆圈 P 以外的圆圈 S 的部分被涂上阴影，那么该论证从亚里士多德式立场而非布尔式立场上看是有效的。

9. 在一个完成的图中，如果一个单独的圆圈的三个区域都是被涂上阴影的，在余下的一个区域放置一个被圈起来的 X 会使结论为真，那么该论证从亚里士多德式立场上看是有效的，但是从布尔式立场上看不是有效的。

10. 在一个完成的图中，如果一个单独的圆圈的三个区域都是被涂上阴影的，但是从布尔式立场上看该论证是有效的，那么从亚里士多德式立场上看该论证也一定是有效的。

4.3 规则与谬误

> **预热**
>
> 你所在的学院或大学可能明确规定了一个学生要毕业必须满足的规则。你必须参与一定数量的课程，课程必须是在指定的主题领域内的，你必须保持一定的 GPA（平均成绩点数），等等。如果你遵循所有的规则，你将达成你的目标——毕业。同样，存在着一些规则，用以确定一个直言三段论的前提是否支持结论，如果遵循所有这些规则，那么三段论就是有效的。

有效三段论符合一定规则的想法最早是由亚里士多德所表达的。在亚里士多德自己的解释中讨论了许多这样的规则，但是今天的逻辑学家通常确定为五条或六条。① 如果这些规则中的任何一条被违反了，就会犯特定形式的谬误，因此，三段论是无效的。相反，如果没有违反任何一条规则，三段论就是有效的。这些规则可以用来作为一种可以与文恩图方法互补的简便方法。我们将首先从布尔式立场考虑这些规则的应用，然后再转到亚里士多德式立场。

布尔式立场

在本节呈现的五条规则中，前两条依赖周延概念，接下来的两条依赖质的概念，最后一条依赖量的概念。在应用前两条规则时，你可能需要回想起第 3 章中的两条记忆口诀："Unprepared Students Never Pass."（没有准备的学生绝不会通过考试。）以及 "Any Student Earning B's Is Not On Probation."（任何得 B 的学生都不在见习期。）这些记忆口诀帮助我们牢记四种直言命题词项的周延性的如下情形：

> 如果一个三段论满足全部五条规则，那么它是无条件地有效的。

陈述类型	词项周延情况
A	主项
E	主项、谓项
I	无
O	谓项

---

① 一些教材包括这样一条规则，即一个直言三段论包含的三个词项在整个论证中必须在相同的含义上使用。在本教材中，这一要求被包含在标准形式的直言三段论的定义的一部分，因此被纳入直言三段论的定义。

以下是第一条规则：

规则1：中项必须至少周延一次

谬误：中项不周延

例子：所有鲨鱼都是鱼。
所有鲑鱼都是鱼。
―――――――――――
所有鲑鱼都是鲨鱼。

在这个标准形式的直言三段论中，中项是"鱼"。在两个前提中，"鱼"作为A命题的谓项出现，因此在两个前提中都不周延，因此，这个三段论犯了中项不周延的谬误，是无效的。如果大前提被重新写为"所有鱼都是鲨鱼"，那么"鱼"在那一前提中将会是周延的，那么该三段论将会是有效的。但是它当然仍是不可靠的，因为这一重新改写的前提将为假。

规则1背后的逻辑可以这样被解释，即通过详述中项如何实现既定目的——提供结论的主项和谓项之间的共同基础。我们使用字母 S，P 和 M 分别指示小项、大项和中项，假设 M 在大前提中是周延的。根据定义，P 与 M 的整体相关联。那么，当 M 类的整体或者部分与 S 类发生关联时，S 与 P 必然成为相关联的。如果我们假定 M 在小前提中是周延的，类似的推理也是被接受的。但是如果 M 在两个前提中都不周延，S 与 P 可能和 M 类的不同部分发生关联，在这种情况下，S 与 P 没有关联的共同基础。这一情况正好出现在我们关于鱼的例子中。词项"鲑鱼"和"鲨鱼"与鱼类的不同部分发生关联，因此它们之间没有关联的共同基础。

规则2：如果一个词项在结论中是周延的，那么它在前提中也必须周延

谬误：大项不当周延；小项不当周延

例子：所有马都是动物。
有的狗不是马。
―――――――――――
有的狗不是动物。

所有老虎都是哺乳动物。
所有哺乳动物都是动物。
_____
所有动物都是老虎。

在第一个例子中，大项"动物"在结论中是周延的，但在大前提中不是周延的，因此该三段论犯了大项不当周延谬误，或者更准确地说是"大项的不当过程"。在第二个例子中，小项"动物"在结论中是周延的，但在小前提中是不周延的，因此该三段论犯了小项不当周延谬误或者说"小项的不当过程"。

在应用这一规则时，我们必须总是首先检查结论。如果结论中没有词项周延，规则 2 不会被违反。如果结论中一个或者两个词项周延，那么必须检查相应的前提。如果在结论中周延的词项在该前提中也周延，那么没有违反规则。但是，如果词项在前提中不周延，违反了规则，该三段论是无效的。在应用规则 2 时（规则 1 也一样），通过对三段论中所有周延的词项做标记——或者用圆圈圈起来或者使用小写字母"d"做上标可能是有帮助的。

规则 2 背后的逻辑很容易理解。让我们再一次使用字母 S、P 和 M 分别指示小项、大项和中项，让我们假设某个三段论犯了大项不当周延谬误。该三段论的结论对 P 类中的每一个元素都做了断定，但是大前提仅仅对 P 类中的一些元素做了断定。因为小前提本身对 P 类中的元素根本没有做任何断定，结论显然包含了前提中不包含的信息，该三段论因此是无效的。类似的推理也适用于小项不当周延谬误。

当周延被承认为一种正面属性时，规则 2 成为直观上合乎情理的。承认这一点的话，包含一个在结论中周延而在前提中不周延的词项的论证，其结论比前提有更多的内容，因此是无效的。当然，前提包含了比结论更多的内容总是允许的，因此一个词项在前提中周延而在结论中不周延总是正确的。

规则 3：不允许有两个否定前提

谬误：排他性前提

例子： 没有鱼是哺乳动物。
有的狗不是鱼。
_____
有的狗不是哺乳动物。

这个三段论被视作无效的,因为前提真而结论假。这个缺陷源于它有两个否定前提这一事实。

反思一下,规则 3 应该是相当明显的。令字母 S,P 和 M 分别指示小项、大项和中项。现在,如果 P 和 M 是全部或部分地分离的,而且 S 类和 M 类是全部或部分地分离的,那么对于 S 类和 P 类的关系,什么都没有说。这两个类之间可以是全部或部分地不同或者相同的。文恩图可以有效地用来解释从两个否定前提不能有效得出结论这一事实。

规则 4:否定前提要求否定结论,并且否定结论要求否定前提

谬误: 从否定前提得出肯定结论,或者从肯定前提得出否定结论

例子: 所有乌鸦都是鸟。

有的狼不是乌鸦。
―――――――――――
有的狼是鸟。

所有三角形是有三个角的多边形。
所有有三个角的多边形都是有三条边的多边形。
――――――――――――――――――――――――
有的有三条边的多边形不是三角形。

这些论证被视作无效的,因为每个论证都有真前提和一个假结论。第一个论证从否定前提得出肯定结论,而第二个论证从肯定前提得出否定结论。

规则 4 背后的逻辑可以从以下看出。如果再次使用字母 S,P 和 M 分别指示小项、大项和中项,肯定结论总是陈述了 S 类的全部或者部分包含在 P 类中。得出这一结论的唯一方式是 S 类的全部或者部分包含在 M 类中,以及 M 类的全部包含在 P 类中。换句话说,只有当两个前提都是肯定陈述时才能得出这一结论。但是,例如,如果 S 类的全部或者部分包含在 M 类中,并且 M 类的全部或者部分与 P 类相分离,绝不会得出这一结论。因此,从否定前提不能得出肯定结论。

相反,一个否定结论断定了 S 类的全部或者部分与 P 类相分离。但是如果两个前提都是肯定的,它们断定的是类的包含而不是分离。因此,从肯定前提不能得出一个否定结论。

作为前四条规则相互作用的一个结果,有两个特称前提的三段论不是有效三段论。记住这一结果对于我们而言很便利,它允许我们把任何两个前提都以"有的"开始的标准形式三段论识别为无效的。因为它可以从前四条规则逻辑地得出,

这里不必给出一个单独的规则。

规则 5：如果两个前提都是全称的，结论不可能是特称的

谬误：存在谬误

例子：　所有哺乳动物都是动物。
　　　　所有老虎都是哺乳动物。
　　　　─────────────
　　　　有的老虎是动物。

这个例子有两个全称前提和一个特称结论，因此它违反了规则 5。它犯了布尔式立场的存在谬误。这个三段论从布尔式立场上看是无效的，原因在于结论断定了老虎存在，而前提没有做出这个断定。从布尔式立场上看，全称前提没有存在预设。

在应用规则 5 时，牢记存在谬误是一种谬误，它的发生仅仅是由于前提缺少存在预设，一个三段论才是无效的。因此，如果一个三段论是由于其他原因（也就是，如果它犯了其他谬误）而是无效的，它没有犯存在谬误。因此，在确定一个三段论违反规则 5 之前，要确定它没有违反其他规则。如果一个三段论确实违反了其他四条规则中的一条，规则 5 便不适用。

亚里士多德式立场

从亚里士多德式立场上看，任何一个违反了前四条规则中的一条规则的直言三段论都是无效的。然而，如果一个三段论违反了规则 5，只要关键词项指称至少一个存在物，那么从亚里士多德式立场上看它是有效的。（关键词项是在 4.1 节所提供的有条件地有效的三段论形式表中被列在最右手边的词项。）在与规则 5 有关的那个例子中，关键词项是"老虎"，该三段论没有违反其他规则，因此从亚里士多德式立场上看，它是有效的。该结论断定了老虎存在，从亚里士多德式立场上看，前提蕴涵了老虎的存在。另一方面，考虑下面的例子：

　　　　所有哺乳动物都是动物。
　　　　所有独角兽都是哺乳动物。
　　　　─────────────
　　　　有的独角兽是动物。

在这个例子中，关键词项是"独角兽"。由于独角兽不存在，从亚里士多德式

> 如果一个三段论只违反了规则 5，那么它是有条件地有效的。

立场上看，前提没有存在预设。因此，从亚里士多德式立场上看，该三段论是无效的，它犯了基于该立场的存在谬误。当然，它也犯了布尔式立场的存在谬误。

除了参照有条件地有效的形式表之外，识别关键词项的另一个方法是画文恩图。关键词项是这样一个词项，它对应于除了一个区域以外其他全部被涂上阴影的圆圈。在这样的两个圆圈的情况下，它对应于包含带圆圈 X 的且结论所依赖的圆圈。识别关键词项的另一个方式是通过考察三段论中的周延词项。关键词项是多余地周延的词项，换句话说，它是在前提中有比一个三段论遵循前两条规则所必须的更多次的周延出现的词项。这里有三个例子：

$$\begin{array}{lll} \text{所有 } M^d \text{ 都是 } P。 & \text{没有 } M^d \text{ 是 } P^d。 & \text{所有 } P^d \text{ 都是 } M。 \\ \text{所有 } S^d \text{ 都是 } M。 & \text{所有 } M^d \text{ 都是 } S。 & \text{所有 } M^d \text{ 都是 } S。 \\ \hline \text{有的 } S \text{ 是 } P。 & \text{有的 } S \text{ 不是 } P^d。 & \text{有的 } S \text{ 是 } P。 \end{array}$$

周延的词项用小写的"d"做上标。在第一个三段论中，为了满足规则 1，M 必须周延，但是第二个前提中的 S 不必是周延的，以满足某条规则。因此，根据多余周延规则，S 是为了使该三段论从亚里士多德式立场上看有效而必须指称现实存在事物的那个词项。在第二个三段论中，为了满足规则 2，P 在第一个前提中必须是周延的，为了满足规则 1，M 必须周延一次；但是 M 周延了两次。这样，M 是为了使该三段论从亚里士多德式立场上看是有效的而必须指称现实存在事物的那个词项。在第三个三段论中，为了满足规则 1，M 必须周延，但是 P 不必为了满足任何规则而周延。这样在这个三段论中，P 是关键词项。

你可能会想起布尔式立场的存在谬误第一次出现在第 3.3 节，它的出现与现代对当方阵有关。同样，亚里士多德式立场的存在谬误第一次出现在第 3.5 节，它的出现与传统对当方阵有关。与规则 5 有关的两种版本的存在谬误，当它们关联到直言三段论时，都来自于同样的错误。

最后，如果你回过去看第 4.1 节中关于有条件地有效的形式的那个表格，你会发现，列在那里的所有形式都违反了规则 5。它们全部有着全称前提和特称结论，并且它们都没有违反其他规则。这样，它们全部犯了布尔式立场的存在谬误。但是如果采用亚里士多德式立场，并且关键词项指称不存在的事物，亚里士多德式立场正好给出了与布尔式立场同样的结果（参见第 3.3 节）。因此，在这些条件下，在有条件地有效的表中的所有三段论形式都犯了亚里士多德式立场的存在谬误。

习题 4.3

I. 重新构造下列三段论的形式，并使用三段论的五条规则确定从布尔式立场上看是否有效，以及从亚里士多德式立场上看是有条件地有效的还是无效的。对于那些有条件地有效的论证，识别其必须满足的条件。对于那些无论是从布尔式立场还是亚里士多德式立场上看都无效的论证，指出其所犯的谬误。通过构造文恩图检查你的答案。

★1. AAA-3
2. IAI-2
3. EIO-1
★4. AAI-2
5. IEO-1
6. EOO-4
★7. EAA-1
8. AII-3
9. AAI-4
★10. IAO-3
11. AII-2
12. AIO-3
★13. AEE-4
14. EAE-4
15. EAO-3
★16. EEE-1
17. EAE-1
18. OAI-3
★19. AOO-2
20. EAO-1

II. 使用五条规则确定下列标准形式的三段论从布尔式立场上看是有效的还是无效的，从亚里士多德式立场上看是有效的还是无效的。对于那些无论是从布尔式立场还是亚里士多德式立场上看都无效的论证，指出其所犯的谬误。通过构造文恩图检查你的答案。

★1. 有的星云是气云。
   有的气云是肉眼看不到的星体。
   所以，有的肉眼看不到的星体是星云。

2. 没有对正确与错误的区别敏感的人是用财富衡量才能与成功的人。
   所有企业收购专家都是用财富衡量才能与成功的人。
   所以，没有企业收购专家是对正确与错误的区别敏感的人。

3. 没有濒危物种是被木材行业所喜爱的生物。
   所有斑点猫头鹰都是濒危物种。
   所以，有的斑点猫头鹰不是被木材行业喜爱的生物。

★4. 有的平权运动法案不是被过往歧视认为正当的措施。
   没有平权运动法案是非法行为。
   所以，一些非法行为不是被过往歧视认为正当的措施。

5. 所有透明金属都是热的良导体。
   所有透明金属都是电的良导体。

所以，有的电的良导体是热的良导体。

6. 全国步枪协会的所有成员都是反对枪支管制的人。

   全国步枪协会的所有成员都是守法公民。

   所以，所有守法公民都是反对枪支管制的人。

★7. 没有基于可能原因进行的搜查是违反第四修正案的。

   有的无证搜查是违反第四修正案的。

   所以，有的无证搜查不是基于可能原因进行的搜查。

8. 所有战争区域都是滥用裁量权的地方。

   有的滥用裁量权的地方是国际边界。

   所以，有的国际边界是战争区域。

9. 所有内幕交易者都是遭到起诉的人。

   有的具有优先信息的管理人员不是遭到起诉的人。

   所以，有的具有优先信息的管理人员是内幕交易者。

★10. 所有成功的调情者都是目光接触大师。

   所有目光接触大师都是真诚地对别人感兴趣的人。

   所以，有的真诚地对别人感兴趣的人是成功的调情者。

Ⅲ. 回答下面的陈述是"真的"还是"假的"：

1. 如果一个标准形式的直言三段论违反了前四条规则中的任何一条，它仍有可能是有效的。

2. 如果一个有效的标准形式的三段论以 E 陈述作为结论，那么大项和小项在前提中一定都是周延的。

3. 如果一个标准形式的三段论具有两个 I 陈述作为前提，那么它是无效的。

4. 如果一个标准形式的三段论具有一个 E 陈述和一个 O 陈述作为前提，那么不会有效地得出结论。

5. 如果一个标准形式的三段论具有一个 I 陈述作为结论，那么不会违反规则 2。

6. 如果一个有效的标准形式的三段论具有一个 O 陈述作为结论，那么它的前提可能是一个 A 陈述和一个 I 陈述。

7. 如果一个有效的标准形式的三段论具有一个 E 陈述作为前提，那么它的结论可能是一个 A 陈述。

8. 如果一个标准形式的三段论只违反了规则 5，并且它的三个词项是"狗""猫"和"动物"，那么该三段论从布尔式立场上看是有效的。

9. 如果一个标准形式的三段论只违反了规则 5，并且它的三个词项是"狗""猫"和"动物"，那么该三段论从亚里士多德式立场上看是有效的。

10. 如果一个标准形式的三段论只违反了规则 5，并且它的三个词项是"精灵""巨人"和"侏儒"，那么该三段论从亚里士多德式立场上看是有效的。

4.4 减少词项的数量

> **预热**
>
> 为了帮助朋友，你提出帮她洗衣服。当你从烘干机中取出衣服，开始给袜子配对时，你沮丧地发现，六只袜子似乎不能正确匹配。但是你发现，如果把六只袜子中的三只内外翻转，它们可以与另外三只匹配。减少三段论中词项的数量有点类似于在袜子里面进行配对。目标是获得三对相匹配的词项。

直言三段论，当它们出现在日常口头和书面表达中时，很少是按照标准形式的三段论的精确规范叙述的。有时量词、前提或者结论是不被表达出来的，或者若干三段论被连成一个单一论证，或者在一个单一论证中，词项与它们的否定混在一起。本章的后四节关注某些技术——重构此类论证，使它们可以通过文恩图或者三段论规则加以检验。

在本节中，我们所考察的论证包含着超过三个词项，但是它们可以被修改，使其数量减少到三个。考虑下面的例子：

> 所有摄影师都是非作家。
> 有的编辑是作家。
> 所以，有的非摄影师不是非编辑。

目标：每一个词项必须有着一个完美匹配。

很显然，这个三段论不是标准形式，因为它有六个词项："摄影师""编辑""作家""非摄影师""非编辑""非作家"。但是，由于其中三个词项是其余三个词项的补项，词项的数量可以减少到三个，每一个词项在不同的位置上被使用两次。为了完成简化，我们可以使用第 3 章中讨论的换位、换质和换质位这三种运算。但是由于重新改写的三段论与原来的三段论在含义上必须是相同的，我们当然必须把这些运算只应用于产生逻辑上等值结果的那些种类的陈述。也就是说，我们必须把换位运算只应用于 E 陈述和 I 陈述，把换质位运算只应用于 A 陈述和 O 陈述。换质对所有四种直言陈述来说都产生逻辑上等值的结果。

让我们使用字母代表词项来重新改写我们的这个六词项论证。为了消除否定字母，对第一个前提换质，对结论换质位：

符号化论证	简化后的论证
所有 P 都是非 W。	没有 P 是 W。
有的 E 是 W。	有的 E 是 W。
有的非 P 不是非 E。	有的 E 不是 P。

因为原来的论证的第一个前提是一个 A 命题，结论是一个 O 命题，并且因为对这些陈述进行的运算产生了逻辑上等值的结果，简化后的论证在含义上与原来的论证等值。简化后的论证是标准形式的三段论，可以使用文恩图或者三段论的五条规则加以评价。应用这些方法后，我们看到，简化后的三段论是有效的。因此，我们得出结论，原来的论证也是有效的。

为了减少词项的数量，不一定必须消除否定的词项。把一定的非否定词项转换成否定词项同样有效。因此不需要对这个论证例子的第一个前提换质，对结论换质位，我们可以对第一个前提换质位，然后对第二个前提换位再换质。运算操作如下：

符号化论证	简化后的论证
所有 P 都是非 W。	所有 W 都是非 P
有的 E 是 W。	有的 W 不是非 E。
有的非 P 不是非 E。	有的非 P 不是非 E。

简化后的论证再次与原来的论证等值，但是现在我们必须颠倒前提的顺序以便把这个三段论变成标准形式。

有的 W 不是非 E。

所有 W 都是非 P。

有的非 P 不是非 E。

当我们使用文恩图或者三段论的五条规则进行检验时，该论证当然也将被发现是有效的。因此原来的论证是有效的。当使用文恩图时，不需要使用不寻常的方法；该图只需使用三个字母 "W" "非 E" 和 "非 P"。

减少词项数量最重要的一点在于牢记换位和换质位必须不能用于会产生不确定结果的陈述。也就是，换位一定不能用于 A 陈述和 O 陈述，换质位一定不能用于 E 陈述和 I 陈述。允许使用的运算总结如下：

换　位：	没有 *A* 是 *B*。	没有 *B* 是 *A*。
	有的 *A* 是 *B*。	有的 *B* 是 *A*。
换　质：	所有 *A* 都是 *B*。	没有 *A* 是非 *B*。
	没有 *A* 是 *B*。	所有 *A* 都是非 *B*。
	有的 *A* 是 *B*。	有的 *A* 不是非 *B*。
	有的 *A* 不是 *B*。	有的 *A* 是非 *B*。
换质位：	所有 *A* 都是 *B*。	所有非 *B* 都是非 *A*。
	有的 *A* 不是 *B*。	有的非 *B* 不是非 *A*。

| 著名逻辑学家 |

索尔·克里普克（Saul Kripke，1940—　）

在孩童时期，克里普克就已展现出惊人的理智能力。10岁时，他就读完了所有的莎士比亚戏剧，并且开始研究代数，认为可以按照他自己的想法去发明它。14岁时，他已经掌握了几何学和微积分，并深深地沉迷于哲学。17岁时，他写了一篇论文，发表在著名的《符号逻辑杂志》上，证明了模态逻辑的完全性定理。传说这篇文章引起了哈佛大学数学系的注意，有人邀请他到哈佛大学任教。他回复说："我妈妈说我应该首先完成高中和大学的学业。"今天，克里普克被许多人认为是世界上至今仍健在的最伟大的哲学家和逻辑学家。

1940年，索尔·克里普克出生于纽约贝肖尔的一个犹太人家庭。他在内布拉斯加州的奥马哈市读的中小学，然后进入哈佛大学。在大二的时候，他在麻省理工学院开设了一门研究生水平的课程。1962年，他以最优等荣誉的成绩毕业并获得数学学士学位。在那以后，他没有读研究生而是开始教书工作，首先在哈佛大学，然后在洛克菲勒大学，再到普林斯顿大学，最后到纽约城市大学研究生院。他获得过几所大学的名誉学位，并在2001年获得逻辑学和哲学领域的最高奖项"罗尔夫·朔克奖"（相当于诺贝尔奖）。

克里普克因其在模态逻辑领域的工作而广受赞誉，除了证明模态逻辑的形式完全性以外，他还建立了一种语义学，现在被称为"克里普克语义学"。在该语义学中，当一个命题在所有可能世界中成立时，它是必然真的；当它在某个可能世界中成立时，它是可能真的。另外，通过引入一个全新的专名指称理论，他的著作《命名与必然性》对语言哲学做出了突破性贡献。

习题 4.4

使用字母代表词项重新改写下面的论证，减少词项的数量，并把论证转换为标准形式。使用文恩图或者根据三段论的五条规则对新形式进行检验，确定最初的论证是否有效。

★1. 有的可理解的陈述是真陈述，因为所有不可理解的陈述都是毫无意义的陈述而且有的假陈述是有意义的陈述。

2. 有的不悔罪的人是被定罪的杀人犯，所以，有的被定罪的杀人犯是不容易被改造的人，因为所有容易被改造的人都是悔罪的人。

3. 所有和平组织的志愿者都是见证了贫困和饥荒的人，所有对人类需求不敏感的人都是未曾见证贫困和饥荒的人。因此，所有和平组织的志愿者都是对人类需求敏感的人。

★4. 有的无意杀人行为不是应受到惩罚的犯罪行为，因为所有的正当防卫案件都是不应受惩罚的犯罪行为，并且有的故意杀人行为是正当防卫案件。

5. 所有在飞行中解体的飞机都是不安全的飞机。因此，没有保养不好的飞机是安全的飞机，因为所有保养良好的飞机都是在飞行中保持完好的飞机。

6. 没有在水中下沉的物体是冰块，并且没有漂浮在水中的物体是至少与水的密度一样的物体。因此，所有的冰块都是密度比水小的物体。

★7. 有的火星飞行提议是廉价的冒险，因为所有的无人驾驶的太空飞行任务都是廉价的冒险，并且有的火星飞行提议不是有人驾驶的太空任务。

8. 所有受名利驱动的学校都是不重视文科教育的。因此，有的大学是不重视文科教育的，因为有的不受名利驱动的学校是大学。

9. 没有艾滋病病例是容易用药物治愈的传染病，因为所有感染大脑的疾病都是不容易用药物治愈的传染病，而且所有不会感染大脑的疾病都不是艾滋病。

★10. 有的外国使者是没有外交豁免权的人，因此，有的免于逮捕和起诉的人是外国使者，因为没有外交豁免权的人是会被逮捕和起诉的人。

4.5 日常语言中的论证

预热

假设你正在为你的生物课而苦苦挣扎，你害怕你可能会不及格。你决定告诉你的老师，他告诉你："除非你通过期末考试，否则你不会及格，但是你一定会通过期末考试，期末考试是比较容易的。所以，你会通过这门课程。"这一回答会让你更轻松吗？在本节中，你将学习如何测试论证的有效性，就如同你的老师给予你的那个论证那样。

许多被写成非标准形式直言三段论的论证可以被翻译为标准形式的三段论。为了这样做，我们经常使用第 3 章最后一节中建立起来的技术，即插入量词，修改主项和谓项，以及引入系词。当然，目的在于得到一个由三个标准形式直言命题组成的论证，其中总共包含三个不同的词项，且每个词项在不同的命题中出现两次。翻译之后，这个论证就可以通过文恩图或者三段论规则进行检验。

因为把论证翻译为标准形式三段论的任务不仅要把其中的陈述转换成标准形式，还要把这些陈述调整为另外一种形式使得它们的词项成对出现，所以，在熟练进行之前，需要做一定数量的练习。为了把词项减少为匹配的三对，确定两个或者所有三个命题都具有的某个因素并且通过使用参数这种策略来表达这个共同因素，这通常是有帮助的。例如，如果所有三个陈述都与人有关，那么词项"人"或者"等同于……的人"可以被使用；或者，如果所有三个陈述都与时间和地点有关，那么词项"时间"或者"等同于……的时间"或者词项"地点"或者"等同于……的地点"可以被使用。下面是一个例子：

> 每当人们推迟到年纪大些时再结婚，离婚率就会下降。如今，人们正推迟到年纪大些时再结婚。所以，如今的离婚率正在下降。

时间副词"每当"和"今天"表明"时间"应该被作为共同因素使用。根据这一建议，我们有：

> 所有人们推迟到年纪大些时再结婚的时间都是离婚率下降的时间。
> 所有现在的时间都是推迟到年纪大些时再结婚的时间。
> 所以，所有现在的时间都是离婚率下降的时间。

这是一个标准形式的直言三段论。注意，三个词项中的每一个都与一个不同命题中的复制品相匹配。为了获得这种匹配，有时有必要对最初命题中的语词稍做修改。现在，如果我们采用下面的约定：

M = 人们推迟到年纪大些时再结婚的时间

D = 离婚率下降的时间

P = 现在的时间

那么，这个三段论可以符号化为如下形式：

所有 M 都是 D。
所有 P 都是 M。
─────────
所有 P 都是 D。

> 目标：这些词项必须出现在匹配对中。

> 寻找：针对至少两个词项的"共同终结者"。

这是所谓的"Barbara"式三段论，当然是有效的。下面是另外一个例子：

波音公司一定是一家制造商，因为它雇用铆工，而任何一家雇用铆工的公司都是制造商。

对于这一论证，参数"公司"是自我显现的：

所有等同于波音的公司都是制造商，因为所有等同于波音的公司都是雇用铆工的公司，所有雇用铆工的公司都是制造商。

当然，第一个陈述是结论。当该三段论被写为标准形式时，它将被看到跟之前的三段论一样，具有 AAA-1 式。

再一个例子：

如果一条证据是值得信赖的，那么它在法庭上是应该被许可的。测谎测试不是值得信赖的。所以，它们在法庭上是不应该被许可的。

为了翻译这一论证，不必使用一个单个的共同因素：

所有值得信赖的证据都是那些在法庭上应该被许可的证据。没有测谎测试是值得信赖的证据。所以，没有测谎测试是在法庭上应该被许可的证据。

这个三段论犯了大项不当周延的谬误，所以是无效的。

就像我们在第 3.6 节中提到的那样，包含一个除外命题的论证必须以一种特殊的方式加以处理。让我们考虑一个包含除外命题作为前提的论证：

除了李维斯，所有的牛仔裤都在促销。所以，由于 CK 牛仔裤不是李维斯牛仔裤，所以它们一定在促销。

第一个前提被翻译为两个联合在一起的直言命题："没有李维斯牛仔裤是在促销的牛仔裤"以及"所有非李维斯的牛仔裤都是在促销的牛仔裤"。这样就产生了两个三段论：

没有李维斯牛仔裤是在促销的牛仔裤。
没有 CK 牛仔裤是李维斯牛仔裤。
所以，所有 CK 牛仔裤都是在促销的牛仔裤。

所有非李维斯的牛仔裤都是在促销的牛仔裤。
没有 CK 牛仔裤是李维斯牛仔裤。

所以，所有CK牛仔裤都是在促销的牛仔裤。

第一个三段论是标准形式，它是无效的，因为它有两个否定前提。而第二个三段论不是标准形式，因为它有四个词项。如果第二个前提被换质，它被读作"所有CK牛仔裤都是非李维斯牛仔裤"，该三段论就变为一个AAA-1式标准形式三段论，是有效的。

这两个三段论中的每一个都可以被看作一条必然从那些前提得出原论证结论的途径。因为实际上根据第二个三段论，最初的论证才是有效的。如果所得到的两个三段论被证明都是无效的，那么最初的论证将是无效的。

习题 4.5

把如下论证翻译为标准形式的直言三段论，然后使用文恩图或者三段论规则确定每一个论证是否有效。查看第3.6节以获得翻译上的帮助。

★1. 物理学家是仅有的建立时间本质理论的科学家，斯蒂芬·霍金也的确如此。所以，斯蒂芬·霍金一定是一个物理学家。

2. 每当自杀率下降，我们可以推断，人们的生活得到了改善。所以，由于近年来自杀率有所下降，我们可以推断，近年来人们的生活得到了改善。

3. 环保主义者只购买节能汽车。所以，牧马人汽车一定不是节能汽车，因为环保主义者不购买它们。

★4. 任何撰写了《独立宣言》的人都对文明有很大的影响，托马斯·杰斐逊肯定有这样的影响。所以，托马斯·杰斐逊撰写了《独立宣言》。

5. 存在着讲授世俗人文主义的公立学校。由于世俗人文主义是一种宗教，所以，存在着讲授宗教的公立学校。

6. 任何拥有优秀的艺术博物馆的城市都是旅游圣地。所以，巴黎是一个旅游圣地，因为它拥有优秀的艺术博物馆。

★7. 沙妮娅·特温唱她想唱的任何歌曲。所以，由于沙妮娅唱乡村歌曲，那么她一定想唱乡村歌曲。

8. 不是所有的利息支出都是可减免税的。房屋抵押贷款是利息支出。所以，它们不是可减免税的。

9. 如果神经融合基于神经啮合，那么它支持很小的成长空间。如果一个融合支持很小的成长空间，那么它注定会失败。所以，如果神经融合基于神经啮合，那么它注定会失败。

★10. 电视观众不能接收加密信号，除非有解码器。接收数字卫星信号的人接收加密信号。所以，接收数字卫星信号的人有解码器。

11. 任何冰山出现的地方，航运威胁都是存在的。冰山不会在南太平洋出现。所以，南太平洋的航运没有任何威胁。
12. 根据调查，存在着认为非洲是在北美的大学生。但这样认为的人是没有地理知识的。所以存在着没有地理知识的大学生。
★13. 隐性基因携带的疾病可以被遗传给两个感染者的后代。所以，因为囊性纤维化是一种隐性基因携带的疾病，它可以被遗传给两个感染者的后代。
14. 除了言情片以外的所有电影都是令人兴奋的。所以，动作片是令人兴奋的，因为没有动作片是言情片。
15. 自闭症儿童偶尔会被进行厌恶疗法。但厌恶疗法有时是不人道的。所以，自闭症儿童有时会被进行不人道的疗法。

4.6 省略三段论

> **预热**
>
> 假设当你开车时，通过后视镜，你注意到一辆警车的警灯在闪烁。当警察把你拦停后，他说你在一个学校地带超速行驶，他将给你开一张交通罚单。当你问到在一个学校地带超速行驶的罚款是多少时，他告诉你是200美元。你立即得出这样的结论：你的罚单要花掉你200美元。你所使用的推理过程是涉及省略三段论的典型形式，这是我们将要讨论的内容。

省略三段论：一种省略了前提或结论的直言三段论。

一个**省略三段论**（enthymeme）是可以表达为一个直言三段论的论证，但它缺失了一个前提或者结论。例如：

> 企业所得税应该被取消；它鼓励浪费和高价格。

> 被人爱的动物不应该被卖给医学实验室，丢失的宠物肯定是被人爱的。

第一个省略三段论缺失前提"任何鼓励浪费和高价格的事物都应该被取消"，第二个省略三段论缺失的则是结论"丢失的宠物不应该被卖给医学实验室"。

出于种种原因，省略三段论频繁出现在日常口头和书写语言中。有时在论证中表达出每一个陈述是令人厌烦的。当听者或者读者被要求补足一个被省略的陈述时，他们的理性就会被调动起来，以维持自己的兴趣。在其他情况下，论证者可能想悄悄地放进一个无效或不可靠的论证来蒙蔽粗心的听者或读者，而通过缺失一个前提或者结论有助于达到此目的。

很多省略三段论可以轻易地转换成三段论。读者或者听者必须首先确定缺失的是什么：是前提，还是结论，然后再按照把省略三段论转换成一个完善的论证的目标引入缺失的陈述。关注指示词通常可以为缺失陈述的性质提供线索，稍做练习就能使这一任务变为几乎是自动的。缺失的陈述不一定被表达为直言形式，根据其他陈述的一般语境来表达就足够了，并且这通常是比较容易的做法。一旦完成了这一点，整个论证就可以翻译为直言形式，然后再使用文恩图或者三段论的规则进行检验。例如：

> 目标：提供该缺失陈述。

金星绕轨道一周的时间比地球短，因为金星距离太阳较近。

缺失的前提：任何距离太阳较近的行星完成绕轨道一周的时间都比地球短。

把这个论证翻译为直言形式，我们有：

所有距离太阳较近的行星都是完成绕轨道一周的时间比地球短的行星。

所有等同于金星的行星都是距离太阳较近的行星。

所有等同于金星的行星都是完成绕轨道一周的时间比地球短的行星。

这个三段论是有效的（并且是可靠的）。

任何包含一个指示词的省略三段论（例如这个关于金星的省略三段论）都缺失一个前提。通过如下说明可以看清这种情况。如果一个省略三段论含有一个结论指示词，那么在它后面的是结论，这说明缺失的陈述是一个前提。另一方面，如果该省略三段论含有一个前提指示词，结论在它的前面，这再次说明缺失的陈述是一个前提。

然而，如果一个省略三段论根本不含有指示词（例如本节最初的两个省略三段论），那么缺失的陈述可能是一个前提，或者是一个结论。如果两个给定陈述是通过"并且（and）"、"但是（but）"、"此外（moreover）"或者某个类似的联结词联结在一起的，缺失的陈述通常是结论。如果不是，那么第一个陈述通常是结论，缺失的陈述是一个前提。为了检验后一种情况，尝试插入语词"因为（because）"将是有帮助的。如果这种插入有意义，那么缺失的陈述是一个前提。

确定了缺失陈述的性质以后，下一个任务就是把它写出来。为了做到这一点，首先必须确定它的词项。这可以通过考虑给定的词项而得以实现。给定陈述中的两个词项可以相互匹配。一旦找到这样一对词项，注意力应该被集中到其他两个词项。这些是用来构成缺失陈述的词项。注意，在构造缺失陈述时，三段论的规

4.6 省略三段论　　247

则可能会有所帮助（如果要产生的三段论是有效的）。例如，如果缺失的陈述是结论并且给定的那个前提是否定的，缺失的结论一定是否定的；或者说，如果缺失的陈述是一个前提，并且结论是全称的，那么缺失的前提一定是全称的。

到目前为止，我们所考虑的省略三段论都是相当直接的。出现在报纸杂志读者来信栏目中的省略三段论通常要求有一点创造性才能把它们转换为三段论。考虑下面的例子：

摩托车作为穷人的基本运输工具有几十年历史了，它值得被赞美。

（William B. Fankboner）

结论是最后一个陈述，缺失的前提是：任何作为穷人的基本运输工具具有几十年历史的都是值得被赞美的。该省略三段论可以写成如下标准形式的三段论：

所有作为穷人的基本运输工具具有几十年历史的都是值得被赞美的。
所有等同于摩托车的交通工具都是作为穷人的基本运输工具具有几十年历史的。
所以，所有等同于摩托车的交通工具都是值得被赞美的。

该三段论是有效的并且是可靠的。下面是另外一个例子：

我认识几个吸烟的医生。为了我的个人健康，我不会再找他们看病。对于我而言，他们如此不关心自己的健康，又怎么可能关心我的健康呢？

（Joan Boyer）

在这一论证中，作者提出了三种联系：医生吸烟与医生关心自身健康之间的联系、医生关心自身健康与医生关心作者健康之间的联系以及医生关心作者健康与医生把作者作为他们病人之间的联系。为了表达这些联系，需要两个论证：

所有吸烟的医生都是不关心自身健康的医生。
所有不关心自身健康的医生都是不关心我健康的医生。
所以，所有吸烟的医生都是不关心我健康的医生。

以及

所有吸烟的医生都是不关心我健康的医生。
所有不关心我健康的医生都是不把我当病人的医生。
所以，所有吸烟的医生都是不把我当病人的医生。

请注意，第一个论证的结论成为第二个论证的一个前提。为了把这些论证转换为最终的标准形式，必须颠倒前提的顺序。两个论证都是有效的，但可能不是可靠的。

习题 4.6

I. 在如下省略三段论中，确定缺失的陈述是前提还是结论。然后补充缺失的陈述，并把该省略三段论转换成一个有效的论证。不必把缺失的陈述表示为一个标准形式的直言命题。

★1. 一些警察局局长损害法律的公正执行，因为任何操控违规停车罚单的人都会那样做。

2. 任何形式的欺骗都应该受到惩罚，剽窃是一种欺骗形式。

3. 凯莉·安德伍德是一个有才华的歌手。毕竟，她赢得了多项格莱美奖。

★4. 一些兄弟会有危险的入会仪式，那些做法在校园生活中没有合法地位。

5. 只有非营利组织是不纳税的，所以教会一定都是不纳税的。

6. 除莫扎特歌剧外的所有歌剧都得到了很好的表演，《卡门》不是莫扎特所写的。

★7. 并非所有的来电都是受欢迎的，但是朋友的来电都是受欢迎的。

8. 高级生命形式不能仅仅通过随机过程进化，因为没有有组织的生物可以通过那种方式进化。

9. 只有伟大的小说才是永恒的，《卡拉马佐夫兄弟》是一部伟大的小说。

★10. 反战示威近年来变得无力，因为没有军事征兵。

11. 哪里有水，哪里就可以延续人类生命，而月球上有水。

12. 如果一个交响乐团具有高效的募捐者，它就会存在下去；克利夫兰交响乐团已经存在多年。

★13. 机械唯物主义者不相信自由意志，因为他们认为一切事物都是由确定的法则支配的。

14. 土地购买合同是不可执行的，除非它是书面的，而我们客户的土地购买合同是书面的。

15. 唯一不受大气层影响的望远镜是沿轨道运行的望远镜，哈勃望远镜是沿轨道运行的。

II. 将本习题第一部分的省略三段论翻译为标准形式的直言三段论并检验它们的有效性。

III. 下面的省略三断论最初是以信件的形式投给各报纸杂志的编辑的。把它们转换为标准形式的三段论。有些情况下可能需要两个三段论。

★1. 如果国防部非常抵制酗酒，那么为什么又让酒变得如此轻易获得和接受呢？在军营卖酒的商店，酒是免税的，而士兵和军官俱乐部使得饮酒几乎成为军队生活中的一种强制行为。

(Diane Lynch)

2. 所有对以色列的援助应立即停止。在美国的每个城市实际上已经破产、数百万人失业的时候,为什么美国的纳税人却被要求向以色列输送数十亿美元呢?

(Bertha Grace)

3. 自杀不是不道德的。如果一个人确定了人生无路可走,那么他有权结束自己的人生。

(Donald S. Farrar)

★ 4. 让人们读一本书的最好办法是禁止它。在田纳西州教堂山的基督教原教旨主义家庭是《麦克白》《安妮日记》《绿野仙踪》和其他故事的销售保证。

(Paula Fleischer)

5. 预算赤字将不会被控制,因为这样做将要求我们选出的华盛顿领导人去做不可思议的事情——勇敢地和负责任地去做。

(Bruce Crutcher)

6. 宪法禁止任何模糊的法律以至"普通智商的人一定能猜中其意思"。但是,有关性骚扰的法律如此模糊,以至没有人知道它们的意思。

(Hans Bader)

★ 7. 今天的大学生是明天的高收入纳税人。国会应该考虑把财政资助视为我国未来的一项金融投资。

(Carol A. Steimel)

8. 我们的基因和环境控制着我们的命运。有意选择的观念是荒谬的。是的,监狱应该被设计来保护社会,而不应该惩罚那些一出生就注定会去监狱的穷困可怜虫们。

(Paul R. Andrews)

9. 鼓励玩玩具枪给了儿童一个明确的信息,处理挫折和冲突的最好方式是使用枪。这是我们要传递给孩子的信息吗?

(Patricia Owen)

★ 10. 美国卫生部部长关于吸烟和癌症的最新报告是20世纪末一个关于自然选择的有趣例子。我们中的聪明人将戒烟并存活下去,蠢材们将继续吞云吐雾。

(Kelly Kinnon)

Ⅳ. 翻阅杂志或报纸,找出目前关注的五个主题。为每个主题构建一个省略三段论。

Ⅴ. 把下面对话中的论证翻译为标准形式的直言三段论。对话包含超过20个论证,大多数论证被表达为省略三段论的形式。被翻译的第一个三段论可以在本书后面的答案中找到。

小孩让父母感到快乐吗?

塔德和他的未婚妻劳拉在公园散步。塔德停了一会儿,看几个孩子在草地上玩。劳拉站在他身边。

"我知道我们以前谈过这个问题,"她说,"但是我希望你能打消我们要有一群孩子这一想法。"

"我会考虑的,"塔德说,"但是你能再告诉我一次为什么你不想要孩子吗?"

"大多数夫妻认为,孩子会自动带来快乐,"劳拉说,"但情况没有那么简单。我读了一些关于这个问题最新的研究资料。它们表明,没有孩子的夫妻比有孩子的夫妻会经历更高水平的情感幸福。因此,没有孩子的夫妻比有孩子的夫妻更快乐。"

"我读过你说的研究资料,"塔德说,"但我不知道是什么使他们那样。这样想,孩子让你欢笑,欢笑是快乐的关键。所以孩子会让你快乐。此外,在某种程度上,养育孩子让你流芳百世。"

"你怎么那样想?"

"好吧,不是流芳百世,但我的意思是他们会让你参与一种流芳百世的形式。你的孩子长大了,有了自己的孩子,那些孩子也有孩子,就这样延续下去。这种为人类种族延续做贡献的感觉让你快乐,你不觉得吗?"

"坦率地说,"劳拉回答道,"这离我'现在'有点太远了。也许在一开始,当一对夫妇期待他们的第一个孩子时,他们往往是快乐的。但一旦孩子到来,蜜月期结束。每过几个小时,新生儿就要吃奶,父母没法睡觉,也不会快乐。"

"嗯,很累,是的,但不快乐吗?"塔德说,"再说这是暂时的,只会持续几个月。"

"在头几个月之后,你有了满屋子的玩具和食物,所有的家具上都有黏黏的东西。生活在一个持续混乱的环境中,你能有多快乐呢?"

"不是很快乐,我想。但是对于生活而言,除了一个整洁的房子外,还有更多的东西。有了孩子,我们就不应该是自私的,没有自私的人是真正快乐的。另外,孩子促进了成长的气氛。看着孩子们学习、改变、成长让父母快乐。你不认为这是真的吗?"

"当然,"劳拉说,"在理论上是这样。在现实中,成长意味着婴儿成为尖叫、抱怨和发脾气的蹒跚学步的小孩。不得不听所有的吵闹不会让任何人感到快乐。然后,生活会变得更加忙碌。孩子们不断地要赶去学校、舞蹈课、足球课、球场——所有这些都让父母偏离了快乐。对吗?"

"对,"塔德说,"但孩子们很有趣。他们不断玩;有快乐玩耍的孩子在你四周给你带来快乐。再加上一些孩子长大后要完成不平凡的事情。看到自己孩子的成功,怎能不高兴呢?"

"好吧,"劳拉说,"但是孩子们占用了大量的时间。那些有孩子的夫妇通常没有时间度假——我知道这不会让你快乐。一些有孩子的夫妇甚至没有夫妻生活的时间。你喜欢这样吗?"

"我不喜欢，"塔德承认，"但也许与其他夫妇相比，我们可以学习更好地管理我们的时间。这会让我有时间做别的事情：有孩子会强迫我们作为一对夫妇协同安排工作。那会加深我们的关系，更深的关系是更快乐的关系。而且不要忘记无条件的爱。不管你是谁，孩子都爱你。他们不介意你的样子，以及你是否是个超级胖子，抑或你开什么类型的车。像那样被人爱着让你快乐。"

"好吧，当然了，"劳拉说，"可是钱呢？养孩子会花费一大笔钱。食物、衣服、医疗费和大学教育都会让我们囊中羞涩。如果那样，我们会幸福吗？我的工作该怎么办？我有目标，就像你一样。如果我不停地怀孕或照顾小孩，我永远也不会实现它们。如果这样的事情发生，我不可能快乐。"

"不，"塔德说，"我们必须解决那些事情。当我们越来越老的时候，会想着没有孩子我们的生活会是什么样的。我们会感到孤独和无助，没有人打电话给我们，没有子孙来看望我们。对你来说，那听起来快乐吗？"

"哈！"劳拉说，"你假设孩子最终会离开家。你忘了我们生活在婴儿潮年代。他们完成学业后，会回到家里生活，你永远不会摆脱他们。对于这种情况，你怎么看？"

"好吧，我们在大学毕业后没在家待多久。我想，当我们决定离开家结婚的时候，我们让我们的父母感到真正的快乐。"

"是啊，"劳拉回答道，"我想我们是的。也许我们已经证明了你的情况。至少一些孩子不再让他们的父母感到快乐。"

4.7 连锁推理

> **预热**　假定一个老师禁止在课堂上使用所有电子设备。这项措施可能会在消息板上产生一系列的论证。一个学生可能会论证到，她需要用她的笔记本电脑来写课堂笔记。一个学生需要用他的苹果平板电脑从网上检索信息以便参与课堂讨论。而另一个学生需要用他的智能手机查收电子邮件。每一个论证都增加到原来的论证上，并改变了它的方向。这一串论证含有很多前提类似于一个连锁推理。

连锁推理：没有中间结论的直言三段论链条。

一个**连锁推理**（sorites）是一连串的直言三段论，其中间结论被省略。这个名字源于希腊单词 *soros*，意思是"堆（heap）"。其复数形式也是"sorites"。下面是一个例子：

所有猎犬都是狗。

所有狗都是哺乳动物。

没有鱼是哺乳动物。

所以，没有鱼是猎犬。

前两个前提有效地蕴涵了中间结论"所有猎犬都是哺乳动物"。如果这个中间结论被处理为一个前提，并与第三个前提放在一起，会有效地得出最终的结论。这个连锁推理是由两个有效的直言三段论构成的，因此是有效的。评价一个连锁推理的规则基于这样一种思想：一个链条只与最弱的环节一样强。如果一个连锁推理中的任何一个成分三段论是无效的，整个连锁推理就是无效的。

一个标准形式的连锁推理（standard-form sorites）是这样的推理，每个成分命题都是标准形式，每个词项都出现两次，结论的谓词出现在第一个前提中，并且每一个后继前提都与前面的前提有一个共同的词项。① 例子中的连锁推理是标准形式。因为每一个命题都是标准形式，每一个词项都出现了两次；结论的谓项"猎犬"在第一个前提中，第一个前提中的另一个词项"狗"在第二个前提中，等等。

尽管连锁推理可以通过文恩图进行检验，但是最简单的方法是应用下面类似三段论规则的五条规则。这些规则如下：

规则 1：每一个中项必须至少周延一次。

规则 2：如果一个词项在结论中是周延的，那么它在前提中一定也是周延的。

规则 3：不允许有两个否定前提。

规则 4：一个否定前提要求一个否定结论，一个否定结论要求一个否定前提。

规则 5：如果所有的前提都是全称的，那么结论不可能是特称的。

> 如果一个连锁推理遵守了全部五条规则，那么它是无条件地有效的。

规则 1 指的是连锁推理中的"中项"。这些是出现在前提中配对的词项。规则 2、规则 4、规则 5 中的结论指的是连锁推理的最后结论。与直言三段论一样，如果一个连锁推理仅仅违反了规则 5，从亚里士多德式立场上看，只要关键词项至少指称一个存在的事物，它就是有效的。

关键词项可以使用与直言三段论相同的方式加以识别。存在着三种可能方式。通过将连锁推理的最后一个成分三段论的格与式输入到 4.1 节中的有条件地有效的

> 如果一个连锁推理仅仅违反了规则 5，它是有条件地有效的。

---

① 事实上有两种标准形式的连锁推理的定义：哥克兰尼式和亚里士多德式。这里采用的是哥克兰尼式。在亚里士多德式版本中，前提的安排方式在于使得结论的主项出现在第一个前提中。

形式表中，那个关键词项被给出在最右边的一栏中。通过运用多余周延规则，那个关键词项是前提中的那个词项——它在前提中周延的次数要多于该连锁推理遵守前两条规则所必需的。在连锁推理的最后的成分三段论的文恩图中，那个关键词项是与除了一个区域，其他区域全部被涂上阴影的圆圈相对应的词项。在两个这种圆圈的情况下，那个关键词项是与文恩图中结论所依靠的含有带圆圈的 X 相对应的词项。

在应用这些规则之前，把连锁推理变成标准形式是有帮助的；在每一种情况下，连锁推理必须被重写，使得词项匹配成对地出现。下面的连锁推理是标准形式的，并且那些周延词项用一个上标"d"做标记。很显然，有三个中项：M, K 与 R。

所有 S^d 都是 M。

所有 K^d 都是 M。

没有 K^d 是 R^d。

有的 F 是 R。
———————————
有的 F 不是 S^d。

这个连锁推理违反了规则 1，因为 M 在前两个前提中的出现都不是周延的。因此，这个连锁推理是无效的。注意：它没有违反其他规则。第二行和第三行中的 K 都是周延的，第三行和第四行中的一个 R 是周延的。S 在结论与第一个前提中都是周延的，存在着一个否定结论并且只有一个否定前提，而且由于结论是特称的，所以那些前提之一是特称的。

五条规则背后的逻辑如下。对于规则 1，连锁推理中的每一个中项也是成分三段论的一个中项。因此，如果破坏了规则 1，那些成分三段论之一则有着一个不周延的中项，导致整个连锁推理是无效的。

对于规则 2，当连锁推理是标准形式的时候，结论的谓项必须出现在每一个中间结论中。这样，如果结论的谓项是周延的，它必定在每一个中间结论中也是周延的，并在第一个前提中也是周延的。否则，一个作为组成部分的三段论将会或者有一个不当大项或者有一个不当小项，从而导致整个连锁推理是无效的。类似的，如果结论的主项是周延的，它一定在最后一个前提中是周延的。否则，最后一个成分三段论将会有一个不当小项，从而导致整个连锁推理是无效的。

对于规则 3，当前提列中出现一个否定前提时，从该前提得出的结论一定是否定的，所有后面的结论也必须是否定的。否则，成分三段论之一会违反三段论规则 4。如果出现第二个否定前提，那么由该前提和直接在前的中间结论组成的三段论就会犯排他性前提谬误，从而导致整个连锁推理是无效的。

类似地，对于规则 4，当前提行列中出现一个否定前提时，所有的后继结论一定是否定的。否则，成分三段论之一会违反三段论规则 4。相反，如果连锁推理的结论是否定的，那么最后一个前提或者最后一个中间结论一定是否定的。否则，最后一个成分三段论就会违反三段论规则 4。如果最后一个中间结论是否定的，那么之前的前提或者之前的中间结论一定是否定的。如果我们继续这一推理，我们会看到某个之前的前提一定是否定的。

对于规则 5，特称结论有着存在预设，而全称前提（从布尔式立场上看）则没有。因此，如果所有前提都是全称的，而结论是特称的，这个连锁推理整体上犯了存在谬误。

使用规则方法检验连锁推理的一个优点是，可以通过直接检查而发现无效性。一旦一个连锁推理被转换成标准形式，任何一个具有超过一个否定前提的连锁推理一定是无效的。任何具有一个否定前提与一个肯定结论的连锁推理（反之亦然）一定是无效的。而且，与三段论一样，任何一个有超过一个特称前提的连锁推理一定是无效的。最后这个要求被其他规则所蕴涵。

习题 4.7

Ⅰ. 使用标准形式重写下列连锁推理，必要时减少词项的数量。接着补充结论并使用五条连锁推理规则检验其有效性。

★1. 没有 B 是 C。

有的 D 是 C。

所有 A 都是 B
_____

有的 D 不是 A。

2. 没有 C 是 D。

所有 A 都是 B。

有的 C 不是 B。
_____

有的 D 不是 A。

3. 没有 S 是 M。

所有 F 都是 S。

有的 M 是 H。

所有 E 都是 F。
_____

有的 H 不是 E。

★4. 有的 T 是 K。

没有 K 是 N。

有的 C 是 Q。

所有 T 都是 C。
_____

有的 Q 不是 N。

5. 所有 B 都是 C。
   没有 C 是 D。
   所有 E 都是 A。
   所有 A 都是 B。
   ─────────────
   有的 E 不是 D。

6. 所有 M 都是非 P。
   有的 M 是 S。
   所有 K 都是 P。
   ─────────────
   有的非 K 不是非 S。

★7. 所有非 U 都是非 V。
   没有 U 是非 W。
   所有 V 都是 Y。
   没有 X 是 W。
   ─────────────
   所有 Y 都是非 X。

8. 所有 D 都是非 C。
   所有非 B 都是非 A。
   有的 E 是 D。
   所有 B 都是 C。
   ─────────────
   有的非 A 不是非 E。

9. 所有非 L 都是非 K。
   有的 K 是 M。
   所有 P 都是非 L。
   没有非 N 是 M。
   没有 Q 是非 P。
   ─────────────
   有的 N 不是 Q。

★10. 所有 R 都是 S。
   没有非 V 是 T。
   没有 Q 是非 R。
   没有非 Q 是 P。
   所有 T 都是非 S。
   ─────────────
   所有 V 都是非 P。

Ⅱ. 以下连锁推理都是有效的。把每一个连锁推理重新改写为标准形式，使用字母代表词项，必要时减少词项的数量。然后使用规则方法证明每一个连锁推理的有效性。

★1. 任何产生氧气的东西都支持人类生命。
   雨林产生氧气。
   没有支持人类生命的东西应该被破坏。
   ─────────────
   雨林不应该被破坏。

2. 没有限制性的贸易政策不会招致报复。
   贸易战威胁到我们的生活水平。
   一些国外的贸易政策是限制性的。
   招致报复的政策导致了一场贸易战。
   ─────────────
   一些国外的贸易政策威胁到我们的生活水平。

3. 有毒的饮用水导致疾病和死亡。
   化学物质渗透土壤污染地下蓄水层。
   倾倒的化学物质透过土壤渗透。
   任何污染地下蓄水层的东西都导致饮用水有毒。
   ───────────────────────────
   倾倒的化学物质导致疾病和死亡。

★ 4. 没有易碎品是有韧性的。
   超导体都是陶制品。
   只有有韧性的东西能被拉成金属线。
   陶制品是易碎品。
   ───────────────────────────
   超导体不能被拉成金属线。

5. 一些大学生购买他们的学期论文。
   任何作弊者都被大学开除。
   没有被开除的人会实现他的职业目标。
   没有购买他们的学期论文的人不是作弊者。
   ───────────────────────────
   一些大学生将无法实现他们的职业目标。

6. 创世科学不利于进化论的教学。
   不应该教授任何对生命的理解造成困惑的内容。
   任何反对进化论教学的内容都阻碍了对生物学的学习。
   任何提高生命理解的内容都促进了生物学的学习。
   ───────────────────────────
   不应该教授创世科学。

★ 7. 任何生下毒瘾婴儿的人都增加了未来的犯罪率。
   一些孕妇吸食毒品。
   除了罪犯之外没人增加未来的犯罪率。
   吸食毒品的孕妇只会生下毒瘾婴儿。
   ───────────────────────────
   一些孕妇是罪犯。

8. 任何阻碍人口增长的事情都增加了食品供应。
   任何防止饥饿的事情都提高了生活水平。
   计划生育不促进人口增长。
   应该鼓励任何提高生活水平的事情。
   任何增加食品供应的事情都会防止饥饿。
   ───────────────────────────
   计划生育不应该被阻止。

9. 少数国家允许象牙交易。
   任何抵制猎杀大象的国家都打击了偷猎者。
   任何允许象牙交易的国家都鼓励了偷猎者。
   没有任何促进大象灭绝的国家应该逃避文明世界的谴责。
   任何支持猎杀大象的国家都促进了大象的灭绝。
   少数国家应该被文明世界所谴责。

★10. 诱发皮肤癌的物质都会导致死亡。
   任何保护臭氧层的物质都阻碍了氯氟烃的释放。
   没有抵制皮肤癌的物质增加紫外线辐射。
   任何破坏臭氧层的物质都会增加紫外线辐射。
   有释放含氯氟烃的包装材料。
   没有导致死亡的物质应该是合法的。
   一些包装材料应该是违法的。

Ⅲ. 下面的连锁推理来自刘易斯·卡罗尔的《符号逻辑》一书。所有推理都是有效的。把每个连锁推理改写为标准形式，使用字母代表词项，必要时减少词项的数量。然后使用规则方法证明每一个推理是有效的。

★1. 没有鸭子跳华尔兹。
   没有官员谢绝跳华尔兹。
   我所有的家禽都是鸭子。
   我的家禽不是官员。

2. 没有有经验的人是无能的。
   詹金斯总是浮躁。
   没有有能力的人总是浮躁。
   詹金斯没有经验。

3. 没有小猎狗徘徊在黄道十二宫中。
   没有任何不在黄道十二宫中徘徊的东西是一颗彗星。
   只有小猎狗有卷曲的尾巴。
   没有彗星有一条卷曲的尾巴。

★ 4. 所有蜂鸟都是色彩丰富的。
   没有大鸟依靠蜂蜜生活。
   不依靠蜂蜜生活的鸟是颜色暗淡的。
   所有蜂鸟都是小的。

5. 未成熟的水果都不益于健康。
   这些苹果都是有益健康的。
   没有生长在阴凉处的水果是成熟的。
   这些苹果是生长在阳光下的。

6. 我的儿子们都是苗条的。
   没有我的孩子是不锻炼就健康的。
   我那些贪吃的孩子们都是肥胖的。
   没有我的女儿是不做任何锻炼的。
   我那些贪吃的孩子们都是不健康的。

★ 7. 这个图书馆中我唯一不推荐读的那些书是基调不健康的。
   精装书都写得很好。
   所有爱情小说都是基调健康的。
   我不推荐你去读任何非精装书。
   这个图书馆中所有爱情小说都写得很好。

8. 没有有趣味的诗歌在真正有品味的人群中是不受欢迎的。
   没有现代诗歌是不做作的。
   你所有的诗歌都是关于肥皂泡沫的主题。
   没有做作的诗歌在真正有品味的人群中是受欢迎的。
   没有古代的诗是关于肥皂泡沫的主题。
   你所有的诗都是无趣的。

9. 所有理解人性的作家都是聪明的。
   没有人是真正的诗人，除非他能触动人的心灵。
   莎士比亚写了《哈姆雷特》。
   没有不理解人性的作家可以触动人的心灵。
   只有真正的诗人可以写《哈姆雷特》。
   莎士比亚是聪明的。

★ 10. 我信任所有属于我的动物。

狗啃骨头。

我承认没有动物引起我的关注，除非它们一旦被要求就会回应。

院子里所有的动物都是我的。

我承认我信任的动物都引起了我的关注。

一旦被要求就会回应的唯一的动物是狗。

院子里所有的动物都啃骨头。

本章总结

直言三段论：
- 一种由三个直言命题构成的演绎论证。
- 包含三个不同的词项。
- 每一个词项在不同的命题中出现两次。

直言三段论中的词项：
- 大项：出现在结论谓词位置的词项。
- 小项：出现在结论主词位置的词项。
- 中项：在前提中出现两次的词项。

直言三段论的前提：
- 大前提：包含大项的前提。
- 小前提：包含小项的前提。

标准形式的直言三段论：
- 所有三个命题是标准形式的直言命题。
- 每个词项的两次出现是相同的。
- 在论证中，每个词项都是在相同的意义上被使用。
- 列在第一行的是大前提，列在第二行的是小前提，最后是结论。

直言三段论的有效性是由它的式与格决定的：
- 式：由构成三段论的命题的字母名称组成。
- 格：由中项在前提中两次出现的位置决定。

直言三段论表：
- 无条件地有效的：从布尔式立场上看有效的所有的形式列表。
- 有条件地有效的：从亚里士多德式立场上看有效的其他的形式列表。
- 关键词项：列在有条件地有效的表中最右手边的一栏词项。

文恩图：用以检验三段论：
- 输入前提的信息到图中。
- 查看一个完整的图是否支持结论。
- 如果三段论具有两个全称前提和一个特称结论，那么从布尔式立场上看是无效的，再从亚里士多德式立场的角度进行检验。

三段论规则：一个三段论从布尔式立场上看是有效的：
- 中项必须至少周延一次。
- 如果一个词项在结论中是周延的，那么，它在前提中也必须周延。
- 不允许有两个否定前提。
- 否定前提要求否定结论，并且否定结论要求否定前提。
- 如果两个前提都是全称的，结论不可能是特称的。

如果只违反了最后一条规则，一个三段论从亚里士多德式立场上看是有效的，只要关键词项指称至少一个存在物。

某些有超过三个词项的三段论可以减化为标准形式：
- 每一个多余词项必须是其余某个词项的补项。
- 换质、换位和换质位运算必须只用在产生逻辑上等值结果的陈述。

日常语言中的三段论：成分命题不是标准形式的。
- 通过使用 3.6 节中的技术可以转换为标准形式的三段论。

省略三段论：缺少一个前提或者结论的三段论。
- 通过补充缺少的陈述可以转换为标准形式的三段论。

连锁推理：缺少中间结论的一连串三段论。
- 使用五条规则检验连锁推理：
  - 把连锁推理转换成标准形式。
  - 应用规则。
  - 如果只违反了最后一条规则，连锁推理从亚里士多德式立场上看是有效的，只要关键词项指称至少一个存在物。

第五章

命题逻辑

5.1 符号与翻译
5.2 真值函项
5.3 命题的真值表
5.4 论证的真值表
5.5 间接真值表
5.6 论证形式与谬误

5.1 符号与翻译

预热

如果你在网络论坛上留过言或者发送过短消息，那么你可能使用过缩略语。一些常见的缩略语有 LOL（Laughing out loud，大笑），IMO（in my opinion，在我看来），BTW（by the way，顺便说一下），CUL8R（see you later，回头见），B4（before，以前）以及 D8（date，约会）。这个想法就是：经常的情况是表达式越简单越好用，特别是对于那些随手会用到的东西。同样的想法在逻辑上也是成立的。简化一个论证的成分，为快速评价该论证的有效性铺平了道路。

之前的章节表明，一个演绎论证的有效性完全基于它的形式。通过了解一个论证的形式，我们经常能够立即说出它是有效的，还是无效的。然而，不幸的是，日常语言的用法经常使得一个论证的形式变得晦暗。为了祛除这种晦暗，逻辑引入了不同的简化程序。在第四章中，字母被用来代表三段论中的词项，并且我们发展出了一些技术，使得三段论被简化为所谓的标准形式。在本章中，通过引入被称之为**算子**（operator）或**联结词**（connective）的特殊符号，形式识别变得更加简便。当我们使用这些符号表示论证的时候，有效性的判定经常变得只需要通过视觉审查。

> **算子**：用来翻译诸如"与""或"和"如果……，那么……"等语词的符号。

在前面两章中，基础元素是词项。但是，在**命题逻辑**（propositional logic）中，基础成分是完整的陈述（或命题）。陈述用字母表示，随后这些字母通过算子加以组合，以形成更复杂的符号表达式。

为了理解命题逻辑所使用的这种符号表达式，我们必须区分开简单陈述与复合陈述。**简单陈述**（simple statement）是不包含任何其他陈述作为其成分的陈述。这里有一些例子：

> 快餐往往是不健康的。
> 詹姆斯·乔伊斯写作了《尤利西斯》。
> 长尾小鹦鹉是色彩斑斓的鸟儿。
> 蓝鳍金枪鱼濒临灭绝。

任何简便的大写字母都可以用来表示每个陈述。因此 F 可以用来代表第一个陈述，J 代表第二个，P 代表第三个，并且 B 代表第四个。小写字母用来代表陈述变元，稍后对此将有简单的解释。

复合陈述（compound statement）是至少包含一个简单陈述作为其成分的陈述。这里有一些例子：

> 基地组织是人道主义组织并非实际情况。
> 戴安·瑞芙演唱爵士歌曲，并且克里斯蒂娜·阿奎莱拉演唱流行歌曲。
> 或者人们注重节约，或者能源价格将一路飙升。
> 如果国家都践踏国际法，那么未来肯定会爆发战争。
> 野马队将赢得比赛，当且仅当他们开球。

使用大写字母代表简单陈述，这些复合陈述可以表示如下：

> 并非 A。

D 并且 C。

或者 P 或者 E。

如果 N，那么 F。

B 当且仅当 R。

在第一个例子中，值得注意的是，即使它只包含单一成分（A），该陈述也是复合的。一般而言，否定陈述被解释为包含着一个肯定性陈述以及词组"并非"的复合单位。表达式"并非""并且""或者""如果……那么……"以及"当且仅当"，由逻辑算子来翻译。这五个逻辑算子如下所示：

算子	名称	逻辑函数	通常翻译为
~	波浪符	否定	不、并非
·	点号	合取	并且、也、还有
∨	楔形符	析取	或者、除非
⊃	马蹄符	蕴涵	如果……那么……，仅当
≡	三道杠	等值	当且仅当

用逻辑算子来"翻译"这些自然语言表达式，这种说法并不意味着这些表达式与算子是相同的。与任何翻译（例如，从英语到法语）一样，某种意义变形总是难免。诸如"并且""或者"以及"当且仅当"的英文表达式的意义经常是模糊的，并且可能随语境而变化，而逻辑算子的意义则是清楚的、准确的和不变的。因此，当我们说逻辑算子可以用来翻译日常语言表达式的时候，我们的意思是，这些算子刻画了它们对应的英语表达式的某个方面。这个方面的这种精确特征将在本章的下一节中加以详细说明。本节的目的是通过翻译实践来熟悉这些逻辑算子。

当我们使用这些算子来翻译前面的复合陈述例子的时候，结果如下所述：

并非 A。	$\sim A$
D 并且 C。	$D \cdot C$
或者 P 或者 E。	$P \vee E$
如果 N，那么 F。	$N \supset F$
B 当且仅当 R。	$B \equiv R$

陈述 $\sim A$ 被称为**否定式**（negation）。陈述 $D \cdot C$ 被称为**合取陈述**（conjunctive statement）或**合取式**（conjunction），陈述 $P \vee E$ 被称为**析取陈述**（disjunctive statement）或**析取式**（disjunction）；在合取陈述中，成分 D 和 C 被称为**合取支**

否定式：诸如 $\sim A$ 的陈述。

合取式：诸如 $A \cdot B$ 的陈述。

> **析取式**：诸如 $A \vee B$ 的陈述。
>
> **条件句**：诸如 $A \supset B$ 的陈述。
>
> **双条件句**：诸如 $A \equiv B$ 的陈述。

（conjunct），在析取陈述中，成分 P 和 E 被称为**析取支**（disjunct）。陈述 $N \supset F$ 被称为**条件陈述**（conditional statement）或**条件句**（conditional），它表达了**实质蕴涵**（material implication）关系；它的组成成分 N 和 F 分别称为**前件**（antecedent）与**后件**（consequent）。最后，$B \equiv R$ 被称为**双条件陈述**（biconditional statement）或**双条件句**（biconditional），它表达了**实质等值**（material equivalence）关系。

现在，让我们使用这些逻辑算子来翻译另外一些自然语言陈述。波浪符被用来翻译任何否定的简单命题：

劳力士不制造计算机。	$\sim R$
并非劳力士制造计算机。	$\sim R$
劳力士制造计算机是假的。	$\sim R$

就像上述例子所显示的，波浪符总是置于它所否定的命题之前。所有其他的算子都位于两个命题之间。此外，波浪符与其他算子不同，不能用来联结两个命题。因此，$G \sim H$ 不是一个正确的表达式。但是波浪符是唯一能够直接跟随另一个算子的算子。因此，$G \bullet \sim H$ 是正确的写法。在劳力士这个例子中，波浪符被用来否定一个简单命题，但是它也能够被用来否定一个复合命题，例如 $\sim (G \bullet F)$。在这种情况下，波浪符否定了括号内的整个表达式。

> 下列陈述都是**否定式**。主算子是波浪符。
>
> $\sim B$
> $\sim (G \supset H)$
> $\sim [(A \equiv F) \bullet (C \equiv G)]$

我们应该在此给出复合陈述中所谓的主算子的定义。**主算子**（main operator）是以该陈述其余所有部分为其辖域的算子。如果该陈述中没有括号，那么，主算子将是唯一出现的那个算子，或者，如果出现多个算子，那么主算子将不会是波浪符。如果在该陈述中有圆括号、方括号或者大括号等，那么主算子将是位于所有的圆括号、方括号与大括号之外的算子；如果存在着不止一个这种算子，主算子将不会是波浪符。

例如，在陈述 $H \bullet (J \vee K)$ 中，主算子是点号，因为它的辖域拓展到了该陈述其余所有部分，与此同时楔形符的辖域只拓展到了 J 和 K。在陈述 $\sim (K \bullet M)$ 中，主算子是波浪符，因为它的辖域拓展到了其余所有部分。在陈述 $K \supset \sim (L \bullet M)$ 中，主算子是马蹄符，原因仍然是它的辖域拓展到了该陈述其余所有部分；除了波浪符之外，它是唯一位于括号之外的算子。

点号被用来翻译诸如"并且/和"、"也"、"但是"、"然而"、"还有"、"也是"、"更重要的"、"虽然"与"尽管如此"等合取式。

蒂芙尼销售珠宝，并且古驰销售古龙水。	$T \bullet G$
蒂芙尼销售珠宝，但是古驰销售古龙水。	$T \bullet G$
蒂芙尼销售珠宝；然而古驰销售古龙水。	$T \bullet G$
蒂芙尼和班布里吉（Ben Bridge）都销售珠宝。	$T \bullet B$

值得注意的是，最后一个例子的意思等价于"蒂芙尼销售珠宝，并且班布里吉也销售珠宝"。为了把这种陈述翻译为两个简单陈述的合取式，原初陈述必须等值于一个复合的自然语言陈述。例如，陈述"玛丽和路易丝是朋友"的意思并不等值于"玛丽是朋友，路易丝也是朋友"，因此这个陈述不能被翻译为 $M \bullet L$。

> 下列陈述都是**合取式**。主算子是点号。
>
> $K \bullet \sim L$
> $(E \lor F) \bullet \sim (G \lor H)$
> $[(R \supset T) \lor (S \supset U)] \bullet [(W \equiv X) \lor (Y \equiv Z)]$

楔形符被用来翻译"或者"与"除非"。前面的章节解释过，"除非"的意思等值于"如果不"。这一等值在命题逻辑中也是成立的，但在命题逻辑中人们通常更简单地把"除非"与"或者"等同起来。例如，陈述"你将无法毕业，除非你通过新生英语考试"等值于"或者你通过新生英语考试，或者你将无法毕业"，也等值于"如果你没有通过新生英语考试，那么你将无法毕业"。就像在下一节要讲到的那样，楔形符有着"与/或"的意思，即兼容意义上的"或"。虽然"或"与"除非"有时也被在非兼容意义上使用，楔形符通常也被用来翻译它们。

"或者"这个语词经常被用来引入析取陈述，它在很大程度上具有标点符号的意义。这个词的位置经常提示我们在该符号表达式中哪里必须引入圆括号与方括号。如果不需要圆括号或方括号，那么"或者"并不影响该翻译。类似观点也应用于语词"和"，它经常被用来引入合取陈述。这里有一些析取陈述：

阿斯彭市允许玩滑雪板或者特柳赖德市允许玩滑雪板。	$A \lor T$
或者阿斯彭市允许玩滑雪板，或者特柳赖德市允许玩滑雪板。	$A \lor T$
阿斯彭市允许玩滑雪板，除非特柳赖德市允许玩滑雪板。	$A \lor T$
除非阿斯彭市允许玩滑雪板，特柳赖德市允许玩滑雪板。	$A \lor T$

从这些陈述的自然语言意义中，$A \vee T$ 在逻辑上等值于 $T \vee A$ 这一点应该是清楚的。$T \cdot G$ 在逻辑上等值于 $G \cdot T$。逻辑等值命题必然地拥有相同的真值。

> 下列陈述都是**析取式**。主算子是楔形符。
>
> $\sim C \vee \sim D$
> $(F \cdot H) \vee (\sim K \cdot \sim L)$
> $\sim[S \cdot (T \supset U)] \vee \sim[X \cdot (Y \equiv Z)]$

马蹄符被用来翻译"如果……那么……""仅当"以及表示条件陈述的类似表达式。"在……情况下""假如""一旦""在……条件下"这些表达式通常与"如果"有着同样的翻译。按照习惯用法，马蹄符也被用来翻译"蕴涵"。虽然"蕴涵"的更正确的用法是描述一个论证的前提与结论之间的关系，我们可以接受这种翻译作为"蕴涵"的另一层意义。

在某种意义上，"仅当"的作用恰恰与"如果"相反。例如，"你将钓到一条鱼，仅当你的鱼钩有鱼饵"并不意味着"如果你的鱼钩有鱼饵，那么你将钓到一条鱼"。如果它的意思是这样的，那么鱼钩有鱼饵的每一个人都将钓到一条鱼。与之相反，这个陈述指的是"如果你的鱼钩没有鱼饵，那么你将钓不到一条鱼"，它在逻辑上等值于"如果你钓到一条鱼，那么你的鱼钩有鱼饵"。为了在翻译"如果"和"仅当"的时候避免错误，请记住这条规则："如果"之后的陈述永远是前件，而"仅当"之后的陈述永远是后件。因此，"C 仅当 H"被翻译为 $C \supset H$，与此同时"C 如果 H"被翻译为 $H \supset C$。其他的例子如下（其中，P 指普渡大学提高学费，N 指圣母大学提高学费，B 指布朗大学减少招生人数，C 指康奈尔大学减少招生人数）：

如果普渡大学提高学费，那么圣母大学也会提高学费。	$P \supset N$
圣母大学提高学费，如果普渡大学提高了学费。	$P \supset N$
普渡大学提高学费，仅当圣母大学提高了学费。	$P \supset N$
康奈尔大学减少招生人数，假如布朗大学减少招生人数。	$B \supset C$
康奈尔大学减少招生人数，在布朗大学减少招生人数的条件下。	$B \supset C$
布朗大学减少招生人数蕴涵着康奈尔大学减少招生人数。	$B \supset C$

在翻译条件陈述的过程中，我们一定不能把前件和后件混淆起来。陈述 $A \supset B$ 在逻辑上并不等值于 $B \supset A$。

> 下列陈述都是**条件句**（实质蕴涵）。主算子是马蹄符。
>
> $H \supset \sim J$
> $(A \lor C) \supset \sim(D \cdot E)$
> $[K \lor (S \cdot \sim T)] \supset [\sim F \lor (M \cdot O)]$

马蹄符也用来翻译基于充分条件与必要条件的陈述。每当事件 A 的出现是出现事件 B 的全部要求，A 就被视为 B 的**充分条件**。另一方面，每当事件 B 在事件 A 不出现的情况下也不出现，A 就被视为 B 的**必要条件**。例如，得了流感是浑身难受的充分条件，与此同时，呼吸空气则是存活的必要条件。流感之外的其他东西可能使得一个人感到难受，但是流感自身足以使人难受；呼吸空气之外的其他东西也是存活所必需的，但是没有空气，存活是不可能的。换言之，空气是必要的。

充分条件：位于马蹄符左侧的陈述。

必要条件：位于马蹄符右侧的陈述。

为了把涉及充分与必要条件的陈述翻译为符号形式，我们把指示充分条件的陈述置于条件句的前件位置，并且把指示必要条件的陈述置于条件句的后件位置。"SUN" 有助于我们方便地记住这条规则。把 U 平放，我们得到了 $S \supset N$，在其中 S 和 N 分别指示充分与必要条件。作为充分条件的任何东西都出现在 S 的位置上，而且作为必要条件的任何东西都出现在 N 的位置上（H 和 M 分别指希尔顿集团开业新酒店、万豪集团开业新酒店）：

> 希尔顿集团开业新酒店是万豪集团开业新酒店的充分条件。 $H \supset M$
> 希尔顿集团开业新酒店是万豪集团开业新酒店的必要条件。 $M \supset H$

三道杠符号被用来翻译表达式"当且仅当"与"是……的充分必要条件"（J 和 O 分别指肯尼迪机场加强安保、奥黑尔机场加强安保）：

> 肯尼迪机场加强安保当且仅当奥黑尔机场加强安保。 $J \equiv O$
> 肯尼迪机场加强安保是奥黑尔机场加强安保的充分必要条件。 $J \equiv O$

对第一个陈述的分析表明：$J \equiv O$ 在逻辑上等值于 $(J \supset O) \cdot (O \supset J)$。"肯尼迪机场加强安保，仅当奥黑尔机场加强安保"这个陈述被翻译为 $J \supset O$，而且"肯尼迪机场加强安保，如果奥黑尔机场加强安保"这个陈述被翻译为 $O \supset J$。把两个自然语言陈述结合起来，我们得到了 $(J \supset O) \cdot (O \supset J)$，它只是 $J \equiv O$ 的较长写作方式而已。类似的分析也适用于第二个陈述。因为两个合取支的顺序是可以调换的，所以，$J \equiv O$ 在逻辑上等值于 $O \equiv J$。但是，在翻译此类陈述的时候，我们采用了传统办法，即代表第一个自然语言陈述的字母被写在三道杠的左边，而且代表第二个自然语言陈述的字母被写在三道杠的右边。因此，上述例子被翻译为 $J \equiv O$，而不是 $O \equiv J$。

> 下列陈述都是**双条件句**（实质等值）。主算子是三道杠。
> $M \equiv \sim T$
> $\sim (B \vee D) \equiv \sim (A \cdot C)$
> $[K \vee (F \supset I)] \equiv [\sim L \cdot (G \vee H)]$

当在一个翻译陈述中出现了超过两个字母的时候，我们必须使用圆括号、方括号或者大括号来指示诸算子的辖域。例如，陈述 $A \cdot B \vee C$ 是有歧义的。一旦引入了括号，这个陈述就变成 $(A \cdot B) \vee C$ 或 $A \cdot (B \vee C)$。这两个陈述在逻辑上并不是等值的。因此，面对此类陈述，我们必须找到自然语言陈述中的一些线索以指示在符号陈述中那些括号的正确位置。这些线索通常为逗号与分号，通过诸如"或者"与"两者都"的语词以及在两个或多个主词的合取中使用单独一个谓词。以下例子解释了圆括号与方括号的正确位置：

百忧解缓解抑郁且艾来锭抗过敏，或者舒降之降低胆固醇。	$(P \cdot A) \vee Z$
百忧解缓解抑郁，且艾来锭抗过敏或者舒降之降低胆固醇。	$P \cdot (A \vee Z)$
或者百忧解缓解抑郁且艾来锭抗过敏，或者舒降之降低胆固醇。	$(P \cdot A) \vee Z$
百忧解缓解抑郁并且或者艾来锭抗过敏或者舒降之降低胆固醇。	$P \cdot (A \vee Z)$
百忧解缓解抑郁或者艾来锭抗过敏与舒降之降低胆固醇。	$P \vee (A \cdot Z)$
百忧解缓解抑郁并且艾来锭或者舒降之降低胆固醇。	$P \cdot (A \vee Z)$
如果默克公司改变了它的标识，那么如果辉瑞公司增加了销量，那么礼来公司将进行重组。	$M \supset (P \supset L)$
如果默克公司的标识变化蕴涵着辉瑞公司增加了销量，那么礼来公司将进行重组。	$(M \supset P) \supset L$
如果先灵公司和辉瑞公司降价或者诺华公司降低规模，那么华纳公司将拓展产品线。	$[(S \cdot P) \vee N] \supset W$

> 不要混淆三种陈述形式：
>
> A 如果 B　　　　　　　B ⊃ A
>
> A 仅当 B　　　　　　　A ⊃ B
>
> A 当且仅当 B　　　　　A ≡ B

当一个波浪符出现在符号表达式中的时候，依照惯例，它被视为只对直接跟随它的那个单位起作用。例如在表达式 ~K ∨ M 中，波浪符只对 K 起作用；在表达式 ~(K ∨ M) 中，它对括号之内的整个表达式起作用。在自然语言中，表达式"并非 K 或 M"是有歧义的，因为否定词的范围是不确定的。为了消除这种歧义性，我们现在进行约定：否定词被视为只影响了跟随它的那个单位。因此"并非 K 或 M"被翻译为 ~K ∨ M。

陈述"并非 S 且 T"被翻译为 ~(S·T)。根据一个被称为德·摩根律的重要规则，这个陈述在逻辑上等值于 ~S ∨ ~T。例如陈述"并非史蒂文和托马斯都被解雇"在意义上等值于"史蒂文没有被解雇或者托马斯没有被解雇"。因为前一个陈述在意义上并不等值于"史蒂文没有被解雇且托马斯没有被解雇"，~(S·T) 在逻辑上不等值于 ~S·~T。类似地，陈述"并非或者 S 或者 T"被翻译为 ~(S ∨ T)，根据德·摩根律，它在逻辑上等值于 ~S·~T。例如，"并非或者史蒂文或者托马斯被解雇"在意义上等值于"史蒂文没有被解雇且托马斯没有被解雇"。因此，~(S ∨ T) 在逻辑上并不等值于 ~S ∨ ~T。下列例子解释了这些观点（M 和 K 分别指梅甘是赢家、凯西是赢家）：

梅甘不是赢家，而凯西是赢家。	~M·K
梅甘和凯西不都是赢家。	~(M·K)
或者梅甘或者凯西不是赢家。	~M ∨ ~K
梅甘和凯西都不是赢家。	~M·~K
并非或者梅甘或者凯西是赢家。	~(M ∨ K)
梅甘不是赢家，凯西也不是赢家。	~(M ∨ K)

> 注意"或者"与"既……且"的功能：
>
> 并非 A 或者 B　　　　　~(A ∨ B)
>
> 或者非 A 或者非 B　　　~A ∨ ~B
>
> 并非既 A 且 B　　　　　~(A·B)
>
> 既非 A 且非 B　　　　　~A·~B

5 公式（WFF）：句法上正确的符号组合。

在本节中，我们用来翻译有意义且无歧义的自然语言陈述的符号表达式被称为**公式**（well-formed formula，也称合式公式，简称公式、WFF）。"WFF"通常读作"woof"。一个公式是一个句法上正确的符号组合。在自然语言中，例如"阳台上有一只猫"这个表达式是句法上正确的，但"阳台上猫一只有"则不是句法上正确的。一些符号组合不是公式，例如，"$A \supset \vee B$"，"$A \cdot B (\vee C)$"，"$\sim \vee B \equiv \supset C$"。

下面有一些用来构造公式的非形式线索。在这些线索中，陈述这个词项包括了简单陈述与复合陈述。记住，$\sim A$ 是一个复合陈述。

陈述不能在没有算子出现于其间的的情况下组合起来。

非公式： $AB, A(B \supset C), (A \supset B)(B \vee C)$

公式： $A \supset B, A \vee \sim B, A \cdot (B \equiv C)$

波浪符不能直接位于陈述之后，但是它能够直接位于任何陈述之前。

非公式： $A\sim, A\sim B, (A \cdot B)\sim$

公式： $\sim A, \sim(A \cdot B), \sim\sim A$

波浪符不能直接位于其他任何算子之前。

非公式： $\sim \cdot A, A \sim \vee B$

点号、楔形符、马蹄符或三道杠必须直接出现于陈述之间。

非公式： $\cdot A, A \vee, A \cdot \supset B$

公式： $A \cdot B, A \supset \sim B, A \vee (B \cdot C)$

括号、方括号和大括号一定是被用来防止歧义的。

非公式： $A \supset B \vee C, A \cdot B \equiv C$

公式： $A \supset (B \vee C), (A \cdot B) \supset C$

总结	算子
不是、情况并非如此、这是假的	$\sim$
与、且、但是、然而、更重要的是、尽管如此、仍然、也、虽然、两者都、另外、还有	$\cdot$
或者、除非	$\vee$
如果……那么，仅当，蕴涵，在……情况下，假如，一旦，在……条件下，充分条件，必要条件（注意：不要混淆前件和后件！）	$\supset$
当且仅当、等值于、充分必要条件	$\equiv$

| 著名逻辑学家 |

戈特弗里德·威廉·莱布尼茨（Gottfried Wilhelm Leibniz，1646—1716）

戈特弗里德·威廉·莱布尼茨知识渊博，事实上，他知道当时几乎所有理智领域内可能被知道的一切东西。他也对它们中的许多领域做出了重要贡献，包括物理学、工程学、哲学、神学、历史、法律、政治学以及文献学。在数学中，莱布尼茨（独立于牛顿）开创了微积分和微分方程理论。他还发现了（被今天所有的数字计算机所采用的）二进制系统，并且发明了首个能够进行加法、减法、乘法和除法的计算机。在形而上学领域，他开创了著名的单子论，这个理论解释了灵魂与身体的关系以及其他方面。

莱布尼茨出生于莱比锡，他的父母都是显赫人物。他的父亲（在莱布尼茨6岁时辞世）是莱比锡大学的道德哲学教授，他的母亲是一位著名律师的女儿。在孩童时代，莱布尼茨就证明了自己是一个奇才。12岁时，他能够流利使用拉丁语并且懂得不少希腊语，这都是他自学而来的。13岁时，他陷入了亚里士多德与经院哲学的书海之中，14岁时，他进入了莱比锡大学，在那里，他学习了哲学、数学与法律。在完成了那个培养方案之后，他开始了法律博士的学习；但是，当他20岁申请博士学位时却遭到拒绝，理由是他太年轻了。莱布尼茨不甘受挫，他把博士论文提交给了阿尔特多夫大学，受到教授们的赏识，他们立即为他颁发了法律博士学位，并提供了一个教授职位。

莱布尼茨年纪轻轻就养成了对生活中华美事物的喜好，包括昂贵的衣服、飘逸的假发、精美的马车以及奢侈的住所。但是，18岁时，他的母亲去世，一位叔父接收了本属于莱布尼茨的遗产。当这一切发生的时候，莱布尼茨认识到，满足他昂贵喜好的最佳方式就是把他自己同那

些权贵们结合起来，在这一点上他取得了巨大的成功。他受聘于美因茨的选帝侯，并且在24岁时进入了枢密院，这是最高级政府职位之一。他作为一个外交官的工作使得他有机会到处旅行，会见了大多数欧洲最有权势的人物。随后他为汉诺威公爵服务，这同样使得他有许多时间进行旅行和独立研究。

莱布尼茨有时候被尊为符号逻辑之父，因为他开创了普遍语言（universal characteristic）和理性演算（calculus ratiocinator），前者是一种符号语言，在其中任何信息项都能被以一种自然和系统化的方式加以表征，后者是一个演绎系统，用以计算符号并得到结论。由于这个体系不带感情色彩，莱布尼茨认为它可以用来解决宗教、神学与哲学的观念差异。但是，70岁时，他在完成这项工作之前就辞世于汉诺威。

习题 5.1

Ⅰ．使用大写字母代表肯定的陈述，把下面的陈述翻译为符号化形式。

★1. 卡地亚不制造廉价手表。

2. 亚利桑那州有一个国家公园，但是内布拉斯加州没有。

3. 或者斯坦福大学或者杜兰大学有一个建筑学院。

★4. 哈佛大学和贝勒大学都有医学院。

5. 如果香奈儿有蔷薇香水，那么朗雯也有。

6. 如果朗雯有蔷薇香水，香奈儿有蔷薇香水。

★7. 莫琳·多德写了深刻的评论当且仅当保罗·克鲁格曼也这样做。

8. 只有马丁·斯科塞斯赢得最佳导演，瑞茜·威瑟斯庞才获得最佳女主角。

9. 考虑到古驰拒绝了皮质模型，阿玛尼将推出一款皮革藏品。

★10. 绿湾包装工队赢得了大部分比赛意味着亚伦·罗杰斯是一个伟大的四分卫。

11. 比尔·盖茨不支持疟疾研究，除非沃伦·巴菲特支持。

12. 只有雷克萨斯和宝马引入混合动力模式，梅塞德斯（奔驰）才这样做。

★13. 玛丽亚·凯利唱流行歌曲并且或者艾尔顿·约翰唱摇滚（歌曲）或者戴安娜·克瑞儿唱爵士（歌曲）。

14. 或者玛丽亚·凯利唱流行歌曲并且艾尔顿·约翰唱摇滚（歌曲），或者戴安娜·克瑞儿唱爵士（歌曲）。

15. 并非捷豹和保时捷都制造摩托车。

★16. 捷豹和保时捷都不制造摩托车。

17. 或者诺基亚或者精工制造手机。

18. 并非或者法拉利或者玛莎拉蒂制造经济型轿车。

★19. 法拉利不制造经济型轿车，玛莎拉蒂也不制造经济型轿车。

20. 或者法拉利或者玛莎拉蒂不制造经济型轿车。

21. 如果比尔·奥莱利捏造新闻，那么如果克里斯·马休斯反击，那么瑞秋·玛多说出了实情。

★22. 如果比尔·奥莱利捏造新闻蕴涵着克里斯·马休斯反击，那么瑞秋·玛多说出了实情。

23. 汤米·希尔费格专注休闲装，当且仅当拉尔夫·劳伦与卡尔文·克莱恩（CK）都不提供街头时装。

24. 如果萨克斯第五大道精品百货店促销礼品卡，那么或者梅西百货或者布鲁明戴尔百货举办时装秀。

★25. 或者雷达不生产蓝宝石手表，或者如果摩凡陀生产蓝宝石手表那么琶莎也生产蓝宝石手表。

26. 如果或者洛克希德·马丁公司或者雷神公司让世界充斥着战争武器，那么通用动力公司和波音公司都没有减少武装冲突的可能性。

27. 如果艺电公司和动视暴雪公司卖极端暴力视频游戏，那么或者柯尔特公司或者史密斯威森公司可以期望利润增加。

★28. 水星是行星，假如冥王星与谷神星都不是。

29. 土星有光环，并且海王星是有风的或者木星是巨大的。

30. 土星有光环并且海王星是有风的，或者木星是巨大的。

★31. 蒂芙尼和班布里吉将发布翡翠展，除非扎莱什和凯不发布。

32. 只要英国石油公司继续污染，雪佛龙公司就继续污染，但是科氏工业集团和埃克森美孚公司否认气候变化。

33. 或者索尼亚·索托马约尔或者安东宁·斯卡利亚对宪法有一个现代解释，但并非都如此。

★34. 巴拉克·奥巴马准备退出总统竞选，但如果一旦有了机会，那么或者奥巴马或者希拉里还将会参加竞选。

35. 并非伊朗放弃其核计划并且苏丹或巴基斯坦打击恐怖主义。

36. 并非真主党将放弃暴力或者基地组织和塔利班将被击败。

★37. 如果孟山都公司毒害全人类，那么如果雀巢把我们埋葬于瓶子中，那么史密斯菲尔德食品公司和泰森食品公司提供给我们抗生素。

38. 如果玛丽亚·坎特维尔推进替代能源，那么如果帕蒂·穆雷支持荒野开发，那么戴安娜·范士丹拥护枪支管制意味着苏珊·科林斯也这么做。

39. 并非泰格·伍兹和玛利亚·莎拉波娃踢职业足球或者德鲁·布里斯和小威廉姆斯打职业棒球。

★40. 并非科比·布莱恩特或沙奎尔·奥尼尔打职业网球并且卡尔文·约翰逊或马特·瑞安打职业篮球。

41. 以色列放弃定居点是巴勒斯坦人宣布结束敌对行动的充分条件。

42. 以色列放弃定居点是巴勒斯坦人宣布结束敌对行动的必要条件。

★43. 以色列放弃定居点是巴勒斯坦人宣布结束敌对行动的充分必要条件。

44. 塔利班被击败是巴基斯坦赢得反恐战争的充分条件，仅当阿富汗保护边界是联合国制止鸦片贸易的必要条件。

45. 凯蒂·库里克和黛安娜·索耶报道国际新闻当且仅当埃丽卡·希尔和诺拉·奥唐奈报道政治发展。

★46. 并非沃尔玛超市危及工人安全意味着塔吉特超市也这样做，好市多超市对待工人很体面意味着凯马特超市也这样做。

47. 卡梅隆·迪亚茨提出环境原因如果本·阿弗莱克支持公民自由，假如肖恩·潘反对死刑。

48. 摩根大通集团的另一个救市意味着高盛集团欺骗它的客户，一旦美国银行收回更多的房屋意味着摩根士丹利和花旗集团都不削减巨额奖金。

★49. 如果克里斯蒂娜·阿奎莱拉演唱灵魂歌曲并且贾斯汀·汀布莱克演唱流行歌曲是凯莉·克莱森演唱摇滚歌曲的充分必要条件，那么碧昂丝和夏奇拉都不演唱说唱歌曲。

50. 拿骚的夜店是巴亚尔塔提供豪华酒店的必要条件；更重要的是，坎昆拥有蓝绿色海水与阿卡普尔科的细沙海岸是牙买加提供雷鬼音乐的充分条件。

Ⅱ．使用大写字母代表肯定的陈述，把下面的陈述翻译为符号化形式。

★1. 除非我们减少虐待儿童的发生率，否则将来犯罪率会增加。

2. 如果制药厂隐瞒测试结果，他们将被处以大量罚款。

3. 非洲之旅很神奇，但也很昂贵。

★4. 香烟生产商既不诚实也没有社会责任。

5. 心理学家和精神科医生都没有开抗抑郁药。

6. 如果健康维护组织削减成本，那么或者预防性药物被强调，或者护理质量将恶化。

★7. 商业冒险成功的必要条件是好的计划。

8. 如果可卡因合法化，那么它的使用可能会增加，但犯罪活动将减少。

9. 大气中的臭氧耗减是癌症发病率提高的充分条件。

★10. 如果平权运动计划被放弃，那么如果没有新的方案，那么少数族裔将遭殃。

11. 如果互联网的使用继续增长，那么更多的人将成为网瘾患者并且正常的人际关系将会恶化。

12. 人类的生命将不会灭亡，除非我们用污染毒害自己或者一个大的小行星撞击地球。

★13. 冷却一组原子到绝对零度并使它们聚集在一起是产生玻色-爱因斯坦凝聚的充分必要条件。

14. 如果影片包含潜意识性信息或者如果它们挑战传统家庭，那么保守派政治家呼吁进行审查。

15. 或者在国家森林明确停止伐木并且古老的树木被允许保留，或者鲑鱼洄游将被妨碍并且鸟类栖息地消失。

★ 16. 仅当数以百计的新监狱被建立，三振出局法才会被强制执行并且更长的判决被实施，并且仅当税收增加，这才会发生。

17. 埃博拉病毒是致命的，但它将成为人类的一个主要威胁当且仅当它是基于空气传播的并且人类尚未开发出疫苗。

18. 如果进化生物学是正确的，那么高级生命形式是偶然产生的，并且如果是这样的话，那么并非有任何自然的设计并且神圣的上帝是一个神话。

★ 19. 如果银行收取出纳辅助交易费用，那么更多的人将使用自动取款机；如果发生这种情况，并且 ATM 的费用增加，那么银行将关闭一些分支机构并且利润将直线攀升。

20. 如果企业福利继续，那么纳税人的利益将被忽略，数十亿美元的税款将进入大公司；如果后者发生，那么将不会为穷人留任何东西并且预算将不会平衡。

Ⅲ. 确定下面哪些不是公式。

1. $(S \cdot \sim T) \vee (\sim U \cdot W)$
2. $\sim (K \vee L) \cdot (\supset G \vee H)$
3. $(E \sim F) \vee (W \equiv X)$
4. $(B \supset \sim T) \equiv \sim (\sim C \supset U)$
5. $(F \equiv \sim Q) \cdot (A \supset E \vee T)$
6. $\sim D \vee \sim [(P \supset Q) \cdot (T \supset R)]$
7. $[(D \cdot \vee Q) \supset (P \vee E)] \vee [A \supset (\cdot H)]$
8. $M(N \supset Q) \vee (\sim C \cdot D)$
9. $\sim (F \vee \sim G) \supset [(A \equiv E) \cdot \sim H]$
10. $(R \equiv S \cdot T) \supset \sim (\sim W \cdot \sim X)$

5.2 真值函项

预热

设想你准备写一篇关于泰姬陵设计的论文。你通过搜索谷歌地图并输入该建筑的名字而开始研究工作，然后你得到泰姬陵的所有可能角度的图片。这就给了你关于泰姬陵是什么样子的很好的认识。在本节中，我们展示真值表与五个真值算子一起完成类似工作。真值表通过表明一个算子如何在所有可能状况下起作用，从而向你展示该算子的全貌。

通过一个或多个逻辑算子所表达的复合命题,其真值被说成是它的组成部分的真值的函项。这就意味着该复合命题的真值完全由它的组成部分的真值所决定。如果已知这些组成部分的真值,那么可以根据逻辑算子的定义计算出该复合命题的真值。因此,**真值函项**(truth function)是其真值完全由其组成部分的真值所决定的任意复合命题。

日常语言中的许多复合命题不是真值函项。例如陈述"玛丽相信保罗是不诚实的"是复合命题,因为它包含了另一个陈述"保罗是不诚实的"作为它的组成部分。但是,该复合陈述的真值不是由它的组成部分的真值所决定的,因为玛丽关于保罗的信念不受任何保罗具有或不具有的属性所支配。

本节第一部分给出五个逻辑算子的定义,第二部分展示如何使用它们计算更加复杂的命题的真值,第三部分进一步考察符号化的表达式与日常语言表达式的意义相契合的程度。

> **真值函项**:真值完全由其组成部分的真值所决定的复合命题。

五个逻辑算子的定义

五个逻辑算子的定义以小写字母(p, q, r, s)所代表的**陈述变元**(statement variable)的形式给出,这些字母可以代表任意一个陈述。例如,陈述变元 p 可以代表陈述 A,$A \supset B$,$B \vee C$,等等。

陈述变元被用来构造陈述形式。**陈述形式**(statement form)是陈述变元与算子的排列组合,使得使用陈述对变元进行统一替换后会产生一个陈述。例如,$\sim p$ 和 $p \supset q$ 都是陈述形式,因为分别用陈述 A 和 B 替换 p 和 q,会产生陈述 $\sim A$ 和 $A \supset B$。如果一个复合陈述可以通过使用陈述对某一形式的字母进行替换而产生,我们就说该复合陈述具有这样的陈述形式。这样,$\sim A$,$\sim (A \vee B)$ 和 $\sim [A \cdot (B \vee C)]$ 都是否定式,因为它们都可以通过使用陈述对 $\sim p$ 中的 p 进行替换而产生。

现在,让我们来考虑波浪符算子(否定)的定义。该定义通过**真值表**(truth table)给出,即真值的排列组合,它表明了在每一种可能的情况下,一个复合命题的真值如何由它的简单组成部分的真值所决定。否定的真值表表明任何具有否定形式 $\sim p$ 的陈述是如何由被否定的陈述(即 p)的真值所决定的。

> **真值表**:真值的排列组合,它表明了在每一种可能的情况下,一个复合命题的真值如何由它的简单组成部分的真值所决定。

> **否定式**:有着与被否定陈述相反的真值。

否定式

p	$\sim p$
T	F
F	T

该真值表表明,当 p 为真时 $\sim p$ 为假,当 p 为假时 $\sim p$ 为真。这恰恰是我们所

期望的，因为它与日常语言的用法完美契合。例如：

| 并非麦当劳制造汉堡包。 | ~M |
| 并非星巴克制造汉堡包。 | ~S |

第一个陈述是假的，因为 M 为真；第二个陈述是真的，因为 S 为假。

下面让我们来考虑点号算子（合取）的定义。下面的真值表表明任何具有合取形式（p · q）的陈述是如何由它的合取支（p, q）的真值所决定的。

合取式

p	q	p • q
T	T	T
T	F	F
F	T	F
F	F	F

合取式：是真的仅当两个合取支都是真的。

该真值表表明，两个合取支都为真时，合取式为真，其他情况下，合取式为假。该定义几乎像否定式一样完美地反映了日常语言用法。考虑下面的合取陈述：

法拉利和玛莎拉蒂生产跑车。	F • M
法拉利和 GMC 生产跑车。	F • G
GMC 和吉普生产跑车。	G • J

第一个陈述为真，因为它的两个合取支都为真，但是第二个陈述和第三个陈述都为假，因为它们至少有一个合取支为假。

现在转向楔形符算子（析取）的定义，真值表如下：

析取式

p	q	p ∨ q
T	T	T
T	F	T
F	T	T
F	F	F

析取式：是假的仅当两个析取支都为假。

该真值表显示，至少有一个析取支为真时，析取式为真，否则析取式为假。"或者（or）"的真值函项解释是兼容性（inclusive）析取，即析取式为真时的这种情况包括了两个析取支都为真的这种情况。"或者"的这一兼容含义就像下面的例子所表明的，对应了日常语言用法中的很多示例。

或者斯蒂文·金或者凯特·布兰切特是小说家。	S ∨ C
或者斯蒂文·金或者丹妮尔·斯蒂尔是小说家。	S ∨ D
或者科比·布莱恩特或者泰格·伍兹是小说家。	K ∨ T

5.2 真值函项 279

前两个陈述为真，因为两个析取支至少一个为真。第三个陈述为假，因为两个析取支均为假。

但是，析取的真值函项定义与日常语言用法并不完美地契合。有时，日常语言用法中的陈述的含义是不兼容（exclusive）析取。例如：

东方快车或者在轨道 A 上或者在轨道 B 上。

这顿午餐你或者喝汤或者吃沙拉。

塔米或者是 10 岁或者是 11 岁。

这些陈述的含义排除了两个选项都为真的可能性。这样，如果使用楔形符来翻译这些陈述，它们的日常语言含义中的部分含义将会丢失。如果这些"或者……或者……"陈述的不相容方面是本质的，可增加"并非都（but not both）"的符号等值式到翻译中，这样，第一个陈述可以翻译为：

$$(A \vee B) \cdot \sim(A \cdot B)$$

现在让我们考虑马蹄符算子（实质蕴涵或者条件句）的定义。它的真值表如下：

> **条件句**：是假的仅当前件为真且后件为假。

条件句（实质蕴涵）

p	q	$p \supset q$
T	T	T
T	F	F
F	T	T
F	F	T

从这个真值表，我们可以看出，当前件为真后件为假时，该陈述为假，其他情况下都为真。条件句的这种真值函项解释一部分与我们日常中使用的"如果……那么……"的情况相符，一部分不符。请看下面的例子：

如果妮可·基德曼是演员，那么梅丽尔·斯特里普也是。　　$N \supset M$

如果妮可·基德曼是演员，那么沃尔夫·布利策也是。　　$N \supset W$

如果沃尔夫·布利策是演员，那么海伦·亨特也是。　　$W \supset H$

如果沃尔夫·布利策是演员，那么皮尔斯·摩根也是。　　$W \supset P$

在这些陈述中，N，M 和 H 为真，W 和 P 为假。这样，根据条件句真值函项解释，第一个陈述为真，第二个陈述为假。这一结果在很大程度上与我们的预期相符。但是后两个陈述的真值函项解释却是真的。尽管这一结果可能与我们的预期并不冲突，但是为什么这两个陈述应该被考虑为真却不是十分清楚的。

解决这一问题的一个直观方法是，设想你的逻辑老师给出如下陈述："如果你在期末考试中得 A，那么你的这门课程最终成绩为 A。"在什么情况下你可以说你的老师曾对你撒谎呢？显然，如果你的期末考试成绩是 A，而你的这门课程最终成绩不是 A，你将会说你的老师撒谎了。这一结果对应于前件为真，后件为假的情况。另一方面，如果你的期末考试成绩是 A，这门课程的最终成绩也是 A，你就会说你的老师说的是真的。但是如果你在期末考试中没有得到 A，那么有两种可能的选项：或者这门课程的最终成绩是 A（前件假，后件真），或者这门课程的最终成绩不是 A（前件假，后件假）。在这两种情况下，你都不能说你的老师对你撒谎了。虽然质疑是有好处的，但你还是会说她说了真话。

最后，让我们来考虑三道杠算子（实质等值或双条件）的定义。它的真值表如下：

双条件句（实质等值）

p	q	$p \equiv q$
T	T	T
T	F	F
F	T	F
F	F	T

双条件句：为真仅当这两个陈述有着相同的真值。

该真值表表明，当两个组成部分具有同样的真值时，双条件句为真，否则为假。$p \equiv q$ 是 $(p \supset q) \cdot (q \supset p)$ 的简写形式这一事实要求有这些结果。如果 p 和 q 都为真或者都为假，那么 $p \supset q$ 和 $q \supset p$ 都为真，导致它们的合取式也为真。但是如果 p 为真，q 为假，那么 $p \supset q$ 为假，导致它们的合取式为假。同样的，如果 p 为假，q 为真，那么 $q \supset p$ 为假，再次导致它们的合取式为假。这样，当 p 和 q 具有同样的真值时，$p \equiv q$ 为真，当它们具有相反的真值时，$p \equiv q$ 为假。

如下面的例子所表明的，三道杠符号的真值表定义与日常语言的用法非常接近。

比尔·马赫是主持人当且仅当吉米·法伦也是。　　　　$B \equiv J$
比尔·马赫是主持人当且仅当艾玛·沃特森也是。　　　$B \equiv E$
艾玛·沃特森是主持人当且仅当马特·达蒙也是。　　　$E \equiv M$

在这些陈述中，B 和 J 真，而 E 和 M 假。这样，从真值函项的角度讲，第一个陈述为真，第二个陈述为假，这是我们通常所期待的结果。但是，第三个陈述为真，因为它的两个组成部分都为假。虽然这个结果可能不是我们所期望的，它也不会违背我们的期望。其他有组成部分为假的双条件陈述是更显而易见为真的。例如：

> 米特·罗姆尼当选总统当且仅当他获得选民的大多数选票。

这一陈述断言了任何候选人当选或者不当选的条件，因此它显然为真。

总之，五个逻辑算子的定义与日常语言用法有相当好的契合度。但是，就像本节最后一部分所表明的那样，这种契合并不是完美的契合。在考虑这一问题之前，让我们使用这些算子的定义来计算更为复杂的陈述的真值。

较长命题的真值的计算

计算更为复杂的表达式的真值，其步骤如下：在相应字母正下方输入简单组成部分的真值，然后使用这些真值计算复合构成部分的真值。复合陈述的真值写在代表它的算子的下面。例如，让我们假设，我们事先被告知简单命题 A, B, C 为真，D, E, F 为假，那么我们就可以计算下面这个复合命题的真值：

$$(A \vee D) \supset E$$

首先，我们在代表简单命题的字母下面直接写出其真值，并把算子和括号直接抄下来：

$$(A \vee D) \supset E$$
$$(T \vee F) \supset F$$

下面，我们计算括号内的命题的真值，并把它写在所属的算子下面：

$$(A \vee D) \supset E$$
$$(T \vee F) \supset F$$
$$\quad\ \ T \quad\ \supset F$$

最后，我们用最末一行来获得条件句的真值，马蹄符算子是该命题的主算子：

$$(A \vee D) \supset E$$
$$(T \vee F) \supset F$$
$$\quad\ \ T \quad\ \supset F$$
$$\quad\quad\quad\ \ Ⓕ$$

最终的答案用圆圈圈起来。这就是当 A 为真，D 和 E 为假时该复合命题的真值。

通常的策略是由较小组成部分的真值构造更大部分的真值。一般而言，在输入真值时应遵循这样的顺序：

1. 代表简单命题的个体字母
2. 紧连在个体字母之前的波浪符
3. 联结字母或否定字母的算子
4. 紧连在括号之前的波浪符
5. 等等

这里还有一些例子。跟之前一样，令 A，B，C 为真，D，E，F 为假。注意，计算出的真值要写在它们所属的算子下面。写在主算子下面的最后的答案，要用圆圈圈起来。

> 在输入真值的时候，从个体字母开始并展开工作。

1. $(B \cdot C) \supset (E \supset A)$
   $(T \cdot T) \supset (F \supset T)$
   　　T　　　⊃　　　T
   　　　　　　Ⓣ

2. $\sim (C \vee \sim A) \supset \sim B$
   $\sim (T \vee \sim T) \supset \sim T$
   $\sim (T \vee F)\ \ \ \ \supset F$
   $\sim\ \ \ \ T\ \ \ \ \ \ \ \ \ \supset F$
   　F　　　　　　⊃ F
   　　　　　Ⓣ

3. $[\sim (D \vee F) \cdot (B \vee \sim A)] \supset \sim (F \supset \sim C)$
   $[\sim (F \vee F) \cdot (T \vee \sim T)] \supset \sim (F \supset \sim T)$
   $[\sim (F \vee F) \cdot (T \vee F)\ ] \supset \sim (F \supset F\ \ )$
   $[\sim\ \ \ F\ \ \ \ \cdot\ \ \ T\ \ \ \ \ ] \supset \sim\ \ \ \ T$
   $[T\ \ \ \ \ \ \ \ \cdot\ \ \ T\ \ \ \ \ ] \supset F$
   　　　　　　T　　　　⊃ F
   　　　　　　　　Ⓕ

如果愿意，复合成分的真值可以直接在算子下面输入，而不使用上述例子所采用的逐行书写方法，下面的例子说明了第二种方法，该方法在下一节中将被用到。

1. $[(D \equiv \sim A) \cdot \sim (C \cdot \sim B)] \equiv \sim [(A \supset \sim D) \vee (C \equiv E)]$
   　　　F T F T T T T F F T　Ⓕ　F　T T T F T T F F

2. $\sim \{[(C \cdot \sim E) \supset \sim (A \cdot \sim B)] \supset [\sim (B \vee D) \equiv (\sim C \vee E)]\}$
   　Ⓕ　　T T T F T T T F F T T　T　F T T F T　F T F F

5 真值函项与日常语言

本节的第一部分表明五个逻辑算子的定义与日常语言用法有相当好的契合度。但是，这种契合度远非完美。

关于用来翻译"并且（and）"、"但是（but）"的点号算子，它至少在部分意义上无法做到与日常语言相契合，尤其是当合取陈述的意义取决于合取支的顺序时。考虑下面的陈述：

| 她结婚了并且生了一个宝宝。 | $M \cdot B$ |
| 她生了一个宝宝并且结婚了。 | $B \cdot M$ |

第一个陈述暗含了结婚在先，生宝宝在后，而第二个陈述暗含了生宝宝在先。在真值表解释中，这意味着意义丢失了，因为 $M \cdot B$ 与 $B \cdot M$ 在逻辑上等值。

关于用来翻译"或者（or）"、"除非（unless）"的楔形符，我们看到楔形符被定义为兼容析取，但是我们观察到英语单词"或者"有时具有不兼容析取的含义。在下面的陈述中，"除非"是在不兼容意义上加以使用的。

猪肉没有煮好，除非肉是白色的。
这些木块用来生火很好，除非它们是潮湿的。

第一个陈述暗示了肉不可能既是白色的，同时又没有煮好。第二个陈述暗示了这些木块不可能既是潮湿的，同时又能用来生火。这样，如果使用楔形符算子去翻译这些陈述，部分含义将会丢失。如果这一附加部分是必要的，可以通过增加"并非都"的符号等值式到翻译中，把这部分包含进去。

至于马蹄符算子，当条件陈述的前件为假时整个陈述为真这个事实会和日常语言的意义产生冲突。考虑以下两个陈述：

如果巴巴拉·博克瑟提倡使用可卡因，那么她是一个好的参议员。
如果芝加哥在密歇根，那么芝加哥就很接近迈阿密。

根据它们的日常语言解释，这两个陈述都是假的。好的参议员不会提倡使用可卡因，密歇根距离迈阿密很遥远。但是，当使用实质蕴涵来解释时，两个陈述都为真。因为它们的前件都是假的。鉴于此种情况，当条件陈述的真值函项解释与日常语言解释发生冲突的时候，使用马蹄符翻译可能是不合适的。

习题 5.2

Ⅰ. 识别下列命题的主算子。

★1. $\sim(A \vee M) \cdot \sim(C \supset E)$

2. $(G \cdot \sim P) \supset \sim(H \vee \sim W)$

3. $\sim[P \cdot (S \equiv K)]$

★4. $\sim(K \cdot \sim O) \equiv \sim(R \vee \sim B)$

5. $(M \cdot B) \vee \sim[E \equiv \sim(C \vee I)]$

6. $\sim[(P \cdot \sim R) \supset (\sim E \vee F)]$

★7. $\sim[(S \vee L) \cdot M] \supset (C \vee N)$

8. $[\sim F \vee (N \cdot U)] \equiv \sim H$

9. $E \cdot [(F \supset A) \equiv (\sim G \vee H)]$

★10. $\sim[(X \vee T) \cdot (N \vee F)] \vee (K \supset L)$

Ⅱ. 写出下列复合陈述的符号形式，然后使用你关于由简单陈述指称的历史事件的知识，决定复合陈述的真值。

★1. 并非希特勒统治第三帝国。

2. 尼克松辞去总统职位并且林肯发表葛底斯堡演说。

3. 法国轰炸珍珠港，或者林德伯格飞越大西洋。

★4. 希特勒统治第三帝国并且尼克松没有辞去总统职位。

5. 爱迪生发明电话，或者印第安人杀死卡斯特。

6. 如果拿破仑统治法国，那么亚历山大大帝使美国开化。

★7. 只有爱迪生发明电话，华盛顿才被暗杀。

8. 林肯发表葛底斯堡演说当且仅当法国轰炸珍珠港。

9. 并非或者亚历山大大帝使美国开化或者华盛顿被暗杀。

★10. 如果希特勒统治第三帝国，那么或者印第安人杀死卡斯特或者爱因斯坦发现了阿司匹林。

11. 或者林德伯格飞越大西洋并且爱迪生发明了电话，或者尼克松辞去总统职务并且并非爱迪生发明了电话。

12. 林肯已经发表葛底斯堡演说是亚历山大大帝使美国开化的充分条件，当且仅当华盛顿被暗杀是印第安人杀死卡斯特的必要条件。

★13. 爱因斯坦没有发现阿司匹林并且法国没有轰炸珍珠港，那么希特勒统治第三帝国并且林德伯格飞越大西洋。

14. 并非印第安人杀死卡斯特，除非尼克松辞去总统职务并且爱迪生发明了电话。

15. 印第安人杀死卡斯特，并且林肯发表葛底斯堡演说，除非或者华盛顿被暗杀或者亚历山大大帝使美国开化。

Ⅲ. 决定下列符号化陈述的真值。令 A，B，C 为真，X，Y，Z 为假，用圆圈圈出你的答案。

★1. $A \cdot X$

2. $B \cdot \sim Y$

3. $X \vee \sim Y$

★4. $\sim C \vee Z$

5. $B \supset \sim Z$

6. $Y \supset \sim A$

★7. $\sim X \supset Z$

8. $B \equiv Y$

9. $\sim C \equiv Z$

★10. $\sim(A \cdot \sim Z)$

11. $\sim B \vee (Y \supset A)$

12. $A \supset \sim(Z \vee \sim Y)$

★13. $(A \cdot Y) \vee (\sim Z \cdot C)$

14. $\sim(X \vee \sim B) \cdot (\sim Y \vee A)$

15. $(Y \supset C) \cdot \sim(B \supset \sim X)$

★16. $(C \equiv \sim A) \vee (Y \equiv Z)$

17. $\sim(A \cdot \sim C) \supset (\sim X \supset B)$

18. $\sim[(B \vee \sim C) \cdot \sim(X \vee \sim Z)]$

★19. $\sim[\sim(X \supset C) \equiv \sim(B \supset Z)]$

20. $(X \supset Z) \supset [(B \equiv \sim X) \cdot \sim(C \vee \sim A)]$

21. $[(\sim X \vee Z) \supset (\sim C \vee B)] \cdot [(\sim X \cdot A) \supset (\sim Y \cdot Z)]$

★22. $\sim[(A \equiv X) \vee (Z \equiv Y)] \vee [(\sim Y \supset B) \cdot (Z \supset C)]$

23. $[(B \cdot \sim C) \vee (X \cdot \sim Y)] \supset \sim[(Y \cdot \sim X) \vee (A \cdot \sim Z)]$

24. $\sim\{\sim[(C \vee \sim B) \cdot (Z \vee \sim A)] \cdot \sim[\sim(B \vee Y) \cdot (\sim X \vee Z)]\}$

★25. $(Z \supset C) \supset \{[(\sim X \supset B) \supset (C \supset Y)] \equiv [(Z \supset X) \supset (\sim Y \supset Z)]\}$

Ⅳ. 令 A，B 为真，X，Y 为假，P，Q 真假未知；如果可能，确定下列符号化陈述的真值。如果真值未定，注明"未定"。

★1. $A \vee P$

2. $Q \vee Z$

3. $Q \cdot Y$

★4. $Q \cdot A$

5. $P \supset B$

6. $Z \supset Q$

★7. $A \supset P$

8. $P \equiv \sim P$

9. $(P \supset A) \supset Z$

★10. $(P \supset A) \equiv (Q \supset B)$

11. $(Q \supset B) \supset (A \supset Y)$

12. $\sim(P \supset Y) \vee (Z \supset Q)$

★13. $\sim(Q \cdot Y) \equiv \sim(Q \vee A)$

14. $[(Z \supset P) \supset P] \supset P$

15. $[Q \supset (A \vee P)] \equiv [(Q \supset B) \supset Y]$

5.3 命题的真值表

> **预热**
>
> 在之前的一节中,你了解了一个真值表如何给了你一个命题的全貌,类似于谷歌地图给了你一栋建筑物的全貌。如果它表明一栋建筑物的每一个侧面都是白色的,那么你将称这整栋建筑物为白色的。如果每个侧面都是黑色的,那么整栋建筑物将是黑色的。类似地,如果真值表的最后一列全都是真的,那么这个命题被称为一个事物。如果全都是假的,那么它被称为其他东西。

前面的一节表明了基于对每一个简单组成部分指派真值,如何确定复合命题的真值。对应于一个复合命题的简单组成部分的每一种可能的真值,真值表给出了一个复合命题的真值。真值表的每一行代表了这样一种可能的真值组合。

构造真值表的第一步是确定行数(或排数)。因为每一行代表了一种可能的真值组合,总行数等于简单命题的可能的真值组合数量。正像我们在 5.2 节看到的,如果只有一个简单命题,p,那么其真值表的行数是 2,因为对于 p 而言,只有两种可能的真值:真和假。如果有两个简单命题,p 和 q,那么其真值表的行数是 4,因为有四种真值组合:p 真且 q 真,p 真且 q 假,p 假且 q 真,以及 p 假且 q 假。不同的简单命题的数量与其真值表的行数之间的关系表达如下:

不同的简单命题的数量	真值表的行数
1	2
2	4
3	8
4	16
5	32
6	64

> 真值表的行数是 2^n,其中 n 是不同简单命题的数目。

使用公式将两列数字之间的关系表达如下:

$$L = 2^n$$

这里,L 代表真值表的行数,n 代表不同的简单命题的数量。

现在让我们构造一个复合命题的真值表。我们从一个相当简单的命题开始:

$$(A \vee \sim B) \supset B$$

不同的简单命题的数量是 2。因此,真值表的行数是 4。我们在命题下面画出这些行。

$(A \lor \sim B) \supset B$

_____
_____
_____
_____

下面的步骤是把行数一分为二，结果是2，我们从左边的第一个字母（A）开始，在前两行键入T，在余下的两行键入F。

$(A \lor \sim B) \supset B$

| T |
| T |
| F |
| F |

接下来我们把那一数字（2）再一分为二，因为结果是1，在下一个字母（B）的下面写下一行T，一行F，一行T，一行F。

$(A \lor \sim B) \supset B$

T	T
T	F
F	T
F	F

> 在输入真值的过程中，从代表个体字母的纵列开始，并逐步进行。

对这一阶段的真值表的检查表明：真与假的每一可能组合现在被指派给了A与B。换句话说，真值表穷尽了全部可能性。接下来的一步是在第二个B下方复制B的纵列。

$(A \lor \sim B) \supset B$

T		T	T
T		F	F
F		T	T
F		F	F

这一步是自动的。

现在，使用前一节提出的原则，我们计算余下的纵列。首先，对波浪符下面的纵列的计算是通过B下面的纵列来实现的。

$(A \lor \sim B) \supset B$

T	F	T	T
T	T	F	F
F	F	T	T
F	T	F	F

接下来，对楔形符下面的纵列的计算是通过A下面的纵列和波浪符下面的纵列来实现的。

```
(A  ∨  ∼  B)  ⊃  B
 T  T  F  T      T
 T  T  T  F      F
 F  F  F  T      T
 F  T  T  F      F
```

最后，对马蹄符下面的纵列的计算是通过楔形符下面的纵列和 B 下面的纵列来完成的。

> 主算子下的纵列用圈表示出来。

```
(A  ∨  ∼  B)  ⊃  B
 T  T  F  T  |T| T
 T  T  T  F  |F| F
 F  F  F  T  |T| T
 F  T  T  F  |F| F
```

主算子下面的纵列被圈起来，表示它代表整个复合命题。检查整个真值表，我们发现，当 B 为真时，这个复合命题的真值是真的，当 B 为假时，这个复合命题的真值是假的，无论 A 的真值是什么。

让我们来考虑另外一个例子：$(C \cdot \sim D) \supset E$。不同的字母的数量是 3，因此行数是 8。在 C 下面，我们取这一数字的一半为真，一半为假（即四行真，四行假）。然后，在 D 下面，我们再取这一数字的一半为真，一半为假（即两行真，两行假，两行真，两行假）。最后，在 E 下面，真值逐行交替。因此，下面这个真值表穷尽了每一种可能的真值组合。

```
(C  •  ∼  D)  ⊃  E
 T        T      T
 T        T      F
 T        F      T
 T        F      F
 F        T      T
 F        T      F
 F        F      T
 F        F      F
```

现在，我们来计算余下纵列的真值，首先是波浪符，然后是点号，最后是马蹄符。

```
(C  •  ∼  D)  ⊃  E
 T  F  F  T  |T| T
 T  F  F  T  |T| F
 T  T  T  F  |T| T
 T  T  T  F  |F| F
 F  F  F  T  |T| T
 F  F  F  T  |T| F
 F  F  T  F  |T| T
 F  F  T  F  |T| F
```

检查完成的真值表，我们看到，只有在 C 为真，且 D 和 E 都为假时，复合命题才为假。

另外一种构造真值表的方法，复制了我们在 5.2 节定义五个逻辑算子的含义时使用的真值表类型，对于某些复合命题而言，这种方法被证明是一种更快捷的方法。例如，假设我们被给定这样一个命题：[(A ∨ B)·(B ⊃ A)] ⊃ B。我们从构造简单命题 A 和 B 的纵列开始，在给定命题的左边写下它们。

A B	[(A ∨ B) • (B ⊃ A)] ⊃ B
T T	
T F	
F T	
F F	

然后，我们使用左边的纵列得出这个复合命题的真值。我们将首先计算括号里面的表达式，然后是点号，最后是右手边的马蹄符。

A B	[(A ∨ B) • (B ⊃ A)] ⊃ B
T T	T T T T
T F	T T T F
F T	T F F T
F F	F F T T

陈述的分类

真值表可以用来确定一个复合命题的真值是否仅仅取决于它的形式，或者是否也取决于它的组成部分的特定真值。一个复合陈述，如果不管其组成部分的真值如何，其真值为真，这样的复合陈述被说成是**逻辑上为真的**（logically true）或者**重言陈述**（tautologous statement）。如果不管其组成部分的真值如何，其真值为假，这样的复合陈述被说成是**逻辑上为假的**（logically false）或者**自相矛盾的陈述**（self-contradictory statement）。如果其真值依赖其组成部分的真值，这样的复合陈述被说成是**偶然陈述**（contingent statement）。通过检查主算子下面的纵列，我们可以确定复合命题如何被归类。

重言式：主算子下的纵列都为真。

自相矛盾式：主算子下的纵列都为假。

偶然式：主算子下的纵列至少一个为真，至少一个为假。

主算子下的一列	陈述划分
都为真	重言式（逻辑上为真的）
都为假	矛盾式（逻辑上为假的）
至少一个为真，至少一个为假	偶然式

正如我们之前给出的真值表所显示的，(C·∼D) ⊃ E 是一个偶然命题。主算子下面的纵列至少一行为真，并且至少一行为假。换句话说，该复合命题的真值偶然地依赖它的组成部分的真值。有时为真，有时为假，取决于它的组成部分的

真值。

另一方面，考虑下面的两个真值表：

```
[(G ⊃ H) • G] ⊃ H        (G ∨ H) ≡ (~ G • ~ H)
 T T T   T T T            T T T   F  F T F F T
 T F F   F T F T          T T F   F  F T F T F
 F T T   F F T T          F T T   F  T F F F T
 F T F   F F T F          F F F   F  T F T T F
```

左边的命题是重言的（逻辑上为真的或一个重言式），因为其主算子下面的列都为真。右边的命题是自相矛盾的（逻辑上为假的），因为其主算子下面的列都为假。在两个例子中，复合命题的真值都不偶然地取决于组成部分的真值。不管其组成部分的真值如何，左边的复合命题为真，换言之，必然地（necessarily）为真。右边的复合命题必然地为假。

如果一个命题是逻辑上为真的或者逻辑上为假的，那么它的真值仅仅取决于形式且与内容无关。结果是，这样的陈述没有对世界上的事物做出任何真正的断定。例如，重言陈述"下雨或没下雨"没有提供关于天气的任何信息。类似地，自相矛盾的陈述"下雨并且没下雨"也没有提供关于天气的任何信息。另一方面，偶然陈述"山里正在下雨"确实提供了关于天气的信息。

陈述的比较

真值表也可以被用来确定两个命题之间的关系。如果它们的主算子下面的每一行都具有相同的真值，那么两个命题被说成是**逻辑上等值的陈述**（logically equivalent statements）。如果它们的主算子下面的每一行都具有相反的真值，那么两个命题被说成是**矛盾陈述**（contradictory statements）。如果这两种关系都不成立，那么两个命题是**一致的**（consistent）或者是**不一致的**（inconsistent）。如果两个（或多个）命题，它们的主算子下面至少有一行使得它们两个（或多个）都为真，那么它们是**一致陈述**（consistent statements）。如果两个（或多个）命题，它们的主算子下面没有一行使得它们两个（或多个）都为真，那么它们是**不一致陈述**（inconsistent statements）。通过比较主算子下面的纵列，我们可以确定属于哪种情况。但是由于前两种关系较之后两种关系要强（并且可能重叠），应优先考虑前两种关系。

> 注意评价一个单一陈述与比较两个陈述之间的区别。

主算子下的列	关系
每一行真值相同	逻辑上等值的
每一行真值相反	矛盾的
至少有一行真值是真的	一致的
没有一行真值是真的	不一致的

例如，下面两个命题是逻辑上等值的。它们各自的真值表主算子下面的纵列是相同的。注意，为了进行正确比较，K 下面的纵列必须是相同的，并且 L 下面的纵列也必须是相同的。

```
K ⊃ L            ~ L ⊃ ~ K
T T T            F T T F T
T F F            T F F F T         逻辑上等值的
F T T            F T T T F
F T F            T F T T F
```

逻辑上等值的：每一行的真值都是相同的。

对于任何两个逻辑上等值的命题，通过在它们之间放入三道杠而形成的双条件陈述是一个重言式。这样，(K ⊃ L) ≡ (~ L ⊃ ~ K)。这一点很容易看出来，因为 K ⊃ L 和 ~ L ⊃ ~ K 的主算子下面的纵列是相同的。

下面的两个命题是矛盾的：

```
K ⊃ L            K • ~ L
T T T            T F F T
T F F            T T T F         矛盾的
F T T            F F F T
F T F            F F T F
```

矛盾的：每一行的真值都是相反的。

下面的两个命题是一致的。在它们各自的真值表中，主算子下面的纵列的第一行都为真。这就意味着两个命题都为真是可能的，这正是一致性的含义：

```
K ∨ L            K • L
T T T            T T T
T T F            T F F         一致的
F T T            F F T
F F F            F F F
```

一致的：存在至少一行，其中的真值都为真。

最后，下面的两个命题是不一致的。主算子下面的纵列没有一行的真值都为真。

```
K ≡ L            K • ~ L
T T T            T F F T
T F F            T T T F         不一致的
F F T            F F F T
F T F            F F T F
```

不一致的：不存在一行，其中的真值都为真。

任何一对命题都是一致的或者不一致的。进一步地讲，有的一致命题也是逻辑上等值的，有的不一致命题也是矛盾的，或者是逻辑上等值的。因为这种部分重叠关系，考察成对命题之间的关系时，通常先根据它们之间较强的关系进行分类，即逻辑上等值的还是矛盾的。如果两种较强的关系都不适用，那么再根据较弱的关系进行分类，即一致的还是不一致的。

与逻辑上等值的和矛盾的通常只考虑两个命题不同，一致性和不一致性通常应用于较大范围的命题组。对于一致而言，唯一的要求是在一组命题的真值表中至少有一行使得所有命题都为真。对于不一致而言，唯一的要求是不存在这样的一行。这些要求的结果是，由一组不一致命题的合取构成的陈述总是自相矛盾的，而由一组一致命题的合取构成的陈述永远不会是自相矛盾的。

一致与不一致是很重要的，因为在其他的情况下，它们可以被用来评价某个人对某事所陈述的观点的整体合理性。如果表达观点的这些陈述是一致的，那么至少存在一种观点是有意义的可能性。这是因为在该组真值表中至少有一行使得这个人所做的陈述都为真。另一方面，如果这些陈述是不一致的，那么不存在一种观点有意义的可能性。在这种情况下，该组真值表中没有一行所有的陈述都为真。合取起来的这组陈述，相当于一个自相矛盾式。

一致的和逻辑等值的真值表也说明了两个命题事实上为真与两个命题是逻辑上等值的之间有重要的区别。例如，陈述"水在100℃沸腾"和"美国目前的人口总量超过3亿"在现实世界中都为真，这种现实世界的情况与在真值表的某一行中两个命题都为真的情况相一致。这一行使得这两个陈述是一致的。然而，它们不是逻辑上等值的，因为它们的真值不必然地相同。第二个命题的真值在未来会发生变化，而第一个命题的真值将保持不变。顺便说一句，类似的区别在有事实上相反的真值的两个矛盾的陈述之间也是成立的。

习题 5.3

Ⅰ．使用真值表确定下面的符号化陈述是重言的、自相矛盾的，或偶然的。

★1. $N \supset (N \supset N)$
2. $(G \supset G) \supset G$
3. $(S \supset R) \cdot (S \cdot \sim R)$
★4. $[(E \supset F) \supset F] \supset E$
5. $(\sim K \supset H) \equiv \sim (H \vee K)$
6. $(M \supset P) \vee (P \supset M)$
★7. $[(Z \supset X) \cdot (X \vee Z)] \supset X$
8. $[(C \supset D) \cdot \sim C] \supset \sim D$
9. $[X \supset (R \supset F)] \equiv [(X \supset R) \supset F]$
★10. $[G \supset (N \supset \sim G)] \cdot [(N \equiv G) \cdot (N \vee G)]$
11. $[(Q \supset P) \cdot (\sim Q \supset R)] \cdot \sim (P \vee R)$
12. $[(H \supset N) \cdot (T \supset N)] \supset [(H \vee T) \supset N]$
★13. $[U \cdot (T \vee S)] \equiv [(\sim T \vee \sim U) \cdot (\sim S \vee \sim U)]$
14. $\{[(G \cdot N) \supset H] \cdot [(G \supset H) \supset P]\} \supset (N \supset P)$
15. $[(F \vee E) \cdot (G \vee H)] \equiv [(G \cdot E) \vee (F \cdot H)]$

Ⅱ．使用真值表确定下面成对的符号化陈述是逻辑上等值的、矛盾的、一致的或不一致的。首先，确定成对的陈述是逻辑上等值的还是矛盾的，如果这两种关系都不符合，再确定它们是一致的还是不一致的。

★1. ~D ∨ B   ~(D • ~B)
 2. F • M   ~(F ∨ M)
 3. ~K ⊃ L   K ⊃ ~L
★4. R ∨ ~S   S • ~R
 5. ~A ≡ X   (X • ~A) ∨ (A • ~X)
 6. H ≡ ~G   (G • H) ∨ (~G • ~H)
★7. (E ⊃ C) ⊃ L   E ⊃ (C ⊃ L)
 8. N • (A ∨ ~E)   ~A • (E ∨ ~N)
 9. M ⊃ (K ⊃ P)   (K • M) ⊃ P
★10. W ≡ (B • T)   W • (T ⊃ ~B)
 11. G • (E ∨ P)   ~(G • E) • ~(G • P)
 12. R • (Q ∨ S)   (S ∨ R) • (Q ∨ R)
★13. H • (K ∨ J)   (J • H) ∨ (H • K)
 14. Z • (C ≡ P)   C ≡ (Z • ~P)
 15. Q ⊃ ~(K ∨ F)   (K • Q) ∨ (F • Q)

Ⅲ. 使用真值表获得下面这些练习的答案：

★1. 著名经济学家哈罗德·卡尔森做出如下预测："国际收支差额将会减少当且仅当利率保持稳定；然而，并非或者利率不会保持稳定或者国际收支差额将会减少。"对于卡尔森的预测，我们能说些什么？

2. 一位高中校长对校董事会做出了这个陈述："或者不从课程表中剔除音乐课或者学生将变成文化门外汉；进一步讲，学生将不会变成文化门外汉当且仅当从课程表中剔除音乐课。"假设这位校长是正确的，关于音乐与学生，她告诉我们什么呢？（提示：为每一个陈述构造真值表，并检查陈述下的哪一行是真的。）

3. 克里斯蒂娜和托马斯正在就他们晚上的计划进行讨论。克里斯蒂娜说："如果你不爱我，那么我一定不会与你发生性关系。"托马斯说："好吧，那就意味着如果我爱你，那么你会与我发生性关系，对吗？"托马斯是正确的吗？（提示：为每一个陈述构造真值表，并比较它们。）

★4. 两位天文学家正在讨论超新星。弗兰克博士说："研究已经表明：如果超新星出现在离地球10光年以内的范围，那么地球上的生命将被毁灭。"哈里斯博士说："研究还表明：或者超新星将不会出现在离地球10光年以内的范围或者地球上的生命不会被毁灭。"有可能这两位天文学家都是正确的吗？如果是的话，那么关于超新星的出现，我们可以确定什么？

5. 安东尼娅·马丁内斯正在竞选州参议员，他发表了这一声明："只有教育成本不增加并且福利计划被废除，税收减少才是可行的，或者税收减少是可行的并且或者福利计划将不会被取消或者教育成本将增加。"马丁内斯告诉我们关于税收、教育成本和福利的哪些事情？

6. 关于日本进口车，汽车专家弗兰克·古德博迪这样评论道："如果三菱是最具运动性的，那么丰田是最少麻烦的并且五十铃不是价格最低的。如果五十铃是价格最低的，那么丰田不是最少麻烦的并且三菱是最具运动性的。"古德博迪的评论有可能是正确的吗？如果是这样的话，它们告诉了我们关于这些公司的哪些事情？

★7. 两个证券经纪人正在进行一个讨论。一个声称，Netmark 将会引入一个新产品当且仅 Datapro 将削减其劳动力并且 Compucel 将扩大生产。另一个声称，Datapro 将削减其劳动力，并且 Compucel 将扩大生产当且仅当 Netmark 引入一个新产品。两个证券经纪人有可能都是正确的吗？如果是这样，他们告诉了我们关于这些公司的什么呢？

8. 埃里克·卡森总结其关于上帝的信念如下："上帝存在当且仅当或者生命是有意义的或者灵魂不是不朽的。上帝存在并且灵魂是不朽的。如果上帝存在，那么生命是没有意义的。"埃里克的信念有可能是有意义的吗？

9. 辛迪、简、阿曼达为一次银行抢劫案做证人。在庭审中，辛迪做证说，勒夫蒂没有进入银行，并且如果霍华德拔出枪，那么康拉德收集了钱。简做证说，如果霍华德没有拔出枪，那么勒夫蒂进入了银行。阿曼达做证说，如果康拉德收集了钱，那么霍华德拔出了枪。所有三位证人有可能都说了实话吗？如果是这样的话，我们可以得出关于勒夫蒂、霍华德和康拉德的什么信息？

★10. 妮科尔·埃文斯表达了她的哲学如下："如果心灵与大脑同一，那么个人自由并不存在，人类不为自己的行为负责。如果个人自由不存在，那么心灵与大脑同一。或者人类为他们的行为负责或者心灵与大脑不同一。如果个人自由存在，那么人类对他们的行为负责。"妮科尔的哲学可能是有意义的吗？如果是这样，关于心灵、个人自由和责任，它表达了什么呢？

5.4 论证的真值表

预热

你有没有看过紫外线（黑色光）演示或舞台秀？当灯被打开时，某些物体，包括白纸、叶绿素、奎宁水和20美元的钞票，发出荧光或闪闪发光。它们的颜色在黑暗的背景中很显眼。使用真值表来检验论证在某种方式上与此类似，并且几乎就像开灯一样简单。对于一双训练有素的眼睛而言，显示一个无效论证是无效的那一行相较于其他行是很显眼的。

真值表提供了在命题逻辑中检验论证有效性的标准技术。检验论证的真值表的构造遵循如下步骤：

1. 使用字母代表简单命题将论证符号化。
2. 通过在前提之间放置斜线，并且在最后一个前提和结论之间放置双斜线，写出符号化的论证。
3. 画出符号化的论证的真值表，把它当作一个被分解为若干部分的命题，框出代表前提和结论的纵列。
4. 寻找所有前提为真且结论为假的一行。如果存在这样的一行，该论证是无效的；否则，它是有效的。

例如，让我们检验下面这个论证的有效性：

> 如果青少年杀人犯像成年人那样对自己的罪行负责，那么依法处决是一种合理的惩罚。
> 青少年杀人犯不像成年人那样对他们的罪行负责。
> 所以，依法处决不是一种合理的惩罚。

第一步是对论证进行符号化：

$$J \supset E$$
$$\sim J$$
$$\overline{\sim E}$$

现在可以构造一个真值表。因为符号化的论证包含两个不同的字母，真值表有 4 行，确保相同的字母下面有相同的纵列。下面是各个字母的纵列。

```
J ⊃ E  /  ~ J  //  ~ E
T   T     T        T
T   F     T        F
F   T     F        T
F   F     F        F
```

现在完成真值表，并把代表前提和结论的纵列框出来：

```
J ⊃ E  /  ~ J  //  ~ E
T T T     F T      F T
T F F     F T      T F
F T T     T F      F T
F T F     T F      T F
```

无效的：所有前提都为真而结论为假。

对第三行的检查表明前提都为真而结论为假。因此，该论证是无效的。下面是另外一个例子：

> 如果内部交易发生，那么投资者就不信任证券市场。
> 如果投资者不信任证券市场，那么商业整体上将受到影响。
> 因此，如果内部交易发生，商业整体上会受到影响。

完成的真值表是这样的：

O	⊃	~T	/	~T	⊃	B	//	O	⊃	B
T	F	FT		FT	T	T		T	T	T
T	F	FT		FT	T	F		T	F	F
T	T	TF		TF	T	T		T	T	T
T	T	TF		TF	F	F		T	F	F
F	T	FT		FT	T	T		F	T	T
F	T	FT		FT	T	F		F	T	F
F	T	TF		TF	T	T		F	T	T
F	T	TF		TF	F	F		F	T	F

对于这个真值表的检查表明：没有一行前提都为真而结论为假的情况。因此该论证是有效的。

真值表方法背后的逻辑是很容易理解的。根据定义，一个有效的论证不可能是前提为真而结论为假的论证，真值表代表了一个论证的组成部分的每一种可能的真值组合。因此，如果没有前提为真且结论为假的一行存在，那么前提为真且结论为假就是不可能的，在这种情况下，论证就是有效的。相反，如果存在前提为真且结论为假的一行，那么前提为真而结论为假就是可能的，这个论证就是无效的。因此，检验一个论证的有效性，可以使用这样的程序：

寻找全部前提为真且结论为假的一行。如果找到这样的一行，论证是无效的；如果没有找到，论证是有效的。

真值表为这样一个事实提供了一种便捷的说明，即任何有着不一致前提的论证，不管它的结论是什么，该论证都是有效的，并且任何具有重言式结论的论证，不管它的前提是什么，该论证都是有效的。例如：

天空是蓝色的。
天空不是蓝色的。
所以，巴黎是法国的首都。

S	/	~	S	//	P
T		F	T		T
T		F	T		F
F		T	F		T
F		T	F		F

因为该论证的前提是不一致的，不存在一行使得两个前提都为真。也就是，不存在两个前提都为真且结论为假的一行，因此该论证是有效的。当然，这一论证是不可靠的，因为它有一个假的前提。另一个例子：

伯尔尼是瑞士的首都。所以，现在下雨或者现在不下雨。

> 任何有着不一致前提的论证都是有效的。

```
B // R ∨ ~R
T  T  T F T
T  T  T F T
T  T  T F T
F  T  T F F
...
```

任何有着重言结论的论证都是有效的。

该论证的结论是一个重言式,相应地,不存在前提为真且结论为假的一行,因此这是一个有效的论证。顺便说一下,它也是可靠的,因为它的前提为真。

以一个论证的前提的合取作为前件,以其结论作为后件的条件陈述被称为一个论证的**对应条件句**(corresponding conditional)。例如,本节所检验的第二个论证的对应条件句为 $[(O \supset \sim T) \cdot (\sim T \supset B)] \supset (O \supset B)$。对于任何有效的论证(就像这一个)来说,其对应条件句是重言式。这一点很容易看出来。在任何有效的论证中,不存在前提都为真且结论为假的一行。这样,在对应条件句中,不存在前件真且后件假的一行,因此,对应条件句在每一行都是真的。

| 逻辑学家 |

艾达·拜伦,洛夫莱斯伯爵夫人(Ada Byron, Countess of Lovelace,1815—1852)

艾达·拜伦生于1815年,她是英国诗人乔治·戈登·拜伦与安娜贝拉·米尔班克唯一的孩子。艾达出生的时候,拜伦夫人已经厌恶她的丈夫,她竭尽全力做每一件事情以确保艾达的成长尽可能不受他的影响。拜伦夫人有数学天赋,他的丈夫是一点儿数学都不懂,因此她请了很多家庭教师指导年轻的艾达。这些家庭教师中的一位是著名数学家和逻辑学家奥古斯都·德·摩根,他也是艾达的一位好朋友。

1835年,艾达与威廉·金结婚。三年后,金被晋封为洛夫莱斯伯爵,艾达成为洛夫莱斯伯爵夫人。这对夫妇有3个孩子,但是妻子和母亲的义务并没有妨碍艾达对于数学和逻辑的研究。在她结婚前的两年,她遇到了查尔斯·巴贝奇,一位机械计算机的早期发明者,当她第一次见到巴贝奇的差分机(Difference Engine)时,她立刻掌握了复杂的操作过程。几年以后,当巴贝奇建议设计分析机(Analytic Engine)时,艾达为新机器写出了一个神奇的程序,她设想这台机器不仅能用来解决数学问题,而且也可以产生音乐和图形。由于这一工作,艾达通常被赞誉为第一位计算机程序员。

艾达从小就遭受健康问题的困扰,随着年龄的增长,这些问题因酗酒加重。1852年,年纪轻轻的她死于癌症,只有36岁。

习题 5.4

I. 把下列论证翻译为符号化形式。然后通过构造每一个论证的真值表确定其是有效的还是无效的。

★1. 如果国家选举恶化成电视受欢迎度的竞争,那么伶牙俐齿的蠢货将当选。因此,如果国家选举没有恶化成电视受欢迎度的竞争,那么伶牙俐齿的蠢货将不会当选。

2. 巴西有大量外债。因此,巴西或者阿根廷有大量外债。

3. 如果化石燃料的燃烧继续维持目前的速度，那么温室效应将发生。如果温室效应发生，那么世界温度就会上升。因此，如果化石燃料的燃烧继续维持目前的速度，那么世界温度将上升。

★4. 如果火星上有干涸的河床，那么火星表面曾经有水流动。火星上有干涸的河床。因此，火星表面曾经有水流动。

5. 如果高中毕业生拙于阅读，他们将无法在现代世界竞争。如果高中毕业生拙于写作，他们将无法在现代世界竞争。因此，如果高中毕业生拙于阅读，那么他们拙于写作。

6. 贫富差距在增大。因此，对经济平等的政治调控将得到实现，仅当社会主义路线的经济系统改革蕴涵着对经济平等的政治调控将得到实现。

★7. 爱因斯坦获得诺贝尔奖是因为解释了光电效应，或者是因为狭义相对论。他确实由于解释了光电效应而获得诺贝尔奖。因此，爱因斯坦不是因为狭义相对论而获得诺贝尔奖。

8. 如果集成电路是由金刚石晶元做成的，那么计算机将产生较少的热量。计算机将不会产生较少的热量并且集成电路是由金刚石晶元做成的。因此，合成金刚石将用于珠宝。

9. 或者亚利桑那号战舰或者密苏里号战舰没有在偷袭珍珠港中沉没。因此，并非或者亚利桑那号或者密苏里号在偷袭珍珠港中沉没。

★10. 如果采用种族配额制晋升员工，那么许多资质合格的员工将被忽略；但如果不采取种族配额制，那么先前的歧视将得不到解决。或者采用种族配额制或者不采用种族配额制来晋升员工。因此，或者许多资质合格的员工将被忽略，或者先前的歧视将得不到解决。

Ⅱ. 通过构造真值表确定下面的符号化论证是有效的还是无效的。

★1. $\dfrac{K \supset \sim K}{\sim K}$

2. $\dfrac{R \supset R}{R}$

3. $\dfrac{P \equiv \sim N}{N \vee P}$

★4. $\dfrac{\sim(G \cdot M)}{M \vee \sim G}$
$\overline{\sim G}$

5. $K \equiv \sim L$
$\dfrac{\sim(L \cdot \sim K)}{K \supset L}$

6. $\dfrac{Z}{E \supset (Z \supset E)}$

★7. $\dfrac{\sim(W \cdot \sim X)}{\sim(X \cdot \sim W)}$
$\overline{X \vee W}$

8. $C \equiv D$
$\dfrac{E \vee \sim D}{E \supset C}$

9. $A \equiv (B \vee C)$
$\dfrac{\sim C \vee B}{A \supset B}$

★10. $J \supset (K \supset L)$
$\dfrac{K \supset (J \supset L)}{(J \vee K) \supset L}$

11. $\sim(K \equiv S)$
$\dfrac{S \supset \sim(R \vee K)}{R \vee \sim S}$

12. $E \supset (F \cdot G)$
$\dfrac{F \supset (G \supset H)}{E \supset H}$

★13. $A \supset (N \vee Q)$
$\dfrac{\sim(N \vee \sim A)}{A \supset Q}$

14. $G \supset H$
    $R \equiv G$
    $\sim H \vee G$
    $R \equiv H$

15. $L \supset M$
    $M \supset N$
    $N \supset L$
    $L \vee N$

★16. $S \supset T$
    $S \supset \sim T$
    $\sim T \supset S$
    $S \vee \sim T$

17. $W \supset X$
    $X \supset W$
    $X \supset Y$
    $Y \supset X$
    $W \equiv Y$

18. $K \equiv (L \vee M)$
    $L \supset M$
    $M \supset K$
    $K \vee L$
    $K \supset L$

★19. $A \supset B$
    $(A \cdot B) \supset C$
    $A \supset (C \supset D)$
    $A \supset D$

20. $\sim A \vee R$
    $\sim(N \cdot \sim C)$
    $R \supset C$
    $C \supset \sim N$
    $A \vee C$

Ⅲ. 下面的对话包含 11 个论证。把每个论证翻译为符号化形式，然后使用真值表确定每个论证是有效的还是无效的。

与安卓机器人的浪漫邂逅

"我刚上完肖教授的关于人类本质的哲学课"，尼克对他的朋友埃琳说，当他在走廊遇见她时。"我们讨论了一个安卓机器人是否可能是一个人的问题，以及假设安卓机器人是一个看起来有吸引力的人，我们是否会考虑与它约会。"

"听起来是一节有趣的课，"埃琳回答道，"但是，一个安卓机器人绝不可能是一个人。"

"为什么？"尼克问道。

"这是一个很简单的问题"，她说，"如果一个安卓机器人是一个人，那么它是理性的。但是没有安卓机器人是理性的，因此它不是一个人。"

"但是等一下"，尼克说，"一个安卓机器人能够解决问题，而且它们也能够深思熟虑。并且如果它们或者能够深思熟虑或者能够解决问题，那么它们是理性的。对吗？因此，总之安卓机器人是理性的。"

"不不，"埃琳说，"如果安卓机器人是理性的，那么它是有意识的，如果它是有意识的，那么它有反省精神行为——它能反思自己的思维。但没有安卓机器人可以做到这一点，所以它不是理性的。"

"你怎么知道没有安卓机器人有反省精神行为？"他问道。

"因为只有一个安卓机器人具有灵魂，它才有反省精神行为，"埃琳说，"认为一个安卓机器人具有灵魂是荒唐的。因此，它没有反省精神行为。"

"但要考虑这一点，"尼克说，"或者一个灵魂是物质实体或者它是一个非物质实体。你会同意的，是不是？"

"当然，"她回答，"你的陈述是一个重言式。"

"好吧，"尼克说，"现在让我来结束整个争论吧。如果灵魂是一个物质实体，那么如果安卓机器人是物质的，它就很容易有灵魂。但是，如果灵魂是一个非物质实体，那么如果上帝能为它注入灵魂，那么它可以有灵魂。现在，一个安卓机器人是物质的，并且上帝能为它注入灵魂——毕竟，上帝可以做任何事。因此，安卓机器人可以有灵魂。"

"嗯，我知道，笛卡尔认为人类是有灵魂的机器，但我认为上帝会为计算机注入灵魂是一个疯狂的想法。他也可能将灵魂注入一堆岩石。不管怎样，让我试试另一种方法，"埃琳说，"如果安卓机器人是一个人，那么它有自由意志。但是如果安卓机器人是被编程的，那么它们没有自由意志。安卓机器人是看起来像人类的计算机。每个计算机都是被编程的。因此，重复一下，安卓机器人不是一个人。你对此有什么看法？"

"根据你的推理，"尼克回答，"即使人类也可能不是自由的。"

"什么意思？"埃琳问道。

"好吧，"他说，"无论我们做什么都是由我们的生物构成或由我们的社会条件引起的。如果是由我们的生物构成引起的，那么它是被决定的。如果是由我们的社会条件引起的，那么它也是被决定的。如果它是被决定的，那么它就不自由。因此，无论我们做什么都是不自由的。"

"不是这样的，"埃琳反对道，"我们的行为可能会受我们的生物构成和我们的社会条件影响，但不是由它们引起的。不是严格的。如果我们的行为不是严格地由它们引起的，我们的行为不是由它们所决定的，如果我们的行为不是由它们所决定的，那么我们的行为是自由的。因此，我们的行动是自由的。"

"好吧，我不知道我们的行为受到一些尚未确定事物的影响意味着什么，"尼克回答，"如果 X 受 Y 影响，那么 X 是由 Y 引起的，如果 X 是由 Y 引起的，那么 X 是被 Y 决定的。因此，如果 X 是由 Y 引起的，那么 X 是被 Y 决定的。"

"我认为你关于原因的含义是模棱两可的，"埃琳回答，"但是如果你不服气，这样想如何：如果安卓机器人是一个人，那么它有感觉。如果它有感觉，那么它可以感觉到爱或同情。但是没有安卓机器人喜欢任何东西。想象一下两台计算机相爱了。这种想法非常荒谬。一台计算机同情另一台计算机也是如此荒谬。因此，安卓机器人不可能是一个人。"

"好吧，这样看，"尼克答道，"感情是精神的或者是物质的。如果它们是精神的，那么它们是大脑状态，如果它们是大脑状态，那么安卓机器人可以有它们——因为所有大脑状态只是原子的组合。如果感觉是物质的，那么安卓机器人可以有它们——因为，再一次，所有的物理事物都只是原子的组合。因此，安卓机器人可以有感情。"

埃琳笑道，"这是我一生中听到的最坏的推理。当然，感觉可能伴随着身体状态，但它们并不完全相同。无论如何，在我去上课之前，告诉我：你真的认为机器人是人吗？"

"我认为这是可能的，"尼克回答道。

"那么，你会和一个安卓机器人约会吗？"

"看情况吧，"他说。

"什么？"艾琳问道。

"这取决于它在床上表现是否优秀，"他回答道。

"嗯。"她叹了口气。"好吧，我要去上课了。再见。"

5.5 间接真值表

> **预热**
>
> 你听到敲门声，当你打开门时，却没有人。但是当你往下一瞥时，看到一只金色的小狗，它的脖子上系着一条丝带。你假设这是来自你朋友亚历克斯的礼物。但如果是这样的话，亚历克斯的狗一定在近期生了小狗，但如果亚历克斯的狗生了小狗，那么至少有一只必须是金色的。当你发现没有一只是金色的时候，你得出结论：该礼物不是来自亚历克斯的。这一推理过程开始于一个假设并反向推进，它类似于你将要使用的间接真值表方法。

比起普通真值表，间接真值表为检验论证的有效性提供了一种更加简短和快捷的方法。这种方法尤其适用于包含大量的不同简单命题的论证。例如，一个包含五个不同简单命题的论证所要求的普通真值表有32行。然而，这样一个论证的间接真值表通常只需要一行，而且在构造普通真值表所需时间的一小部分内就能够构造出来。

间接真值表也可以被用来检验一系列陈述的一致性。在5.3节中，我们说明了如何使用普通真值表来检验成对命题的一致性，而且我们注意到，一致性是一种应用于任何一组命题的关系。在本节中，我们使用间接真值表测试三个、四个、五个以及六个命题的一致性。鉴于间接真值表的缩略本质，比起采用普通真值表，这种评价通常能够在更快的时间内完成。

初步技巧

使用间接真值表要求发展一种技巧，即从一个复合陈述的主算子的真值往后推出它的简单组成部分的真值。例如，假设给定一个真的合取陈述：

$A \cdot B$
T

> 对于间接真值表，你必须能够从主算子的真值逆推出简单陈述的真值。

因为合取陈述只能够在一种情况下为真，因此你马上就能知道这种情况就是 A 和 B 都为真：

$A \cdot B$
T T T

另一方面，假设给定一个假的条件陈述：

$A \supset B$
F

因为一个条件陈述为假，只有在一种情况下成立，即你所知道的 A 为真且 B 为假：

$A \supset B$
T F F

但是，假设给定一个真的条件陈述：

$A \supset B$
T

因为一个条件陈述为真的情况有三种，所以你不能计算出 A 和 B 的真值。可能是 A 为真且 B 为真，或者 A 为假且 B 为真，或者 A 为假且 B 为假。但是关于这个例子，让我们假设你拥有更多的信息。假设你知道 B 是假的：

$A \supset B$
 T F

那么你立刻知道 A 是假的。因这如果 A 是真的，那么马蹄符下面的真值一定是假的。但是，既然这个给定的真值为真，A 一定为假：

$A \supset B$
F T F

类似的，假设给定一个具有这些真值的析取陈述：

$A \vee B$
F T

那么你立刻知道 B 一定是真的，因为如果一个析取陈述为真，至少一个析取支一定为真：

$$A \vee B$$
$$F\ T\ T$$

计算一个复合命题的简单组成部分的真值，就像我们刚刚做的那样，要求全面了解 5.2 节给出的五个算子的真值表定义。但是经过诸如此类的实例操作之后，这一技巧几乎成为自动的。

检验论证的有效性

为了构造一个论证的间接真值表，我们在开始的时候假设该论证是无效的。也就是，我们假设前提为真且结论为假是可能的。把与真前提与假结论对应的真值输入到前提和结论的主算子下面。然后，反向推导，推出独立的组成部分的真值。如果在这一过程中，没有得到矛盾，这意味着就像最初假设的那样，前提为真且结论为假确实是可能的，因此这个论证是无效的。可是，如果使前提为真且结论为假的尝试必然地导致了矛盾，前提为真且结论为假就是不可能的，在这种情况下，这个论证是有效的。考虑下面的符号化论证：

$$\sim A \supset (B \vee C)$$
$$\underline{\sim B\qquad\qquad\qquad}$$
$$C \supset A$$

我们像以前一样，从将该符号化论证写成一行开始，在前提之间放置一条斜线，在最后一个前提和结论之间放置两条斜线。然后我们给前提指派 T，给结论指派 F：

$$\sim A \supset (B \vee C)\ /\ \sim B\ //\ C \supset A$$
$$\quad\ \ T\qquad\qquad\quad T\qquad\quad\ F$$

我们可以得出 B，C 和 A 的真值如下：

$$\sim A \supset (B \vee C)\ /\ \sim B\ //\ C \supset A$$
$$\quad\ \ T\qquad\qquad\quad\ \ T F\quad\ T F F$$

现在将这些真值传递给第一个前提：

$$\sim A \supset (B \vee C)\ /\ \sim B\ //\ C \supset A$$
$$T F\ T\ F T T\qquad\ T F\qquad T F F$$

这样，我们有了一个使前提为真且结论为假的完全一致的真值赋值。该论证因此是无效的。如果构造这一论证的普通真值表，就会发现在 A 为假、B 为假、C 为真的那一行，论证是不成立的。而这恰恰是我们在刚刚完成的间接真值表中找到的真值组合。

这里还有一个例子。像通常一样，我们从指派前提为 T、结论为 F 开始：

$A \supset (B \lor C) \,/\, B \supset D \,/\, A \,/\!/ \sim C \supset D$
　　　　T　　　　　T　　　T　　　　F

从结论中，我们可以得出 C 和 D 的真值，然后把它们传递到前两个前提：

$A \supset (B \lor C) \,/\, B \supset D \,/\, A \,/\!/ \sim C \supset D$
　　T　F　　T F　T　　T F F F

现在从第二个前提可以得出 B 的真值，再把它和 A 的真值一道传递到第一个前提：

$A \supset (B \lor C) \,/\, B \supset D \,/\, A \,/\!/ \sim C \supset D$
　(T T F F)　F　　F T F　T　　T F F F

这时，在第一个前提的真值赋值中出现了矛盾，因为 T⊃F 是 F。把不一致的真值圈起来。因为每一步严格地以前面的步骤为必要条件，我们已经证明前提为真且结论为假是不可能的。因此这个论证是有效的。

> 得到矛盾意味着该论证是有效的。

有时，单独一行真值不足以证明一个论证是有效的，例如：

$\sim A \supset B \,/\, B \supset A \,/\, A \supset \sim B \,/\!/ A \bullet \sim B$
　　　T　　　　T　　　　T　　　　　F

因为一个条件陈述为真有三种情况，一个合取陈述为假也有三种情况，仅仅凭借对论证的前提指派真、结论指派假，并不足以获得所有成分陈述的真值。当面临这样的情形时，最好的方式是列出其中一个前提真的所有可能的情况，或者是列出结论为假的所有可能的情况。对于这一论证，让我们选择结论。既然结论是一个假的合取陈述，那么第一个合取支为真且另一个合取支为假，或者第一个合取支为假且另一个合取支为真，或者两个合取支都为假。这样，我们得到下面的情况：

$\sim A \supset B \,/\, B \supset A \,/\, A \supset \sim B \,/\!/ A \bullet \sim B$
　　　T　　　　T　　　　T　　　　　T F F T
　　　T　　　　T　　　　T　　　　　F F T T
　　　T　　　　T　　　　T　　　　　F F F T

把 A 和 B 的真值拓展到前提，我们得到下面的结果：

$\sim A \supset B \,/\, B \supset A \,/\, A \supset \sim B \,/\!/ A \bullet \sim B$
　　　T　　　　T　　　(T T F) T　　T F F T
　(T F T F)　　T　　　　T　　　　　F F T T
　　　T　　　(T T F)　　T　　　　　F F F T

既然每一行必然导致矛盾，这个论证是有效的。如果在某一行中矛盾是可以避免的，论证当然是无效的，因为前提真且结论假是可能的。注意，在这一论证中，没有必要填写出每一行导致矛盾的所有真值。在每一行，矛盾是在一个单独前提的背景下必然得出的。

如果间接真值表要求超过一行，遵循下面的方法：或者选择前提，计算出其为真的所有情况，或者选择结论，计算出其为假的所有情况。这种选择应该依据简便性的要求。例如，如果结论为假有两种情况，而每一个前提为真需要有三种情况，那么选择结论。另一方面，如果其中的一个前提为真只有两种情况，而结论为假有三种情况，那么选择那个前提。如果没有哪一种情况占优势，那么选择结论。

做出选择之后，从第一行开始计算每一行的真值。如果在这一行没有出现矛盾，停止！该论证已经被证明是无效的。如果在第一行出现矛盾，进行到第二行。如果第二行没有出现矛盾，那么这个论证又被证明是无效的。如果在这一行出现矛盾，进行到第三行，以此类推。记住，目标是产生没有矛盾的一行。一旦产生这样的一行，论证已经被证明是无效的，不需要进行进一步的工作。另一方面，如果每一行都必然导致矛盾，该论证是有效的。

关于论证的间接真值表，需要给出最后的三个要点。首先，如果在真值赋值中出现矛盾，那么导致矛盾的每一步一定被前面的步骤逻辑地蕴涵。换句话说，矛盾一定是不可避免的。如果矛盾是通过对真值随意指派或者猜测得到的，那么什么都没有被证明。目标不是为了产生矛盾而是为了避免矛盾（如果可能的话）。

例如，在下面的间接真值表中，第一个前提中的矛盾是显而易见的：

$A \supset B \ / \ C \supset B \ // \ A \supset C$
T T F　F T F　　T F F

然而，这个论证是无效的。出现的矛盾不是对前提赋值真且对结论赋值假所得到的。下面的间接真值表是正确完成的，它证明了这个论证是无效的：

$A \supset B \ / \ C \supset B \ // \ A \supset C$
T T T　　F T T　　T F F

其次，对于有效论证，赋值的顺序可能会影响矛盾出现的位置。也就是说，矛盾可能出现在第一个前提、第二个前提、第三个前提等，这取决于赋值的顺序。但是，当然，赋值的顺序不会影响有效性的最终确定。

最后一点，相同的字母要指派相同的真值，这一点至关重要。例如，如果字母 A 在某一特定的符号化论证中出现三次，对其中的一次出现指派真值为 T，那么对其他几次出现也要指派同样的真值。真值表完成以后，应该对每一个字母进行检查，以确保每一个字母的几次出现都被指派相同的真值。

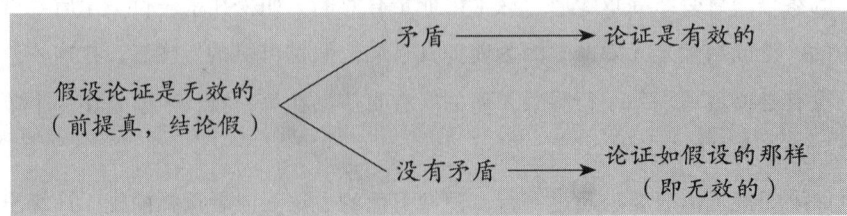

检验陈述的一致性

检验一组陈述一致性的方法类似于检验论证的方法。我们从把这些陈述写为一行开始，使用单斜线标记把它们分隔开来。（因为没有结论，我们不使用双斜线标记。）然后，我们假设这个陈述是一致的，我们给每一个主算子指派 T，然后计算其组成部分的真值。如果这种计算必然导致矛盾，那么这些陈述不像我们假设的那样，即它们是不一致的。但是，如果没有产生矛盾，这些陈述是一致的。这里有一个例子：

$A \vee B$
$B \supset (C \vee A)$
$C \supset \sim B$
$\sim A$

首先，我们把这些陈述写成一行，使用单斜线标记把它们分隔开来；然后我们把每一个主算子指派为 T：

$A \vee B \;/\; B \supset (C \vee A) \;/\; C \supset \sim B \;/\; \sim A$
　　　T　　　　　　T　　　　　　　　T　　　　　T

接下来，我们计算组成部分的真值。首先，我们计算 A 的真值，然后把这一真值输入到第一个陈述，计算出 B 的真值。接下来，我们在第二个陈述中输入 B 的真值，计算出 C 的真值。最后，把 C 和 B 的真值带到第三个陈述。

> 得到矛盾意味着这些陈述是不一致的。

$A \vee B \;/\; B \supset (C \vee A) \;/\; C \supset \sim B \;/\; \sim A$
F T T　T T　T T F　　 [T T F]　 T　T F

因为这一计算必然导致一个矛盾（第三个陈述），这一组陈述是不一致的。

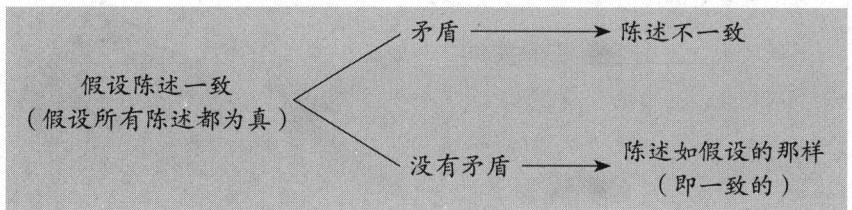

下面是另外一个例子。将这些陈述写为一行，指派每一个主算子为 T：

$A \supset (B \cdot C) \;/\; C \supset \sim A \;/\; B \vee A \;/\; B \supset C$
　　T　　　　　　T　　　　　T　　　　T

因为所有陈述为真有三种情况，我们选取其中的一个（第四个），考虑其为真的所有情况：

5.5　间接真值表

$A \supset (B \cdot C) \;/\; C \supset \sim A \;/\; B \vee A \;/\; B \supset C$

```
    T             T           T      T T T
                                     F T T
                                     F T F
```

完成第一行没有导致矛盾，因此这些陈述是一致的：

$A \supset (B \cdot C) \;/\; C \supset \sim A \;/\; B \vee A \;/\; B \supset C$

```
  F T  T T T      T T T F    T T F    T T T
                                       F T T
                                       F T F
```

就像检验论证，目标是避免矛盾。只要没有获得矛盾，我们就停止。这些陈述就是一致的。只有所有三行都导致矛盾，这些陈述才是不一致的。

多行间接真值表规则

得出矛盾 ──────→ 进行到下一行（如果有的话）

没有得出矛盾 ──────→ 停止。论证无效／陈述一致

| 著名逻辑学家 |

奥古斯都·德·摩根（Augustus De Morgan，1806—1871）

英国逻辑学家、数学家奥古斯都·德·摩根因其发展了谓词量化理论和发明了关系代数而闻名，这种关系代数为罗素和怀特海在《数学原理》中的工作提供了代数基础。他为所有符号逻辑的学生所熟知是由于他所制定的著名的德·摩根推理规则。

德·摩根出生在印度的马德拉斯，他的父亲受雇于东印度公司。他出生后不久，一只眼睛失明，当他的全家返回到英国以后，由于他的残疾，他的同学经常嘲笑他并残忍地欺负他。在他10岁的时候，他的父亲在一次从印度返回家的旅途中去世。这让这个男孩主要受母亲的影响，他的母亲是一位虔诚的圣公会信徒，她希望她的儿子成为一位圣公会牧师。

德·摩根从剑桥大学三一学院获得学士学位，并可能获得硕士学位，但是由于剑桥大学要求所有候选人参加神学考试。由于对宗教中立理想的承诺，德·摩根拒绝参加这个考试。也许是为了反抗他母亲的影响，他养成了回避教会的终生习惯，声明他不会聆听布道。在他拒绝参加考试之后，他在伦敦大学学院继续开展研究，这是一个基于宗教中立原则的新机构。在他22岁时，他成为那里的第一位数学教授。

在他成为教授三年以后，由于一位同事的待遇问题，他卷入了一场与学院行政的纷争。德·摩根领导教师抗议，最后他辞去了教师职务。五年后，当他的继任者意外溺水之后，他回到了先前的职位。他在那一位置上待了30年，直到他60岁，那时他卷入另一场行

政纠纷——这一次是关于一个决定的,德·摩根认为该决定违反了大学的宗教中立政策。他再次辞职抗议,导致他的学术生涯的终止。虽然在学术政治中很积极,奇怪的是他从未涉入任何国家政治活动。一位熟人曾评价说:"他从来没有在选举中投过票,也从来没有参观过下议院。"

德·摩根以他的儿子——乔治为骄傲,乔治自身是一位杰出的数学家。在德·摩根62岁的时候,他的儿子英年早逝,他非常痛心。同一时期,他的一个女儿去世,这加重了他的悲痛。很可能是由于悲伤和抑郁,三年以后,德·摩根去世。

德·摩根以他的幽默感和对奇怪事实的兴趣而闻名。他制作了一个跨越4000年的满月历书。月球上的一个环形山以他的名字命名。他喜欢指出他在 x^2 年是 x 岁(1849年43岁)。他也喜欢模仿著名诗人进行创作——例如,"大跳蚤有小跳蚤在背上咬它们,小跳蚤有更小的跳蚤,如此循环往复"(仿乔纳森·斯威夫特)。

习题 5.5

Ⅰ. 如果可能,计算下面复合命题的简单组成部分的真值。如果不能计算真值,在字母下面写上"?"标记,表明真值未知。

★1. $K \lor D$
    F T

2. $Q \supset N$
      T

3. $B \equiv D$
    T F

★4. $N \supset G$
     T T

5. $S \supset B$
    T F

6. $K \cdot B$
    T

★7. $C \lor A$
    T F

8. $S \equiv E$
     T

9. $M \supset R$
    T T

★10. $H \lor J$
     T T

11. $E \equiv P$
    T F

12. $H \lor S$
     T

★13. $C \supset P$
      F

14. $G \cdot B$
    F

15. $S \equiv Q$
    T F

★16. $G \lor K$
     F

17. $N \supset \sim P$
    T T

18. $\sim A \equiv D$
     F T

★19. $\sim L \supset M$
     T F

20. $E \supset \sim M$
    T F

21. $\sim N \equiv R$
     F F

★22. $\sim(H \lor B)$
     T

23. $Q \supset (R \cdot S)$
     T F

24. $K \supset \sim(S \equiv M)$
    T F F

★25. $A \lor \sim(C \cdot \sim R)$
     F T

Ⅱ. 使用间接真值表确定下面的论证是有效的还是无效的。

★1. B ⊃ C
~C
——
~B

2. ~E ∨ F
~E
——
~F

3. P ⊃ (Q • R)
R ⊃ S
——
P ⊃ S

★4. ~(I ≡ J)
——
~(I ⊃ J)

5. W ⊃ (X ⊃ Y)
X ⊃ (Y ⊃ Z)
——
W ⊃ (X ⊃ Z)

6. A ⊃ (B ∨ C)
C ⊃ (D • E)
~B
——
A ⊃ ~E

★7. G ⊃ H
H ⊃ I
~J ⊃ G
~I
——
J

8. J ⊃ (~L ⊃ ~K)
K ⊃ (~L ⊃ M)
(L ∨ M) ⊃ N
——
J ⊃ N

9. P • (Q ∨ R)
(P • R) ⊃ ~(S ∨ T)
(~S ∨ ~T) ⊃ ~(P • Q)
——
S ≡ T

★10. (M ∨ N) ⊃ O
O ⊃ (N ∨ P)
M ⊃ (~Q ⊃ N)
(Q ⊃ M) ⊃ ~P
——
N ≡ O

11. (A ∨ B) ⊃ (C • D)
(~A ∨ ~B) ⊃ E
——
(~C ∨ ~D) ⊃ E

12. F ⊃ G
~H ∨ I
(G ∨ I) ⊃ J
~J
——
~(F ∨ H)

★13. (A ∨ B) ⊃ (C • D)
(X ∨ ~Y) ⊃ (~C • ~W)
(X ∨ Z) ⊃ (A • E)
——
~X

14. ~G ⊃ (~H • ~I)
J ⊃ H
K ⊃ (L • M)
K ∨ J
——
L • G

15. N ∨ ~O
P ∨ O
P ⊃ Q
(N ∨ Q) ⊃ (R • S)
S ⊃ (R ⊃ T)
O ⊃ (T ⊃ U)
——
U

Ⅲ. 使用间接真值表确定下面的各组陈述是一致的还是不一致的。

★1. K ≡ (R ∨ M)
K • ~R
M ⊃ ~K

2. F ≡ (A • ~P)
A ⊃ (P • S)
S ⊃ ~F
A • ~F

3. (G ∨ ~Q) ⊃ (F ∨ B)
~(F ∨ Q)
B ⊃ N
(F ∨ N) ⊃ Q

★4. (N ∨ C) ≡ E
N ⊃ ~(C ∨ H)
H ⊃ E
C ⊃ H

5. $P \vee \sim S$
   $S \vee \sim T$
   $T \vee \sim X$
   $X \vee \sim J$
   $J \vee \sim P$

6. $(Q \vee K) \supset C$
   $(C \cdot F) \supset (N \vee L)$
   $C \supset (F \cdot \sim L)$
   $Q \cdot \sim N$

★7. $S \supset (R \equiv A)$
    $A \supset (W \cdot \sim R)$
    $R \equiv (W \vee T)$
    $S \cdot U$
    $U \supset T$

8. $(E \vee H) \supset (K \cdot D)$
   $D \supset (M \cdot B)$
   $B \supset \sim E$
   $\sim (H \vee K)$
   $D \supset B$

9. $G \supset P$
   $P \supset (A \cdot \sim G)$
   $(R \vee T) \supset G$
   $Y \supset R$
   $B \supset T$
   $Y \vee B$

★10. $A \vee Z$
     $A \supset (T \cdot F)$
     $Z \supset (M \cdot Q)$
     $Q \supset \sim F$
     $T \supset \sim M$
     $M \supset A$

5.6 论证形式与谬误

> **预热**
>
> 如果你下过跳棋或者象棋，你会知道棋子的移动必须符合一定的规则。例如，在跳棋中，棋子必须总是沿对角线移动。在象棋中，棋子"骑士"必须总是以"L"形前进。如果你违反了这些规则，你的对手就会指责你欺骗。同样的，简单论证必须符合特定的有效的形式。如果一个论证打破了这种形式，熟悉逻辑的人就会指出该论证为谬误。

在命题逻辑中出现的很多论证有着一些特殊名字所显示的形式，能很快被识别出是有效的还是无效的。本节的第一部分提供一些较常见的形式，并解释如何识别它们。第二部分讨论了反驳构造式两难与解构式两难这两种形式的方法。第三部分提供了与无效形式相关的警示语词。最后，第四部分把第一部分中发展的原则应用于现实生活的论证中。

常见论证形式

在 5.2 节中，我们把陈述形式定义为陈述变元和算子的组合，使得在变元位置

> 有效的论证形式的所有替代实例都是有效的论证。

上统一替换陈述所得到的结果是一个陈述。一个论证形式的例子是 $p \cdot q$，其中 p 和 q 是陈述变元。类似地，**论证形式**（argument form）是陈述变元和算子的组合，使得在变元位置上统一替换陈述所得到的结果是一个论证。新产生的论证被看作与之相关的论证形式的一个**替换实例**（substitution instance）。例如，下面这个陈述变元和算子的组合是一个论证形式：

$$\frac{p \cdot q}{p}$$

如果使用陈述 A 和 B 统一替换论证形式中的 p 和 q，我们得到如下的替换实例，它是一个论证：

$$\frac{A \cdot B}{A}$$

我们可以把论证和它的形式之间的关系类似地思考为动物及其骨骼之间的关系。就像骨骼可以携带大量的肉，也可以这样说一个论证形式。下面的论证具有我们刚刚考虑的形式。

$$\frac{[G \supset (J \vee K)] \cdot [(H \vee N) \supset L]}{[G \supset (J \vee K)]}$$

一个有效的论证形式是满足真值表检验的论证形式。

我们考虑的第一个有效的论证形式是**析取三段论**（disjunctive syllogism），其定义如下：

析取三段论（DS）

$$\frac{\begin{array}{c} p \vee q \\ \sim p \end{array}}{q}$$

使用真值表很容易检验这一形式的有效性。现在，考虑到有效性纯粹是一个论证形式的函数，任何通过用陈述统一替换这一论证形式中的变元而产生的论证是一个有效的论证。这样一个论证被看作具有析取三段论形式。下面的论证就是通过这种方式产生的，因此是有效的：

哈佛大学或者普林斯顿大学是在新泽西州。	$H \vee P$
哈佛大学不是在新泽西州。	$\sim H$
所以，普林斯顿大学是在新泽西州。	P

析取三段论的有效性产生于这样的事实，一个前提提供了两种选项，另一个前提排除了其中一种选项，留下另一个选项作为结论。这种所谓的"排除法"是析取三段论有效的关键。如果一个前提提供两种选项，另一个前提肯定其中的一种选项，那么论证是无效的（除非结论是重言式）。例如：

哈佛大学或者艾姆赫斯特学院是在马萨诸塞州。	H ∨ A
哈佛大学是在马萨诸塞州。	H
所以，艾姆赫斯特学院不是在马萨诸塞州。	~A

既然哈佛大学和艾姆赫斯特学院都在马萨诸塞州，所以前提为真且结论为假，论证是无效的。因为楔形符表示兼容析取，析取前提包含两个析取支都为真的可能性。因此，对于有效的论证而言，另一个前提必须排除其中的一个析取支。

下面我们考虑的有效论证形式是**纯假言三段论**（pure hypothetical syllogism）。它由两个前提和一个结论构成，且都是假设的（条件句），其定义如下：

纯假言三段论（HS）

$$p \supset q$$
$$q \supset r$$
$$\overline{p \supset r}$$

任何形如纯假言三段论形式的论证，即可以通过用陈述统一替换该形式中的变元获得的任何论证，都是有效的论证。例如：

如果世界人口继续增长，那么城市将变得拥挤不堪。	W ⊃ C
如果城市变得拥挤不堪，那么污染将变得难以忍受。	C ⊃ P
所以，如果世界人口继续增长，那么污染将变得难以忍受。	W ⊃ P

纯假言三段论的有效性来自于这样的事实：前提像链条一样联结在一起。在这个人口论证中，第一个前提的后件与第二个前提的前件相同。如果前提不是以这样的方式联结，那么论证可能是无效的。例如：

如果凯文·培根是一个男人，那么凯文·培根是一个人。	M ⊃ H
如果凯文·培根是一个女人，那么凯文·培根是一个人。	W ⊃ H
所以，如果凯文·培根是一个男人，那么凯文·培根是一个女人。	M ⊃ W

这个论证的前提为真且结论为假，因此这个论证是无效的。

另一个重要的有效论证形式被称为**肯定前件式**（modus ponens）或断定式（asserting mode）。它包含两个前提，其中，第一个前提是条件句，第二个前提肯定了条件句的前件，以及一个断定了条件句后件的结论。

肯定前件式（MP）

$$p \supset q$$
$$p$$
$$\overline{q}$$

任何形如肯定前件式的论证都是有效的论证。例如：

如果每年有 1200 万个孩子死于饥饿，那么食物分配方面出现了错误。	$T \supset S$
每年有 1200 万个孩子死于饥饿。	T
所以，食物分配方面出现了错误。	S

与肯定前件式密切相关的是**否定后件式**（modus tollens）或否定式（denying mode）。否定后件式是由两个前提和一个结论构成的有效论证形式，其中，第一个前提是一个条件句，第二个前提是第一个前提的后件的否定，结论是第一个前提的前件的否定。其定义如下：

否定后件式（MT）

$$p \supset q$$
$$\sim q$$
$$\overline{\sim p}$$

尽管理解否定后件式比理解肯定前件式要难一些，但是否定后件式可以根据下面的推理过程加以理解：如果我们确实拥有 p，那么（根据第一个前提）我们会拥有 q，但是（根据第二个前提）我们不拥有 q，所以结论主张我们不拥有 p。任何形如否定后件式的论证都是有效的论证。例如：

如果日本关心濒危物种，那么它就已经停止捕杀鲸鱼了。	$C \supset S$
日本没有停止捕杀鲸鱼。	$\sim S$
所以，日本不关心濒危物种。	$\sim C$

还有两个无效形式是与肯定前件式和否定后件式紧密联系的。它们是**肯定后件式**（affirming the consequent）和**否定前件式**（denying the antecedent）。肯定后件式由两个前提和一个结论构成，其中，第一个前提是条件句，第二个前提断定了条件句的后件，结论断定了条件句的前件。

肯定后件式（AC）

$$p \supset q$$
$$q$$
$$\overline{p}$$

任何一个具有肯定后件式形式的论证都是一个无效的论证。下面的论证就具有这种形式，因此是无效的：

如果拿破仑死于飞机失事,那么拿破仑死了。	$K \supset D$
拿破仑死了。	D
所以,拿破仑死于飞机失事。	K

由于这一论证具有两个真前提与一个假结论,显然它是无效的。

否定前件式由两个前提和一个结论构成,其中,第一个前提是一个条件句,第二个前提是条件句前件的否定,结论是条件句后件的否定。

否定前件式(DA)

$$p \supset q$$
$$\sim p$$
$$\overline{\sim q}$$

不要把 MP 和 MT(它们是有效的)混淆为 AC 和 DA(它们是无效的)。

任何形如否定前件式的论证都是无效的论证。例如:

如果拿破仑死于飞机失事,那么拿破仑死了。	$K \supset D$
拿破仑没有死于飞机失事。	$\sim K$
所以,拿破仑没有死。	$\sim D$

由于这一论证具有两个真前提与一个假结论,显然它是无效的。

构造式两难(constructive dilemma)是一种有效的论证形式,它包含一个由两个条件陈述构成的合取前提、一个由断定合取前提中的两个前件构成的析取前提(像肯定前件式一样),以及一个由断定合取前提的两个后件构成的析取结论。其定义如下:

构造式两难(CD)

$$(p \supset q) \bullet (r \supset s)$$
$$p \vee r$$
$$\overline{q \vee s}$$

任何形如构造式两难的论证都是有效的论证。例如:

如果我们选择核电,那么我们就增加了核事故的风险;	
但如果我们选择了传统动力,那么我们就加强了温室效应。	$(N \supset I) \bullet (C \supset A)$
我们必须或者选择核电,或者选择传统动力。	$N \vee C$
所以,我们或者增加了核事故的风险,或者加强了温室效应。	$I \vee A$

解构式两难(destructive dilemma)也是有效的论证形式。它与构造式两难类似,包含一个由两个条件陈述的合取构成的合取前提和一个析取前提。然而,

析取前提否定了两个条件句的后件（就像否定后件式一样），且结论否定了两个前件。

解构式两难（DD）

$(p \supset q) \cdot (r \supset s)$
$\sim q \vee \sim s$
$\overline{\sim p \vee \sim r}$

任何形如解构式两难的论证都是有效的论证。例如：

如果我们要扭转温室效应，那么我们就必须选择核电；但如果我们要降低核事故的风险，那么我们必须选择传统动力。 $(R \supset N) \cdot (L \supset C)$
我们或者不选择核电，或者不选择传统动力。 $\sim N \vee \sim C$
所以，我们或者不能扭转温室效应，或者不能降低 $\sim R \vee \sim L$
核事故的风险。

反驳构造式两难与解构式两难

现在我们已经熟悉了命题逻辑的几种论证形式，我们可以转而对其中的两种——构造式两难与解构式两难进行更为仔细的考察。具有这两种形式的论证经常出现在公开论辩中，论辩者可以使用它们为对手设计陷阱。

> **抓住犄角：**
> 通过证明任意一个合取支为假   例如：$(p \supset q) \cdot (r \supset s)$
> 证明合取前提为假   T F   F Ⓕ
>
> **从犄角间逃脱：**
> 证明析取前提为假   例如：$p \vee r$
>   F Ⓕ F

因为两种形式都是有效的，对手可以获得的唯一的直接防御模式是证明两难推理是不可靠的。这可以通过证明至少一个前提为假来实现。如果那个合取前提（也被称为"两难的犄角"）被证明是假的，那么对手被看作已经"抓住两难的犄角"。当然，这一点也可以通过证明两个条件句之一为假来加以实现。另一方面，如果析取前提被证明是假的，那么对手被看作已经"从两难的犄角间逃脱"。后一种策略通常涉及寻找被排除在析取前提以外的第三种选项。如果这样一个第三种选项被找到，两个析取支都将被证明是假的。考虑下面这个构造式两难：

> 如果税收增加，经济就会受到影响；如果税收减少，必要的政府服务将被削减。因为税收必须增加或减少，这表明经济将受到影响或必要的政府服务将被削减。

通过论证税收可以保持不变——既不增加税收也不减少税收，人们很容易从两难的犄角间逃脱。

然而，有些两难并不允许从犄角间逃脱这种可能性。考虑下面这个构造式两难：

> 如果我们鼓励竞争，我们将没有和平；如果我们不鼓励竞争，我们将没有进步。既然我们必须或者鼓励竞争，或者不鼓励竞争，所以，我们将或者没有和平，或者没有进步。

因为这一两难的析取式前提是一个重言式，不能证明其为假。这种情况使得只剩下抓住两难的犄角这一策略，可以通过证明合取式前提中的两个条件陈述之一为假来实现。一个论辩者可能想攻击第一个条件句，主张竞争与和平可以共存，而另一个论辩者可能想攻击第二个条件句，认为进步可以通过鼓励竞争以外的其他方式达到。

反驳两难所采取的策略应该是这样的：考察析取式前提。如果这一前提是重言式，那么通过攻击合取前提的一个或另一个条件陈述，来抓住两难的犄角。如果析取前提不是重言式，那么或者通过找到第三种选项从犄角间逃脱，或者抓住两难的犄角，看哪一种更容易。

反驳两难的第三种策略——间接策略，它涉及构造一个反两难。典型的做法是通过或者改变合取前提的前件或者改变合取前提的后件，而析取前提保持不变，以便于得到一个不同的结论。如果讨论中的两难是构造式两难，那么改变合取式前提的后件。这是两个刚刚给出的两难的反两难：

> 如果税收增加，必要的政府服务就会扩大；如果税收减少，经济就会提高。既然税收必须增加或减少，这表明或者必要的政府服务会扩大，或者经济会提高。

> 如果我们鼓励竞争，我们就会进步；如果我们不鼓励竞争，我们就会拥有和平。既然我们必须或者鼓励竞争，或者不鼓励竞争，所以，我们或者会取得进步，或者会拥有和平。

构造一个反两难并不足以构成对一个给定两难的反驳，因为它只是表明对于某个特定问题，可以采取不同的方法。它没能对最初的两难的可靠性提出质疑。然而，这种方法通常很有效，因为它可以测试出成功构造它的论辩者的聪明才智。在论辩的高潮，出席的听众通常会被说服，认为最初的论证被彻底推翻了。

无效形式注意事项

统览本书，我们发现：有效论证形式的任何替代实例都是有效的论证。例如，考虑肯定前件式：

$$p \supset q$$
$$\underline{p}$$
$$q$$

从字面上看，对 p 和 q 进行统一替换所得到任何两个陈述都将产生一个有效的论证。因此，下面两个符号化的论证都具有肯定前件式的形式，都是有效的。

$$S \supset T \qquad\qquad (K \vee B) \supset (N \cdot R)$$
$$\underline{S} \qquad\qquad\qquad \underline{K \vee B}$$
$$T \qquad\qquad\qquad N \cdot R$$

在第一个论证中，S 和 T 统一替换 p 和 q；在第二个论证中，$K \vee B$ 和 $N \cdot R$ 统一替换 p 和 q。

然而，这样的替换结果不能拓展到无效论证形式。例如，考虑肯定后件式：

$$p \supset q$$
$$\underline{q}$$
$$p$$

> 并非无效形式的所有替换实例都是无效的。

对 p 和 q 的统一替换有时候会导致一个无效的论证，有时候则不会。下面两个符号化的论证都是肯定后件式的替换实例，但是左边的是无效的，而右边的是有效的。

$$G \supset N \qquad\qquad (F \vee D) \supset (F \cdot D)$$
$$\underline{N} \qquad\qquad\qquad \underline{F \cdot D}$$
$$G \qquad\qquad\qquad F \vee D$$

为了解决这一问题，我们对一个论证在何时会被视为具有无效形式进行约定。我们认为，一个论证具有无效形式，当它是那一形式的替换实例，并且不是任何有效形式的替换实例。根据这种约定，只有左边的论证具有肯定后件式的形式。右边的论证不具有这一形式，因为它是下面这个有效形式的一个替换实例。

$$(p \vee q) \supset (p \cdot q)$$
$$\underline{p \cdot q}$$
$$p \vee q$$

这一形式的有效性来自这个事实：结论仅仅来自第二个前提，而不涉及第一个前提。这个事实很容易用真值表加以检验。

这是另外一个无效形式：

$$p \supset q$$
$$r \supset q$$
$$p \supset r$$

下面的两个符号化论证都是这一形式的替换实例，但只有左边的论证是无效的：

$$K \supset L \qquad\qquad \sim C \supset A$$
$$R \supset L \qquad\qquad (C \supset E) \supset A$$
$$K \supset R \qquad\qquad \sim C \supset (C \supset E)$$

右边的论证是有效的，因为它的结论是一个重言式。因此，只有左边的论证被视为具有所讨论的无效形式。

讨论的要点在于，当我们试图通过单纯的（视觉）观察来确定论证的有效性时，我们不得不谨慎地对待无效形式。一个论证是无效形式的替换实例，这一事实并不保证它是无效的。在断定其无效之前，我们必须确保它不会因其他原因而是有效的，比如，其结论是一个重言式。然而，如同本节末尾处的那些习题，无效形式的所有替换实例都是无效的。换句话说，它们都不像上面这些段落中所考虑的右边的例子。

总结与应用

具有下列形式的任何论证都是有效的：

$$p \lor q \qquad\qquad\qquad\qquad p \supset q$$
$$\sim p \qquad\text{析取三段论（DS）}\qquad q \supset r \qquad\text{纯假言三段论（HS）}$$
$$q \qquad\qquad\qquad\qquad p \supset r$$

$$p \supset q \qquad\qquad\qquad\qquad p \supset q$$
$$p \qquad\text{肯定前件式（MP）}\qquad \sim q \qquad\text{否定后件式（MT）}$$
$$q \qquad\qquad\qquad\qquad \sim p$$

$$(p \supset q) \cdot (r \supset s) \qquad\qquad (p \supset q) \cdot (r \supset s)$$
$$p \lor r \qquad\text{构造式两难（CD）}\qquad \sim q \lor \sim s \qquad\text{解构式两难（DD）}$$
$$q \lor s \qquad\qquad\qquad\qquad \sim p \lor \sim r$$

具有下列形式之一的任何论证都是无效的：

$$p \supset q \qquad\qquad\qquad\qquad p \supset q$$
$$q \qquad\text{肯定后件式（AC）}\qquad \sim p \qquad\text{否定前件式（DA）}$$
$$p \qquad\qquad\qquad\qquad \sim q$$

在识别论证是否具有这些论证形式的时候，使用下面的步骤。首先，使用大写字母代表简单命题把那个论证符号化，然后看符号化的论证是否符合上述这些形式中的某个模式。例如，下面这个符号化论证形如肯定前件式，因此是有效的：

$$K \supset R$$
$$\underline{K}$$
$$R$$

如果用 K 和 R 分别去替换肯定前件式形式中的 p 和 q，我们便得到了所讨论的这个符号化论证。

然而，并不是每一次识别论证的尝试都像这个例子这样简单。对于更加复杂的情况，牢记下面这两点是有帮助的：

前提的顺序不会影响论证的形式。

就像非否定字母一样，否定字母可以用来替换论证形式中的 p, q, r 与 s。

关于第一点，考虑下面这些符号化论证：

$$\begin{array}{ll} N & \sim S \\ \underline{N \supset B} & \underline{S \vee F} \\ B & F \end{array}$$

左边的论证是肯定前件式，右边的论证是析取三段论。为了更清楚起见，可以简单调换前提的顺序。

关于第二点（涉及否定字母），考虑下面的例子：

$$\begin{array}{ll} \sim G \supset \sim H & \sim K \supset \sim M \\ \underline{\sim G} & \underline{\sim \sim M} \\ \sim H & \sim \sim K \end{array}$$

左边的论证是肯定前件式，右边的论证是否定后件式。为了得到左边的论证，用∼ G 去替换肯定前件式形式中的 p，用∼ H 去替换 q。对于右边的论证，用∼ K 去替换否定后件式形式中的 p，用∼ M 去替换 q。

使识别论证的任务复杂化的另一个问题来自这样的事实：很多论证可以有多种翻译的方法。例如，考虑下面的论证：

或者证人撒谎，或者鲍勃有罪。

证人说出了真相。

所以，鲍勃有罪。

如果我们选择用 L 代表"证人撒谎"，那么这一论证可以被翻译为如下的符号化形式：

$$L \vee B$$
$$\sim L$$
$$\overline{B}$$

很显然，这个符号化论证是析取三段论的一个替换实例。

另一方面，如果我们选择用 T 代表"证人说出了真相"，那么我们有如下的翻译：

$$\sim T \vee B$$
$$T$$
$$\overline{B}$$

从技术的角度讲，这不是析取三段论的一个替换实例，因为第二个前提 T，不带有否定符号。为了避免这种与不同翻译相关联的困难，我们引入两个规则。它们应该是很明显的，但是如果有任何怀疑，可以使用真值表来加以证明。规则如下：

p 逻辑上等值于 ~~p	双重否定律
p ∨ q 逻辑上等值于 q ∨ p	交换律

根据第一个规则，在任何陈述前面可以插入或者删除两个波浪符；根据第二个规则，析取陈述的组成部分的顺序可以颠倒。把双重否定规则应用于上面符号化论证的第二个前提，我们得到：

> 有时候，论证的翻译方式能够影响对形式的识别。

$$\sim T \vee B$$
$$\sim\sim T$$
$$\overline{B}$$

> 双重否定规则允许我们插入或移除双重波浪符。

这样改变以后，现在该论证是析取三段论的一个替换实例。

关于交换律如何应用的例子，考虑下面这些符号化论证：

$$M \vee E \qquad\qquad (R \supset L) \bullet (T \supset K)$$
$$\sim E \qquad\qquad\qquad T \vee R$$
$$\overline{M} \qquad\qquad\qquad \overline{L \vee K}$$

从技术的角度讲，左边的论证不是析取三段论的一个替换实例，因为第一个前提中的字母顺序是错误的；右边的论证不是构造式两难的一个替换实例，因为第二个前提中的字母的顺序是错误的。通过应用交换律，我们可以颠倒这些字母的顺序：

$$E \vee M \qquad\qquad (R \supset L) \bullet (T \supset K)$$
$$\sim E \qquad\qquad\qquad R \vee T$$
$$\overline{M} \qquad\qquad\qquad \overline{L \vee K}$$

在做了这些改变之后，左边的论证现在显然是析取三段论的一个替换实例，右边的论证是构造式两难的一个替换实例。

> 交换律允许我们交换析取支的顺序。

这里还有一些例子。在有些情况下，符号化论证必须使用双重否定律和交换律重新改写，才能与所给出的论证形式的模式相符合。

5.6 论证形式与谬误

$\sim A \supset \sim B$ $\sim B \supset C$ $\sim A \supset C$	HS—有效的	$A \supset \sim B$ $B \supset \sim C$ $A \supset \sim C$	无效的
$\sim A \supset \sim B$ B A	MT—有效的	$\sim A \supset B$ A $\sim B$	DA—无效的
$\sim A \vee \sim B$ A $\sim B$	DS—有效的	$\sim A \vee B$ $\sim A$ B	无效的
$(A \supset \sim B) \cdot (\sim C \supset D)$ $A \vee C$ $\sim B \vee D$	CD—有效的	$(\sim A \supset B) \cdot (C \supset \sim D)$ $B \vee \sim D$ $A \vee \sim C$	无效的
$A \vee \sim B$ B A	DS—有效的	$A \supset B$ $\sim B$ A	AC—无效的
A $A \supset B$ B	MP—有效的	$A \vee C$ $(A \supset B) \cdot (C \supset D)$ $B \vee D$	CD—有效的

现在让我们来看一下如何用本节给出的论证形式来解释一些现实生活中的论证的结构。考虑下面这封写给报纸编辑的信：

> 如果美国军人确实在东南亚被扣留，那么那些扣留者的动机是什么？既然那里没有政府曾要求任何回报，如果他们是故意扣留美国人，那么如可能预期的那样他们会提出要求的。

（Norm Oshrin）

这一论证是省略三段论。换言之，它省略了某些部分。作者意图证明美国军人此刻没有被扣留在东南亚，因为如果被扣留了，扣留者会提出一些要求作为回报。可以将这一论证构造为一个否定后件式：

> 如果美国军人确实在东南亚被扣留，那么扣留者会提出要求作为回报。
> 扣留者没有提出要求作为回报。
> 所以，美国军人没有在东南亚被扣留。

还有另外一个例子：

> 在整个国家都相信墨菲定律（即如果任何事情可以出错，它肯定会出错）并且见证了在高度管制且假设无故障的核工业中所发生的严重事故后，人们能够坚持幻想在核武器领域不会发生事故，这是多么不可思议。

（Burk Gossom, *Newsweek*）

尽管这一论证允许有多种分析，但显然，对于为什么我们能预期在核武器领域会发生事故，论证者给出了两个主要的理由："墨菲定律"（每个人都相信它是真的）暗示了它的发生，以及（假设无故障的）核能源领域发生过的事故。这样，至少我们可以从中提取出两个肯定前件式论证形式：

如果每个人都相信墨菲定律，那么我们可以预期核武器领域会发生事故。
每个人都相信墨菲定律。
所以，我们可以预期核武器领域会发生事故。

如果核能源领域发生过事故，那么我们可以预期核武器领域会发生事故。
核能源领域已经发生过事故。
所以，我们可以预期核武器领域会发生事故。

我们遇到的很多日常生活中的论证都可以被解释为有效论证形式的实例。然而，经过这样的解释之后，并不是所有的论证都将被证明是可靠的。相关的少数论证应该仍被保留为无效的形式（否定前件式和肯定后件式），如原先表达的那样。

习题 5.6

I. 根据本节给出的八个论证形式解释下面的符号化论证。在某些情况下，在成为这些形式的实例之前，必须使用交换律和双重否定律将符号化论证重新改写。那些没有八个论证形式之一的符号化论证是无效的。

★1. $N \supset C$
$\sim C$
$\overline{\sim N}$

2. $S \supset F$
$F \supset \sim L$
$\overline{S \supset \sim L}$

3. $A \vee \sim Z$
$\sim Z$
$\overline{A}$

★4. $(S \supset \sim P) \cdot (\sim S \supset D)$
$S \vee \sim S$
$\overline{\sim P \vee D}$

5. $\sim N$
$\sim N \supset T$
$\overline{T}$

6. $M \vee \sim B$
$\sim M$
$\overline{\sim B}$

★7. $(E \supset N) \cdot (\sim L \supset \sim K)$
$\sim N \vee K$
$\overline{\sim E \vee L}$

8. $W \supset \sim M$
$\sim M$
$\overline{W}$

9. $\sim B \supset \sim L$
$G \supset \sim B$
$\overline{G \supset \sim L}$

★10. $F \supset O$
$\sim F$
$\overline{\sim O}$

11. $(K \vee B) \cdot (N \vee Q)$
    $\underline{K \vee N}$
    $B \vee Q$

12. X
    $\underline{X \supset \sim E}$
    $\sim E$

★13. $P \vee \sim S$
    $\underline{S}$
    P

14. $B \cdot T$
    $\underline{T}$
    $\sim B$

15. $\sim R \vee \sim Q$
    $\underline{(G \supset Q) \cdot (H \supset R)}$
    $\sim G \vee \sim H$

★16. $\sim G \supset H$
    $\underline{H}$
    $\sim G$

17. $K \supset \sim C$
    $\underline{C}$
    $\sim K$

18. $(I \supset M) \cdot (\sim O \supset A)$
    $\underline{\sim O \vee I}$
    $M \vee A$

★19. $X \supset \sim F$
    $\underline{W \supset \sim F}$
    $W \supset X$

20. $\sim L \supset U$
    $\underline{L}$
    $\sim U$

Ⅱ．把下列论证翻译为符号化记法，然后根据本节的八个论证形式解释它们。在某些情况下，一个符号化论证在成为这些形式之一的实例之前，必须使用交换律和双重否定律进行改写。那些没有八个论证形式之一的符号化论证是无效的。

★1．只有两个巨型引擎在大楼外被发现，一架波音757飞机才在"9·11"时撞上了五角大楼。并非两个巨型引擎在大楼外被发现。因此，一架波音757飞机在"9·11"时没有撞上五角大楼。

2．如果米开朗基罗绘制了西斯廷教堂的天花板，那么他熟悉《圣经·旧约》的故事。米开朗基罗熟悉《圣经·旧约》的故事。因此，米切朗基罗绘制了西斯廷教堂的天花板。

3．如果你进入教育行业，你将没钱度假；如果你不进入教育行业，你将没时间度假。因为你要么进入教育行业要么不进入教育行业，那么你将要么没钱度假要么没时间度假。

★4．要么最富有的人是最幸福的，要么并非金钱能买到一切。最富有的人不是最幸福的。因此，金钱不能买到任何一切。

5．要么禁止司机发送短信，要么高速公路将不会变得更加安全。禁止司机发送短信。因此，高速公路将会变得更加安全。

6．如果太阳是一颗恒星，那么它的能量将会在未来的某个时候大幅下降。如果太阳的能量在未来的某个时候大幅下降，那么地球将成为一个巨大的冰球。因此，如果太阳是一颗恒星，那么地球将成为一个巨大的冰球。

★7．纳米铝热剂目前被放置在世界贸易中心的废墟中。但如果是那样的话，那么这些建筑可以通过人为控制爆破被拆除。因此，这些建筑可以通过人为控制爆破被拆除。

8. 如果收看电视提供了真正的放松，那么电视提高了生活质量。但是，收看电视并没有提供真正的放松。因此，电视并没有提高生活质量。

9. 如果高中诊所要遏制青少年怀孕的趋势，那么它们必须提供避孕措施；但是如果它们想制止不正当的性行为，它们必须不提供这些措施。因为高中诊所必须要么提供避孕措施要么不提供，或者它们不遏制青少年怀孕的趋势，或者它们不制止不正当的性行为。

★10. 如果对医疗事故诉讼费加以限制，那么病人将得不到足够的伤害赔偿；但如果医疗事故保险成本继续上涨，那么医生将被迫失业。医疗事故诉讼费限制不会被强加，并且医疗事故保险成本将不会继续上涨。因此，病人将得到充分的补偿，并且医生将不会被迫失业。

11. 如果在20世纪20年代成功地禁止毒品，那么对毒品的战争将在今天取得成功。但在20世纪20年代没有成功地禁止毒品，因此，对毒品的战争今天将不会取得成功。

12. 如果生活总是比死亡更好，那么人们不会自杀。人们确实会自杀。因此，生活不总是比死亡好。

★13. 如果我们想逮捕罪犯，那么警察必须进行高速追逐；但是如果我们要保护司机，那么警察必须不进行高速追逐。由于警方必须进行或不进行高速追逐，所以我们要么不逮捕罪犯要么不保护司机。

14. 工业污染物将被更严格地加以控制，否则将继续下酸雨。工业污染物将被更严格地加以控制。因此，不会继续下酸雨。

15. 保险公司为政治竞选捐献数百万美元。但如果这样的话，有意义的保险改革是不可能的。因此，有意义的保险改革是不可能的。

★16. 如果墨西哥不控制人口增长，那么它的失业问题将永远无法解决。墨西哥的失业问题将永远无法解决。因此，墨西哥将无法控制人口增长。

17. 要么恐龙不是冷血动物，要么它们不是现代鸟类的祖先。恐龙是现代鸟类的祖先。因此，恐龙不是冷血动物。

18. 如果继续烧煤，那么重金属会被释放到大气中。如果重金属没有被释放到大气中，那么神经系统的损害就会减少。因此，如果不继续烧煤，那么神经系统的损害将减少。

★19. 如果全球海平面上升6米，那么从纽约到悉尼的沿海城市将被淹没。如果南极洲的冰层滑进大海，那么全球海平面就会上升6米。因此，如果南极洲的冰层滑进大海，那么从纽约到悉尼的沿海城市将被淹没。

20. 如果税收抵免用于私人教育，那么政府将支持宗教；但如果税收抵免不用于私人教育，那么一些家长将最终支付双倍学费。要么税收抵免用于私人教育要么不用于私人教育。因此，要么政府将支持宗教，要么一些家长将最终支付双倍学费。

Ⅲ. 识别下面的两难是构造式还是解构式。然后通过从犄角间逃脱、抓住犄角，或是构造一个反两难来为每一个两难提供一种反驳的建议。

★1. 如果梅琳达把晚上的时间花在学习上，那么她就会错过晚会；但如果她不把晚上的时间花在学习上，那么她明天会考试不及格。梅琳达一定要么把晚上的时间花在学习上要么不花在学习上。因此，她或者会错过晚会或者会考试不及格。

2. 如果我们把家建在山谷中，它会被洪水淹没；如果我们把家建在山顶上，它会被闪电击中。因为我们必须或者把家建在山谷中或者建在山顶上，那么我们的家或者会被洪水淹没或者会被闪电击中。

3. 如果心理治疗师尊重客户的隐私权，那么他们将不会把儿童施虐者报告给当局；但如果他们关心儿童的幸福，那么他们会报告给当局。心理治疗师必须要么把儿童施虐者报告给当局要么不报告。因此，心理治疗师要么不尊重客户的隐私权要么不关心儿童的幸福。

★4. 如果企业要保持竞争力，那么它们一定不能花钱来消除有毒废物；但如果要保护环境，企业就必须花钱来消除它们的有毒废物。企业要么将花钱来消除有毒废物，要么将不花钱来消除有毒废物。因此，他们要么将不保持竞争力，要么环境将被破坏。

5. 如果医生拔掉绝症晚期病人的插管，那么他们承担被指控谋杀的风险；但如果他们不拔掉插管，他们延长了病人的疼痛和痛苦。由于绝症晚期病人的医生要么拔掉插管，要么不拔掉插管，因此要么他们承担被指控谋杀的风险，要么延长病人的疼痛和痛苦。

6. 如果米切尔夫妇离婚，他们将各自生活在贫穷之中；但如果他们维持婚姻，他们将一起生活在痛苦之中。因为他们必须要么离婚，要么维持婚姻，因此他们将要么各自生活在贫困之中，要么一起生活在痛苦之中。

★7. 如果大学生想上有趣和有价值的课，那么他们就必须主修文科专业；但如果他们想在毕业后有工作，那么他们必须主修商科专业。大学生或者不主修文科专业，或者不主修商科专业。因此，或者他们将不上有趣和有价值的课，或者他们毕业时将不会有工作。

8. 如果商人逮捕嫌疑窃贼，那么他们承担非法监禁的风险；但如果他们不逮捕嫌疑窃贼，他们承担损失商品的风险。商人必须要么逮捕要么不逮捕嫌疑窃贼。因此，他们要么承担非法监禁的风险，要么承担损失商品的风险。

9. 如果面对强奸威胁的女性要避免致残或死亡，那么她们必须不抵抗她们的攻击者；但如果她们想确保成功起诉攻击者，她们必须抵抗他。因为面对强奸威胁的女性必须要么抵抗要么不抵抗，因此，她们或者将面临被致残或死亡的危险或者不确保成功起诉攻击者。

★10. 如果我们起诉可疑的恐怖分子，那么我们将承担被其他恐怖分子报复的风险；但如果我们释放他们，那么我们是在鼓励恐怖主义。既然我们必须或者起诉或者释放可疑的恐怖分子，因此，我们或者承担被其他恐怖分子报复的风险或者是在鼓励恐怖主义。

Ⅳ. 下面的对话至少包含15个论证。把它们翻译为符号化记法，然后根据本节给出的八个论证形式来解释它们。

来自一个朋友的小帮助

"我只能说一分钟，"莉兹对她的朋友埃米说，"我明天有生物课的期中考试，我怕我会不及格。"

"好吧，"埃米回答道，"一两分钟后我就停止。但你为什么这么害怕？"

"因为我真的没有好好学过。我想如果我不熬通宵，我会考试不及格。但是我不能考试不及格，所以我必须熬通宵。"

"我不羡慕你，"埃米说，手伸向钱包里，"但是我有这种小药丸——阿得拉（Adderall），也许它能让你通过考试。在我看来，要么你吃下它，要么你半夜会睡着。但你不能睡着，所以你必须吃下它。"

莉兹盯着橘色的小药丸，"阿得拉是用来治疗注意缺陷障碍的，你没有那种障碍，是吗？"

"对，我没有，"埃米说，"我是从我男朋友扎克那儿得到的这种药，他跟健康门诊谎称有注意缺陷障碍，而得到一整瓶。"

"哇，"莉兹说，"你认为吃下它对我而言是安全的吗？"

"当然，"埃米回答说，"扎克需要额外能量刺激的时候，他一直吃它，并且他没有不良反应。我甚至尝试过一两次。如果这种药对扎克是安全的，那么它对我来说是安全的，如果它对我来说是安全的，那么它对你来说也是安全的。结论是显而易见的。"

"你真的认为阿得拉会帮助我通过考试吗？"莉兹问道。

"绝对的，"埃米说，"如果你吃了它，你就完全可以集中精力去考试，并且你一定会集中精力去做。因此，把它吃掉，女孩。"

"我不知道，"莉兹近距离仔细看着这个小药丸说，"如果我吃了它，我会感觉像一个服用了兴奋药物的运动员。我会觉得我像是把自己放在一个在其他学生之上的不公平的有利位置。我不想这样做，所以也许我不应该吃掉它。"

她想了一会儿，叹了口气。"要么我吃阿得拉，要么我不吃。如果我吃，我感觉自己在欺骗，但如果我不吃，我会考试不及格。因此，要么我感觉我在欺骗，要么我会考试不及格。不管怎样，我都输。"

埃米微笑着说道，"可以换一种方式来看待这件事。要么你吃阿得拉，要么你不吃。如果你吃，你会通过考试，但如果你不吃，你会有一个明确的良知。这样，要么你通过考试，要么你有一个明确的良知。不管怎样，你都赢。"

"非常聪明，"莉兹说，"但这真的不能解决我的问题。"

"好吧，"埃米说，"但也许你的问题并不像你想的那样糟糕。这样考虑：老年人一直服用药物，以帮助他们的记忆和他们的性生活。如果对于他们而言，服用这些药物是可以的，那么你吃阿得拉也是可以的。你不应该担心。"

"是的，"莉兹说，"但那些老年人遭受身体的痛苦。如果我有注意缺陷障碍，我有理由服用阿得拉，但是我没有，因此我没有理由服用。"

"让我们以另一种方式来看，"埃米说，"你可以喝大量的咖啡和红牛来度过夜晚。如果可以喝咖啡和红牛，那么也可以吃阿得拉。结论是清楚的。"

"不完全一样，"莉兹说，"咖啡和红牛不能完全与阿得拉相提并论——至少不像你说的这样好。假设我面临这样的选择：要么我喝大量的咖啡和红牛，要么吃阿得拉。我会说不喝咖啡和红牛，因为它们没那么有效，它们让我疲惫不堪。因此，我将吃阿得拉。看，两者是不一样的。"

"也许如此，"埃米说，"但是可以这样想。我们每一天在利用新技术所带来的便利时毫不迟疑。我们用手机代替固定电话，因为它们更方便。我们用灯泡代替蜡烛，因为有了它们我们可以看得更清晰。我们使用阿得拉来代替咖啡，因为它让我们更清醒。如果从道德上而言可以使用手机，那么也可以使用阿得拉；很显然可以使用手机——就像可以使用灯泡一样。因此，可以使用阿得拉。"

"这一推理的问题在于，"莉兹说，"使用灯泡和手机不会把任何人放在竞争有利的位置。每个人都使用它们，因此我们都是平等的。但并不是每一个学生都使用阿得拉通过考试。如果每个人都使用它，我就没有问题了。但不是每个人都使用它，所以我觉得有问题。"

"我能明白你的意思，"埃米说，"在地下市场要15或20块钱的价位，不是每一个学生都能买得起阿得拉。如果很便宜，那么大家都会用它。但是它不便宜，所以很多学生不使用它。"

埃米又对她的朋友笑了，她说，"真是麻烦的事情，你觉得你会怎么做？"

"我不知道，"莉兹叹息着，把她的脸埋在手里，"但是可以把药丸放在我的桌子上。我会看到它是如何起药效的……我会一直坚持到半夜。"

Ⅴ. 下面的节选来给报纸专栏编辑的信件。每个节选包含一个或多个论证，但是论证的确切形式可能是隐藏或模糊的。使用本节给出的论证形式将这些节选构造为具有明确名称的论证。

★1. 有一个简单的方法来处理国家人体器官短缺问题：把器官优先分配给那些已经同意捐献自己器官的人。把器官优先给注册捐赠者可以说服更多的人注册，这将使分配系统更公平。那些不愿分享生命礼物的人应该放在等待名单的最后。

（David J. Undis）

2. 好吧，我已经试过一个星期了，但我还是不喜欢夏令时。我的草已经足够绿了——它不需要每天再多出 1 小时的日光。让我们把时间调回到上帝设定的时间——标准时间。

（Jim Orr）

3. 宗教权利，以其慷慨激昂的激情来纠正我们的所谓道德错误和保护我们未出生的"孩子"的权利，可能有一天会实现其终极目标——禁止堕胎的宪法修正案，对于那些被抓住的实施堕胎行为的人会有什么惩罚呢？当然是死刑。

（David Fisher）

★4. 大多数教育者认为，数学教师应该强调团队问题解决。如果团队问题解决是如此重要（而且我认为是这样），为什么我们如此强调个体考试呢？国家数学考试是一个错误。

（Frederick C. Thayer）

5. 如果我们的孩子自愿在学校祈祷使得他们更有道德，那么直接思考一下强制在星期天参与教会活动能够为我们其他人带来些什么。

（Roderick M. Boyes）

6. 一个国家更换老年白种人的患病心脏，但拒绝养活学童、充分为妇女花钱、教育青少年或照顾老人，这个国家注定要失败。我们的行为好像没有明天。我们的羞耻心在哪里？

（Robert Birch）

★7. 我们承担不起关闭中央青少年馆图书馆的后果。这些年轻人，特别需要接触思想、梦想和不同的生活方式。这使那些在青少年馆第一次对阅读产生兴趣的许多学生的人生变得与众不同。

（Natalie S. Field）

8. 如果死刑能阻止一个人成为杀人犯，它是有效果的。允许死刑也有其他一些重要原因。首先，无辜受害者的家属和朋友有权看到有效的惩戒。其次，终止一个杀人犯的生命比起花纳税人的钱把他关在监狱里更具有经济性。再次，在正义实现之后，大家会更加尊重司法系统。

（Doug Kroker）

9. 关于未成年人堕胎要求父母同意的法案，我想指出的是，当未成年人想保留孩子，而父母说"别傻了！去做流产，并完成你的教育"时，父母权威的伪善的陈词滥调将迅速颠覆。如果父母可以否决未成年人堕胎，那么他们如何要求自己呢？无论是赞成还是反对，更好的选择应该留给女孩／女人自己。

（Jane Roberts）

★10. 每周有超过100万部成人视频被租借。并非像宣传者使你相信的那样，观看这样的视频不会导致暴力性犯罪。如果是这样，每周会有超过100万次这样的犯罪。

（Lybrand P. Smith）

本章总结

命题逻辑：

- 基本单位是完整的陈述（命题）。
- 简单陈述由大写字母代表（A，B，C等）。
- 简单陈述通过逻辑算子联结形成复合陈述。

逻辑算子：

- 波浪符（～）形成否定式（"不""并非"）。
- 点号（·）形成合取式（"并且""也""还有"等）。
- 楔形符（∨）形成析取式（"或者""除非"）。
- 马蹄符（⊃）形成条件句（"如果……那么……""仅当"等）。
- 三道杠（≡）形成双条件句（"当且仅当"等）。

真值表：

- 真值的排列组合，它表明了在每一种可能的情况下，一个复合命题的真值如何由它的简单组成部分的真值所决定。
- 被用来定义五个逻辑算子的含义：
  - 只有当 p 为假时，$\sim p$ 才是真的。

- 只有当 p 和 q 都为真时，p • q 才是真的。
- 只有当 p 和 q 都为假时，p ∨ q 才是假的。
- 只有当 p 为真而 q 为假时，p ⊃ q 才是假的。
- 只有当 p 和 q 具有同样的真值时，p ≡ q 才是真的。

• 被用来对个体复合陈述进行分类：

- 重言式：主算子下的真值都为真。
- 自相矛盾式：主算子下的真值都为假。
- 偶然式：主算子下的真值至少一行为真，至少一行为假。

• 被用来将一个复合陈述与另一个复合陈述做比较：

- 逻辑上等值的：主算子下的每一行的真值都是一样的。
- 矛盾的：主算子下的每一行的真值都是相反的。
- 一致的：主算子下至少有一行所有的真值都为真。
- 不一致的：主算子下没有一行所有的真值都为真。

• 被用来检验论证的有效性：

- 无效的：存在所有前提都为真而结论为假的一行。
- 有效的：没有这样的一行。

间接真值表：通常是一个较短的真值表，通过首先给主算子指派真值然后逆向计算简单组成部分的真值来构造。

• 被用来检验论证的有效性：

- 从假设前提都为真而结论为假开始。
- 有效的：假设必然导致矛盾。
- 无效的：假设不必然导致矛盾。

• 被用来检验陈述的一致性：

- 从假设所有陈述都为真开始。
- 不一致的：假设必然导致矛盾。
- 一致的：假设不必然导致矛盾。

论证形式与谬误：

• 有效的形式：

- 析取三段论：$p \vee q \,/\, {\sim}p \,/\!/\, q$
- 纯假言三段论：$p \supset q \,/\, q \supset r \,/\!/\, p \supset r$

- 肯定前件式：$p \supset q \ / \ p \ // \ q$
- 否定后件式：$p \supset q \ / \ {\sim}q \ // \ {\sim}p$
- 构造式两难：$(p \supset q) \bullet (r \supset s) \ / \ p \vee r \ // \ q \vee s$
- 解构式两难：$(p \supset q) \bullet (r \supset s) \ / \ {\sim}q \vee {\sim}s \ // \ {\sim}p \vee {\sim}r$

● 无效的形式（谬误）：
- 肯定后件式：$p \supset q \ / \ q \ // \ p$
- 否定前件式：$p \supset q \ / \ {\sim}p \ // \ {\sim}q$

● 逻辑上等值：
- p 逻辑上等值于 ${\sim}{\sim}p$。
- $p \vee q$ 逻辑上等值于 $q \vee p$。

第六章

命题逻辑的自然演绎

6.1 蕴涵规则 I
6.2 蕴涵规则 II
6.3 置换规则 I
6.4 置换规则 II
6.5 条件证明
6.6 间接证明
6.7 逻辑真理的证明

6.1 蕴涵规则 I

预热

设想你要进行一次徒步旅行，出发点和终点已经提前确定，你要带的供给也是确定的。你已经得到了一张有着几条备选路线的路线图。这样的一场徒步旅行类似于解决本节中出现的问题。出发点和供给就像前提，终点就像结论，可供选择的路线就像联结前提和结论的中间步骤。在大多数情况下，路线的选择允许创新。

6

自然演绎：一种得出有效论证的结论的方法，其中的每一步都得到推理规则的支持。

推理规则：被用来为证明步骤提供支持的有效论证形式。

蕴涵规则：第一行（或多行）蕴涵最后一行的一种推理规则。

自然演绎（natural deduction）是一种得出命题逻辑的符号形式所表达的有效论证的结论的方法。这种方法在于使用**推理规则**（rule of inference，也称有效论证形式）直接推导出结论，或者推导出联结论证前提和所述结论的一系列中间结论。自然演绎的名称来自这样一个事实：它类似于人们在日常生活中所使用的日常逐步推理过程。它也类似于几何学中用以推导出有关线和面的定理的方法；但如同几何证明的每一步都依据某个数学原则，逻辑证明的每一步都依据一个推理规则。

对于检验论证而言，自然演绎在某些方面类似于真值表方法。两种方法都可以用来证明有效论证的有效性，但是面对无效论证，自然演绎就相当无能为力，所以我们仍然需要真值表。然而，自然演绎方法比真值表更富有启发性。自然演绎表明一个结论如何从前提"得出"，而真值表则不能显示这一点。另外，真值表是相当自动化和机械化的，自然演绎要求洞见和创造性。结果是，大多数学生发现自然演绎是富有挑战性和有趣的，而真值表可能是乏味的，尤其对于那些冗长的论证来说。

前八个推理规则被称为**蕴涵规则**（rule of implication），因为它们由简单有效的且前提**蕴涵**（imply）结论的论证形式构成。前四个蕴涵规则来自第 5.6 节，应该是熟悉的。下面把这些规则和它们使用的示例一起列出来。

1. 肯定前件式（MP）

$p \supset q$	如果苏林是一只熊猫，那么苏林是可爱的。
p	苏林是一只熊猫。
q	苏林是可爱的。

2. 否定后件式（MT）

$p \supset q$	如果科科是考拉，那么科科很可爱。
$\sim q$	科科不可爱。
$\sim p$	科科不是考拉。

3. 纯假言三段论（HS）

$p \supset q$	如果利奥是一只狮子，那么利奥会吼叫。
$q \supset r$	如果利奥会吼叫，那么利奥很凶猛。
$p \supset r$	如果利奥是一只狮子，那么利奥很凶猛。

4. 析取三段论（DS）

$p \vee q$	思库特或者是一只小老鼠，或者是一只大老鼠。
$\sim p$	思库特不是一只小老鼠。
q	思库特是一只大老鼠。

肯定前件式（modus ponens）表明，如果逐行给定一个条件陈述和它的一个前件，我们能够使用一行断定它的后件。**否定后件式**（modus tollens）表明，如果逐行给定一个条件陈述和它的后件的否定，我们能够使用一行断定它的前件的否定。

纯假言三段论（pure hypothetical syllogism，简称为"假言三段论"）表明，如果逐行给定两个条件陈述，使得其中一个条件陈述的后件与另一个条件陈述的前件相同，我们能够使用一行断定一个条件陈述——其前件是第一个条件陈述的前件并且其后件是第二个条件陈述的后件。注意：在这条规则中，两个前提紧扣在一起，就像链条一样。

析取三段论（disjunctive syllogism）表明，如果逐行给定一个析取陈述和左析取支的否定，我们能够使用一行断定右析取支。因为这个规则的这种书写方式，只有右析取支能够作为结论被断定。然而，一旦我们有了交换律，我们可以交换第一行析取支的顺序，这就使得最初的左析取支可以作为结论被断定。另外，析取三段论也被称为排除法。较短的前提排除了析取前提中的一个选项，留下另一个作为结论。

这四条规则足以推出命题逻辑中很多简单论证的结论。更进一步讲，一旦我们被提供了所有支持条件证明的18条规则，就足以推出命题逻辑中任何有效论证的结论。反过来看，因为每一条规则本身是一个有效论证形式，对它们正确使用得出的任何结论都会导致一个有效论证。

推理规则的应用建立在某种能力之上，即把简单命题、复杂或不复杂的组合视觉化为这些规则的替换实例。对于一个肯定前件式的相当简单的替换实例，考虑下面的例子：

> 策略：尽量将证明中的诸行表示为这些规则的替代实例。

1. $\sim A \supset B$	$p \supset q$
2. $\sim A$	p
3. B	q

用 $\sim A$ 和 B 分别替换肯定前件式规则中的 p 和 q 时，你应该可以看出左边的论证是这条规则的一个替换实例。它与 A 前面有着一个波浪符这个事实是无关的。

下面是另外一个更复杂的例子：

1. $(A \bullet B) \supset (C \vee D)$	$p \supset q$
2. $A \bullet B$	p
3. $C \vee D$	q

在这个例子中，如果分别用 $A \cdot B$ 和 $C \vee D$ 去替换规则中的 p 和 q，可以看出左边的论证是肯定前件式规则的一个实例。这个例子表明了这样一个事实：用任何一对复合陈述统一替换 p 和 q，会产生这条规则的一个替换实例。

最后，前提的顺序没有产生作用：

1. A
2. $A \supset (B \supset C)$
3. $B \supset C$

p
$p \supset q$
q

在这个例子中，用 A 和 $(B \supset C)$ 分别去替换 p 和 q，你会再次发现，左边的论证是肯定前件式规则的一个替换实例。前提的顺序颠倒这个事实没有产生影响。

这些论证都是肯定前件式（MP）的实例：

$\sim F \supset (G \equiv H)$
$\sim F$
$G \equiv H$

$(A \vee B) \supset \sim (C \cdot D)$
$A \vee B$
$\sim (C \cdot D)$

$K \cdot L$
$(K \cdot L) \supset [(R \supset S) \cdot (T \supset U)]$
$(R \supset S) \cdot (T \supset U)$

现在，让我们使用这些推理规则来构造一个证明。这样的证明由命题序列构成，每一个命题或者是一个前提，或者是通过使用推理规则从前面的命题中推出的，最后一个命题是最初的论证的结论。让我们从下面的例子开始：

如果太空人队更换联盟，那么勇士队不会赢得冠军。

如果小熊队保留他们的经理，那么勇士队将赢得冠军。

太空人队将更换联盟。所以，小熊队不会保留他们的经理。

第一步是将论证符号化，给前提编号，并写出前提，在最后一个前提的右边用单斜线把前提和结论隔离开。

1. $A \supset \sim B$
2. $C \supset B$
3. A / $\sim C$

> 始于在前提中"发现"结论。

下一步是通过一系列推理推出结论。对于这一步骤而言，它总是始于努力从前提中"找到"结论。要得到的结论是 $\sim C$，我们看到，C 出现在第2行前件的位置。如果我们有 $\sim B$，可以根据否定后件式规则从第2行推出 $\sim C$。因此，现在我们要寻找 $\sim B$。我们把注意力转到第1行，会发现，如果我们有 A，可以通过使用肯定前件式规则推出 $\sim B$。在第3行，我们确实有 A。这样，我们已经构想出了全部证明，接着我们可以把它写出来。首先，根据肯定前件式规则，我们从第1行和第3行推出 $\sim B$。

1. $A \supset \sim B$
2. $C \supset B$
3. A / $\sim C$
4. $\sim B$ 1, 3, MP

第 4 行的证据写在右边，单斜线的正下方。如果你不理解第 4 行是如何推出的，可以想象用 A 和～B 替换肯定前件式中的 p 和 q，然后可以看出第 1、3、4 行是那条规则的一个替换实例。

最后一步是依据否定后件式规则从第 2 行和第 4 行推出～C。

1. $A \supset \sim B$
2. $C \supset B$
3. A / $\sim C$
4. $\sim B$ 1, 3, MP
5. $\sim C$ 2, 4, MT

现在证明完成了。第 5 行的证据直接写在第 4 行证据的下面。

这些论证都是否定后件式（MT）的实例：

$(D \vee F) \supset K$	$\sim G \supset \sim(M \vee N)$	$\sim T$
$\sim K$	$\sim\sim(M \vee N)$	$[(H \vee K) \cdot (L \vee N)] \supset T$
$\sim(D \vee F)$	$\sim\sim G$	$\sim[(H \vee K) \cdot (L \vee N)]$

下面这个例子已经被翻译为符号：

1. $A \supset B$
2. $\sim A \supset (C \vee D)$
3. $\sim B$
4. $\sim C$ / D

我们再次从努力在前提中寻找结论开始。结论是 D，观察之后我们发现，可以在第 2 行中找到 D，如果我们有那一行的后件 $C \vee D$ 作为单独的一行，再有～C，我们就可以推出 D。在第 4 行，我们确实有～C。如果我们有～A，可以根据肯定前件式规则得出 $C \vee D$，所以，我们现在寻找～A。把注意力转向第 1 行，我们发现，如果有～B，可以根据否定后件式规则得出～A。我们在第 3 行确实找到了～B。因此，我们现在构想出了整个证明，可以把它写出来：

1. $A \supset B$
2. $\sim A \supset (C \vee D)$
3. $\sim B$
4. $\sim C$ / D
5. $\sim A$ 1, 3, MT
6. $C \vee D$ 2, 5, MP
7. D 4, 6, DS

像通常一样，每一行的依据直接写在位于结论之前的单斜线的下方。如果对理解第 6 行有困难，可以想象用～A 和 $C \vee D$ 去替换肯定前件式规则中的 p 和 q。那么就会看出第 2、5、6 行是这一规则的一个替换实例。

> 这些论证都是**纯假言三段论（HS）**的实例：
>
> | $A \supset (D \cdot F)$ | $\sim M \supset (R \supset S)$ | $(L \supset N) \supset [(S \vee T) \cdot K]$ |
> |---|---|---|
> | $(D \cdot F) \supset \sim H$ | $(C \vee K) \supset \sim M$ | $(C \equiv F) \supset (L \supset N)$ |
> | $A \supset \sim H$ | $(C \vee K) \supset (R \supset S)$ | $(C \equiv F) \supset [(S \vee T) \cdot K]$ |

再看一个例子：

1. $F \supset G$
2. $F \vee H$
3. $\sim G$
4. $H \supset (G \supset I)$ / $F \supset I$

> 也可以从观察结论的主算子开始寻找线索。

预期的结论是 $F \supset I$。当我们试图从前提中找到它时，我们没有发现这一陈述。这就告诉我们，我们应该采取"B 计划"，看看结论的主算子。一个策略是看结论是如何构造的，这通常可以给我们提供线索。在这个例子中，主算子是马蹄符，因此我们问：什么规则可以提供一个马蹄符，也就是一个条件陈述？答案是纯假言三段论。

已经确定了假言三段论可以得出结论后，我们现在来寻找两个条件陈述，当它们结合时，会产生 $F \supset I$。在第 1 行，我们找到 $F \supset G$；在第 4 行，我们找到 $G \supset I$。但是，在使用纯假言三段论规则之前，我们必须得到 $G \supset I$ 作为单独的一行。检查第 4 行，我们看到，如果有 H 作为单独的一行，可以依据肯定前件式规则得到 $G \supset I$。检查第 2 行，我们发现，如果有 $\sim F$ 作为单独的一行，可以依据析取三段论规则推出 H。转向第 1 行，我们发现，如果有 $\sim G$ 作为单独的一行，可以依据否定后件式规则推出 $\sim F$。而在第 3 行，我们确实有 $\sim G$。因此，我们已经构想出全部证明，可以把它写出来：

1. $F \supset G$
2. $F \vee H$
3. $\sim G$
4. $H \supset (G \supset I)$ / $F \supset I$
5. $\sim F$ 1, 3, MT
6. H 2, 5, DS
7. $G \supset I$ 4, 6, MP
8. $F \supset I$ 1, 7, HS

除了 B 计划（从结论的主算子寻找线索以推出结论）以外，这一证明教会我们另一个重要的与每一个证明有关的教训。证明中的每一行可以多次使用。在第 5 行，我们在与否定后件式规则结合时使用第 1 行；在第 8 行，我们在与纯假言三段论规则结合时再次使用同样的一行。根据我们的需要，任何一行可以被重复使用。

> 这些论证都是**析取三段论**（DS）的实例：
>
> | U v ~(W • X) | ~(E v F) | ~B v [(H ⊃ M) • (S ⊃ T)] |
> |---|---|---|
> | ~U | (E v F) v (N ⊃ K) | ~~B |
> | ~(W • X) | N ⊃ K | (H ⊃ M) • (S ⊃ T) |

下面的例子更加复杂：

1. ~(A • B) ∨ [~(E • F) ⊃ (C ⊃ D)]
2. ~~(A • B)
3. ~(E • F)
4. D ⊃ G   / C ⊃ G

当我们试图从前提中找到预期的结论时，我们再次发现没有这样的陈述。但是，我们注意到结论的主算子是马蹄符。在第1行，我们找到 C ⊃ D；在第4行，我们找到 D ⊃ G。如果能获得单独的一行 C ⊃ D，根据纯假言三段论规则，我们就可以推出结论。检查第1行，我们发现，如果能够得到单独的一行 ~(E • F) ⊃ (C ⊃ D) 和 ~(E • F)，可以根据肯定前件式规则推出 C ⊃ D。我们看到，~(E • F) 出现在第3行。再检查第1行，我们发现，如果 ~~(A • B) 作为单独的一行，根据析取三段论规则，我们可以推出 ~(E • F) ⊃ (C ⊃ D)。我们在第2行确实发现了 ~~(A • B)。因此，我们能够写出这个证明：

1. ~(A • B) ∨ [~(E • F) ⊃ (C ⊃ D)]
2. ~~(A • B)
3. ~(E • F)
4. D ⊃ G   / C ⊃ G
5. ~(E • F) ⊃ (C ⊃ D)   1, 2, DS
6. C ⊃ D   3, 5, MP
7. C ⊃ G   4, 6, HS

如果对理解如何得出第5行、第6行有困难，可以这样做。对于第5行，想象用 ~(A • B) 和 ~(E • F) ⊃ (C ⊃ D) 分别替换析取三段论规则中的 p 和 q。那么你就会看到，第1、2、5行是这一规则的一个替换实例。对于第6行，想象用 ~(E • F) 和 (C ⊃ D) 去替换肯定前件式规则中的 p 和 q。那么你就会发现，第5、3、6行是这一规则的一个替换实例。

在应用本节引入的这四条推理规则时，我们已经注意到，首先必须使用作为单独一行的各种表达式。如果没有遵循这一步骤，所得到的证明很可能是无效的。考虑下面这个应用肯定前件式规则的无效例子。

1. A ⊃ (B ⊃ C)
2. B
3. C   1, 2, MP（无效的）

这一推理是无效的，因为必须首先得到单独一行的 B ⊃ C。在推出论证结论时，我们经常假设所有前提都是真的。但是，如果我们假设这一证明的第1行为真，这不会蕴涵 $B \supset C$ 为真。第 1 行表明的是如果 A 为真，那么 $B \supset C$ 为真。因此，$B \supset C$ 不能被作为前提对待。我们不知道它是真的还是假的。

这里还有一些无效推理的例子。

1. $A \lor B$
2. A
3. $\sim B$ 1, 2, HS（无效的——第 2 行必须否定第 1 行中的 A，而不是肯定 A）

1. $A \supset B$
2. B
3. A 1, 2, MP（无效的——第 2 行必须肯定第 1 行的前件，而不是肯定它的后件）

1. $A \supset B$
2. $A \supset C$
3. $B \supset C$ 1, 2, HS（无效的——一个条件句的后件必须与另一个条件句的前件相同）

1. $A \supset B$
2. $\sim A$
3. $\sim B$ 1, 2, MT（无效的——第 2 行必须否定第 1 行的后件而不是前件）

1. $(A \supset B) \supset C$
2. $\sim B$
3. $\sim A$ 1, 2, MT（无效的——必须首先获得 $A \supset B$ 作为单独的一行）

1. $A \supset (B \supset C)$
2. $C \supset D$
3. $B \supset D$ 1, 2, HS（无效的——必须首先获得作为单独一行的 $B \supset C$）

1. $(A \lor B) \supset C$
2. $\sim A$
3. B 1, 2, DS（无效的——必须首先获得作为单独一行的 $A \lor B$）

我们以应用前四条蕴涵规则的一些策略来结束本节。

策略 1：永远首先努力在前提中"找到"结论。如果结论不是完整地出现在前提中，观察结论的主算子，这可以为如何推出结论提供线索。

策略 2：如果结论包含一个字母，并且该字母出现在前提中的一个条件陈述的后件的位置，考虑通过肯定前件式规则得到该字母。

1. $A \supset B$
2. $C \lor A$
3. A / B
4. B 1, 3, MP

策略 3：如果结论包含一个否定的字母，并且该字母出现在前提中的一个条件陈述的前件的位置，考虑通过否定后件式规则得到该否定字母。

1. $C \supset B$
2. $A \supset B$
3. $\sim B$ / $\sim A$
4. $\sim A$ 2, 3, MT

策略 4：如果结论是一个条件陈述，考虑通过纯假言三段论规则得到它。

1. $B \supset C$
2. $C \supset A$
3. $A \supset B$ / $A \supset C$
4. $A \supset C$ 1, 3, HS

策略 5：如果结论包含一个字母，并且该字母出现在前提中的一个析取陈述中，考虑通过析取三段论规则得到该字母。

1. $A \supset B$
2. $A \vee C$
3. $\sim A$ / C
4. C 2, 3, DS

当然，这些策略适用于得出结论之前的任何一行，就像应用它们得出结论一样。

习题 6.1

I．对于下面每道题的一组前提，得出结论并提供依据。每道题只有一种可能的答案。

★(1) 1. $G \supset F$
　　 2. $\sim F$
　　 3. _____ ____

(2) 1. S
　　2. $S \supset M$
　　3. _____ ____

(3) 1. $R \supset D$
　　2. $E \supset R$
　　3. _____ ____

★(4) 1. $B \vee C$
　　 2. $\sim B$
　　 3. _____ ____

(5) 1. N
　　2. $N \vee F$
　　3. $N \supset K$
　　4. _____ ____

(6) 1. $\sim J \vee P$
　　2. $\sim J$
　　3. $S \supset J$
　　4. _____ ____

★(7) 1. $H \supset D$
　　 2. $F \supset T$
　　 3. $F \supset H$
　　 4. _____ ____

(8) 1. $S \supset W$
　　2. $\sim S$
　　3. $S \vee N$
　　4. _____ ____

(9) 1. $F \supset \sim A$
　　2. $N \supset A$
　　3. $\sim F$
　　4. $\sim A$
　　5. _____ ____

★(10) 1. $H \supset A$
　　　2. A
　　　3. $A \vee M$
　　　4. $G \supset H$
　　　5. _____ ____

(11) 1. $W \vee B$
　　2. W
　　3. $B \supset T$
　　4. $W \supset A$
　　5. _____ ____

(12) 1. $K \supset \sim R$
　　2. $\sim R$
　　3. $R \vee S$
　　4. $R \supset T$
　　5. _____ ____

★(13) 1. $\sim C \supset \sim F$
　　　2. $L \supset F$
　　　3. $\sim \sim F$
　　　4. $F \vee \sim L$
　　　5. _____ ____

(14) 1. $N \supset \sim E$
　　2. $\sim \sim S$
　　3. $\sim E \vee \sim S$
　　4. $\sim S \vee N$
　　5. _____ ____

(15) 1. ~R ⊃ ~T
    2. ~T ∨ B
    3. C ⊃ ~R
    4. ~C
    5. _____ ____

★(16) 1. ~K
    2. ~K ⊃ ~P
    3. ~K ∨ G
    4. G ⊃ Q
    5. _____ ____

(17) 1. F ∨ (A ⊃ C)
    2. A ∨ (C ⊃ F)
    3. A
    4. ~F
    5. _____ ____

(18) 1. (R ⊃ M) ⊃ D
    2. M ⊃ C
    3. D ⊃ (M ∨ E)
    4. ~M
    5. _____ ____

★(19) 1. (S ∨ C) ⊃ L
    2. ~S
    3. ~L
    4. S ⊃ (K ⊃ L)
    5. _____ ____

(20) 1. (A ∨ W) ⊃ (N ⊃ Q)
    2. Q ⊃ G
    3. ~A
    4. (Q ⊃ G) ⊃ (A ∨ N)
    5. _____ ____

Ⅱ. 下面这些符号化论证缺少一个前提，写出得出结论（最后一行）所需的前提，并提供结论的依据。尽量构造得出结论所需的最简单的前提。

★(1) 1. B ∨ K
    2. _____
    3. K   ____

(2) 1. N ⊃ S
    2. _____
    3. S   ____

(3) 1. K ⊃ T
    2. _____
    3. ~K   ____

★(4) 1. C ⊃ H
    2. _____
    3. R ⊃ H   ____

(5) 1. F ⊃ N
    2. N ⊃ T
    3. _____
    4. ~F

(6) 1. W ∨ T
    2. A ⊃ W
    3. _____
    4. A ⊃ T

★(7) 1. M ⊃ B
    2. Q ⊃ M
    3. _____
    4. M

(8) 1. C ∨ L
    2. L ⊃ T
    3. _____
    4. L   ____

(9) 1. E ⊃ N
    2. T ∨ ~E
    3. S ⊃ E
    4. _____
    5. E   ____

★(10) 1. H ⊃ A
    2. S ⊃ H
    3. ~M ∨ H
    4. _____
    5. ~H   ____

(11) 1. T ⊃ N
    2. G ⊃ T
    3. H ∨ T
    4. _____
    5. F ⊃ T

(12) 1. G ⊃ C
    2. M ∨ G
    3. T ∨ ~G
    4. _____
    5. G

★(13) 1. ~S ⊃ ~B
    2. R ∨ ~B
    3. ~B ⊃ ~S
    4. _____
    5. ~~B

(14) 1. ~R ⊃ D
    2. ~J ⊃ ~R
    3. N ∨ ~R
    4. _____
    5. ~F ⊃ ~R   ____

（15）1. $\sim S \vee \sim P$
  2. $\sim K \supset P$
  3. $\sim P \supset F$
  4. _____
  5. $\sim P$ _____

★（16）1. $J \supset E$
  2. $B \vee \sim J$
  3. $\sim Z \supset J$
  4. _____
  5. J _____

（17）1. $(H \supset C) \supset A$
  2. $N \supset (F \supset K)$
  3. $(E \cdot R) \supset K$
  4. _____
  5. $H \supset K$ _____

（18）1. $(S \supset M) \supset G$
  2. $S \supset (M \cdot G)$
  3. $G \supset (R \supset \sim S)$
  4. _____
  5. $\sim S$ _____

★（19）1. $(W \vee \sim F) \supset H$
  2. $(H \vee G) \supset \sim F$
  3. $T \supset (F \supset G)$
  4. _____
  5. $\sim F$ _____

（20）1. $(H \cdot A) \vee T$
  2. $\sim S \supset (P \supset T)$
  3. $(N \vee T) \supset P$
  4. _____
  5. T _____

Ⅲ．使用前四条推理规则得出下列符号化论证的结论。

★（1）1. $\sim C \supset (A \supset C)$
  2. $\sim C$ / $\sim A$

（2）1. $F \vee (D \supset T)$
  2. $\sim F$
  3. D / T

（3）1. $(K \cdot B) \vee (L \supset E)$
  2. $\sim(K \cdot B)$
  3. $\sim E$ / $\sim L$

★（4）1. $P \supset (G \supset T)$
  2. $Q \supset (T \supset E)$
  3. P
  4. Q / $G \supset E$

（5）1. $\sim W \supset [\sim W \supset (X \supset W)]$
  2. $\sim W$ / $\sim X$

（6）1. $J \supset (K \supset L)$
  2. $L \vee J$
  3. $\sim L$ / $\sim K$

★（7）1. $\sim S \supset D$
  2. $\sim S \vee (\sim D \supset K)$
  3. $\sim D$ / K

（8）1. $A \supset (E \supset \sim F)$
  2. $H \vee (\sim F \supset M)$
  3. A
  4. $\sim H$ / $E \supset M$

（9）1. $\sim G \supset (G \vee \sim A)$
  2. $\sim A \supset (C \supset A)$
  3. $\sim G$ / $\sim C$

★（10）1. $N \supset (J \supset P)$
  2. $(J \supset P) \supset (N \supset J)$
  3. N / P

（11）1. $G \supset [\sim O \supset (G \supset D)]$
  2. $O \vee G$
  3. $\sim O$ / D

（12）1. $\sim M \vee (B \vee \sim T)$
  2. $B \supset W$
  3. $\sim \sim M$
  4. $\sim W$ / $\sim T$

★（13）1. $R \supset (G \vee \sim A)$
  2. $(G \vee \sim A) \supset \sim S$
  3. $G \supset S$
  4. R / $\sim A$

（14）1. $(L \equiv N) \supset C$
  2. $(L \equiv N) \vee (P \supset \sim E)$
  3. $\sim E \supset C$
  4. $\sim C$ / $\sim P$

（15）1. $\sim J \supset [\sim A \supset (D \supset A)]$
  2. $J \vee \sim A$
  3. $\sim J$ / $\sim D$

★（16）1. $(B \supset \sim M) \supset (T \supset \sim S)$
  2. $B \supset K$
  3. $K \supset \sim M$
  4. $\sim S \supset N$ / $T \supset N$

（17）1. $H \vee (Q \vee F)$
  2. $R \vee (Q \supset R)$
  3. $R \vee \sim H$
  4. $\sim R$ / F

(18) 1. $\sim A \supset (B \supset \sim C)$
2. $\sim D \supset (\sim C \supset A)$
3. $D \vee \sim A$
4. $\sim D \qquad / \sim B$

★(19) 1. $\sim G \supset [G \vee (S \supset G)]$
2. $(S \vee L) \supset \sim G$
3. $S \vee L \qquad / L$

(20) 1. $H \supset [\sim E \supset (C \supset \sim D)]$
2. $\sim D \supset E$
3. $E \vee H$
4. $\sim E \qquad / \sim C$

(21) 1. $\sim B \supset [(A \supset K) \supset (B \vee \sim K)]$
2. $\sim J \supset K$
3. $A \supset \sim J$
4. $\sim B \qquad / \sim A$

★(22) 1. $(C \supset M) \supset (N \supset P)$
2. $(C \supset N) \supset (N \supset M)$
3. $(C \supset P) \supset \sim M$
4. $C \supset N \qquad / \sim C$

(23) 1. $(R \supset F) \supset [(R \supset \sim G) \supset (S \supset Q)]$
2. $(Q \supset F) \supset (R \supset Q)$
3. $\sim G \supset F$
4. $Q \supset \sim G \qquad / S \supset F$

(24) 1. $\sim A \supset [A \vee (T \supset R)]$
2. $\sim R \supset [R \vee (A \supset R)]$
3. $(T \vee D) \supset \sim R$
4. $T \vee D \qquad / D$

★(25) 1. $\sim N \supset [(B \supset D) \supset (N \vee \sim E)]$
2. $(B \supset E) \supset \sim N$
3. $B \supset D$
4. $D \supset E \qquad / \sim D$

Ⅳ．把下列论证翻译为符号化形式，并使用前四条推理规则得出每一论证的结论。每道习题后面的括号里给出了用来表示简单陈述的字母，按照这些字母给出的顺序使用它们。

★1．如果普通孩子看电视的时间每天超过 5 小时，那么或者他的想象力得到提高，或者他变得习惯长时间的兴奋。普通孩子的想象力没有通过看电视而得到提高。而且普通孩子确实看电视的时间每天超过 5 小时。因此，普通孩子习惯长时间兴奋。(W, P, C)

2．如果第九行星存在，那么它的轨道与其他行星的轨道相互垂直。或者第九行星造成了恐龙灭绝，或者它的轨道与其他行星不相互垂直。第九行星没有造成恐龙灭绝。因此，第九行星不存在。(E, O, R)

3．如果只有在不失去工作岗位的情况下才对纺织品进口实行配额，那么只有在国内纺织业不被破坏的情况下，才能使得国内纺织业实现现代化。如果对纺织品进口实行配额，那么国内纺织业将实现现代化。只有在不失去工作岗位的情况下才会使得国内纺织业实现现代化。因此，如果对纺织品进口实行配额，国内纺织业将不会被破坏。(Q, J, M, D)

★4．如果只有在教师代行父母职责时才被允许随机对学生进行毒品搜查，那么如果教师代行父母职责，学生没有受到宪法第四修正案保护。或者学生没有受到宪法第四修正案保护，或者如果教师被允许随机对学生进行毒品搜查，那么教师代行父母职责。并非学生没有受到宪法第四修正案保护。因此，教师不允许随机对学生进行毒品搜查。(R, L, F)

5．或者用于核聚变的资金将被削减，或者如果在实验室中实现足够高的温度，那么核聚变将成为现实。或者氢燃料的供应是有限的，或者如果核聚变成为现实，世界的能源问题将得到解决。用于核聚变的资金不会被削减。进一步讲，氢燃料的供应不是有限的。因此，如果在实验室中实现足够高的温度，那么世界能源问题将得到解决。(C, H, R, S, E)

6. 或者大陆不受漂移影响，或者如果南极洲总是位于极地区域，那么它不包含温带植物化石。如果大陆不受漂移影响，那么南极洲不包含温带植物化石。但是并非南极洲不包含温带植物化石。因此，南极洲不总是位于极地区域。(D, L, F)

★7. 如果恐怖分子劫持更多人质，那么恐怖分子的诉求将得到满足当且仅当媒体对恐怖行为给予全面的报道。或者媒体自愿限制信息传播，或者如果媒体认识到他们正在被恐怖分子利用，他们将自愿限制信息传播。或者媒体认识到他们正在被恐怖分子利用，或者恐怖分子会劫持更多人质。媒体不会自愿限制信息传播。因此，恐怖分子的诉求将得到满足当且仅当媒体对恐怖主义行为给予全面的报道。(H, D, A, V, R)

8. 要么我们采取严格的垃圾回收，要么我们将被垃圾掩埋。如果只有在我们的健康受到损害时我们才焚烧垃圾，那么我们没有采取严格的垃圾回收。如果我们的垃圾填埋场枯竭，那么当我们焚烧垃圾时会产生有毒灰尘。如果产生有毒灰尘，那么我们的健康会受到损害。我们的垃圾填埋场正在变得枯竭。因此，我们将被垃圾掩埋。(R, B, I, H, L, T)

9. 如果只有在可卡因更加容易获得的情况下才加强禁毒计划，那么或者吸毒人数减少，或者对毒品的战争失败。如果加强禁毒计划，那么走私者将转向更容易隐藏的毒品。如果走私分子转向更容易隐藏的毒品，那么可卡因将变得更容易获得。而且，吸毒人数并没有减少。因此，对毒品的战争是失败的。(D, C, N, W, S)

★10. 如果死刑不是残忍和不寻常的惩罚，那么或者它是残忍和不寻常的惩罚，或者如果社会合理使用它，那么它将阻止其他犯罪。如果死刑是残忍的和不寻常的惩罚，那么它是残忍又不寻常的惩罚，并且它的使用会败坏社会整体。并非死刑是残忍又不寻常的惩罚并且它的使用会败坏社会整体。而且，死刑不会阻止其他犯罪。因此，社会不是合理使用死刑。(C, J, D, U)

6.2 蕴涵规则 II

> **预热**
>
> 当你徒步旅行时，你遇到一条溪流，它大约有6米宽，你必须跨过去。这条溪流中有几块突出水面大约0.3米的石头。为了跨越溪流，你必须选择踩在一块块的石头上，石头的位置要相当接近。从溪流的一边开始，以靠近另一边结束。跨越溪流诠释了你在构造证明中必须使用的思维策略。不断地实践这些证明是提升你在很多生活领域的思维策略能力的保障。

下面给出另外四条蕴涵规则。来自第5章的构造式两难应该是比较熟悉的。

其余三条规则是新的。把这些规则和它们使用的示例一起列出来[①]：

5. 构造式两难（CD）

$(p \supset q) \cdot (r \supset s)$	如果奥斯卡是一只狗，那么你就有跳蚤，如果奥斯卡是一只猫，那么你将粘上毛。
$p \vee r$	奥斯卡或者是一只狗，或者是一只猫。
$q \vee s$	你或者有跳蚤，或者粘上毛。

6. 简化律（Simp）

| $p \cdot q$ | 伊丽莎有长长的腿，并且跑得快。 |
| p | 伊丽莎有长长的腿。 |

7. 合取律（Conj）

p	萝茜有大眼睛。
q	萝茜有尾巴。
$p \cdot q$	萝茜有大眼睛并且有尾巴。

8. 添加律（Add）

| p | 西奥有斑点。 |
| $p \vee q$ | 西奥有斑点或者有条纹。 |

像之前的四条规则一样，它们是很容易理解的，但是如果对它们有任何质疑，可以根据真值表证明它们的有效性。

构造式两难（constructive dilemma）可以理解为包含两个肯定前件式的步骤。第一个前提陈述了如果我们有 p，那么我们有 q，并且如果我们有 r，那么我们有 s。根据第二个前提，我们有 p 或者 r，因此，根据肯定前件式，可以得出 q 或者 s。构造式两难是唯一被包含在推理规则里的两难形式。根据 6.4 节给出的假言易位律，任何作为解构式两难的一个替换实例的论证很容易被转化为构造式两难的一个替换实例。因此，解构式两难不必作为一条推理规则。

[①] 一些教科书包含了一个称之为吸收律的规则。根据吸收律，陈述形式 $p \supset (q \cdot p)$ 是从 $p \supset q$ 演绎而来的。这个规则是必需的，仅当没有给出条件证明时。本教科书采用条件证明，因此给出简单说明。

这些论证都是**构造式两难**（CD）的实例：

~M ∨ N	[(K ⊃ T) ⊃ (A • B)] • [(H ⊃ P) ⊃ (A • C)]
(~M ⊃ S) • (N ⊃ ~T)	(K ⊃ T) ∨ (H ⊃ P)
S ∨ ~T	(A • B) ∨ (A • C)

简化律（simplication）表明，如果在单独一行中给出的两个命题为真，那么它们的每一个各自为真。根据对简化律的严格解释，结论只陈述了左合取支。一旦给出了合取的交换律（见 6.3 节），我们用诸如 H·K 的陈述来替换 K·H 就有了依据。一旦我们这样做了，K 就可以出现在左合取支的位置，而且恰当的结论就是 K。

这些论证都是**简化律**（Simp）的实例：

~F • (U ≡ E)	(M ∨ T) • (S ⊃ R)	[(X ⊃ Z) • M] • (G ⊃ H)
~F	M ∨ T	(X ⊃ Z) • M

合取律（conjunction）表明，两个在不同的行分别被断定的命题——例如 H·K——可以合取为单独的一行。这两个命题可以按照我们选择的顺序进行合取（H·K 或者 K·H），不需求助于合取的交换律规则。

这些论证都是**合取律**（Conj）的实例：

~E	C ⊃ M	R ⊃ (H • T)
~G	D ⊃ N	K ⊃ (H • O)
~E • ~G	(C ⊃ M) • (D ⊃ N)	[R ⊃ (H • T)] • [K ⊃ (H • O)]

添加律（addition）表明，只要一个命题本身以单独的一行被断定，那么它可以与我们选择的任何命题析取结合。换句话说，如果 G 本身被断定为真，可以推出 G ∨ H 为真。表面上，这一结果可能会让人感到困惑，但是一旦意识到 G ∨ H 比 G 本身更弱时，这种困惑就会消失。新的命题必须总是以析取的方式与给定的命题结合。如果 G 本身以单独的一行被表达，我们没有理由写出 G·H 作为添加律的结果。

这些论证都是**添加律**（Add）的实例：

S	(C • D)	W ≡ Z
S ∨ ~T	(C • D) ∨ (K • ~P)	(W ≡ Z) ∨ [A ⊃ (M ⊃ O)]

下面举例说明这四条规则的使用。考虑下面的论证：

1. $A \supset B$
2. $(B \lor C) \supset (D \cdot E)$
3. A / D

像通常一样，我们开始在前提中寻找结论。D 出现在第二个前提后件的位置，如果我们首先得到 $(B \lor C)$，可以通过简化律推出 D。这一表达式没有出现在前提中，但是从第 1 行和第 3 行，我们看到，通过肯定前件式规则我们可以推出 B。获得 B 后，我们可以通过添加律规则得到 $B \lor C$。这个证明现在已经思考完毕，可以如下所示写出来：

1. $A \supset B$
2. $(B \lor C) \supset (D \cdot E)$
3. A / D
4. B 1, 3, MP
5. $B \lor C$ 4, Add
6. $D \cdot E$ 2, 5, MP
7. D 6, Simp

另外一个例子：

1. $K \supset L$
2. $(M \supset N) \cdot S$
3. $N \supset T$
4. $K \lor M$ / $L \lor T$

鉴于 $L \lor T$ 并不出现在前提，我们来寻找单独的组成部分。我们发现，L 和 T 是两个不同的条件陈述的后件，这使我们想到可以通过采用构造式两难规则推出结论。如果构造一个构造式两难，需要一个析取陈述作为第二个前提，这样的一个陈述出现在第 4 行，进一步地，这一陈述的组成部分 K 和 M 都出现在条件陈述前件的位置，这恰恰正如一个两难所需要的那样。现在唯一缺少的陈述就是 $M \supset T$。通过检查第 2 行，我们发现，通过简化律可以获得 $M \supset N$。把它同第 3 行放在一起，通过假言三段论规则我们可以获得 $M \supset T$。现将完整的证明过程写出来：

1. $K \supset L$
2. $(M \supset N) \cdot S$
3. $N \supset T$
4. $K \lor M$ / $L \lor T$
5. $M \supset N$ 2, Simp
6. $M \supset T$ 3, 5, HS
7. $(K \supset L) \cdot (M \supset T)$ 1, 6, Conj
8. $L \lor T$ 4, 7, CD

另外一个例子：

1. ~M • N
2. P ⊃ M
3. Q • R
4. (~P • Q) ⊃ S   / S ∨ T

当我们在前提中寻找 S ∨ T 时，发现 S 出现在第 4 行后件的位置，但是没有发现 T。这预示了一个重要的原则：无论什么时候，一个论证的结论包含着一个前提中没有出现的字母，一定要通过添加律规则引入这个缺少的字母。添加律是唯一引入新字母的推理规则。无论如何，为了通过添加律规则引入 T，我们必须首先获得 S 本身作为单独的一行。如果我们获得～P • Q，根据肯定前件式规则，我们可以从第 4 行得到 S。～P • Q 可以通过合取律获得，但是首先得分别得到～P 和 Q 作为单独的一行。Q 可以通过简化律从第 3 行得到，～P 可以通过否定后件式规则从第 2 行得到，但是后一个步骤要求首先获得～M 作为单独的一行。因为这可以从第 1 行通过简化律得到，现在证明完成了。它可以如下所示写出来：

> 当结论包含着一个前提中没有出现的字母时，使用添加律规则引入这个缺少的字母。

1. ~M • N
2. P ⊃ M
3. Q • R
4. (~P • Q) ⊃ S   / S ∨ T
5. ~M   1, Simp
6. ~P   2, 5, MT
7. Q   3, Simp
8. ~P • Q   6, 7, Conj
9. S   4, 8, MP
10. S ∨ T   9, Add

为了得出这个具有不一致前提的论证的结论，采用了添加律和析取三段论。正如我们在第五章中看到的，这样的论证是有效的。其步骤如下：

1. S
2. ~S   / T
3. S ∨ T   1, Add
4. T   2, 3, DS

这类论证通常依据添加律规则引入结论，然后再依据析取三段论规则进行分离。因为添加律规则可以用来引入我们选择的任何字母或字母组合，应该从这个例子清楚地看出，不一致的前提有效地蕴涵任何结论。

为了完整地给出八个蕴涵规则，让我们考虑一些它们被误用的典型的方式。例如：

1. P ∨ (S • T)
2. S   1, Simp（无效的——必须首先获得 S • T 作为单独的一行）

1. K
2. K • L   1, Add（无效的——结论必须是析取陈述）

1. M ∨ N
2. M
1, Simp（无效的——只有在合取前提下才可使用简化律，第1行是析取式）

1. G ⊃ H
2. G ⊃ (H ∨ J)
1, Add（不正确的——J 必须添加到整行上，而不是只添加到第1行的后件）

1. L ⊃ M
2. L ⊃ N
3. M • N
1, 2, Conj（无效的——必须首先获得分别作为单独一行的 M 和 N）

1. ~(P • Q)
2. ~P
1, Simp（无效的——必须首先消去括号）

1. ~(P ∨ Q)
2. ~P
3. Q
1, 2, DS（无效的——必须首先消去括号）

在 G ⊃ H 中对添加律的使用被称为"不正确的"，因为被添加的字母没有被添加到整行上。然而，尽管添加律规则在这里没有被正确使用，推理仍然是有效的。因此，这一推理不像其他推理一样被称为是无效的。对于最后两个例子，在接下来的一节中将要引入的一条规则（德·摩根律）允许我们消去否定符号后面的括号。但是即使在这些例子中消去了括号，推理仍然是无效的。

像前面的一节一样，我们以应用后四条蕴涵规则的一些策略来结束本节。

策略 6：如果结论包含一个字母，并且该字母出现在前提中的一个合取陈述中，考虑通过简化律得到该字母：

1. A ⊃ B
2. C • B
3. C ⊃ A   / C
4. C   2, Simp

策略 7：如果结论是一个合取陈述，考虑首先获得两个独立的合取支，再通过合取律得到它。

1. A ⊃ C
2. B
3. ~C   / B • ~C
4. B • ~C   2, 3, Conj

策略 8：如果结论是一个析取陈述，考虑通过构造式两难或者添加律得到它：

1. (A ⊃ B) • (C ⊃ D)
2. B ⊃ C
3. A ∨ C   / B ∨ D
4. B ∨ D   1, 3, CD

1. $A \lor C$
2. B
3. $C \supset D$ / $B \lor D$
4. $B \lor D$ 2, Add

策略 9：如果结论包含一个未出现在前提中的字母，必须使用添加律引入该字母。

策略 10：合取律可以用来构建构造式两难：

1. $A \supset B$
2. $C \supset D$
3. $A \lor C$ / $B \lor D$
4. $(A \supset B) \cdot (C \supset D)$ 1, 2, Conj
5. $B \lor D$ 3, 4, CD

习题 6.2

I. 对于下面每道题的一组前提，得出暗含的结论并完成依据。对于第 4 题和第 8 题，你可以添加任何陈述。

★(1) 1. $S \lor H$
   2. $B \cdot E$
   3. $R \supset G$
   4. _____ _____, Simp

(2) 1. $(N \supset T) \cdot (F \supset Q)$
  2. $(N \supset R) \lor (F \supset M)$
  3. $N \lor F$
  4. _____ _____, CD

(3) 1. D
  2. W
  3. _____ _____, Conj

★(4) 1. H
   2. _____ _____, Add

(5) 1. $R \cdot (N \lor K)$
  2. $(G \cdot T) \lor S$
  3. $(Q \cdot C) \supset (J \cdot L)$
  4. _____ _____, Simp

(6) 1. $\sim R \lor P$
  2. $(P \supset \sim D) \cdot (\sim R \supset S)$
  3. $(\sim R \supset A) \cdot (P \supset \sim N)$
  4. _____ _____, CD

★(7) 1. $(Q \lor K) \cdot \sim B$
   2. $(M \cdot R) \supset D$
   3. $(W \cdot S) \lor (G \cdot F)$
   4. _____ _____, Simp

(8) 1. $E \cdot G$
  2. _____ _____, Add

(9) 1. $\sim B$
  2. $F \lor N$
  3. _____ _____, Conj

★(10) 1. $S \lor \sim C$
    2. $(S \supset \sim L) \cdot (\sim C \supset M)$
    3. $(\sim N \supset S) \cdot (F \supset \sim C)$
    4. _____ _____, CD

II. 在下面的符号化论证中，得出获得结论（最后一行）所需的一行，并为后面两行提供依据。

★(1) 1. $G \supset N$
   2. $G \cdot K$
   3. _____ _____
   4. $G \lor T$ _____

(2) 1. $\sim A$
  2. $A \lor E$
  3. _____ _____
  4. $\sim A \cdot E$ _____

(3) 1. $B \supset N$
2. $B \vee K$
3. $K \supset R$
4. _____
5. $N \vee R$ _____

★(4) 1. T
2. $T \supset G$
3. $(T \vee U) \supset H$
4. _____
5. H _____

(5) 1. $S \supset E$
2. $E \vee (S \cdot P)$
3. $\sim E$
4. _____
5. S _____

(6) 1. N
2. $N \supset F$
3. $(N \supset A) \cdot (F \supset C)$
4. _____
5. $A \vee C$ _____

★(7) 1. J
2. $\sim L$
3. $F \supset L$
4. _____
5. $\sim F \cdot J$ _____

(8) 1. $(E \supset B) \cdot (Q \supset N)$
2. $K \supset E$
3. $B \supset K$
4. _____
5. $E \supset K$ _____

(9) 1. $G \vee N$
2. $\sim G$
3. $\sim G \supset (H \cdot R)$
4. _____
5. H _____

★(10) 1. M
2. $(M \cdot E) \supset D$
3. E
4. _____
5. D _____

Ⅲ. 使用前八条推理规则得出下列符号化论证的结论。

★(1) 1. $\sim M \supset Q$
2. $R \supset \sim T$
3. $\sim M \vee R$ / $Q \vee \sim T$

(2) 1. $N \supset (D \cdot W)$
2. $D \supset K$
3. N / $N \cdot K$

(3) 1. $E \supset (A \cdot C)$
2. $A \supset (F \cdot E)$
3. E / F

★(4) 1. $(H \vee \sim B) \supset R$
2. $(H \vee \sim M) \supset P$
3. H / $R \cdot P$

(5) 1. $G \supset (S \cdot T)$
2. $(S \vee T) \supset J$
3. G / J

(6) 1. $(L \vee T) \supset (B \cdot G)$
2. $L \cdot (K \equiv R)$ / $L \cdot B$

★(7) 1. $(\sim F \vee X) \supset (P \vee T)$
2. $F \supset P$
3. $\sim P$ / T

(8) 1. $(N \supset B) \cdot (O \supset C)$
2. $Q \supset (N \vee O)$
3. Q / $B \vee C$

(9) 1. $(U \vee W) \supset (T \supset R)$
2. $U \cdot H$
3. $\sim R \cdot \sim J$ / $U \cdot \sim T$

★(10) 1. $(D \vee E) \supset (G \cdot H)$
2. $G \supset \sim D$
3. $D \cdot F$ / M

(11) 1. $(B \vee F) \supset (A \supset G)$
2. $(B \vee E) \supset (G \supset K)$
3. $B \cdot \sim H$ / $A \supset K$

(12) 1. $(P \supset R) \supset (M \supset P)$
2. $(P \vee M) \supset (P \supset R)$
3. $P \vee M$ / $R \vee P$

★(13) 1. $(C \supset N) \cdot E$
2. $D \vee (N \supset D)$
3. $\sim D$ / $\sim C \vee P$

(14) 1. $F \supset (\sim T \cdot A)$
2. $(\sim T \vee G) \supset (H \supset T)$
3. $F \cdot O$ / $\sim H \cdot \sim T$

(15) 1. $(\sim S \vee B) \supset (S \vee K)$
2. $(K \vee \sim D) \supset (H \supset S)$
3. $\sim S \cdot W$ / $\sim H$

★(16) 1. $(C \vee \sim G) \supset (\sim P \cdot L)$
2. $(\sim P \cdot C) \supset (C \supset D)$
3. $C \cdot \sim R$ / $D \vee R$

(17) 1. $[A \vee (K \cdot J)] \supset (\sim E \cdot \sim F)$
2. $M \supset [A \cdot (P \vee R)]$
3. $M \cdot U$ / $\sim E \cdot A$

(18) 1. $\sim H \supset (\sim T \supset R)$
2. $H \vee (E \supset F)$
3. $\sim T \vee E$
4. $\sim H \cdot D$ / $R \vee F$

★(19) 1. $(U \cdot \sim \sim P) \supset Q$
2. $\sim O \supset U$
3. $\sim P \supset O$
4. $\sim O \cdot T$ / Q

(20) 1. $(M \vee N) \supset (F \supset G)$
2. $D \supset \sim C$
3. $\sim C \supset B$
4. $M \cdot H$
5. $D \vee F$ / $B \vee G$

(21) 1. $(F \cdot M) \supset (S \vee T)$
2. $(\sim S \vee A) \supset F$
3. $(\sim S \vee B) \supset M$
4. $\sim S \cdot G$ / T

★(22) 1. $(\sim K \cdot \sim N) \supset [(\sim P \supset K) \cdot (\sim R \supset G)]$
2. $K \supset N$
3. $\sim N \cdot B$
4. $\sim P \vee \sim R$ / G

(23) 1. $(\sim A \vee D) \supset (B \supset F)$
2. $(B \vee C) \supset (A \supset E)$
3. $A \vee B$
4. $\sim A$ / $E \vee F$

(24) 1. $(J \supset K) \cdot (\sim O \supset \sim P)$
2. $(L \supset J) \cdot (\sim M \supset \sim O)$
3. $\sim K \supset (L \vee \sim M)$
4. $\sim K \cdot G$ / $\sim P$

★(25) 1. $(\sim M \cdot \sim N) \supset [(\sim M \vee H) \supset (K \cdot L)]$
2. $\sim M \cdot (C \supset D)$
3. $\sim N \cdot (F \equiv G)$ / $K \cdot \sim N$

(26) 1. $(P \vee S) \supset (E \supset F)$
2. $(P \vee T) \supset (G \supset H)$
3. $(P \vee U) \supset (E \vee G)$
4. P / $F \vee H$

(27) 1. $(S \supset Q) \cdot (Q \supset \sim S)$
2. $S \vee Q$
3. $\sim Q$ / $P \cdot R$

★(28) 1. $(D \supset B) \cdot (C \supset D)$
2. $(B \supset D) \cdot (E \supset C)$
3. $B \vee E$ / $D \vee B$

(29) 1. $(R \supset H) \cdot (S \supset I)$
2. $(\sim H \cdot \sim L) \supset (R \vee S)$
3. $\sim H \cdot (K \supset T)$
4. $H \vee \sim L$ / $I \vee M$

(30) 1. $(W \cdot X) \supset (Q \vee R)$
2. $(S \vee F) \supset (Q \vee W)$
3. $(S \vee G) \supset (\sim Q \supset X)$
4. $Q \vee S$
5. $\sim Q \cdot H$ / R

Ⅳ. 把下列论证翻译为符号化形式，并使用前八条推理规则得出每一论证的结论。每道习题后面的括号里给出了用来表示简单陈述的字母，按照这些字母给出的顺序使用它们。

★1. 如果黄玉比石英更硬，那么它会划伤石英与长石。黄玉是比石英更硬，也比方解石更硬。因此，或者黄玉会划伤石英，或者它会划伤刚玉。（T, Q, F, C, O）

2. 如果清场伐木在原始森林中继续，并且濒危物种法案不被废除，那么或者濒危物种法案将被废除，或者成千上万的动物种类将灭绝。清场伐木在原始森林中继续。濒危物种方案将不被废除。因此，成千上万的动物种类将灭绝。（C, E, T）

6.2 蕴涵规则Ⅱ   353

3. 如果高管薪酬不受控制或者被支付更高的奖金，那么或者股东将被欺骗或者普通员工将被支付得更少。高管薪酬不受控制，并且富人变得更富。如果股东被欺骗，那么未来的投资者将会远离；并且如果普通员工被支付得更少，那么消费者的支出将会减少。如果或者未来的投资者远离，或者消费者的支出减少，那么经济将会遭殃。因此，经济将会遭殃。(S, B, C, P, R, F, D, E)

★4. 或者动物只是机器，或者它们感到痛苦。如果或者动物感到痛苦，或者它们有灵魂，那么它们有权利不受不必要的痛苦，并且人类有义务不给它们带来不必要的痛苦。并非动物只是机器。因此，动物有权利不受不必要的痛苦。(M, P, S, R, D)

5. 如果全国一半人患有抑郁症，那么如果或者保险公司有他们的方式或者精神科医生有他们的方式，那么每个人都会服用抗抑郁药。如果或者全国一半人遭受抑郁症或者患者想要真正的治疗，那么并非每个人都会服用抗抑郁药。全国一半人遭受抑郁症的折磨。因此，并非或者保险公司或者精神科医生会有他们的方式。(H, I, P, E, W)

6. 如果或者父母参与到孩子的教育中，或者在学校的时间被延长，那么如果孩子学习拼音，他们的阅读能力会提高，并且如果他们被及早介绍抽象的概念，他们的数学能力会提高。如果或者父母参与孩子的教育或者模糊的课程从课程表中取消，那么或者孩子会学习拼音或者他们将被及早介绍抽象的概念。父母将参与孩子的教育，并且写作课将与其他学科整合。因此，或者孩子的阅读能力或者数学能力将提高。(P, S, L, R, I, M, N, W)

★7. 如果或者制造商不专注于生产优质产品，或者他们不会将产品出售到国外，那么如果他们不专注于生产优质产品，那么贸易逆差将进一步恶化。或者制造商将专注于生产优质产品或者贸易逆差将不会恶化。生产商不专注于生产优质产品。因此，今天的企业管理者缺乏想象力。(C, M, T, B)

8. 如果或者医药费或者医疗事故逃避限制，那么医疗保险费用将激增，并且数百万穷人将没有保险。如果律师随心所欲，那么医疗事故将逃避限制。如果医生随心所欲，那么医药费将逃避限制。或者医生或者律师将会随心所欲，并且保险公司也会抗拒改革。因此，医疗保险费用将激增。(F, A, H, P, L, D, I)

9. 如果我们不确定人类的胎儿是一个人，那么我们必须回答为何怀疑它。如果我们确信人类的胎儿是一个人，那么我们必须给予它生存权。如果我们必须或者回答为何怀疑它，或者给予其生存权，那么我们不确定胎儿是一个人，并且它不仅仅是母亲身体的一部分。或者我们不确定胎儿是一个人或者我们对此确定。如果我们确定胎儿是一个人，那么堕胎是不道德的。因此，堕胎是不道德的。(L, G, C, A, M, I)

★10. 如果恐怖分子领导人策划的暗杀违反了文明价值观，并且也不是长期有效的，那么如果它阻止恐怖分子的暴行，那么它是长期有效的。如果恐怖分子领导人策划的暗杀违反了文明价值观，那么它不是长期有效的。恐怖分子领导人策划的暗杀行为违反了文明价值观，也是违法的。如果恐怖分子领导人策划的暗杀不是长期有效的，那么或者它阻止了恐怖分子的暴行或者证明了恐怖分子的报复行为。因此，恐怖分子领导人策划的暗杀证明了恐怖分子的报复行为，并且不是长期有效的。(V, E, P, I, J)

6.3 置换规则 I

> **预热**
>
> 当你穿过溪流以后，你遇到一个你必须攀登过去的高达近 8 米的岩石峭壁。你现在可以实践一些攀岩技能。当你向上攀爬的时候，你必须让你的手在岩石中找到一系列的缝隙，以及让你的脚找到可以踩的凸起物。这些缝隙和凸起物不能相距太远，并且它们必须不断向上蔓延。这涉及比跨越溪流所要求的层次更高的思维策略。本节内容将为你提供这种思维的杰出实践。

不同于蕴涵规则这种基本的论证形式，这十条**置换规则**（rule of replacement）是以逻辑等值式的形式给出的，它们彼此之间能够在证明序列中相互替换。为了表达这些规则，引入一个新的符号，称为双冒号（::），用来表示逻辑等值。这一符号是一个元逻辑符号，不是用来断定事物，而是用来断定符号化陈述：它断定它两边的表达式具有相同的真值，不论它们的组成部分的真值是什么。置换规则使用的基础是**置换公理**（axiom of replacement），它断定，在一个证明中，逻辑上等值的表达式可以互相替换。前五条置换规则如下：

> **置换规则**：被表达为逻辑等值式的推理规则。

9. 德·摩根律（DM）：

    $\sim(p \cdot q) :: (\sim p \lor \sim q)$
    $\sim(p \lor q) :: (\sim p \cdot \sim q)$

10. 交换律（Com）：

    $(p \lor q) :: (q \lor p)$
    $(p \cdot q) :: (q \cdot p)$

11. 结合律（Assoc）：

    $[p \lor (q \lor r)] :: [(p \lor q) \lor r]$
    $[p \cdot (q \cdot r)] :: [(p \cdot q) \cdot r]$

12. 分配律（Dist）：

    $[p \cdot (q \lor r)] :: [(p \cdot q) \lor (p \cdot r)]$
    $[p \lor (q \cdot r)] :: [(p \lor q) \cdot (p \lor r)]$

13. 双重否定律（DN）：

    $p :: \sim\sim p$

德·摩根律（De Morgan's rule）（以 19 世纪逻辑学家奥古斯都·德·摩根的名字命名）在 5.1 节的翻译环节中讨论过。在那里，曾经指出"并非 p 且 q"逻辑上等值于"并非 p 或者并非 q"，以及"并非或者 p 或者 q"逻辑上等值于"并非并且并非 q"。在应用德·摩根律时，应该记住它只对合取式和析取式成立（对条件句和双条件句不成立）。这条规则可以总结为：当把波浪号移进或移出一对括号时，点号转换为楔形符，反之亦然。

交换律（commutativity）断定了一个合取式或析取式的真值与其组成部分的顺序无关。换句话说，作为组成部分的陈述可以交换顺序，而不影响真值。这条规则的有效性应该是显而易见的。你可以回忆一下，在代数中，交换律规则也适用于加法和乘法，例如，3 + 5 等于 5 + 3，2 × 3 等于 3 × 2。然而，交换律却不适用于除法；2 ÷ 4 不等于 4 ÷ 2。类似的方式也适用于逻辑：交换律规则仅仅适用于合取式和析取式，而不适用于蕴涵式。

结合律（associativity）表明，当一个表达式只使用了一种算子时，合取陈述或析取陈述的真值与括号的位置无关。换句话说，作为组成部分的命题，其结合方式可以改变，但不会影响真值。这条规则的有效性很容易看出来，但是，如果仍有人怀疑的话，可以通过真值表进行检验。可以回想一下加法和乘法中的结合律，例如，3 + (5 + 7) 等于 (3 + 5) + 7，2 × (3 × 4) 等于 (2 × 3) × 4。但是结合律不适用于除法，(8 ÷ 4) ÷ 2 不等于 8 ÷ (4 ÷ 2)。类似地，在逻辑中，结合律只适用于合取陈述和析取陈述，而不适用于条件陈述。还要注意的是，在应用此规则时，字母的顺序保持不变，只改变括号的位置。

分配律（distribution）与德·摩根律一样，只适用于合取陈述和析取陈述。当一个命题与括号中的析取陈述合取或者与括号中的合取陈述析取时，这条规则允许我们把该命题与括号内的每一个组成部分放在一起，反方向也成立。在第一种形式的规则中，陈述被分配为析取式，在第二种形式的规则中，陈述被分配为合取式。尽管这一规则不是那么显而易见，但是很容易记住：括号外的算子移进括号内，括号内的算子移出括号外。也要注意，分配律与交换律以及结合律不同，后两个规则仅适用于整个陈述只使用同一种算子（或者点号或者楔形符）的情形，分配律适用于点号和楔形符一起出现在一个陈述中的情形。

双重否定律（double negation）是相当明显的，只需做一点解释。该规则只是表明，在不影响陈述真值的情况下，可以删除也可以引入一对直接相邻的波浪符。

本章前两节介绍的蕴涵规则与置换规则之间有着重要区别。蕴涵规则的名称来自于这个事实：每一条蕴涵规则都是一个简单的前提蕴涵结论的论证形式。在自然演绎中，为了应用蕴涵规则，证明中的某些行必须被解释为所讨论的论证形式的替换实例。换言之，蕴涵规则仅仅应用于证明中的整行。例如，下面这个证明的第三步不是肯定前件式的合法应用，因为肯定前件式规则的第一个前提只被应用于第 1 行的一部分。

1. $A \supset (B \supset C)$
2. B
3. C 1, 2, MP（无效的）

另一方面，置换规则不是蕴涵规则，而是逻辑等值规则。因为，根据置换公理，逻辑等值的陈述形式通常在一个证明序列中互相置换，置换规则可以被应用于一整行，也可以被应用于一行的一部分。下面这个证明中的第 2 步就是德·摩根律的合法应用，尽管这一规则只是应用于第 1 行的后件。

> 这些置换规则可以应用于一整行，也可以应用于一行的部分。

1. $S \supset \sim(T \cdot U)$
2. $S \supset (\sim T \vee \sim U)$ 1, DM（有效的）

两者之间的另一个区别是，蕴涵规则是"单向"规则，而置换规则是"双向"规则。蕴涵规则只允许我们从前提行进到结论行。但是置换规则允许我们用等值表达式的一边替换另一边。

现在来说明前五条置换规则的使用。考虑下面的论证：

1. $A \supset \sim(B \cdot C)$
2. $A \cdot C$ / $\sim B$

仔细检查前提，我们发现 B 在第 1 行的后件中，这引导我们猜想是否可以通过肯定前件式规则得到结论。如果这一猜想正确，必须通过德·摩根律将波浪号移进括号中，并通过析取三段论排除 $\sim C$。下面这个完成的证明表明这一策略产生了预期结果。

1. $A \supset \sim(B \cdot C)$
2. $A \cdot C$ / $\sim B$
3. A 2, Simp
4. $\sim(B \cdot C)$ 1, 3, MP
5. $\sim B \vee \sim C$ 4, DM
6. $C \cdot A$ 2, Com
7. C 6, Simp
8. $\sim\sim C$ 7, DN
9. $\sim C \vee \sim B$ 5, Com
10. $\sim B$ 8, 9, DS

第 6 行的理由是把 C 放到左边，以便可以通过简化律将其分离。同样，第 9 行的理由是把 $\sim C$ 放到左边，以便通过析取三段论将其排除掉。第 8 行是必要的，因为严格地讲，$\sim C$ 的否定是 $\sim\sim C$，而不是 C。这样，为了建立析取三段论，必须用 $\sim\sim C$ 替换 C。如果你的老师允许，可以把交换律和双重否定律与其他推理规则合并为一行，就如下面这个简化的证明所示。然而，我们在本书余下的部分中将避免这样做。

1. $A \supset \sim(B \cdot C)$
2. $A \cdot C$ / $\sim B$
3. A 2, Simp
4. $\sim(B \cdot C)$ 1, 3, MP

6.3 置换规则

5. ~B ∨ ~C   4, DM
6. C   2, Com, Simp
7. ~B   5, 6, Com, DN, DS

另外一个例子：

1. D • (E ∨ F)
2. ~D ∨ ~F   / D • E

结论要求我们把 D 和 E 放在一起，对第一个前提的检查表明，在第一步使用分配律就可以达成目标。完整的证明如下：

1. D • (E ∨ F)
2. ~D ∨ ~F   / D • E
3. (D • E) ∨ (D • F) 1, Dist
4. (D • F) ∨ (D • E) 3, Com
5. ~(D • F)   2, DM
6. D • E   4, 5, DS

有些证明要求逆向使用分配律。考虑下面的论证：

1. (G • H) ∨ (G • J)
2. (G ∨ K) ⊃ L   / L

如果我们首先获得 G ∨ K 作为单独的一行，那么可以通过使用肯定前件式从第 2 行得出结论。因为 K 根本没有出现在前提中，必须通过添加律将其引入。这就要求我们先获得 G 作为单独的一行。对第 1 行使用分配律即可解决这一问题：

1. (G • H) ∨ (G • J)
2. (G ∨ K) ⊃ L   / L
3. G • (H ∨ J)   1, Dist
4. G   3, Simp
5. G ∨ K   4, Add
6. L   2, 5, MP

结合律规则的应用可以通过下面的证明来说明：

1. M ∨ (N ∨ O)
2. ~O   / M ∨ N
3. (M ∨ N) ∨ O   1, Assoc
4. O ∨ (M ∨ N)   3, Com
5. M ∨ N   2, 4, DS

在通过析取三段论排除第 1 行中的 O 之前，必须把它移到左边。结合律和交换律一起使用完成了这一目标。

> 置换规则允许我们"解构"结论。

在有些论证中，在前提中"找到"结论的努力不会很快获得成功。当遇到这样一个论证时，通常应该在一开始的时候使用置换规则"解构"结论，换句话说，应该首先对结论使用置换规则，看结论是如何组合在一起的。完成这一步以后，前提如何蕴涵结论可能就变得明显了。置换规则是双向规则这一事实为这一步骤提供了证据。结果是，在结论被解构以后，可以通过相同规则的反向应用来推导出结论。这里有一个此种论证的例子：

1. $K \supset (F \vee B)$
2. $G \cdot K$ / $(F \cdot G) \vee (B \cdot G)$

如果直接的检查没有揭示结论是如何被得出的，我们可以从对结论使用置换规则开始。结论表明，它使用了分配律，但是首先我们必须使用交换律把 G 移到左手边。解析过程如下：

$(F \cdot G) \vee (B \cdot G)$
$(G \cdot F) \vee (B \cdot G)$ Com
$(G \cdot F) \vee (G \cdot B)$ Com
$G \cdot (F \vee B)$ Dist

现在我们知道，如果能够获得 G 作为单独的一行，以及 $F \vee B$ 作为单独的一行，就可以使用合取律把它们结合为一行。然后我们就可以通过分配律和交换律得出结论。对前提的检查表明，可以在第 2 行通过使用简化律得出 G，可以在第 1 行通过肯定前件式规则得到 $F \vee B$。完整的证明如下所示：

1. $K \supset (F \vee B)$
2. $G \cdot K$ / $(F \cdot G) \vee (B \cdot G)$
3. G 2, Simp
4. $K \cdot G$ 2, Com
5. K 4, Simp
6. $F \vee B$ 1, 5, MP
7. $G \cdot (F \vee B)$ 3, 6, Conj
8. $(G \cdot F) \vee (G \cdot B)$ 7, Dist
9. $(F \cdot G) \vee (G \cdot B)$ 8, Com
10. $(F \cdot G) \vee (B \cdot G)$ 9, Com

这里有一些应用前五条置换规则的策略。其中的大多数表明了这些规则如何和其他规则一起使用。

策略 11：合取律可以用来构建德·摩根律：

1. $\sim A$
2. $\sim B$
3. $\sim A \cdot \sim B$ 1, 2, Conj
4. $\sim (A \vee B)$ 3, DM

策略 12：构造式两难可以用来构建德·摩根律：

1. $(A \supset \sim B) \cdot (C \supset \sim D)$
2. $A \vee C$
3. $\sim B \vee \sim D$ 1, 2, CD
4. $\sim (B \cdot D)$ 3, DM

策略 13：添加律可以用来构建德·摩根律：

1. $\sim A$
2. $\sim A \vee \sim B$ 1, Add
3. $\sim (A \cdot B)$ 2, DM

策略 14：分配律能以两种方式用来构建析取三段论规则：

1. $(A \vee B) \cdot (A \vee C)$
2. $\sim A$

3. A ∨ (B • C)   1, Dist
4. B • C   2, 3, DS

1. A • (B ∨ C)
2. ~(A • B)
3. (A • B) ∨ (A • C)   1, Dist
4. A • C   2, 3, DS

策略 15：分配律能以两种方式用来构建简化律：

1. A ∨ (B • C)
2. (A ∨ B) • (A ∨ C)   1, Dist
3. A ∨ B   2, Simp

1. (A • B) ∨ (A • C)
2. A • (B ∨ C)   1, Dist
3. A   2, Simp

策略 16：如果对前提的检查不能表明结论是如何被得出的，考虑使用置换规则对结论进行解构。（参见本节最后的例子）

| 著名逻辑学家 |

威拉德·范·奥曼·奎因（Willard Van Orman Quine，1908—2000）

威拉德·范·奥曼·奎因在其去世前被广泛认为是——就像斯图尔特·汉普郡（Stuart Hampshire）所说的——"最著名和最有影响力的依然健在的哲学家"。在那个时候，已经有超过 2000 篇学术文章讨论了他的工作。

奎因 1908 年出生在俄亥俄州的阿克伦，其父亲创立了一家重型装备公司，其母亲在小学教书。1930 年，他以最优等荣誉的成绩毕业于奥伯林学院并获得了数学学士学位。随后他进入哈佛大学，在那里，他转学哲学，因此可以在阿尔弗雷德·诺斯·怀特海的指导下进行研究。两年以后，他获得博士学位。除了第二次世界大战期间有四年的时间在海军服役，从事解码德军潜艇消息的工作，奎因始终是哈佛大学的一员，直到生命的尽头。

奎因写了 22 部著作，前 5 部研究的是数学逻辑。他早期作品的一个目的是表明如何可以用不到怀特海和罗素《数学原理》四分之一的篇幅来处理数学基础。他最著名的著作之一就是《经验主义的两个教条》。该书通过驳倒分析陈述与综合陈述之间神圣不可侵犯的区别，动摇了分析哲学的支柱。这部著作的一个结果就是，即使是逻辑和数学的真理，也变得受到感觉经验的支配。

还是一个孩子的时候，奎因就迷恋收集邮票和绘制地图，成年后，他热衷于世界旅游。他访问了 118 个国家，可以很流利地讲 6 种不同的语言，他的演讲遍布世界各地，并获得首届"罗尔夫·朔克奖"（斯德哥尔摩，1993）和京都奖（东京，1996）。他结过两次婚，在每次婚姻中生育两个孩子，他热爱爵士乐，会演奏班卓琴、曼陀林和钢琴。他非常谦逊，对许多领域的主题有着经久不衰的好奇心，他乐于给大学新生教授逻辑以及哲学高等课程。他在波士顿去世，享年 92 岁。

习题 6.3

I. 对于下列每道题的一组前提，得出暗含的结论并完成依据。对于双重否定规则，避免出现三个波浪符。第六道题有两个可能的答案。

★(1) 1. $\sim(E \supset H)$
2. $\sim(N \vee G)$
3. $\sim A \vee D$
4. _____ ____, DM

(2) 1. $G \supset (N \supset K)$
2. $R \vee (D \supset F)$
3. $S \cdot (T \vee U)$
4. _____ ____, Dist

(3) 1. $M \vee (G \vee T)$
2. $P \cdot (S \supset N)$
3. $D \cdot (R \vee K)$
4. _____ ____, Assoc

★(4) 1. $B \supset W$
2. $G \equiv F$
3. $S \cdot A$
4. _____ ____, Com

(5) 1. $\sim\sim R \vee T$
2. $\sim N \vee \sim B$
3. $\sim A \supset \sim H$
4. _____ ____, DN

(6) 1. $(F \vee N) \supset (K \cdot D)$
2. $(H \cdot Z) \vee (H \cdot W)$
3. $(P \supset H) \vee (P \supset N)$
4. _____ ____, Dist

★(7) 1. $\sim(G \cdot \sim Q)$
2. $\sim(K \equiv \sim B)$
3. $\sim T \supset \sim F$
4. _____ ____, DM

(8) 1. $G \supset (\sim L \supset T)$
2. $L \equiv (\sim R \supset \sim C)$

3. $J \supset (S \vee \sim N)$
4. _____ ____, Com

(9) 1. $S \supset (M \supset D)$
2. $(K \cdot G) \vee B$
3. $(E \cdot H) \cdot Q$
4. _____ ____, Assoc

★(10) 1. $\sim R \vee \sim P$
2. $\sim F \supset \sim W$
3. $G \cdot \sim A$
4. _____ ____, DM

(11) 1. $\sim B \vee E$
2. $\sim E \cdot \sim A$
3. $\sim C \supset \sim R$
4. _____ ____, DN

(12) 1. $\sim G \cdot (S \supset A)$
2. $\sim S \supset (B \cdot K)$
3. $\sim Q \vee (T \cdot R)$
4. _____ ____, Dist

★(13) 1. $F \supset (\sim S \vee M)$
2. $H \supset (\sim L \cdot \sim D)$
3. $N \supset (\sim G \supset \sim C)$
4. _____ ____, DM

(14) 1. $F \supset (P \supset \sim E)$
2. $C \vee (S \cdot \sim B)$
3. $M \cdot (R \cdot \sim T)$
4. _____ ____, Assoc

(15) 1. $(D \vee \sim K) \cdot (D \vee \sim W)$
2. $(S \vee \sim Z) \vee (P \vee \sim T)$
3. $(Q \supset \sim N) \cdot (Q \supset \sim F)$
4. _____ ____, Dist

II. 在下面的符号化论证中，得出获得结论（最后一行）所需的一行，并为后面两行提供依据。

★(1) 1. $K \vee C$
2. $\sim C$
3. ____ ____
4. K ____

(2) 1. $G \supset (R \vee N)$
2. $\sim R \cdot \sim N$
3. _____
4. $\sim G$

(3) 1. $H \cdot T$
2. ____ ____
3. T ____

★(4) 1. $(L \cdot S) \cdot F$
2. _____
3. L ____

(5) 1. $\sim B \vee K$
2. _____
3. $\sim(B \cdot \sim K)$ ____

(6) 1. $C \supset \sim A$
  2. A
  3. _____
  4. $\sim C$

★(7) 1. $(D \cdot M) \vee (D \cdot N)$
  2. _____
  3. D

(8) 1. $(U \vee T) \supset R$
  2. $T \vee U$
  3. _____
  4. R

(9) 1. $\sim L \vee M$
  2. L
  3. _____
  4. M

★(10) 1. $D \vee (N \cdot H)$
   2. _____
   3. $D \vee N$

(11) 1. $(K \vee E) \cdot (K \vee G)$
  2. $\sim K$
  3. _____
  4. $E \cdot G$

(12) 1. $(N \supset T) \cdot (F \supset Q)$
  2. $F \vee N$
  3. _____
  4. $T \vee Q$

★(13) 1. $(M \vee G) \vee T$
   2. $\sim M$
   3. _____
   4. $G \vee T$

(14) 1. $(\sim A \supset T) \cdot (\sim S \supset K)$
  2. $\sim (A \cdot S)$
  3. _____
  4. $T \vee K$

(15) 1. $\sim R$
  2. _____
  3. $\sim (R \cdot T)$

Ⅲ. 使用前十三条推理规则得出下列符号化论证的结论。

★(1) 1. $(\sim M \supset P) \cdot (\sim N \supset Q)$
  2. $\sim (M \cdot N)$ / $P \vee Q$

(2) 1. $\sim S$ / $\sim (F \cdot S)$

(3) 1. $J \vee (K \cdot L)$
  2. $\sim K$ / J

★(4) 1. $\sim (N \cdot T)$
  2. T / $\sim N$

(5) 1. $H \supset \sim A$
  2. A / $\sim (H \vee \sim A)$

(6) 1. $R \supset \sim B$
  2. $D \vee R$
  3. B / D

★(7) 1. $T \supset (B \vee E)$
  2. $\sim E \cdot T$ / B

(8) 1. $(O \vee M) \supset S$
  2. $\sim S$ / $\sim M$

(9) 1. $Q \vee (L \vee C)$
  2. $\sim C$ / $L \vee Q$

★(10) 1. $(K \cdot H) \vee (K \cdot L)$
   2. $\sim L$ / H

(11) 1. $\sim (\sim E \cdot \sim N) \supset T$
  2. $G \supset (N \vee E)$ / $G \supset T$

(12) 1. $H \cdot (C \cdot T)$
  2. $\sim (\sim F \cdot T)$ / F

★(13) 1. $(E \cdot I) \vee (M \cdot U)$
   2. $\sim E$ / $\sim (E \vee \sim M)$

(14) 1. $\sim (J \vee K)$
  2. $B \supset K$
  3. $S \supset B$ / $\sim S \cdot \sim J$

(15) 1. $(G \cdot H) \vee (M \cdot G)$
  2. $G \supset (T \cdot A)$ / A

★(16) 1. $(Q \cdot N) \vee (N \cdot T)$
   2. $(Q \vee C) \supset \sim N$ / T

(17) 1. $\sim (U \vee R)$
  2. $(\sim R \cdot N) \supset (P \cdot H)$
  3. $Q \supset \sim H$ / $\sim Q$

(18) 1. $\sim (F \cdot A)$
  2. $\sim (L \vee \sim A)$
  3. $D \supset (F \vee L)$ / $\sim D$

★(19) 1. $[(I \vee M) \vee G] \supset \sim G$
   2. $M \vee G$ / M

(20) 1. $E \supset \sim B$
  2. $U \supset \sim C$
  3. $\sim (\sim E \cdot \sim U)$ / $\sim (B \cdot C)$

(21) 1. $\sim (K \vee F)$
  2. $\sim F \supset (K \vee C)$
  3. $(G \vee C) \supset \sim H$ / $\sim (K \vee H)$

★(22) 1. $S \vee (I \cdot \sim J)$
2. $S \supset \sim R$
3. $\sim J \supset \sim Q$ / $\sim (R \cdot Q)$

(23) 1. $(J \vee F) \vee M$
2. $(J \vee M) \supset \sim P$
3. $\sim F$ / $\sim (F \vee P)$

(24) 1. $(K \cdot P) \vee (K \cdot Q)$
2. $P \supset \sim K$ / $Q \vee T$

★(25) 1. $E \vee \sim (D \vee C)$
2. $(E \vee \sim D) \supset C$ / E

(26) 1. $A \cdot (F \cdot L)$
2. $A \supset (U \vee W)$
3. $F \supset (U \vee X)$ / $U \vee (W \cdot X)$

(27) 1. $(T \cdot R) \supset P$
2. $(\sim P \cdot R) \cdot G$
3. $(\sim T \vee N) \supset H$ / H

★(28) 1. $P \vee (I \cdot L)$
2. $(P \vee I) \supset \sim (L \vee C)$
3. $(P \cdot \sim C) \supset (E \cdot F)$ / $F \vee D$

(29) 1. $B \vee (S \cdot N)$
2. $B \supset \sim S$
3. $S \supset \sim N$ / $B \vee W$

(30) 1. $(\sim M \vee E) \supset (S \supset U)$
2. $(\sim Q \vee E) \supset (U \supset H)$
3. $\sim (M \vee Q)$ / $S \supset H$

★(31) 1. $(\sim R \vee D) \supset \sim (F \cdot G)$
2. $(F \cdot R) \supset S$
3. $F \cdot \sim S$ / $\sim (S \vee G)$

(32) 1. $\sim Q \supset (C \cdot B)$
2. $\sim T \supset (B \cdot H)$
3. $\sim (Q \cdot T)$ / B

(33) 1. $\sim (A \cdot G)$
2. $\sim (A \cdot E)$
3. $G \vee E$ / $\sim (A \cdot F)$

★(34) 1. $(M \cdot N) \vee (O \cdot P)$
2. $(N \vee O) \supset \sim P$ / N

(35) 1. $(T \cdot K) \vee (C \cdot E)$
2. $K \supset \sim E$
3. $E \supset \sim C$ / $T \cdot K$

Ⅳ. 把下列论证翻译为符号化形式，并使用前十三条推理规则得出每一论证的结论。每道习题后面的括号里给出了用来表示简单陈述的字母，按照这些字母给出的顺序使用它们。

★1. 或者医疗保险费用飞涨并且它们被贡献给贪婪的医生，或者医疗保险费用飞涨并且它们被贡献给贪婪的医院。如果医疗保险费用飞涨，那么政府应该从中周旋并且必须实施配给医疗保险。因此，医疗保险费用飞涨并且必须实施配给医疗保险。(S, D, H, I, R)

2. 或者古代伊特鲁里亚人是有经验的城市规划者并且他们发明了书写的艺术，或者古代伊特鲁里亚人是高度熟练的工程师并且他们发明了书写的艺术。如果古代伊特鲁里亚人是嗜杀成性的笨蛋（如学者们曾经认为的），他们没有发明书写的艺术。因此，古代伊特鲁里亚人不是嗜杀成性的笨蛋（如学者们曾经认为的）。(C, I, H, B)

3. 并非或者地球的熔核是静止的或者并非地球的核心不含铁。如果并非地球的熔核是静止的且有一个规则的地形，那么或者地球的核心不含铁或者地球磁场的方向是变化的。因此，地球磁场的方向是变化的。(S, C, R, D)

★4. 或者蚊子基因可以被克隆，或者蚊子会对所有的杀虫剂产生免疫并且脑炎发病率将上升。如果或者蚊子基因可以被克隆或者脑炎发病率上升，那么蚊子不会对所有杀虫剂产生免疫。因此，或者蚊子基因可以被克隆，或者蚊子会大量繁殖。(G, R, E, M)

5. 蛋白质工程将被证明与遗传工程一样成功，而且用于食品生产和分解工业废物的新的酶将被研发出来。如果蛋白质工程被证明与基因工程一样成功并且用于分解工业废物的新的酶将被研发出来，那么并非是用于食品生产的而不是用于药品生产的新的酶将被研发出来。因此，蛋白质工程将被证明与基因工程一样成功，并且用于药品生产的新的酶将被研发出来。（E, P, B, M）

6. 如果工人有工作的基本权利，那么失业根本不存在，但工作过剩将成为一个问题。如果工人没有工作的基本权利，那么生产效率将被最大化，但工作的安全将受到损害。或者工人有或者没有工作的基本权利。因此，或者失业根本不存在或者生产效率将被最大化。（F, U, R, P, S）

★7. 如果某国要减少巨额的贸易顺差，那么它就必须或者说服它的公民花更多的钱，或者必须将其生产设施转移到其他国家。并非某国将或者增加其进口或者说服它的公民花更多的钱。此外，并非某国会允许外国建筑公司在平等基础上进行竞争，或者将其生产设施转移到其他国家。因此，某国将不会减少巨额贸易顺差。（R, C, M, I, A）

8. 如果女人天生被动或没有竞争力，那么并非有律师是女性。如果男人天生不敏感或没有教养能力，那么并非有幼儿园教师是男性。有律师是女性，并且有幼儿园教师是男性。因此，并非女性天生缺乏竞争力或者男性天生没有教养能力。（P, U, L, I, W, K）

9. 并非或者太阳内部的旋转速度比其表面快或者爱因斯坦的广义相对论是错误的。如果太阳内部的旋转速度不比其表面快并且水星轨道的偏心率能通过太阳引力加以解释，那么爱因斯坦的广义相对论是错误的。因此，水星轨道的偏心率不能通过太阳引力加以解释。（S, E, M）

★10. 或者学校的辍学计划不像它们应该有的那样有效，或者它们向学生提供基本的思维技能和心理咨询。或者学校的辍学计划不像它们应该有的那样有效，或者它们为学生找到工作和与他人有效合作做了充足准备。或者学校的辍学计划不向学生提供心理咨询，或者它们不为学生与他人有效合作提供充足准备。因此，学校的辍学计划不像它们应该有的那样有效。（E, B, P, G, W）

V. 下面的对话包含了8个论证。把它们翻译为符号化形式并使用前十三条推理规则得出每个论证的结论。

另一种戒指

当他在教堂的台阶上看到了吉娜，"嗨，没想到会在这里见到你，"肯说，"你一定是新娘的朋友。"

"是的，"她说，"你是新郎的朋友吗？"

"新郎的一个朋友的朋友，"他回答道，"所以这里的人我认识的不太多。"

"这样吧，我会跟你在一起直到典礼开始，"吉娜说。"看起来典礼会推迟，因此我们可以聊一会儿。"

她环顾四周，叹息道，"每次参加婚礼，"她说，"我都感到很难过，我知道有一对女同性恋已经为结婚做好了准备。不幸的是，这个州不允许同性婚姻。"

"好吧，我不认为这是不幸的，"肯说，"如果婚姻是神圣的，那么我们不应该篡改它；如果是这样，我们就不应该允许同性婚姻。我认为婚姻是神圣的，所以我们不应该允许同性婚姻。"

吉娜看起来很震惊。肯继续说，"看，"他说道，"《圣经》谴责同性恋。如果或者《利未记》是真的，或者《罗马书》是真的，那么同性恋是可憎的，它必须被避免。如果同性恋必须被避免或者它是违背自然的，那么如果这是一种罪恶，那么它不能被允许。现在我们知道《罗马书》是真的，如果《圣经》谴责同性恋，那么它是一种罪。由此，同性婚姻必须不能被允许。"

"很显然，你把宗教引入了讨论的话题，"吉娜回应道，她向人群中的一位朋友挥手，"但美国宪法第一修正案表明，每个州必须避免或者确立一种宗教或者妨碍宗教实践。如果每个州为了你的理由而禁止同性婚姻，那么它就确立了一种宗教。因此，它一定不会为了你的理由而禁止同性婚姻。"

肯张嘴要反驳，但是此刻吉娜频频进攻。"而且，"她继续说道，"我们的国家是建立在平等原则之上的。如果异性伴侣可以结婚，显然他们可以，那么或者同性伴侣可以结婚或者同性伴侣与异性伴侣的地位不平等。如果同性伴侣可以结婚，那么我们的法律必须修改，其他州的法律也必须修改。现在，如果我们的国家是建立在平等原则基础上的，那么同性伴侣与异性伴侣的地位平等。因此，我们的法律必须修改。"

"看，"肯说，"婚姻通常是一位男性与一位女性之间的关系。如果是这样，传统值得保留，那么如果我们允许同性婚姻登记，那么婚姻的概念将被修改，性别角色将转变。现在传统值得保留，并且性别角色不应该转变。因此，我们不允许同性婚姻。"

"哈，"吉娜说，"我知道你为什么不想转变性别角色。你不想看到自己在厨房做饭和洗碗。"

"好吧，我确实不喜欢这个想法，"肯承认说，"我认为上帝希望我们保持事物本来的样子。但是有另外一个理由。婚姻的主要目的是生育小孩，如果是这样，那么很重要的一点是，小孩在成长过程中受到良好的教养。但是，如果孩子要受到良好的教养，那么他们必须同时具有男性角色榜样和女性角色榜样。如果父母都是男性，那么孩子将没有女性角色榜样；如果父母都是女性，那么孩子将没有男性角色榜样。显然，如果婚姻是同性婚姻，那么父母或者都是男性或者都是女性。因此婚姻一定不能是同性婚姻。"

"你的推理缺乏远见，"吉娜说，"在有小孩的同性婚姻中，父母或者都是男性或者都是女性。这一点我赞同你的观点。但是如果他们都是男性，那么他们一定有亲密的女性朋友，并且如果是这样，那么该婚姻既有男性角色榜样也有女性角色榜样。如果父母都是女性，那么她们一定有亲密的男性朋友，并且如果是这样，那么该婚姻既有女性角色榜样也有男性角色榜样。如果一个婚姻既有男性角色榜样又有女性角色榜样，那么小孩将会受到很好的教养。因此，在有小孩的同性婚姻中，小孩将受到良好的教养。你觉得呢？"

"好吧，"肯说，他抓了一下头，"我想知道这些替代角色榜样是否像男性和女性父母那样有效。但是在每一种情况中，都有民事结合的选择。为什么这还不能使你满意呢？"

"民事结合在很多方面达不到婚姻关系，"吉娜回答道，"它们仅在被执行的州才是有效的，而且它们不允许民事伴侣联合申报联邦所得税或者获得社会安全法案规定的抚恤金。如果它们仅在执行的州有效，那么如果这对夫妇搬到一个不同的州，那么如果一个人住院，另一个人将没有探视权。如果民事伴侣不能联合申报联邦所得税，那么他们就必须单独报税。如果是这样，他们可能会交更多的税。如果民事伴侣不享有抚恤金，那么如果领取抚恤金的伴侣去世，那么另一个人将不能作为幸存者领取任何东西。假设民事结合中的伴侣搬到一个不同的州，并且其中领取抚恤金的伴侣住院了，并最终死亡。结论是，另一个人不仅在其活着时没有探视权，而且在其死后，作为幸存者也不能获得任何东西，并且这对伴侣可能要支付更高的税。这看起来像一个婚姻的公平替代吗？"

"也许不是，"肯说，他抬头朝人群看去，"但我仍然认为同性婚姻是不自然的。不管怎样，新娘和新郎来了。让我们进去吧。"

"好，我们走吧，"吉娜说。

6.4 置换规则 II

预热

你的徒步旅行来到了一条河流的尽头，该河流有几个等级为3级的急流。幸运的是，在出发前，你已经在这里准备了独木舟。独木舟顺流而下，将给你带来比攀登悬崖更大的，但也更令人兴奋的挑战。选择最佳路线通过急流需要战略眼光，攀越岩石需要技巧。你必须不断地意识到你在哪里，你想去哪里。本节内容支持这种思想的进一步实践。

余下的五条置换规则如下：

14. 假言易位律（Trans）：

    $(p \supset q) :: (\sim q \supset \sim p)$

15. 实质蕴涵律（Impl）：

    $(p \supset q) :: (\sim p \vee q)$

16. 实质等值律（Equiv）：

    $(p \equiv q) :: [(p \supset q) \cdot (q \supset p)]$
    $(p \equiv q) :: [(p \cdot q) \vee (\sim p \cdot \sim q)]$

17. 输出律（Exp）：

    $[(p \cdot q) \supset r] :: [p \supset (q \supset r)]$

18. 重言律（Taut）：

$$p :: (p \lor p)$$
$$p :: (p \bullet p)$$

假言易位律（transposition）表明，条件陈述的前件和后件可以交换位置，当且仅当将波浪符放在两者之前或者将波浪符从两者的前面移走。这条规则理解起来相当容易，也容易通过真值表来加以证明。

实质蕴涵律（material implication）不如假言易位律那么明显，但是可以通过使用现实陈述替换字母来加以说明。例如，陈述"如果你烦我，那么我会揍你的鼻子"（$B \supset P$）逻辑上等值于"或者你停止烦我，或者我揍你的鼻子"（$\sim B \lor P$）。这一规则表明，如果左边的成分被否定，可以用楔形符替换马蹄符。如果从左边的成分中删除波浪符，反向替换也是可以的。

实质等值律（material equivalence）有两种表述。第一种与 5.1 节给出的实质等值的定义是相同的。通过回想 $p \equiv q$ 为真的两种方式，第二种表述也很容易理解。p 与 q 都为真，或者 p 与 q 都为假。当然，这就是 $[(p \cdot q) \lor (\sim p \cdot \sim q)]$ 的意义。

输出律（exportation）也相当容易理解。它断定了陈述"如果我们有 p 与 q，那么我们有 r"逻辑上等值于"如果我们有 p，那么如果我们有 q，那么我们有 r"。这条规则说明的是，陈述"如果鲍勃和休都说了真话，那么吉姆有罪"逻辑上等值于"如果鲍勃说了真话，那么如果休说了真话，那么吉姆有罪"。

重言律（tautology）是本节中最后引入的规则，它是很明显的。其作用是消除冗余的析取支与合取支。

下面的证明解释了这五条规则的使用。

1. $\sim A$ / $A \supset B$

在这个证明的结论中包含一个前提中没有出现的字母，显然，必须使用添加律引入 B。通过实质蕴涵规则完成了该证明。

1. $\sim A$ / $A \supset B$
2. $\sim A \lor B$ 1, Add
3. $A \supset B$ 2, Impl

另外一个例子：

1. $F \supset G$
2. $F \lor G$ / G

为了从论证中得到结论，必须找到一个方法——将两个前提联结在一起并且排除 F。假言三段论提供了解决方法，但是首先必须将第二个前提转换为一个条件句。证明如下：

1. $F \supset G$
2. $F \lor G$ / G
3. $\sim \sim F \lor G$ 2, DN
4. $\sim F \supset G$ 3, Impl
5. $\sim F \supset \sim \sim G$ 4, DN
6. $\sim G \supset F$ 5, Trans

7.	~G ⊃ G	1, 6, HS
8.	~~G ∨ G	7, Impl
9.	G ∨ G	8, DN
10.	G	9, Taut

再看一个例子：

1. J ⊃ (K ⊃ L)　　　　/ K ⊃ (J ⊃ L)

结论可以通过简单地重新排列这个唯一前提的组成部分而获得。输出律提供了最简单的方法。

1. J ⊃ (K ⊃ L)　　　　/ K ⊃ (J ⊃ L)
2. (J • K) ⊃ L　　　　1, Exp
3. (K • J) ⊃ L　　　　2, Com
4. K ⊃ (J ⊃ L)　　　　3, Exp

再看一个例子：

1. M ⊃ N
2. M ⊃ O　　　　　　/ M ⊃ (N • O)

像含有 F 和 G 的那个例子一样，必须找到把两个前提联结在一起的方法。然而，在这个例子中，假言三段论不再起作用，解决之路在于构建一个分配律的步骤：

1. M ⊃ N
2. M ⊃ O　　　　　　　　/ M ⊃ (N • O)
3. ~M ∨ N　　　　　　　1, Impl
4. ~M ∨ O　　　　　　　2, Impl
5. (~M ∨ N) • (~M ∨ O)　3, 4, Conj
6. ~M ∨ (N • O)　　　　　5, Dist
7. M ⊃ (N • O)　　　　　 6, Impl

另外一个例子：

1. P ⊃ Q
2. R ⊃ (S • T)
3. ~R ⊃ ~Q
4. S ⊃ (T ⊃ P)　　　　/ P ≡ R

结论是双条件句，从这些前提获得双条件句只有两种方式——通过实质等值规则的两种表述。前提都是条件陈述这一事实表明要采用第一种表述。对应地，我们必须努力获得 P ⊃ R 和 R ⊃ P。前提本身都是条件句的事实再次表明可以通过假言三段论完成这两步。前提 1 和前提 3 可以用来构建假言三段论，前提 2 和前提 4 提供了另外一个条件句。证明如下：

1. P ⊃ Q
2. R ⊃ (S • T)
3. ~R ⊃ ~Q
4. S ⊃ (T ⊃ P)　　　　/ P ≡ R
5. Q ⊃ R　　　　　　　3, Trans
6. P ⊃ R　　　　　　　1, 5, HS
7. (S • T) ⊃ P　　　　　4, Exp

8. $R \supset P$ 2, 7, HS
9. $(P \supset R) \cdot (R \supset P)$ 6, 8, Conj
10. $P \equiv R$ 9, Equiv

正如我们在第 6.3 节看到的那样，如果结论不能明显地从前提得出，我们可以使用置换规则对结论进行解构。这通常会为如何更好地前进提供洞察力。另外，使用这种技术是合理的，因为置换规则是双向规则。结果是，它们可以在完成的证明中加以逆序应用。例如：

1. $\sim S \supset K$
2. $S \supset (R \vee M)$ / $\sim R \supset (\sim M \supset K)$

在对结论进行解构的过程中，结论的形式提示了输出律，而且这一步骤的结果提示了德·摩根律。为了看得更清楚，我们在下一步中使用假言易位律。每一步骤都是从之前的步骤得来的。

$\sim R \supset (\sim M \supset K)$
$(\sim R \cdot \sim M) \supset K$ Exp
$\sim (R \vee M) \supset K$ DM
$\sim K \supset \sim \sim (R \vee M)$ Trans
$\sim K \supset (R \vee M)$ DN

现在，根据解构对前提进行的检查表明，我们要从构建假言三段论开始。这将为我们提供解构的最后一步。通过逆序重复解构步骤，我们能够获得结论。完整的证明如下：

1. $\sim S \supset K$
2. $S \supset (R \vee M)$ / $\sim R \supset (\sim M \supset K)$
3. $\sim K \supset \sim \sim S$ 1, Trans
4. $\sim K \supset S$ 3, DN
5. $\sim K \supset (R \vee M)$ 2, 4, HS
6. $\sim (R \vee M) \supset \sim \sim K$ 5, Trans
7. $\sim (R \vee M) \supset K$ 6, DN
8. $(\sim R \cdot \sim M) \supset K$ 7, DM
9. $\sim R \supset (\sim M \supset K)$ 8, Exp

再看一例：

1. $K \supset M$
2. $L \supset M$ / $(K \vee L) \supset M$

在对结论进行解构的过程中，结论的形式提示了我们要使用某个步骤将 M 分别与 K 和 L 合并。继而提示要使用分配律。但是，在我们使用分配律之前，必须通过实质蕴涵律消除马蹄符。解构的过程如下：

$(K \vee L) \supset M$
$\sim (K \vee L) \vee M$ Impl
$(\sim K \cdot \sim L) \vee M$ DM
$M \vee (\sim K \cdot \sim L)$ Com
$(M \vee \sim K) \cdot (M \vee \sim L)$ Dist
$(\sim K \vee M) \cdot (M \vee \sim L)$ Com

(~K ∨ M) • (~L ∨ M)	Com
(K ⊃ M) • (~L ∨ M)	Impl
(K ⊃ M) • (L ⊃ M)	Impl

现在，根据解构对前提进行的检查表明，我们的证明从通过合取律将前提联结在一起开始。通过相反的解构步骤，可以获得结论：

1. $K \supset M$
2. $L \supset M$ / $(K \vee L) \supset M$
3. $(K \supset M) \cdot (L \supset M)$ 1, 2, Conj
4. $(\sim K \vee M) \cdot (L \supset M)$ 3, Impl
5. $(\sim K \vee M) \cdot (\sim L \vee M)$ 4, Impl
6. $(M \vee \sim K) \cdot (\sim L \vee M)$ 5, Com
7. $(M \vee \sim K) \cdot (M \vee \sim L)$ 6, Com
8. $M \vee (\sim K \cdot \sim L)$ 7, Dist
9. $(\sim K \cdot \sim L) \vee M$ 8, Com
10. $\sim(K \vee L) \vee M$ 9, DM
11. $(K \vee L) \supset M$ 10, Impl

注意：不管什么时候我们使用从结论向前推导这一策略的时候，置换规则是我们可以使用的唯一规则，我们不能使用蕴涵规则，因为蕴涵规则是单向的。

我们通过提供后五条置换规则如何与其他规则一起使用的策略来结束本节。

策略 17：实质蕴涵律可以用来构建假言三段论：

1. $\sim A \vee B$
2. $\sim B \vee C$
3. $A \supset B$ 1, Impl
4. $B \supset C$ 2, Impl
5. $A \supset C$ 3, 4, HS

策略 18：输出律可以用来构建肯定前件式：

1. $(A \cdot B) \supset C$
2. A
3. $A \supset (B \supset C)$ 1, Exp
4. $B \supset C$ 2, 3, MP

策略 19：输出律可以用来构建否定后件式：

1. $A \supset (B \supset C)$
2. $\sim C$
3. $(A \cdot B) \supset C$ 1, Exp
4. $\sim(A \cdot B)$ 2, 3, MT

策略 20：添加律可以用来构建实质蕴涵律：

1. A
2. $A \vee \sim B$ 1, Add
3. $\sim B \vee A$ 2, Com
4. $B \supset A$ 3, Impl

策略 21：假言易位律可以用来构建假言三段论：

1. $A \supset B$
2. $\sim C \supset \sim B$

    3. $B \supset C$ 2, Trans
    4. $A \supset C$ 1, 3, HS

策略 22：假言易位律可以用来构建构造式两难：

  1. $(A \supset B) \cdot (C \supset D)$
  2. $\sim B \vee \sim D$
  3. $(\sim B \supset \sim A) \cdot (C \supset D)$ 1, Trans
  4. $(\sim B \supset \sim A) \cdot (\sim D \supset \sim C)$ 3, Trans
  5. $\sim A \vee \sim C$ 2, 4, CD

策略 23：构造式两难可以用来构建重言律：

  1. $(A \supset C) \cdot (B \supset C)$
  2. $A \vee B$
  3. $C \vee C$ 1, 2, CD
  4. C 3, Taut

策略 24：实质蕴涵律可以用来构建重言律：

  1. $A \supset \sim A$
  2. $\sim A \vee \sim A$ 1, Impl
  3. $\sim A$ 2, Taut

策略 25：实质蕴涵律可以用来构建分配律：

  1. $A \supset (B \cdot C)$
  2. $\sim A \vee (B \cdot C)$ 1, Impl
  3. $(\sim A \vee B) \cdot (\sim A \vee C)$ 2, Dist

习题 6.4

Ⅰ. 对于下列每道题的一组前提，得出暗含的结论并完成依据。对于重言式，得出比前提更简单的结论。

★(1) 1. $H \vee F$
      2. $N \vee \sim S$
      3. $\sim G \vee Q$
      4. _____ _____, Impl

(2) 1. $R \supset (S \supset N)$
     2. $T \supset (U \vee M)$
     3. $K \cdot (L \supset W)$
     4. _____ _____, Exp

(3) 1. $G \equiv R$
     2. $H \supset P$
     3. $\sim F \vee T$
     4. _____ _____, Trans

★(4) 1. $(B \supset N) \cdot (N \supset B)$
      2. $(R \vee F) \cdot (F \vee R)$
      3. $(K \supset C) \vee (C \supset K)$
      4. _____ _____, Equiv

(5) 1. $E \vee \sim E$
     2. $A \vee A$
     3. $G \cdot \sim G$
     4. _____ _____, Taut

(6) 1. $S \vee \sim M$
     2. $\sim N \cdot \sim T$
     3. $\sim L \supset Q$
     4. _____ _____, Trans

★(7) 1. $\sim C \supset \sim F$
      2. $D \vee \sim P$
      3. $\sim R \cdot Q$
      4. _____ _____, Impl

(8) 1. $E \supset (R \cdot Q)$
     2. $(G \cdot N) \supset Z$
     3. $(S \supset M) \supset P$
     4. _____ _____, Exp

(9) 1. $(D \cdot H) \vee (\sim D \cdot \sim H)$
     2. $(F \supset J) \cdot (\sim F \supset \sim J)$
     3. $(N \vee T) \cdot (\sim N \vee \sim T)$
     4. _____ _____, Equiv

★(10) 1. $L \supset (A \supset A)$
       2. $K \supset (R \vee \sim R)$
       3. $S \supset (G \cdot G)$
       4. _____ _____, Taut

(11) 1. $K \cdot (S \vee B)$
2. $\sim F \supset \sim J$
3. $\sim E \vee \sim M$
4. _____ ____, Trans

(12) 1. $H \supset (K \cdot J)$
2. $(N \vee E) \supset B$
3. $C \supset (H \supset A)$
4. _____ ____, Exp

★(13) 1. $(A \supset \sim C) \cdot (C \supset \sim A)$
2. $(W \supset \sim T) \cdot (\sim T \supset W)$
3. $(M \supset \sim E) \cdot (\sim M \supset E)$
4. _____ ____, Equiv

(14) 1. $(\sim K \vee M) \equiv S$
2. $T \vee (F \cdot G)$
3. $R \equiv (N \cdot \sim H)$
4. _____ ____, Impl

(15) 1. $(S \vee S) \supset D$
2. $K \supset (T \cdot \sim T)$
3. $(Q \supset Q) \supset M$
4. _____ ____, Taut

Ⅱ．在下面的符号化论证中，得出获得结论（最后一行）所需的一行，并为后面两行提供依据。

★(1) 1. $\sim J \vee M$
2. $M \supset B$
3. ____ ____
4. $J \supset B$ ____

(2) 1. $(J \cdot F) \supset N$
2. J
3. ____ ____
4. $F \supset N$ ____

(3) 1. $C \supset A$
2. $A \supset C$
3. ____ ____
4. $C \equiv A$ ____

★(4) 1. $(G \supset K) \cdot (T \supset K)$
2. $G \vee T$
3. ____ ____
4. K ____

(5) 1. $(G \supset B) \cdot (\sim C \supset \sim H)$
2. $G \vee H$
3. ____ ____
4. $B \vee C$ ____

(6) 1. $J \supset (M \supset Q)$
2. $J \cdot M$
3. ____ ____
4. Q ____

★(7) 1. $H \supset (\sim C \vee R)$
2. ____ ____
3. $(H \cdot C) \supset R$ ____

(8) 1. $\sim G \supset \sim T$
2. $G \supset N$
3. ____ ____
4. $T \supset N$ ____

(9) 1. $K \supset (A \supset F)$
2. $\sim F$
3. ____ ____
4. $\sim(K \cdot A)$ ____

★(10) 1. $H \supset \sim H$
2. ____ ____
3. $\sim H$ ____

(11) 1. $\sim S$
2. ____ ____
3. $S \supset K$ ____

(12) 1. $M \supset (M \supset D)$
2. ____ ____
3. $M \supset D$ ____

★(13) 1. $(N \supset A) \cdot (\sim N \supset \sim A)$
2. ____ ____
3. $N \equiv A$ ____

(14) 1. $E \cdot R$
2. ____ ____
3. $E \equiv R$ ____

(15) 1. $Q \supset (\sim W \supset \sim G)$
2. ____ ____
3. $(Q \cdot G) \supset W$ ____

Ⅲ．使用十八条推理规则得出下列符号化论证的结论。

★(1) 1. $(S \cdot K) \supset R$
2. K / $S \supset R$

(2) 1. $T \supset (F \vee F)$
2. $\sim(F \cdot F)$ / $\sim T$

(3) 1. $G \supset E$
    2. $H \supset \sim E$ / $G \supset \sim H$

★(4) 1. $S \equiv Q$
    2. $\sim S$ / $\sim Q$

(5) 1. $\sim N \vee P$
    2. $(N \supset P) \supset T$ / T

(6) 1. $F \supset B$
    2. $B \supset (B \supset J)$ / $F \supset J$

★(7) 1. $(B \supset M) \cdot (D \supset M)$
    2. $B \vee D$ / M

(8) 1. $Q \supset (F \supset A)$
    2. $R \supset (A \supset F)$
    3. $Q \cdot R$ / $F \equiv A$

(9) 1. $T \supset (\sim T \vee G)$
    2. $\sim G$ / $\sim T$

★(10) 1. $(B \supset G) \cdot (F \supset N)$
     2. $\sim(G \cdot N)$ / $\sim(B \cdot F)$

(11) 1. $(J \cdot R) \supset H$
     2. $(R \supset H) \supset M$
     3. $\sim(P \vee \sim J)$ / $M \cdot \sim P$

(12) 1. T / $S \supset T$

★(13) 1. $K \supset (B \supset \sim M)$
     2. $D \supset (K \cdot M)$ / $D \supset \sim B$

(14) 1. $(O \supset C) \cdot (\sim S \supset \sim D)$
     2. $(E \supset D) \cdot (\sim E \supset \sim C)$ / $O \supset S$

(15) 1. $\sim(U \cdot W) \supset X$
     2. $U \supset \sim U$ / $\sim(U \vee \sim X)$

★(16) 1. $T \supset R$
     2. $T \supset \sim R$ / $\sim T$

(17) 1. $S \vee \sim N$
     2. $\sim S \vee Q$ / $N \supset Q$

(18) 1. $M \supset (U \supset H)$
     2. $(H \vee \sim U) \supset F$ / $M \supset F$

★(19) 1. $\sim R \vee P$
     2. $R \vee \sim P$ / $R \equiv P$

(20) 1. $\sim H \supset B$
     2. $\sim H \supset D$
     3. $\sim(B \cdot D)$ / H

(21) 1. $J \supset (G \supset L)$ / $G \supset (J \supset L)$

★(22) 1. $S \supset (L \cdot M)$
     2. $M \supset (L \supset R)$ / $S \supset R$

(23) 1. $F \supset (A \cdot K)$
     2. $G \supset (\sim A \cdot \sim K)$
     3. $F \vee G$ / $A \equiv K$

(24) 1. $(I \supset E) \supset C$
    2. $C \supset \sim C$ / I

★(25) 1. $T \supset G$
    2. $S \supset G$ / $(T \vee S) \supset G$

(26) 1. $H \supset U$ / $H \supset (U \vee T)$

(27) 1. $Q \supset (W \cdot D)$ / $Q \supset W$

★(28) 1. $P \supset (\sim E \supset B)$
    2. $\sim(B \vee E)$ / $\sim P$

(29) 1. $(G \supset J) \supset (H \supset Q)$
    2. $J \cdot \sim Q$ / $\sim H$

(30) 1. $I \vee (N \cdot F)$
    2. $I \supset F$ / F

★(31) 1. $K \equiv R$
    2. $K \supset (R \supset P)$
    3. $\sim P$ / $\sim R$

(32) 1. $C \supset (\sim L \supset Q)$
    2. $L \supset \sim C$
    3. $\sim Q$ / $\sim C$

(33) 1. $(E \supset A) \cdot (F \supset A)$
    2. $E \vee G$
    3. $F \vee \sim G$ / A

★(34) 1. $(F \cdot H) \supset N$
    2. $F \vee S$
    3. H / $N \vee S$

(35) 1. $T \supset (H \cdot J)$
    2. $(H \vee N) \supset T$ / $T \equiv H$

(36) 1. $T \supset \sim(A \supset N)$
    2. $T \vee N$ / $T \equiv \sim N$

★(37) 1. $(D \supset E) \supset (E \supset D)$
    2. $(D \equiv E) \supset \sim(G \cdot \sim H)$
    3. $E \cdot G$ / $G \cdot H$

(38) 1. $(O \supset R) \supset S$
    2. $(P \supset R) \supset \sim S$ / $\sim R$

(39) 1. $(L \vee P) \supset U$
    2. $(M \supset U) \supset I$
    3. P / I

★(40) 1. $A \equiv W$
    2. $\sim A \vee \sim W$
    3. $R \supset A$ / $\sim(W \vee R)$

(41) 1. $(S \vee T) \supset (S \supset \sim T)$
    2. $(S \supset \sim T) \supset (T \supset K)$
    3. $S \vee T$ / $S \vee K$

（42）1. $G \equiv M$
2. $G \vee M$
3. $G \supset (M \supset T)$ / T

★（43）1. $O \supset (Q \cdot N)$
2. $(N \vee E) \supset S$ / $O \supset S$

（44）1. $H \equiv I$
2. $H \supset (I \supset F)$
3. $\sim(H \vee I) \supset F$ / F

★（45）1. $P \supset A$
2. $Q \supset B$ / $(P \vee Q) \supset (A \vee B)$

Ⅳ. 把下列论证翻译为符号化形式，并使用十八条推理规则得出每一论证的结论。每道习题后面的括号里给出了用来表示简单陈述的字母，按照这些字母给出的顺序使用它们。

★1. 如果运动鞋制造商在他们的产品中减少使用袋鼠皮，那么澳大利亚的猎人每年将停止猎杀数以百万的袋鼠。并非澳大利亚的猎人每年将停止猎杀数以百万的袋鼠并且袋鼠不会从濒临灭绝中被拯救。因此，如果运动鞋生产商在他们的产品中减少使用袋鼠皮，那么袋鼠将从濒临灭绝中被拯救。(D, C, S)

2. 如果一个国家在健康医疗方面的花费与其公民的健康之间有着直接的关联，那么美国有着相比地球上任何国家的最低疾病发病率和最低死亡率。但是美国没有相比地球上任何国家的最低死亡率。因此，并非一个国家在健康医疗方面的花费与其公民的健康之间有着直接的关联。(C, D, M)

3. 并非在枪支生产或枪支销售中存在着严格控制。因此，如果在枪支销售中存在着严格控制，那么使用枪支造成的犯罪将会减少。(M, S, U)

★4. 如果高中诊所提供避孕措施，那么少女怀孕率会降低。因此，如果高中诊所提供避孕信息和避孕措施，那么少女怀孕率会降低。(D, P, I)

5. 如果国会通过确立一种宗教或禁止宗教自由的法案，那么该法案是违反宪法的。因此，如果国会通过确立一种宗教的法案，那么，该法案是违反宪法的。(E, P, U)

6. 如果吸烟者被警告吸烟有害，而他们继续吸烟，那么他们不能因吸烟导致的肺癌或肺气肿而起诉烟草公司。吸烟者被警告吸烟有害。因此，如果吸烟者继续吸烟，他们不能因吸烟导致的肺癌或肺气肿而起诉烟草公司。(W, C, S)

★7. 如果小学生每天被布置家庭作业，那么他们的成绩会显著提升。但如果小学生每天被布置家庭作业，那么他们对学习的热情可能会被挫伤。因此，如果小学生每天被布置作业，那么他们的成绩会显著提升，但他们对学习的热情可能会被挫伤。(G, A, L)

8. 如果建立一个超导粒子对撞机，那么所产生的数据将使所有国家的科学家受益，并且值得进行国际投资。或者建立一个超导粒子对撞机，或者物质的最终本质仍然未能发现并且所产生的数据将使所有国家的科学家受益。因此，由超导粒子对撞机所产生的数据将使所有国家的科学家受益。(S, D, I, U)

9. 如果父母被告知他们未出生的孩子患有泰伊-萨克斯二氏病，那么如果他们坚持让孩子出生，那么他们为孩子的痛苦和苦难负责。因此，如果父母不为孩子的痛苦和苦难负责，那么如果他们坚持让孩子出生，那么他们没有被告知他们未出生的孩子患有泰伊-萨克斯二氏病。(T, G, R)

★10. 维生素 E 是一种抗氧化剂和一种无用的食品补充剂，当且仅当它不减少心脏疾病。并非维生素 E 不减少心脏疾病或者它不是一种抗氧化剂。因此，维生素 E 不是一种无用的食品补充剂。(A, U, R)

V. 下面的对话包含了 10 个论证。把它们翻译为符号化形式并使用十八条推理规则得出每个论证的结论。

那是终点吗？

在他们一周前突然去世的一位共同朋友的追悼会上，布赖恩遇见了莫莉。"想起卡尔的去世，我仍然很震惊，"莫莉说。

"我知道你和他关系很好，"布赖恩说，"但是你认为在某种意义上卡尔仍然能跟我们在一起吗？我的意思是你认为像大多数人说的那样，人死了以后存在着意识留存这样一种东西吗？"

"我希望有，"莫莉回答道，"那是让死亡如此悲惨的东西。正如我所看到的，心灵完全依赖大脑，如果是这样的话，当大脑死亡，心灵就死亡。如果心灵死亡，意识也就死亡。因此，如果大脑死亡，那么意识就死亡——这意味着死后没有生命。"

"但是什么让你认为心灵完全依赖大脑呢？"布赖恩问道。

"我们的日常经验提供了大量的证据，"莫莉回答道，"如果你喝酒，你的心灵就受到影响。如果你吸食大麻，你的心灵就受到影响。如果你的心灵受到这些东西的影响，那么你就有心灵依赖大脑的第一手经验。因此，如果你吸食大麻或者喝酒，那么你就有了心灵依赖大脑的第一手经验。"

"所以，心灵受大脑的影响。具有一般感觉的人都知道，"布赖恩反驳道，"如果你的眼睛受到视觉刺激，那么刺激被传送到大脑，你的心灵就会受到影响。如果你的耳朵受到听觉刺激，那么你的心灵就会受到影响。因此，如果你的眼睛或你的耳朵受到刺激，那么你的心灵就会受到影响。但这并不能证明心灵必然依赖大脑。有很多的理由可以说明心灵不依赖大脑。"

"那些理由是什么呢？"莫莉问道。

"好吧，我们回忆一下柏拉图的介绍，"布赖恩回答道，"柏拉图认为，心灵可以构想诸如完美的正义和完美的三角形这样的理想对象。现在，如果这些概念中的任何一个来自感官，那么自然界存在着完美的理想事物。但自然界中不存在完美的理想事物。如果三角形的概念不是来自感官，那么心灵便独立于大脑产生它。但如果是这样的话或者三角形的概念是与生俱来的，那么心灵不必然依赖大脑。我想把结论留给你。"

"非常有趣，"莫莉回答道，"但我的问题是，心灵是否真的可以构想像完美的正义和完美的三角形一样的理想对象。对于我而言，这些事物只是语词。但是有其他理由认为心灵必然依赖大脑。考虑一下视皮层。视皮层是大脑的一部分。如果视皮层没有被刺激，就没有视觉。但是如果视觉只有在视皮层受到刺激时才出现，并且如果视皮层是大脑的一部分，那么视觉依赖大脑。如果这是真的，并且视觉是心灵的一种功能，那么心灵必然依赖大脑。因此，如果视觉是心灵的一种功能，那么心灵必然依赖大脑。"

"此外，"莫莉继续说，"在许多情况下，中风会造成记忆丧失以及语言丧失。但是，如果记忆是一种精神功能，那么如果心灵不必然依赖大脑，那么中风不会造成记忆丧失。因此，如果记忆是一种精神功能，那么心灵必然依赖大脑。"

"可能确实如此，"布赖恩回答道，"记忆——至少某些种类的记忆——依赖大脑。感觉同样如此。但这并不能证明诸如意识的东西依赖大脑。在我看来，诸如意识的东西是一种非物质的过程，而且它只能寄托于灵魂这样的非物质实体中。如果这两个主张是成立的并且灵魂是不朽的，那么意识在身体死亡以后依然存活。因此，如果灵魂是不朽的，那么意识在身体死亡以后依然存活。"

"如果记忆跟随大脑，"莫莉回答道，"那么我想知道你所讲的意识在任何方式下都是你的意识吗？但抛开这些，你有什么理由认为灵魂是不朽的呢？"

"我想有的，"布赖恩回答道，"如果灵魂是非物质的，那么它没有部分，如果它没有部分，那么它不会来自一个部分——换句话说，它不可分裂。如果它不可分裂，那么如果没有任何东西可以摧毁它，那么它是不朽的。但灵魂可以被摧毁，只有上帝可以摧毁它，并且上帝不会摧毁灵魂。因此，如果灵魂是非物质的，那么它是不朽的。我认为莱布尼茨创造了这一论证。"

"好的，"莫莉说，"什么使你认为有一个放在第一位的非物质的灵魂呢？"

"嗯，"布赖恩回答道，"根据笛卡尔的观点，我本质上或者是一个心灵或者是一个身体。但如果我能怀疑我有一个身体，那么我本质上就不是一个身体。我可以怀疑我有一个身体。例如，我可以想象我在《黑客帝国》的场景中，我所有的感觉都是幻觉。如果我本质上是一个心灵，那么如果心灵的本质是非外延的，那么我是一个非外延的实体。但心灵的本质不同于身体的本质，是非外延的。如果我是一个非外延的实体，那么我是（或有）一个非物质的灵魂。因此，我是（或者有）一个非物质的灵魂。"

"你的论证如此抽象，以至我认为它不是很有说服力，"莫莉说，她挠了一下她的头。"我认为人类是生物进化的产物这一证据具有压倒一切的性质，如果这是真的并且人类有灵魂，那么人类进化过程中的一个关键点是，人类要么接受了要么形成了灵魂。但是没有证据表明人类曾经接受过灵魂。同样，没有证据表明人类曾经形成过灵魂。因此，人类没有灵魂。"

"哇，那听上去相当不可思议，"布赖恩回答道，"好吧，看来仪式已经准备开始了，所以我们得把这个问题放一放。但也许我们可以在以后的日子中继续讨论这个问题。"

"也许我们可以，"莫莉回答道。

6.5 条件证明

> **预热**
>
> 回到我们徒步旅行的比喻，假设你在徒步旅行的中途来到一个分叉路口。你去查阅路线图，但是没有找到参考。因为左边的路口似乎引导你到达想去的地方，你构想出假设，认为这个路口是联结主干道的捷径。你选择左边的路口，并且发现你的选择是正确的。然后你修改了你的路线图，标示出分叉路口并注明选择的路线。这一修改类似于条件证明。

条件证明：假设所要得出的条件陈述的前件，得出后件，然后消除缩进序列。

条件证明（conditional proof）是一种得出条件陈述（结论或中间行）的方法，该方法的通常优点在于比直接证明更短与更简单。而且，一些论证的结论不能通过直接方法得出，所以必须使用一些条件证明的形式。因此条件证明可以被视为完成推理规则。该方法包含假设所要求的条件陈述的前件作为一行，得出的后件作为后一行，并且随后在准确复制我们预期得到的条件陈述中"消除"这个行列。

任何结论为条件陈述的论证都可以考虑使用条件证明。比如下面的例子：

1. $A \supset (B \cdot C)$
2. $(B \vee D) \supset E$ / $A \supset E$

条件证明通常比直接证明更简单。

使用直接证明得出结论需要一个至少包含 12 行的证明，而且构造直接证明的策略不是那么明显。然而，我们只需粗略的检查就可以得知，结论确实是从前提得出的。结论陈述了如果我们有 A，那么我们有 E。让我们假设某一个时刻，我们确实有 A，从第一个前提，通过肯定前件式，我们会得到 $B \cdot C$。对这一表达式使用简化律，我们可以得到 B，再通过添加律，我们能得到 $B \vee D$。然后通过肯定前件式，我们可以从第二个前提得到 E。换言之，如果我们假设有 A，我们就能得到 E。而这正是结论所说的。因此，我们证明了结论是从前提得来的。

条件证明方法包括将简单的思考过程纳入证明序列本身。这一论证的条件证明仅仅需要 8 行，比直接证明简单得多。

```
1. A ⊃ (B • C)
2. (B ∨ D) ⊃ E          / A ⊃ E
   | 3. A                ACP
   | 4. B • C            1, 3, MP
   | 5. B                4, Simp
   | 6. B ∨ D            5, Add
   | 7. E                2, 6, MP
8. A ⊃ E                 3–7, CP
```

第 3 行到第 7 行缩进表明其假设性质：它们都依赖第 3 行通过 ACP（assumption for conditional proof，条件证明假设）引入的假设。构成条件证明序列的这些行告诉我们，如果假设 A（第 3 行），我们可以得出 E（第 7 行）。在第 8 行，条件序列被条件陈述 $A \supset E$ 所消除，这只是简单重申了条件序列的结果。因为第 8 行不是假设的，所以它被写在原来的顶格位置，即第 1 行和第 2 行的下面。一条垂直线被添加到条件序列中，用以强调缩进。

构造一个条件证明的第一步是，确定在条件序列的第一行应该假设什么。虽然在这一行中可以假设任何陈述，但只有正确的陈述才可以得到所想要的结果。最后获得的条件陈述通常提供了线索。一定要假设这个陈述的前件。例如，如果要获得的陈述是 $(K \cdot L) \supset M$，那么在第一行应该假设 $K \cdot L$。这一行通常是缩进的，并用 "ACP" 做出标注。一旦确定了最初的假设，第二步就是在条件序列的最后得出想要的条件陈述的后件。为了做到这一步，我们直接在这个证明中任何前面的一行（包括假设行）应用一般推理规则，在假设行下面直接写出结果。第三步，即最后一步，是在一个条件陈述中消除条件序列。条件陈述的前件出现在条件序列的第一行，后件出现在条件序列的最后一行。例如，如果 $A \vee B$ 在第一行，$C \cdot D$ 在最后一行，条件序列被 $(A \vee B) \supset (C \cdot D)$ 消除。消除行总是与最初的行顶格对齐，并以 "CP"（conditional proof，条件证明）做出标注。

除了得出一个论证的结论，条件证明也可以用来得出一个不是论证结论的行。下面的证明展示了这一事实，在一个单独的直接证明中包含了两个相随的条件序列：

```
 1. G ⊃ (H • I)
 2. J ⊃ (K • L)
 3. G ∨ J                 / H ∨ K
    | 4. G                ACP
    | 5. H • I            1, 4, MP
    | 6. H                5, Simp
 7. G ⊃ H                 4–6, CP
    | 8. J                ACP
    | 9. K • L            2, 8, MP
    |10. K                9, Simp
11. J ⊃ K                 8–10, CP
12. (G ⊃ H) • (J ⊃ K)    7, 11, Conj
13. H ∨ K                 3, 12, CD
```

6 条件证明可以用来得出一个证明的中间行。

第一个条件序列给我们提供了 G⊃H，第二个条件序列给我们提供了 J⊃K。这两行合取，与第3行一起构建了一个构造式两难，从中可以推出结论。

这一证明序列为引入支配条件证明的一个重要规则提供了方便。该规则陈述了在一个条件证明序列被消除之后，序列中没有一行可以作为证明中后续行的证据。例如，如果刚刚给出的证明中的第5行被用来作为第9行或者第12行的证据，就违反了这一规则，相应的推理就会是无效的。一旦条件序列被消除，它相对于余下的证明部分就是封闭的。这一规则背后的逻辑很容易理解。条件序列中的行是假设的，它们依赖第一行的假设。因为没有任何假设，也没有依赖假设的任何一行，能够为任何事物提供任何真正的支持。当一个条件序列被消除以后，它所依赖的假设已被表达为条件陈述的前件。这个条件陈述可以用来支持后面的行，因为它并没有声称前件为真。条件陈述只是断定了如果前件为真，那么它的后件为真，当然，这是通过得出它的条件序列所确立的。

正如可以在一个直接证明中使用一个条件序列以得到想要的陈述，也可以在一个条件序列中使用另一个条件序列以得到想要的陈述。下面这个证明就提供了这样一个例子：

```
1. L ⊃ [M ⊃ (N ∨ O)]
2. M ⊃ ~N              / L ⊃ (~M ∨ O)
   │ 3. L                           ACP
   │ 4. M ⊃ (N ∨ O)                 1, 3, MP
   │ │ 5. M                         ACP
   │ │ 6. N ∨ O                     4, 5, MP
   │ │ 7. ~N                        2, 5, MP
   │ │ 8. O                         6, 7, DS
   │ 9. M ⊃ O                       5–8, CP
   │ 10. ~M ∨ O                     9, Impl
11. L ⊃ (~M ∨ O)                    3–10, CP
```

前面的例子中引入的规则对这个例子同样适用。序列第5—8行中的任何一行都不能用来支持第9行之后的任何一行，序列第3—10行中的任何一行都不能用来支持第11行之后的任何一行。当然，第3行和第4行可以用来支持序列第5—8行中的任何一行。

关于条件证明的最后一个提醒是，每一个条件证明必须被消除。以缩进行结束证明是不正确的。如果忽视这一规则，人们选择的任何结论都可以从前提中得出。下面这一无效证明就展现了这一错误：

```
1. P                    / Q ⊃ R
   │ 2. ~Q                ACP
   │ 3. ~Q ∨ R            2, Add
   │ 4. Q ⊃ R             2, Impl
```

380 第六章 命题逻辑的自然演绎

| 著名逻辑学家 |

戈特洛布·弗雷格（Gottlob Frege，1848—1925）

德国数学家、逻辑学家和哲学家弗雷格（发音为 fray-ga）出生在位于波罗的海岸边的德国北部小镇魏玛。他的父母在一家私立女子学校教书，他的父亲帮忙建立了这所学校。弗雷格参加了当地的预科班，在那里学习数学，然后他进入耶拿大学，在那里学习数学、哲学和化学。两年以后，他转到哥廷根大学，在24岁时获得了数学博士学位。然后他回到耶拿大学，在那里教书，直到1917年退休。他娶了玛格丽特·利斯伯格，她至少给他生了两个孩子，但这些孩子都夭折了。几年后，弗雷格夫妇收养了一个儿子——艾尔弗雷德。

弗雷格花费了毕生精力来分析数的概念，发展了逻辑和语言理论，尝试把算术还原为逻辑。1879年，他出版了《概念演算》，这是一部追随莱布尼茨传统的著作，它得出了一个纯粹形式的符号语言，用以表达人类话语的任意领域的任何命题。五年以后，他出版了《算术的基础》，这是一部包含了较少符号的不那么技术化的作品，它概述了他把算术还原为逻辑的目标。九年以后，他出版了《算术的基本规律》的第一卷，在这部著作中，他试图完成这一还原的第一阶段。

这些著作都不是很受欢迎，原因在于：在当时，它们超前于时代，著作中的符号记法让读者觉得很奇怪，而且它们是用德语写的，逻辑学的大多数新著作都是讲英语的人完成的。事实上，这些著作的最后一部受到十分糟糕的评论，以至弗雷格被迫自费出版了第二卷。更糟糕的是，1902年，当第二卷出版以后，弗雷格收到了来自罗素的一封信，使他"如雷轰顶"。他后来评价说，那封信摧毁了他毕生的工作。

《算术的基本规律》中的基本规律5假设，仅仅通过描述组成部分的性质可以创立一个事物类。因此，罗素邀请弗雷格创立一个由所有不属于自身组成部分的类组成的类，然后他问，这个类是否是它自身的一个组成部分。如果它是自身的一个组成部分，那么它是不属于自身组成部分的一个类；但是如果它不是自身的一个组成部分，那么它是其中的一个类，因此它是自身的一个组成部分。这个矛盾（被称为罗素悖论）的得出意味着《算术的基本规律》中的公理是不一致的。弗雷格试图修改他的体系，但是这种改变被证明是不可行的。

尽管受到这样的挫折，弗雷格在今天仍被举世公认为最重要的逻辑学家和哲学家。他独立地发展了量词理论和谓词逻辑，他对数的概念的分析导致了意义的一般理论，即区分了"意义"与"意谓"。他关于概念澄清的工作发起了目前被称为分析哲学的运动。

习题6.5

I. 使用条件证明和十八条推理规则得出下列符号化论证的结论。完成以后，尝试不使用条件证明得出结论。

★(1) 1. $N \supset O$
　　　2. $N \supset P$　　　　　　　　　　　　/ $N \supset (O \cdot P)$
(2) 1. $F \supset E$
　　 2. $(F \cdot E) \supset R$　　　　　　　　　/ $F \supset R$
(3) 1. $G \supset T$
　　 2. $(T \vee S) \supset K$　　　　　　　　　/ $G \supset K$
★(4) 1. $(G \vee H) \supset (S \cdot T)$
　　　2. $(T \vee U) \supset (C \cdot D)$　　　　　/ $G \supset C$
(5) 1. $A \supset \sim(A \vee E)$　　　　　　　　/ $A \supset F$
(6) 1. $J \supset (K \supset L)$
　　 2. $J \supset (M \supset L)$
　　 3. $\sim L$　　　　　　　　　　　　　　/ $J \supset \sim(K \vee M)$
★(7) 1. $M \vee (N \cdot O)$　　　　　　　　　 / $\sim N \supset M$
(8) 1. $P \supset (Q \vee R)$
　　 2. $(P \supset R) \supset (S \cdot T)$
　　 3. $Q \supset R$　　　　　　　　　　　　/ T
(9) 1. $H \supset (I \supset N)$
　　 2. $(H \supset \sim I) \supset (M \vee N)$
　　 3. $\sim N$　　　　　　　　　　　　　　/ M
★(10) 1. $C \supset (A \cdot D)$
　　　 2. $B \supset (A \cdot E)$　　　　　　　　/ $(C \vee B) \supset A$
(11) 1. $M \supset (K \supset L)$
　　　2. $(L \vee N) \supset J$　　　　　　　　 / $M \supset (K \supset J)$
(12) 1. $F \supset (G \cdot H)$　　　　　　　　　 / $(A \supset F) \supset (A \supset H)$
★(13) 1. $R \supset B$
　　　 2. $R \supset (B \supset F)$
　　　 3. $B \supset (F \supset H)$　　　　　　　 / $R \supset H$
(14) 1. $(F \cdot G) \equiv H$
　　　2. $F \supset G$　　　　　　　　　　　　/ $F \equiv H$
(15) 1. $C \supset (D \vee \sim E)$
　　　2. $E \supset (D \supset F)$　　　　　　　 / $C \supset (E \supset F)$
★(16) 1. $Q \supset (R \supset S)$
　　　 2. $Q \supset (T \supset \sim U)$
　　　 3. $U \supset (R \vee T)$　　　　　　　　/ $Q \supset (U \supset S)$
(17) 1. $N \supset (O \cdot P)$
　　　2. $Q \supset (R \cdot S)$　　　　　　　　 / $(P \supset Q) \supset (N \supset S)$
(18) 1. $E \supset (F \supset G)$
　　　2. $H \supset (G \supset I)$
　　　3. $(F \supset I) \supset (J \vee \sim H)$　　　 / $(E \cdot H) \supset J$
★(19) 1. $P \supset [(L \vee M) \supset (N \cdot O)]$
　　　 2. $(O \vee T) \supset W$　　　　　　　　/ $P \supset (M \supset W)$
(20) 1. $A \supset [B \supset (C \cdot \sim D)]$
　　　2. $(B \vee E) \supset (D \vee E)$　　　　　　/ $(A \cdot B) \supset (C \cdot E)$

Ⅱ. 把下列论证翻译为符号化形式，每道习题后面的括号里给出了用来表示简单陈述的字母，按照这些字母给出的顺序使用它们。然后使用条件证明和十八条推理规则得出每一论证的结论。完成以后，尝试不使用条件证明得出结论。

★1. 如果高科技产品出口到俄罗斯，那么国内产业将受益。如果俄罗斯人能有效地利用高科技产品，那么他们的生活水平将会提高。因此，如果高科技产品出口到俄罗斯，并且俄罗斯人能有效地利用它们，那么他们的生活水平将会提高并且国内产业将受益。（H, D, U, S）

2. 如果警察拘留你，那么如果他们告知你有权保持沉默，那么无论你说什么都会被用来对付你。如果警察告知你有权保持沉默，那么如果无论你说什么都会被用来对付你，那么你就不应该说任何话。因此，如果警察拘留你，那么如果他们告知你有权保持沉默，那么你就不应该说任何话。（P, I, W, S）

3. 医生必须切断一名垂危病人的呼吸机当且仅当病人是自行决定的这一事实意味着医生必须遵从病人的要求。如果一名垂危病人拒绝治疗，那么医生必须切断呼吸机，病人会平静地死去。病人是自行决定的。因此，如果一名垂危病人拒绝治疗，那么医生必须遵从病人的要求。（D, S, F, R, P）

★4. 如果监狱人满为患，那么危险的嫌疑犯通过自己缴纳保证金将被释放。如果监狱人满为患并且危险的嫌疑犯通过自己缴纳保证金而被释放，那么犯罪会增加。如果未建立新的监狱并且犯罪增加，那么无辜的受害者将为增加的犯罪埋单。因此，如果监狱人满为患，那么如果未建立新的监狱，那么无辜的受害者将为增加的犯罪埋单。（J, D, C, N, I）

5. 如果宇航员进行星际太空旅行，那么需要重型防护罩以保护他们免受太阳辐射。如果携带大量的燃料或水，那么飞船必须非常大。因此，如果需要重型防护罩以保护宇航员免受太阳辐射，仅当携带大量的燃料，那么如果宇航员进行星际太空旅行，那么飞船必须非常大。（A, H, F, W, L）

6.6 间接证明

预热

让我们回到之前提到的旅行途中的分岔路口。假设你选择了左边的路口，但是经过一段距离，你进入了一条死路。然后你修改了你的路线图，表明左边的路会走向死路。这意味着右边的路口是正确的路线。这样的过程类似于间接证明。在一个间接证明中，你在一个证明序列的内部构造一个假设，当它导致矛盾时，你就得出所假设的陈述是假的，它的否定是真的。

间接证明：假设所要得出的陈述的否定，得出矛盾，然后消除缩进序列。

间接证明（indirect proof）是一种与条件证明相类似的技术，它可以用于任何论证以得出结论或者导向结论的某个中间行。它包括了假设所要得出的结论的否定，使用这个假设得出矛盾，然后得出结论表明最初的假设为假。当然，这最后一步就确定了所想要得出的陈述的真。下面的证明序列使用了间接证明以得出结论：

1. $(A \vee B) \supset (C \cdot D)$
2. $C \supset \sim D$ / $\sim A$
3. A AIP
4. $A \vee B$ 3, Add
5. $C \cdot D$ 1, 4, MP
6. C 5, Simp
7. $\sim D$ 2, 6, MP
8. $D \cdot C$ 5, Com
9. D 8, Simp
10. $D \cdot \sim D$ 7, 9, Conj
11. $\sim A$ 3–10, IP

间接证明可以用来得出一个证明中的中间行。

这个间接证明序列（3—10行）开始于假设结论的否定。因为结论是一个否定陈述，为了简化证明可以用 A 代替～～A。这一假设，以"AIP"（assumption for indirect proof，间接证明假设）做出标注，导致了第10行的矛盾。因为任何导致矛盾的假设都是假的，通过断定第3行假设的否定，这个间接证明序列被消除（第11行）。这一行用"IP"（indirect proof，间接证明）以及指示得到它的间接证明序列范围内的数字来标注。

间接证明也可以用来得出导向结论的中间行。例如：

1. $E \supset [(F \vee G) \supset (H \cdot J)]$
2. $E \cdot \sim(J \vee K)$ / $\sim(F \vee K)$
3. E 2, Simp
4. $(F \vee G) \supset (H \cdot J)$ 1, 3, MP
5. $\sim(J \vee K) \cdot E$ 2, Com
6. $\sim(J \vee K)$ 5, Simp
7. $\sim J \cdot \sim K$ 6, DM
8. F AIP
9. $F \vee G$ 8, Add
10. $H \cdot J$ 4, 9, MP
11. $J \cdot H$ 10, Com
12. J 11, Simp
13. $\sim J$ 7, Simp
14. $J \cdot \sim J$ 12, 13, Conj
15. $\sim F$ 8–14, IP
16. $\sim K \cdot \sim J$ 7, Com
17. $\sim K$ 16, Simp
18. $\sim F \cdot \sim K$ 15, 17, Conj
19. $\sim(F \vee K)$ 18, DM

间接证明可以用来得出任何论证的结论。

间接证明序列从假设 F 为真（第8行）开始，导致矛盾（第14行），通过确认假设的否定（第15行）而加以消除。无论什么时候，在证明中获得某一行有困难时，都应该考虑间接证明。

与条件证明一样，当一个间接证明序列被消除以后，该序列中的任何一行不能作为证明中后续行的证据。就上述例子而言，这意味着第 8—14 行中的任何一行不能用来作为第 16—19 行的证据。在有些情况下，在行的推导过程中，这一规则需要某种优先权。例如，为了得出矛盾，第 6 行和第 7 行将会被纳入间接证明序列中。但这是不可取的，因为第 7 行需要作为处于间接证明序列之外的第 16 行的证据。如果第 6 行和第 7 行已被纳入间接证明序列，在间接证明序列消除以后，必须重复它们以便在间接证明序列之外的一行得到 ~K。

就像可以在一个条件序列中构造另一个条件序列一样，也可以在一个间接证明序列中构造一个条件序列，而且，反之，在一个条件序列中也可以构造一个间接序列，或者在一个间接序列中构造另一个间接序列。下面的例子表明了在条件序列中间接证明序列的使用。

```
1.  L ⊃ [~M ⊃ (N • O)]
2.  ~N • P                    / L ⊃ (M • P)
    3.  L                     ACP
    4.  ~M ⊃ (N • O)          1, 3, MP
        5.  ~M                AIP
        6.  N • O             4, 5, MP
        7.  N                 6, Simp
        8.  ~N                2, Simp
        9.  N • ~N            7, 8, Conj
    10. ~~M                   5–9, IP
    11. M                     10, DN
    12. P • ~N                2, Com
    13. P                     12, Simp
    14. M • P                 11, 13, Conj
15. L ⊃ (M • P)               3–14, CP
```

通过断定第 5 行假设的否定，间接证明序列（第 5—9 行）被消除（第 10 行）。在这个序列的第一行作为前件以及最后一行作为后件的条件陈述中，条件序列（第 3—14 行）被消除（第 15 行）。

间接证明为证明一个以重言式作为其结论的论证的有效性提供了简便的方法。事实上，很多这样的论证的推导的唯一方式就是通过条件证明或者间接证明。对于下面的论证，相比而言，使用间接证明更容易：

```
1.  S                         / T ∨ ~T
    2.  ~(T ∨ ~T)             AIP
    3.  ~T • ~~T              2, DM
4.  ~~(T ∨ ~T)                2–3, IP
5.  T ∨ ~T                    4, DN
```

这里还有一个以重言式作为结论的论证，在这个例子中，由于结论是一个条件陈述，条件证明是更容易的一种选项：

```
1. S                    / T ⊃ T
   2. T                 ACP
   3. T ∨ T             2, Add
   4. T                 3, Taut
5. T ⊃ T                2–4, CP
```

间接证明与条件证明的相似性可以通过本节给出的第一个例子来加以展示。在下面的证明中，条件证明，而不是间接证明，被用来推导出结论：

```
1. (A ∨ B) ⊃ (C • D)
2. C ⊃ ~D                    / ~A
   3. A                      ACP
   4. A ∨ B                  3, Add
   5. C • D                  1, 4, MP
   6. C                      5, Simp
   7. ~D                     2, 6, MP
   8. D • C                  5, Com
   9. D                      8, Simp
   10. D ∨ ~A                9, Add
   11. ~A                    7, 10, DS
12. A ⊃ ~A                   3–11, CP
13. ~A ∨ ~A                  12, Impl
14. ~A                       13, Taut
```

> 条件证明可以用来得出任何论证的结论。

这个例子表明了如何使用条件证明得出任何论证的结论，不管其结论是否是一个条件陈述。从假设结论的否定开始，在分开的行中得出矛盾的陈述，并使用这些行建立一个析取三段论，在条件序列的最后一行产生假设的否定。然后消除序列，并在该序列之外使用重言式得出假设的否定。

间接证明可以视作条件证明的一个变种，它对缩进序列的消除做了修改，整体上简化了很多论证的证明。刚刚给出的那个论证的间接证明重复如下（对标注做了必要的改动）：

```
1. (A ∨ B) ⊃ (C • D)
2. C ⊃ ~D                    / ~A
   3. A                      AIP
   4. A ∨ B                  3, Add
   5. C • D                  1, 4, MP
   6. C                      5, Simp
   7. ~D                     2, 6, MP
   8. D • C                  5, Com
   9. D                      8, Simp
   10. D • ~D                7, 9, Conj    ┐
11. ~A                       3–10, IP     ┘ ——— 改变的
```

上一节末尾处针对条件证明给出的提醒，对于间接证明也是成立的：每一个间接证明都应该被消除，这一点是非常重要的，没有证明以缩进行的形式结束。如果忽视这一规则，与条件证明一样，间接证明会产生任何结论。下面这一无效证明就展现了这一错误：

```
1. P                          / Q
 ┌ 2. Q                        AIP
 │ 3. Q ∨ Q                    2, Add
 └ 4. Q                        3, Taut
```

习题 6.6

Ⅰ. 使用间接证明或条件证明（或两者）以及十八条推理规则得出下列符号化论证的结论。完成以后，尝试不使用间接证明或条件证明得出结论。

★（1）1. $(S \vee T) \supset \sim S$ / $\sim S$

（2）1. $(K \supset K) \supset R$
    2. $(R \vee M) \supset N$ / N

（3）1. $(C \cdot D) \supset E$
    2. $(D \cdot E) \supset F$ / $(C \cdot D) \supset F$

★（4）1. $H \supset (L \supset K)$
    2. $L \supset (K \supset \sim L)$ / $\sim H \vee \sim L$

（5）1. $S \supset (T \vee \sim U)$
    2. $U \supset (\sim T \vee R)$
    3. $(S \cdot U) \supset \sim R$ / $\sim S \vee \sim U$

（6）1. $\sim A \supset (B \cdot C)$
    2. $D \supset \sim C$ / $D \supset A$

★（7）1. $(E \vee F) \supset (C \cdot D)$
    2. $(D \vee G) \supset H$
    3. $E \vee G$ / H

（8）1. $\sim M \supset (N \cdot O)$
    2. $N \supset P$
    3. $O \supset \sim P$ / M

（9）1. $(R \vee S) \supset T$
    2. $(P \vee Q) \supset T$
    3. $R \vee P$ / T

★（10）1. K / $S \supset (T \supset S)$

（11）1. $(A \vee B) \supset C$
    2. $(\sim A \vee D) \supset E$ / $C \vee E$

（12）1. $(K \vee L) \supset (M \cdot N)$
    2. $(N \vee O) \supset (P \cdot \sim K)$ / $\sim K$

★（13）1. $[C \supset (D \supset C)] \supset E$ / E

（14）1. F / $(G \supset H) \vee (\sim G \supset J)$

（15）1. $B \supset (K \cdot M)$
2. $(B \cdot M) \supset (P \equiv \sim P)$ / $\sim B$

★（16）1. $(N \vee O) \supset (C \cdot D)$
2. $(D \vee K) \supset (P \vee \sim C)$
3. $(P \vee G) \supset \sim(N \cdot D)$ / $\sim N$

（17）1. $(R \cdot S) \equiv (G \cdot H)$
2. $R \supset S$
3. $H \supset G$ / $R \equiv H$

（18）1. $K \supset [(M \vee N) \supset (P \cdot Q)]$
2. $L \supset [(Q \vee R) \supset (S \cdot \sim N)]$ / $(K \cdot L) \supset \sim N$

★（19）1. $A \supset [(N \vee \sim N) \supset (S \vee T)]$
2. $T \supset \sim(F \vee \sim F)$ / $A \supset S$

（20）1. $F \supset [(C \supset C) \supset G]$
2. $G \supset \{[H \supset (E \supset H)] \supset (K \cdot \sim K)\}$ / $\sim F$

Ⅱ．把下列论证翻译为符号化形式，每道习题后面的括号里给出了用来表示简单陈述的字母，按照这些字母给出的顺序使用它们。然后使用间接证明和十八条推理规则得出每一论证的结论。完成以后，尝试不使用间接证明得出结论。

★1. 如果政府赤字率保持在目前的水平并且经济衰退来临，那么国债利息将会变得让人无法承受并且政府将拖欠贷款。如果经济衰退来临，那么政府将不会拖欠贷款。因此，要么政府赤字率不会保持在目前的水平，要么经济衰退不会来临。（C, R, I, D）

2. 如果要么海龟的数量继续减少，要么发起拯救海龟免于灭绝的营救工作，那么要建立巢穴避护所并且停止对动物的任意屠杀。如果要么建立巢穴避护所，要么拘捕偷猎者，那么如果停止对动物的任意屠杀，那么海龟的数量将不会继续减少。因此，海龟的数量将不会继续减少。（C, R, N, I, P）

3. 如果石棉工人起诉他们的雇主，那么如果得到惩罚性赔偿金，那么他们的雇主将宣布破产。如果石棉工人起诉他们的雇主，那么将得到惩罚性赔偿金。如果石棉工人感染石棉沉着病，那么要么他们将起诉他们的雇主，要么他们的雇主将宣布破产。因此，要么石棉工人没有感染石棉沉着病，要么他们的雇主将宣布破产。（S, P, B, C）

★4. 如果只有钙的再吸收在身体中进行，宇航员们才能在零重力环境下度过相对长的一段时间，那么宇航员们的火星航行将导致脆弱的骨骼。如果只有宇航员们在零重力环境下度过相对长的一段时间，他们才能尝试到火星的航行，那么宇航员们的火星航行将导致脆弱的骨骼。因此，宇航员们的火星航行将导致脆弱的骨骼。（Z, C, B, V）

5. 要么要求对啤酒和软饮料的包装收取押金，要么这些包装将被丢弃在高速公路的沿线，乡村看起来像垃圾场。如果这些包装将被丢弃在公园或高速公路沿线，那么应该要求对软饮料包装收取押金。因此，应该要求对软饮料包装收取押金。（B, S, H, C, P）

6.7 逻辑真理的证明

> **预热**
>
> 让我们最后一次回到你的徒步旅行。假设在走了几个小时以后，你发现自己迷路了，并且你认为自己走了一个圆圈。因此，你从倒在地上的一棵树上折下一根树枝，把它插在路边。又走了一个小时以后，你发现了同样的树枝，这证明你确实在走一个圆圈。你的做法有点类似于证明一个重言式。你已经证明了如果你从这一点往前走，就会到达同样的点，但是这并没有告诉你处在路线图中的哪个位置。

条件证明和间接证明都可以用来确立一个逻辑真理（重言式）的真值。重言的陈述可以被处理为一个无前提的论证的结论。这一程序表明这个事实：任何一个以重言式为结论的论证不管其前提如何，都是有效论证。就像我们在上一节看到的那样，对这种论证的证明根本不使用前提，而是得出结论作为条件证明或者间接证明序列的唯一后件。将这一策略应用于逻辑真理，我们写下要证明的陈述，把它视作论证的结论，在证明中，我们缩进第一行并把它标注为条件证明或者间接证明序列的开始。最后，消除这一序列以得到我们想要的陈述形式。

逻辑真理（重言式）：必然为真的陈述。

以条件陈述表达的重言式使用条件序列证明更容易。下面的例子使用了两个这样的序列，一个序列处在另一个序列的范围内：

重言式可以通过条件证明与/或间接证明加以证明。

```
                                    / P ⊃ (Q ⊃ P)
  1. P                              ACP
     2. Q                           ACP
     3. P ∨ P                       1, Add
     4. P                           3, Taut
  5. Q ⊃ P                          2–4, CP
  6. P ⊃ (Q ⊃ P)                    1–5, CP
```

注意：第 6 行恢复到证明的最初顶格，第 1 行缩进是因为它引入了条件序列。对这一陈述采用间接证明。像通常一样，间接证明序列从否定要证明的陈述开始：

使用条件证明得出条件重言式。

```
                                    / P ⊃ (Q ⊃ P)
  1. ~[P ⊃ (Q ⊃ P)]                 AIP
  2. ~[~P ∨ (Q ⊃ P)]                1, Impl
  3. ~[~P ∨ (~Q ∨ P)]               2, Impl
  4. ~~P • ~(~Q ∨ P)                3, DM
  5. P • ~(~Q ∨ P)                  4, DN
  6. P • (~~Q • ~P)                 5, DM
  7. P • (~P • ~~Q)                 6, Com
  8. (P • ~P) • ~~Q                 7, Assoc
  9. P • ~P                         8, Simp
 10. ~~[P ⊃ (Q ⊃ P)]                1–9, IP
 11. P ⊃ (Q ⊃ P)                    10, DN
```

使用间接证明得出任何重言式。

对于更加复杂的条件陈述的证明仅仅是通过扩展第一个证明中使用的技术。在下面的证明中，注意每一个条件序列是如何从断定要得出的条件陈述的前件开始的：

	/ $[P \supset (Q \supset R)] \supset [(P \supset Q) \supset (P \supset R)]$
1. $P \supset (Q \supset R)$	ACP
2. $P \supset Q$	ACP
3. P	ACP
4. $Q \supset R$	1, 3, MP
5. Q	2, 3, MP
6. R	4, 5, MP
7. $P \supset R$	3–6, CP
8. $(P \supset Q) \supset (P \supset R)$	2–7, CP
9. $[P \supset (Q \supset R)] \supset [(P \supset Q) \supset (P \supset R)]$	1–8, CP

以等值式表达的重言式通常使用双条件序列进行证明，一个条件序列之后再使用一个条件序列。例如：

	/ $P \equiv [P \bullet (Q \supset P)]$
1. P	ACP
2. $P \vee \sim Q$	1, Add
3. $\sim Q \vee P$	2, Com
4. $Q \supset P$	3, Impl
5. $P \bullet (Q \supset P)$	1, 4, Conj
6. $P \supset [P \bullet (Q \supset P)]$	1–5, CP
7. $P \bullet (Q \supset P)$	ACP
8. P	7, Simp
9. $[P \bullet (Q \supset P)] \supset P$	7–8, CP
10. $\{P \supset [P \bullet (Q \supset P)]\} \bullet \{[P \bullet (Q \supset P)] \supset P\}$	6, 9, Conj
11. $P \equiv [P \bullet (Q \supset P)]$	10, Equiv

习题 6.7

使用条件证明或间接证明以及十八条推理规则确立下列重言式的真值。

★1. $P \supset [(P \supset Q) \supset Q]$

2. $(\sim P \supset Q) \vee (P \supset R)$

3. $P \equiv [P \vee (Q \bullet P)]$

★4. $(P \supset Q) \supset [(P \bullet R) \supset (Q \bullet R)]$

5. $(P \vee \sim Q) \supset [(\sim P \vee R) \supset (Q \supset R)]$

6. $P \equiv [P \bullet (Q \vee \sim Q)]$

★7. $(P \supset Q) \vee (\sim Q \supset P)$

8. $(P \supset Q) \equiv [P \supset (P \bullet Q)]$

9. $[(P \supset Q) \bullet (P \supset R)] \supset [P \supset (Q \bullet R)]$

★10. $[\sim(P \bullet \sim Q) \bullet \sim Q] \supset \sim P$

11. $(P \supset Q) \lor (Q \supset P)$
12. $[P \supset (Q \supset R)] \equiv [Q \supset (P \supset R)]$
★ 13. $(P \supset Q) \supset [(P \supset \sim Q) \supset \sim P]$
14. $[(P \supset Q) \supset R] \supset [(R \supset \sim R) \supset P]$
15. $(\sim P \lor Q) \supset [(P \lor \sim Q) \supset (P \equiv Q)]$
★ 16. $\sim[(P \supset \sim P) \cdot (\sim P \supset P)]$
17. $P \supset [(Q \cdot \sim Q) \supset R]$
18. $[(P \cdot Q) \lor R] \supset [(\sim R \lor Q) \supset (P \supset Q)]$
★ 19. $P \equiv [P \lor (Q \cdot \sim Q)]$
20. $P \supset [Q \equiv (P \supset Q)]$

本章总结

命题逻辑的自然演绎：

- 得出命题逻辑的符号形式所表达的有效论证的结论的方法。
- 准确显示结论如何从前提"得出"。
- 包括应用十八条推理规则于前提，得出作为行序列的最后一行的结论。
- 使用这一方法取得成功要求大量的实践。

推理规则：

- 蕴涵规则（"单向"规则）：
  - 前提能用来得出结论。
  - 结论不能用来得出前提。
- 置换规则（"双向"规则）：
  - 表达为逻辑等值式。
  - 等值式的一边能够替换另一边。
  - 可以通过"解构"结论洞察如何得出结论。

条件证明：

- 得出条件陈述的一种方法。
- 在缩进的一行中假设所要得出的条件陈述的前件。
- 得出所要得出的条件陈述的后件。
- 在以缩进序列的第一行为前件与以缩进序列的最后一行为后件的条件陈

述中，消除缩进的序列。

- 该方法可以极大地简化很多证明。

间接证明：

- 得出任何种类陈述的方法。
- 在缩进的一行中假设所要得出的陈述的否定。
- 得出矛盾。
- 任何必然导致矛盾的假设是假的。
- 在由缩进序列的第一行的否定构成的陈述中，消除缩进序列。

逻辑真理（重言式）的证明：

- 使用条件证明得出条件句和双条件句。
    - 在缩进的一行中假设条件陈述的前件。
    - 得出后件。
    - 使用通常的方法消除缩进序列。
    - 双条件句要求两个缩进序列。
- 使用间接证明得出任何逻辑真理：
    - 在缩进的一行中假设逻辑真理的否定。
    - 得出矛盾。
    - 使用通常的方法消除缩进序列。

第七章

谓词逻辑

7.1 符号与翻译
7.2 推理规则的使用
7.3 量词否定规则
7.4 条件证明与间接证明
7.5 证明无效性

7.1 符号与翻译

> **预热**　假设你正在开始经营一个小型企业，你想要创建一个网站，以推销你的产品。首先，你将创建单个网页。你将用到的材料包括文本、照片，可能还有一些视频。在谓词逻辑语言中构造论证，有点类似于创建一个网站。单个网页是符号化的前提和结论，而且你用来构造它们的材料就是本节引入的符号。

之前章节所提出的技术用来评价的是两种根本不同种类的论证。关于直言三段论的那一章讨论的是如下这样的论证：

> 所有同窗交往都是一见倾心。
> 没有一见倾心是天长地久的。
> 所以，没有同窗交往是天长地久的。

在这一论证中，基本的组成部分是词项，论证的有效性依赖前提和结论中词项的排列组合。

另一方面，在关于命题逻辑的那一章讨论的是如下这样的论证：

> 如果慢性压力减小，那么轻松感增加并且健康改善。
> 如果健康改善，那么人们的寿命会延长。
> 所以，如果慢性压力减小，人们的寿命会延长。

在这一论证中，基本的组成部分不是词项而是陈述。这种论证的有效性不依赖陈述中词项的排列组合，而是依赖自身作为基本单位的陈述的排列组合。

然而，并不是所有的论证都可以归入这两组类型。存在着第三种类型，它是一种混合类型，兼有直言三段论和命题论证的特征。例如，考虑下面的例子：

> 凯瑟琳·泽塔-琼斯是富有且美丽的。
> 如果一个女人是或者富有的，或者有名气的，那么她就是快乐的。
> 所以，凯瑟琳·泽塔-琼斯是快乐的。

这一论证的有效性既依赖词项的排列组合，也依赖陈述的排列组合。因此，直言三段论逻辑和命题逻辑都不足以单独确立其有效性。它所需要的是兼具三段论逻辑和命题逻辑的不同特征的第三种逻辑。这第三种类型的逻辑被称为**谓词逻辑**（predicate logic）。

谓词逻辑：一种基础成分为谓词的逻辑理论。

谓词：形如"是一只狗""是一个艺术家""是红色的"等诸如此类的表达式。

谓词逻辑的基本组成部分是**谓词**（predicate），使用大写字母（$A, B, C, \ldots X, Y, Z$）来符号化，这些大写字母被称为**谓词符号**（predicate symbol）。这里有一些空谓词的例子：

日常语言谓词	符号化谓词
_____是一只兔子	R_____
_____是巨大的	G_____
_____是一位医生	D_____
_____是无益的	H_____

394　第七章　谓词逻辑

紧随谓词字母其后的空格不是谓词的部分；相反，它指示的是代表陈述主词的某个小写字母。根据使用的小写字母，以及相关的其他符号，符号谓词可以用来翻译三种不同类型的陈述：单称陈述、全称陈述和特称陈述。

你可以回忆一下 3.6 节，**单称陈述**（singular statement）是一个对具有特定名称的人物、地点、事情或者时间做出断定的陈述。翻译单称陈述就是在相应的谓词大写字母右面写下与陈述主词相对应的小写字母。被分配用来作为个体缩写名称的字母是字母表中的前 23 个字母（$a, b, c, …u, v, w$）。这些字母被称为**个体常元**（individual constant）。这里有一些翻译陈述的例子：

> **单称陈述**：诸如"艾丽斯是一位钢琴家"的陈述。

陈述	符号化翻译
苏格拉底是有死的。	Ms
东京人口众多。	Pt
《太阳时报》是一份报纸。	Ns
《李尔王》不是一个童话故事。	$\sim Fk$
柏辽兹（Berlioz）不是德国人。	$\sim Gb$

单称陈述的复合组合可以使用命题逻辑中的常用联结词加以翻译。这里有一些例子：

陈述	符号化翻译
如果巴黎是美丽的，那么安德烈讲了真话。	$Bp \supset Ta$
艾琳或者是一名医生或者是一名律师。	$Di \vee Li$
参议员威尔金斯只有参加竞选才会当选。	$Ew \supset Cw$
如果或者日产由于工人罢工陷入瘫痪，或者斯巴鲁宣告破产，通用汽车将繁荣。	$(Cn \vee Ds) \supset Pg$
印第安纳波利斯下雨当且仅当芝加哥和密尔沃基下雪。	$Ri \equiv (Sc \cdot Sm)$

回忆一下第三章，**全称陈述**（universal statement）是一个对主词类的每一个元素都做出断定的陈述。这样的陈述要么是肯定的，要么是否定的，它取决于陈述是肯定还是否定了主词类中的元素是谓词类中的元素。翻译全称陈述的关键是由陈述的布尔式解释（参见 3.3 节）提供的：

> **全称陈述**：诸如"所有马是哺乳动物"以及"没有鱼是鸟"的陈述。

陈述形式	布尔式解释
所有 S 都是 P。	如果任何事物是 S，那么它是 P。
没有 S 是 P。	如果任何事物是 S，那么它不是 P。

根据布尔式解释，全称陈述被翻译为条件句。我们有一个符号（马蹄符）用来翻译条件陈述，因此我们可以使用它来翻译全称陈述。可是，还需要一个符号用来表明全称陈述是关于 S 类的每一个元素所做出的断定。这个符号被称为**全称**

7.1 符号与翻译

7

全称量词：诸如"(x)"的符号表达式，意思是"对于任何 x"。

量词（universal quantifier），用把小写字母放在括号里面的形式表示，(x)，翻译为"对于任何 x"。用来表示全称量词的字母是字母表中的最后三个（x，y，z）。这些字母被称为**个体变元**（individual variable）。它们可以代表论域中的任意一个对象，并且它们以个体常元为其替换实例。

全称陈述通常被翻译为条件句。

马蹄符算子和全称量词结合在一起可以用来翻译全称陈述，如下所示：

陈述形式	符号化翻译	语词意义
所有 S 都是 P。	$(x)(Sx \supset Px)$	对于任何 x，如果 x 是 S，那么 x 是 P。
没有 S 是 P。	$(x)(Sx \supset \sim Px)$	对于任何 x，如果 x 是 S，那么 x 不是 P。

因为个体变元可以代表论域中的任意一个对象，因此，表达式 $(x)(Sx \supset Px)$ 的含义是"对于任何事物，如果它是一个 S，那么它是一个 P"。此外，$(x)(Sx \supset \sim Px)$ 的含义是"对于任何事物，如果它是一个 S，那么它不是一个 P"。这些表达式等值于全称陈述的布尔式解释，这一点可以通过回想如何用文恩图表示布尔式解释而看出来（参见 3.3 节）。对应于这两个全称陈述形式的文恩图如下所示：

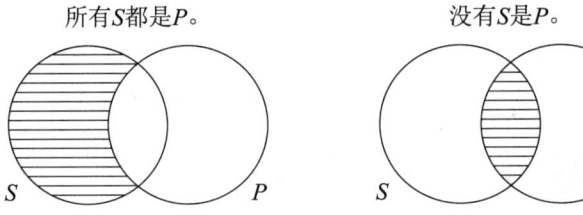

在阴影指示空集的情况下，左边的图断定了，对于任何事物而言，如果它在圆圈 S 中，那么它也在圆圈 P 中；而右边的图断定了，对于任何事物而言，如果它在圆圈 S 中，那么它不在圆圈 P 中。这恰恰是刚刚给出的符号表达式所断定的内容。因此，这些符号表达式可以被视作全称陈述的布尔式解释的同义表达。

在这些符号表达式中，S 和 P 都是谓词这一事实可能会造成混淆，因为在最初的陈述形式中，S 是主词，P 是谓词。一旦明白了将全称陈述转换为条件句时发生了什么，一切问题就会都消失了。进行这种转换时，S 成了前件的谓词，P 成了后件的谓词。换句话说，在条件句"如果任何事物是一个 S，那么它是一个 P"中，S 和 P 都是谓词。这样，使用谓词符号翻译全称陈述不会导致问题。在翻译这些陈述时，需要记住的关键是：前件中的大写字母代表最初陈述中的主词，后件中的大写字母代表谓词。这里有一些例子：

陈述	符号化翻译
所有的摩天大楼都是高耸入云的。	$(x)(Sx \supset Tx)$
没有青蛙是鸟。	$(x)(Fx \supset \sim Bx)$
所有大使都是政治家。	$(x)(Ax \supset Sx)$
没有宝石是红宝石。	$(x)(Dx \supset \sim Rx)$

在这些例子中，表达式 $Sx \supset Tx$ 和 $Fx \supset \sim Bx$ 被称为**陈述函项**（statement function）。一个陈述函项是从陈述中移走量词以后剩下的表达式。它仅仅是一个陈述模式。没有对论域中的任何事物做出明确的断定，它没有真值，不能被翻译为一个陈述。出现在陈述函项中的变元称为**自由变元**（free variable），因为它们不受任何量词的约束。相反，出现在陈述中的变元称为**约束变元**（bound variable）。

在使用量词翻译陈述时，我们采用一个类似于波浪符算子的约定。也就是，量词仅仅支配紧随其后的表达式。例如，在陈述 $(x)(Ax \supset Bx)$ 中，全称量词支配括号内的整个陈述函项，即 $Ax \supset Bx$。但是在表达式 $(x) Ax \supset Bx$ 中，全称量词仅仅支配陈述函项 Ax。同样的约定适用于即将引入的存在量词。

回忆一下，在第三章中，一个**特称陈述**（particular statement）是一个对主词类中一个或多个未命名的元素做出断定的陈述。像全称陈述一样，特称陈述或者是肯定的，或者是否定的，这取决于该陈述是肯定还是否定了主词类中的元素是谓词类中的元素。而且，与全称陈述一样，翻译特称陈述的关键是由陈述的布尔式解释提供的：

> **特称陈述**：一个诸如"有的马是棕色的"以及"有的书是篇幅不长的"的陈述。

陈述形式	布尔式解释
有的 S 是 P。	至少有一个事物，它是 S，并且它也是 P。
有的 S 不是 P。	至少有一个事物，它是 S，但它不是 P。

换句话说，特称陈述被翻译为合取式。因为我们已经熟悉了合取式的符号（点号），翻译这些陈述额外需要的唯一符号是关于存在的符号。这由**存在量词**（existential quantifier）提供，由在一个倒置的 E 右面放置一个变元符号而形成：$(\exists x)$。这一符号翻译为"存在一个 x，使得"。存在量词与点号算子结合在一起可以用来翻译特称陈述，如下所示：

> **存在量词**：诸如"$(\exists x)$"的符号表达式，它意味着"存在一个 x"。

> 特称陈述通常被翻译为合取式。

陈述形式	符号化翻译	语词意义
有些 S 是 P。	$(\exists x)(Sx \cdot Px)$	存在一个 x，使得 x 是 S 且 x 是 P。
有些 S 不是 P。	$(\exists x)(Sx \cdot \sim Px)$	存在一个 x，使得 x 是 S 且 x 不是 P。

与全称陈述的符号表达式一样，字母 x 是一个个体变元，代表着论域中的任意一个对象。因此，表达式 $(\exists x)(Sx \cdot Px)$ 的含义是"存在着既是 S 又是 P 的事

物"。而（∃x）(Sx · ~Px)的含义是"存在着是S但不是P的事物"。为了看出这些表达式与特称命题的布尔式解释是等值的，再次回想一下这些陈述是如何用文恩图表示的，将会是有用的：

有的S是P。   有的S不是P。

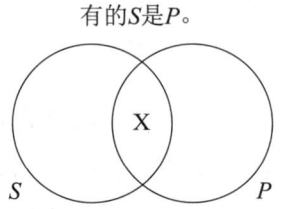 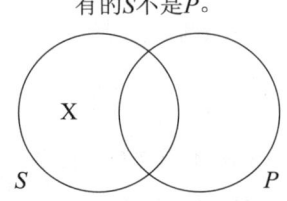

这里，X指称至少一个存在的对象，左边的图断定了存在着既是S又是P的事物，而右边的图断定了存在着是S但不是P的事物。换句话说，这些图恰恰断定了与我们给出的符号表达式相同的内容。因此，这些符号表达式恰恰表达了特称陈述的布尔式解释。这里有几个例子：

陈述	符号化翻译
有的男人是穷光蛋。	(∃x)(Mx • Px)
有的疾病是不会传染的。	(∃x)(Dx • ~Cx)
有的工作是烦人的。	(∃x)(Jx • Bx)
有的交通工具不是摩托车。	(∃x)(Vx • ~Mx)

在翻译谓词逻辑的陈述的时候，我们要遵循的一般规则是，永远努力理解要翻译的陈述的含义。如果那个陈述是对主词类中的每一个元素做出断定，那么应该使用全称量词；但如果它是对主词类中的一个或者多个元素做出断定，那么应该使用存在量词。

三段论逻辑中的许多原则（参见第3.6节）可以直接应用到谓词逻辑中。尤其应该理解以"只有（only）"、"只有……才（none but）"这些语词开始的陈述是排他性命题。翻译这些陈述时，在最初陈述中先出现的词项成为符号表达式的后件，后出现的词项成为前件。谓词逻辑与三段论逻辑之间的区别在于单称陈述。在三段论逻辑中，单称陈述被翻译为全称陈述，而在谓词逻辑中，正如我们所见的那样，它们的翻译方式是独特的。下面是不同种类陈述的例子。

陈述	符号化翻译
存在着美满的婚姻。	(∃x)(Mx • Hx)
每位儿科医生都失眠。	(x)(Px ⊃ Lx)
动物存在。	(∃x)Ax
独角兽不存在。	~(∃x)Ux 或者 (x)~Ux

任何事物都是可以想象的。	(x)Cx
海狮是哺乳动物。	(x)(Sx ⊃ Mx)
海狮生活在这些洞穴中。	(∃x)(Sx • Lx)
极端利己主义者不是令人愉快的伙伴。	(x)(Ex ⊃ ~Px)
少数极端利己主义者没有按时到达。	(∃x)(Ex • ~Ax)
仅有亲密的朋友才被邀请参加婚礼。	(x)(Ix ⊃ Cx)
只有公民才有资格参加投票。	(x)(Ex ⊃ Cx)
并非每一个女童子军卖曲奇饼干。	~(x)(Gx ⊃ Sx)或者(∃x)(Gx • ~Sx)
没有一位心理学家参加会议。	~(∃x)(Px • Ax)或者 (x)(Px ⊃ ~Ax)

如同这些例子所展示的那样，翻译谓词逻辑中的陈述的一般方式是，把一个全称陈述翻译为一个由全称量词引导的条件句，把一个特称陈述翻译为一个由存在量词引导的合取式。然而，第三个例子和第五个例子表明，这个方式也有例外。一个关于论域中所有事物的断定被翻译为一个全称量词加上一个单独谓词的表达式。一个关于某个类的存在的断定仅被翻译为一个存在量词加上一个单独谓词的表达式。最后两个例子表明，一个特称陈述等值于一个全称陈述的否定，反之亦然。这两个例子中的第一个例子等值于"有些女童子军不卖曲奇饼干"，第二个例子等值于"所有心理学家都没有参加会议"。事实上，任何量化陈述，如果它们中的一个是否定的，则既可以用全称量词翻译，也可以用存在量词翻译。这两种表达式形式的等值性将在第 7.3 节做进一步的分析。

通过使用刚刚给出的基本规则，我们可以翻译更复杂的陈述。例如：

陈述	符号化翻译
只有蛇和蜥蜴能在沙漠中生存。	(x)[Tx ⊃ (Sx ∨ Lx)]
橘子和柠檬是柑橘类水果。	(x)[(Ox ∨ Lx) ⊃ Cx]
成熟的苹果是香脆可口的。	(x)[(Rx • Ax) ⊃ (Cx • Dx)]
杜鹃花开放当且仅当它们被授粉。	(x)[Ax ⊃ (Bx ≡ Fx)]
桃子是可以食用的，除非它们腐烂了。	(x)[Px ⊃ (~Rx ⊃ Ex)]或者 (x)[Px ⊃ (Ex ∨ Rx)]
如果受到惊吓或骚扰，那么猫和狗会咬人。	(x){(Cx ∨ Dx) ⊃ [(Fx ∨ Hx) ⊃ Bx]}

注意，第一个例子的翻译方式是析取式 Sx ∨ Lx，尽管那个陈述读作"蛇和蜥蜴"。如果被翻译为 (x)[Tx ⊃ (Sx • Lx)]，就意味着任何在沙漠中生存的事物（同时）既是一条蛇又是一只蜥蜴。而这一定不符合原意。同样的理由，第二个例子的翻译方式是析取式 Ox ∨ Lx，尽管那个英语陈述被读作"橘子和柠檬"。如果那个陈述被翻译为 (x)[(Ox • Lx) ⊃ Cx]，就意味着任何同时既是一个橘子又

是一个柠檬的事物是一个柑橘类水果。同样的原则用于翻译第六个例子，意思是"如果任何是一只猫或一只狗的事物，如果它受到惊吓或者骚扰，那么它咬人"。第三个例子使用合取式 $Rx \cdot Ax$ 来翻译成熟的苹果。当然这是正确的，因为这样的一个事物既是成熟的同时也是一个苹果。第五个例子表明这样一个事实，"除非"被翻译为"如果不"或者"或者"。

命题逻辑的算子可以用来形成全称陈述和特称陈述的复合组合，就像它们可以用来形成单称陈述的复合组合一样。例如：

陈述	符号化翻译
如果伊丽莎白是一位历史学家，那么某个女性是历史学家。	$He \supset (\exists x)(Wx \cdot Hx)$
如果有的大提琴手是乐团指挥，那么某个乐团得到了正确引导。	$(\exists x)(Cx \cdot Mx) \supset (\exists x)(Ox \cdot Px)$
要么一切事物都是活的，要么柏格森的理论是不正确的。	$(x)Ax \vee \sim Cb$
所有的小说都是有趣的，当且仅当斯坦贝克的有些小说不浪漫。	$(x)(Nx \supset Ix) \equiv (\exists x)[(Nx \cdot Sx) \cdot \sim Rx]$
没有人买绿色的鳄梨，除非所有成熟鳄梨都很贵。	$(x)[(Gx \cdot Ax) \supset \sim Px] \vee (x)[(Rx \cdot Ax) \supset Ex]$

我们已经了解到，一般方式是把全称陈述翻译为一个由全称量词引导的条件句，把特称陈述翻译为一个由存在量词引导的合取式。如果这些翻译被错误量词引导，让我们考察一下会发生什么情况。考虑一下假陈述"所有的猫不是动物"，正确的翻译为 $(x)(Cx \supset \sim Ax)$。然而，如果翻译为 $(\exists x)(Cx \supset \sim Ax)$，符号化的陈述被证明是真的。这一点可以通过如下看出。根据实质蕴涵律，$(\exists x)(Cx \supset \sim Ax)$ 等值于 $(\exists x)(\sim Cx \vee \sim Ax)$，根据德·摩根律，后者又等值于 $(\exists x) \sim (Cx \cdot Ax)$。然而，后面的陈述仅仅断定了存在着并非既是猫又是动物的事物——例如狗——这是真的。再考虑这个真陈述"有些猫是动物"，正确的翻译是 $(\exists x)(Cx \cdot Ax)$。然而，如果翻译为 $(x)(Cx \cdot Ax)$，这个符号化陈述断定了论域中的每一个事物既是一只猫又是一个动物。这显然是假的。因此，如同这些例子所表明的，一定不能混淆这两个量词。

最后还需要注意一点。前面提到字母 x、y、z 是用来翻译全称陈述和特称陈述中的变元的。与这一约定相一致，其他23个小写字母（$a, b, c, \ldots u, v, w$）可以用来翻译单称陈述中的名字。因此，例如，"阿尔伯特是科学家"，翻译为 Sa。但是，当陈述为"薛西斯（Xerxes）是一位国王"时，问题产生了。这个陈述应该翻译为 Kx 吗？回答是否定的。应该选取名字中的其他字母，例如第二个字母来代

替 x。当我们在下一节中使用自然演绎得出论证的结论的时候，坚持这个字母表的约定会帮助我们避免犯错。

习题 7.1

把下列陈述翻译为符号化形式。避免否定符号出现在量词前面。括号中给出了谓词字母。

★1. 伊莱恩是一位化学家。(C)

2. 南希不是售货员。(S)

3. 华兹华斯和雪莱都不是爱尔兰人。(I)

★4. 雷切尔或者是一名记者或者是一名播音员。(J, N)

5. 只有镁光公司设计出一款更快的芯片，英特尔公司才这样做。(D)

6. 只有奥地利或德国扩大博物馆规模，比利时和法国才资助艺术。(S, E)

★7. 所有的枫树都是树。(M, T)

8. 有的葡萄是酸的。(G, S)

9. 没有小说是传记。(N, B)

★10. 有的假期不令人轻松。(H, R)

11. 如果格特鲁德是正确的，那么泰姬陵是由大理石筑成的。(C, M)

12. 只有泰姬陵是由花岗岩筑成的，格特鲁德才是不正确的。(C, G)

★13. 老虎存在。(T)

14. 导致暴力的任何事情都是错误的。(L, W)

15. 存在色情艺术作品。(A, P)

★16. 不是每一个微笑都是真诚的。(S, G)

17. 每只企鹅都喜欢冰。(P, L)

18. 河城有麻烦了。(T, R)

★19. 所有社交人士都是爱慕虚荣的。(S, V)

20. 任何有爱心的妈妈都是警觉和有教养的。(C, M, V, N)

21. 恐怖分子是既不理性，也不令人同情的。(T, R, E)

★22. 没有被嫉妒吞噬的人是幸福的。(C, H)

23. 任何事物都是可以想象的。(I)

24. 不存在鬼魂。(G)

★25. 纯种马是马。(T, H)

26. 纯种马赢得了比赛。(T, W)

27. 并不是所有的蘑菇都是可食用的。(M, E)

★28. 并非任何马栗都是可食用的。(H, E)

29. 几位客人来晚了。(G, A)
30. 只有绅士喜欢金发女郎。(G, P)
★31. 几个城市是既不安全也不美丽的。(C, S, B)
32. 没有圆形三角形。(C, T)
33. 蛇是无害的，除非它们有毒牙。(S, H, F)
★34. 有的狗咬人当且仅当它们被戏弄。(D, B, T)
35. 一架客机是安全的当且仅当它被正确维护。(A, S, P)
36. 如果销量下降，那么有的公司会破产。(C, B, S)
★37. 一些孩子发脾气，仅当他们累了。(C, A, T)
38. 唯一能来的音乐家是长号手。(M, A, T)
39. 只有天才音乐家才演奏交响乐。(T, M, P)
★40. 任何一辆做工考究的车跑起来都很平稳。(W, C, R)
41. 并不是每一辆外国车跑起来都很平稳。(F, C, R)
42. 好的小提琴是既稀有又价格昂贵的。(G, V, R, E)
★43. 小提琴和大提琴是有弦的乐器。(V, C, S, I)
44. 有可看风景的房间。(R, V, A)
45. 可看风景的房间是价格昂贵的。(R, V, E)
★46. 有的法国餐厅是别无分号的。(F, R, E)
47. 有的法国餐厅是不值得推荐的。(F, C, R)
48. 飓风和地震是猛烈且有破坏性的。(H, E, V, D)
★49. 泰勒有罪当且仅当所有的证人都做伪证。(G, W, C)
50. 如果任何证人说真话，那么要么帕森斯有罪，要么哈里斯有罪。(W, T, G)
51. 如果所有推理小说都是有趣的，那么《蝴蝶梦》是有趣的。(M, I)
★52. 如果有一些有趣的推理小说，那么《蝴蝶梦》是有趣的。(M, I)
53. 滑冰者和舞者是精力充沛的人。(S, D, E, I)
54. 瑞士手表不贵，除非它们是由金子做的。(S, W, E, M)
★55. 如果曼哈顿的所有建筑物都是摩天大楼，那么克莱斯勒大厦是一座摩天大楼。(B, M, S)
56. 有经验的技工有可观的收入，仅当所有缺乏经验的技工都是懒惰的。(E, M, W, L)
57. 没有人选阳台的座位，除非前厅的座位都被占了。(B, S, C, O, T)
★58. 有的员工会得到加薪当且仅当有的经理过于慷慨。(E, R, M, O)

59. 如果研讨会上的物理学家和天文学家主持一个会议或者宣读一篇论文，那么他们在会议手册中会被列出。（P, A, S, L, C, R）

60. 如果科学家和技术人员是认真负责和严格要求的，那么有些董事会成员将会或者满意或者高兴。（S, T, C, E, M, P, D）

7.2 推理规则的使用

> **预热**
>
> 在你完成网站创建之后，你发现你不喜欢页面上的条目组织方式。因此，你重新进入网站，分拆网页，重新安排条目，然后再把所有的东西一起放回去。在谓词逻辑中使用自然演绎类似这种方式。首先，你要拆除前提，然后对部分加以重新组织以得出结论。熟悉这一方式会提高你应对任何组织任务的技能。

在把陈述翻译为谓词逻辑的符号化表达式的过程中，使用真值函项算子（点号、楔形符、马蹄符等）的主要原因是可以使用十八条推理规则通过自然演绎推导出论证的结论。然而，由于前八条规则仅仅适用于论证中的一整行，只要一行中出现了量词，就不能使用这些推理规则——至少对我们考虑的那类论证是不适用的。为了使用这些规则，需要引入另外四条规则，以便在证明序列起始处移除量词和必要时在证明序列的结尾处引入量词。这四条规则被称为全称例示、全称概括、存在例示、存在概括。前两条分别用来移除和引入全称量词，后两条用来移除和引入存在量词。

让我们首先来考虑**全称例示**（universal instantiation）。为了展示这一规则的必要性，考虑下面的论证：

全称例示：为全称陈述挑选一个例子。

所有的经济学家都是社会科学家。
保罗·克鲁格曼是经济学家。
所以，保罗·克鲁格曼是社会科学家。

这个论证显然是有效的，它的符号化形式如下：

1. $(x)(Ex \supset Sx)$
2. Ep / Sp

如同这个论证现在所展示的那样，头八条推理规则是无法使用的；结果是，没有办法通过将两个前提结合得出结论。然而，如果从第一个前提中能够得出

$Ep \supset Sp$ 这样一行，将这一陈述与第二个前提结合后通过肯定前件式规则就可以得出结论。全称例示规则刚好满足这一目的。

第一个前提表达了对于论域中的任何项 x，如果该项是一个 E，那么它是一个 S。但是，既然保罗·克鲁格曼本身是论域中的一个项，第一个前提蕴涵着如果保罗·克鲁格曼是一个 E，那么保罗·克鲁格曼是一个 S。刚好可以通过全称例示规则（UI）得到准确表达这一含义的一行。换句话说，全称例示规则为我们提供了全称陈述 $(x)(Ex \supset Sx)$ 的一个实例。在下面的完整证明中，第 3 行的 p 称为**例示字母**（instantial letter）：

1. $(x)(Ex \supset Sx)$
2. Ep / Sp
3. $Ep \supset Sp$ 1, UI
4. Sp 2, 3, MP

这里可能有人会提出质疑，为什么第 2 行和第 3 行可以使用肯定前件式规则。在第六章中，我们将肯定前件式规则应用于形如 $p \supset q$ 这样的一行，但是我们有证据能将此规则应用于形如 $Ep \supset Sp$ 这样的一行吗？回答是肯定的。因为 Ep 和 Sp 是简单陈述的符号化形式。如果这样理解，这些符号与命题逻辑中的 p、q 是没有实质区别的。

现在我们给出例示的一般定义。**例示**（instantiation）是一种运算，删去量词，用相同的例示字母替换每一个被量词约束的变元。考虑一个违反了定义表达的规则的运算例子，例如，前面证明的第 3 行。如果这一行得到的例示为 $Ep \supset Sx$，那么就不正确，因为 Sx 中的 x 没有使用例示字母 p 去替换。

全称概括：把一个陈述函项转换为一个全称陈述。

现在让我们考虑**全称概括**（universal generalization）。这条规则的必要性可以通过如下的论证来展示：

所有精神科医生都是医生。

所有医生都是大学毕业生。

所以，所有精神科医生都是大学毕业生。

这一有效论证的符号化形式如下：

1. $(x)(Px \supset Dx)$
2. $(x)(Dx \supset Cx)$ / $(x)(Px \supset Cx)$

一旦对前两个前提使用全称例示规则，我们就会得到用以构建假言三段论的两行。但是，随之我们必须重新引入一个全称量词以得出结论。最后一步通过全称概括规则（UG）得到。这一步骤的依据在于这样的事实，两个前提都是全称陈述。第一个前提表明，如果任何事物是一个 P，那么它是一个 D。第二个前提表明，如果任何事物是一个 D，那么它是一个 C。我们因此得出结论：如果任何事物是一个 P，那么它是一个 C。但是，因为这一推理过程的完全概括性，使用全称例示步骤有着一种特殊方式。与前面例子中我们选择一个特别命名的例子不同，我们必须选择一个覆盖论域中的任意实例的变元。你可以回忆一下，在上一节中，我们所规定的变元是 x, y, z，让我们选 y。完整的证明如下：

1. (x)(Px ⊃ Dx)
2. (x)(Dx ⊃ Cx)　　　/ (x)(Px ⊃ Cx)
3. Py ⊃ Dy　　　　　1, UI
4. Dy ⊃ Cy　　　　　2, UI
5. Py ⊃ Cy　　　　　3, 4, HS
6. (x)(Px ⊃ Cx)　　　5, UG

如之前提到的，第 3、4、5 行的表达被称为**陈述函项**（statement function）。它们只是陈述模式；它们没有真值，不能翻译为陈述。如果我们加以自由处理，我们可以把第 5 行看作表达了"如果它是一个 P，那么它是一个 C"。这里的"它"指称论域中的任意一个项。第 6 行可以视为再次表达了第 5 行的含义。

> **陈述函项**：一个诸如 Fx ⊃ Gx 的表达式。

正如前两个例子所显示的，我们有两种使用全称例示的方式。一方面，我们可以使用一个常项，例如 a 或 b 去进行例示；另一方面，我们可以用一个变元，例如 x 或 y 去进行例示。选择哪一种方式取决于想要的结果。如果我们想要全称陈述的某个部分与另一行的单称陈述相匹配，就像第一个例子中那样，我们用常项去进行例示。但如果在证明的最后，我们想要对正在例示的陈述的某个部分实施全称概括规则，那么我们必须使用变元进行例示。后者引出了一条使用全称概括规则的重要限制，即当例示字母是一个常项时，我们不能进行这一运算。考虑下面这个错误证明序列：

1. Ta
2. (x)Tx　　　　1, UG（无效的）

如果 Ta 的意思是"阿尔伯特是一个小偷"，那么基于这一信息，我们得出结论（第 2 行），论域中的每个个体都是小偷。显然，这一推理是无效的。这表明这样一个事实：只有当例示字母是变元（在这里是 a）时，才能使用全称概括规则。

现在让我们考虑**存在概括**（existential generalization）。这种运算的必要性展现在如下论证中：

> 所有的男高音都是歌手。
> 安德烈·波切利是男高音。
> 所以，至少存在一个歌手。

> **存在概括**：把一个关于例子的符号陈述转换为一个特称陈述。

该论证的符号化形式如下：

1. $(x)(Tx \supset Sx)$
2. Ta / $(\exists x)Sx$

如果我们使用 a 对第一行进行例示，那么我们可以通过肯定前件式规则得到 Sa。但是如果安德烈·波切利是男高音是真的，那么必然得出至少有一个人是歌手，即安德烈·波切利。最后一步是通过存在概括规则（EG）完成的。证明如下：

1. $(x)(Tx \supset Sx)$
2. Ta / $(\exists x)Sx$
3. $Ta \supset Sa$ 1, UI
4. Sa 2, 3, MP
5. $(\exists x)Sx$ 4, EG

存在概括规则是没有限制的，当例示字母是一个常项（就像波切利这个例子一样）或者一个变元的时候，都可以进行这一运算。对于后一种例示，考虑下面的序列：

1. $(x)(Px \supset Qx)$
2. $(x)Px$ / $(\exists x)Qx$
3. $Py \supset Qy$ 1, UI
4. Py 2, UI
5. Qy 3, 4, MP
6. $(\exists x)Qx$ 5, EG

第 5 行表达了论域中的每个事物是一个 Q。从它可以得出一个更弱的结论（第 6 行），即某个事物是一个 Q。如果你对如何从一个全称前提得出一个存在结论感到好奇，那么答案就在于谓词逻辑假设论域中至少存在一个事物。因此，断定了论域中的每一事物是一个 P 的第 2 行蕴涵着至少有一个事物是一个 P。如果没有这一假设，第 4 行的全称例示规则是不可能的。

现在我们可以构建一个覆盖两类概括的定义。兼容意义上的概括是一种运算，它包括：(1) 在陈述、陈述函项或者另一个量词前直接引入量词，以及 (2) 用出现在量词中的相同变元替换特定的例示字母在陈述或陈述函项中的一次或多次出现。对于全称概括规则，必须用量词中的变元替换例示字母的所有出现。对于存在概括规则，必须用量词中的变元替换例示字母的至少一次出现。因此，下面这两种存在概括规则的使用情况都是有效的（尽管左边的这个更为常见）。

1. $Fa \cdot Ga$ 1. $Fa \cdot Ga$
2. $(\exists x)(Fx \cdot Gx)$ 1, EG   2. $(\exists x)(Fx \cdot Ga)$ 1, EG

另一方面，关于全称概括规则的使用情况，只有一种是有效的：

1. $Fx \supset Gx$ 1. $Fx \supset Gx$
2. $(y)(Fy \supset Gy)$ 1, UG   2. $(y)(Fy \supset Gx)$ 1, UG（无效的）

右面的推理是无效的，因为 Gx 中的 x 没有被量词中的变元（即 y）替换。

当然，例示字母可以是与出现在量词中的变元相同的变元。这样，"Gx，所以

$(x)Gx$"的运算被看作概括。

存在例示（existential instantiation）的必要性可以通过下面的论证展示出来：

> 所有的律师都是大学毕业生。
>
> 有的律师是高尔夫球手。
>
> 所以，有的高尔夫球手是大学毕业生。

存在例示：为特称陈述挑选一个例子。

符号化过程如下：

1. $(x)(Ax \supset Cx)$
2. $(\exists x)(Ax \cdot Gx)$ / $(\exists x)(Gx \cdot Cx)$

如果这两个量词都被消除，那么可以通过简化律、肯定前件式规则与合取律得到结论。全称量词可以通过全称例示规则加以消除，而为了消除存在量词，我们需要存在例示规则。第 2 行表明存在着既是 A 又是 G 的某个事物。存在例示规则在于给这个事物一个名字，例如"戴维"，我们称这个名字为"存在名字"，因为它是通过存在例示规则获得的。完整的证明如下：

1. $(x)(Ax \supset Cx)$
2. $(\exists x)(Ax \cdot Gx)$ / $(\exists x)(Gx \cdot Cx)$
3. $Ad \cdot Gd$ 2, EI
4. $Ad \supset Cd$ 1, UI
5. Ad 3, Simp
6. Cd 4, 5, MP
7. $Gd \cdot Ad$ 3, Com
8. Gd 7, Simp
9. $Gd \cdot Cd$ 6, 8, Conj
10. $(\exists x)(Gx \cdot Cx)$ 9, EG

对于这个证明的考察揭示了存在概括规则所必须遵守的一个直接限制。我们指派给第 2 行中既是 A 又是 G 的事物的名字是一个假设名字。由此得出结论该事物确实具有这个名字是错误的。因此，我们必须引入一个限制，以防止我们的证明结束于包含字母 d 的一行。例如，如果证明在第 9 行终止，我们将得出结论，既是 G 又是 C 的某物确实具有名字 d。当然，这是不合法的，因为 d 仅仅是为了方便而引入的任意一个名字。为了防止这样的错误，我们要求，为存在例示选择的名字是不出现在斜线右边的、紧挨着得出结论的前提的字母，因为证明的最后一行必须与这一行相同，这样一个限制防止我们的论证结束于包含存在名字的一行。

对这一证明的进一步考察解释了对于存在例示规则的另一个重要限制。值得注意的是，涉及存在例示规则的行被放置在涉及全称例示规则的行的前面。原因在于，如果顺序颠倒，存在例示步骤将会导致不当地假设既是 A 又是 G 的某个事物与之前全称例示步骤中使用的名字相同。换句话说，这涉及假设既是 A 又是 G 的某物与在 $Ad \supset Cd$ 行中命名的事物具有相同的名字。当然，这样的假设是不合法的。为了防止这一错误发生，我们引入一个限制：通过存在例示规则引入的名字是之前的证明序列中没有出现过的新名字。下面这个有缺陷的证明表明，如果违反这一规则，会发生什么：

1. $(\exists x)(Fx \cdot Ax)$
2. $(\exists x)(Fx \cdot Ox)$ / $(\exists x)(Ax \cdot Ox)$
3. $Fb \cdot Ab$ 1, EI
4. $Fb \cdot Ob$ 2, EI (无效的)
5. $Ab \cdot Fb$ 3, Com
6. Ab 5, Simp
7. $Ob \cdot Fb$ 4, Com
8. Ob 7, Simp
9. $Ab \cdot Ob$ 6, 8, Conj
10. $(\exists x)(Ax \cdot Ox)$ 9, EG

为了看出这一证明确实是有缺陷的，令 F 表示水果，A 表示苹果，O 表示橘子。论证变为：

有些水果是苹果。

有些水果是橘子。

所以，有些苹果是橘子。

具有真前提与假结论的这一论证显然是无效的。证明的错误出现在第 4 行。这一行断定了既是 F 又是 O 的事物与既是 F 又是 A 的事物是同一个事物。换句话说，它违反了这一限制，即通过存在例示规则引入的名字是在前面的证明中没有出现过的新名字。

存在例示规则使用的第一个限制要求：存在名字没有出现在指示推出结论的行之中，第二个限制要求：这个名字是没有出现在之前证明中的新名字。这两个限制很容易合并为一个简单的限制，即要求通过存在例示规则引入的名字是没有出现在之前任何一行的新名字，包括得出结论的紧邻最后一个前提的一行。

一个影响所有四条推理规则的进一步的限制要求这些规则只能应用于证明中的整行。下面这个序列表明了对这一限制的违反：

1. $(x)Px \supset (x)Qx$
2. $Py \supset Qy$ 1, UI (无效的)

在第 2 行中，全称例示规则既应用于第一行的前件也应用于后件。为了有效地得出第 2 行，第 1 行必须读为 $(x)(Px \supset Qx)$。记住最后一条限制，现在可以总结这四条新的推理规则。在下面的符号化形式中，$\mathcal{F}x$ 和 $\mathcal{F}y$ 代表任意陈述函项，即包含个体变元的任意符号化组合，例如 $Ax \supset Bx$，$Cy \supset (Dy \vee Ey)$，或者 $Gz \cdot Hz$。符号 $\mathcal{F}a$ 代表任意陈述，即包含个体常元（或名字）的任意符号化组合，例如，$Ac \supset Bc$，$Cm \supset (Dm \vee Em)$，或者 $Gw \cdot Hw$。符号 $\mathcal{F}$ 是一个谓词变项，代表了任意一个谓词，例如 F, G 或 H。①

1. 全称例示规则（UI）：

$$\frac{(x)\mathcal{F}x}{\mathcal{F}y} \qquad \frac{(x)\mathcal{F}x}{\mathcal{F}a}$$

2. 全称概括规则（UG）：

$$\frac{\mathcal{F}y}{(x)\mathcal{F}x} \qquad 不允许：\frac{\mathcal{F}a}{(x)\mathcal{F}x}$$

3. 存在例示规则（EI）：

$$\frac{(\exists x)\mathcal{F}x}{\mathcal{F}a} \qquad 不允许：\frac{(\exists x)\mathcal{F}x}{\mathcal{F}y}$$

限制：存在名字 a 必须是没有出现在之前任何一行（包括结论行）的新名字。

4. 存在概括规则（EG）：

$$\frac{\mathcal{F}a}{(\exists x)\mathcal{F}x} \qquad \frac{\mathcal{F}y}{(\exists x)\mathcal{F}x}$$

关于全称量词的不允许版本使人想起那个熟悉的事实，即当例示字母为一个常项时不能进行概括。换句话说，个体 a 是一个 $\mathcal{F}$ 这个事实不足以允许我们得出结论，即论域中的所有事物都是 $\mathcal{F}$。目前，这是关于全称概括的唯一限制。在第 7.4 节中，将会引入另外一条限制。关于存在例示规则的不允许版本只是使人想起这一事实：该运算是一个命名过程，因为变元（x, y, z）不是名字，它们不能用来作为存在例示中的例示字母。

UG 和 EI 有着限制。

让我们考察一些关于这些规则的应用。考虑下面的证明：

1. $(x)(Hx \supset Ix)$
2. $(x)(Ix \supset Hx)$ / $(x)(Hx \equiv Ix)$
3. $Hx \supset Ix$ 1, UI
4. $Ix \supset Hx$ 2, UI
5. $(Hx \supset Ix) \cdot (Ix \supset Hx)$ 3, 4, Conj
6. $Hx \equiv Ix$ 5, Equiv
7. $(x)(Hx \equiv Ix)$ 6, UG

因为我们要在证明的最后一行使用全称概括规则，我们在第 1 行和第 2 行进行例示时使用变元，而不是常项。值得注意的是，第 3 行和第 4 行选择的变元与出现在第 1 行和第 2 行的字母是相同的字母。尽管可以选择新的字母（y 或者 z）

---

① 某些教科书使用希腊字母如 φ（phi）、χ（chi）和 ψ（psi）代替 $\mathcal{F}$ 表达这些内容和规则。

但在这一步没有必要这样做。然而，由于我们想要把第 3 行和第 4 行结合，在得出这些行的过程中选择相同变元是必要的。

另外一个例子：

1. $(x)[(Ax \lor Bx) \supset Cx]$
2. $(\exists x)Ax$ / $(\exists x)Cx$
3. Am 2, EI
4. $(Am \lor Bm) \supset Cm$ 1, UI
5. $Am \lor Bm$ 3, Add
6. Cm 4, 5, MP
7. $(\exists x)Cx$ 6, EG

依照存在例示规则的限制，要在 UI 步骤之前进行 EI 步骤。在 UI 步骤中选择与 EI 步骤相同的字母。在第 5 行，Bm 通过添加律与 Am 析取结合起来。这一规则在谓词逻辑中与在命题逻辑中的使用方式是相同的。我们可以在给定的一行中选择任何陈述或者陈述函项进行析取联结。

另外一个例子：

1. $(\exists x)Kx \supset (x)(Lx \supset Mx)$
2. $Kc \cdot Lc$ / Mc
3. Kc 2, Simp
4. $(\exists x)Kx$ 3, EG
5. $(x)(Lx \supset Mx)$ 1, 4, MP
6. $Lc \supset Mc$ 5, UI
7. $Lc \cdot Kc$ 2, Com
8. Lc 7, Simp
9. Mc 6, 8, MP

因为例示（以及概括）规则必须应用于一整行，对第 1 行不能进行例示。唯一的策略是使用其他行得出这一行的前件，然后通过肯定前件式规则得出后件。一旦得出后件（即第 5 行），使用出现在第 2 行中的相同的字母进行例示。

下一个例子使用了关于例示和概括的所有四条规则：

1. $(x)(Px \supset Qx) \supset (\exists x)(Rx \cdot Sx)$
2. $(x)(Px \supset Sx) \cdot (x)(Sx \supset Qx)$ / $(\exists x)Sx$
3. $(x)(Px \supset Sx)$ 2, Simp
4. $(x)(Sx \supset Qx) \cdot (x)(Px \supset Sx)$ 2, Com
5. $(x)(Sx \supset Qx)$ 4, Simp
6. $Py \supset Sy$ 3, UI
7. $Sy \supset Qy$ 5, UI
8. $Py \supset Qy$ 6, 7, HS
9. $(x)(Px \supset Qx)$ 8, UG
10. $(\exists x)(Rx \cdot Sx)$ 1, 9, MP
11. $Ra \cdot Sa$ 10, EI
12. $Sa \cdot Ra$ 11, Com
13. Sa 12, Simp
14. $(\exists x)Sx$ 13, EG

与前面的例子一样，第1行不能进行例示。为了对第2行中的两个合取支进行例示，必须首先把它们分离（第3行和第5行）。第3行和第5行使用变元进行例示，因为第9行使用 UG 规则。另一方面，第10行的例示使用常项，因为正在讨论的陈述是一个特称陈述。

另一个例子：

1. $[(\exists x)Ax \bullet (\exists x)Bx] \supset Cj$
2. $(\exists x)(Ax \bullet Dx)$
3. $(\exists x)(Bx \bullet Ex)$ / Cj
4. $Am \bullet Dm$ 2, EI
5. $Bn \bullet En$ 3, EI
6. Am 4, Simp
7. Bn 5, Simp
8. $(\exists x)Ax$ 6, EG
9. $(\exists x)Bx$ 7, EG
10. $(\exists x)Ax \bullet (\exists x)Bx$ 8, 9, Conj
11. Cj 1, 10, MP

当对第2行进行例示（第4行）时，选择了不同于出现在第1行的 j 的另外一个字母。然后，当对第3行进行例示（第5行）时，选择了另外一个新的字母。与之前的例子一样，结论通过肯定前件式规则从第1行的前件得出。

下面的例子展示了对例示规则和概括规则的无效的或者不正确的使用：

1. $Fy \supset Gy$
2. $(x)(Fx \supset Gy)$ 1, UG   （无效的——y 的每个出现都必须替换为 x）

1. $(x)Fx \supset Ga$
2. $Fx \supset Ga$ 1, UI   （无效的——例示只能用于整行）

1. $(x)Fx \supset (x)Gx$
2. $Fx \supset Gx$ 1, UI   （无效的——例示只能用于整行）

1. Fc
2. $(\exists x)Gx$
3. Gc 2, EI   （无效的——c 已经在第1行中出现过）

1. $Fm \supset Gm$
2. $(x)(Fx \supset Gx)$ 1, UG   （无效的——例示字母必须是一个变元，m 是一个常元）

1. $(\exists x)Fx$
2. $(\exists x)Gx$
3. Fe 1, EI
4. Ge 2, EI   （无效的——e 出现在了第3行）

1. $Fs \bullet Gs$
2. $(\exists x)Fx \bullet Gs$ 1, EG   （不正确的——概括只能用于整行）

1. $\sim(x)Fx$
2. $\sim Fy$ 1, UI   （无效的——包含否定量词的行不能被例示，参见7.3节）

习题 7.2

Ⅰ. 使用十八条推理规则得出下列符号化论证的结论。不要使用条件证明或间接证明。

★（1）1. $(x)(Ax \supset Bx)$
　　　2. $(x)(Bx \supset Cx)$　　　/ $(x)(Ax \supset Cx)$

（2）1. $(x)(Bx \supset Cx)$
　　　2. $(\exists x)(Ax \cdot Bx)$　　　/ $(\exists x)(Ax \cdot Cx)$

（3）1. $(x)(Ax \supset Bx)$
　　　2. $\sim Bm$　　　/ $(\exists x)\sim Ax$

★（4）1. $(x)(Ax \supset Bx)$
　　　2. $(y)(Ay \lor \sim By)$　　　/ $(x)(Ax \equiv Bx)$

（5）1. $(x)[Ax \supset (Bx \lor Cx)]$
　　　2. $Ag \cdot \sim Bg$　　　/ Cg

（6）1. $(x)[(Ax \lor Bx) \supset Cx]$
　　　2. $(\exists y)(Ay \cdot Dy)$　　　/ $(\exists y)Cy$

★（7）1. $(x)[Jx \supset (Kx \cdot Lx)]$
　　　2. $(\exists y)\sim Ky$　　　/ $(\exists z)\sim Jz$

（8）1. $(x)[Ax \supset (Bx \lor Cx)]$
　　　2. $(\exists x)(Ax \cdot \sim Cx)$　　　/ $(\exists x)Bx$

（9）1. $(x)(Ax \supset Bx)$
　　　2. $Am \cdot An$　　　/ $Bm \cdot Bn$

★（10）1. $(x)(Ax \supset Bx)$
　　　2. $Am \lor An$　　　/ $Bm \lor Bn$

（11）1. $(x)(Bx \lor Ax)$
　　　2. $(x)(Bx \supset Ax)$　　　/ $(x)Ax$

（12）1. $(\exists x)Ax \supset (y)(By \lor \sim Ay)$
　　　2. An　　　/ $(\exists y)By$

★（13）1. $(x)[(Ax \cdot Bx) \supset Cx]$
　　　2. $(\exists x)(Bx \cdot \sim Cx)$　　　/ $(\exists x)\sim Ax$

（14）1. $(x)(Ax \supset Bx)$
　　　2. $(x)(Cx \supset Dx)$
　　　3. $Ae \lor Ce$　　　/ $(\exists x)(Bx \lor Dx)$

（15）1. $(\exists x)Ax \supset (x)(Bx \supset Cx)$
　　　2. $Am \cdot Bm$　　　/ Cm

★（16）1. $(\exists x)Ax \supset (x)Bx$
　　　2. $(\exists x)Cx \supset (\exists x)Dx$
　　　3. $An \cdot Cn$　　　/ $(\exists x)(Bx \cdot Dx)$

（17）1. $(x)(Ax \cdot Bx)$
　　　2. $Cr \lor \sim(x)Bx$　　　/ $(\exists x)(Cx \cdot Ax)$

（18）1. $(x)[Ax \supset (Bx \equiv Cx)]$
　　　2. $An \cdot Am$
　　　3. $Cn \cdot \sim Cm$　　　/ $Bn \cdot \sim Bm$

★(19) 1. $(\exists x)Ax \supset (x)(Cx \supset Bx)$
   2. $(\exists x)(Ax \vee Bx)$
   3. $(x)(Bx \supset Ax)$ / $(x)(Cx \supset Ax)$

(20) 1. $(\exists x)Ax \supset (x)(Bx \supset Cx)$
   2. $(\exists x)Dx \supset (\exists x)\sim Cx$
   3. $(\exists x)(Ax \cdot Dx)$ / $(\exists x)\sim Bx$

(21) 1. $(\exists x)(Ax \cdot Bx) \supset (x)(Cx \cdot Dx)$
   2. $(\exists x)Ax \supset (x)(Bx \cdot Cx)$
   3. Ae / $(\exists x)(Dx \cdot Bx)$

★(22) 1. $(x)(Ax \cdot \sim Bx)$
   2. $An \supset [\sim(\exists x)Cx \supset Bc]$
   3. $Am \supset (x)(Cx \supset Dx)$ / $(\exists x)Dx$

(23) 1. $(x)(Ax \cdot Bx)$
   2. $(x)Ax \supset (Ce \vee \sim Be)$
   3. $(x)Bx \supset [(\exists x)Cx \supset (Dn \vee \sim An)]$ / $(\exists x)Dx$

(24) 1. $(\exists x)Ax \supset (x)[(Ax \vee Ex) \supset Dx]$
   2. $(\exists x)Dx \supset (x)[Dx \supset (Cx \vee \sim Bx)]$
   3. $An \cdot Bn$ / $(\exists x)Cx$

★(25) 1. $(\exists x)Ax \supset (x)(Ax \supset Bx)$
   2. $(\exists x)Cx \supset (x)\sim(Dx \cdot Bx)$
   3. $(\exists x)(Ax \cdot Cx)$ / $(\exists x)\sim Dx$

Ⅱ. 把下列论证翻译为符号化形式。然后使用十八条推理规则得出每一论证的结论。不要使用条件证明或间接证明。

★1. 橘子是甜的。此外，橘子是有香味的。因此，橘子是又甜又有香味的。(O, S, F)

2. 西红柿是蔬菜。因此，花园里的西红柿是蔬菜。(T, V, G)

3. 苹果和梨长在树上。因此，苹果长在树上。(A, P, G)

★4. 胡萝卜是蔬菜，并且桃子是水果。花园里有胡萝卜和桃子。因此，花园里有蔬菜和水果。(C, V, P, F, G)

5. 豆子和豌豆都是豆科植物。花园里没有豆科植物。因此，花园里没有豆子。(B, P, L, G)

6. 花园里有一些黄瓜。如果花园里有黄瓜，就会有一些南瓜。所有的南瓜都是蔬菜。因此，花园里有一些蔬菜。(C, G, P, V)

★7. 所有园丁都是勤劳的人。任何勤劳的人都值得尊敬。因此，由于阿瑟和凯瑟琳是园丁，可以得出结论他们是值得尊敬的。(G, I, P, R)

8. 一些越橘是成熟的。一些博伊森莓是甜的。如果有任何的越橘，那么如果博伊森莓是甜的，它们是可食用的。因此，一些博伊森莓是可食用的。(H, R, B, S, E)

9. 如果有一些成熟的西瓜，那么管理员是尽责的。如果有一些大西瓜，那么尽责任的人会获得奖金。有一些大个的、成熟的西瓜。因此，管理员将获得奖金。(R, W, C, P, L, B)

★10. 如果厨房里的洋蓟是成熟的，那么客人会惊讶。而且，如果厨房里的洋蓟是美味的，那么客人会高兴。厨房里的洋蓟又成熟又美味。因此，客人既会惊讶又会很高兴。(A, K, R, G, S, F, P)

Ⅲ. 下面的对话包含了9个论证。把它们翻译为符号化形式并使用十八条推理规则得出每个论证的结论。它们中的一些很具有挑战性。

牛肉在哪儿？

"你决定点什么了吗？"保罗对明迪说，他合上手中的菜单，把它放在桌子上。

"我想我要炒豆腐，"她回答道，"你呢？"

"我要牛排，"保罗说，"你知道这里的牛排真的很好，猪里脊肉也是如此。"

"我是个素食者，"她说。

"哦，"保罗说。他不好意思地笑了。

明迪也笑了。"第一次约会，"她说。

"是啊，"保罗说，"是什么让你决定成为一个素食者？"

"首先，"明迪说，"我认为素食者的饮食更健康。吃肉的人会增加胆固醇和致癌物的摄入。那些增加胆固醇摄入的人患心脏病的风险很高，那些增加致癌物摄入的人患癌症的风险很高。患心脏病和癌症风险更高的人不太健康，所以吃肉的人不太健康。"

"我可以补充说，如果吃肉的人不太健康，那么如果父母是负责任的，那么他们将克制给孩子吃肉。所有的父母都爱他们的孩子，如果他们是这样，他们是负责任的。但是，如果父母克制给孩子吃肉，那么孩子长大后就会成为素食者了。如果这样的话，那么将来没有人会吃肉。因此，我们可以期待这样的一个未来——每个人都是素食者。"

"好的，我不会屏息以待，"保罗说，他从放在桌子上的篮子里给明迪拿了一片面包，"如果儿童和青少年不吃肉，那么他们会缺锌。如果孩子缺锌，那么他们就要冒免疫系统功能下降的风险。如果这样的话，那么他们就不那么健康了。此外，如果老年人不吃肉，那么他们会缺铁。如果老年人缺铁，那么他们就要冒贫血的风险，如果发生这种情况，他们是不健康的。因此，如果孩子和老年人不吃肉，那么他们不健康。"

明迪笑了。"这是锌和铁的补充物可以提供的，"她说，"无论如何，成为素食者还有一些道德理由。考虑这一点，动物是有感觉能力的存在物——它们能感受到痛苦、恐惧和喜悦——它们有着维护它们生命的本能。如果动物是有感觉能力的，那么如果人类造成动物受苦，他们的行为就是不道德的。如果动物有维护它们生命的本能,那么如果人类利用动物为自己牟利,他们的行为是不道德的。但如果人类捕杀动物作为食物,那么他们造成动物的痛苦或者利用动物为自己牟利。因此,如果人类捕杀动物作为食物,那么他们的行为是不道德的。"

"我同意你的看法,动物不应该遭受痛苦,"保罗回答说,"但是如果动物在人道的条件下被饲养,它们中的一些便是如此,那么它们就不会感到痛苦或苦恼了。如果动物不会感到痛苦,那么我们吃它们在道德上是合理的。因此,我们吃一些动物在道德上是合理的。"

"我不同意,"明迪说。

"这是因为你认为动物有权利,"保罗说,"如果动物有权利,它们就有道德判断。如果动物有道德判断,它们就会尊重其他动物的权利。但每一种动物都追求自身利益而排斥其他动物,如果是这样,那么它不尊重其他动物的权利。因此动物没有道德判断,它们也没有权利。"

"好吧,"明迪回答说,"通过这种推理,婴儿和智障的成年人都没有权利。但每个人都承认他们有权利。如果婴儿有权利,那么有些缺乏道德判断能力的人也有权利。但如果这是真的,那么动物也有权利,如果它们确实有权利,那么它们一定有生命的权利。但是,如果动物有生命的权利,那么,如果人类是道德的,他们就必须尊重这一权利,而不能为了食物而杀死动物。因此,如果人类是道德的,他们不能为了食物而杀死动物。"

"关于婴儿和智障成年人的这个问题提出了一个有趣的观点,"保罗说,"我认为是这样的,某个事物被认为是有权利的,当且仅当它看起来像人。婴儿和智障的成年人看起来像人,所以他们被认为是有权利的。但是动物看起来不像人,所以它们不被认为是有权利的。"

"那听起来很独断,"明迪说,"但我认为这实际上归结为权力。某个事物被认为是有权利的,当且仅当它具有像人类一样大的权力。动物没有像人类一样大的权力,所以动物不被认为有权利。但对我而言,这似乎是相当错误的。这不应该是一个权力的问题。不管怎样,现在我们的食物已经到了,你的牛排怎么样?"

保罗咬了一口,"很不错,"他说,"你的炒菜怎么样?"

"很棒,"明迪笑着说,"我的良心也很好。"

7.3 量词否定规则

> **预热**
>
> 假设你想更新你的网站，但当你尝试登录时，你发现有人已经给软件程序上了锁，导致无法访问。当前提是以量词之前有一个波浪符开始的时候，类似情况就会出现在一个符号化论证中。波浪符的作用就像一把锁。只要锁是存在的，那就不能对量化表达式应用那些例示规则。学习如何去除这些波浪符可以帮助你看出如何去除在你其他的生命追求中的推理障碍。

到目前为止，我们所形成的推理规则仍然不足以得出谓词逻辑中每一个推理的结论。例如，考虑下面的例子：

$$\frac{\sim(\exists x)(Px \cdot \sim Qx)}{\sim(x)(\sim Rx \vee Qx)}$$
$$(\exists x)\sim Px$$

两个前提的量词之前都有波浪符。只要它们存在，两个陈述都不能进行例示；而且如果这些陈述不能进行例示，就不能得出结论。我们所需要的是一个让我们去除否定符号的规则。我们将要给出的这条规则称为**量词否定规则**（quantifier negation rule）。

量词否定规则：在量词之前移除或插入否定符号的规则。

作为形成量词否定规则的基础，考虑下面的陈述：

所有的事物都是美丽的。

并非所有的事物都是美丽的。

有的事物是美丽的。

并非有的事物是美丽的。

你应该可以看出这些陈述在含义上分别与下面的陈述是相同的：

并非有的事物是不美丽的。

有的事物是不美丽的。

并非所有的事物都是不美丽的。

所有的事物都是不美丽的。

如果我们使用符号来总结这些等值式，我们得到：

$(x)\mathscr{F}x$ :: $\sim(\exists x)\sim\mathscr{F}x$
$\sim(x)\mathscr{F}x$ :: $(\exists x)\sim\mathscr{F}x$
$(\exists x)\mathscr{F}x$ :: $\sim(x)\sim\mathscr{F}x$
$\sim(\exists x)\mathscr{F}x$ :: $(x)\sim\mathscr{F}x$

这四个表达式构成了量词否定规则（QN）。因为它们是以逻辑上等值的形式表达的，它们既可以应用于一整行，也可以应用于一行的部分。它们可以总结如下：

一种量词可以被另一种量词替换，当且仅当波浪符直接出现在新量词的前面或后面：

1．删除最初出现的波浪符算子；
2．添加波浪符算子于最初没有出现波浪符算子的地方。

为了看出否定量词规则的使用，让我们返回到本节最初的那个论证。证明如下：

1. $\sim(\exists x)(Px \cdot \sim Qx)$
2. $\sim(x)(\sim Rx \vee Qx)$ / $(\exists x)\sim Px$
3. $(x)\sim(Px \cdot \sim Qx)$ 1, QN
4. $(\exists x)\sim(\sim Rx \vee Qx)$ 2, QN
5. $\sim(\sim Ra \vee Qa)$ 4, EI
6. $\sim(Pa \cdot \sim Qa)$ 3, UI
7. $\sim\sim Ra \cdot \sim Qa$ 5, DM
8. $\sim Pa \vee \sim\sim Qa$ 6, DM
9. $\sim Pa \vee Qa$ 8, DN
10. $\sim Qa \cdot \sim\sim Ra$ 7, Com
11. $\sim Qa$ 10, Simp
12. $Qa \vee \sim Pa$ 9, Com
13. $\sim Pa$ 11, 12, DS
14. $(\exists x)\sim Px$ 13, EG

在第 1 行或第 2 行能够被例示之前，必须删去量词之前的波浪符。根据量词否定规则，在第 3 行和第 4 行表达式的新量词之后直接插入波浪符算子。

另一个例子：

1. $(\exists x)(Hx \cdot Gx) \supset (x)Ix$
2. $\sim Im$ / $(x)(Hx \supset \sim Gx)$
3. $(\exists x)\sim Ix$ 2, EG
4. $\sim(x)Ix$ 3, QN
5. $\sim(\exists x)(Hx \cdot Gx)$ 1, 4, MT
6. $(x)\sim(Hx \cdot Gx)$ 5, QN
7. $(x)(\sim Hx \vee \sim Gx)$ 6, DM
8. $(x)(Hx \supset \sim Gx)$ 7, Impl

"m 不是一个 I"这个陈述（第 2 行）直观上蕴涵"并非所有的事物是 I"（第 4 行）；为了得出想要的结论，必须使用存在概括规则和量词否定规则。注意，尽管仍带有量词，第 7 行和第 8 行是通过德·摩根律和实质蕴涵律得到的。因为这些规则是置换规则，所以它们既可以应用于一整行，也可以应用于这些行的部分。下面的例子表明了关于量词否定规则相同的要点：

1. $(\exists x)Jx \supset \sim(\exists x)Kx$
2. $(x)\sim Kx \supset (x)\sim Lx$ / $(\exists x)Jx \supset \sim(\exists x)Lx$
3. $(\exists x)Jx \supset (x)\sim Kx$ 1, QN
4. $(\exists x)Jx \supset (x)\sim Lx$ 2, 3, HS
5. $(\exists x)Jx \supset \sim(\exists x)Lx$ 4, QN

量词否定规则只应用于第 1 行的后件，得到第 3 行。同样地，量词否定规则仅应用于第 4 行的后件，得到第 5 行。

| 著名逻辑学家 |

阿尔弗雷德·诺斯·怀特海（Alfred North Whitehead，1861—1947）
伯特兰·罗素（Bertrand Russell，1872—1970）

阿尔弗雷德·诺斯·怀特海和伯特兰·罗素合著的《数学原理》，被广泛认为是 20 世纪最重要的逻辑成果。它代表了一种将所有数学还原为逻辑的尝试。1910—1913 年间共出版了三卷本，这份手稿的数量如此巨大，以至需要一个"四轮机"传输到打印机。总篇幅超过 1900 页，几乎每一页都充满了高度复杂和技术性的记法。美国哲学家威拉德·奎因把《数学原理》描述为"所有时代中最伟大的知识纪念碑之一"。

怀特海出生于英国肯特郡拉姆斯盖特，他的父亲是一位圣公会牧师。他进入了剑桥大学三一学院，并获得数学方面的奖学金。毕业后，他留校任教并当选为三一学院的研究员。在那里，他发表了题为"泛代数"的著作并因此被选入声望卓著的皇家学会。怀特海在三一学院最杰出的学生是伯特兰·罗素。罗素毕业以后与怀特海成为亲密的朋友。31 岁时，怀特海与伊夫琳·韦德结婚，他们有三个孩子，两个儿子和一个女儿。

1910 年，怀特海离开剑桥前往伦敦，在伦敦大学学院教书，后来到伦敦帝国理工学院任教。在伦敦时，他写了物理学和科学哲学领域的书。1924 年，他被任命为哈佛大学哲学教授，在那里，他撰写了《过程与实在》一书，该书后来被认为是过程哲学与过程神学的基石。怀特海在马萨诸塞州剑桥去世，享年 86 岁。

伯特兰·罗素是世界上最著名的知识分子之一，他出生于威尔士，其父母都是贵族。在他很小的时候，父母都去世了。尽管他们曾要求他们的儿子成为一个不可知论者，但是年幼的罗素被坚定的持维多利亚时代价值观的祖母带大，她给了他一个坚定的宗教信仰。随着年龄的增长，他成为一个无神论者（或至多一个不可知论者），他认为宗教不比迷信更好。在三一学院，罗素学习数学与哲学，与路德维希·维特根斯坦、G. E. 摩尔以及怀特海成为好友。毕业后，他当选为三一学院的研究员，后来又入选皇家学会。他是一位多产的作家，在 1950 获得诺贝尔文学奖。

罗素结过四次婚，并与许多杰出女性谈过恋爱，因为在第一次世界大战中反对征兵而被捕入狱 6 个月，后来因为反对核武器再次入狱。他是计划生育、人口控制、民主、自由贸易与世界政府的坚定支持者，他反对帝国主义和各种形式的精神控制。他在威尔士的家中去世，享年 97 岁。

习题 7.3

I. 使用量词否定规则和十八条推理规则得出下列符号化论证的结论。不要使用条件证明或间接证明。

★（1）1. $(x)Ax \supset (\exists x)Bx$
　　　 2. $(x){\sim}Bx$　　　/ $(\exists x){\sim}Ax$

（2）1. $(\exists x){\sim}Ax \lor (\exists x){\sim}Bx$
　　　2. $(x)Bx$　　　/ ${\sim}(x)Ax$

（3）1. ${\sim}(\exists x)Ax$　　　/ $(x)(Ax \supset Bx)$

★（4）1. $(\exists x)Ax \lor (\exists x)(Bx \cdot Cx)$
　　　 2. ${\sim}(\exists x)Bx$　　　/ $(\exists x)Ax$

（5）1. $(x)(Ax \cdot Bx) \lor (x)(Cx \cdot Dx)$
　　　2. ${\sim}(x)Dx$　　　/ $(x)Bx$

（6）1. $(\exists x){\sim}Ax \supset (x)(Bx \supset Cx)$
　　　2. ${\sim}(x)(Ax \lor Cx)$　　　/ ${\sim}(x)Bx$

★（7）1. $(x)(Ax \supset Bx)$
　　　 2. ${\sim}(x)Cx \lor (x)Ax$
　　　 3. ${\sim}(x)Bx$　　　/ $(\exists x){\sim}Cx$

（8）1. $(x)Ax \supset (\exists x){\sim}Bx$
　　　2. ${\sim}(x)Bx \supset (\exists x){\sim}Cx$　　　/ $(x)Cx \supset (\exists x){\sim}Ax$

（9）1. $(\exists x)(Ax \lor Bx) \supset (x)Cx$
　　　2. $(\exists x){\sim}Cx$　　　/ ${\sim}(\exists x)Ax$

★（10）1. ${\sim}(\exists x)(Ax \cdot {\sim}Bx)$
　　　　2. ${\sim}(\exists x)(Bx \cdot {\sim}Cx)$　　　/ $(x)(Ax \supset Cx)$

（11）1. ${\sim}(\exists x)(Ax \cdot {\sim}Bx)$
　　　 2. ${\sim}(\exists x)(Ax \cdot {\sim}Cx)$　　　/ $(x)[Ax \supset (Bx \cdot Cx)]$

（12）1. $(x)[(Ax \cdot Bx) \supset Cx]$
　　　 2. ${\sim}(x)(Ax \supset Cx)$　　　/ ${\sim}(x)Bx$

★（13）1. $(x)(Ax \cdot {\sim}Bx) \supset (\exists x)Cx$
　　　　2. ${\sim}(\exists x)(Cx \lor Bx)$　　　/ ${\sim}(x)Ax$

（14）1. $(\exists x){\sim}Ax \supset (x){\sim}Bx$
　　　 2. $(\exists x){\sim}Ax \supset (\exists x)Bx$
　　　 3. $(x)(Ax \supset Cx)$　　　/ $(x)Cx$

（15）1. ${\sim}(\exists x)(Ax \lor Bx)$
　　　 2. $(\exists x)Cx \supset (\exists x)Ax$
　　　 3. $(\exists x)Dx \supset (\exists x)Bx$　　　/ ${\sim}(\exists x)(Cx \lor Dx)$

★（16）1. $(\exists x)(Ax \cdot Bx) \supset (x)(Cx \cdot Dx)$
　　　　2. $(x)[(Ax \lor Ex) \cdot (Bx \lor Fx)]$
　　　　3. ${\sim}(x)Dx$　　　/ $(x)(Ex \lor Fx)$

（17）1. $(\exists x)(Ax \cdot Bx) \lor (\exists x)(Cx \lor Dx)$
　　　 2. $(\exists x)(Ax \lor Cx) \supset (x)Ex$
　　　 3. ${\sim}En$　　　/ $(\exists x)Dx$

（18）1. $(\exists x)Ax \supset [(\exists x)Bx \lor (x)Cx]$
2. $(\exists x)(Ax \cdot \sim Cx)$
3. $\sim(x)Cx \supset [(x)Fx \supset (x)\sim Bx]$ / $(\exists x)\sim Fx$

★（19）1. $(\exists x)(Ax \cdot Bx) \supset (x)(Bx \supset Cx)$
2. $Bn \cdot \sim Cn$ / $\sim(x)Ax$

（20）1. $(\exists x)Ax \supset \sim(\exists x)(Bx \cdot Ax)$
2. $\sim(x)Bx \supset (\exists x)(Ex \cdot \sim Bx)$
3. An / $\sim(x)Ex$

Ⅱ．把下列论证翻译为符号化形式。然后使用量词否定规则和十八条推理规则得出每一论证的结论。不要使用条件证明或间接证明。

★1. 如果所有医生都是血液科医生或神经科医生，那么没有心脏病专家。但弗兰克博士是心脏病专家。因此，一些医生不是神经科医生。（P, H, N, C）

2. 或者亚当斯博士是内科医生或者所有的病理学家是内科医生。但并非有任何内科医生。因此，亚当斯博士不是一位病理学家。（I, P）

3. 如果一些外科医生是过敏科专家，那么一些精神科专家是放射科医生。但没有精神科专家是放射科医生。因此，没有外科医生是过敏科专家。（S, A, P, R）

★4. 或者一些全科医生是儿科专家或者一些外科医生是内分泌专家。但并非有任何内分泌专家。因此，有一些儿科医生。（G, P, S, E）

5. 没有上过医学院的医生都是不称职的。然而，并非一些医生是不称职的。因此，所有医生都上过医学院。（P, A, I）

6. 并非一些内科医生不是医生。此外，并非一些医生不是医学博士。因此，所有内科医生都是医学博士。（I, P, D）

★7. 所有病理学家是专家并且所有内科医生是通才。因此，既然并非一些专家是通才，并非一些病理学家是内科医生。（P, S, I, G）

8. 如果一些产科医生不是妇科医生，那么一些血液科医生是放射科医生。但并非有任何血液科医生或妇科医生。因此，并非有任何产科医生。（O, G, H, R）

9. 所有缺乏训练的过敏科医生和皮肤科医生是不值得信任的专家。然而，并非一些专家是不值得信任的。因此，并非一些皮肤科医生缺乏训练。（P, A, D, U, S）

★10. 并非一些医生或者在高尔夫球场或者在医院。所有神经科医生都是在医院的医生。或者一些医生是心脏病专家或者一些医生是神经科医生。因此，一些心脏病专家不在高尔夫球场。（P, G, H, N, C）

7.4 条件证明与间接证明

> **预热**
> 设计一个网站可能伴随着各种各样的假设。你可能假设你的客户会找到一个比起另一个而言更为特别的设计，或一种比起另一种而言更有用的导航结构。在谓词逻辑中得出结论也需要做出一些假设。一种假设用于条件证明，另一种用于间接证明。熟悉这些技术会提高你在感兴趣的领域进行假设的技能。

很多论证的结论是很难或者不可能通过传统方法得出的。对于这些论证，可以通过条件证明或者间接证明加以轻松处理。这些用于论证的技术在谓词逻辑中的用法与它们在命题逻辑中的用法基本相同。其结论表达为条件陈述或析取式（它们可以从条件陈述得出）的论证是直接适用于条件证明的。对于这些论证，通常采用的策略是，把条件陈述的前件作为缩进序列的第一行，得出后件作为最后一行，以我们想得到的条件陈述来消除条件序列。下面是一个此类证明的例子：

1. $(x)(Hx \supset Ix)$ / $(\exists x)Hx \supset (\exists x)Ix$
2. $(\exists x)Hx$ ACP
3. Ha 2, EI
4. $Ha \supset Ia$ 1, UI
5. Ia 3, 4, MP
6. $(\exists x)Ix$ 5, EG
7. $(\exists x)Hx \supset (\exists x)Ix$ 2–6, CP

在这个论证中，结论的前件是一个完整陈述，它由陈述函项 Hx 及其之前的量词构成。这一完整陈述被假设为条件序列的第一行。缩进序列中例示规则和概括规则的使用与它们在传统序列中的使用基本相同。一旦得出结论的后件，条件序列便完成了，然后用缩进序列的第一行做前件以及以最后一行做后件的条件陈述消除条件序列。

> 对于条件证明，在第一行可以假设一个陈述或者一个陈述函项。

下面这个例子与前面的例子不同，其结论的前件是一个陈述函项，不是一个完整陈述。对于这样的论证，在条件序列的第一行只假设陈述函项。在消除条件序列之后再添加量词。

1. $(x)[(Ax \lor Bx) \supset Cx]$ / $(x)(Ax \supset Cx)$
2. Ax ACP
3. $Ax \lor Bx$ 2, Add
4. $(Ax \lor Bx) \supset Cx$ 1, UI
5. Cx 3, 4, MP
6. $Ax \supset Cx$ 2–5, CP
7. $(x)(Ax \supset Cx)$ 6, UG

7 这些证明技术要求对 UG 进行新的限制。

这个例子表明了关于全称概括规则使用的一个重要限制。证明中第 2 行的 x 是自由的，因为它不受任何量词的约束。（相反，第 1 行和第 7 行的 x 是被量词约束的变元。）限制如下：

$$\text{UG}: \frac{\mathcal{F}y}{(x)\mathcal{F}x}$$

限制：如果例示变元 y 在缩进序列的第一行是自由的，在缩进序列中一定不能使用 UG 规则。

上述证明没有违反这一限制，因为 UG 根本不是在缩进序列的范围内使用的。它仅应用在缩进序列被消除以后，这是完全可接受的。另一方面，如果 UG 规则被应用于第 5 行产生一个陈述 $(x)Cx$，就会违反这一限制，因为例示变元 x 在缩进序列的第一行是自由的。

为了理解这一限制的必要性，考虑下面这个错误的证明：

1. $(x)Rx \supset (x)Sx$ / $(x)(Rx \supset Sx)$
2. Rx ACP
3. $(x)Rx$ 2, UG（无效的）
4. $(x)Sx$ 1, 3, MP
5. Sx 4, UI
6. $Rx \supset Sx$ 2–5, CP
7. $(x)(Rx \supset Sx)$ 6, UG

如果 Rx 的意思是"x 是一只兔子"，Sx 的意思是"x 是一条蛇"，那么该前提被翻译为"如果论域中的每个事物是一只兔子，那么论域中的每个事物是一条蛇"。该陈述为真，因为其前件为假，即并非论域中的所有事物都是兔子。另一方面，该结论为假，因为它断定了所有的兔子都是蛇。因此该论证是无效的。如果违背了关于 UG 规则的限制，即在第 3 行使用 UG 规则，那么结果就是会得出不正确的结论。

如果这一不正确论证的前提和结论调换一下，看看会发生什么。这个证明是完美合法的，证明过程如下：

1. $(x)(Rx \supset Sx)$ / $(x)Rx \supset (x)Sx$
2. $(x)Rx$ ACP
3. Rx 2, UI
4. $Rx \supset Sx$ 1, UI
5. Sx 3, 4, MP
6. $(x)Sx$ 5, UG
7. $(x)Rx \supset (x)Sx$ 2–6, CP

注意，在这一证明中，UG 规则是在条件序列中使用的，但是并没有违反限制，因为出现在此序列第一行的例示变元 x 不是自由的。

对于间接证明，在第一行可以假设一个陈述或者一个陈述函项。

现在让我们来考虑一些间接证明的例子。我们将要得到的陈述的否定假设为间接序列的开始。一旦得到矛盾，通过断定最初假设的否定来消除间接序列。在下面的例子中，将该结论的否定假设为序列的第一行，然后使用量词否定规则消除波浪符算子。当对所得到的陈述进行例示的时候，选用在之前的行中没有出现过的新字母 m。同样的字母被用来对第 1 行进行全称例示。

```
 1. (x)[(Px ⊃ Px) ⊃ (Qx ⊃ Rx)]      / (x)(Qx ⊃ Rx)
 2. ~(x)(Qx ⊃ Rx)                    AIP
 3. (∃x)~(Qx ⊃ Rx)                   2, QN
 4. ~(Qm ⊃ Rm)                       3, EI
 5. (Pm ⊃ Pm) ⊃ (Qm ⊃ Rm)            1, UI
 6. ~(Pm ⊃ Pm)                       4, 5, MT
 7. ~(~Pm ∨ Pm)                      6, Impl
 8. ~~Pm • ~Pm                       7, DM
 9. Pm • ~Pm                         8, DN
10. ~~(x)(Qx ⊃ Rx)                   2–9, IP
11. (x)(Qx ⊃ Rx)                     10, DN
```

下面这个例子以特称陈述作为结论：

```
 1. (∃x)Ax ∨ (∃x)Fx
 2. (x)(Ax ⊃ Fx)                     / (∃x)Fx
 3. ~(∃x)Fx                          AIP
 4. (∃x)Fx ∨ (∃x)Ax                  1, Com
 5. (∃x)Ax                           3, 4, DS
 6. Ac                               5, EI
 7. Ac ⊃ Fc                          2, UI
 8. Fc                               6, 7, MP
 9. (x)~Fx                           3, QN
10. ~Fc                              9, UI
11. Fc • ~Fc                         8, 10, Conj
12. ~~(∃x)Fx                         3–11, IP
13. (∃x)Fx                           12, DN
```

由于间接证明序列是缩进的，它们同样受到条件序列中关于全称概括规则的限制。下面的证明与前面的那个证明一样，违反了这一限制，因为间接序列第一行的例示变元 x 是自由的。这一违反（第 4 行）使得一个全称陈述作为结论而得出，然而只有特称陈述是合法的（就像之前的例子那样）：

```
 1. (∃x)Ax ∨ (∃x)Fx
 2. (x)(Ax ⊃ Fx)                     / (x)Fx
 3. ~Fx                              AIP
 4. (x)~Fx                           3, UG (无效的)
 5. ~(∃x)Fx                          4, QN
 6. (∃x)Fx ∨ (∃x)Ax                  1, Com
 7. (∃x)Ax                           5, 6, DS
 8. Ac                               7, EI
 9. Ac ⊃ Fc                          2, UI
10. Fc                               8, 9, MP
11. ~Fc                              4, UI
12. Fc • ~Fc                         10, 11, Conj
13. ~~Fx                             3–12, IP
14. Fx                               13, DN
15. (x)Fx                            14, UG
```

为了看出这一论证确实无效，令 Ax 表示"x 是苹果"，Fx 表示"x 是水果"。第一个前提为"或者苹果存在，或者水果存在"（为真），第二个前提为"所有的苹果都是水果"（也为真）。然而，结论是"论域中的所有事物都是水果"，当然这是一个假命题。

与在命题逻辑中一样，谓词逻辑中的条件序列和间接序列可以互相包含。下面的证明就在条件序列中使用了间接序列。

1. (x)[(Px ∨ Qx) ⊃ (Rx • Sx)]	/ (∃x)(Px ∨ Sx) ⊃ (∃x)Sx
2. (∃x)(Px ∨ Sx)	ACP
3. ~(∃x)Sx	AIP
4. (x)~Sx	3, QN
5. Pa ∨ Sa	2, EI
6. ~Sa	4, UI
7. Sa ∨ Pa	5, Com
8. Pa	6, 7, DS
9. Pa ∨ Qa	8, Add
10. (Pa ∨ Qa) ⊃ (Ra • Sa)	1, UI
11. Ra • Sa	9, 10, MP
12. Sa • Ra	11, Com
13. Sa	12, Simp
14. Sa • ~Sa	6, 13, Conj
15. ~~(∃x)Sx	3–14, IP
16. (∃x)Sx	15, DN
17. (∃x)(Px ∨ Sx) ⊃ (∃x)Sx	2–16, CP

与通常做法一样，条件序列始于假设要得到的条件陈述的前件。然后目标是得出后件，这通过一个间接序列得以实现，间接序列从否定后件开始，以得到矛盾终止（第 14 行）。

习题 7.4

Ⅰ. 使用条件证明或间接证明得出下列符号化论证的结论。

★(1) 1. (x)(Ax ⊃ Bx)
　　2. (x)(Ax ⊃ Cx)　　　／ (x)[Ax ⊃ (Bx • Cx)]

(2) 1. (∃x)Ax ⊃ (∃x)(Bx • Cx)
　　2. (∃x)(Cx ∨ Dx) ⊃ (x)Ex　　／ (x)(Ax ⊃ Ex)

(3) 1. (∃x)Ax ⊃ (∃x)(Bx • Cx)
　　2. ~(∃x)Cx　　／ (x)~Ax

★(4) 1. (x)(Ax ⊃ Cx)
　　2. (∃x)Cx ⊃ (∃x)(Bx • Dx)　　／ (∃x)Ax ⊃ (∃x)Bx

(5) 1. (x)(Ax ⊃ Bx)
　　2. (x)[(Ax • Bx) ⊃ Cx]　　／ (x)(Ax ⊃ Cx)

(6) 1. (∃x)Ax ⊃ (x)Bx
　　2. An ⊃ ~Bn　　／ ~An

★(7) 1. (x)[(Ax ∨ Bx) ⊃ Cx]
　　2. (x)[(Cx ∨ Dx) ⊃ Ex]　　／ (x)(Ax ⊃ Ex)

(8) 1. $(\exists x)(Ax \lor Bx) \supset \sim(\exists x)Ax$ / $(x)\sim Ax$

(9) 1. $(x)(Ax \supset Bx)$
    2. $(x)(Cx \supset Dx)$ / $(\exists x)(Ax \lor Cx) \supset (\exists x)(Bx \lor Dx)$

★(10) 1. $(x)(Ax \supset Bx)$
    2. $Am \lor An$ / $(\exists x)Bx$

(11) 1. $(x)[(Ax \lor Bx) \supset Cx]$
    2. $(x)[(Cx \lor Dx) \supset \sim Ax]$ / $(x)\sim Ax$

(12) 1. $(\exists x)Ax \supset (x)(Bx \supset Cx)$
    2. $(\exists x)Dx \supset (x)\sim Cx$ / $(x)[(Ax \cdot Dx) \supset \sim Bx]$

★(13) 1. $(\exists x)Ax \supset (x)(Bx \supset Cx)$
    2. $(\exists x)Dx \supset (\exists x)Bx$ / $(\exists x)(Ax \cdot Dx) \supset (\exists x)Cx$

(14) 1. $(\exists x)Ax \lor (\exists x)(Bx \cdot Cx)$
    2. $(x)(Ax \supset Cx)$ / $(\exists x)Cx$

(15) 1. $(\exists x)Ax \supset (\exists x)(Bx \cdot Cx)$
    2. $(\exists x)Cx \supset (x)(Dx \cdot Ex)$ / $(x)(Ax \supset Ex)$

★(16) 1. $(x)[(Ax \lor Bx) \supset Cx]$
    2. $(\exists x)(\sim Ax \lor Dx) \supset (x)Ex$ / $(x)Cx \lor (x)Ex$

(17) 1. $(x)Ax \equiv (\exists x)(Bx \cdot Cx)$
    2. $(x)(Cx \supset Bx)$ / $(x)Ax \equiv (\exists x)Cx$

(18) 1. $(x)(Ax \equiv Bx)$
    2. $(x)[Ax \supset (Bx \supset Cx)]$
    3. $(\exists x)Ax \lor (\exists x)Bx$ / $(\exists x)Cx$

★(19) 1. $(x)[Bx \supset (Cx \cdot Dx)]$ / $(x)(Ax \supset Bx) \supset (x)(Ax \supset Dx)$

(20) 1. $(x)[Ax \supset (Bx \cdot Cx)]$
    2. $(x)[Dx \supset (Ex \cdot Fx)]$ / $(x)(Cx \supset Dx) \supset (x)(Ax \supset Fx)$

(21) 1. $(\exists x)(Ax \lor Bx)$
    2. $(\exists x)Ax \supset (x)(Cx \supset Bx)$
    3. $(\exists x)Cx$ / $(\exists x)Bx$

★(22) 1. $(x)Ax \lor (x)Bx$ / $(x)(Ax \lor Bx)$

(23) 1. $(\exists x)(Ax \lor Ex) \supset (x)(Bx \cdot \sim Cx)$
    2. $(\exists x)(Bx \lor Fx) \supset (x)(Cx \lor Dx)$ / $(x)(Ax \supset Dx)$

(24) 1. $(x)(Ax \supset Bx)$
    2. $\sim(\exists x)Ax \supset (\exists x)(Cx \cdot Dx)$
    3. $(\exists x)(Dx \lor Ex) \supset (\exists x)Bx$ / $(\exists x)Bx$

★(25) 1. $(\exists x)Ax \supset (x)(Bx \supset Cx)$
    2. $(\exists x)Dx \supset (x)(Ex \supset \sim Bx)$
    3. $\sim(\exists x)(Cx \cdot \sim Ex)$ / $(\exists x)(Ax \cdot Dx) \supset \sim(\exists x)Bx$

Ⅱ．把下列论证翻译为符号化形式。然后使用条件证明或间接证明得出每一论证的结论。

★1. 所有大使都是富有的。此外，所有共和党人都是聪明的。因此，所有共和党大使都是聪明且富有的。（A, W, R, C）

2. 所有参议员都是被人喜欢的。另外，如果有被人喜欢的参议员，那么奥布赖恩是选民。因此，如果有参议员，那么奥布赖恩是选民。(S, W, V)

3. 如果所有的法官都是明智的，那么一些律师受到奖励。此外，如果有任何不明智的法官，那么一些律师受到奖励。因此，一些律师受到奖励。(J, W, A, R)

★4. 所有国务卿和副国务卿都是聪明且谨慎的。所有谨慎或警惕的人都是克制和严厉的。因此，所有国务卿都是严厉的。(S, U, I, C, V, R, A)

5. 所有大使都是外交官。此外，所有有经验的大使都是谨慎的，所有谨慎的外交官都有远见。因此，所有有经验的大使都有远见。(A, D, E, C, F)

6. 如果有任何参议员，那么一些雇员会得到好的报酬。如果有任何人或者是雇员或者是志愿者，那么有一些人是议员助理。要么有一些志愿者，要么有一些参议员。因此，有一些议员助理。(S, E, W, V, L)

★7. 如果有任何领事，那么所有的大使都是令人满意的外交官。如果没有领事是大使，那么一些外交官是令人满意的。因此，一些外交官是令人满意的。(C, A, S, D)

8. 如果有任何选民，那么所有的政治家都是精明的。如果有任何政治家，那么精明的人是聪明的。因此，如果有任何选民，那么所有的政治家都是聪明的。(V, P, A, C)

9. 要么没有参议员出席，要么没有代表出席。此外，要么一些参议员出席，要么没有妇女出席。因此，没有出席的代表是妇女。(S, P, R, W)

★10. 要么一些州长出席，要么一些大使出席。如果有人出席，那么一些大使是聪明的外交官。因此，一些外交官是聪明的。(G, P, A, C, D)

7.5 证明无效性

> **预热**
>
> 假设你在更新网站的时候，你用一个非常好的全新的页面替换了整个页面。但在替换之后，你发现该网站无法正确运行。然后，你知道是编码出了问题。类似地，对于一个用谓词逻辑表达的论证，如果它的谓词符号能够替换为使其前提为真而结论为假的词项，那么你知道该论证的结构是错误的。换句话说，该论证是无效的。

在上一章中我们看到，命题逻辑中的自然演绎不能被用来作为证明无效性的工具。谓词逻辑的自然演绎也是如此。但是在谓词逻辑中，没有像真值表和文恩图那样简单且自动的技术。然而，有一种证明无效性的非常直观的方法，尽管它要求一点智慧。这就是谓词逻辑中的**反例法**（counterexample method）。该方法在

反例法：构造一个有着真前提与假结论的替换实例。

本质上与 1.5 节引入的反例法是一样的,即找到一个实际上具有真前提与假结论的替换实例。当然,这样一个替换实例证明了论证形式的无效性。

为了展示反例法是如何使用的,考虑下面这个无效的符号化论证:

(∃x)(Ax • ~Bx)
(x)(Cx ⊃ Bx)   / (∃x)(Cx • ~Ax)

在创造一个替换实例时,从结论开始通常是最容易的。这个结论翻译为"有的 C 不是 A"。为了使这个陈述为假,我们需要找到一个类(C)的例子,其包含在另一个类(A)之中。猫和动物这两个类可以满足这一目的。只需一点点智慧就可以为我们提供如下替换实例:

有的动物不是哺乳动物。

所有的猫都是哺乳动物。

所以,有的猫不是动物。

当我们产生这样一个替换实例时,前提在现实世界必须是无可争议为真的,而结论是无可争议为假的。涉及动物类名的陈述便于实现这一目的,因为每个人对于猫、狗、哺乳动物、鱼等都有共识。另外,也可以产生几个不同的替换实例以证明该论证是无效的。最后,任何产生真前提与真结论的替换实例(或者任何除了真前提与假结论之外的组合)不能证明任何事情。

这里有一个包含单称陈述的无效的符号化论证的例子:

(x)(Ax ⊃ Bx)
~Ac   / ~Bc

这一论证形式犯了否定前件的错误。很容易产生一个替换实例:

所有的猫都是动物。

莱西不是一只猫。

所以,莱西不是一只动物。

在对第二个前提的个体选择名字时,有必要选取大家一致同意的名字。因为每个人都知道莱西是一只狗,这一名字满足我们的目的。但是如果我们选择其他名字,例如,特丽克西或埃贾克斯,很难满足我们的目的,因为对于这些名字指称什么,人们一般是没有共识的。

这里有一个稍微复杂一些的例子:

(x)[Ax ⊃ (Bx ∨ Cx)]
(x)[Bx ⊃ (Cx • Dx)]   / (x)(Ax ⊃ Dx)

使用一点智慧就可以产生下面这个替换实例:

所有的狗或者是鲨鱼或者是动物。

所有的鲨鱼都是鱼的动物。

所以，所有的狗都是鱼。

反例法对于谓词逻辑中的大多数相对简单、无效的论证都是有效的方法。由于它的应用取决于使用者的智慧，这种方法尤其不适用于复杂的论证。

| 著名逻辑学家 |

库尔特·哥德尔（Kurt Gödel, 1906—1978）

库尔特·哥德尔被广泛认为是当代最重要的逻辑学家。他出生于今天捷克的布尔诺，他的父亲管理着一个纺织工厂，他的母亲受过教育，很有文化。在以优异成绩在布尔诺读完预科后，哥德尔进入维也纳大学。在那里，他学习了数学、物理和哲学。在获得他的本科学位后，他开始数学方面的研究生学习，并在24岁获得博士学位。四年后，哥德尔以无薪讲师的名义开始在大学教书。然而，当纳粹吞并奥地利时，他们取消了他的教书资格，取而代之的是一个通过政治考试的人。一年后，他们发现他可以胜任军事服务。

1940年，迫于德国征兵制的威胁，哥德尔和他的妻子阿黛尔（他们两年前结的婚）来到美国。在那里，他接受了新泽西州著名的普林斯顿高等研究院的职位。到达那里后不久，他与阿尔伯特·爱因斯坦成为最好的朋友，每天两人一起散步。1946年，哥德尔成为该研究院的永久成员。五年后，他获得了首届"阿尔伯特·爱因斯坦奖"。1974年，他被授予国家科学奖章。

哥德尔最杰出的贡献是发展了不完备性定理，该定理与逻辑学家们将算术还原为逻辑的努力有关。日常算术建立在一组公理（称为皮亚诺公理）之上，多年来，逻辑学家们认为（或希望）所有的算术定理可以还原为那些公理。如果每一个定理通过一个逻辑证明序列与那些公理联结起来，那么这样的系统就完成了。令逻辑学家们非常震惊的是，哥德尔证明了每一个足以支持算术的公理系统至少包含一个断定，它不是根据这些公理可证的，也不是不可证的。第二不完备性定理表明，这样一个系统的一致性不能在系统本身之内得到证明。

作为一个哲学家，哥德尔是一个柏拉图主义的实在论者和一个莱布尼茨式理性主义者。他认为抽象概念（例如数和图形）代表着理念世界的对象，是完美的、不可改变的和永恒的。因此，他认为，数学是描述了这一理念世界的科学，而不是像很多人认为的那样，只是人类心灵的发明。追随莱布尼茨的思想，哥德尔把可见世界设想为本质上是美丽的、完美的、完全有序的。为了完成这个完美的世界，他构造了自己对上帝存在的本体论论证。

不幸的是，从年幼时，哥德尔就受到精神疾病的困扰，包括抑郁症，并且随着年龄的增长，他饱受精神妄想症的折磨。在冬天，他会打开他家所有的窗户，因为他认为邪恶势力企图用毒气杀死他。他还担心他们想在他的食物中下毒，所以他只吃他妻子烹饪的食物。当阿黛尔由于疾病无法做饭的时候，哥德尔完全停止了进食。71岁时，他死于营养不良，那时他的体重只有30千克。

习题 7.5

使用反例法证明下列符号化论证是无效的。

★（1）1. $(x)(Ax \supset Bx)$
　　　2. $(x)(Ax \supset \sim Cx)$　　　/ $(x)(Cx \supset Bx)$

（2）1. $(\exists x)(Ax \cdot Bx)$
　　　2. $(x)(Cx \supset Ax)$　　　/ $(\exists x)(Cx \cdot Bx)$

（3）1. $(x)(Ax \supset Bx)$
　　　2. Bc　　　/ Ac

★（4）1. $(\exists x)(Ax \cdot Bx)$
　　　2. $(\exists x)(Ax \cdot Cx)$　　　/ $(\exists x)[Ax \cdot (Bx \cdot Cx)]$

（5）1. $(x)[Ax \lor (Bx \lor Cx)]$　　　/ $(x)Ax \lor [(x)Bx \lor (x)Cx]$

（6）1. $(x)[Ax \supset (Bx \lor Cx)]$
　　　2. $(x)[(Bx \cdot Cx) \supset Dx]$　　　/ $(x)(Ax \supset Dx)$

★（7）1. $(\exists x)Ax$
　　　2. $(\exists x)Bx$
　　　3. $(x)(Ax \supset \sim Cx)$　　　/ $(\exists x)(Bx \cdot \sim Cx)$

（8）1. $(x)[(Ax \lor Bx) \supset Cx]$
　　　2. $(x)[(Cx \cdot Dx) \supset Ex]$　　　/ $(x)(Ax \supset Ex)$

（9）1. $(x)[(Ax \cdot Bx) \supset Cx]$
　　　2. $(x)[(Ax \cdot Cx) \supset Dx]$　　　/ $(x)[(Ax \cdot Dx) \supset Cx]$

★（10）1. $(\exists x)(Ax \cdot Bx)$
　　　2. $(\exists x)(Cx \cdot \sim Bx)$
　　　3. $(x)(Ax \supset Cx)$　　　/ $(\exists x)[(Cx \cdot Bx) \cdot \sim Ax]$

本章总结

谓词逻辑：综合使用如下的符号：

- 命题逻辑的五个算子：$\sim$, $\cdot$, $\lor$, $\supset$, $\equiv$
- 谓词符号：$G\_$, $H\_$, $K\_$ 等
- 全称量词符号：$(x), (y), (z)$
- 存在量词符号：$(\exists x), (\exists y), (\exists z)$
- 个体变元符号：x, y, z
- 个体常元符号：$a, b, c, \ldots u, v, w$

陈述：

- 由谓词符号与常项合并构成的单称陈述：$Ga, Hc \cdot Kc$ 等。
- 全称陈述通常被翻译为条件句：$(x)(Px \supset Qx)$ 等。
- 特称陈述通常被翻译为合取式：$(\exists x)(Px \cdot Qx)$ 等。

推理规则的使用（肯定前件式、否定后件式等）：
- 规则的使用与命题逻辑中的使用方式基本相同。
- 规则的使用通常要求消去量词或者插入量词：
    - 全称例示规则（UI）：消去全称量词。
    - 全称概括规则（UG）：引入全称量词。
    - 存在例示规则（EI）：消去特称量词。
    - 存在概括规则（EG）：引入特称量词。
- 限制：
    - 对于 EI 规则，被引入的存在名字不能出现在之前的证明行，包括结论行。
    - 例示规则和概括规则只能被应用于整行，不能被应用于一行的部分。

量词否定规则：
- 被应用于消去或插入量词前的波浪符算子。
- 如果量词前有波浪符算子不能使用例示规则。
- 一种量词可以被另一种量词替换，当且仅当波浪符直接出现在新量词的前面或后面：
    - 删除最初出现的波浪符算子；
    - 添加波浪符算子于最初没有出现波浪符算子的地方。

条件证明与间接证明：
- 与命题逻辑中的使用基本相同。
- 限制：
    - 如果例示变元在缩进序列的第一行是自由的，在缩进序列中一定不能使用 UG 规则。

证明无效性：
- 反例法：产生符号化论证的一个替换实例，该实例具有无可争议为真的前提和无可争议为假的结论。

习题答案

习题 1.1

I.

1. P：一氧化碳分子刚好都具有恰当的大小和形状，而且刚好都具有恰当的化学性质，可以合适地融入血液中血红蛋白分子通常留给氧原子的凹陷处。

   C：一氧化碳减弱了血液的携氧能力。

4. P：当个人自愿放弃财产的时候，对于他们原来可以有的、关于这些财产的秘密，他们将会丧失任何指望。

   C：对被放弃财产的无正当理由的搜查或者查封，根据第四修正案，并非不合理。

7. P_1：我们需要睡眠以保证思考的清晰，反应的迅速，记忆的形成。

   P_2：研究表明，接受智力挑战任务训练的人有了晚上良好的睡眠之后做得会更好。

   P_3：其他研究也显示，睡眠对于创造性问题的解决是必须的。

   C：充足睡眠确实有用。

10. P_1：快速、明确的惩罚可以抑制不良行为。

    P_2：惩罚不能教导或者鼓励可取的行为。

    C：非常有必要运用积极正面的技术来对恰当的行为进行模拟和强化，使人们可以用来代替那些带来不可接受后果从而需要抑制的行为。

13. P_1：私有财产有助于人们定义他们自己。

    P_2：私有财产有助于人们摆脱对世俗的日常生活的顾虑。

    P_3：私有财产是有限的。

    C：个人都不应该积累如此之多的财产，以至妨碍了其他人对生活必需品的积攒。

16. P_1：地球上的各个国家已经拥有的核武器的爆炸威力超过了 100 万个广岛原子弹。

    P_2：研究表明，只要这些武器中的一半发生爆炸，就足以产生足够的烟尘覆盖住地球，挡住太阳的照射，从而带来威胁人类存在的核冬天。

    C：放射性尘降物不是核爆炸后果中唯一受关注的东西。

19. P_1：各种各样的扶贫计划为中产阶级提供了社会工作、刑罚系统、公共健康等方面的工作。

    P_2：这些工作人员的未来发展都紧紧地和贫穷存在基础上的官僚机构的持续发展联系在一起。

C：贫穷向非贫困人口提供了大量的利益。

22. P：揭露医院中内科医生利用不必要外科手术而自肥的护士，揭露一组新的高速自行车的刹车系统存在安全隐患的工程师，向国会揭露军事渎职和超支的国防部官员：他们全部都知道，他们给他们所告发的对象造成了威胁，同时他们也将自己的职业生涯带入危险之中。

   C：告密的风险非常之高。

25. P_1：一般认为，经常张着嘴游弋只不过是让鲨鱼免于窒息。

   P_2：张着嘴就能有一股携氧的水流不断流进它们的嘴里，滤过它们的鳃，最后从鳃裂流出。

   C：和有些潜水者讲的故事相反，渐渐游近的鲨鱼呲牙咧嘴并不一定有什么预谋。

28. P_1：熟悉监狱系统的人都知道，有一些其行为不比禽兽好多少的服刑人员蹲在监狱之中。

   P_2：如果死刑真有威慑作用的话，这样的囚犯早在很久以前就已经消失得无影无踪了。

   C：这些囚犯的存在这个事实本身就是反对死刑具有威慑作用的活生生的证明。

II.

1. 大学体育更多地是为利益所驱动而不是专业运动。
4. 商科学生正使自己失去学习大学知识的真正目的，这种牺牲将远远超出他们以后的工资支票。
7. 电视传道者在宗教上的不宽容不能被宽容。
10. 保护环境要求我们限制人口增长。

习题 1.2

I.

1. 非论证；解说。
4. 非论证；例解。
7. 论证（结论：如果干细胞研究被限制，那么未来的治疗将无法实现）。
10. 非论证；报告。
13. 非论证；例解。
16. 非论证；建议。
19. 论证（结论：对于海洋表面的生物来说，潜入深水之中意味着死亡）。
22. 论证（结论：原子能组合形成分子，分子的性质通常完全不同于那些作为其成分的原子）。
25. 非论证；解说。
28. 论证（结论：人们从来没有真正自力更生）。
31. 这段话既可以理解成一个论证（结论：在鼠患成灾的地方，很难用毒饵来消灭它们），也可以理解成解说。
34. 非论证；联系松散的陈述。

II.

1. 非论证。
4. 非论证。
7. 论证（结论：第三个党派——独立党——的建立是一个好主意）。
10. 论证（结论：极需强有力的反欺凌计划来为匿名举报者提供保护方式，为在校学生严肃地举报欺凌事件提供训练，为孩子如何应对被欺凌提供讲座）。

VI.

1. 充分：如果某物是老虎，那么它是动物。
4. 必要：如果一个人没有球拍，那么他就不能够打网球。或者，如果一个人打网球，那么他就有一个球拍。
7. 充分：如果焚烧树叶，那么就产生烟雾。
10. 必要：如果一个人不说假话，那么他并没有说谎。或者，如果一个人说谎，那么他说假话。

习题 1.3

I.

1. 演绎的（基于数学的论证；同时，结论必然地从前提得出）。
4. 演绎的（直言三段论；同时，结论必然地从前提得出）。
7. 归纳的（因果推理；同时，结论只从前提或然地得出）。
10. 归纳的（类比论证；同时，结论只从前提或然地得出）。
13. 归纳的（以权威论证；同时，结论只从前提或然地得出）。
16. 演绎的（结论必然地从前提得出）。
19. 归纳的（因果推理；同时，结论只从前提或然地得出）。
22. 演绎的（结论必然地从前提得出；这个例子也可以解释成根据定义——"折射"的定义——而来的论证）。
25. 归纳的（因果推理：狗对来客的熟悉导致狗没有吠叫）。
28. 归纳的（因果推理；同时，"可能"一词暗示一个或然性推理）。

习题 1.4

I.

1. 有效的，不可靠的；假前提，假结论。
4. 有效的，可靠的；真前提，真结论。
7. 无效的，不可靠的；真前提，真结论。
10. 有效的，不可靠的；假前提，假结论。
13. 无效的，不可靠的；真前提，真结论。

II.

1. 强的，信服的；真前提，或然真的结论。
4. 弱的，不信服的；真前提，或然假的结论。
7. 强的，不信服的；假前提，或然真的结论。
10. 强的，信服的；真前提，或然真的结论。
13. 弱的，不信服的；真前提，或然假的结论。

III.

1. 演绎的，有效的。
4. 演绎的，有效的。
7. 归纳的，弱的。
10. 演绎的，无效的。
13. 归纳的，弱的。
16. 演绎的，无效的。
19. 归纳的，强的。

习题 1.5

I.

1.

所有 G 都是 S。	所有猫都是动物。	真
所有 Q 都是 S。	所有狗都是动物。	真
所有 G 都是 Q。	所有猫都是狗。	假

4.

没有 U 是 P。	没有鱼是哺乳动物。	真
有的 U 不是 F。	有的鱼不是猫。	真
有的 F 不是 P。	有的猫不是哺乳动物。	假

7.

没有 P 是 H。	没有狗是鱼。	真
没有 C 是 H。	没有哺乳动物是鱼。	真
没有 P 是 C。	没有狗是哺乳动物。	假

10.

有的 S 不是 O。	有的狗不是鱼。	真
有的 G 不是 O。	有的动物不是鱼。	真
有的 S 不是 G。	有的狗不是动物。	假

13.

有的 I 不是 E。	有的动物不是哺乳动物。	真
所有 C 都是 E。	所有猫都是哺乳动物。	真
有的 C 不是 I。	有的猫不是动物。	假

II.

1.

如果 A，那么 E。	如果乔治·华盛顿被暗杀，那么乔治华盛顿死了。	真
并非 A。	乔治·华盛顿没有被暗杀。	真
并非 E。	乔治·华盛顿没有死。	假

4.

如果 E，那么或者 D 或者 C。	如果汤姆·克鲁斯是男人，那么他或者是老鼠或者是人类。	真
如果 D，那么 I。	如果汤姆·克鲁斯是老鼠，那么他有尾巴。	真
如果 E，那么 I。	如果汤姆·克鲁斯是男人，那么他有尾巴。	假

7.

| 所有带 L 的 C 都或者是 S 或者是 I。 | 所有有皮毛的猫都或者是哺乳动物或者是狗。 | 真 |
| 所有 C 都是 I。 | 所有猫都是狗。 | 假 |

10.

所有是 F 的 R 都或者是 L 或者是 H。	所有是哺乳动物的猫都或者是狗或者是动物。	真
所有 R 都是 H。	所有猫都是动物。	真
所有 F 都是 L。	所有哺乳动物都是狗。	假

习题 2.1

I.

1. 形式谬误。　　4. 非形式谬误。

7. 非形式谬误。　　10. 形式谬误。

习题 2.2

I.

1. 诉诸怜悯。　　4. 偶例。

7. 诉诸强力。　　10. 反唇相讥。

13. 转移话题。　　16. 人身处境攻击。

19. 稻草人。　　22. 诉诸公众。

25. 歪曲论题。

习题 2.3

I.

1. 轻率概括（逆偶例）。　　4. 滑坡谬误。

7. 诉诸无知。　　12. 不当类比。

III.

1. 轻率概括。　　4. 人身处境攻击。

7. 虚假因果（赌徒谬误）。　　10. 稻草人。

13. 转移话题。　　16. 歪曲论题。

19. 不当类比。　　22. 没有谬误。

25. 诉诸无知。　　28. 虚假因果。

习题 2.4

I.

1. 假两难推理。　　4. 含糊。

7. 乞题。　　10. 歧义。

13. 合成。　　16. 遮盖论据。

19. 分解。　　22. 复杂问语。

25. 乞题。

III.

1. 人身处境攻击。　　4. 歧义。

7. 乞题。　　10. 分解。

13. 虚假因果（过分简单化原因）。
16. 诉诸无效权威。
19. 合成。
22. 不当类比。
25. 稻草人。
28. 偶例。
31. 转移话题。
34. 含糊。
37. 虚假因果（赌徒谬误）。
40. 乞题。
43. 歪曲论题或遮盖论据。
46. 轻率概括。
49. 合成。

46. 乞题；稻草人。
49. 诉诸无效权威。最后一段暗示了轻率概括。
52. 轻率概括。毁谤型人身攻击？还包含乞题或者转移话题？
55. 不当类比。
58. 不当类比？没有谬误？

习题 3.1

1. 量词：有的；主项：高管薪酬制度；系词：是；谓项：对普通工人的伤害。
4. 量词：有的；主项：不能容忍其他信仰的传教士；系词：不是；谓项：电视福音传教者。
7. 量词：没有；主项：适合教学的性教育课程；系词：是；谓项：当前破坏公共道德的项目。

习题 2.5

I.

1. 歪曲论题或乞题。
4. 合成。
7. 没有谬误？不当类比？
10. 诉诸无效权威。"只有傻瓜……"这一句中包含毁谤型人身攻击。
13. 虚假因果；遮盖论据；乞题。几乎没有提供任何证据证明在渎职诉讼与某些医生离开接生工作之间存在因果关系。被忽略的因素是孕妇能够找到二十四小时妇产医院的不便利。没有提供任何"诉讼危机"的真实事例。
16. 乞题？（奇怪的论证！）
19. 滑坡谬误。
22. 虚假因果？没有谬误？
25. 虚假因果。
28. 遮盖论据？不当类比？乞题？没有谬误？美国宪法的通商条款以及相关联邦立法禁止州之间的不当贸易活动。对于国际贸易来说，不存在完全相同的法规。
31. 诉诸公众（直接变种）。还有诉诸怜悯？
34. 诉诸公众（直接变种）？
37. 假两难推理？没有谬误？
40. 诉诸无效权威；滑坡谬误。
43. 不当类比的几种情况。还可能包含毁谤型人身攻击。

习题 3.2

I.

1. E 命题，全称，否定，主项与谓项是周延的。
4. O 命题，特称，否定，主项不周延，谓项周延。
7. I 命题，特称，肯定，主项与谓项是不周延的。

II.

1. 没有醉酒司机是对公路上其他人的威胁。
4. 有的中央情报局特工是人权维护者。

III.

1. 有的比特犬的主人是可能支付高额诉讼费的人。
4. 没有曼哈顿区的居民是有能力支付得起那里生活费用的人。

IV.

1. 有的石油泄漏不是环境危害事件。
4. 所有公司律师都是具有社会良知的人。

习题 3.3

I.

1.
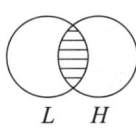

4.
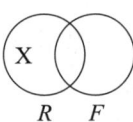

7.
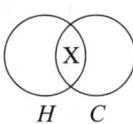

II.

1. 无效的   4. 有效的   7. 无效的

10. 有效的   13. 无效的

习题 3.4

I.

1. 没有非 B 是 A。（真）

4. 所有非 B 都是 A。（假）

7. 换质位。（未定）

10. 换质。（假）

II.

1a. 所有被全球变暖所强化的风暴都是飓风。（逻辑上不等值）

2a. 没有激进平等主义社会是维护个体自由的社会。（逻辑上等值）

3a. 所有有资格从业的医生都是有有效执照的医生。（逻辑上等值）

III.

1. 无效的（不当换位）。   4. 无效的（不当换质位）。

7. 有效的。   10. 有效的。

13. 无效的（不当换位）。   16. 无效的（不当换质位）。

19. 有效的。

习题 3.5

I.

1.（a）假，（b）真，（c）假。

4.（a）未定，（b）真，（c）未定。

7.（a）假，（b）未定，（c）未定。

II.

1. 有效的。   4. 无效的（存在谬误）。

7. 无效的（不当反对）。   10. 无效的（不当下反对）。

13. 无效的（存在谬误）。

III.

1. 有效的，不可靠的。

4. 有效的，可靠的。

7. 无效的，不可靠的（存在谬误）。

10. 无效的，不可靠的（不当下反对）。

IV.

1. 所有非 B 都是 A。（真）   4. 有的非 A 是 B。（未定）

7. 没有非 A 是 B。（假）   10. 有的非 A 不是非 B。（真）

13. 换质。（假）   16. 矛盾。（真）

19. 反对。（未定）

V.

1. 有效的。   4. 无效的。（不当换质位）

7. 有效的。   10. 无效的。（不当反对）

13. 无效的。（不当下反对）

习题 3.6

I.

1. 所有承担了过多高风险信贷的银行都是将破产的银行。

4. 所有等同于溴的物质都是可以从海水中提炼出来的物质。

7. 没有卤素是化学上惰性的元素。

10. 所有飘扬着骷髅旗的船只都是海盗船。

13. 所有单身汉都是未婚男子。

16. 有的有机硅是被用作润滑剂的东西。

19. 有的巨星是在蜘蛛星云中的东西。或者所有等同于蜘蛛星云的东西是包含着一个巨星的东西。

22. 所有需要注射胰岛素的人都是糖尿病患者。

25. 所有等同于柏林的城市都是1936年奥林匹克运动会的举办城市。或者所有等同于1936年奥运会的事件都是发生在柏林的事件。

28. 所有冒烟的地方都是有火的地方。

31. 所有等同于沥青铀矿的矿石都是放射性矿石。

34. 所有约翰·格里沙姆写作的小说都是关于律师的小说。

37. 所有彩虹出现的时间都是太阳照耀的时间。

40. 有的公司蓄意收购者是以他们的诚信而著名的人，而有的公司蓄意收购者不是以他们的诚信而著名的人。

43. 所有等同于我的人都是喜欢草莓的人。或者所有等同于草莓的东西都是我所喜欢的东西。

46. 所有辛西娅想去旅行的地点都是辛西娅旅行的地点。

49. 没有物理学家是理解超导体的作用方式的人。

52. 所有增加效率的方式都是改善收益的方式。

55. 有的野餐是完全不招惹蚂蚁的事情，而有的野餐不是完全不招惹蚂蚁的事情。

58. 有的参赛者是获奖的人。

II.

1. 有的花样滑冰决赛选手是可能赢取奖牌的人。

4. 没有受到高空症困扰的高台速降的滑雪者是有力的竞争者。

7. 没有斗牛士是容易屈服于恐惧的人。

10. 所有饥饿的鳄鱼都是危险动物。

III.

1. 没有流感疫苗是完全有效的药物。所以，有的流感疫苗不是完全有效的药物。（有效的）

4. 所有好的晚餐伴侣的约会对象是不会每分每秒在发短信的对象。所以，所有不会每分每秒在发短信的约会对象都是不坏的晚餐伴侣。（无效的，不当反对；前提换质，结论换质位）

7. 没有减税是取悦每一个人的方式。所以，所有减税都是取悦每一个人的方式。（无效的，不当反对）

10. 有的假艺术品是在 eBay 上有售的物品。所以，有的在 eBay 上有售的物品是假艺术品。（有效的，前提或结论换位）

习题 4.1

I.

1. 大项：产生强烈引力的东西。
   小项：极端密集的物体。
   中项：中子星。
   式，格：AAA-3；无效的。

4. 大项：好证人。
   小项：精神恍惚的人。
   中项：混淆事实与幻想的人。
   式，格：EIO-1；有效的，布尔式。

II.

1.
所有 B 都是 D。

没有 R 是 D。
没有 R 是 B。

AEE-2
有效的，布尔式

4.

没有 M 是 F。

所有 M 都是 I。

有的 I 不是 F。

EAO–3

无效的，布尔式

有效的，亚里士多德式

7.

所有 P 都是 E。

所有 L 都是 P。

有的 L 是 E。

AAI–1

无效的

10.

有的 O 不是 C。

所有 S 都是 O。

有的 S 是 C。

OAI–1

无效的

III.

1.

有的 M 不是 P。

所有 M 都是 S。

没有 S 是 P。

4.

有的 M 是 P。

所有 S 都是 M。

没有 S 是 P。

7.

所有 M 都是 P。

所有 S 都是 M。

所有 S 都是 P。

10.

有的 P 不是 M。

没有 M 是 S。

所有 S 都是 P。

IV.

1.

没有教条主义者是鼓励自由思想的学者。

有的神学家是鼓励自由思想的学者。

有的神学家不是教条主义者。

4.

有的病毒不是能够自行复制的事物。

所有病毒都是侵袭细胞的结构体。

有的侵袭细胞的结构体不是能够自行复制的事物。

习题 4.2

I.

1.

所有 C 都是 U。

有的 U 是 I。

有的 I 是 C。

AII–4

无效的

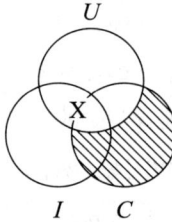

4.

所有 H 都是 D。

有的 D 不是 P。

有的 P 不是 H。

AOO–4

无效的

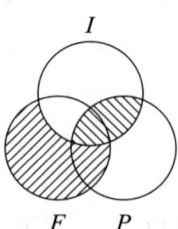

7.

没有 P 是 I。

所有 F 都是 I。

没有 F 是 P。

EAE–2

有效的，布尔式

10.

没有 C 是 O。
有的 D 不是 O。
―――――――
有的 D 不是 C。
EOO-2
无效的

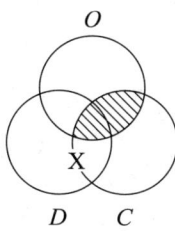

13.

没有 P 是 W。
所有 D 都是 P。
―――――――
没有 D 是 W。
EAE-1
有效的，布尔式

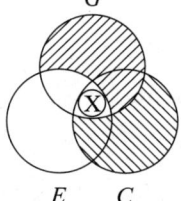

16.

所有 C 都是 G。
所有 G 都是 E。
―――――――
有的 E 是 C。
AAI-4
无效的

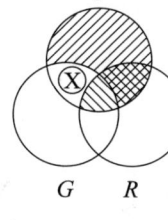

19.

没有 T 是 R。
所有 T 都是 G。
―――――――
有的 G 不是 R。
EAO-3
无效的，布尔式；
有效的，亚里士多德式

II.

1.

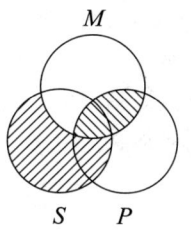

结论：没有 S 是 P。

4.

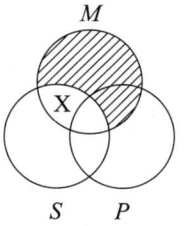

结论：有的 S 不是 P。

7.

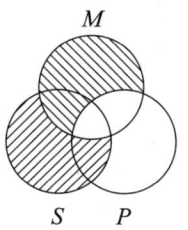

结论：所有 S 都是 P。

10.

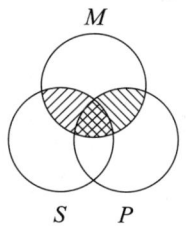

结论：没有结论。

习题 4.3

I.

1.

所有 M 都是 P。
所有 M 都是 S。
―――――――
所有 S 都是 P。
无效的；
不当小项

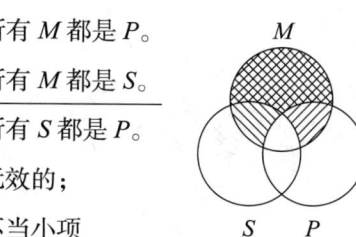

4.
所有 P 都是 M。
所有 S 都是 M。
―――――――
有的 S 是 P。
无效的；
中项不周延

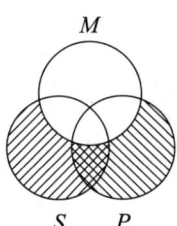

7.
没有 M 是 P。
所有 S 都是 M。
―――――――
所有 S 都是 P。
无效的；
从否定前提得
到肯定结论

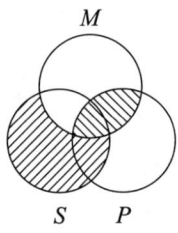

10.
有的 M 是 P。
所有 M 都是 S。
―――――――
有的 S 不是 P。
无效的；
不当大项；
从肯定前提得到否定结论

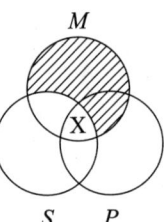

13.
所有 P 都是 M。
没有 M 是 S。
―――――――
没有 S 是 P。
有效的，布尔式；
没有违反规则

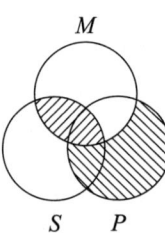

16.
没有 M 是 P。
没有 S 是 M。
―――――――
没有 S 是 P。
无效的；
排他性前提

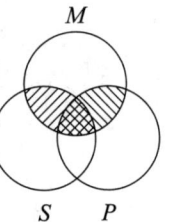

19.
所有 P 都是 M。
有的 S 不是 M。
―――――――
有的 S 不是 P。
有效的，布尔式；
没有违反规则

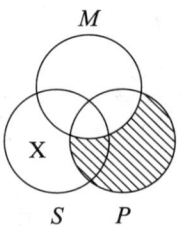

II.

1.
有的 N 是 C。
有的 C 是 O。
―――――――
有的 O 是 N。
无效的；
中项不周延

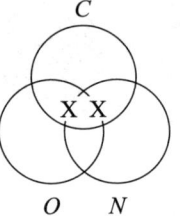

4.
有的 C 不是 M。
没有 C 是 I。
―――――――
有的 I 不是 M。
无效的；
排他性前提

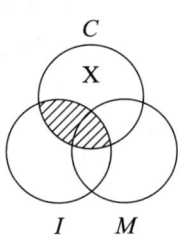

7.
没有 S 是 V。
有的 W 是 V。
―――――――
有的 W 不是 S。
有效的，布尔式；
没有违反规则

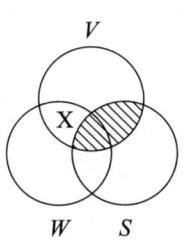

10.
所有 S 都是 M。
所有 M 都是 P。
―――――――
有的 P 是 S。
无效的，布尔式；
有效的，亚里士多德式；
存在谬误，布尔式

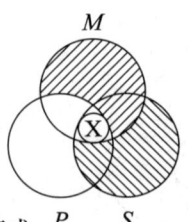

习题 4.4

1.
有的非 T 是 M。（换位，换质）
所有非 I 都是非 M。（换质位）
―――――――――――――
有的 I 是 T。

有的 M 不是 T。
所有 M 都是 I。
―――――――――
有的 I 是 T。
无效的；从否定前提得到肯定结论

4.
有的 I 是 C。
所有 C 都是非 P。
―――――――――――――
有的非 I 不是 P。（换质位）

有的 I 是 C。
所有 C 都是非 P。
―――――――――――
有的非 P 不是 I。
无效的；不当大项

7.
所有非 M 都是非 E。（换质位）
有的 P 不是 M。
―――――――――――――
有的 P 是非 E。（换质）

所有 E 都是 M。
有的 P 不是 M。
―――――――――
有的 P 不是 E。
有效的

10.
有的 F 是非 D。（换质）
没有 D 是 V。
―――――――――――――
有的非 V 是 F。（换位，换质）

有的 F 不是 D。
没有 D 是 V。
―――――――――
有的 F 不是 V。
无效的；排他性前提

习题 4.5

1.
所有建立时间本质理论的科学家都是物理学家。
所有等同于斯蒂芬·霍金的人是建立时间本质理论的科学家。
―――――――――――――――――――――――
所有等同于斯蒂芬·霍金的人是物理学家。
有效的

4.
所有撰写了《独立宣言》的人都是对文明有很大的影响的人。
所有等同于托马斯·杰斐逊的人都是对文明有很大的影响的人。
―――――――――――――――――――――――
所有等同于托马斯·杰斐逊的人都是撰写了《独立宣言》的人。
无效的；中项不周延

7.
有的沙妮娅·特温唱的歌曲是乡村歌曲。
所有沙妮娅·特温想唱的歌曲都是沙妮娅·特温唱的歌曲。
―――――――――――――――――――――――
有的沙妮娅·特温想唱的歌曲是乡村歌曲。
无效的；中项不周延

10.
所有接收加密信号的电视观众都是有解码器的观众。
所有接收数字卫星信号的人都是接收加密信号的电视观众。
―――――――――――――――――――――――
所有接收数字卫星信号的人都是有解码器的观众。
有效的

13.

所有隐性基因携带的疾病都是可以被遗传给两个感染者的后代的疾病。

所有等同于囊性纤维化的疾病都是隐性基因携带的疾病。

所有等同于囊性纤维化的疾病都是可以被遗传给两个感染者的后代的疾病。

有效的

习题 4.6

I.

1. 缺失前提：有的警察局局长操控违规停车罚单。

4. 缺失结论：有的兄弟会在校园生活中没有合法地位。

7. 缺失结论：有的来电不是朋友的来电。

10. 缺失前提：一旦没有军事征兵，反战示威就会变得无力。

13. 缺失前提：没有认为一切事物都是由确定的法则支配的人相信自由意志。

II.

1.

所有操控违规停车罚单的人都是损害法律公正执行的人。

有的警察局局长是操控违规停车罚单的人。

有的警察局局长是损害法律公正执行的人。

有效的

4.

没有有危险入会仪式的团体是在校园生活中有合法地位的团体。

有的兄弟会是有危险入会仪式的团体。

有的兄弟会不是在校园生活中有合法地位的团体。

有效的

7.

所有朋友的来电都是受欢迎的来电。

有的来电不是受欢迎的来电。

有的来电不是朋友的来电。

有效的

10.

所有没有军事征兵的时期都是反战示威无力的时期。

最近几年都是没有军事征兵的时期。

最近几年都是反战示威无力的时期。

有效的

13.

没有认为一切事物都是由确定的法则支配的人是相信自由意志的人。

所有机械唯物主义者都是认为一切事物是由确定的法则支配的人。

没有机械唯物主义者是相信自由意志的人。

有效的

III.

1.

没有使得酒可以轻易获得和接受的组织是严格抵制酗酒的组织。

所有等同于国防部的组织都是使得酒可以轻易获得和接受的组织。

没有等同于国防部的组织是严格抵制酗酒的组织。

4.

所有禁书的努力都是确保那些书被读的努力。

所有在田纳西州教堂山的基督教原教旨主义家庭从图书馆移除《麦克白》等的努力都是禁书的努力。

所有在田纳西州教堂山的基督教原教旨主义家庭从图书馆移除《麦克白》等的努力都是确保那些书被读的努力。

7.

所有促使未来有更多大学毕业生的政策都是实现未来高税收的政策。

所有为今天的大学生提供财政资助的政策都是促使未来有更多大学毕业生的政策。

所有为今天的大学生提供财政资助的政策都是实现未来高税收的政策。

以及

所有实现未来高税收的政策都是好的未来投资。

所有为今天的大学生提供财政资助的政策都是实现未来高税收的政策。

所有为今天的大学生提供财政资助的政策都是好的未来投资。

10.

所有按照降低存活机会的方式行动的人都是会通过自然选择死亡的人。

所有将继续吸烟的吸烟者都是按照降低存活机会的方式行动的人。

所有将继续吸烟的吸烟者都会通过自然选择死亡。

以及

所有按照增加存活机会的方式行动的人都是会通过自然选择存活的人。

所有放弃吸烟的吸烟者都是按照增加存活机会的方式行动的人。

所有放弃吸烟的吸烟者都是会通过自然选择存活的人。

V.

1. 所有没有孩子的普通夫妻都是会经历更高水平的情感幸福的夫妻。

所有经历更高水平的情感幸福的夫妻都是快乐的夫妻。

所以,所有没有孩子的普通夫妻都是快乐的夫妻。

习题 4.7

I.

1. 所有 A 都是 B。

没有 B 是 C。

有的 D 是 C。

有的 D 不是 A。

有效的,没有违反任何规则。

4. 没有 K 是 N。

有的 T 是 K。

所有 T 都是 C。

有的 C 是 Q。

有的 Q 不是 N。

无效的,违反规则 1:C 在两个前提中都不周延。

7. 在对第一个前提进行换质位,对第二个前提和结论进行换质,重新排列前提后,我们得到:

没有 X 都是 W。

所有 U 都是 W。

所有 V 都是 U。

所有 V 都是 Y。

没有 Y 都是 X。

无效的,违反规则 2:Y 在结论中周延,但在前提中不周延。

10. 在对第二个前提和第四个前提进行换位和换质,对第三个前提、第五个前提以及结论进行换质,重新排列前提后,我们得到:

所有 P 都是 Q。

所有 Q 都是 R。

所有 R 都是 S。

没有 T 是 S。

所有 T 都是 V。

没有 V 是 P。

无效的,违反规则 2:V 在结论中周延,但在前提中不周延。

II.

1.

所有产生氧气的东西都是支持人类生命的东西。

所有雨林都是产生氧气的东西。

没有支持人类生命的东西是应该被破坏的东西。

没有雨林是应该被破坏的东西。

所有 O 都是 S。

所有 R 都是 O。

没有 S 是 D。

没有 R 是 D。

重新排列前提后，我们得到：

没有 S 是 D。

所有 O 都是 S。

所有 R 都是 O。

没有 R 是 D。

有效的，没有违反任何规则。

4.

没有易碎的东西是有韧性的东西。	没有 B 是 D。
所有超导体都是陶制品。	所有 S 都是 C。
所有能被拉成金属线的东西都是有韧性的东西。	所有 P 都是 D。
所有陶制品都是易碎的东西。	所有 C 都是 B。
没有超导体是能被拉成金属线的东西。	没有 S 是 P。

重新排列前提后，我们得到：

所有 P 都是 D。

没有 B 是 D。

所有 C 都是 B。

所有 S 都是 C。

没有 S 是 P。

有效的，没有违反任何规则。

7.

所有生下毒瘾婴儿的人都是增加未来犯罪率的人。	所有 B 都是 I。
有的孕妇是吸食毒品的孕妇。	有的 P 是 U。
所有增加未来犯罪率的人都是罪犯。	所有 I 都是 C。
没有毒品吸食者是不会生下毒瘾婴儿的人。	没有 U 是非 B。
有的孕妇是罪犯。	有的 P 是 C。

对第四个前提进行换质，重新排列前提后，我们得到：

所有 I 都是 C。

所有 B 都是 I。

所有 U 都是 B。

有的 P 是 U。

有的 P 是 C。

有效的，没有违反任何规则。

10.

所有诱发皮肤癌的物质都是导致死亡的物质。	所有 S 都是 C。
所有保护臭氧层的物质都是阻碍了氯氟烃释放的物质。	所有 O 都是非 R。
没有抵制皮肤癌的物质是增加紫外线辐射的物质。	没有非 S 是 U。
所有不保护臭氧层的物质都是增加紫外线辐射的物质。	所有非 O 都是 U。
有的包装材料释放氯氟烃。	有的 M 是 R。
没有导致死亡的物质是应该被合法化的物质。	没有 C 是 L。
有的包装材料是不应该被合法化的物质。	有的 M 是非 L。

对第二个前提进行换质位，对第三个前提进行换位和换质，对结论进行换质，重新排列前提后，我们得到：

没有 C 是 L。

所有 S 都是 C。

所有 U 都是 S。

所有非 O 都是 U。

所有 R 都是非 O。

有的 M 是 R。

有的 M 不是 L。

有效的，没有违反任何规则。

Ⅲ.

1.

没有鸭子是跳华尔兹的人。	没有 D 是 W。
没有官员是不跳华尔兹的人。	没有 O 是非 W。
我所有的家禽都是鸭子。	所有 P 都是 D。
没有我的家禽是官员。	没有 P 是 O。

对第二个前提进行换质，重新排列前提后，我们得到：

所有 O 都是 W。

没有 D 是 W。

所有 P 都是 D。

没有 P 是 O。

有效的，没有违反任何规则。

4.
所有蜂鸟都是色彩丰富的鸟。
没有大鸟是以蜂蜜为食的鸟。
所有不以蜂蜜为食的鸟都是颜色暗淡的鸟。
所有蜂鸟都是小鸟。

所有 H 都是 R。
没有 L 是 O。
所有非 O 都是非 R。
所有 H 都是非 L。

对第三个前提进行换质位，对结论进行换质，重新排列前提后，我们得到：
没有 L 是 O。
所有 R 都是 O。
所有 H 都是 R。
没有 H 是 L。
有效的，没有违反任何规则。

7.
所有这个图书馆中我不推荐读的书都是基调不健康的书。
所有精装书都是写得很好的书。
所有爱情小说都是基调健康的书。
所有这个图书馆中的非精装书都是我不推荐读的书。
所有爱情小说都是写得很好的书。

所有非 R 都是非 H。
所有 B 都是 W。
所有 O 都是 H。
所有非 B 都是非 R。
所有 O 都是 W。

对第一个前提和第四个前提进行换质位，重新排列前提后，我们得到：
所有 B 都是 W。
所有 R 都是 B。
所有 H 都是 R。
所有 O 都是 H。
所有 O 都是 W。
有效的，没有违反任何规则。

10.
所有属于我的动物都是我信任的动物。
所有狗都是啃骨头的动物。
所有引起我的关注的动物都是一旦被要求就会回应的动物。
所有这个院子中的动物都是属于我的动物。
所有我信任的动物都是引起我的关注的动物。
所有一旦被要求就会回应的动物都是狗。
所有这个院子中的动物都是啃骨头的动物。

所有 A 都是 T。
所有 D 都是 G。
所有 S 都是 B。
所有 Y 都是 A。
所有 T 都是 S。
所有 B 都是 D。
所有 Y 都是 G。

重新排列前提后，我们得到：
所有 D 都是 G。
所有 B 都是 D。
所有 S 都是 B。
所有 T 都是 S。
所有 A 都是 T。
所有 Y 都是 A。
所有 Y 都是 G。
有效的，没有违反任何规则。

习题 5.1

I.

1. $\sim C$
4. $H \cdot B$
7. $M \equiv P$
10. $P \supset A$
13. $M \cdot (E \vee D)$
16. $\sim J \cdot \sim P$
19. $\sim(F \vee M)$ 或 $\sim F \cdot \sim M$
22. $(B \supset C) \supset R$
25. $\sim R \vee (M \supset P)$
28. $(\sim P \cdot \sim C) \supset M$
31. $(T \cdot B) \vee (\sim Z \cdot \sim K)$
34. $B \cdot [N \supset (C \vee J)]$
37. $M \supset [N \supset (S \cdot T)]$
40. $\sim[(K \vee S) \cdot (C \vee M)]$
43. $I \equiv P$
46. $\sim[(W \supset T) \cdot (C \supset K)]$
49. $[(C \cdot J) \equiv K] \supset \sim(B \vee S)$

II.

1. $R \vee F$
4. $\sim(H \vee S)$
7. $S \supset G$
10. $A \supset (\sim N \supset M)$
13. $(C \cdot K) \equiv P$
16. $[(T \cdot L) \supset H] \cdot (H \supset I)$
19. $(B \supset M) \cdot [(M \cdot I) \supset (C \cdot P)]$

习题 5.2

I.

1. 点号

4. 三道杠符

7. 马蹄符

10. 楔形符

II.

1. ~ H
   Ⓕ T
4. H • ~ N
   T Ⓕ F T
7. W ⊃ E
   F Ⓣ F
10. H ⊃ (C ∨ E)
    T Ⓣ T T F
13. ~ (E ∨ F) ⊃ (H • L)
    T F F F Ⓣ T T T

III.

1. A • X
   T Ⓕ F
4. ~ C ∨ Z
   F T Ⓕ T
7. ~ X ⊃ Z
   T F Ⓕ F
10. ~ (A • ~ Z)
    Ⓕ T T T F
13. (A • Y) ∨ (~ Z • C)
    T F F Ⓣ F T T
16. (C ≡ ~ A) ∨ (Y ≡ Z)
    T F F T Ⓣ F T F
19. ~ [~ (X ⊃ C) ≡ ~ (B ⊃ Z)]
    Ⓣ F F T T F T T F
22. ~ [(A ≡ X) ∨ (Z ≡ Y)] ∨ [(~ Y ⊃ B) • (Z ⊃ C)]
    F T F F T F T F Ⓣ T F T T T F T T
25. (Z ⊃ C) ⊃ {[(~ X ⊃ B) ⊃ (C ⊃ Y)] ≡
      F T T Ⓣ   T F T T F   T F F T
    [(Z ⊃ X) ⊃ (~ Y ⊃ Z)]}
      F T F F   T F F F

IV.

1. A ∨ P
   T Ⓣ ?
4. Q • A
   ? Ⓟ T
7. A ⊃ P
   T Ⓟ ?
10. (P ⊃ A) ≡ (Q ⊃ B)
    ? T T Ⓣ ? T T
13. ~ (Q • Y) ≡ ~ (Q ∨ A)
    T ? F F Ⓕ F ? T T

习题 5.3

I.

1. N ⊃ (N ⊃ N)
   T Ⓣ T T T
   F Ⓣ F T F

   重言式

4. [(E ⊃ F) ⊃] ⊃ E
   T T T T T Ⓣ T
   T F F T T Ⓣ T
   F T T T T Ⓕ F
   F T F F F Ⓣ F

   偶然式

7. [(Z ⊃ X) • (X ∨ Z)] ⊃ X
   T T T T T T T Ⓣ T
   T F F F F T T Ⓣ T
   F T T T T T F Ⓣ T
   F T F F F F F Ⓣ F

   重言式

10. [G ⊃ (N ⊃ ~ G)] • [(N ≡ G) • (N ∨ G)]
    T F F F F T T Ⓕ T T T T T T T
    T F F T F T T Ⓕ F F T F F T T
    F T T F T F F Ⓕ F T F T T T F
    F T F T T F F Ⓕ T F F F F F F

    自相矛盾式

13. [U • (T ∨ S)] ≡ [(~ T ∨ ~ U) • (~ S ∨ ~ U)]
    T T T T T Ⓕ F T F F T F F T F F T
    T T T T F Ⓕ F T F F T F T F T F T
    T T F T T Ⓕ F T F F T F F T F F T
    T F F F F Ⓕ F T F F T F T F T F T
    F F T T T Ⓕ F T T T F T F T T T F
    F F T T F Ⓕ F T T T F T T F T T F
    F F F T T Ⓕ T F T T F T F T T T F
    F F F F F Ⓕ T F T T F T T F T T F

    自相矛盾式

II.

1. ~ D ∨ B   ~ (D • ~ B)
   F Ⓣ T T   Ⓣ T F F T
   F Ⓕ T F   Ⓕ T T T F
   T Ⓣ F T   Ⓣ F F F T
   T Ⓣ F F   Ⓣ F F T F

   逻辑上等值的

4. R ∨ ~ S   S • ~ R
   T Ⓣ F T   T Ⓕ F T
   T Ⓣ T F   F Ⓕ T T
   F Ⓕ F T   T Ⓣ T F
   F Ⓣ T F   F Ⓕ F F

   矛盾的

7. (E ⊃ C) ⊃ L   E ⊃ (C ⊃ L)
   T T T Ⓣ T   T Ⓣ T T T
   T T T Ⓕ F   T Ⓕ T F F
   T F F Ⓣ T   T Ⓣ F T T
   T F F Ⓣ F   T Ⓣ F T F
   F T T Ⓣ T   F Ⓣ T T T
   F T T Ⓕ F   F Ⓣ T F F
   F T F Ⓣ T   F Ⓣ F T T
   F T F Ⓕ F   F Ⓣ F T F

   一致的

10. W ≡ (B • T)   W • (T ⊃ ~B)
    T T T T T   T F T F F T
    T F T F F   T F T T T F
    T F F F T   T F F F T T
    T F F F F   T F F F T F
    F F T T T   F F T F F T
    F F T F F   F F T T T F
    F F F F T   F F F F T T
    F T F F F   F F F F T F

不一致的

13. H • (K ∨ J)   (J • H) ∨ (H • K)
    T T T T T   T T T T T T T
    T T T T F   F F T T T T F
    T F F F F   F F T F T F T
    T F F F F   F F T F T F F
    F F T T T   T F F F F F T
    F F T F F   F F F F F F F
    F F F F T   T F F F F F T
    F F F F F   F F F F F F F

逻辑上等值的

Ⅲ.

1. 卡尔森的预测是假的（自相矛盾）。
4. 有可能两位天文学家都是正确的。如果是这样，一个超新星将不会出现在离地球 10 光年以内的范围。
7. 有可能两个证券经纪人都是正确的。如果是这样，那么，Datapro 会削减劳动力。对于 Netmark 和 Compucel，我们得不出任何结论。
10. 有可能妮科尔的哲学是有意义的。如果是这样，那么心灵与大脑不是同一的，个人自由存在，人类对他们的行为负责。

习题 5.4

Ⅰ.

1. N ⊃ S // ~N ⊃ ~S
   T T T   F T T F T
   T T F   F T T T F
   F T T   T F F F T
   F T F   T F T T F

无效的

4. D ⊃ W / D // W
   T T T   T   T
   T F F   T   F
   F T T   F   T
   F T F   F   F

有效的

7. 无效的（第一行出错）
10. 有效的

Ⅱ.

1. 有效的
4. 有效的
7. 无效的（第四行出错）
10. 无效的（第四行和第六行出错）
13. 有效的
16. 无效的（第三行出错）
19. 有效的

习题 5.5

Ⅰ.

1. D= 真   4. N= 未知
7. C= 真   10. J= 未知
13. C= 真, P= 假   16. G= 假, K= 假
19. L= 真   22. H= 假, B= 假
25. C= 未知, R= 未知

Ⅱ.

提示：真值可能由于解决问题方式的不同而发生变化。

1. B ⊃ C / ~C // ~B
   T T F   T F   F T

有效的

4. ~ (I ≡ J) // ~ (I ⊃ J)
   T T F F   F T F F
   T F F T   F F F T T

无效的

7. G ⊃ H / H ⊃ I / ~J ⊃ G / ~I // J
   T T T   T T T   T F T T   T T F

有效的

10. (M ∨ N) ⊃ O / O ⊃ (N ∨ P) / M ⊃ (~Q ⊃ N) / (Q ⊃ M) ⊃ ~P // N ≡ O
    T T F T F   T   T F   T   T F T   T T T T T F   F T F

无效的

13. (A ∨ B) ⊃ (C · D) / (X ⊃ ∼Y) ⊃ (∼C · ∼W) / (X ∨ Z) ⊃ (A · E) // ∼X
     T   T FF   T T   T   F T T F   T T T   T T T   F T

有效的

Ⅲ.

1. K ≡ (R ∨ M) / K · ∼R / M ⊃ ∼K
   T T T F T   T T T F   T T F T

不一致的

4. (N ∨ C) ≡ E / N ⊃ ∼(C ∨ H) / H ⊃ E / C ⊃ H
    F T T T T   F T F T T T   T T T   T T T
                                           F T T
                                           F T F

一致的

7. S ⊃ (R ≡ A) / A ⊃ (W · ∼R) / R ≡ (W ∨ T) / S · U / U ⊃ T
   T T T T F   F T   F F T   T T T T T   T T T   T T T

不一致的

10. A ∨ Z / A ⊃ (T · F) / Z ⊃ (M · Q) / Q ⊃ ∼F / T ⊃ ∼M / M ⊃ A
    T T T   T T T F F   T T T T T   T T F T   T T F T   T T T
    T T F   T T T T T   F T T T T   F T F F F F T T T   F T F
                                                             F T F

一致的

习题 5.6

Ⅰ.

1. MT—有效的   4. CD—有效的

7. DD—有效的   10. DA—无效的

13. DS—有效的   16. AC—无效的

19. 无效的

第 7 题和第 13 题必须改写如下:

7. (E ⊃ N) · (∼L ⊃ ∼K)
   ∼N ∨ ∼∼K
   ────────
   ∼E ∨ ∼∼L

13. ∼S ∨ P
    ∼∼S
    ────
    P

Ⅱ.

1. B ⊃ G
   ∼G   MT—有效的
   ──
   ∼B

4. W ∨ ∼M
   ∼W   DS—有效的
   ────
   ∼M

7. N
   N ⊃ B   MP—有效的
   ─────
   B

10. (L ⊃ ∼A) · (C ⊃ F)
    ∼L · ∼C   无效的
    ─────────
    A · ∼F

13. (A ⊃ E) · (P ⊃ ∼E)
    E ∨ E
    ─────
    ∼A ∨ ∼P

改写为:

(A ⊃ E) · (P ⊃ ∼E)
∼E ∨ ∼∼E   DD—有效的
─────────
∼A ∨ ∼P

16. ∼M ⊃ U
    U   AC—无效的
    ───
    ∼M

19. S ⊃ C
    I ⊃ S   HS—有效的
    ─────
    I ⊃ C

Ⅲ.

1. (S ⊃ M) · (∼S ⊃ F)
   S ∨ ∼S   CD
   ──────
   M ∨ F

由于第二个前提是一个重言式，所以不可能从犄角间逃脱。两个可供选择的策略是抓住犄角，或构造一个反两难。如果梅琳达在晚会前花了足够多的时间在考试准备上，那么她不会把晚会那晚的时间用来学习，并且她不会考试不及格。这将使得第一个前提的右合取支为假，并且使得整个前提为假。这是一个反两难:

如果梅琳达把晚上的时间花在学习上，那么她明天将通过考试；而且如果她没有把晚上的时间花在学习上，她将参加晚会。她将要么把晚上的时间花在学习上要么不花在学习上。因此，她将或者通过考试或者参加晚会。

4. (C ⊃ ∼S) · (E ⊃ S)
   S ∨ ∼S
   ──────
   ∼C ∨ ∼E

改写为:

(C ⊃ ∼S) · (E ⊃ S)
∼∼S ∨ ∼S   DD
─────────
∼C ∨ ∼E

由于第二个前提是重言式，所以不可能从犄角间逃脱。通过论证企业会承担消除有毒废物的费用，因此会保持竞争力来抓住犄角。下面是一个构造式反两难：

如果企业花钱消除它们的有毒废物，那么环境将得到保护；但如果企业没有花钱消除它们的有毒废物，那么它们将保持竞争力。企业或者花钱消除它们的有毒废物或者不花钱消除它们的有毒废物。因此，或者环境得到保护或者企业将保持竞争力。

7. $(C \supset L) \cdot (J \supset B)$
   $\underline{\sim L \vee \sim B}$　　　　　　　　DD
   $\sim C \vee \sim J$

这里的第二个前提不是重言式，因此有可能从犄角间逃脱。可能学生选择了文科和商科的双学位。也可以通过论证学生能够主修文科专业并且毕业后有工作抓住犄角。下面是一个构造式反两难：

如果学生主修文科专业，那么他们将上有趣和有价值的课；但如果他们主修商科专业，那么他们毕业后有工作。学生或者主修文科专业或者主修商科专业。因此，或者他们将上有趣和有价值的课或者他们毕业后有工作。

10. $(P \supset R) \cdot (T \supset E)$
    $\underline{P \vee T}$　　　　　　　　　　CD
    $R \vee E$

第二个前提不是重言式，因此至少从犄角间逃脱是可能的。如果我们构造反恐怖主义团队来执行起诉恐怖分子的任务，我们既不会起诉他们也不会释放他们。你能够思考一种抓住犄角的方式吗？下面是一个反两难：

如果我们起诉可疑的恐怖分子，那么我们打击了恐怖主义；但如果我们释放他们，那么我们将避免被其他恐怖分子报复的风险。我们必须或者起诉或者释放可疑的恐怖分子。因此，或者我们将打击恐怖主义或者我们将避免被其他恐怖分子报复的风险。

V.

1. 如果人体器官优先分配给注册捐赠者，那么更多的人将注册为捐赠者。如果更多的人注册为捐赠者，那么器官供应将增加。因此，如果人体器官优先分配给注册捐赠者，那么器官供应将增加。（HS）

4. 如果团队问题解决是重要的，那么我们不应该强调个体考试。团队问题解决是重要的。因此，我们不应该强调个体考试。（MP）

如果我们不强调个体考试，那么国家数学考试是一个错误。我们不应该强调个体考试。因此，国家数学考试是一个错误。（MP）

7. 如果我们关闭中央青少年馆图书馆，那么年轻人将没有阅读的机会。但如果年轻人没有阅读的机会，他们将不会有机会接触思想、梦想和不同的生活方式。因此，如果我们关闭中央青少年馆图书馆，那么年轻人将不会有机会接触思想、梦想和不同的生活方式。（HS）

如果我们关闭中央青少年馆图书馆，那么年轻人将不会有机会接触思相、梦想和不同的生活方式。年轻人必须有机会接触思想、梦想和不同的生活方式。因此，我们不能关闭中央青少年馆图书馆。（MT）

10. 如果观看成人视频会导致暴力性犯罪，那么每周会有超过100万次这样的犯罪。每周并没有超过100万次这样的犯罪。因此，观看成人视频不会导致暴力性犯罪。（MT）

习题 6.1

I.

1. $\sim G$	1, 2, MT
4. C	1, 2, DS
7. $F \supset D$	1, 3, HS
10. $G \supset A$	1, 4, HS
13. $\sim\sim C$	1, 3, MT
16. $\sim P$	1, 2, MP
19. $\sim(S \vee C)$	1, 3, MT

II.

1. $\sim B$	1, 2, DS
4. $R \supset C$	1, 2, HS
7. Q	2, 3, MP
10. $\sim A$	1, 4, MT
13. $\sim\sim S$	3, 4, MT
16. $\sim Z$	3, 4, MP
19. $H \vee G$	2, 4, MP

III.

(1)
1. ~C ⊃ (A ⊃ C)
2. ~C   / ~A
3. A ⊃ C   1, 2, MP
4. ~A   2, 3, MT

(4)
1. P ⊃ (G ⊃ T)
2. Q ⊃ (T ⊃ E)
3. P
4. Q   / G ⊃ E
5. G ⊃ T   1, 3, MP
6. T ⊃ E   2, 4, MP
7. G ⊃ E   5, 6, HS

(7)
1. ~S ⊃ D
2. ~S ∨ (~D ⊃ K)
3. ~D   / K
4. ~~S   1, 3, MT
5. ~D ⊃ K   2, 4, DS
6. K   3, 5, MP

(10)
1. N ⊃ (J ⊃ P)
2. (J ⊃ P) ⊃ (N ⊃ J)
3. N   / P
4. J ⊃ P   1, 3, MP
5. N ⊃ J   2, 4, MP
6. N ⊃ P   4, 5, HS
7. P   3, 6, MP

(13)
1. R ⊃ (G ∨ ~A)
2. (G ∨ ~A) ⊃ ~S
3. G ⊃ S
4. R   / ~A
5. G ∨ ~A   1, 4, MP
6. ~S   2, 5, MP
7. ~G   3, 6, MT
8. ~A   5, 7, DS

(16)
1. (B ⊃ ~M) ⊃ (T ⊃ ~S)
2. B ⊃ K
3. K ⊃ ~M
4. ~S ⊃ N   / T ⊃ N
5. B ⊃ ~M   2, 3, HS
6. T ⊃ ~S   1, 5, MP
7. T ⊃ N   4, 6, HS

(19)
1. ~G ⊃ [G ∨ (S ⊃ G)]
2. (S ∨ L) ⊃ ~G
3. S ∨ L   / L
4. ~G   2, 3, MP
5. G ∨ (S ⊃ G)   1, 4, MP
6. S ⊃ G   4, 5, DS
7. ~S   4, 6, MT
8. L   3, 7, DS

(22)
1. (C ⊃ M) ⊃ (N ⊃ P)
2. (C ⊃ N) ⊃ (N ⊃ M)
3. (C ⊃ P) ⊃ ~M
4. C ⊃ N   / ~C
5. N ⊃ M   2, 4, MP
6. C ⊃ M   4, 5, HS
7. N ⊃ P   1, 6, MP
8. C ⊃ P   4, 7, HS
9. ~M   3, 8, MP
10. ~C   6, 9, MT

(25)
1. ~N ⊃ [(B ⊃ D) ⊃ (N ∨ ~E)]
2. (B ⊃ E) ⊃ ~N
3. B ⊃ D
4. D ⊃ E   / ~D
5. B ⊃ E   3, 4, HS
6. ~N   2, 5, MP
7. (B ⊃ D) ⊃ (N ∨ ~E)   1, 6, MP
8. N ∨ ~E   3, 7, MP
9. ~E   6, 8, DS
10. ~D   4, 9, MT

IV.

(1)
1. W ⊃ (P ∨ C)
2. ~P
3. W   / C
4. P ∨ C   1, 3, MP
5. C   2, 4, DS

(4)
1. (R ⊃ L) ⊃ (L ⊃ ~F)
2. ~F ∨ (R ⊃ L)
3. ~~F   / ~R
4. R ⊃ L   2, 3, DS
5. L ⊃ ~F   1, 4, MP
6. ~L   3, 5, MT
7. ~R   4, 6, MT

(7)
1. H ⊃ (D ≡ A)
2. V ∨ (R ⊃ V)
3. R ∨ H
4. ~V   / D ≡ A
5. R ⊃ V   2, 4, DS
6. ~R   4, 5, MT
7. H   3, 6, DS
8. D ≡ A   1, 7, MP

(10)
1. ~C ⊃ [C ∨ (J ⊃ D)]
2. C ⊃ (C • U)
3. ~(C • U)
4. ~D   / ~J
5. ~C   2, 3, MT
6. C ∨ (J ⊃ D)   1, 5, MP
7. J ⊃ D   5, 6, DS
8. ~J   4, 7, MT

习题 6.2

I.

1. B   2
4. H ∨ F   1
7. Q ∨ K   1
10. ~L ∨ M   1, 2

II.

1. G   2, Simp
                 3, Add
4. T ∨ U   1, Add
                 3, 4, MP
7. ~F   2, 3, MT
                 1, 4, Conj
10. M • E   1, 3, Conj
                 2, 4, MP

III.

(1)
1. ~M ⊃ Q
2. R ⊃ ~T
3. ~M ∨ R　　　　　　　　/ Q ∨ ~T
4. (~M ⊃ Q) • (R ⊃ ~T)　1, 2, Conj
5. Q ∨ ~T　　　　　　　　3, 4, CD

(4)
1. (H ∨ ~B) ⊃ R
2. (H ∨ ~M) ⊃ P
3. H　　　　　　　　　　/ R • P
4. H ∨ ~B　　　　　　　3, Add
5. R　　　　　　　　　　1, 4, MP
6. H ∨ ~M　　　　　　　3, Add
7. P　　　　　　　　　　2, 6, MP
8. R • P　　　　　　　　5, 7, Conj

(7)
1. (~F ∨ X) ⊃ (P ∨ T)
2. F ⊃ P
3. ~P　　　　　　　　　/ T
4. ~F　　　　　　　　　2, 3, MT
5. ~F ∨ X　　　　　　　4, Add
6. P ∨ T　　　　　　　　1, 5, MP
7. T　　　　　　　　　　3, 6, DS

(10)
1. (D ∨ E) ⊃ (G • H)
2. G ⊃ ~D
3. D • F　　　　　　　　/ M
4. D　　　　　　　　　　3, Simp
5. D ∨ E　　　　　　　　4, Add
6. G • H　　　　　　　　1, 5, MP
7. G　　　　　　　　　　6, Simp
8. ~D　　　　　　　　　2, 7, MP
9. D ∨ M　　　　　　　　4, Add
10. M　　　　　　　　　 8, 9, DS

(13)
1. (C ⊃ N) • E
2. D ∨ (N ⊃ D)
3. ~D　　　　　　　　　/ ~C ∨ P
4. N ⊃ D　　　　　　　　2, 3, DS
5. ~N　　　　　　　　　3, 4, MT
6. C ⊃ N　　　　　　　　1, Simp
7. ~C　　　　　　　　　5, 6, MT
8. ~C ∨ P　　　　　　　7, Add

(16)
1. (C ∨ ~G) ⊃ (~P • L)
2. (~P • C) ⊃ (C ⊃ D)
3. C • ~R　　　　　　　/ D ∨ R
4. C　　　　　　　　　　3, Simp
5. C ∨ ~G　　　　　　　4, Add
6. ~P • L　　　　　　　1, 5, MP
7. ~P　　　　　　　　　6, Simp
8. ~P • C　　　　　　　4, 7, Conj
9. C ⊃ D　　　　　　　　2, 8 MP
10. D　　　　　　　　　 4, 9, MP
11. D ∨ R　　　　　　　 10, Add

(19)
1. (U • ~~P) ⊃ Q
2. ~O ⊃ U
3. ~P ⊃ O
4. ~O • T　　　　　　　/ Q
5. ~O　　　　　　　　　4, Simp
6. U　　　　　　　　　　2, 5, MP
7. ~~P　　　　　　　　　3, 5, MT
8. U • ~~P　　　　　　　6, 7, Conj
9. Q　　　　　　　　　　1, 8, MP

(22)
1. (~K • ~N) ⊃ [(~P ⊃ K) • (~R ⊃ G)]
2. K ⊃ N
3. ~N • B
4. ~P ∨ ~R　　　　　　/ G
5. ~N　　　　　　　　　3, Simp
6. ~K　　　　　　　　　2, 5, MT
7. ~K • ~N　　　　　　5, 6, Conj
8. (~P ⊃ K) • (~R ⊃ G)　1, 7, MP
9. K ∨ G　　　　　　　　4, 8, CD
10. G　　　　　　　　　 6, 9, DS

(25)
1. (~M • N) ⊃ [(~M ∨ H) ⊃ (K • L)]
2. ~M • (C ⊃ D)
3. ~N • (F ≡ G)　　　　/ K • ~N
4. ~M　　　　　　　　　2, Simp
5. ~N　　　　　　　　　3, Simp
6. ~M • ~N　　　　　　4, 5, Conj
7. (~M ∨ H) ⊃ (K • L)　1, 6, MP
8. ~M ∨ H　　　　　　　4, Add
9. K • L　　　　　　　　7, 8, MP
10. K　　　　　　　　　 9, Simp
11. K • ~N　　　　　　　5, 10, Conj

(28)
1. (D ⊃ B) • (C ⊃ D)
2. (B ⊃ D) • (E ⊃ C)
3. B ∨ E　　　　　　　　/ D ∨ B
4. D ∨ C　　　　　　　　2, 3, CD
5. B ∨ D　　　　　　　　1, 4, CD
6. B ⊃ D　　　　　　　　2, Simp
7. D ⊃ B　　　　　　　　1, Simp
8. (B ⊃ D) • (D ⊃ B)　6, 7, Conj
9. D ∨ B　　　　　　　　5, 8, CD

IV.

(1)
1. T ⊃ (Q • F)
2. T • C　　　　　　　　/ Q ∨ O
3. T　　　　　　　　　　2, Simp
4. Q • F　　　　　　　　1, 3, MP
5. Q　　　　　　　　　　4, Simp
6. Q ∨ O　　　　　　　　5, Add

(4)
1. M ∨ P
2. (P ∨ S) ⊃ (R • D)
3. ~M　　　　　　　　　/ R
4. P　　　　　　　　　　1, 3, DS
5. P ∨ S　　　　　　　　4, Add
6. R • D　　　　　　　　2, 5, MP
7. R　　　　　　　　　　6, Simp

(7)
1. (~C ∨ ~M) ⊃ (~C ⊃ T)
2. C ∨ ~T
3. ~C　　　　　　　　　/ B
4. ~C ∨ ~M　　　　　　3, Add
5. ~C ⊃ T　　　　　　　1, 4, MP
6. T　　　　　　　　　　3, 5, MP
7. T ∨ B　　　　　　　　6, Add
8. ~T　　　　　　　　　2, 3, DS
9. B　　　　　　　　　　7, 8, DS

(10)
1. (V • ~E) ⊃ (P ⊃ E)
2. V ⊃ ~E
3. V • I
4. ~E ⊃ (P ∨ J)　　　　/ J • ~E
5. V　　　　　　　　　　3, Simp

6.	~E	2, 5, MP
7.	V • ~E	5, 6, Conj
8.	P ⊃ E	1, 7, MP
9.	~P	6, 8, MT
10.	P ∨ J	4, 6, MP
11.	J	9, 10, DS
12.	J • ~E	6, 11, Conj

习题 6.3

I.

1.	~N • ~G	2
4.	A • S	3
7.	~G ∨ ~~Q	1
10.	~(R • P)	1
13.	H ⊃ ~(L ∨ D)	2

II.

1.	C ∨ K	1, Com 2, 3, DS
4.	L • (S • F)	1, Assoc 2, Simp
7.	D • (M ∨ N)	1, Dist 2, Simp
10.	(D ∨ N) • (D ∨ H)	1, Dist 2, Simp
13.	M ∨ (G ∨ T)	1, Assoc 2, 3, DS

III.

(1) 1. (~M ⊃ P) • (~N ⊃ Q)
 2. ~(M • N)   / P ∨ Q
 3. ~M ∨ ~N   2, DM
 4. P ∨ Q   1, 3, CD

(4) 1. ~(N • T)
 2. T   / ~N
 3. ~N ∨ ~T   1, DM
 4. ~T ∨ ~N   3, Com
 5. ~~T   2, DN
 6. ~N   4, 5, DS

(7) 1. T ⊃ (B ∨ E)
 2. ~E • T   / B
 3. T • ~E   2, Com
 4. T   3, Simp
 5. B ∨ E   1, 4 MP
 6. E ∨ B   5, Com
 7. ~E   2, Simp
 8. B   6, 7, DS

(10) 1. (K • H) ∨ (K • L)
 2. ~L   / H
 3. K • (H ∨ L)   1, Dist
 4. (H ∨ L) • K   3, Com
 5. H ∨ L   4, Simp
 6. L ∨ H   5, Com
 7. H   2, 6, DS

(13) 1. (E • I) ∨ (M • U)
 2. ~E   / ~(E ∨ ~M)
 3. ~E ∨ ~I   2, Add
 4. ~(E • I)   3, DM
 5. M • U   1, 4, DS
 6. M   5, Simp
 7. ~~M   6, DN
 8. ~E • ~~M   2, 7, Conj
 9. ~(E ∨ ~M)   8, DM

(16) 1. (Q • N) ∨ (N • T)
 2. (Q ∨ C) ⊃ ~N   / T
 3. (N • Q) ∨ (N • T) 1, Com
 4. N • (Q ∨ T)   3, Dist
 5. N   4, Simp
 6. ~~N   5, DN
 7. ~(Q ∨ C)   2, 6, MT
 8. ~Q • ~C   7, DM
 9. ~Q   8, Simp
 10. (Q ∨ T) • N   4, Com
 11. Q ∨ T   10, Simp
 12. T   9, 11, DS

(19) 1. [(I ∨ M) ∨ G] ⊃ ~G
 2. M ∨ G   / M
 3. (M ∨ G) ∨ I   2, Add
 4. I ∨ (M ∨ G)   3, Com
 5. (I ∨ M) ∨ G   4, Assoc
 6. ~G   1, 5, MP
 7. G ∨ M   2, Com
 8. M   6, 7, DS

(22) 1. S ∨ (I • ~J)
 2. S ⊃ ~R
 3. ~J ⊃ ~Q   / ~(R • Q)
 4. (S ∨ I) • (S ∨ ~J) 1, Dist
 5. (S ∨ ~J) • (S ∨ I) 4, Com
 6. S ∨ ~J   5, Simp
 7. (S ⊃ ~R) • (~J ⊃ ~Q) 2, 3, Conj
 8. ~R ∨ ~Q   6, 7, CD
 9. ~(R • Q)   8, DM

(25) 1. E ∨ ~(D ∨ C)
 2. (E ∨ ~D) ⊃ C   / E
 3. E ∨ (~D • ~C)   1, DM
 4. (E ∨ ~D) • (E ∨ ~C) 3, Dist
 5. E ∨ ~D   4, Simp
 6. C   2, 5, MP
 7. (E ∨ ~C) • (E ∨ ~D) 4, Com
 8. E ∨ ~C   7, Simp
 9. ~C ∨ E   8, Com
 10. ~~C   6, DN
 11. E   9, 10, DS

(28) 1. P ∨ (I • L)
 2. (P ∨ I) ⊃ ~(L ∨ C)
 3. (P • ~C) ⊃ (E • F) / F ∨ D
 4. (P ∨ I) • (P ∨ L) 1, Dist
 5. P ∨ I   4, Simp
 6. ~(L ∨ C)   2, 5, MP
 7. ~L • ~C   6, DM
 8. ~L   7, Simp
 9. (P ∨ L) • (P ∨ I) 4, Com
 10. P ∨ L   9, Simp
 11. L ∨ P   10, Com
 12. P   8, 11, DS

13.	~C • ~L	7, Com	
14.	~C	13, Simp	
15.	P • ~C	12, 14, Conj	
16.	E • F	3, 15, MP	
17.	F • E	16, Com	
18.	F	17, Simp	
19.	F ∨ D	18, Add	

(31)
1. (~R ∨ D) ⊃ ~(F • G)
2. (F • R) ⊃ S
3. F • ~S   / ~(S ∨ G)
4. ~S • F   3, Com
5. ~S   4, Simp
6. ~(F • R)   2, 5, MT
7. ~F ∨ ~R   6, DM
8. F   3, Simp
9. ~~F   8, DN
10. ~R   7, 9, DS
11. ~R ∨ D   10, Add
12. ~(F • G)   1, 11, MP
13. ~F ∨ ~G   12, DM
14. ~G   9, 13, DS
15. ~S • ~G   5, 14, Conj
16. ~(S ∨ G)   15, DM

(34)
1. (M • N) ∨ (O • P)
2. (N ∨ O) ⊃ ~P   / N
3. [(M • N) ∨ O] • [(M • N) ∨ P]   1, Dist
4. (M • N) ∨ O   3, Simp
5. O ∨ (M • N)   4, Com
6. (O ∨ M) • (O ∨ N)   5, Dist
7. (O ∨ N) • (O ∨ M)   6, Com
8. O ∨ N   7, Simp
9. N ∨ O   8, Com
10. ~P   2, 9, MP
11. [(M • N) ∨ P] • [(M • N) ∨ O]   3, Com
12. (M • N) ∨ P   11, Simp
13. P ∨ (M • N)   12, Com
14. M • N   10, 13, DS
15. N • M   14, Com
16. N   15, Simp

Ⅳ.

(1)
1. (S • D) ∨ (S • H)
2. S ⊃ (I • R)   / S • R
3. S • (D ∨ H)   1, Dist
4. S   3, Simp
5. I • R   2, 4, MP
6. R • I   5, Com
7. R   6, Simp
8. S • R   4, 7, Conj

(4)
1. G ∨ (R • E)
2. (G ∨ E) ⊃ ~R   / G ∨ M
3. (G ∨ R) • (G ∨ E)   1, Dist
4. (G ∨ E) • (G ∨ R)   3, Com
5. G ∨ E   4, Simp
6. ~R   2, 5, MP
7. G ∨ R   3, Simp
8. R ∨ G   7, Com
9. G   6, 8, DS
10. G ∨ M   9, Add

(7)
1. R ⊃ (C ∨ M)
2. ~(I ∨ C)
3. ~(A ∨ M)   / ~R
4. ~I • ~C   2, DM
5. ~A • ~M   3, DM
6. ~C • ~I   4, Com
7. ~C   6, Simp
8. ~M • ~A   5, Com
9. ~M   8, Simp
10. ~C • ~M   7, 9, Conj
11. ~(C ∨ M)   10, DM
12. ~R   1, 11, MT

(10)
1. ~E ∨ (B • P)
2. ~E ∨ (G • W)
3. ~P ∨ ~W   / ~E
4. (~E ∨ B) • (~E ∨ P)   1, Dist
5. (~E ∨ P) • (~E ∨ B)   4, Com
6. ~E ∨ P   5, Simp
7. (~E ∨ G) • (~E ∨ W)   2, Dist
8. (~E ∨ W) • (~E ∨ G)   7, Com
9. ~E ∨ W   8, Simp
10. (~E ∨ P) • (~E ∨ W)   6, 9, Conj
11. ~E ∨ (P • W)   10, Dist
12. (P • W) ∨ ~E   11, Com
13. ~(P • W)   3, DM
14. ~E   12, 13, DS

习题 6.4

Ⅰ.

1. G ⊃ Q   3
4. B ≡ N   1
7. ~~~C ∨ ~F   1
10. S ⊃ G   3
13. W ≡ ~T   2

Ⅱ.

1. J ⊃ M   1, Impl
                2, 3, HS
4. K ∨ K   1, 2, CD
                3, Taut
7. H ⊃ (C ⊃ R)   1, Impl
                        2, Exp
10. ~H ∨ ~H   1, Impl
                     2, Taut
13. (N ⊃ A) • (A ⊃ N)   1, Trans
                                    2, Equiv

Ⅲ.

(1)
1. (S • K) ⊃ R
2. K   / S ⊃ R
3. (K • S) ⊃ R   1, Com
4. K ⊃ (S ⊃ R)   3, Exp
5. S ⊃ R   2, 4, MP

(4)
1. S ≡ Q
2. ~S   / ~Q
3. (S ⊃ Q) • (Q ⊃ S)   1, Equiv
4. (Q ⊃ S) • (S ⊃ Q)   3, Com
5. Q ⊃ S   4, Simp
6. ~Q   2, 5, MT

（7）
1. $(B \supset M) \cdot (D \supset M)$
2. $B \vee D$ /M
3. $M \vee M$ 1, 2, CD
4. M 3, Taut

（10）
1. $(B \supset G) \cdot (F \supset N)$
2. $\sim(G \cdot N)$ /$\sim(B \cdot F)$
3. $\sim G \vee \sim N$ 2, DM
4. $(\sim G \supset \sim B) \cdot (F \supset N)$ 1, Trans
5. $(\sim G \supset \sim B) \cdot (\sim N \supset \sim F)$ 4, Trans
6. $\sim B \vee \sim F$ 3, 5, CD
7. $\sim(B \cdot F)$ 6, DM

（13）
1. $K \supset (B \supset \sim M)$
2. $D \supset (K \cdot M)$ /$D \supset \sim B$
3. $K \supset (\sim\sim M \supset \sim B)$ 1, Trans
4. $K \supset (M \supset \sim B)$ 3, DN
5. $(K \cdot M) \supset \sim B$ 4, Exp
6. $D \supset \sim B$ 2, 5, HS

（16）
1. $T \supset R$
2. $T \supset \sim R$ /$\sim T$
3. $\sim\sim R \supset \sim T$ 2, Trans
4. $R \supset \sim T$ 3, DN
5. $T \supset \sim T$ 1, 4, HS
6. $\sim T \vee \sim T$ 5, Impl
7. $\sim T$ 6, Taut

（19）
1. $\sim R \vee P$
2. $R \vee \sim P$ /$R \equiv P$
3. $R \supset P$ 1, Impl
4. $\sim P \vee R$ 2, Com
5. $P \supset R$ 4, Impl
6. $(R \supset P) \cdot (P \supset R)$ 3, 5, Conj
7. $R \equiv P$ 6, Equiv

（22）
1. $S \supset (L \cdot M)$
2. $M \supset (L \supset R)$ /$S \supset R$
3. $(M \cdot L) \supset R$ 2, Exp
4. $(L \cdot M) \supset R$ 3, Com
5. $S \supset R$ 1, 4, HS

（25）
1. $T \supset G$
2. $S \supset G$ /$(T \vee S) \supset G$
3. $\sim T \vee G$ 1, Impl
4. $\sim S \vee G$ 2, Impl
5. $G \vee \sim T$ 3, Com
6. $G \vee \sim S$ 4, Com
7. $(G \vee \sim T) \cdot (G \vee \sim S)$ 5, 6, Conj
8. $G \vee (\sim T \cdot \sim S)$ 7, Dist
9. $(\sim T \cdot \sim S) \vee G$ 8, Com
10. $\sim(T \vee S) \vee G$ 9, DM
11. $(T \vee S) \supset G$ 10, Impl

（28）
1. $P \supset (\sim E \supset B)$
2. $\sim(B \vee E)$ /$\sim P$
3. $\sim(E \vee B)$ 2, Com
4. $\sim(\sim\sim E \vee B)$ 3, DN
5. $\sim(\sim E \supset B)$ 4, Impl
6. $\sim P$ 1, 5, MT

（31）
1. $K \equiv R$
2. $K \supset (R \supset P)$
3. $\sim P$ /$\sim R$
4. $(K \cdot R) \vee (\sim K \cdot \sim R)$ 1, Equiv
5. $(K \cdot R) \supset P$ 2, Exp
6. $\sim(K \cdot R)$ 3, 5, MT
7. $\sim K \cdot \sim R$ 4, 6, DS
8. $\sim R \cdot \sim K$ 7, Com

9. $\sim R$ 8, Simp

（34）
1. $(F \cdot H) \supset N$
2. $F \vee S$
3. H /$N \vee S$
4. $(H \cdot F) \supset N$ 1, Com
5. $H \supset (F \supset N)$ 4, Exp
6. $F \supset N$ 3, 5, MP
7. $\sim N \supset \sim F$ 6, Trans
8. $\sim\sim F \vee S$ 2, DN
9. $\sim F \supset S$ 8, Impl
10. $\sim N \supset S$ 7, 9, HS
11. $\sim\sim N \vee S$ 10, Impl
12. $N \vee S$ 11, DN

（37）
1. $(D \supset E) \supset (E \supset D)$
2. $(D \equiv E) \supset \sim(G \cdot \sim H)$
3. $E \cdot G$ /$G \cdot H$
4. E 3, Simp
5. $E \vee \sim D$ 4, Add
6. $\sim D \vee E$ 5, Com
7. $D \supset E$ 6, Impl
8. $E \supset D$ 1, 7, MP
9. $(D \supset E) \cdot (E \supset D)$ 7, 8, Conj
10. $D \equiv E$ 9, Equiv
11. $\sim(G \cdot \sim H)$ 2, 10, MP
12. $\sim G \vee \sim\sim H$ 11, DM
13. $\sim G \vee H$ 12, DN
14. $G \cdot E$ 3, Com
15. G 14, Simp
16. $\sim\sim G$ 15, DN
17. H 13, 16, DS
18. $G \cdot H$ 15, 17, Conj

（40）
1. $A \equiv W$
2. $\sim A \vee \sim W$
3. $R \supset A$ /$\sim(W \vee R)$
4. $(A \cdot W) \vee (\sim A \cdot \sim W)$ 1, Equiv
5. $\sim(A \cdot W)$ 2, DM
6. $\sim A \cdot \sim W$ 4, 5, DS
7. $\sim A$ 6, Simp
8. $\sim R$ 3, 7, MT
9. $\sim W \cdot \sim A$ 6, Com
10. $\sim W$ 9, Simp
11. $\sim W \cdot \sim R$ 8, 10, Conj
12. $\sim(W \vee R)$ 11, DM

（43）
1. $O \supset (Q \cdot N)$
2. $(N \vee E) \supset S$ /$O \supset S$
3. $\sim O \vee (Q \cdot N)$ 1, Impl
4. $(\sim O \vee Q) \cdot (\sim O \vee N)$ 3, Dist
5. $(\sim O \vee N) \cdot (\sim O \vee Q)$ 4, Com
6. $\sim O \vee N$ 5, Simp
7. $O \supset N$ 6, Impl
8. $\sim(N \vee E) \vee S$ 2, Impl
9. $(\sim N \cdot \sim E) \vee S$ 8, DM
10. $S \vee (\sim N \cdot \sim E)$ 9, Com
11. $(S \vee \sim N) \cdot (S \vee \sim E)$ 10, Dist
12. $S \vee \sim N$ 11, Simp
13. $\sim N \vee S$ 12, Com
14. $N \supset S$ 13, Impl
15. $O \supset S$ 7, 14, HS

（45）
1. $P \supset A$
2. $Q \supset B$ /$(P \vee Q) \supset (A \vee B)$

3. ~P ∨ A   1, Impl
4. ~Q ∨ B   2, Impl
5. (~P ∨ A) ∨ B   3, Add
6. (~Q ∨ B) ∨ A   4, Add
7. ~P ∨ (A ∨ B)   5, Assoc
8. (A ∨ B) ∨ ~P   7, Com
9. ~Q ∨ (B ∨ A)   6, Assoc
10. ~Q ∨ (A ∨ B)   9, Com
11. (A ∨ B) ∨ ~Q   10, Com
12. [(A ∨ B) ∨ ~P] • [(A ∨ B) ∨ ~Q] 8, 11, Conj
13. (A ∨ B) ∨ (~P • ~Q)   12, Dist
14. (~P • ~Q) ∨ (A ∨ B)   13, Com
15. ~(P ∨ Q) ∨ (A ∨ B)   14, DM
16. (P ∨ Q) ⊃ (A ∨ B)   15, Impl

IV.

(1) 1. D ⊃ C
    2. ~(C • ~S)   / D ⊃ S
    3. ~C ∨ ~~S   2, DM
    4. C ⊃ ~~S   3, Impl
    5. C ⊃ S   4, DN
    6. D ⊃ S   1, 5, HS
(4) 1. D ⊃ P
    2. ~D ∨ P   / (I • D) ⊃ P
                                    1, Impl
    3. (~D ∨ P) ∨ ~I   2, Add
    4. ~I ∨ (~D ∨ P)   3, Com
    5. (~I ∨ ~D) ∨ P   4, Assoc
    6. ~(I • D) ∨ P   5, DM
    7. (I • D) ⊃ P   6, Impl
(7) 1. G ⊃ A
    2. G ⊃ L   / G ⊃ (A • L)
    3. ~G ∨ A   1, Impl
    4. ~G ∨ L   2, Impl
    5. (~G ∨ A) • (~G ∨ L)   3, 4, Conj
    6. ~G ∨ (A • L)   5, Dist
    7. G ⊃ (A • L)   6, Impl
(10) 1. (A • U) ≡ ~R
     2. ~(~R ∨ ~A)   / ~U
     3. [(A • U) ⊃ ~R] • [~R ⊃ (A • U)] 1, Equiv
     4. (A • U) ⊃ ~R   3, Simp
     5. ~~R • ~~A   2, DM
     6. ~~R   5, Simp
     7. ~(A • U)   4, 6, MT
     8. ~A ∨ ~U   7, DM
     9. ~~A • ~~R   5, Com
     10. ~~A   9, Simp
     11. ~U   8, 10, DS

习题 6.5

I.

(1) 1. N ⊃ O
    2. N ⊃ P   / N ⊃ (O • P)
    3. N   ACP
    4. O   1, 3, MP
    5. P   2, 3, MP
    6. O • P   4, 5, Conj
    7. N ⊃ (O • P)   3–6, CP

(4) 1. (G ∨ H) ⊃ (S • T)
    2. (T ∨ U) ⊃ (C • D)   / G ⊃ C
    3. G   ACP
    4. G ∨ H   3, Add
    5. S • T   1, 4, MP
    6. T • S   5, Com
    7. T   6, Simp
    8. T ∨ U   7, Add
    9. C • D   2, 8, MP
    10. C   9, Simp
    11. G ⊃ C   3–10, CP
(7) 1. M ⊃ (N • O)
    2. ~M   / ~N ⊃ M
                                     ACP
    3. N • O   1, 2, DS
    4. N   3, Simp
    5. ~M ⊃ N   2–4, CP
    6. ~N ⊃ ~~M   5, Trans
    7. ~N ⊃ M   6, DN
(10) 1. C ⊃ (A • D)
     2. B ⊃ (A • E)   / (C ∨ B) ⊃ A
     3. C ∨ B   ACP
     4. [C ⊃ (A • D)] • [B ⊃ (A • E)] 1, 2, Conj
     5. (A • D) ∨ (A • E)   3, 4, CD
     6. A • (D ∨ E)   5, Dist
     7. A   6, Simp
     8. (C ∨ B) ⊃ A   3–7, CP
(13) 1. R ⊃ B
     2. R ⊃ (B ⊃ F)
     3. B ⊃ (F ⊃ H)   / R ⊃ H
     4. R   ACP
     5. B   1, 4, MP
     6. B ⊃ F   2, 4, MP
     7. F   5, 6, MP
     8. F ⊃ H   3, 5, MP
     9. H   7, 8, MP
     10. R ⊃ H   4–9, CP
(16) 1. Q ⊃ (R ⊃ S)
     2. Q ⊃ (T ∨ ~U)
     3. U ⊃ (R ∨ T)   / Q ⊃ (U ⊃ S)
     4. Q   ACP
     5. U   ACP
     6. R ⊃ S   1, 4, MP
     7. T ∨ ~U   2, 4, MP
     8. ~~U   5, DN
     9. ~T   7, 8, MT
     10. R ∨ T   3, 5, MP
     11. T ∨ R   10, Com
     12. R   9, 11, DS
     13. S   6, 12, MP
     14. U ⊃ S   5–13, CP
     15. Q ⊃ (U ⊃ S)   4–14, CP
(19) 1. P ⊃ [(L ∨ M) ⊃ (N • O)]
     2. (O ∨ T) ⊃ W   / P ⊃ (M ⊃ W)
     3. P   ACP
     4. M   ACP
     5. (L ∨ M) ⊃ (N • O)   1, 3, MP
     6. M ∨ L   4, Add
     7. L ∨ M   6, Com
     8. N • O   5, 7, MP
     9. O • N   8, Com
     10. O   9, Simp
     11. O ∨ T   10, Add
     12. W   2, 11, MP
     13. M ⊃ W   4–12, CP
     14. P ⊃ (M ⊃ W)   3–13, CP

Ⅱ.

(1) 1. $H \supset D$
  2. $U \supset S$ / $(H \cdot U) \supset (S \cdot D)$
    | 3. $H \cdot U$ ACP
    | 4. H 3, Simp
    | 5. D 1, 4, MP
    | 6. $U \cdot H$ 3, Com
    | 7. U 6, Simp
    | 8. S 2, 7, MP
    | 9. $S \cdot D$ 5, 8, Conj
  10. $(H \cdot U) \supset (S \cdot D)$ 3–9, CP

(4) 1. $J \supset D$
  2. $(J \cdot D) \supset C$
  3. $(N \cdot C) \supset I$ / $J \supset (N \supset I)$
    | 4. J ACP
    | | 5. N ACP
    | | 6. D 1, 4, MP
    | | 7. $J \cdot D$ 4, 6, Conj
    | | 8. C 2, 7, MP
    | | 9. $N \cdot C$ 5, 8, Conj
    | | 10. I 3, 9, MP
    | 11. $N \supset I$ 5–10, CP
  12. $J \supset (N \supset I)$ 4–11, CP

习题 6.6

Ⅰ.

(1) 1. $(S \vee T) \supset \sim S$ / $\sim S$
    | 2. S AIP
    | 3. $S \vee T$ 2, Add
    | 4. $\sim S$ 1, 3, MP
    | 5. $S \cdot \sim S$ 2, 4, Conj
  6. $\sim S$ 2–5, IP

(4) 1. $H \supset (L \supset K)$
  2. $L \supset (K \supset \sim L)$ / $\sim H \vee \sim L$
    | 3. $H \cdot L$ AIP
    | 4. H 3, Simp
    | 5. $L \supset K$ 1, 4, MP
    | 6. $L \cdot H$ 3, Com
    | 7. L 6, Simp
    | 8. $K \supset \sim L$ 2, 7, MP
    | 9. K 5, 7, MP
    | 10. $\sim L$ 8, 9, MP
    | 11. $L \cdot \sim L$ 7, 10, Conj
  12. $\sim(H \cdot L)$ 3–11, IP
  13. $\sim H \vee \sim L$ 12, DM

(7) 1. $(E \vee F) \supset (C \cdot D)$
  2. $(D \vee G) \supset H$
  3. $E \vee G$ / H
    | 4. $\sim H$ AIP
    | 5. $\sim(D \vee G)$ 2, 4, MT
    | 6. $\sim D \cdot \sim G$ 5, DM
    | 7. $\sim D$ 6, Simp
    | 8. $\sim D \vee \sim C$ 7, Add
    | 9. $\sim C \vee \sim D$ 8, Com
    | 10. $\sim(C \cdot D)$ 9, DM
    | 11. $\sim(E \vee F)$ 1, 10, MT
    | 12. $\sim E \cdot \sim F$ 11, DM
    | 13. $\sim E$ 12, Simp
    | 14. G 3, 13, DS
    | 15. $\sim G \cdot \sim D$ 6, Com
    | 16. $\sim G$ 15, Simp
    | 17. $G \cdot \sim G$ 14, 16, Conj
  18. $\sim\sim H$ 4–17, IP
  19. H 18, DN

(10) 1. K / $S \supset (T \supset S)$
    | 2. S ACP
    | 3. $S \vee \sim T$ 2, Add
    | 4. $\sim T \vee S$ 3, Com
    | 5. $T \supset S$ 4, Impl
  6. $S \supset (T \supset S)$ 2–5, CP

(13) 1. $[C \supset (D \supset C)] \supset E$ / E
    | 2. C ACP
    | 3. $C \vee \sim D$ 2, Add
    | 4. $\sim D \vee C$ 3, Com
    | 5. $D \supset C$ 4, Impl
  6. $C \supset (D \supset C)$ 2–5, CP
  7. E 1, 6, MP

(16) 1. $(N \vee O) \supset (C \cdot D)$
  2. $(D \vee K) \supset (P \vee \sim C)$
  3. $(P \vee G) \supset \sim(N \cdot D)$ / $\sim N$
    | 4. N AIP
    | 5. $N \vee O$ 4, Add
    | 6. $C \cdot D$ 1, 5, MP
    | 7. $D \cdot C$ 6, Com
    | 8. D 7, Simp
    | 9. $D \vee K$ 8, Add
    | 10. $P \vee \sim C$ 2, 9, MP
    | 11. C 6, Simp
    | 12. $\sim\sim C \vee P$ 10, Com
    | 13. $\sim\sim C$ 11, DN
    | 14. P 12, 13, DS
    | 15. $P \vee G$ 14, Add
    | 16. $\sim(N \cdot D)$ 3, 15, MP
    | 17. $\sim N \vee \sim D$ 16, DM
    | 18. $\sim\sim N$ 4, DN
    | 19. $\sim D$ 17, 18, DS
    | 20. $D \cdot \sim D$ 8, 19, Conj
  21. $\sim N$ 4–20, IP

(19) 1. $A \supset [(N \vee \sim N) \supset (S \vee T)]$
  2. $T \supset \sim(F \vee \sim F)$ / $A \supset S$
    | 3. $A \cdot \sim S$ AIP
    | 4. A 3, Simp
    | 5. $(N \vee \sim N) \supset (S \vee T)$ 1, 4, MP
    | | 6. N ACP
    | | 7. $N \vee N$ 6, Add
    | | 8. N 7, Taut
    | 9. $N \supset N$ 6–8, CP
    | 10. $\sim N \vee N$ 9, Impl
    | 11. $N \vee \sim N$ 10, Com
    | 12. $S \vee T$ 5, 11, MP
    | 13. $S \cdot A$ 3, Com
    | 14. $\sim S$ 13, Simp
    | 15. T 12, 14, DS
    | 16. $\sim(F \vee \sim F)$ 2, 15, MP
    | 17. $\sim F \cdot \sim\sim F$ 16, DM
  18. $\sim(A \cdot \sim S)$ 3–17, IP
  19. $\sim A \vee \sim\sim S$ 18, DM
  20. $\sim A \vee S$ 19, DN
  21. $A \supset S$ 20, Impl

II.

（1）1. $(C \cdot R) \supset (I \cdot D)$
  2. $R \supset \sim D$ / $\sim C \vee \sim R$
   3. $C \cdot R$ AIP
   4. $I \cdot D$ 1, 3, MP
   5. $D \cdot I$ 4, Com
   6. D 5, Simp
   7. $R \cdot C$ 3, Com
   8. R 7, Simp
   9. $\sim D$ 2, 8, MP
   10. $D \cdot \sim D$ 6, 9, Conj
  11. $\sim (C \cdot R)$ 3–10, IP
  12. $\sim C \vee \sim R$ 11, DM

（4）1. $(Z \supset C) \supset B$
  2. $(C \supset V) \supset B$ / B
   3. $\sim B$ AIP
   4. $\sim (Z \supset C)$ 1, 3, MT
   5. $\sim (\sim Z \vee C)$ 4, Impl
   6. $\sim \sim Z \cdot \sim C$ 5, DM
   7. $\sim C$ 6, Simp
   8. $\sim (C \supset V)$ 2, 3, MT
   9. $\sim (\sim C \vee V)$ 8, Impl
   10. $\sim \sim C \cdot \sim V$ 9, DM
   11. $\sim \sim C$ 10, Simp
   12. $\sim C \cdot \sim \sim C$ 7, 11, Conj
  13. $\sim \sim B$ 3–12, IP
  14. B 13, DN

习题 6.7

（1）
   1. P ACP
    2. $P \supset Q$ ACP
    3. Q 1, 2, MP
   4. $(P \supset Q) \supset Q$ 2–3, CP
  5. $P \supset [(P \supset Q) \supset Q]$ 1–4, CP

（4）   / $(P \supset Q) \supset [(P \cdot R) \supset (Q \cdot R)]$
   1. $P \supset Q$ ACP
    2. $P \cdot R$ ACP
    3. P 2, Simp
    4. Q 1, 3, MP
    5. $R \cdot P$ 2, Com
    6. R 5, Simp
    7. $Q \cdot R$ 4, 6, Conj
   8. $(P \cdot R) \supset (Q \cdot R)$ 2–7, CP
  9. $(P \supset Q) \supset [(P \cdot R) \supset (Q \cdot R)]$ 1–8, CP

（7）   / $(P \supset Q) \vee (\sim Q \supset P)$
   1. $\sim [(P \supset Q) \vee (\sim Q \supset P)]$ AIP
   2. $\sim (P \supset Q) \cdot \sim (\sim Q \supset P)$ 1, DM
   3. $\sim (P \supset Q)$ 2, Simp
   4. $\sim (\sim P \vee Q)$ 3, Impl
   5. $\sim \sim P \cdot \sim Q$ 4, DM
   6. $P \cdot \sim Q$ 5, DN
   7. P 6, Simp
   8. $\sim (\sim Q \supset P) \cdot \sim (P \supset Q)$ 2, Com
   9. $\sim (\sim Q \supset P)$ 8, Simp
   10. $\sim (\sim \sim Q \vee P)$ 9, Impl
   11. $\sim (Q \vee P)$ 10, DN
   12. $\sim Q \cdot \sim P$ 11, DM
   13. $\sim P \cdot \sim Q$ 12, Com
   14. $\sim P$ 13, Simp
   15. $P \cdot \sim P$ 7, 14, Conj
  16. $\sim \sim [(P \supset Q) \vee (\sim Q \supset P)]$ 1–15, IP
  17. $(P \supset Q) \vee (\sim Q \supset P)$ 16, DN

（10）   / $[\sim (P \cdot \sim Q) \cdot \sim Q] \supset \sim P$
   1. $\sim (P \cdot \sim Q) \cdot \sim Q$ ACP
   2. $\sim (P \cdot \sim Q)$ 1, Simp
   3. $\sim P \vee \sim \sim Q$ 2, DM
   4. $\sim P \vee Q$ 3, DN
   5. $\sim Q \cdot \sim (P \cdot \sim Q)$ 1, Com
   6. $\sim Q$ 5, Simp
   7. $Q \vee \sim P$ 4, Com
   8. $\sim P$ 6, 7, DS
  9. $[\sim (P \cdot \sim Q) \cdot \sim Q] \supset \sim P$ 1–8, CP

（13）   / $(P \supset Q) \supset [(P \supset \sim Q) \supset \sim P]$
   1. $P \supset Q$ ACP
    2. $P \supset \sim Q$ ACP
    3. $\sim \sim Q \supset \sim P$ 2, Trans
    4. $Q \supset \sim P$ 3, DN
    5. $P \supset \sim P$ 1, 4, HS
    6. $\sim P \vee \sim P$ 5, Impl
    7. $\sim P$ 6, Taut
   8. $(P \supset \sim Q) \supset \sim P$ 2–7, CP
  9. $(P \supset Q) \supset [(P \supset \sim Q) \supset \sim P]$ 1–8, CP

（16）   / $\sim [(P \supset \sim P) \cdot (\sim P \supset P)]$
   1. $(P \supset \sim P) \cdot (\sim P \supset P)$ AIP
   2. $(\sim P \vee \sim P) \cdot (\sim P \supset P)$ 1, Impl
   3. $\sim P \cdot (\sim P \supset P)$ 2, Taut
   4. $\sim P \cdot (\sim \sim P \vee P)$ 3, Impl
   5. $\sim P \cdot (P \vee P)$ 4, DN
   6. $\sim P \cdot P$ 5, Taut
   7. $P \cdot \sim P$ 6, Com
  8. $\sim [(P \supset \sim P) \cdot (\sim P \supset P)]$ 1–7, IP

（19）   / $P \equiv [P \vee (Q \cdot \sim Q)]$
   1. P ACP
   2. $P \vee (Q \cdot \sim Q)$ 1, Add
  3. $P \supset [P \vee (Q \cdot \sim Q)]$ 1–2, CP
   4. $P \vee (Q \cdot \sim Q)$ ACP
    5. $\sim P$ AIP
    6. $Q \cdot \sim Q$ 4, 5, DS
   7. $\sim \sim P$ 5–6, IP
   8. P 7, DN
  9. $[P \vee (Q \cdot \sim Q)] \supset P$ 4–8, CP
  10. $\{P \supset [P \vee (Q \cdot \sim Q)]\} \cdot \{[P \vee (Q \cdot \sim Q)] \supset P\}$ 3, 9, Conj
  11. $P \equiv [P \vee (Q \cdot \sim Q)]$ 10, Equiv

习题 7.1

1. Ce
4. $Jr \vee Nr$
7. $(x)(Mx \supset Tx)$
10. $(\exists x)(Hx \cdot \sim Rx)$
13. $(\exists x)Tx$
16. $(\exists x)(Sx \cdot \sim Gx)$
19. $(x)(Sx \supset Vx)$
22. $(x)(Cx \supset \sim Hx)$
25. $(x)(Tx \supset Hx)$
28. $\sim (x)(Hx \supset Ex)$ 或者 $(\exists x)(Hx \cdot \sim Ex)$
31. $(\exists x)[Cx \cdot \sim (Sx \vee Bx)]$

习题答案   457

34. $(\exists x)[Dx \cdot (Bx \equiv Tx)]$
37. $(\exists x)[Cx \cdot (Ax \supset Tx)]$
40. $(x)[(Wx \cdot Cx) \supset Rx]$
43. $(x)[(Vx \lor Cx) \supset (Sx \cdot Ix)]$
46. $(\exists x)[(Fx \cdot Rx) \cdot Ex]$
49. $Gt \equiv (x)(Wx \supset Cx)$
52. $(\exists x)(Ix \cdot Mx) \supset Ir$
55. $(x)[(Bx \cdot Mx) \supset Sx] \supset Sc$
58. $(\exists x)(Ex \cdot Rx) \equiv (\exists x)(Mx \cdot Ox)$

习题 7.2

I.

(1)
1. $(x)(Ax \supset Bx)$
2. $(x)(Bx \supset Cx)$ $/ (x)(Ax \supset Cx)$
3. $Ax \supset Bx$ 1, UI
4. $Bx \supset Cx$ 2, UI
5. $Ax \supset Cx$ 3, 4, HS
6. $(x)(Ax \supset Cx)$ 5, UG

(4)
1. $(x)(Ax \supset Bx)$
2. $(y)(Ay \lor \sim By)$ $/ (x)(Ax \equiv Bx)$
3. $Ax \supset Bx$ 1, UI
4. $Ax \lor \sim Bx$ 2, UI
5. $\sim Bx \lor Ax$ 4, Com
6. $Bx \supset Ax$ 5, Impl
7. $(Ax \supset Bx) \cdot (Bx \supset Ax)$ 3, 6, Conj
8. $Ax \equiv Bx$ 7, Equiv
9. $(x)(Ax \equiv Bx)$ 8, UG

(7)
1. $(x)[Jx \supset (Kx \cdot Lx)]$
2. $(\exists y) \sim Ky$ $/ (\exists z) \sim Jz$
3. $\sim Km$ 2, EI
4. $Jm \supset (Km \cdot Lm)$ 1, UI
5. $\sim Km \lor \sim Lm$ 3, Add
6. $\sim(Km \cdot Lm)$ 5, DM
7. $\sim Jm$ 4, 6, MT
8. $(\exists z) \sim Jz$ 7, EG

(10)
1. $(x)(Ax \supset Bx)$
2. $Am \lor An$ $/ Bm \lor Bn$
3. $Am \supset Bm$ 1, UI
4. $An \supset Bn$ 1, UI
5. $(Am \supset Bm) \cdot (An \supset Bn)$ 3, 4, Conj
6. $Bm \lor Bn$ 2, 5, CD

(13)
1. $(x)[(Ax \cdot Bx) \supset Cx]$
2. $(\exists x)(Bx \cdot \sim Cx)$ $/ (\exists x) \sim Ax$
3. $Bm \cdot \sim Cm$ 2, EI
4. $(Am \cdot Bm) \supset Cm$ 1, UI
5. $\sim Cm \cdot Bm$ 3, Com
6. $\sim Cm$ 5, Simp
7. $\sim(Am \cdot Bm)$ 4, 6, MT
8. $\sim Am \lor \sim Bm$ 7, DM
9. Bm 3, Simp
10. $\sim \sim Bm$ 9, DN
11. $\sim Bm \lor \sim Am$ 8, Com
12. $\sim Am$ 10, 11, DS
13. $(\exists x) \sim Ax$ 12, EG

(16)
1. $(\exists x)Ax \supset (x)Bx$
2. $(\exists x)Cx \supset (\exists x)Dx$
3. $An \cdot Cn$ $/ (\exists x)(Bx \cdot Dx)$
4. An 3, Simp
5. $(\exists x)Ax$ 4, EG
6. $(x)Bx$ 1, 5, MP
7. $Cn \cdot An$ 3, Com
8. Cn 7, Simp
9. $(\exists x)Cx$ 8, EG
10. $(\exists x)Dx$ 2, 9, MP
11. Dm 10, EI
12. Bm 6, UI
13. $Bm \cdot Dm$ 11, 12, Conj
14. $(\exists x)(Bx \cdot Dx)$ 13, EG

(19)
1. $(\exists x)Ax \supset (x)(Cx \supset Bx)$
2. $(\exists x)(Ax \lor Bx)$
3. $(x)(Bx \supset Ax)$ $/ (x)(Cx \supset Ax)$
4. $Am \lor Bm$ 2, EI
5. $Bm \supset Am$ 3, UI
6. $\sim \sim Am \lor Bm$ 4, DN
7. $\sim Am \supset Bm$ 6, Impl
8. $\sim Am \supset Am$ 5, 7, HS
9. $\sim \sim Am \lor Am$ 8, Impl
10. $Am \lor Am$ 9, DN
11. Am 10, Taut
12. $(\exists x)Ax$ 11, EG
13. $(x)(Cx \supset Bx)$ 1, 12, MP
14. $Cx \supset Bx$ 13, UI
15. $Bx \supset Ax$ 3, UI
16. $Cx \supset Ax$ 14, 15, HS
17. $(x)(Cx \supset Ax)$ 16, UG

(22)
1. $(x)(Ax \cdot \sim Bx)$
2. $An \supset [\sim(\exists x)Cx \supset Bc]$
3. $Am \supset (x)(Cx \supset Dx)$ $/ (\exists x)Dx$
4. $An \cdot \sim Bn$ 1, UI
5. An 4, Simp
6. $\sim(\exists x)Cx \supset Bc$ 2, 5, MP
7. $Am \cdot \sim Bm$ 1, UI
8. Am 7, Simp
9. $(x)(Cx \supset Dx)$ 3, 8, MP
10. $Ac \cdot \sim Bc$ 1, UI
11. $\sim Bc \cdot Ac$ 10, Com
12. $\sim Bc$ 11, Simp
13. $\sim \sim (\exists x)Cx$ 6, 12, MT
14. $(\exists x)Cx$ 13, DN
15. Cs 14, EI
16. $Cs \supset Ds$ 9, UI
17. Ds 15, 16, MP
18. $(\exists x)Dx$ 17, EG

(25)
1. $(\exists x)Ax \supset (x)(Ax \supset Bx)$
2. $(\exists x)Cx \supset (x) \sim (Dx \cdot Bx)$
3. $(\exists x)(Ax \cdot Cx)$ $/ (\exists x) \sim Dx$
4. $An \cdot Cn$ 3, EI
5. An 4, Simp
6. $Cn \cdot An$ 4, Com
7. Cn 6, Simp
8. $(\exists x)Ax$ 5, EG
9. $(\exists x)Cx$ 7, EG
10. $(x)(Ax \supset Bx)$ 1, 8, MP
11. $An \supset Bn$ 10, UI
12. Bn 5, 11, MP
13. $(x) \sim (Dx \cdot Bx)$ 2, 9, MP
14. $\sim (Dn \cdot Bn)$ 13, UI
15. $\sim Dn \lor \sim Bn$ 14, DM
16. $\sim Bn \lor \sim Dn$ 15, Com
17. $\sim \sim Bn$ 12, DN

18. ~Dn		16, 17, DS
19. (∃x)~Dx		18, EG

II.

(1)
1. (x)(Ox ⊃ Sx)
2. (x)(Ox ⊃ Fx)　　　　　　　　/ (x)[Ox ⊃ (Sx • Fx)]
3. Ox ⊃ Sx　　　　　　　　　　1, UI
4. Ox ⊃ Fx　　　　　　　　　　2, UI
5. ~Ox ∨ Sx　　　　　　　　　 3, Impl
6. ~Ox ∨ Fx　　　　　　　　　 4, Impl
7. (~Ox ∨ Sx) • (~Ox ∨ Fx)　　5, 6, Conj
8. ~Ox ∨ (Sx • Fx)　　　　　　 7, Dist
9. Ox ⊃ (Sx • Fx)　　　　　　　8, Impl
10. (x)[Ox ⊃ (Sx • Fx)]　　　　9, UG

(4)
1. (x)(Cx ⊃ Vx) • (x)(Px ⊃ Fx)
2. (∃x)(Cx • Gx) • (∃x)(Px • Gx)　　/ (∃x)(Vx • Gx) • (∃x)(Fx • Gx)
3. (∃x)(Cx • Gx)　　　　　2, Simp
4. Cm • Gm　　　　　　　 3, EI
5. (∃x)(Px • Gx) • (∃x)(Cx • Gx)　　2, Com
6. (∃x)(Px • Gx)　　　　　5, Simp
7. Pn • Gn　　　　　　　　6, EI
8. (x)(Cx ⊃ Vx)　　　　　 1, Simp
9. Cm ⊃ Vm　　　　　　　8, UI
10. Cm　　　　　　　　　　4, Simp
11. Vm　　　　　　　　　　9, 10, MP
12. Gm • Cm　　　　　　　4, Com
13. Gm　　　　　　　　　　12, Simp
14. Vm • Gm　　　　　　　11, 13, Conj
15. (∃x)(Vx • Gx)　　　　　14, EG
16. (x)(Px ⊃ Fx) • (x)(Cx ⊃ Vx)　　1, Com
17. (x)(Px ⊃ Fx)　　　　　16, Simp
18. Pn ⊃ Fn　　　　　　　 17, UI
19. Pn　　　　　　　　　　7, Simp
20. Fn　　　　　　　　　　18, 19, MP
21. Gn • Pn　　　　　　　 7, Com
22. Gn　　　　　　　　　　21, Simp
23. Fn • Gn　　　　　　　 20, 22, Conj
24. (∃x)(Fx • Gx)　　　　　23, EG
25. (∃x)(Vx • Gx) • (∃x)(Fx • Gx)　　15, 24, Conj

(7)
1. (x)[Gx ⊃ (Ix • Px)]
2. (x)[(Ix • Px) ⊃ Rx]
3. Ga • Gc　　　　　　　　　/ Ra • Rc
4. Gx ⊃ (Ix • Px)　　　　　　1, UI
5. (Ix • Px) ⊃ Rx　　　　　　2, UI
6. Gx ⊃ Rx　　　　　　　　　4, 5, HS
7. (x)(Gx ⊃ Rx)　　　　　　 6, UG
8. Ga ⊃ Ra　　　　　　　　 7, UI
9. Ga　　　　　　　　　　　3, Simp
10. Ra　　　　　　　　　　　8, 9, MP
11. Gc ⊃ Rc　　　　　　　　7, UI
12. Gc • Ga　　　　　　　　3, Com
13. Gc　　　　　　　　　　　12, Simp
14. Rc　　　　　　　　　　　11, 13, MP
15. Ra • Rc　　　　　　　　 10, 14, Conj

(10)
1. (x)[(Ax • Kx) ⊃ Rx] ⊃ (x)(Gx ⊃ Sx)
2. (x)[(Ax • Kx) ⊃ Fx] ⊃ (x)(Gx ⊃ Px)
3. (x)[(Ax • Kx) ⊃ (Rx • Fx)]　　/ (x)[Gx ⊃ (Sx • Px)]
4. (Ax • Kx) ⊃ (Rx • Fx)　　3, UI
5. ~(Ax • Kx) ∨ (Rx • Fx)　　4, Impl
6. [~(Ax • Kx) ∨ Rx] • [~(Ax • Kx) ∨ Fx]　　5, Dist
7. ~(Ax • Kx) ∨ Rx　　　　6, Simp
8. [~(Ax • Kx) ∨ Fx] • [~(Ax • Kx) ∨ Rx]　　6, Com
9. ~(Ax • Kx) ∨ Fx　　　　8, Simp
10. (Ax • Kx) ⊃ Rx　　　　 7, Impl
11. (Ax • Kx) ⊃ Fx　　　　 9, Impl
12. (x)[(Ax • Kx) ⊃ Rx]　　10, UG
13. (x)[(Ax • Kx) ⊃ Fx]　　 11, UG
14. (x)(Gx ⊃ Sx)　　　　　 1, 12, MP
15. (x)(Gx ⊃ Px)　　　　　 2, 13, MP
16. Gx ⊃ Sx　　　　　　　14, UI
17. Gx ⊃ Px　　　　　　　15, UI
18. ~Gx ∨ Sx　　　　　　 16, Impl
19. ~Gx ∨ Px　　　　　　 17, Impl
20. (~Gx ∨ Sx) • (~Gx ∨ Px)　　18, 19, Conj
21. ~Gx ∨ (Sx • Px)　　　 20, Dist
22. Gx ⊃ (Sx • Px)　　　　 21, Impl
23. (x)[Gx ⊃ (Sx • Px)]　　22, UG

习题 7.3

I.

(1)
1. (x)Ax ⊃ (∃x)Bx
2. (x)~Bx　　　　　　　　　/ (∃x)~Ax
3. ~(∃x)Bx　　　　　　　　2, QN
4. ~(x)Ax　　　　　　　　 1, 3, MT
5. (∃x)~Ax　　　　　　　　4, QN

(4)
1. (∃x)Ax ∨ (∃x)(Bx • Cx)
2. ~(∃x)Bx　　　　　　　　/ (∃x)Ax
3. (x)~Bx　　　　　　　　　2, QN
4. ~Bx　　　　　　　　　　3, UI
5. ~Bx ∨ ~Cx　　　　　　　4, Add
6. ~(Bx • Cx)　　　　　　　5, DM
7. (x)~(Bx • Cx)　　　　　　6, UG
8. ~(∃x)(Bx • Cx)　　　　　7, QN
9. (∃x)(Bx • Cx) ∨ (∃x)Ax　　1, Com
10. (∃x)Ax　　　　　　　　 8, 9, DS

(7)
1. (x)(Ax ⊃ Bx)
2. ~(x)Cx ∨ (x)Ax
3. ~(x)Bx　　　　　　　　　/ (∃x)~Cx
4. (∃x)~Bx　　　　　　　　3, QN
5. ~Bm　　　　　　　　　　4, EI
6. Am ⊃ Bm　　　　　　　 1, UI
7. ~Am　　　　　　　　　　5, 6, MT
8. (∃x)~Ax　　　　　　　　7, EG
9. ~(x)Ax　　　　　　　　 8, QN
10. (x)Ax ∨ ~(x)Cx　　　　 2, Com
11. ~(x)Cx　　　　　　　　9, 10, DS
12. (∃x)~Cx　　　　　　　 11, QN

(10)
1. ~(∃x)(Ax • ~Bx)
2. ~(∃x)(Bx • ~Cx)　　　　　/ (x)(Ax ⊃ Cx)
3. (x)~(Ax • ~Bx)　　　　　 1, QN
4. (x)~(Bx • ~Cx)　　　　　 2, QN
5. ~(Ax • ~Bx)　　　　　　 3, UI
6. ~(Bx • ~Cx)　　　　　　 4, UI

7. $\sim Ax \lor \sim\sim Bx$	5, DM	
8. $\sim Ax \lor Bx$	7, DN	
9. $\sim Bx \lor \sim\sim Cx$	6, DM	
10. $\sim Bx \lor Cx$	9, DN	
11. $Ax \supset Bx$	8, Impl	
12. $Bx \supset Cx$	10, Impl	
13. $Ax \supset Cx$	11, 12, HS	
14. $(x)(Ax \supset Cx)$	13, UG	

(13) 1. $(x)(Ax \cdot \sim Bx) \supset (\exists x)Cx$
2. $\sim(\exists x)(Cx \lor Bx)$ / $\sim(x)Ax$
3. $(x)\sim(Cx \lor Bx)$ 2, QN
4. $\sim(Cx \lor Bx)$ 3, UI
5. $\sim Cx \cdot \sim Bx$ 4, DM
6. $\sim Cx$ 5, Simp
7. $(x)\sim Cx$ 6, UG
8. $\sim(\exists x)Cx$ 7, QN
9. $\sim(x)(Ax \cdot \sim Bx)$ 1, 8, MT
10. $(\exists x)\sim(Ax \cdot \sim Bx)$ 9, QN
11. $\sim(Am \cdot \sim Bm)$ 10, EI
12. $\sim Am \lor \sim\sim Bm$ 11, DM
13. $\sim Am \lor Bm$ 12, DN
14. $\sim Bx \cdot \sim Cx$ 5, Com
15. $\sim Bx$ 14, Simp
16. $(x)\sim Bx$ 15, UG
17. $\sim Bm$ 16, UI
18. $Bm \lor \sim Am$ 13, Com
19. $\sim Am$ 17, 18, DS
20. $(\exists x)\sim Ax$ 19, EG
21. $\sim(x)Ax$ 20, QN

(16) 1. $(\exists x)(Ax \cdot Bx) \supset (x)(Cx \cdot Dx)$
2. $(x)[(Ax \lor Ex) \cdot (Bx \lor Fx)]$
3. $\sim(x)Dx$ / $(x)(Ex \lor Fx)$
4. $(\exists x)\sim Dx$ 3, QN
5. $\sim Dn$ 4, EI
6. $\sim Dn \lor \sim Cn$ 5, Add
7. $\sim Cn \lor \sim Dn$ 6, Com
8. $\sim(Cn \cdot Dn)$ 7, DM
9. $(\exists x)\sim(Cx \cdot Dx)$ 8, EG
10. $\sim(x)(Cx \cdot Dx)$ 9, QN
11. $\sim(\exists x)(Ax \cdot Bx)$ 1, 10, MT
12. $(x)\sim(Ax \cdot Bx)$ 11, QN
13. $\sim(Ax \cdot Bx)$ 12, UI
14. $\sim Ax \lor \sim Bx$ 13, DM
15. $(Ax \lor Ex) \cdot (Bx \lor Fx)$ 2, UI
16. $(\sim\sim Ax \lor Ex) \cdot (Bx \lor Fx)$ 15, DN
17. $(\sim\sim Ax \lor Ex) \cdot (\sim\sim Bx \lor Fx)$ 16, DN
18. $(\sim Ax \supset Ex) \cdot (\sim\sim Bx \lor Fx)$ 17, Impl
19. $(\sim Ax \supset Ex) \cdot (\sim Bx \supset Fx)$ 18, Impl
20. $Ex \lor Fx$ 14, 19, CD
21. $(x)(Ex \lor Fx)$ 20, UG

(19) 1. $(\exists x)(Ax \cdot Bx) \supset (x)(Bx \supset Cx)$
2. $Bn \cdot \sim Cn$ / $\sim(x)Ax$
3. $(\exists x)(Bx \cdot \sim Cx)$ 2, EG
4. $(\exists x)(\sim\sim Bx \cdot \sim Cx)$ 3, DN
5. $(\exists x)\sim(\sim Bx \lor Cx)$ 4, DM
6. $(\exists x)\sim(Bx \supset Cx)$ 5, Impl
7. $\sim(x)(Bx \supset Cx)$ 6, QN
8. $\sim(\exists x)(Ax \cdot Bx)$ 1, 7, MT
9. $(x)\sim(Ax \cdot Bx)$ 8, QN
10. $\sim(An \cdot Bn)$ 9, UI
11. $\sim An \lor \sim Bn$ 10, DM
12. $\sim Bn \lor \sim An$ 11, Com
13. Bn 2, Simp
14. $\sim\sim Bn$ 13, DN
15. $\sim An$ 12, 14, DS
16. $(\exists x)\sim Ax$ 15, EG
17. $\sim(x)Ax$ 16, QN

II.

(1) 1. $(x)[Px \supset (Hx \lor Nx)] \supset \sim(\exists x)Cx$
2. Cf / $(\exists x)(Px \cdot \sim Nx)$
3. $(\exists x)Cx$ 2, EG
4. $\sim\sim(\exists x)Cx$ 3, DN
5. $\sim(x)[Px \supset (Hx \lor Nx)]$ 1, 4, MT
6. $(\exists x)\sim[Px \supset (Hx \lor Nx)]$ 5, QN
7. $\sim[Pm \supset (Hm \lor Nm)]$ 6, EI
8. $\sim[\sim Pm \lor (Hm \lor Nm)]$ 7, Impl
9. $\sim\sim Pm \cdot \sim(Hm \lor Nm)$ 8, DM
10. $Pm \cdot \sim(Hm \lor Nm)$ 9, DN
11. $Pm \cdot (\sim Hm \cdot \sim Nm)$ 10, DM
12. Pm 11, Simp
13. $(Pm \cdot \sim Hm) \cdot \sim Nm$ 11, Assoc
14. $\sim Nm \cdot (Pm \cdot \sim Hm)$ 13, Com
15. $\sim Nm$ 14, Simp
16. $Pm \cdot \sim Nm$ 12, 15, Conj
17. $(\exists x)(Px \cdot \sim Nx)$ 16, EG

(4) 1. $(\exists x)(Gx \cdot Px) \lor (\exists x)(Sx \cdot Ex)$
2. $\sim(\exists x)Ex$ / $(\exists x)Px$
3. $(x)\sim Ex$ 2, QN
4. $\sim Ex$ 3, UI
5. $\sim Ex \lor \sim Sx$ 4, Add
6. $\sim Sx \lor \sim Ex$ 5, Com
7. $\sim(Sx \cdot Ex)$ 6, DM
8. $(x)\sim(Sx \cdot Ex)$ 7, UG
9. $\sim(\exists x)(Sx \cdot Ex)$ 8, QN
10. $(\exists x)(Sx \cdot Ex) \lor (\exists x)(Gx \cdot Px)$ 1, Com
11. $(\exists x)(Gx \cdot Px)$ 9, 10, DS
12. $Gm \cdot Pm$ 11, EI
13. $Pm \cdot Gm$ 12, Com
14. Pm 13, Simp
15. $(\exists x)Px$ 14, EG

(7) 1. $(x)(Px \supset Sx) \cdot (x)(Ix \supset Gx)$
2. $\sim(\exists x)(Sx \cdot Gx)$ / $\sim(\exists x)(Px \cdot Ix)$
3. $(x)\sim(Sx \cdot Gx)$ 2, QN
4. $\sim(Sx \cdot Gx)$ 3, UI
5. $\sim Sx \lor \sim Gx$ 4, DM
6. $(x)(Px \supset Sx)$ 1, Simp
7. $(x)(Ix \supset Gx) \cdot (x)(Px \supset Sx)$ 1, Com
8. $(x)(Ix \supset Gx)$ 7, Simp
9. $Px \supset Sx$ 6, UI
10. $Ix \supset Gx$ 8, UI
11. $\sim Sx \supset \sim Px$ 9, Trans
12. $\sim Gx \supset \sim Ix$ 10, Trans
13. $(\sim Sx \supset \sim Px) \cdot (\sim Gx \supset \sim Ix)$ 11, 12, Conj
14. $\sim Px \lor \sim Ix$ 5, 13, CD
15. $\sim(Px \cdot Ix)$ 14, DM
16. $(x)\sim(Px \cdot Ix)$ 15, UG
17. $\sim(\exists x)(Px \cdot Ix)$ 16, QN

(10) 1. $\sim(\exists x)[Px \cdot (Gx \lor Hx)]$
2. $(x)[Nx \supset (Px \cdot Hx)]$
3. $(\exists x)(Px \cdot Cx) \lor (\exists x)(Px \cdot Nx)$ / $(\exists x)(Cx \cdot \sim Gx)$

4. $(x)\sim[Px \cdot (Gx \vee Hx)]$	1, QN	7. Cx	4, 6, MP
5. $\sim[Px \cdot (Gx \vee Hx)]$	4, UI	8. $Cx \vee Dx$	7, Add
6. $\sim Px \vee \sim(Gx \vee Hx)$	5, DM	9. Ex	5, 8, MP
7. $\sim Px \vee (\sim Gx \cdot \sim Hx)$	6, DM	10. $Ax \supset Ex$	3–9, CP
8. $(\sim Px \vee \sim Gx) \cdot (\sim Px \vee \sim Hx)$	7, Dist	11. $(x)(Ax \supset Ex)$	10, UG

(10) 1. $(x)(Ax \supset Bx)$
    2. $Am \vee An$ / $(\exists x)Bx$

9. $\sim Px \vee \sim Gx$	8, Simp	3. $\sim(\exists x)Bx$	AIP
10. $(\sim Px \vee \sim Hx) \cdot (\sim Px \vee \sim Gx)$	8, Com	4. $(x)\sim Bx$	3, QN
11. $\sim Px \vee \sim Hx$	10, Simp	5. $Am \supset Bm$	1, UI
12. $\sim(Px \cdot Hx)$	11, DM	6. $An \supset Bn$	1, UI
13. $Nx \supset (Px \cdot Hx)$	2, UI	7. $(Am \supset Bm) \cdot (An \supset Bn)$	5, 6, Conj
14. $\sim Nx$	12, 13, MT	8. $Bm \vee Bn$	2, 7, CD
15. $\sim Nx \vee \sim Px$	14, Add	9. $\sim Bm$	4, UI
16. $\sim Px \vee \sim Nx$	15, Com	10. Bn	8, 9, DS
17. $\sim(Px \cdot Nx)$	16, DM	11. $\sim Bn$	4, UI
18. $(x)\sim(Px \cdot Nx)$	17, UG	12. $Bn \cdot \sim Bn$	10, 11, Conj
19. $\sim(\exists x)(Px \cdot Nx)$	18, QN	13. $\sim\sim(\exists x)Bx$	3–12, IP
20. $(\exists x)(Px \cdot Nx) \vee (\exists x)(Px \cdot Cx)$	3, Com	14. $(\exists x)Bx$	13, DN

(13) 1. $(\exists x)Ax \supset (x)(Bx \supset Cx)$
    2. $(\exists x)Dx \supset (\exists x)Bx$ / $(\exists x)(Ax \cdot Dx) \supset (\exists x)Cx$

21. $(\exists x)(Px \cdot Cx)$	19, 20, DS	3. $(\exists x)(Ax \cdot Dx)$	ACP
22. $Pm \cdot Cm$	21, EI	4. $Am \cdot Dm$	3, EI
23. $(x)(\sim Px \vee \sim Gx)$	9, UG	5. Am	4, Simp
24. $\sim Pm \vee \sim Gm$	23, UI	6. $(\exists x)Ax$	5, EG
25. Pm	22, Simp	7. $(x)(Bx \supset Cx)$	1, 6, MP
26. $\sim\sim Pm$	25, DN	8. $Dm \cdot Am$	4, Com
27. $\sim Gm$	24, 26, DS	9. Dm	8, Simp
28. $Cm \cdot Pm$	22, Com	10. $(\exists x)Dx$	9, EG
29. Cm	28, Simp	11. $(\exists x)Bx$	2, 10, MP
30. $Cm \cdot \sim Gm$	27, 29, Conj	12. Bn	11, EI
31. $(\exists x)(Cx \cdot \sim Gx)$	30, EG	13. $Bn \supset Cn$	7, UI
		14. Cn	12, 13, MP
		15. $(\exists x)Cx$	14, EG
		16. $(\exists x)(Ax \cdot Dx) \supset (\exists x)Cx$	3–15, CP

习题 7.4

I.

(1) 1. $(x)(Ax \supset Bx)$
   2. $(x)(Ax \supset Cx)$ / $(x)[Ax \supset (Bx \cdot Cx)]$

(16) 1. $(x)[(Ax \vee Bx) \supset Cx]$
    2. $(\exists x)(\sim Ax \vee Dx) \supset (x)Ex$ / $(x)Cx \vee (x)Ex$

3. Ax	ACP	3. $\sim[(x)Cx \vee (x)Ex]$	AIP
4. $Ax \supset Bx$	1, UI	4. $\sim(x)Cx \cdot \sim(x)Ex$	3, DM
5. $Ax \supset Cx$	2, UI	5. $\sim(x)Cx$	4, Simp
6. Bx	3, 4, MP	6. $(\exists x)\sim Cx$	5, QN
7. Cx	3, 5, MP	7. $\sim Cm$	6, EI
8. $Bx \cdot Cx$	6, 7, Conj	8. $(Am \vee Bm) \supset Cm$	1, UI
9. $Ax \supset (Bx \cdot Cx)$	3–8, CP	9. $\sim(Am \vee Bm)$	7, 8, MT
10. $(x)[Ax \supset (Bx \cdot Cx)]$	9, UG	10. $\sim Am \cdot \sim Bm$	9, DM

(4) 1. $(x)(Ax \supset Cx)$

2. $(\exists x)Cx \supset (\exists x)(Bx \cdot Dx)$ / $(\exists x)Ax \supset (\exists x)Bx$		11. $\sim Am$	10, Simp
3. $(\exists x)Ax$	ACP	12. $\sim Am \vee Dm$	11, Add
4. Am	3, EI	13. $(\exists x)(\sim Ax \vee Dx)$	12, EG
5. $Am \supset Cm$	1, UI	14. $(x)Ex$	2, 13, MP
6. Cm	4, 5, MP	15. $\sim(x)Ex \cdot \sim(x)Cx$	4, Com
7. $(\exists x)Cx$	6, EG	16. $\sim(x)Ex$	15, Simp
8. $(\exists x)(Bx \cdot Dx)$	2, 7, MP	17. $(x)Ex \cdot \sim(x)Ex$	14, 16, Conj
9. $Bn \cdot Dn$	8, EI	18. $\sim\sim[(x)Cx \vee (x)Ex]$	3–17, IP
10. Bn	9, Simp	19. $(x)Cx \vee (x)Ex$	18, DN
11. $(\exists x)Bx$	10, EG		
12. $(\exists x)Ax \supset (\exists x)Bx$	3–11, CP		

(19) 1. $(x)[Bx \supset (Cx \cdot Dx)]$ / $(x)(Ax \supset Bx) \supset (x)(Ax \supset Dx)$

(7) 1. $(x)[(Ax \vee Bx) \supset Cx]$
   2. $(x)[(Cx \vee Dx) \supset Ex]$ / $(x)(Ax \supset Ex)$

3. Ax	ACP	2. $(x)(Ax \supset Bx)$	ACP
4. $(Ax \vee Bx) \supset Cx$	1, UI	3. Ax	ACP
5. $(Cx \vee Dx) \supset Ex$	2, UI	4. $Ax \supset Bx$	2, UI
6. $Ax \vee Bx$	3, Add	5. Bx	3, 4, MP

习题答案 461

	6. $Bx \supset (Cx \cdot Dx)$	1, UI
	7. $Cx \cdot Dx$	5, 6, MP
	8. $Dx \cdot Cx$	7, Com
	9. Dx	8, Simp
	10. $Ax \supset Dx$	3–9, CP
	11. $(x)(Ax \supset Dx)$	10, UG
	12. $(x)(Ax \supset Bx) \supset (x)(Ax \supset Dx)$	2–11, CP

(22) 1. $(x)Ax \vee (x)Bx$ / $(x)(Ax \vee Bx)$
    2. $\sim(x)(Ax \vee Bx)$ AIP
    3. $(\exists x)\sim(Ax \vee Bx)$ 2, QN
    4. $(\exists x)(\sim Ax \cdot \sim Bx)$ 3, DM
    5. $\sim An \cdot \sim Bn$ 4, EI
    6. $\sim An$ 5, Simp
    7. $(\exists x)\sim Ax$ 6, EG
    8. $\sim(x)Ax$ 7, QN
    9. $(x)Bx$ 1, 8, DS
    10. Bn 9, UI
    11. $\sim Bn \cdot \sim An$ 5, Com
    12. $\sim Bn$ 11, Simp
    13. $Bn \cdot \sim Bn$ 10, 12, Conj
    14. $\sim\sim(x)(Ax \vee Bx)$ 2–13, IP
    15. $(x)(Ax \vee Bx)$ 14, DN

(25) 1. $(\exists x)Ax \supset (x)(Bx \supset Cx)$
    2. $(\exists x)Dx \supset (x)(Ex \supset \sim Bx)$
    3. $\sim(\exists x)(Cx \cdot \sim Ex)$ / $(\exists x)(Ax \cdot Dx) \supset \sim(\exists x)Bx$
    4. $(\exists x)(Ax \cdot Dx)$ ACP
    5. $An \cdot Dn$ 4, EI
    6. An 5, Simp
    7. $(\exists x)Ax$ 6, EG
    8. $(x)(Bx \supset Cx)$ 1, 7, MP
    9. $Dn \cdot An$ 5, Com
    10. Dn 9, Simp
    11. $(\exists x)Dx$ 10, EG
    12. $(x)(Ex \supset \sim Bx)$ 2, 11, MP
    13. $(x)\sim(Cx \cdot \sim Ex)$ 3, QN
    14. $\sim(Cx \cdot \sim Ex)$ 13, UI
    15. $\sim Cx \vee \sim\sim Ex$ 14, DM
    16. $\sim Cx \vee Ex$ 15, DN
    17. $Cx \supset Ex$ 16, Impl
    18. $Bx \supset Cx$ 8, UI
    19. $Bx \supset Ex$ 17, 18, HS
    20. $Ex \supset \sim Bx$ 12, UI
    21. $Bx \supset \sim Bx$ 19, 20, HS
    22. $\sim Bx \vee \sim Bx$ 21, Impl
    23. $\sim Bx$ 22, Taut
    24. $(x)\sim Bx$ 23, UG
    25. $\sim(\exists x)Bx$ 24, QN
    26. $(\exists x)(Ax \cdot Dx) \supset \sim(\exists x)Bx$ 4–25, CP

II.

(1) 1. $(x)(Ax \supset Wx)$
   2. $(x)(Rx \supset Cx)$ / $(x)[(Rx \cdot Ax) \supset (Cx \cdot Wx)]$
    3. $Rx \cdot Ax$ ACP
    4. Rx 3, Simp
    5. $Ax \cdot Rx$ 3, Com
    6. Ax 5, Simp
    7. $Ax \supset Wx$ 1, UI
    8. $Rx \supset Cx$ 2, UI
    9. Cx 4, 8, MP
    10. Wx 6, 7, MP
    11. $Cx \cdot Wx$ 9, 10, Conj
    12. $(Rx \cdot Ax) \supset (Cx \cdot Wx)$ 3–11, CP
    13. $(x)[(Rx \cdot Ax) \supset (Cx \cdot Wx)]$ 12, UG

(4) 1. $(x)[(Sx \vee Ux) \supset (Ix \cdot Cx)]$
   2. $(x)[(Cx \vee Vx) \supset (Rx \cdot Ax)]$ / $(x)(Sx \supset Ax)$
    3. Sx ACP
    4. $Sx \vee Ux$ 3, Add
    5. $(Sx \vee Ux) \supset (Ix \cdot Cx)$ 1, UI
    6. $Ix \cdot Cx$ 4, 5, MP
    7. $Cx \cdot Ix$ 6, Com
    8. Cx 7, Simp
    9. $Cx \vee Vx$ 8, Add
    10. $(Cx \vee Vx) \supset (Rx \cdot Ax)$ 2, UI
    11. $Rx \cdot Ax$ 9, 10, MP
    12. $Ax \cdot Rx$ 11, Com
    13. Ax 12, Simp
    14. $Sx \supset Ax$ 3–13, CP
    15. $(x)(Sx \supset Ax)$ 14, UG

(7) 1. $(\exists x)Cx \supset (x)[Ax \supset (Sx \cdot Dx)]$
   2. $(x)(Cx \supset \sim Ax) \supset (\exists x)(Dx \cdot Sx)$ / $(\exists x)(Dx \cdot Sx)$
    3. $\sim(\exists x)(Dx \cdot Sx)$ AIP
    4. $\sim(x)(Cx \supset \sim Ax)$ 2, 3, MT
    5. $(\exists x)\sim(Cx \supset \sim Ax)$ 4, QN
    6. $\sim(Cm \supset \sim Am)$ 5, EI
    7. $\sim(\sim Cm \vee \sim Am)$ 6, Impl
    8. $\sim\sim Cm \cdot \sim\sim Am$ 7, DM
    9. $Cm \cdot \sim\sim Am$ 8, DN
    10. $Cm \cdot Am$ 9, DN
    11. Cm 10, Simp
    12. $(\exists x)Cx$ 11, EG
    13. $(x)[Ax \supset (Sx \cdot Dx)]$ 1, 12, MP
    14. $Am \supset (Sm \cdot Dm)$ 13, UI
    15. $Am \cdot Cm$ 10, Com
    16. Am 15, Simp
    17. $Sm \cdot Dm$ 14, 16, MP
    18. $Dm \cdot Sm$ 17, Com
    19. $(\exists x)(Dx \cdot Sx)$ 18, EG
    20. $(\exists x)(Dx \cdot Sx) \cdot \sim(\exists x)(Dx \cdot Sx)$ 3, 19, Conj
    21. $\sim\sim(\exists x)(Dx \cdot Sx)$ 3–20, IP
    22. $(\exists x)(Dx \cdot Sx)$ 21, DN

(10) 1. $(\exists x)(Gx \cdot Px) \vee (\exists x)(Ax \cdot Px)$
    2. $(\exists x)Px \supset (\exists x)[Ax \cdot (Cx \cdot Dx)]$ / $(\exists x)(Dx \cdot Cx)$
    3. $\sim(\exists x)Px$ AIP
    4. $(x)\sim Px$ 3, QN
    5. $\sim Px$ 4, UI
    6. $\sim Px \vee \sim Gx$ 5, Add
    7. $\sim Gx \vee \sim Px$ 6, Com
    8. $\sim(Gx \cdot Px)$ 7, DM
    9. $(x)\sim(Gx \cdot Px)$ 8, UG
    10. $\sim(\exists x)(Gx \cdot Px)$ 9, QN
    11. $(\exists x)(Ax \cdot Px)$ 1, 10, DS
    12. $Am \cdot Pm$ 11, EI
    13. $Pm \cdot Am$ 12, Com
    14. Pm 13, Simp
    15. $\sim Pm$ 4, UI
    16. $Pm \cdot \sim Pm$ 14, 15, Conj
    17. $\sim\sim(\exists x)Px$ 3–16, IP
    18. $(\exists x)Px$ 17, DN

19. (∃x)[Ax • (Cx • Dx)]　　2, 18, MP
20. An • (Cn • Dn)　　19, EI
21. (Cn • Dn) • An　　20, Com
22. Cn • Dn　　21, Simp
23. Dn • Cn　　22, Com
24. (∃x)(Dx • Cx)　　23, EG

习题 7.5

I.

1.
所有的猫都是动物。

没有猫是狗。
没有狗是动物。

4.
有的哺乳动物是狗。

有的哺乳动物写书。
有的哺乳动物是写书的狗。

7.
有花儿。

有狗。

没有花儿是动物。
有的狗不是动物。

10.
有的哺乳动物是猫科动物。

有的动物不是猫科动物。

所有哺乳动物都是动物。
有的猫科动物不是哺乳动物。

术 语 表

A 命题（A proposition）：形如"所有 S 都是 P"的直言命题。

偶例（accident）：一种非形式谬误，它发生于一般规则被应用到一个并不涵盖的异常特例的时候。

毁谤型人身攻击（*ad hominem* abusive）：一种人身攻击谬误，它发生于论者出于贬低他人论证的目的而在言辞上毁谤其他论者的时候。

人身处境攻击（*ad hominem* circumstantial）：一种人身攻击谬误，它发生于论者出于贬低他人论证的目的而引用影响其他论者的处境的时候。

添加律（addition）：一种有效的推理规则："p；所以 p 或 q"。

肯定命题 / 陈述（affirmative proposition/statement）：一个肯定了类属关系的命题或陈述。

肯定后件式（affirming the consequent）：一种无效的论证形式："如果 p 那么 q，q；所以 p"。

含糊（amphiboly）：一种非形式谬误，它发生于论者对一个含糊的陈述进行错误解释并根据这种有缺陷的解释得出一个结论的时候。

前件（antecedent）：（1）条件陈述中直接跟在语词"如果"之后的组成部分；（2）条件陈述中位于马蹄符左边的组成部分。

诉诸恐惧（appeal to fear）：一种类型的诉诸公众谬误，它发生于论者在人群中捏造一个恐惧的事件，然后使用这一恐惧作为结论的一个前提的时候。

诉诸强力（appeal to force）：一种非形式谬误，它发生于论者威胁读者或听者，为了让他接受某个结论的时候。

诉诸无知（appeal to ignorance）：一种非形式谬误，它发生于论者使用事实上尚未证明的事物的方面作为证据以支持关于该事物的结论的时候。

诉诸怜悯（appeal to pity）：一种非形式谬误，它发生于论者通过唤起读者或听者的怜悯心而使得结论获得认可的时候。

诉诸势利（appeal to snobbery）：一种类型的诉诸公众谬误，它发生于论者利用读者或听者的优越感需要的时候。

诉诸公众（appeal to the people）：一种非形式谬误，它发生于论者利用某些心理需要使得读者或听者接受一个结论的时候。

诉诸传统（appeal to tradition）：一种类型的诉诸公众谬误，它发生于论者引用某个事情已经成为传统这个事实作为某个结论的依据的时候。

诉诸无效权威（appeal to unqualified authority）：一种非形式谬误，它发生于论者引用无效的权威来支持结论的时候。

诉诸虚荣（appeal to vanity）：一种类型的诉诸公众谬误，它发生于论者利用读者或听者的虚荣心的时候。

论证（argument）：一组陈述，其中的一个或多个陈述（即前提）被用来为另外一个陈述（即结论）提供支持或者相信的理由。

人身攻击论证（argument against the person）：一种非形式谬误，它发生于论者在言辞上攻击另一个论者使得他的论证变得不可信的时候。

基于数学的论证（argument based on mathematics）：一种演绎论证，其结论依赖某种纯算术、几何计算或测量。

基于指号的论证（argument based on signs）：一种归纳论证，它从对指号的知识推出关于该指号所表征的事物或者情境的主张。

论证形式（argument form）：（1）语词与字母的排列，对这些字母统一替换为词项或陈述将得到一个论证；（2）陈述变元与算子的排列，对这些变元统一替换为陈述将得到一个论证。

类比论证（argument from analogy）：一种归纳论证，它依赖两个事物或者事态之间存在着类比或者相似性。

以权威论证（argument from authority）：一种归纳论证，其结论依赖某个被认定的专家或者证人所做出的陈述。

根据定义而来的论证（argument from definition）：一种演绎论证，其结论只依赖前提或结论中某个语词或短语的定义。

举例论证（argument from example）：通过给出关于某个事物的一个或多个例子来证明关于这个事物的结论的论证。

结合律（associativity）：一种有效的推理规则，它允许对合取式与析取式中的括号进行重置。

置换公理（axiom of replacement）：一个公理，它断定，在一个证明中，逻辑上等值的表达式可以互相替换。

从众谬误（bandwagon argument）：一种类型的诉诸公众谬误，它发生于论者利用读者或听者的合群需要的时候。

乞题（begging the question）：一种非形式谬误，它发生于论者通过遗漏一个可能假的关键前提、重述一个可能假的前提作为结论或者通过循环推理，从而制造一种不充分前提为结论提供了充分支持的假象的时候。

双条件陈述/双条件句（biconditional statement/biconditional）：以三道杠符为主算子的陈述。

约束变元（bound variable）：被量词所约束的变元。

直言命题（categorical proposition）：关联着两个类（或范畴）的命题。

直言三段论（categorical syllogism）：所有三个陈述都是直言命题的三段论。

因果推理（causal inference）：一种归纳论证，它从关于原因的知识推出关于其结果的主张，或者从关于结果的知识推出关于其原因的主张。

信服的论证（cogent argument）：一种强的、所有前提都为真并且满足总体证据要求的归纳论证。

聚合式谓述（collective predication）：一种属性是聚合式谓述的，当它被赋予作为整体的类的时候。

交换律（commutativity）：一种有效的推理规则，它允许对合取式与析取式的组成部分重新排列顺序。

复杂问语（complex question）：一种非形式谬误，它发生于两个（或者多个）问题被假装成一个问题而提出来、一个答案同时回答这里的两个（或多个）问题的时候。

合成（composition）：一种非形式谬误，它发生于论证的结论依赖把某种属性从事物的部分转移到它的整体的时候。

复合陈述（compound statement）：至少包含一个简单陈述作为其成分的陈述。

结论（conclusion）：在论证中，前提断定支持或者蕴涵的陈述。

结论指示词（conclusion indicator）：为确定结论提供线索的语词或者短语。

条件证明（conditional proof）：一种证明方法，它在缩进序列的第一行假设所要得出的条件陈述的前件，在后续行中得出后件，接着在准确复制所要的陈述的条件陈述中消除缩进序列。

条件陈述 / 条件句（conditional statement/conditional）：(1) 一个"如果……那么"陈述；(2) 一个以马蹄符为主算子的陈述。

有条件地有效的（conditionally valid）：从亚里士多德式立场看是有效的，其条件是前提的主项指称实际存在的事物。

合取支（conjunct）：位于合取陈述主算子两边的组成部分。

合取式 / 合取律（conjunction）：(1) 以点号为主算子的陈述；(2) 一种有效的推理规则："p，q，所以 p 且 q"。

合取陈述 / 合取式（conjunctive statement/conjunction）：以点号为主算子的陈述。

联结词（connective）：在命题逻辑中用来联结或否定命题的符号。

后件（consequent）：(1) 条件陈述中直接跟在语词"那么"之后的组成部分；条件陈述中非前提的成分；(2) 条件陈述中位于马蹄符右边的组成部分。

一致陈述（consistent statements）：在真值表中至少有一行它们的真值都为真的两个或多个陈述。

构造式两难（constructive dilemma）：一种有效的论证形式 / 推理规则："如果 p 那么 q，并且如果 r 那么 s，p 或 r；所以 q 或 s"。

偶然陈述（contingent statement）：一个既不必然为真也不必然为假的陈述。

矛盾关系（contradictory relation）：存在于必然拥有相反真值的两个陈述之间的关系。

矛盾陈述（contradictory statements）：必然拥有相反真值的陈述。

换质位（contraposition）：一种运算，它包括了交换标准形式的直言命题的主项与谓项，并将它们替换为相应的补项。

反对关系（contrary relation）：存在于必然不同时为真的两个陈述之间的关系。

换位（conversion）：一种运算，它包括了交换一个标准形式的直言命题的主项与谓项。

系词（copula）：标准形式的直言命题中的语词"是"与"不是"。

对应条件句（corresponding conditional）：以一个论证的前提的合取作为前件，以其结论作为后件的条件陈述。

反例法（counterexample method）：一种证明无效性的方法，它包含了构造一个有着真前提和假结论的替换实例。

关键词项（critical term）：直言三段论中的词项，当它指称至少一个存在的事物的时候，它保证了结论的主项指称至少一个存在的事物。

演绎论证（deductive argument）：一种论证形式，它主张的是，前提为真的时候，结论不可能为假。

德·摩根律（De Morgan's rule）：一种有效的推理规则，它允许波浪符移进和移出括号。

否定前件式（denying the antecedent）：一种无效的论证形式："如果 p 那么 q，非 p；所以非 q"。

解构式两难（destructive dilemma）：一种有效的论证形式／推理规则："如果 p 那么 q，并且如果 r 那么 s，非 q 或非 s；所以非 p 或非 r"。

析取支（disjunct）：位于析取陈述主算子两边的组成部分。

析取陈述／析取式（disjunctive statement／disjunction）：以楔形符为主算子的陈述。

析取三段论（disjunctive syllogism）：（1）以析取陈述为其一个或两个前提的三段论；（2）一种有效的论证形式／推理规则："p 或 q，非 p；所以 q"。

周延／分配律（distribution）：（1）直言命题词项的一种属性，当且仅当一个直言命题对该词项所指称的那个类的所有元素都做出了断定；（2）一种有效的推理规则，它允许合取支或析取支通过析取或合取进行分配。

分布式谓述（distributive predication）：一种属性是分布式谓述的，当它被赋予一个类中的每一个成分的时候。

分解（division）：一种非形式谬误，它发生于论证的结论依赖把关于整体（类）的属性错误转移到关于部分（成分）的属性的时候。

双冒号（double colon）：表示逻辑等值的元逻辑符号（∷）。

双重否定律（double negation）：一种有效的推理规则，它允许引入或消除双重波浪符。

从否定／肯定前提得出肯定／否定结论（drawing an affirmative/negative conclusion from negative/affirmative premises）：一种形式谬误，它发生在一个直言三段论中，当一个肯定结论从一个否定前提中得出，或者当一个否定结论从肯定前提中得出。

E 命题（E proposition）：形如"没有 S 是 P"的直言命题。

省略三段论（enthymeme）：一种省略了前提或结论的直言三段论。

歧义（equivocation）：一种非形式谬误，它的发生是因为某个语词或者短语被明确或隐晦地在两种不同的意义上加以使用。

排他性前提（exclusive premises）：一种形式谬误，它发生于一个直言三段论的两个前提皆为否定前提的时候。

存在谬误（existential fallacy）：一种形式谬误，它发生于一个论证仅仅因为前提缺少存在预设而无效的时候。

存在概括（existential generalization）：一种引入存在量词的推理规则。

存在预设（existential import）：直言命题的一种属性，它意味着主项所指称的一个或多个事物是实际存在的。

存在例示（existential instantiation）：一种消除存在量词的推理规则。

存在量词（existential quantifier）：用来翻译谓词逻辑中特称陈述的量词。

被解说项（explanandum）：描述需要解说的事件或者现象的陈述。

解说项（explanans）：用来解说的一个或者一组陈述。

解说（explanation）：旨在阐明某个事件或者现象的一种非论证。

输出律（exportation）：一种有效的推理规则，它允许拥有合取前件的条件陈述被替换为包含条件后件的条件陈述，反之也是如此。

说明性段落（expository passage）：一种论述方式，它以一个主题句为开始，后面紧接着一个或者多个发挥这个主题句的句子。

歧义谬误（fallacies of ambiguity）：一组非形式谬误，它的发生是因为前提或者结论中出现了某种形式的歧义。

不当转换谬误（fallacies of illicit transference）：一组非形式谬误，它涉及了把关于某事物部分的属性不当地转换到整体之上，或者把关于整体的属性转换到部分之上。

预设谬误（fallacies of presumption）：一组非形式谬误，它发生于论证的前提预设了其所要证明的内容。

相干性谬误（fallacies of relevance）：一组非形式谬误，它的发生是因为论证的前提在逻辑上与结论并不相干。

弱归纳谬误（fallacies of weak induction）：一组非形式谬误，它的发生是因为前提可能与结论相干但是不足以为结论提供充分的支持。

谬误（fallacy）：论证中的缺陷，它或者来自推理中所犯的错误，或者来自把坏的论证当作好的论证的错觉。

虚假因果（false cause）：一种非形式谬误，它发生于论证的结论依赖可能并不存在的、想象出来的因果关系。

假两难推理（false dichotomy）：一种非形式谬误，它发生于当一个论者提出了两种不太可能的选择却被当作仅有的选择，而且论者排除不想要的选项而留下想要的选项作为结论的时候。

格（figure）：直言三段论中用以确定中项位置的属性。

形式谬误（formal fallacy）：一种只通过检查论证的形式或者结构就可以识别出来的谬误。

自由变元（free variable）：没有被量词所约束的变元。

普遍陈述（general statement）：对一个类中的所有成员都做出断定的陈述。

概括（generalization）：从关于选定样本的知识推出关于整个群体的主张的归纳论证。

轻率概括（hasty generalization）：一种非形式谬误，它发生于从一个非典型样本得出一个一般性结论的时候。

假言三段论（hypothetical syllogism）：一种以条件句作为一个或两个前提的三段论。

I 命题（I proposition）：形如"有的 S 是 P"的直言命题。

不当换质位（illicit contraposition）：一种形式谬误，它发生于论证的结论依赖 E 陈述或 I 陈述的换质位的时候。

不当反对（illicit contrary）：一种形式谬误，它发生于论证的结论依赖反对关系的错误应用的时候。

不当换位（illicit conversion）：一种形式谬误，它发生于论证的结论依赖一个 A 陈述或 O 陈述的换位的时候。

大项不当周延（illicit major）：一种形式谬误，它发生于直言三段论中的大项在结论中是周延的而在前提中是不周延的时候。

小项不当周延（illicit minor）：一种形式谬误，它发生于直言三段论中的小项在结论中是周延的而在前提中是不周延的时候。

不当差等（illicit subalternation）：一种形式谬误，它发生于论证的结论依赖差等关系的不正确应用的时候。

不当下反对（illicit subcontrary）：一种形式谬误，它发生于论证的结论依赖下反对关系的不正确应用的时候。

例解（illustration）：包含有一个或者多个例子，目的在于说明有些东西指的是什么或者是如何做到的表达形式。

直接推理（immediate inference）：只拥有一个前提的论证。

不一致陈述（inconsistent statements）：在真值表中它们的真值没有一行全为真的两个或多个陈述。

间接证明（indirect proof）：一种证明方法，它在缩进序列的第一行假设对于所要得出的陈述的否定，通过在后续行中得出一个矛盾，并且通过断定假设陈述的否定而消除该缩进序列。

个体常元（individual constant）：被用来命名个体的小写字母（$a, b, c \ldots u, v, w$）。

个体变元（individual variable）：被用来代表论域中任意一项的小写字母（x, y, z）。

归纳论证（inductive argument）：一种论证形式，它主张的是，前提为真的时候，结论不太可能为假。

推理（inference）：一个论证所表达的推导过程。

非形式谬误（informal fallacy）：一种谬误，它只能通过考察论证内容才能发现。

例示字母（instantial letter）：通过全称例示或存在例示所引入的字母（一个变元或常项）。

无效的演绎论证（invalid deductive argument）：一种演绎论证，其中前提为真时结论可能为假的论证。

逻辑上等值的陈述（logically equivalent statements）：（1）必然具有相同真值的陈述；（2）主算子下的每一行都具有相同真值的陈述。

逻辑上为假的陈述（logically false statement）：一种必然为假的陈述，一种自相矛盾的陈述。

逻辑上为真的陈述（logically true statement）：一种必然为真的陈述。

逻辑上真值未定的（logically undetermined truth value）：它存在于当某个陈述的真值被给定后，对应的该陈述的真值无从确定的时候。

联系松散的陈述（loosely associated statements）：关于相同的一般性主题但缺乏推理联系的一些陈述。

主算子（main operator）：复合陈述中以该陈述其余所有部分为其辖域的算子（联结词）。

大前提（major premise）：在一个直言三段论中，包含大项的前提。

大项（major term）：在一个标准形式的直言三段论中，结论的谓词。

实质等值 / 实质等值律（material equivalence）：（1）真值函项的双条件句所表达的关系；（2）一种有效的推理规则，它允许一个等值命题替换为一个合取命题或析取命题。

实质蕴涵 / 实质蕴涵律（material implication）：（1）真值函项的条件句所表达的关系；（2）一种有效的推理规则，它允许在前件前有否定符时用析取符替换蕴涵符。

中项（middle term）：在一个标准形式的直言三段论中，只出现在前提中的那个项。

小前提（minor premise）：在一个直言三段论中，包含小项的前提。

小项（minor term）：在一个标准形式的直言三段论中，结论的主词。

歪曲论题（missing the point）：一种非形式谬误，它发生于论证的前提支持某个特定结论，但实际得出的却是另一个完全不同的结论。

模态逻辑（modal logic）：研究诸如可能、必然、相信与怀疑等概念的逻辑。

现代对当方阵（modern square of opposition）：一个从布尔式立场解释四种标准形式的直言命题之间的必然关系的图。

肯定前件式（modus ponens）：一种有效的论证形式/推理规则："如果 p 那么 q，p；所以 q"。

否定后件式（modus tollens）：一种有效的论证形式/推理规则："如果 p 那么 q，非 q；所以非 p"。

式（mood）：直言三段论的一种属性，由构成三段论的命题的字母名称（A，E，I，O）构成。

自然演绎（natural deduction）：一种证明程序，根据这种程序，通过使用推理规则，可以从前提得出一个论证的结论。

必要条件（necessary condition）：一个条件陈述中后件所代表的条件。

否定式（negation）：一个以波浪符为其主算子的陈述。

否定命题/陈述（negative proposition/statement）：一个否定了类属关系的命题/陈述。

O 命题（O proposition）：形如"有的 S 不是 P"的直言命题。

换质（obversion）：一种运算，它包括了改变一个标准形式的直言命题的质并将谓项替换为它的补项。

算子（operator）：被用来联结命题逻辑中简单命题的符号。

观点（opinion）：一种由表达了发言者或作者个人信念的陈述组成的非论证，而这些信念并没有得到证据的支持。

参数（parameter）：一个短语，当被引入到一个陈述之中的时候，它影响的是该陈述的形式而不是意义。

特称命题/陈述（particular proposition/statement）：对主项类中的一个或多个（但不是全部）元素做出断言的命题/陈述。

建议（piece of advice）：就将来某种决定或者行动方式给予想法的一种表达形式。

谓词（predicate）：形如"是一只鸟""是一栋房子"以及"是鱼儿"等诸如此类的表达式。

谓词逻辑（predicate logic）：结合命题逻辑的符号理论与用来翻译谓词的符号的一种逻辑。

谓词符号（predicate symbol）：用来翻译谓词的大写字母。

谓项（predicate term）：在一个标准形式的直言命题中，直接位于系词之后的词项。

预测（prediction）：一种归纳论证，它从我们关于过去的知识推出关于未来的主张。

前提（premise）：一个论证中提出证据的陈述。

前提指示词（premise indicator）：为确认前提提供线索的语词或者短语。

命题（proposition）：陈述的意义或者信息内容。

命题逻辑（propositional logic）：基础成分是完整的陈述或命题的一种逻辑。

纯假言三段论（pure hypothetical syllogism）：一种有效的论证形式/推理规则："如果 p 那么 q，如果 q 那么 r；所以，如果 p 那么 r"。

质（quality）：直言命题的一种属性，它是肯定的或者否定的。

量词（quantifier）：标准形式的直言命题中的语词"所有""没有"以及"有的"。

量词否定规则（quantifier negation rule）：一种推理规则，在某些否定符被删除或引入的情况下，它允许一种量词被另一种量词所替换。

量（quantity）：直言命题的一种属性，它是全称的或者特称的。

转移话题（red herring）：一种非形式谬误，它出现于论者通过提出无关的话题从而转移读者或听者的注意力，并且通过预设获得了某些结论而加以结束的时候。

报告（report）：由传达某个主题或者事件的信息的一组陈述组成的非论证。

蕴涵规则（rule of implication）：一种推理规则，它包含了一种基础论证形式，根据这种规则，论证的结论被从前提中推导出来。

推理规则（rule of inference）：一种规则，根据这种规则，一个论证的结论被从前提中推导出来。

置换规则（rule of replacement）：一种推理规则，它包含了两个逻辑上等值的陈述形式，根据这种规则，论证的结论被从前提中推导出来。

自相矛盾的陈述（self-contradictory statement）：一种必然为假的陈述，一种逻辑上为假的陈述。

简单陈述（simple statement）：一种不包含任何其他陈述作为其成分的陈述。

简化律（simplification）：一种有效的推理规则："p 且 q；所以 p"。

单称命题/陈述（singular proposition/statement）：一种对特定人士、地点、事物或时间做出断定的命题/陈述。

滑坡谬误（slippery slope）：一种非形式谬误，它发生于一个论证的结论依赖一个所谓的连锁反应链，而且没有充足的理由认为这一系列连锁反应会实际发生的时候。

连锁推理（sorites）：一连串的直言三段论，其中间结论被省略。

可靠的论证（sound argument）：一种有效的且前提皆为真的演绎论证。

标准形式的直言命题（standard-form categorical proposition）：一种命题，它具有以下形式之一："所有 S 都是 P""没有 S 是 P""有的 S 是 P"以及"有的 S 不是 P"。

标准形式的直言三段论（standard-form categorical syllogism）：一种直言三段论，其中的所有三个陈述都是标准形式的直言命题，每个词项的两次出现都是相同的，每个词项在论证中都是在相同的意义上被使用，而且首先出现的是大前提，其次是小前提，最后是结论。

标准形式的连锁推理（standard-form sorites）：一种连锁推理，它的每一个成分命题都是标准形式的，每个词项都出现两次，结论的谓词出现在第一个前提中，并且每一个后继前提都与前面的前提有一个共同的词项。

陈述（statement）：（1）一个或者真或者假的句子；（2）在谓词逻辑中，一个包括约束变元或约束常项的表达式。

陈述形式（statement form）：陈述变元与算子的排列组合，使得使用陈述对变元进行统一替换后会产生一个陈述。

陈述函项（statement function）：在谓词逻辑中，当一个量词被从一个陈述中移走以后剩下的表达式。

关于信念的陈述（statement of belief）：一种由表达了发言者或作者个人信念的陈述组成的非论证，而这些信念并没有得到证据的支持。

陈述变元（statement variable）：诸如 p 或 q 的小写字母，它能代表任意一个陈述。

稻草人（straw man）：一种非形式谬误，它发生于论者为了使对立论者的论证更容易被驳倒，先是歪曲对立论证，然后根据所驳倒的歪曲论证得出结论，说对方的真实论证被驳倒了的时候。

强的归纳论证（strong inductive argument）：前提为真的时候，结论不太可能为假的归纳论证。

差等关系（subalternation relation）：一种关系，基于这种关系，一个真的 A 或 E 陈述必然分别蕴涵了一个真的 I 或 O 陈述，并且一个假的 I 或 O 陈述必然分别蕴涵了一个假的 A 或 E 陈述。

下反对关系（subcontrary relation）：存在于两个不必然都为假的陈述之间的关系。

主项（subject term）：在一个标准形式的直言命题中，直接位于量词之后的词项。

替换实例（substitution instance）：用语词或者短语统一替换论证形式中的字母所得到的一个论证。

充分条件（sufficient condition）：一个条件陈述中前件所代表的条件。

遮盖论据（suppressed evidence）：一种非形式谬误，它发生于论者忽略了比表述出来的证据更为重要的证据，由此可以推出一个非常不同的结论的时候。

三段论（syllogism）：一种由两个前提和一个结论构成的演绎论证。

三段论逻辑（syllogistic logic）：研究直言命题与直言三段论的逻辑。

重言陈述（tautologous statement）：一种必然为真的陈述；一种逻辑上为真的陈述。

重言式 / 重言律（tautology）：（1）一个重言陈述；（2）一种消除合取式或析取式中的冗余部分的推理规则。

补项（term complement）：指称补类的语词或词组。

传统对当方阵（traditional square of opposition）：一个从亚里士多德式立场解释四种标准形式的直言命题之间的必然关系的图。

假言易位律（transposition）：一种有效的推理规则，它允许一个条件陈述的前件和后件互换位置，当且仅当它们都被否定的时候。

真值函项（truth function）：真值完全由其组成部分的真值所决定的一种复合命题。

真值表（truth table）：真值的排列组合，它表明了在每一种可能的情况下，一个复合命题的真值如何由它的简单组成部分的真值所决定。

真值（truth value）：陈述或者为真或者为假的一种属性。

反唇相讥（*tu quoque*）：一种人身攻击谬误，它发生于论者出于贬低他人论证的目的而使对立论者陷入虚伪或者不诚实的境地的时候。

不信服的论证（uncogent argument）：一种弱的、有着一个或多个假前提的、没有满足总体证据要求的，或者这些因素的任意组合的归纳论证。

无条件地有效的（unconditionally valid）：从布尔式立场看是有效的。

中项不周延（undistributed middle）：一种形式谬误，它发生于直言三段论中的中项在两个前提中都是不周延的时候。

全称概括（universal generalization）：一种引入全称量词的推理规则。

全称例示（universal instantiation）：一种消除全称量词的推理规则。

全称命题/陈述（universal proposition/statement）：对主项类中的每一个元素都做出断言的命题/陈述。

全称量词（universal quantifier）：在谓词逻辑中，用来翻译全称陈述的量词。

不可靠的论证（unsound argument）：一种无效的、有一个或多个前提为假，或者两者兼而有之的演绎论证。

有效的演绎论证（valid deductive argument）：前提为真的时候，结论不可能为假的一种论证。

文恩图（Venn diagram）：一种图，它包含了两个或两个以上的圆圈，这些圆圈被用来表示直言命题的信息内容。

警告（warning）：提醒人们注意危险的或有害的情境的一种表达形式。

不当类比（weak analogy）：一种非形式谬误，它发生于论证的结论依赖没有强到足够可以用作支持的类比的时候。

弱的归纳论证（weak inductive argument）：结论不太可能从前提得出，即使断言可以得出的归纳论证。

公式（well-formed formula，WFF）：一个句法上正确的符号组合。